智慧城市

熊璋等 编著

科学出版社
北京

内 容 简 介

本书以863计划"智慧城市"(一期和二期)重大项目的研究内容和成果为基础,充分分析调研我国智慧城市的技术需求,研究智慧城市技术体系整体架构,梳理智慧城市建设所需的关键技术,完成技术体系、标准体系的规划与构建。本书主要内容包括智慧城市技术体系、智慧城市标准与评测体系、智慧城市应用及前景四个部分。其中,绪论部分涵盖智慧城市背景、内涵和外延、相关技术积累等;智慧城市技术体系阐述智慧城市技术体系总框架,智慧城市数据感知、汇聚与活化,面向城市运行管理的数据采集与分析技术,城市运行数据呈现技术与服务系统,以人为本的智慧城市支撑服务,城市信息多层次智能决策等;智慧城市标准与评测体系包括智慧城市标准体系、智慧城市评估方法和指标体系、智慧城市应用模式等;智慧城市应用及前景罗列智慧政务、智慧产业、智慧民生、智慧城市对城市发展的作用等内容。

本书适合从事智慧城市规划、建设、管理及智慧城市相关应用开发、工程项目实施等方面的技术人员和管理人员阅读,也可作为高等院校信息技术和管理等专业的参考教材。

图书在版编目(CIP)数据

智慧城市/熊璋等编著. —北京:科学出版社,2015.1
ISBN 978-7-03-042960-5

Ⅰ. ①智… Ⅱ. ①熊… Ⅲ. ①现代化城市–城市建设–研究–中国 Ⅳ. ①C912.81

中国版本图书馆CIP数据核字(2014)第309906号

责任编辑:牛宇锋 邢宝钦 / 责任校对:桂伟利 郭瑞芝
责任印制:徐晓晨 / 封面设计:陈 敬

科学出版社出版
北京东黄城根北街16号
邮政编码:100717
http://www.sciencep.com

北京虎彩文化传播有限公司 印刷
科学出版社发行 各地新华书店经销
*

2015年1月第 一 版 开本:720×1000 1/16
2021年4月第七次印刷 印张:32 1/4
字数:633 000
定价:245.00元
(如有印装质量问题,我社负责调换)

编 委 会

主 编 熊 璋

编 委 陈能成　陈　辉　陈真勇　丁治明
　　　　　韩　涵　胡楚丽　冷　彪　李　超
　　　　　李方平　李海花　李　健　李文波
　　　　　李　扬　马志强　梅　林　欧阳元新
　　　　　蒲菊华　戚正伟　荣文戈　盛　浩
　　　　　宋　萌　万旺根　王　超　王建岳
　　　　　王静远　王莉莉　王　伟　王于雷
　　　　　薛广涛　杨　晨　殷传涛
　　　　　臧　磊　朱秋煜　朱燕民

序

随着信息网络的高速发展，资本和劳动力的全球流动性增加，大规模的城市化运动在全球展开。在未来几年，特别是在发展中国家，城镇化率将以前所未有的速度增长。高速的城市化进程会极大地推动经济发展，同时增强人类改造自然的能力。然而，在全球城市快速发展的过程中也出现了许多新的问题。为了应对城市发展过程中城市资源配置、环境保护、交通疏导、公共安全、公共卫生、公众服务等方面制约城市可持续发展的问题，智慧城市的概念应运而生，它体现了未来城市发展的新理念与新实践。

城市是由政府、居民、企业构成的一个复杂有机体，因此，智慧城市不仅涉及城市生活的所有参与者，也涉及城市生活的各个领域。在构建和谐发展的智慧城市过程中，应重视智慧城市所能提供的各项基本功能。在新一代信息基础设施之上，通过不断整合城市中的各项资源，构建全新的城市发展环境，建立新的城市服务和发展模式。智慧城市所提供的功能必须是多样化的，包括行政管理、基础建设、交通运输、文化教育、医疗卫生、金融服务、旅游休闲、公共安全等多种功能。因此，智慧城市需要从城市职能出发打造智慧的城市功能，推动城市功能的不断完善。

对于我国而言，智慧城市建设将直接催生新一代信息技术产业的快速发展，在智慧城市建设过程中培育物联网、云计算等新的技术增长点，加快光通信、移动通信、地球空间信息、软件及服务外包等产业的发展。同时，智慧城市建设也是促进城市产业转型升级的重要契机，构建包括智慧社区、智慧家庭、智慧交通、智慧物流、智慧医疗、智慧银行、智慧电网、智慧政府、智慧学校、智慧环保、智慧建筑等对国民经济和社会发展具有直接拉动作用的、可持续发展的新兴产业。

智慧城市的产业发展，是通过打造以物联网、云计算、软件和信息服务业等产业为代表的智慧信息产业，以智能制造为代表的智慧工业，以设施农业和精准农业为代表的智慧农业，以现代物流和电子商务为代表的智慧服务业，提高信息技术对经济发展的贡献率，推动产业结构优化升级，转变经济发展方式，以智慧城市建设带动智慧产业发展，以智慧产业发展支撑智慧城市建设。

古训云："资之深，则取之左右逢其原。"（《孟子·离娄下》）谨以此与我国智慧城市建设者共勉。是为序。

2014 年 6 月 5 日

前　言

　　智慧城市是一种以新一代信息技术为基础，通过对城市各部分数据进行动态监测、分析、整合和利用，实现对城市生活环境的透彻感知和城市资源的全面调控，实现城市中各个部分协调配合、城市方方面面便捷运作、人和城市之间和谐共赢等目标的新型城市形态。智慧城市的概念一经诞生，就受到了政府、企业、社会和学界的高度重视，并很快形成一股智慧城市技术研发和智慧城市建设的发展浪潮，建设智慧城市已经成为人类城市化进程下一步发展的最新方向。世界各国，尤其是欧洲、美国、日本、韩国等发达国家和地区，都在积极开展相关的理论研究与技术探索，深度发掘城市的信息资源，研发城市智慧应用系统，开展智慧城市试点示范。

　　智慧城市的发展，尤其是核心关键技术的研发，在我国受到了国家层面的高度重视。从 2010 年开始，科技部着手在 863 计划中布局立项，研究智慧城市总体方案和核心关键技术。2011 年 10 月启动的 863 计划"智慧城市(一期)"项目主要研究我国智慧城市发展的整体技术构架与总体方案。2013 年 7 月，863 计划"智慧城市(二期)"重大项目正式启动。该项目主要基于中国智慧城市产业技术创新战略联盟的平台，通过产业、政府间互动，形成智慧城市技术，并逐步规范智慧城市标准体系，推动国家标准体系的形成。通过两期项目的连续支持和辐射带动，我国在智慧城市领域已经产生了一大批重要的核心关键技术，大量成果已经在相关的城市试点示范中落地，形成产业应用。

　　2014 年称为中国的智慧城市建设元年，在这一重要的时间节点上，有必要对智慧城市概念、技术和发展进行一次全方位的梳理与总结。本书以 16 个章节的篇幅，从技术的角度，对智慧城市的概念出现、发展现状、总体技术框架、核心关键技术、标准与评估体系、运营与应用模式等方面，进行尽可能详细和系统的阐述与介绍。希望能够为读者提供一个智慧城市技术发展的全景式概览。具体内容如下。

　　第 1 章为智慧城市背景，对智慧城市概念产生形成、发展的历史和建设的目标等进行回顾和介绍。

　　第 2 章为智慧城市的内涵与外延，介绍智慧城市的定义、模型、特征等内涵要素，以及技术范畴、相关领域和行业规划等外延内容。

　　第 3 章重点介绍国内外已经形成的智慧城市技术积累，对目前国内外智慧城市的建设与研究进行综述，并列举一系列城市规划与建设的案例。

第 4 章为智慧城市技术体系总框架，从总体层次结构、分层关键技术、关键技术分类及核心技术研究等方面，系统地介绍智慧城市技术"六横两纵"的总体框架，以及框架中各要素的具体内容等。

第 5~9 章从"智慧城市数据感知、汇聚与活化"、"面向城市运行管理的数据采集与分析技术"、"城市运行数据呈现技术与服务系统"、"以人为本的智慧城市支撑服务"以及"城市信息多层次智能决策"等五个方面，对我国重点研发的智慧城市核心关键技术进行介绍。上述技术的研发工作得到了 863 计划等国家重大科技计划项目的支持，相关研发成果将是支撑我国未来智慧城市建设的核心关键。

第 10 章和第 11 章分别介绍智慧城市标准体系、智慧城市评估方法和指标体系。这两个体系从前期指导和后期评估这两个不同的角度，实现了对智慧城市建设与发展方向的规范和引导，在智慧城市的技术研发和应用过程中起到了标杆和指挥棒的重要作用。

第 12~15 章重点关注智慧城市核心技术的应用与运营模式。其中，第 12 章分析智慧城市可能的应用与运营模式；第 13~15 章则从智慧政务、智慧产业和智慧民生三个方面，介绍智慧城市在服务政府、服务产业和服务市民方面可能的建设与运行模式，以及所能发挥的重要作用等。

第 16 章以智慧城市对城市发展的作用为切入点，对智慧城市技术所能带来的巨大社会与经济价值进行展望。

本书的出版得到 863 计划智慧城市项目团队的大力支持，在此表示诚挚的感谢。由于编者水平有限，书中内容难免存在疏漏与瑕疵，对于智慧城市的介绍也不免挂一漏万。疏漏与瑕疵之处，还请广大读者见谅，对本书存在的不足之处，敬请批评指正。

编 者

2014 年 6 月

目 录

序
前言
第1章 智慧城市背景 ·· 1
  1.1 智慧城市的历史 ·· 1
  1.2 城市化发展中产生的问题 ··· 2
  1.3 城市化发展的内在需求 ·· 3
  1.4 智慧城市发展的目标 ··· 5
第2章 内涵和外延 ··· 9
  2.1 智慧城市的内涵 ·· 9
    2.1.1 智慧城市定义 ·· 9
    2.1.2 概念模型 ·· 9
    2.1.3 智慧模型 ·· 10
    2.1.4 智慧城市特征 ·· 11
  2.2 智慧城市的外延 ·· 15
    2.2.1 智慧城市技术范畴 ··· 15
    2.2.2 智慧城市相关领域 ··· 16
    2.2.3 智慧城市规划实例 ··· 17
    2.2.4 智慧城市行业应用实例 ··· 22
第3章 技术积累 ··· 27
  3.1 智慧城市建设与研究现状 ··· 27
    3.1.1 国际智慧城市建设与研究现状 ······································· 27
    3.1.2 智慧政务的服务模式和类型 ·· 29
    3.1.3 国内智慧城市建设的现状 ··· 40
  3.2 当前的城市规划与具体城市案例 ··· 45
第4章 智慧城市技术体系总框架 ··· 65
  4.1 技术体系总体层次结构 ·· 65
  4.2 分层关键技术 ··· 66
    4.2.1 城市感知层关键技术体系 ··· 66
    4.2.2 数据传输层关键技术体系 ··· 74
    4.2.3 数据活化层关键技术体系 ··· 80
    4.2.4 支撑服务层关键技术体系 ··· 88
    4.2.5 应用服务层关键技术体系 ··· 97
    4.2.6 安全保障关键技术体系 ··· 100

4.3 关键技术分类及核心技术研究 ································ 105
4.3.1 技术分类 ································ 105
4.3.2 建设建议 ································ 106

第5章 智慧城市数据感知、汇聚与活化 ································ 109
5.1 智慧城市数据感知 ································ 109
5.1.1 数据感知与获取设备 ································ 109
5.1.2 智慧城市数据传输 ································ 113
5.1.3 智慧城市物联网 ································ 122
5.2 智慧城市的数据汇聚 ································ 123
5.2.1 多源密集型数据 ································ 123
5.2.2 多源数据的互联 ································ 125
5.2.3 数据实体联网 ································ 131
5.3 数据活化理论技术 ································ 135
5.3.1 数据活化理论 ································ 135
5.3.2 智慧城市数据共享和融合框架 ································ 152

第6章 面向城市运行管理的数据采集与分析技术 ································ 170
6.1 城市运行管理中视觉感知技术 ································ 170
6.1.1 复杂场景下运动目标检测 ································ 170
6.1.2 城市运行管理中视觉跟踪技术 ································ 175
6.2 室内外多模融合精确定位技术 ································ 179
6.2.1 无线定位相关参数 ································ 180
6.2.2 基于信号参数的位置估计方法 ································ 182
6.2.3 基于多模定位信号融合的室内精确定位技术 ································ 186
6.2.4 室内外定位技术展望 ································ 187
6.3 大规模城市运行管理数据智能检索与目标行为分析 ································ 188
6.3.1 面向城市动态运行管理的大规模数据智能检索技术 ································ 188
6.3.2 半监督的城市动态目标复杂行为分析 ································ 191

第7章 城市运行数据呈现技术与服务系统 ································ 195
7.1 城市场景建模方法 ································ 195
7.1.1 激光扫描的建筑物建模 ································ 198
7.1.2 基于手持激光扫描的室内场景快速建模 ································ 201
7.2 大型场景实时与逼真绘制方法 ································ 208
7.2.1 并行绘制相关技术介绍 ································ 208
7.2.2 CUDA 介绍及 Quadro 协同工作方式 ································ 214
7.2.3 基于 CUDA 的光线跟踪并行绘制算法 ································ 220
7.2.4 大规模城市场景绘制实例 ································ 223
7.3 三维模型检索与识别 ································ 227
7.3.1 检索框架 ································ 228

		7.3.2 正规化处理 ………………………………………………… 229
		7.3.3 特征提取算法 ……………………………………………… 229
		7.3.4 检索系统 …………………………………………………… 239
		7.3.5 评价标准 …………………………………………………… 240
		7.3.6 未来趋势 …………………………………………………… 243

第 8 章 以人为本的智慧城市支撑服务 ……………………………………… 253

8.1 "人"与智慧城市 …………………………………………………… 253
    8.1.1 市民幸福感是智慧城市的核心指标 …………………………… 254
    8.1.2 以人为中心的智慧城市公共服务 ……………………………… 255
    8.1.3 以人为中心的智慧城市与城市的经济转型 …………………… 256

8.2 以人为中心的智慧城市公共服务领域知识模型 …………………… 257
    8.2.1 以人为中心的智慧城市高层核心本体构建 …………………… 259
    8.2.2 基于知识挖掘的智慧城市领域知识模型自增长技术 ………… 261
    8.2.3 基于协同开发的智慧城市领域知识模型持续演化技术 ……… 261

8.3 以人为中心的智慧城市应用支撑关键技术 ………………………… 262
    8.3.1 多源数据接入与交换 …………………………………………… 262
    8.3.2 信息资源的集成 ………………………………………………… 264
    8.3.3 智慧城市公共服务应用开发 …………………………………… 267
    8.3.4 智慧城市公共服务的个性化定制 ……………………………… 268
    8.3.5 面向智慧城市公共服务的用户偏好发现与情境感知 ………… 269
    8.3.6 基于偏好与情境的服务推荐、定制与融合技术 ……………… 274
    8.3.7 以人为中心的智慧城市公共服务应用的多模式构造技术 …… 278

8.4 智慧城市公共服务支撑平台 ………………………………………… 280
    8.4.1 基于互联网的开放式应用支撑平台 …………………………… 280
    8.4.2 以人为中心的智慧城市支撑平台的典型应用架构 …………… 281
    8.4.3 以人为中心的智慧城市支撑平台技术架构 …………………… 283
    8.4.4 以人为中心的智慧城市支撑平台功能架构 …………………… 284
    8.4.5 以人为中心的智慧城市支撑平台服务内容参考集 …………… 291
    8.4.6 以人为中心的智慧城市支撑平台运营体系 …………………… 295

8.5 以人为中心的智慧城市建设应用实践 ……………………………… 296

第 9 章 城市信息多层次智能决策 …………………………………………… 301

9.1 概述 …………………………………………………………………… 301
    9.1.1 背景 ……………………………………………………………… 301
    9.1.2 需求 ……………………………………………………………… 301

9.2 国内外发展现状与趋势 ……………………………………………… 304
    9.2.1 城市决策模型共享技术 ………………………………………… 304
    9.2.2 数据与模型的关联技术 ………………………………………… 306
    9.2.3 城市信息决策支持服务技术 …………………………………… 308

9.2.4　城市信息决策支持系统 ………………………………………………… 309
　　9.2.5　决策典型应用 ……………………………………………………………… 311
9.3　城市多层次智能分析与决策模型协同技术 ……………………………………… 312
　　9.3.1　城市时空信息智能分析与决策模型体系 ………………………………… 313
　　9.3.2　城市分析与决策模型的形式化表达 ……………………………………… 313
　　9.3.3　城市分析与决策模型的注册与发现技术 ………………………………… 318
　　9.3.4　城市分析与决策模型的组合与优化技术 ………………………………… 326
9.4　城市海量数据与异构模型双向耦合技术 ………………………………………… 328
　　9.4.1　耦合模型 …………………………………………………………………… 328
　　9.4.2　多源观测数据透明访问技术 ……………………………………………… 330
　　9.4.3　分布式异构观测数据的在线融合技术 …………………………………… 335
　　9.4.4　模型驱动的按需数据访问技术 …………………………………………… 343
9.5　面向任务的主动聚焦决策服务 …………………………………………………… 346
　　9.5.1　基于语义的任务需求模型 ………………………………………………… 346
　　9.5.2　决策支持信息聚焦服务模式 ……………………………………………… 351
　　9.5.3　决策支持服务组合与优化 ………………………………………………… 355
9.6　城市信息多层次智能决策原型系统设计与用例 ………………………………… 355
　　9.6.1　系统的总体框架 …………………………………………………………… 355
　　9.6.2　系统的用例设计 …………………………………………………………… 357

第10章　智慧城市标准体系 …………………………………………………………… 359
10.1　智慧城市标准体系概述 ………………………………………………………… 359
　　10.1.1　构建标准体系的意义 …………………………………………………… 359
　　10.1.2　标准体系的构建方法 …………………………………………………… 359
　　10.1.3　标准体系框架 …………………………………………………………… 360
10.2　总体标准 ………………………………………………………………………… 362
10.3　基础标准 ………………………………………………………………………… 363
　　10.3.1　感知技术标准 …………………………………………………………… 363
　　10.3.2　有线和无线通信标准 …………………………………………………… 364
　　10.3.3　数据存储和处理标准 …………………………………………………… 365
　　10.3.4　基础软件标准 …………………………………………………………… 366
10.4　应用标准 ………………………………………………………………………… 366
　　10.4.1　公共支撑平台 …………………………………………………………… 366
　　10.4.2　基础信息系统 …………………………………………………………… 367
　　10.4.3　应用中间件 ……………………………………………………………… 367
　　10.4.4　领域应用及相关技术 …………………………………………………… 369
10.5　安全标准 ………………………………………………………………………… 371
　　10.5.1　网络和信息安全技术 …………………………………………………… 371
　　10.5.2　网络和信息安全管理 …………………………………………………… 373

  10.5.3 网络和信息安全评测 ·················· 375
 10.6 急需制定的智慧城市标准 ·················· 378
第 11 章 智慧城市评估方法和指标体系 ·················· 380
 11.1 国外智慧城市评价研究 ·················· 380
  11.1.1 欧洲中小城市评价 ·················· 380
  11.1.2 年度智慧社区评比 ·················· 382
 11.2 国内智慧城市评价研究 ·················· 387
  11.2.1 上海智慧城市评价 ·················· 387
  11.2.2 南京智慧城市评价 ·················· 389
  11.2.3 宁波智慧城市评价 ·················· 390
 11.3 智慧城市评价研究 ·················· 391
  11.3.1 智慧城市评价的目的和意义 ·················· 391
  11.3.2 智慧城市评价的侧重点 ·················· 391
  11.3.3 智慧城市评价指标选取的原则 ·················· 392
  11.3.4 智慧城市评价指标体系的具体构建方法 ·················· 392
 11.4 公共信息通信基础设施评估 ·················· 395
  11.4.1 通信网络基础设施 ·················· 395
  11.4.2 计算和存储基础设施 ·················· 396
 11.5 城市运行管理与服务 ·················· 396
 11.6 市民生活 ·················· 399
 11.7 经济运行 ·················· 402
第 12 章 智慧城市应用模式 ·················· 404
 12.1 面向事件的智慧应用需求 ·················· 404
 12.2 面向事件的智慧应用设计原则 ·················· 405
 12.3 智慧城市运营模式 ·················· 406
第 13 章 智慧政务 ·················· 408
 13.1 智慧政务概述 ·················· 408
  13.1.1 背景与需求 ·················· 408
  13.1.2 智慧政务的基本理解 ·················· 409
  13.1.3 智慧政务的服务模式和类型 ·················· 410
 13.2 智慧政务体系架构 ·················· 414
  13.2.1 总体架构 ·················· 414
  13.2.2 信息流程 ·················· 415
  13.2.3 标准与接口规范 ·················· 417
  13.2.4 业务功能 ·················· 420
 13.3 智慧政务的典型案例 ·················· 420
  13.3.1 综合行政管理 ·················· 420
  13.3.2 综合应急决策 ·················· 426

第14章 智慧产业 ··· 432
14.1 背景及意义 ··· 432
14.2 智慧产业发展愿景 ··· 433
14.3 智慧产业发展目标 ··· 433
14.4 智慧产业典型应用 ··· 435
14.5 智慧城市产业的未来发展 ·· 439
14.6 智慧城市产业联盟 ··· 445

第15章 智慧民生 ··· 450
15.1 智慧民生概述 ·· 450
15.2 智慧民生的核心业务 ·· 452
15.3 智慧民生的典型应用 ·· 456
15.3.1 便民服务 ·· 456
15.3.2 教育与娱乐 ··· 466
15.3.3 健康与安全 ··· 470

第16章 智慧城市对城市发展的作用 ··· 474
16.1 智慧城市的建设对城市发展的影响 ··· 474
16.1.1 中国智慧城市建设面临的主要问题 ····························· 474
16.1.2 智慧城市建设对于城市发展的建议 ····························· 476
16.1.3 智慧城市建设中的集成创新机制 ································ 478
16.1.4 智慧城市对现有技术成果的应用 ································ 482
16.2 智慧城市的运营对城市发展的影响 ··· 485
16.2.1 智慧城市运营的问题与思考 ······································ 485
16.2.2 智慧城市运营模式 ·· 489
16.2.3 智慧城市运营总体原则 ·· 492
16.3 智慧城市管理对城市发展的影响 ·· 493
16.3.1 我国城市信息化管理存在的问题 ································ 493
16.3.2 智慧城市管理模式的转化 ··· 494
16.3.3 智慧城市管理目标 ·· 496
16.3.4 智慧城市管理的基本原则 ··· 497
16.4 智慧城市对我国城市发展的影响及效益 ··································· 498

第1章 智慧城市背景

1.1 智慧城市的历史

自2009年8月温家宝总理提出"感知中国"以来,"智慧地球"和"感知中国"成为我国和世界瞩目的热点,是我国具有战略高度的发展目标和战略性新兴产业增长点。2008年,IBM公司首次提出"智慧地球战略",在美国得到了政府、企业、高等院校、社会团体和研究机构等的大力支持。2009年1月,IBM公司CEO彭明盛向美国总统奥巴马建议,加大智慧型基础设施投资。随后奥巴马总统提议将智慧地球战略写入美国复兴与再投资计划。彭明盛将该战略定义为:将感应器嵌入和装备到电网、铁路、建筑、大坝、油气管道等各种物体中,将物与物通过互联网相连,然后通过超级计算机和云计算整合,实现社会与物理世界融合。

2009年5月,欧洲联盟(简称欧盟)通过的"数字化议程"(digital agenda)作为"欧盟2020战略"计划中的一部分,提出城市的发展应当是"智慧的、可持续的、全面的"。同年9月,欧盟公布了一份涵盖面广泛的"策略性能源科技计划"(SET-plan),该计划为欧盟应对气候变化的高科技解决方案,协助欧洲企业占据发展低碳能源的领先优势。欧盟将把25~30个城市发展成智慧城市。

2009年7月,日本政府IT战略本部制定了"i-Japan战略2015"。该战略旨在到2015年实现以人为本,"安心且充满活力的数字化社会"。与此同时,SAP公司、夏普公司、日建设计有限公司、惠普日本公司、三井不动产有限公司等,以及面向未来的设计中心协会已经联手启动智能城市项目,并希望将该成果从日本推向全球。

2004年3月,韩国政府推出"u-Korea发展战略",希望使韩国提前进入智能社会。建设u-city是u-Korea发展战略在韩国城市的具体实施。u-city是一个可以把市民及其周围环境与泛在技术(ubiquitous technology)集成起来的新的城市发展模式。u-city把信息通信技术包含在所有的城市元素中,使市民可以在任何时间、任何地点,从任何设备访问和应用城市元素。

2006年6月新加坡正式公布"智慧国家2015"计划,并将推出一系列活动以促进民生、企业与社会的发展。其政策重点是希望透过信息技术的协助,让新加坡成为一个智慧国家与全球城市,并描绘信息技术在未来对于新加坡人民的生活、学习、工作、娱乐等方面所带来的重大改变,主要包括个人化服务的强化,如医疗、教育、旅游以及电子化政府、无缝式金融服务、供应链管理等。

1.2 城市化发展中产生的问题

从历史与现实看,"智慧城市"是应对城市不断增长、资源日益短缺的内在需求。过去 100 多年,全球经历了史无前例的城市化进程。1900 年全球仅 13%的人口居住在城市,当时百万级人口的城市仅 12 个;20 世纪中叶全球 30%的人口居住在城市,百万级人口城市数量增至 83 个;到 2008 年,城市人口首次超过农村人口;现在百万级人口城市已超过 400 个,其中 20 个都市圈人口超过 1000 万。全球城市还将继续快速扩张。据预测,到 2050 年全球将有超过 70%的人口生活在城市,这意味着每一年地球上都会增加 7 个纽约。亚洲城市化尤为迅猛,在印度每分钟有 30 个人进入城市。到 2030 年将有 11 亿亚洲人进入城市。随着经济社会发展,城市人口不断挑战历史新高,城市规模持续加速增长,城市经济增长和社会发展正面临一系列难以克服的瓶颈问题,需要跨越式地提高城市发展的创新性、有序性和持续性,需要创新性地引入新的方法解决问题。智慧城市建设,不仅使城市实现跨越式、可持续发展,而且增强城市综合竞争力,为解决城市发展难题提供了一次难得机遇。

1949 年以来,我国城市构成有了巨大的变化,已形成辽中南城市群、京津唐城市群、长江三角洲城市群、山东半岛城市群和珠江三角洲城市群。《中国城市发展问题观察》报告认为,中国城市群与发达国家的城市群相比较,存在着五大问题:一是中国城市群对国家财富积累的贡献度低于发达国家城市群;二是中国城市群的首位城市作用与贡献度偏低;三是中国城市群仍处在经济粗放式增长阶段;四是中国城市群的劳动生产率偏低;五是中国城市群与国际上的主要城市群比较,人口密度过大。城市的人口密度过大必然给城市的可持续发展带来挑战。

城市病指的是人口过于向大城市集中而引发的一系列社会问题。在任何国家的经济发展过程中都会存在城市病的问题。面对越来越严重的城市病必须寻找到解决和化解之道才能将中国的问题化险为夷。北京、上海、广州、深圳等大城市原本是中国经济最发达、资源最集中的地方,但城市居民的生活舒适度却似乎在下降。城市病已经严重影响居民的生活质量,甚至有观点认为,我国已经进入城市病的集中爆发期。

"城市病反映的是城市建设的主导思想出了偏差。"不清楚城市为谁而建,城市的管理者在单纯的利益驱动下,较少关注普通人,于是房子越建越大、自行车道越来越少、各种公用了设施越来越贵。主要体现在以下方面。

(1) 交通拥堵。在北京、上海等城市,拥堵已经成为常态,令人疲惫的交通消耗市民太多的时间,占用太多的城市资源,浪费大量的人力物力。

(2) 环境污染。在追求 GDP 阶段,建立大量高排放、高污染企业,并且被政府保护起来，严重影响附近居民的人体健康和人身安全。

(3) 教育问题。除了城市务工人员子女教育问题、高考户籍限制等教育资源不公平现象，还包括教育资源的分配不均、城市教育资源的相对优化、大学招生的地域歧视等问题。

(4) 医疗问题。城市医疗卫生机构重叠，资源配置不均，无论患大病还是小病都希望到大医院找名医看，城市基层医院和社区医疗单位则少人问津。

(5) 贫富差距拉大。各个社会群体利益格局被重新调整的过程中，分配不公现象日益突出，社会财富分配的"马太效应"越发明显，贫富差距越拉越大，工资"被增长"、"被平均"等则掩盖了贫富差距扩大的现实。

(6) 资源消耗巨大。直接引发能源紧张和气候变化，碳排放问题不但体现在总量大，还体现在区域差异性，我国经济发展在很大程度上依赖工业和城市的发展，而东部是工业和城市高度集中地区，这使得东部地区碳排放量居高不下。

(7) 城市系统的脆弱。城市系统弱不禁风，往往一两个小时的暴雨就能让整个城市陷于瘫痪，山区城市更是潜伏着巨大风险，舟曲一场泥石流瞬间夺走了1765个鲜活的生命。

(8) "信息孤岛"问题。城市管理者在过去的十年中，推进了一系列的信息化举措，如电子政务、互联互通等技术化管理手段，但在这一过程中，由于主要是纵向推进，缺乏横向的整合，导致城市信息化在为公众服务上效果并不明显。

中国城市的膨胀速度超过发达国家的历史最高水平，医疗、交通、城管等一系列问题无不催促城市管理者尽快探寻出解决之道。智慧城市已成为医治城市病的最佳良药，是信息化向更高阶段智慧化发展的必然要求。智慧城市的本质是建设全新的城市"大脑"系统，即通过信息产品的应用建立智慧系统，大量的智慧系统构建成智慧城市。转变城市发展方式，以智慧统领城市发展，每个城市都要为之做出回答。

1.3 城市化发展的内在需求

艾凯数据中心在《中国智慧城市体系结构与发展研究报告(2011)》中指出，智慧城市建设必须考虑以下三个重点。

(1) 有效的感知。可实现按需的数据采集和动态监测，城市内海量、多源的城市信息资源可以被逐步探测与感知。从这里看，重点的建设在于末端的传感器、底层的传感网关与上层的感知传送管理系统。相对而言，网络是否够宽不是真正的瓶颈，网络是否够窄反倒成为瓶颈，海量的传感管理也成为瓶颈。也就是说，现有的网络建设目标是适应人与大流量、常在线应用的。而城市传感网络多数情况下要求的是小流量、非常在线、随需感知的，对网络运营商的关键要求正在这里，如何构建适合小流量、非常在线数据传送需求,对当下运营商热议的智能管道的运营要求也提出了一类全新的应用场景。目前厂商与运营商尚无很好的解决方案,也未引起足够的重视,看不到推进中的有效行动。

(2) 便利协同。多信息体系互联协同运作,信息充分交互处理。其实,协同本不应成为智慧城市的核心诉求,但遗憾的是现有的城市各信息化子系统未发展到有效协同阶段。而智慧的定义要求具有对事物能迅速、灵活、正确地理解和解决的能力,这就造成协同是必然的基础,只有充分配合、信息充足利用,才有可能被智慧分析,做出智慧的决策。便利协同,也是当前各行业以智慧城市为名义,进行信息化深化的重点方向,类似于城市应急联动管理系统,有统一的首脑部门,有跨多子系统的横向整合上层平台,才谈得上协同,才进而谈得上智慧。

(3) 智能处理。具备洞察力,可按需进行数据分析和知识生成,可有效对预测、决策进行支持,可调动相关的末端部件实现智能的响应动作,可进行快速可变的业务处理,能够实现行动迅捷、随机应变。上述智慧的处理,综合而言就是分析、建议、行动、事后评估四大能力,也就是传统行业常提的要求人或团队能够对一件事情进行闭环实现的四个环节(analyze, plan, do, check, APDC);同时也是要求整个系统具有类似于人类完成一项任务的四大关键属性,即智能处理不是单一环节的,而是紧扣完成一件任务的四大环节,实现全方位的智慧。2010年11月,智慧城市论坛在武汉光谷召开。与会专家指出,结合我国国情的智慧城市应该是以"发展更科学,管理更高效,社会更和谐,生活更美好"为目标,以自上而下的、有组织的信息网络体系为基础,整个城市具有较为完善的感知、认知、学习、成长、创新、决策、调控能力和行为意识的一种全新形态的城市。2011年《中国信息界》曾就"智慧中国"发表专题报道。文中指出,智慧城市的发展目标是以科学发展观为指导,充分发挥城市智慧型产业优势,集成先进技术,推进信息网络综合化、宽带化、物联化、智能化,加快智慧型商务、文化教育、医药卫生、城市建设管理、城市交通、环境监控、公共服务、居家生活等领域建设,全面提高资源利用效率、城市管理水平和市民生活质量,努力改变传统落后的生产方式和生活方式。经过若干年的努力,将城市建成为一个基础设施先进、信息网络通畅、科技应用普及、生产生活便捷、城市管理高效、公共服务完备、生态环境优美、惠及全体市民的智慧城市。

智慧城市的发展需要更全面的数据感知、更广泛的互联互通、更和谐的人机交互和更深入的智能化,并建立统一的标准体系。当前数据已成为一种战略性资源,智慧城市是典型的数据密集环境,最大限度、更加智能地发挥数据的作用是智慧城市未来发展的必然趋势。在数据获取方面,由单一信息来源的普通传感设备过渡到全方位、多功能、多属性的智能感知设备,实现多源多模数据即时感知与融合。借助图形硬件处理能力，降低模型数据的几何复杂度，减少图形系统实时处理的数据量，实现深度沉浸式交互，这是大规模数据动态建模与即时呈现技术的发展趋势。动态数据中心将会是基于虚拟化技术，支持数据关联、演进和养护，面向智慧应用服务的绿色安全平台。建立统一完善的技术标准，构建以动态感知网络为数据来源，以数据活化技术为基础，以动态数据中心为核心，面向政府、企业、个人应用的体系架构，这是智慧城市的发展方向。

1.4 智慧城市发展的目标

联合国人类住区中心 2001 年 2 月在内罗毕发表了一个关于"城市管理"的宣言。宣言中提到，"城市管理与市民的福利紧密相连。完善的城市管理必须使男男女女都能获取到城市公民的惠益。基于城市公民资格原则之上的完善的城市管理确保任何人，不论男女老幼，都不能被剥夺取得城市生活必要条件的机会，包括住房、使用权保障、安全的水、卫生、清洁的环境、保健、教育和营养、就业、公共安全和流动性。通过完善的城市管理，使市民得到用武之地，充分发挥自己的才能，努力改善其社会和经济状况。"这也是智慧城市的发展目标。

以智慧互联为基础，以智慧服务、智慧产业、智慧政府、智慧人文为展现的"智慧化"城市与人类社会发展重大构想——可持续发展的理念是完全一致的。可持续发展是人类为应对当代资源和生态环境问题日益严峻的挑战而提出的新的发展观。可持续发展的核心思想是健康的经济发展应建立在可持续能力的基础上。它所追求的目标是，既要使人类的各种需要得到满足，个人得到充分发展，又要保护资源和生态环境，不对后代人的生存和发展构成威胁。它特别关注的是各种经济活动的合理性，强调对资源、环境有利的经济活动应给予鼓励，反之则应予以摒弃。

站在可持续发展的高度，用可持续发展的理论来衡量，城市可持续发展主要表现为城市经济与城市资源消耗之间的有机匹配；经济发展与生态环境保护之间的合理平衡；人口发展与人居环境之间的和谐演进；城市经济活动内部要素之间的和谐及城市产业结构的合理。总之，城市"人口、资源、环境、发展"四位一体的高度协调是城市可持续发展的基本内容。

毫无疑问，可持续发展的提出是应时代的变迁和社会经济发展的需要而产生的。可以说城市可持续发展是城市发展的最佳选择，它既是城市发展的应循之路，也是城市发展的最终目标。

如果说可持续发展理论是未来城市发展的理论依据，那么与之内涵一致的智慧化城市则可以看成是可持续发展理论的实例示范。针对国内社会的具体需求，我国未来智慧城市需要重点突破以下几个方面。

1. 建设幸福宜居的信息化城市

(1) 智能交通系统。面对机动车快速增加、道路容量严重不足的交通压力，人们希望依靠智能交通系统(intelligent transport system, ITS)，对城市交通进行更有效的控制和管理，提高交通的机动性、安全性，最大限度地发挥现有道路系统的通行效率。智能交通系统是一体化的交通综合管理系统，是由多个子系统构成的，主要包括：智能交通管理系统，通过对交通流量检测与监控，实现对交通信号的智能管控，提高道路通行效率；智能公交监控调度系统，通过集成车辆监控调度、自动报站、客流统计、电子站牌和视频监控等功能，优化改善城市公交运营能力；智能交通诱导服务系统，通过对交通信息的采集、分析，向出行者和车辆提供最优的出行线路，以及引导最合适的停车位；不停车缴费管理系统，通过射频识别(radio frequency indentification, RFID)技术的应用，以及与电子支付系统的整合，实现路、桥、隧道的不停车缴费。

(2) 智慧医疗体系。在未来，人们试图通过以医疗信息、医疗服务电子化为核心的智慧医疗的方式来缓解"看病难，看病贵"的医疗状况。智慧医疗体系主要包括：预约挂号系统，不但能为患者节省时间，更重要的是可以平衡医疗资源，缓解不同医院忙闲不均的情况；电子病历系统，病历信息的电子化及电子病历通用体系的构建，可节省医生的问诊时间，也可使患者避免在不同医院就诊时的重复检查；远程诊疗系统，基于传感技术、网络技术构建的远程诊疗系统，使医生能够通过相关仪器24小时监控非住院患者的体温、血压、脉搏等。

(3) 食品安全智能监管。要保障食品安全，一项十分必要和基础的措施就是要建立食品安全追溯管理系统，而射频技术的发展则为该体系的建立和完善提供了可能。例如，目前正在试点的食品安全溯源查询一体机，未来将广泛地放置在商场、超市、酒店等公共消费场所，用来满足消费者对食品信息的查询。消费者在采购食品过程中，只要将贴附于食品上的射频识别标签在查询机上轻轻一扫，就能查询到食品的名称、单价、产地、用途、有效期、检验合格证明等相关信息。

(4) 智能化社区建设。目前社区的科技含量和智能化水平已成为衡量社区整体水平的重要标准。人们对未来社区生活的要求可以概括为如下几个方面：安全智能化，包括室外的智能门禁管理系统、社区监控系统保安自动巡更系统、车辆管理系统等，以及室内的门禁系统红外探测系统、煤气探测系统和紧急求助系统等；管理自动化，包括"三表"自动抄送系统及物业管理的自动化；网络宽带化，光纤、无线宽带、移动宽带的全面覆盖，使用户可以通过各种网络终端高速畅享网络服务。

除了上述交通、医疗、食品安全、社区建设，人们对教育、商贸、物流、环境检测乃至涉及城市生活每个领域的未来发展都有一些具体的构想，从总体上看，这些有关未来城市生活服务的构想都是试图通过物联网、云计算、射频识别等"智慧型"信息技术手段来实现的,因此这类的构想也统称为"智慧服务"。

2. 打造集约高效的经济发展模式

可以说,过去几十年,我们国家走的是一条"高投入、高消耗、高污染、低效能"的发展之路,究竟怎样才能寻求到一条"低投入、低消耗、低污染、高效能"的集约型发展之路呢?分析认为,为应对挑战,实现可持续发展,未来城市经济应侧重新技术、新产业、新能源领域的发展。

(1) 与信息化融合的新技术创新与应用。对以往粗放型经济增长方式下企业所表现出的"重数量,不重规模;重产量,不重质量"现象,一方面要通过兼并、重组等方式扩大企业的规模;更为重要的另一方面是要坚定"两化融合"的方针,充分重视信息化对工业化的带动作用,走产业升级之路。通过技术创新、技术改造等手段提升产品的质量,增强产品竞争力,提高企业效益,使企业真正做大做强。

(2) 要大力发展信息服务型第三产业。面对三产占比较小、产业结构偏重的局面,要坚持"调优、调高、调轻"的结构调整方向,大力发展第三产业,尤其要充分重视优先鼓励具有高附加值、高关联度、高智力投入属性的信息服务业、软件业、物联网、智能电网等新型先导性战略产业的发展。

(3) 要广泛节约能源并开发利用新能源。随着城市化进程的不断推进和能源的日益枯竭,经济发展与能源供给的矛盾也将越来越突出。为了实现经济社会的可持续发展,一方面要走"节流"之路,即调整能源结构,提高能源利用率,实施节能减排;另一方面要走"开源"之路,即大力发展太阳能、风能、核能、氢能、地热能、生物质能等新能源和可再生能源的应用。

新技术、新产业、新能源的发展无疑都是以科技化、信息化为基础的,是人类科技智慧的结晶,因此它们也概括地称为"智慧产业"。

3. 形成科学合理的规划决策机制

城市是一个复杂的有机体,由许多子系统(社会、经济、生态、资源、环境等)构成,各子系统内又存在着许多层次结构,层次间及子系统间的关联关系也很复杂,且这种关系随时间及环境的变化又存在着较大的易变性。因此,城市建设中的规划和决策问题与生俱来就有着非同一般的复杂性。

例如,城市的快速膨胀不仅是人口的增长,伴随而来的还有各种工业企业、居住区、商业、交通运输、餐饮及各类服务业的快速增长,如何在城市的规划和功能布局中既能保障人们生活的便利,又能提升企业生产的效率和效能,从而构建一个高效运行、绿色环保的和谐城市,对城市的规划者来说是一个巨大的挑战。

目前,人们试图通过构建应用"行政决策辅助系统",来建设一个"智慧的政府"。该系统旨在借助信息技术手段，收集经济、地理、人口、文化等综合信息，进而在各方数据协同的基础上，通过数据建模等一系列手段，把城市的功能定位和发展方向变成一个真正可量化和可衡量的实施目标，从而实现辅助规划的目的。

例如，在新城的规划方面，通过对地理、人口等信息数据的分析，可以清晰地认知城市未来的人口数量和增长趋势。根据城市的发展策略和经济特点，市政部门可以在不同的地理位置设定功能区域规划，包括工业园区、物流园区、中央商务区、居住卫星城、医院、警署、大学城、文化场所、运动设施、图书馆等城市配套服务设施。在老城区的规划方面，通过分析经济快速发展和功能定位的差异、人口数量和结构性的变化，市政部门同样可以制订城市调整和优化的解决方案，如老工业区的拆移、外迁和升级改造计划，老的商业区、居住区、城中村的改造和功能再定位等。

行政决策辅助系统能够使决策者在广泛了解决策所需信息的前提下进行决策，不但能够提高决策的效率，还能保障决策结果的合理性、时效性和适应性，从而有效避免以往靠主观经验决策而导致的失误。

第 2 章　内涵和外延

2.1　智慧城市的内涵

2008年提出的智慧地球旨在把新一代IT技术充分运用在各行各业中,即由安置在电网、铁路、大坝等物体中的传感器收集数据并通过物联网、云计算等技术,将物理世界和数字世界融合,使人类能以更加智慧的方式管理生活和世界。但是智慧地球是一个理想化的目标,结合世界各国的现实情况,在可预见的将来,智慧城市将是一个更加可行的发展选择。

2.1.1　智慧城市定义

从社会学角度来看,智慧城市包括智慧的经济、智慧的市民、智慧的管理、智慧的流动、智慧的环境和智慧的生活六个方面,这六个方面形成城市智慧的整体应用主体。

从技术角度来看,智慧城市是以新一代信息技术为基础,以物联化和互联化的方式动态感知、分析和整合城市各方面的数据,使城市中各个部分协调配合,在城市的经济、交通、通信、教育、环境、能源、安全、管理、服务、文化、医疗等方面实现更高效、更便捷的运作模式,从而提高居民生活质量,塑造良好的城市环境,促进人和城市之间和谐沟通交互的新型城市形态。

因此,智慧城市以信息技术为支撑,通过健全、透明、充分的信息获取,通畅、广泛、安全的信息共享和有效、规范、科学的信息利用,提高城市运行和管理效率,改善城市公共服务水平,增强处理突发事件的能力,让城市成为政府、企业、市民高效管理、生产、生活的绿色载体。

2.1.2　概念模型

无论何种类型的城市,市民、政府和企业(包括组织)是智慧城市的服务主体,如图 2-1 所示。智慧城市中服务主体所涉及的活动包括文化、健康、教育、政务、建筑、金融、交通、资源、购物、旅游、生活、食品、环保和公共安全等诸多方面,如图 2-2 所示。智慧城市主要体现在各种城市活动的智慧性,也就是说能够高速、高效率和高质量地进行与完成城市服务主体所涉及的各种活动。智慧城市系统应该使城市服务主体及时得到所需的高质量服务。在各种城市活动中,政府、企业、市民三者之间通过各种智慧应用系统获取、传递、交换相应的数据与信息。

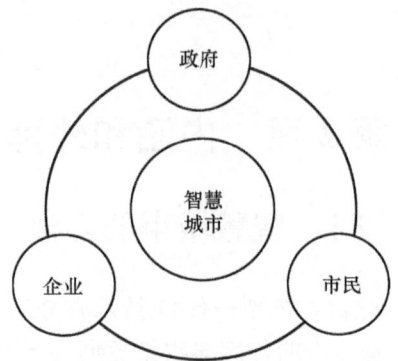

图 2-1　智慧城市的服务主体

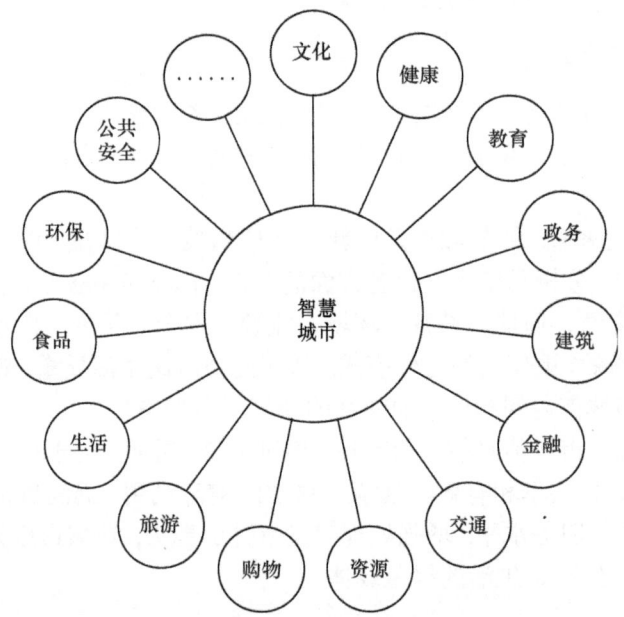

图 2-2　智慧城市服务主体的主要活动

2.1.3　智慧模型

智慧城市是典型的数据密集型处理环境，智慧模型如图 2-3 所示，通过对城市服务主体活动数据的透彻感知，由互联互通的系统汇聚了海量的多源异构数据。这些数据具有统一的描述规范，通过发现、建立和利用海量数据之间的关联关系，使海量数据经由智能处理成为充分可用信息，然后结合各行业领域模型，从中发现各行业领域的知识规律，作为各行业领域决策的依据，同时通过互联互通的系统为服务主体提供所需的数据和智慧应用服务。

第 2 章 内涵和外延

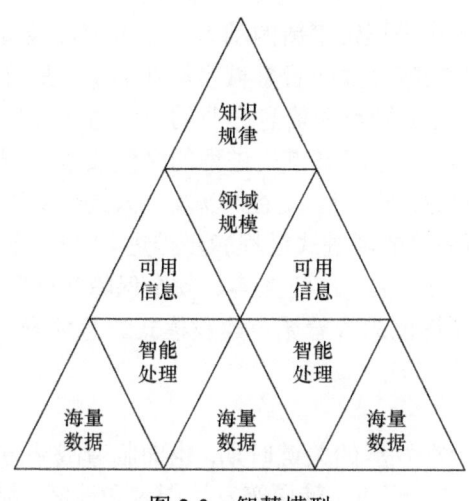

图 2-3 智慧模型

2.1.4 智慧城市特征

1. 功能特征

智慧城市涉及城市生活的所有参与者，也涉及城市生活的各个领域，在构建和谐发展的智慧城市过程中，应重视智慧城市提供的各项基本功能。如图 2-4 所示，在新一代信息基础设施上，通过不断整合城市中的各项资源，构建全新的城市发展环境，建立新的城市服务和发展模式。城市是由政府、居民、企业构成的一个复杂有机体，所以智慧城市提供的功能必须是多样化的，包括行政管理、基础建设、交通运输、文化教育、医疗卫生、金融服务、旅游休闲、公共安全等多种功能。因此，智慧城市需要从城市职能出发，打造智慧的城市功能，推动城市功能的不断完善。

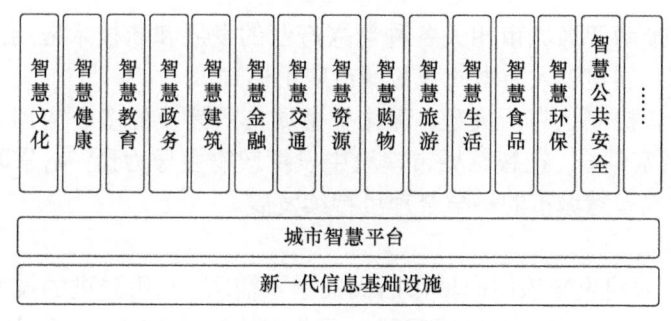

图 2-4 功能模型

2. 技术特征

建设智慧城市符合国家"十二五"规划中对于城市发展的总体要求，智慧城市的发展为中国的城市化进程带来新的动力。通过智慧城市的建设带动相关技术产业的发展，进而提供完整有效的智慧城市解决方案，是符合我国国情的领域发展思路，可有效地推进智慧城市和信息产业的巨大进步。智慧城市是信息科技在城市发展中的必然趋势，是全球城市化进程的必然要求。智慧城市的建设目标是为城市中的各个服务对象，即政府、企业以及个人提供智慧化、泛在式的应用服务，以不断探索、不断完善的渐进式过程稳步推进。因此，智慧城市建设需要兼顾创新、实用、智能、高可扩展、广泛兼容、安全保障和标准规范等各方面的要求，加快发展一个符合中国特色的智慧城市建设模式。总体来讲，智慧城市对技术手段的要求如下。

1) 创新性

目前智慧城市正处在发展的关键时期，也面临着战略方向的选择。当前世界各国，尤其是欧洲、美国、日本、韩国等发达国家和地区，都在积极开展各项研究与应用，建立相应的城市试点，研发城市智慧应用，以期占领智慧城市的技术制高点。由于目前智慧城市相关的技术及应用还没有公认的解决方案和标准，尚未形成新的技术和市场壁垒，我国与发达国家在这个领域中基本处于同一起跑线上，智慧城市研究是一个从"跟随"到"引领"的重要发展契机，应该把握这个历史机遇，占据智慧城市相关各项前沿技术的领导地位，引领国际相关领域发展方向。因此在智慧城市的建设中，应注重加强对技术创新性的要求。

(1) 通过大力推进先进技术的研发，建立领先的智慧城市技术概念体系，引导智慧城市相关部门确立技术创新的战略，推进技术创新投入，增强技术创新能力。

(2) 加强创新体系建设，激发技术创新的内在动力，提升技术创新能力，着重突破面向智慧城市中的各项关键技术，形成一系列具有自主知识产权的技术、产品和专利。

(3) 大力推动智慧城市相关各种新兴产业的发展和新技术应用，打造创新型城市智能服务，创建以人为本的智慧城市应用模式。

(4) 在创新机制上有所突破，深化智慧城市所涉及的多个应用领域改革，加大产学研的紧密结合，在智慧城市建设中发挥政府主导力量，充分调动技术创新的积极性，实现智慧城市的科学合理可持续发展。

2) 实用性

智慧城市的建设应该面向城市居民的基本需求，利用先进的技术手段以信息化的方式服务于城市建设和发展需要。因此在智慧城市建设过程中，要始终强调实用性的原则，以满足城市可持续发展为依据，寻找符合城市特点的应用领域进行建设，完善发展规划，确保智慧城市建设符合城市发展的总体目标。

(1) 坚持以人为本，把智慧城市建设与提高城市居民生活水平紧密结合起来,通过智能的城市服务提高城市居民生活的便利,满足民生需求,构建和谐社会。

(2) 在技术创新和应用上要充分考虑智慧城市各个应用领域的特点,强调智能服务和应用的便利与可行性,把满足城市智能服务对象作为重要的因素进行考虑,形成实用化的智能服务体系。

(3) 通过智能医疗、智能交通、智能水务、智能物流等专业化系统的建设,提升城市规划和建设的管理水平,促进社会资源的合理分配,推动城市发展向智能化转型。

(4) 通过智慧城市建设过程中新技术的应用,实现相关产业升级,有效推进物联网、传感网、通信等先进科学技术的应用,推动全社会的科技投入,加快智慧城市相关设备和产品的研究发展,提升城市发展的整体信息化水平,促进信息化和传统行业的融合与发展,为城市产业升级和结构转型提供技术保障。

3) 智能性

智慧城市的建设应面向城市服务功能的智能化,以各种城市资源、采集的数据为基础,通过智慧城市的技术手段将城市服务的提供者和服务对象有机地连接在一起,为城市智慧化发展提供广泛的技术支持。

(1) 在智慧城市建设中,应大力扩展各类基础数据的快速及时感知和采集手段,提高多样化的数据感知和互联互通的沟通效率,增强互动整合的数据共享和处理能力,为城市各类应用服务提供可靠的数据服务基础。

(2) 智慧城市的建设应打破传统上按行政、行业划分的服务方式,大力提倡一站式智能服务,积极推进服务水平提升,提高城市服务居民的满意度、企业的竞争力和政府的执政水平。

4) 扩展性

智慧城市的建设不是一蹴而就的,通常面临着建设周期长、涉及面广,需要根据不同的城市特色进行阶段性建设的挑战。因此智慧城市的可扩展能力是一个核心的要求,在建设过程中必须考虑技术进步以及未来应用环境和目标的变化,保证智慧城市在建设过程中不断调整和自我完善,满足不断变化的各类需求。

(1) 随着技术水平的不断进步,相关产业不断整合,智慧城市的应用系统需要不断更新升级,以保证应用的高效和实用,确保智能服务的有效扩展。因此智慧城市的建设是一个动态的不断进步的过程,随着应用环境的不断变化和领域的不断扩展及需求的逐步演化,智慧城市相关的技术和应用系统也需要不断改进扩展,以满足总体建设的要求。

(2) 随着对智慧城市建设的深入,智慧城市的参与者也会对服务水平提出越来越高的要求,智慧城市的新需求会不断涌现,因此建设过程必须意识到这种变化,不断提高建设的目标,完善服务的内容,提升服务的质量,在相关技术选择和应用上也应该做出相应改进和调整,通过扩展已有的智能服务来满足智慧城市服务对象的新需求。

5) 兼容性

进行智慧城市建设的城市具有不同的发展水平,所涉及的产业也多种多样,建设目标也不尽相同,在建设过程中不可避免地具有技术手段多样、应用水平不一致等困难。因此在建设过程中需要考虑不同城市发展特点对不同技术和行业的特殊要求,在智慧城市发展过程中注重突出不同的城市特色,满足智慧城市的差异化的发展需求。

(1) 智慧城市建设涉及的应用领域多种多样,技术手段各不相同,因此智慧城市在建设过程中需要重点考虑不同应用领域和技术手段之间的兼容性问题,要统筹考虑,避免建设过程中各自为政。

(2) 目前有一些城市已经推行了一系列智能服务系统,积累了智能服务的丰富经验,智慧城市的建设应广泛借鉴目前已有的城市智能化建设基础,兼容已有的城市智能化系统和技术。但这些已有的智能服务系统之间通常存在使用标准不统一、技术手段不一致的问题,因此在建设智慧城市的过程中,还应大力推进已有系统的融合,提高各个系统和技术接口的标准化程度,安全集成已有系统的数据和服务。

(3) 智慧城市的建设通常根据城市发展水平和特色进行差异化建设,因此不同城市对于智能服务的需求有共性也有差异性,在智慧城市的建设中,对于差异化的建设目标需要具有兼容的能力。

6) 安全性

随着信息技术的发展和应用,信息安全一直都是信息化过程中最重要的内容之一,在智慧城市的建设中尤为如此。保障数据和服务的安全是智慧城市建设的重要前提。

(1) 智慧城市的建设涉及城市功能的各个方面,需要各种信息化子系统的支持。在实际应用中,应加强智慧城市系统建设的安全性保障,在技术手段上要保证智慧城市系统高效稳定运行的要求,同时加强安全保障规定和措施的推行,完善智慧城市信息化系统的基础建设。

(2) 智慧城市在提供智能化服务的同时,不可避免地需要获取和存储城市服务对象的各种信息,其中包含大量隐私性较强的信息,需要进行必要的保护。智慧城市的建设需要加强对敏感信息保护的关注,从技术手段和管理上保障智慧城市参与者的隐私。

7) 规范性

目前国内许多城市都开展智慧城市的建设,开发和部署各种信息化子系统,但普遍存在缺乏统一规划、缺乏相应技术标准和法律规范支持，这种现状严重制约智慧城市建设，容易造成各系统之间信息交互不畅，形成信息孤岛，因此需要大力推动技术标准和规范的建设。

(1) 在智慧城市的建设中，要加快建立通用的智慧城市技术标准体系，形成国家级智慧城市技术指导规范，同时推动智慧城市技术体系标准的推广和应用，引导智慧城市建设中各参与方采用共同标准，在实际建设过程中进行不断完善和发展。

(2) 开展广泛的国际间合作，大力参与国际各类相关标准的讨论和制定，积极把握技术标准建立的话语权，引领智慧城市的技术发展趋势，推动我国智慧城市技术标准的国际化。

(3) 智慧城市相关的各类技术规范和标准应充分借鉴已有的国际标准、国家标准和行业标准，制定的规范和标准应具备前瞻性、科学性、完整性、延续性和可操作性。

2.2 智慧城市的外延

2.2.1 智慧城市技术范畴

根据目前对智慧城市的研究和理解，智慧在基础技术方面，至少要包括数据感知、数据存储和数据处理三个主要的技术层次。

1. 数据感知

数据感知是智慧城市的基础，负责从物理世界和互联网采集原始数据，并在可能的范围内对数据进行一些预处理，包括清洗脏数据、去除冗余数据等。获取层还包括数据的传输功能，即将预处理后的数据向上传递。智慧城市的数据感知包括数据采集、清洗、修正、聚合和传输等子任务。

数据采集根据上层应用指定的频率，利用传感器对环境或物体进行数据采样。传感器技术发展有着集成化、多功能化、智能化、系统化、网络化和微小型化的趋势。除了对物理环境进行采集，智慧城市还包括对网络数据进行采集。根据应用的不同，采集的数据也有所不同。例如，对于社会现象的舆情搜集，涉及对某些微博站点的信息搜集等。

数据清洗和数据修正是指对原始数据进行预处理，对数据噪声或明显错误的数据进行剔除。例如，受硬件错误的影响，采集的数据可能明显超过合理范围，这样的可以简单去除。

数据传输指将采集和处理后的数据通过通信网络传向云存储服务器。对于普通的有线传感器网络，传输相对简单，即将数据通过广域网传向云存储服务器。传输可以通过多种方式。有线宽带带宽较高，成本低廉，而无线通信则较为灵活，适合于野外环境或者移动终端。采取的通信协议一般是 GPRS、3G 等，相对有线成本高很多。

2. 数据存储

数据存储作为智慧城市中超大规模数据信息支撑的基础，是智慧城市基础设施的一个重要组成部分，对数据获取和数据处理的性能至关重要。现有的以大规模、高性能与可扩展为主要基础的网络化分布式海量存储系统的设计理念与研究具有局限性，已经很难满足智慧城市中多种复杂应用在规模、效率、可靠性、能耗、安全和智能化等方面的综合性存储服务能力的需求。

智慧城市的数据存储对现有的海量存储技术提出巨大挑战，现有的海量存储技术研究往往因为聚焦于存储系统本身而忽略应用数据本身之间的语义关联性和对数据的关联访问需求，存储与计算的断层限制了应用对海量数据的高效利用、分析和处理，迫切需要研究一种面向复杂应用、能够自我优化的数据组织和存储方法。同时，多种新型存储介质的出现带来许多未被现有海量存储体系所涵盖的内容，如数据易失性、高性能、可靠性、低能耗等方面。因此，数据存储将是智慧城市中重要的研究主体和建设主体。

3. 数据处理

当前数据已经成为关系社会民生和国家命脉的战略性资源。越来越多的数据带来了大量的应用和商机，但是数据量的高速膨胀、数据无意义的冗余、数据原有关联的割裂又对信息的充分利用形成严重制约。城市本身是典型的数据密集环境，城市的运行涵盖环境检测、城市交通、公共服务、居家生活、经济商务、健康管理、公共安全等诸多方面，海量的数据被不断生产出来，数据之间存在大量的冗余。因此海量数据处理是智慧城市未来发展中的重要课题。

在我们的智慧城市概念体系中，采用数据活化技术作为智慧城市数据处理技术的核心。数据活化是一种具有前瞻性的新型数据组织与处理技术，通过认知、关联、熔接、溯源、存续等方法，实现海量多源异构数据的自我认知、自主学习和主动生长。活化处理后的数据，以海量数据的形式存储在城市动态数据中心，供智慧城市的上层应用平台使用。

2.2.2 智慧城市相关领域

1. 云计算

云计算强调云布局的计算方式，在基础设施、平台、应用三层都有云的实现方式，云的价值在于资源的节约与部署的快捷。这种有效的投资节约性与部署便捷性，使应用充分利用高级计算能力成为可能。同样计算能力并不意味着智慧，但充分的计算能力无疑是确保智慧的基础，云的聚合模式，使得云支撑智慧应用实施效率更高。

2. 物联网

物联网是通过射频识别、红外感应器、全球定位系统、激光扫描器等信息传感设备，按约定的协议把任何物体与互联网连接起来，进行信息交换与通信，以实现智能化识别、定位、跟踪、监控与管理的一种网络。物联网是当今信息、通信和技术(information communication technology, ICT)发展热点，其重点在于强调物联，并不强调上层的智慧，为了实现智慧，物联是必备的基础，但物联并不等于智慧应用。

3. 数字城市

数字城市强调城市信息的数字化，是一个虚拟的赛博空间，主要包含城市信息基础设施、城市地理空间框架和城市三维展示系统。智慧城市强调各种城市感知手段、高性能计算平台、高速传输网络和数字城市的集成创新，是一个赛博-物理网，是在已有数字城市建设和应用的基础上，充分利用信息通信技术，通过智慧感知、分析、集成和应用服务，实现城市的智慧状态。

2.2.3 智慧城市规划实例

1. 智慧武汉建设方案

武汉位于我国中部，是湖北省省会和政治、经济及文化中心，是我国内陆最大的水陆空交通枢纽，具有承东启西、沟通南北、维系四方的作用，独特的区位优势造就了得天独厚的交通优势。作为我国重要的工业基地，武汉是长江中游的商贸金融中心，综合发展能力强，经济总量持续增长，已经形成门类比较齐全、配套能力较强的工业体系。武汉正在大力发展现代制造业，着力推进产业技术升级、集群发展。同时武汉是国家重要的科教基地之一，科教综合实力居全国大城市第三位，智力资源和人力资源十分丰富，在光通信、生物工程、激光、微电子技术和新型材料等领域，科技开发实力处于全国领先地位。

但是，武汉市当前存在的主要问题有以下几点。

(1) 信息化应用总体水平欠缺。武汉市社会公共事业信息化水平有待提高，信息化与工业化的互动效应不显著，电子政务协同能力有待加强，信息资源开发利用和共享相对滞后。

(2) 经济发展急需转变增长方式，促进产业升级调整，将区位、地理优势转化为城市竞争力。企业创新能力不足，产学研结合还应进一步深化，科技创新优势没有很好地转化为现实生产力。

(3) 民生和城市管理方面薄弱。武汉交通拥堵状况严重，交通管理手段落后，道路格局不合理。医疗资源分配不均衡，卫生信息化建设孤立，城市管理信息滞后，缺乏有效的监督评价机制，对市民和企业的服务有待完善。

(4) 人才吸引力差，就业率低，高端人才需求量大。

针对武汉市的总体需求和问题分析，确立智慧武汉建设内容由智慧城市、智慧产业和智慧载体三部分构成，整体建设如图2-5所示。

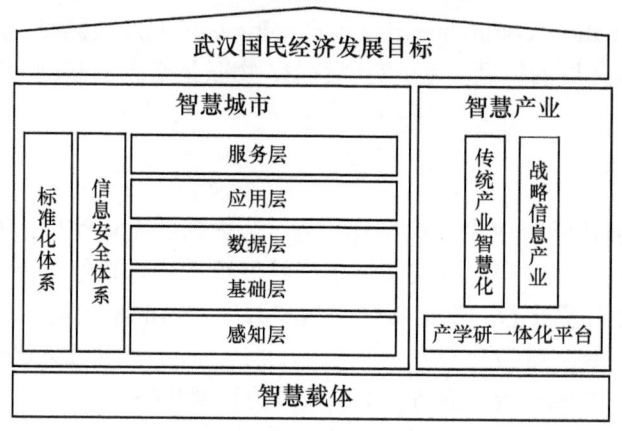

图 2-5　智慧武汉体系架构

(1) 智慧城市融合武汉市"光城计划"、"三网融合"等措施，通过政府信息资源整合、互联互通，构建感知层、基础层、数据层、应用层和服务层五层城市架构，建成涵盖智慧交通、电网、物流、社区、医疗、商业、城市管理等的应用体系。突破关键技术，形成一批知识产权，制定多项行业标准、国家标准和国际标准。

(2) 智慧产业在产学研一体化平台基础上，完成对传统产业的智慧化升级和调整，并打造新兴战略信息产业，打造一批具有核心竞争力的企业，形成智慧产业群，为智慧城市的建设及可持续发展提供强大的产业支持。

(3) 智慧载体建成展示体验中心、智慧实验室、示范基地等具有示范意义和推广效应的平台，使市民切身体验智慧武汉。

在智慧城市层面，以"智慧武汉，幸福生活"为总体目标。如图2-6所示，围绕该目标，智慧城市的顶层架构由感知层、基础层、数据层、应用层和服务层构成，并建立标准化体系和信息安全体系。

在感知层，通过条形码、智能终端、射频识别、多媒体采集、传感技术、定位系统等信息采集手段获取基本数据，借助三网合一的通信手段，将大量数据交由云计算平台整合、管理，在数据层通过数据活化等关键技术手段完成对

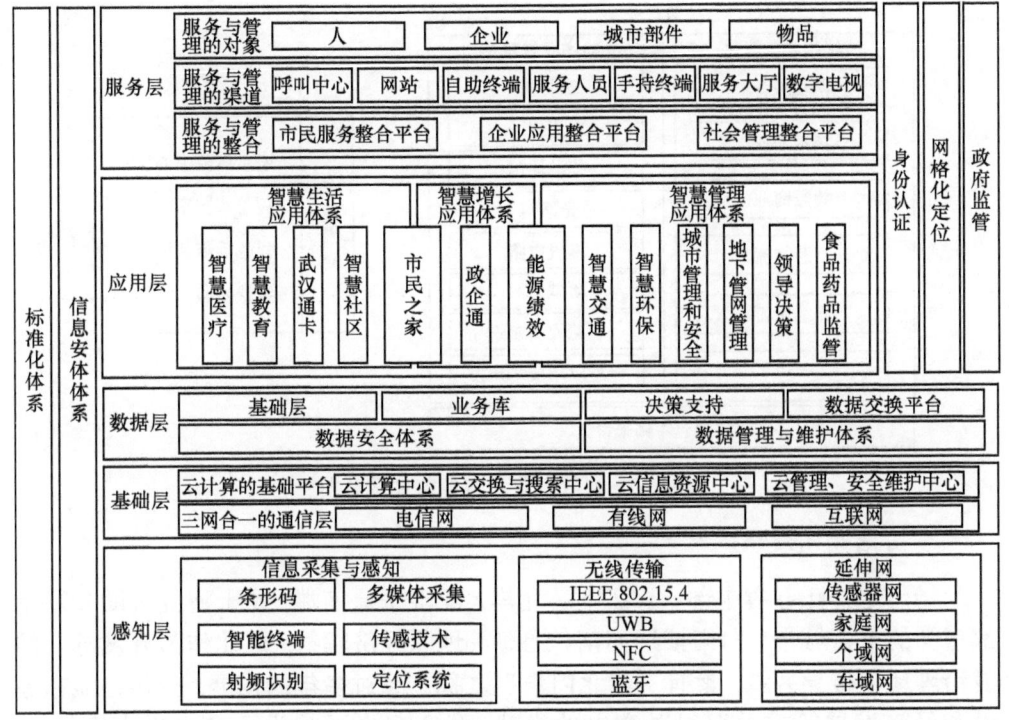

图 2-6 智慧武汉架构设计

数据的处理并提供给应用层的智慧系统应用,进而为政府、市民、企业等提供支持服务。

在智慧产业和智慧载体层面,如图 2-7 所示,智慧产业将在产学研一体化平台的基础上,完成对传统产业的智慧化升级和调整,形成两化融合、精准农业、智慧商业、智慧物流、智慧旅游等,为传统产业注入新力量。智慧产业还将打造新兴战略信息产业,打造一批具有核心竞争力的企业,形成智慧产业群,为智慧城市的建设及可持续发展提供强大的产业支持。智慧载体建成展示体验中心、智慧实验室、智慧示范基地、智慧新城等具有示范意义和推广效应的平台,使市民切身体验智慧武汉。

智慧武汉的建设将为武汉市带来巨大的经济效益和社会效益,为武汉的腾飞提供重大契机。并且通过在武汉的智慧城市试点应用,可以突破一批核心技术,掌握一批知识产权,形成具有完整性、前瞻性、可扩展性、行业和区域针对性、可操作性的智慧城市方案,培育一批具有自主知识产权和国际竞争力的品牌企业。通过试点示范,加快相关产业关键技术攻关,构建城市发展的智慧环境,探讨新型城市生活环境、文化环境、管理结构、产业结构、空间结构、面向未来构建全新的城市形态的可能性,为我国城市发展提供参考。

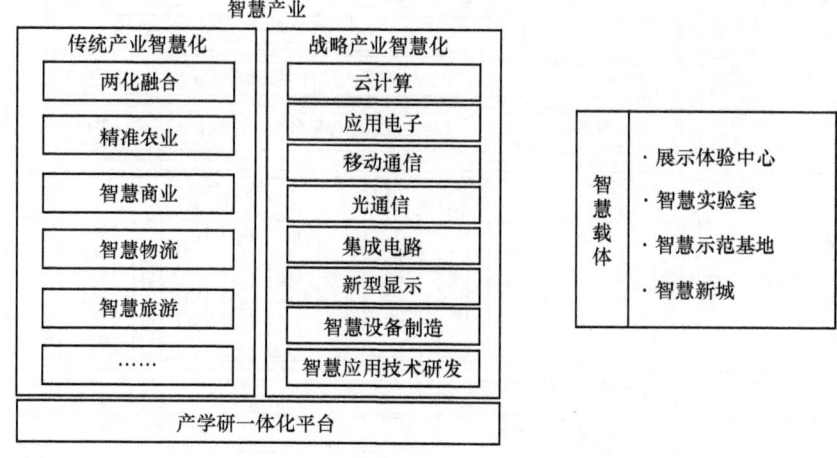

图 2-7 智慧产业和智慧载体示意图

2. 智慧扬州建设方案

扬州地处江苏省中部、长江下游北岸、江淮平原南端,是上海经济圈和南京都市圈的节点城市。向南接纳苏南、上海等地区经济辐射,向北作为开发苏北的前沿阵地和传导区域,素有"苏北门户"之称。经过多年的发展,扬州在城市建设和经济发展等方面取得了突出的成就,进入了全面建设更高水平小康社会,并向基本现代化迈进的重要时期。为充分发挥信息化对"发展创新型经济,建设创新型城市"("两个创新")和"创新扬州、精致扬州、幸福扬州"("三个扬州")城市发展战略的重大支撑作用,智慧扬州建设工作成为未来扬州城市发展的战略主题。

智慧扬州的建设在扬州现有基础上,更加注重解决扬州在经济转型发展、民生改善保障、城市运行管理等方面的热点、难点问题,发挥扬州在信息化建设中的优势,创建具有"扬州特色"的智慧城市建设模式。

(1) 聚焦民生。提升政府管理、服务水平,提高民众城市生活质量和满意度。通过智慧技术、智慧应用推动城市在运营模式、管理模式和服务模式等方面的创新与转型,实现基于智慧化手段的城市质态的全面提升,让智慧扬州真正成为政府、企业、公众的沟通平台,让全社会享受到智慧扬州的建设成果。

(2) 均衡发展。一方面配合"宁镇扬同城化"、"长三角一体化"进程,推动区域之间经济社会的协调发展;另一方面配合"一体两翼"都市区格局建设和城乡协调发展策略,将江都、仪征、宝应、高邮纳入智慧扬州建设范畴,兼顾城乡发展差异,以智慧城市建设的契机,推动促进城乡智慧应用一体化的新格局。

(3) 助力经济。一方面大力发展新兴产业,充分发挥本地信息制造产业、信息服务产业在经济发展和城市运行管理等领域的服务与支撑作用;另一方面全面推进城市建设运行各领域的信息化建设，为新兴产业发展营造良好的发展环境和现实的市场空间。

针对扬州的特色和定位，其智慧城市建设内容重点包括四个方面。

(1) 以广陵新城建设为切入，先行探索区域信息化建设和区域管理提升、经济发展的互动模式，重点提升软件服务业培育能力，推动扬州生产性和生活性信息服务产业发展；在新能源、新光源、新材料、智能电网、节能环保等新兴产业园区推进智能园区的示范试点工作，加速提升园区招商引资能力和公共管理服务水平；面向扬州特色产业和重点行业，建设若干个区域性的专题电子商务平台，推进区域内产业协作与产业集聚式发展；从农业信息服务和精准农业试点两个方面出发，通过信息技术大力发展现代农业，改造传统农业，以信息化带动农业、农村现代化。

(2) 完善以"信息共享、业务协同"为目标的电子政务应用框架，重点推进跨部门的政府服务与资源整合共享、业务协同联动和决策科学支撑，打造以公民和企业为核心的电子政务公共服务平台，进一步加强公众与政府的互动。

从三个层面系统推进政务系统的优化工作：在政务服务层面，打造全市统一的政务立体门户，大力推进移动电子政务建设，实现政府对公众需求的实时感知；在政务公开层面，深化行政权力网上公开透明运行系统的应用范围与深度，建设政务电子招投标采购平台；在政务决策层面，建设基于数据智能分析的政务协同决策支持系统，全面提升政府科学决策水平。

(3) 通过在医疗、教育、食品安全等领域推进民生保障与改善信息化工程，使得全体市民更好地分享城市信息化与智慧化的建设成果，打造更加宜居的城市环境，不断增强人民群众幸福感。

在医疗卫生领域，建设以居民健康档案为中心的智能医疗平台；在教育领域，建设教育资源共享平台，推进智慧校园试点示范工作；在食品安全领域，建设扬州市民生产品追溯系统。同时，持续扩大市民卡整合服务范围与应用深度，实现智能化民生服务能力的全面覆盖，引导市民进入舒适、便捷的智能生活。

(4) 通过对城市基础设施的智能感知、精细管控与协同调度，提升城市各项基础设施的运行效率，并优化资源配置。在能源基础设施领域，推进智能电网建设；在交通基础设施领域，部署全市交通信息采集、监控与分析网络和公交智能监控调度系统；在水资源基础设施领域，构建覆盖全市重点水域和水利设施的水务实时监控和分析物联网网络。在信息通信基础设施层面，通过物联网、互联网和通信网的智能与安全融合，满足未来政府、企业和公众对各类智能化应用的 IT 基础设施与通信能力需求。

通过智慧扬州的建设，将带来巨大的经济效益和社会效益。电子信息制造业、软件与信息服务业、数字文化产业、物联网产业、云计算产业等对扬州经济增长的贡献率进一步提高,经济转型升级加速。城市基础设施的信息化改造取得成效,建成规划科学、运行安全、使用便利、管控高效的智能电网、智能交通、智能环保、智能水资源等城市公共服务系统。推进医疗卫生、文化教育、社会保障、社区服务等领域的信息化建设,信息服务渗透公众生活的各个方面,真正改善民生、惠及民众。

2.2.4 智慧城市行业应用实例

1. 市民卡工程

近年来,随着我国经济和社会的快速发展,工业化、城市化和信息化水平的快速提升,以磁条卡和智能卡为主的各种卡片应用也经历了一个突飞猛进的发展。2000年左右,政府的便民需求催生了交通卡和医保卡的出现,经过四年的发展,交通卡向小额支付领域扩展,医保卡向社保卡发展并与银行卡整合。到2008年左右,融合了公交、社保等多领域应用的市民卡蓬勃发展,出现了多种创新应用模式。截止到2009年,我国已发行电信智能卡约35亿张,带银联标识的银行卡约19亿张,带非接芯片的二代证约9亿张,建设事业IC卡约1.7亿多张,社保卡为1.3亿张。

市民卡是由地方人民政府发放给市民用于办理个人相关社会事务和享受政府公共服务的实名制IC卡,具有电子凭证、信息存储、信息查询、小额支付等功能。电子凭证功能是指持卡人可以利用市民卡作为身份识别的有效凭证,通过联网或脱网方式,办理各项社会保障事务,享受政府公共服务;信息存储功能可以记录持卡人的基础信息和相关业务应用信息,通过接入相关业务信息系统,实现信息的交换和共享;信息查询功能是持卡人可以通过市民卡的服务基础设施,查询本人的基础信息和社会保险、卫生健康、劳动就业、社区服务等相关应用信息,保护个人隐私。小额支付功能是指持卡人可以通过市民卡进行各种交易处理,实现社会保障、城市公用事业、商业消费和金融交易服务等。如图2-8所示,市民卡应用领域非常广泛,主要包括政府公共服务、公用事业服务、商业服务和金融服务四个部分。

(1) 政府公共服务。社保局的五险支持、再就业管理,交通局的驾驶员培训、出租客运管理,教育局的学籍管理,公安局的户籍、流动人口管理,卫生局的就诊管理、新农合以及民政局的低保人群管理等。

(2) 公用事业服务。公共交通、水电气暖费用缴纳、图书馆应用、违章罚款、社区门禁、便民信息查询及公园门票等。

(3) 商业服务。超市消费、便利店购物、药店买药、餐饮消费、订票充值、加油卡等。

(4) 金融服务。银行营业网点、自动存取款机金融交易等。

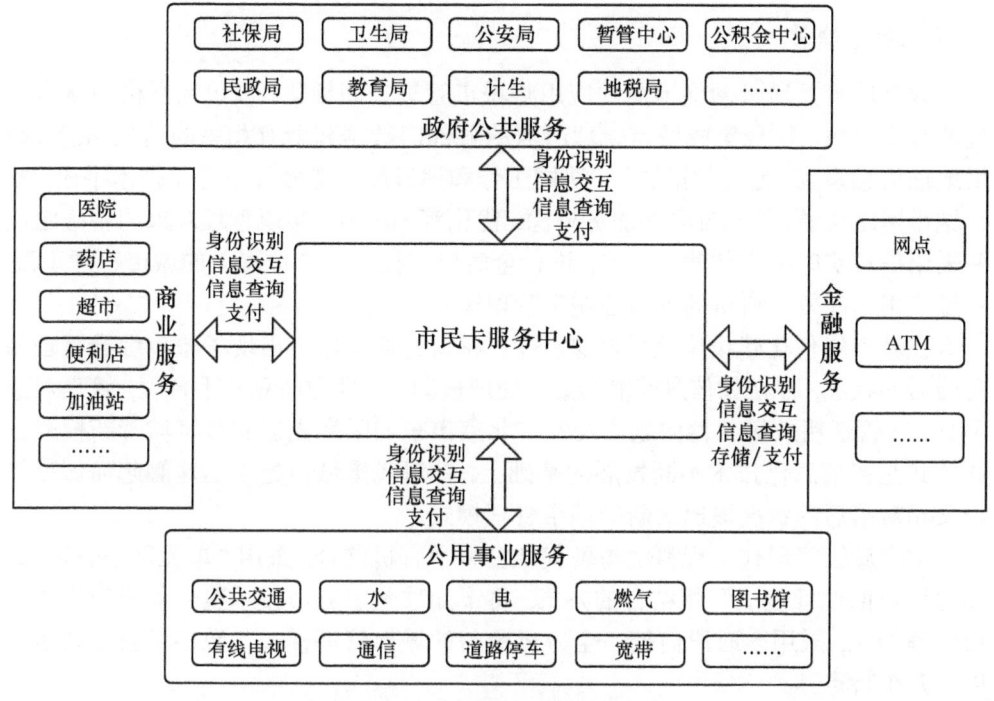

图 2-8　市民卡应用领域

市民卡的建设内容主要包括软件系统、硬件平台、运营体系、支撑体系和相关配套设施等方面。通过市民卡的建设，能够很好地整合区域资源，构建市民信息库，改善公共服务，提高政府效率，真正实现便民、惠民，并为智慧城市的建设打下坚实的基础。

市民卡建设可以为城市带来巨大的经济效益和社会效益。首先可以促进产业结构调整和产业升级，并节约社会成本。通过市民卡的建设及推广，带动传统 IC 卡应用行业的升级，以及新兴行业的应用与发展，如云计算、射频识别、指纹识别、移动支付、综合服务网站、客服中心、自助终端等技术产业，产生新的经济增长点。市民卡将取代传统的公交卡、银行卡、社保卡等，一卡多用，节约社会成本，避免政府的重复投入，并且提高工作效率。其次可以优化城市建设规划，有效利用公共资源，构建个人信用体系，带来巨大的社会效益。通过对市民持卡出行、购物、娱乐、休闲、就医等信息进行全面分析，可以深入了解市民生活模式，优化城市功能区规划，促进城市和谐、有序发展，并深入了解公共资源的使用情况和市民的确切需求，引导政府将有限的资源投入到市民最急需的公共服务上。市民卡记录的个人基本信息和消费信息，为个人信用评价体系提供翔实而准确的数据，便于建立一个全面、高效、可靠的城市个人征信体系。

2. 数字城管

数字城管是通过网格地图的应用将城市管理空间细化，以单元网格为城市管理的基本单位，整合集成城市管理所需的各部门数据和所有相关的地理信息，应用地理信息系统、无线数据通信、协同工作和地理编码等多种信息化技术手段，整合城市网络资源、管理资源和服务资源，优化管理流程，实现管理对象的精确定位，并采用信息实时采集传输的手段，进行全时段监控、全方位覆盖的城市管理手段，实现实用、高效、科学的创新性城市管理模式。

在城市现代化建设快速发展进程中，我国的很多城市出现了城市综合管理相对滞后的状况，存在如信息获取滞后、处理被动，管理空间划分不合理，管理对象不具体，管理粗放等共性问题。2004年北京市东城区率先创立数字城管新模式。该模式是在信息化技术不断发展的基础上，针对我国城市建设迅速崛起而城市管理又相对落后的状况提出的新的城市管理模式。

数字城管将现代工程科学与现代社会科学有机结合，采用"单元网格管理法"和"城市部件管理法"相结合的方式，将十几项数字城市技术整合集成应用于城市管理领域，采用全时段监控、全方位覆盖的城市管理模式。数字城管主要包括以下几个特点。

(1) 采用空间网格技术创建单元网格。从城市管理角度划分单元网格，开辟一个新的地理编码管理体系。按照空间网格技术的原理，以社区为基础，根据属地管理、地理布局、现状管理、方便管理、管理对象等原则，划分单元网格。同时兼顾建筑物、城市部件的完整性和便于社会管理及日常监督的考虑。通过单元地理网格的划分，将城市管理部件、道路、社区、门址、建筑物、企事业单位、地名等要素通过单元网格直接建立地理位置关系，使单元网格逐步成为城市各类要素与地理信息发生关系的重要编码基础。

(2) 通过城市管理职责分层、分级，实现主动式城市管理模式。将市区划分为区、街道、社区和单元网格四个层次，明确每个层次城市管理的责任，通过分区即时监控，随时掌握城市的现状，及时处理城市管理中发生的问题，从而实现城市管理由被动向主动的转变，彻底解决城市管理中的被动、盲目管理问题。

(3) 采用地理编码技术对城市部件实行分类、分项管理。通过普查将城市部件进行分类、分项处理后，确定每个城市部件的地理编码并标注在地图上，全部纳入计算机管理。采用地理编码技术进行分类、分项处理，将城市管理内容全面细化，并且可以科学确定相应的责任单位，实现城市管理由粗放向精确的转变，彻底改变城市管理对象不清、无序的现状。

(4) 依托数字城市技术，创建全新的信息实时传递方式。将现代信息技术全面应用于城市管理，整合信息资源，实现信息共享，是实现城市管理现代化的重要环节。通过无线网络技术的应用，可以实现信息源的全方位采集，以保证对城市实行全区域、全时段监控与管理。

(5) 按照电子政务的要求，全面整合政府职能。按照监控、评价与管理分开的原则，组建城市管理指挥中心和城市管理监督中心，彻底解决城市管理工作中专业管理部门多头管理、职能交叉、职责不到位的现象。根据新模式运行与发展的变化，适时调整专业部门设置和职能，保证新模式的顺利运行和不断完善。

数字城管主要包括如下几个应用系统。

(1) 无线数据采集子系统。无线数据采集子系统是为城市管理监督员对现场信息进行快速采集与传送而研发的专用工具。城市管理监督员使用相应功能的信息采集器在所划分的区域内巡查，将城市部件和城市事件的相关信息报送到城市管理监督中心，同时接受城市管理监督中心和领导的工作派遣与调度。无线数据采集子系统分为终端应用系统和服务器端应用支撑系统。终端应用系统实现对城市部件、事件所发生问题的各种现场信息，通过电话、表单、现场照片、录音和地理信息快速定位等多种采集手段，经无线网络将采集的多媒体信息实时传送到受理平台。

(2) 呼叫中心受理子系统。城市管理监督中心设立呼叫中心是联系内外各部门和社会公众的窗口，主要工作是受理来自城市管理监督员、社会公众、市级平台的城市管理问题，然后对问题进行审核，记录问题发生定位，立案后传递给城市管理指挥中心。因此，呼叫中心受理子系统的主要功能就是为呼叫中心坐席工作人员提供问题受理、登记、立案、定位和转发等功能，并实现与市级呼叫中心的信息交互工作。

(3) 协同工作子系统。城市管理协同工作子系统运用空间网格、地理编码、工作流、WebGIS等技术，受理城管监督员通过"城管通"上报的城市部件和事件问题信息及社会公众的举报信息，将任务派遣、处理、反馈、核查、结案、归档等环节关联起来，完成跨部门的任务流转和全程督查；实现城市管理监督中心、城市综合管理委员会、各相关专业管理部门和区政府之间的资源共享、协同工作与督办，达到城市管理主动、精细、快速、统一的目标；通过整合优化政府信息资源，建立全时段监控、全区域覆盖的城市管理体系。通过城市管理协同工作子系统，实现全新的城市管理模式，为创新城市管理体制，解决传统城市管理模式中分工不明、部门间信息沟通不畅的问题提供技术支撑。

(4) 大屏幕监督指挥子系统。大屏幕监督指挥子系统是城市管理新模式实时、可视化的信息显示系统。通过大屏幕监督指挥系统，实现城市部件和事件的实时监控、案卷办理状态和详细信息查询及城管监督员的实时调度，便于监督中心、指挥中心和有关领导实时了解东城区的城市管理状况和相关统计分析结果。

(5) 评价统计子系统。评价统计子系统通过采集网格化城市管理过程信息，在各种绩效评价数学模型基础上,应用数据挖掘和地理信息系统技术,开发基于图表、地图形式表现的评价结果可视化功能,形成对区域、部门、岗位等方面的绩效评价,使管理者能够及时掌握和分析城市管理工作的现状和水平,从而达到对管理过程中问题的不断纠正和实施过程的有效控制。通过分析评价结果,实现对城市管理的正确决策和长效机制的保持。

(6) 城市部件在线更新子系统。城市部件在线更新系统基于 B/S 结构(包含面向地理信息的 WebGIS 服务),用于在线修改城市部件信息。系统为相关专业部门用户提供网上地图数据输入、编辑和更新工具,实现在线数据输入、编辑更新。

(7) 地理编码子系统。数字城市管理地理编码系统是网格化城市管理最重要的支撑系统之一,数字城市地理编码技术提供一种把具有地理位置的信息资源赋予地理坐标,进而可以成为计算机所计算的方式。通过地理编码,将城市现有的地址进行空间化、数字化和规范化,在地址名称与地址实际空间位置之间建立对应关系,实现地址空间的相对定位,可以使城市中的各种数据资源通过地址信息反映到空间位置上,提高空间信息的可读性,在各种空间范围行政区内达到信息的整合。通过地理编码技术对城市部件进行分类分项管理,最终实现城市管理由盲目到精确,由人工管理到信息管理的转变。

(8) 基础数据资源管理子系统。基础数据资源管理系统供系统管理人员使用。利用基础数据资源管理系统,系统管理人员可以方便地调整系统使之适应于用户需要,并可以在使用中不断地变更系统配置,无须软件开发者的干预,充分赋予用户自维护、自发展、自适应的能力。利用基础数据资源管理系统,系统管理员可以设置每个使用人员权限;可以配置使用地图数据,也可以根据自己的需要随时添加图层和地物,以及每类地物相应的属性信息等。系统管理员可以使用基础数据资源管理系统修改应用模型,避免使用数据库系统本身工具进行系统维护,极大地提高了效率。系统管理人员无须了解系统数据库的具体结构和实现,就可以正确地使用基础数据资源管理系统进行日常维护和系统与数据扩展。

(9) 应用维护子系统。应用维护子系统是系统管理员使用的工作平台,通过该平台可以快速搭建、维护城市管理业务,定制业务工作流程,设置组织机构,并能够方便快捷地完成工作表单内容样式调整、业务流程修改、人员权限变动、系统数据备份等日常维护工作。利用应用维护子系统,系统管理人员可以方便地调整系统使之适应用户需要,并可以在使用中不断地变更系统配置,无须软件开发者的干预,充分赋予用户自维护、自发展、自适应的能力。

数字城管的相关系统在相关的城市已经开始试用和运行,从城市的实际运行情况来看,系统的软硬件系统和信息资源运行稳定、可靠,反映快速准确,数据精确翔实,处理流程科学合理,操作简便易学。双轴化的新型管理体制和新的城市管理流程,实现了城市管理问题的及时发现和快速处理,取得了明显效果。

第3章 技术积累

3.1 智慧城市建设与研究现状

3.1.1 国际智慧城市建设与研究现状

智慧城市利用最新技术提高资源利用效率，实现节能化，因此受到各国政府的欢迎。目前世界上智慧城市的开发数量众多，特色鲜明，现在全球大概有200多个智慧城市的项目正在实施中。现在发达国家地区也是在产业转型和社会发展当中，认识到了智慧城市的前瞻性、超前性，相继提出了智慧城市的战略举措。

世界各国对智慧城市的理解不尽相同，并且采用不同的系统架构与参考模型，因此如何从系统层面对智慧城市进行评测，是世界各国城市在规划建设中急需解决的问题。目前国内外还没有相关机构或政府部门成立专门针对智慧城市的评测机构来评估和指导各城市的智慧城市规划和建设工作。但随着各行业信息化的展开，我国已经成立了一些政府、民间或商业的评测机构及中心，具有代表性意义的有国家信息化评测中心和中国软件评测中心。这些评估机构的组织方式、评测体系与方法、运营模式都可以为智慧城市评测中心的创建与运营提供良好的借鉴与示范作用。

目前，美国、欧洲、日本、韩国、新加坡等国家和地区均已启动智慧城市相关的项目和技术研究，在一些试点工程取得了较好的效果。美国率先提出了国家信息基础设施(National Information Infrastructure, NII)和全球信息基础设施(Global Information Infrastructure, GII)计划，接着欧盟又着力推进"信息社会"计划，并确定了欧洲信息社会的十大应用领域，作为欧盟信息社会建设的主攻方向。在2007~2013年，欧盟为信息和通信技术研发所投入的资金达20亿欧元左右。最近欧盟委员会更将信息和通信技术列为欧洲2020年的战略发展重点，制定了《物联网战略研究路线图》。国际智慧城市组织智能社区论坛(Intelligent Community Forum, ICF)等相关机构相继成立，并开展"全球智慧城市奖"评选活动。

宽带网络作为国家信息化的重要基础设施，是承载智慧城市信息的重要载体，其重要性不言而喻，许多发达国家已经将宽带发展作为国家战略的重要组成部分。2009年，韩国、法国、意大利等发达国家相继出台了宽带发展的新战略，光纤接入成为其中的重要内容。

韩国是全球宽带发展最好的国家之一。在国际信息技术与创新基金会(Information Technology and Innovation Foundation, ITIF)发布的2008年全球宽带网络建设状况排名中，韩国排名第一。资料显示，韩国家庭宽带普及率为93%，平均速率为49.5Mbit/s。然而，韩国政府并不满足已取得的成绩。2009年5月，韩国发布了"绿色IT国家战略"，斥资4.2万亿韩元用于宽带提速。该战略计划构建比韩国目前宽带速度快10倍的"Giga(千兆位)互联网"。

欧洲(在宽带发展较好的德国)在2008年已将宽带战略作为国家经济刺激计划的一部分。该战略预计到2018年让所有家庭的宽带速率将达50Mbit/s。而意大利的宽带计划，预计投资总额将达8亿欧元。从2010年开始，其将为所有用户提供下载速率达2Mbit/s的宽带接入。法国拟通过全国贷款计划向高科技项目提供最多达40亿欧元的融资，其中大部分将用于补贴较小城市的高速宽带网络建设。英国则推出"数字英国"计划。该计划在宽带方面，实施一项为期三年的国家计划，到2012年，英国的家庭至少能享受到2Mbit/s的宽带普遍服务。另外据了解，澳大利亚启动了"光纤进家庭"的建设计划，该计划将耗资434亿澳元，建成后可使澳大利亚90%的家庭和工作单位获得比目前宽带速度快100倍的互联网服务。当今世界的第一经济体美国同样重视宽带的发展。奥巴马政府上台伊始，就计划投资72亿美元用于乡村地区、欠发达地区和其他提出加大互联网建设要求地区的高速宽带建设。目前该宽带刺激计划首批资金1.82亿美元已到位。

泛在网是智慧城市基础设施建设中的重要内容之一，在此方向的标准化组织主要有国际电信联盟远程通信标准化组织(International Telecommunication Union-Telecommunication Sector, ITU-T)、欧洲电信标准协会(European Telecommunication Standards Institute, ETSI)及国内的中国通信标准化协会(China Communications Standards Association, CCSA)等；动态感知方面主要有美国电气和电子工程师学会(Institute of Electrical and Electronic Engineers, IEEE)、国际标准化组织(International Organization for Standardization, ISO)、互联网工程任务组(Internet Engineering Task Force, IETF)及国内的传感器网络标准工作组(Working Group for Sensor Network Standard, WGSN)标准化组织；空间地理信息标准制定的组织有ISO、开放地理空间联盟(Open Geospatial Consortium, OGC)及全国地理信息标准化技术委员会等；在具体应用领域，如智能交通、智能电网等也都存在相应的行业标准，如ISO/TC 204是制订交通信息和控制系统国际标准的技术委员会；国际电工委员会(International Electrotechnical Commission, IEC)的第三战略工作组——智能电网国际战略工作组。

在智慧电网方面，美国得克萨斯州、丹麦、澳大利亚和意大利的公共事业公司正在建设新型数字式电网，以便对能源系统进行实时监测。在智慧交通方面，在斯德哥尔摩，一种新型的智能收费系统使城市交通流量减少了20%，汽车废气排放减少了12%；在伦敦，阻塞管理系统成功将交通流量降到20世纪80年代中期的水平。在智慧物流方面，作为挪威最大的肉产品和禽肉生产商及供应商的 IT

子公司，Matiq公司利用可跟踪性技术来跟踪产品从农场、供应链直至超市货架，公司能够在整个价值链上捕获和分析数据，提高了效率、降低了成本，并通过改善库存管理和提高供应链响应速度以应对不断变化的客户购买模式，实现了供应链优化。

下面针对不同的国家介绍智慧城市相关研究和实践工作的最新进展。

3.1.2 智慧政务的服务模式和类型

1. 美国

1993年美国副总统戈尔亲自主持实施"NII"即"国家信息基础设施"的规划。其主要意图是要在21世纪初用光缆把美国所有的企业、商店、研究机构、学校和家庭连接成一体。对此，西方发达国家七国首脑自然不愿美国独领风骚，紧跟着提出"全球信息基础设施"(GII)计划，以谋求共同发展。

国际信息基础设施一词是在1993年9月15日美国政府发表的"国家信息基础设施行动动议"(The National Information Infrastructure:Agenda for Action)这一文件中正式出现的，它的英文原词是National Information Infrastructure，缩写为NII。与此同时，还出现了NII的同义词——信息高速公路，并在全世界掀起讨论信息高速公路的滚滚热潮。

2009年1月28日，奥巴马就任美国总统后，与美国工商业领袖举行了一次"圆桌会议"。作为仅有的两名代表之一，IBM首席执行官彭明盛明确提出智慧地球这一概念，希望通过加大对宽带网络等新兴技术的投入，振兴经济并确立美国的未来竞争优势。奥巴马积极回应："经济刺激资金将会投入到宽带网络等新兴技术中，毫无疑问，这就是美国在21世纪保持和夺回竞争优势的方式。"奥巴马政府将其作为保持和重夺国家竞争优势的根本所在，上升到国家政策层面。IBM智慧地球战略的主要内容是把新一代IT技术充分运用在各行各业中，即把感应器嵌入和装备到全球每个角落的医院、电网、铁路、桥梁、隧道、公路、建筑、供水系统、大坝、油气管道等各种物体中，通过互联形成物联网，而后通过超级计算机和云计算将物联网整合起来，人类能以更加精细和动态的方式管理生产和生活，从而达到全球智慧状态，最终形成"互联网+物联网＝智慧的地球"。

伴随着智慧地球概念的提出，IBM相继推出了各种智慧解决方案，包括智慧的电力、智慧的医疗、智慧的交通、智慧的供应链、智慧的银行业等，其中智慧城市是IBM智慧地球策略中的一个重要方面。构建智慧的地球，从城市开始，智慧城市是智慧地球的缩影。

2009年9月，美国中西部爱荷华州的迪比克市与IBM共同宣布，将建设美国第一个智慧城市——一个由高科技充分武装的60000人社区。通过采用一系列IBM新技术"武装"的迪比克市将完全数字化,并将城市的所有资源都连接起来(水、电、油、气、交通、公共服务等),因此可以侦测、分析和整合各种数据,并智能化地做出响应,服务于市民的需求。IBM还提出了未来几年内的一个计划:在美国爱荷华州的小城迪比克开展一个项目,该项目将通过使用传感器、软件和互联网让政府和市民能够测量、检测和调整他们使用水、电和交通的方式,以期打造更加节能、智能化的城市。通过完全数字化的方式并将城市的所有资源连接起来,可以侦测、分析和整合各种数据,并智能化地响应市民的需求,降低城市的能耗和成本,更适合居住和商业的发展。

奥巴马政府将智能电网项目作为其绿色经济振兴计划的关键性支柱之一。2009年2月,美国总统奥巴马发布的《经济复苏计划》中提出,计划投资110亿美元,建设可安装各种控制设备的新一代智能电网,以降低用户能源开支,实现能源独立性和减少温室气体排放。此外,美国能源部于2009年5月18日发布了第一批与智能电网相关的16个重要标准;美国电气和电子工程师学会(IEEE)协同美国国家标准技术研究所(National Institute of Standard Technology, NIST)发布了"IEEE P2030"计划,制定了智能电网的标准和互操作原则。2009年6月,美国商务部和能源部共同发布了第一批智能电网的行业标准,这标志着美国智能电网项目正式启动。

2010年3月美国联邦通信委员会(Federal Communications Commission, FCC)正式对外公布了未来10年美国的高速宽带发展计划,将目前的宽带网速度提高25倍,到2020年以前,使1亿户美国家庭互联网传输的平均速度从现在的每秒4兆提高到每秒100兆。而此前的20世纪90年代,克林顿政府也曾耗资2000亿~4000亿美元,用20年时间建成美国国家信息高速公路基础设施,创造了巨大的经济效益和社会效益,并成为全球信息产业强国。

"智慧城市论坛"(Intelligent Community Forum)成立于纽约,目前致力于研究21世纪城市的经济和社会发展。无论在发达国家还是发展中国家,城市都面临着如何保持繁荣、稳定和发展的挑战,而当今世界在工作、投资和发展上越来越多地依赖于网络和通信,因此智慧城市论坛从2005年开始和纽约理工学院开展合作,致力于研究智慧城市的建设实践并分享这些成功经验。2010年,智慧城市论坛评选出全球七大智慧城市,分别是查塔努加(美国田纳西州)、都柏林(美国俄亥俄州)、埃因霍温(荷兰)、意西雷牧里诺市(法国)、滨江(美国加利福尼亚州)、斯特拉特福(加拿大安大略省)、温莎–埃塞克斯(加拿大安大略省)。

2. 欧洲

1) 欧盟

2005年7月,欧盟正式实施"i2010"战略。该战略致力于发展最新的通信技术、建设新网络、提供新服务、创造新的媒体内容。在2000年阿姆斯特丹就启动了智能城市建设，2007年成立智能工作中心。在欧洲与智慧城市相关的方案中，柏林侧重交通，巴黎侧重规划，都柏林强调水资源管理，斯德哥尔摩强调市民与政府的互动，维也纳关注民生等。罗马学者提出过一种以事件驱动的智慧城市架构。2009年3月，欧盟委员会提出了"信息通信技术研发和创新战略"，呼吁加大对信息技术研发和创新的支持和投入，使欧盟在该领域领先全球。2009年6月提出了"欧盟物联网行动计划"，2010年9月启动了"欧洲网络基础设施项目(EGI)"。

欧盟早在2007年就提出了一整套智慧城市建设目标，并付诸实施。欧盟的智慧城市评价标准包括智慧经济、智慧移动性、智慧环境、智慧治理等方面。评估结果表明，瑞典、芬兰等北欧国家以及荷兰、比利时、卢森堡、奥地利城市智慧程度较高。

2010年3月，欧盟委员会出台"欧盟2020战略"，提出了三项重点任务，即智慧型增长、可持续增长和包容性增长。智慧型增长意味着要强化知识创造和创新，要充分利用信息技术。欧盟2020战略把"欧洲数字化议程"确立为欧盟促进经济增长的七大旗舰计划之一。2010年5月发布的《欧洲数字化议程》分析了影响欧盟信息技术发展的七种障碍，包括数字市场间的堡垒、缺少互操作性、网络犯罪增加与风险、缺少投资、研发与创新不够、社会缺少数字技术知识普及、未能应对社会大挑战等，并且提出了七大重点领域：一是要在欧盟建立一个新的数字市场，让数字时代的各种优势能及时共享；二是改进信息通信技术标准的制定，提高可操作性；三是增强网络安全；四是实现高速和超高速互联网连接；五是促进信息通信技术前沿领域的研究和创新；六是提高数字素养、数字技能和数字包容；七是利用信息通信技术产生社会效益并服务于社会。

欧洲数字化议程政策是欧盟2020战略中提出的七大旗舰计划之一，也是第一个付诸实施的。由于信息技术在现代社会的巨大辐射作用，这一政策的出台，将有助于欧洲经济实现持续稳定增长。

欧盟通过的第七研究框架(7th framework programme, FP7)计划对未来互联网、云计算、物联网等关键领域进行重点支持，攻克技术难关。欧洲第七框架中关于智慧城市的体系架构研究主要分布在信息和通信技术(information communication technology, ICT)。依据现有设计理念，涉及智慧城市的有关信息通信基础的体系架构主要包含两层，即底层的泛在式信息通信基础设施和信息通信服务支撑技术集。每层又各自包含两个核心支撑技术集合。前者包括高速互联网接入及基于无线传感器与执行器(actuator)的泛在分布。后者包括智能媒体服务支撑技术以及城域范围内对上述无线传感器基础设施的开放性接入服务。

2011年5月，欧洲委员会审查了大约140个它们所支持的未来互联网研究项目的进展。欧盟资助研究的目的是使它成为刺激经济增长和就业活力的创新动力。

目前，15亿人正在通过网络进行连接，未来估计将有几十亿甚至上百亿的物体相互间被连接。基于欧盟对各研究项目的资助，一个由政府与企业共同注资60亿欧元的合作企业在2011年5月3日成立，它将发展用于建设和提升未来互联网的服务于创新业务模式的新途径。

其中，SENSEI项目研究如何将物理世界融入到数字世界中。SENSEI项目创建了一个开放的商业驱动的IT框架，以解决全球分布式传感器设备(如公共交通传感器)由于渐增的数据流量而带来的问题。通过将真实世界与数字世界的连接将产生"智慧区域"。例如，通过将一些已经联网的无线传感器置入公共汽车，当有一辆公共汽车快要进站时，车站管理者将可以接收一条信息，这将让他们迅速调度并使汽车能够更快地到达目的地。目前，SENSEI系统也计划使现有的健康医疗系统、能源网络以及交通管理等基础设施变得更智慧一些，通过创新应用将它们的数据进行整合，为用户创造有价值的信息。这个系统已经在挪威进行测试，通过在牲畜身上装备全球定位系统，允许牲畜的所有者追踪其放牧的地方。智慧城市服务已经开始在贝尔格莱德用于测量温度、湿度、公共汽车的二氧化碳排放量，以及对汽车的行驶路线进行实时定位。市民能够通过手机和其他网络应用获取这些信息。这个项目是由芬兰、法国、德国、意大利、爱尔兰、荷兰、挪威、塞尔维亚、罗马尼亚、西班牙、瑞典、瑞士和英国的产业界、大学与研究中心联合执行的。欧盟第七框架计划资助了该项目1490万欧元(项目总经费为2320万欧元)。该项目于2008年1月开始，已于2010年12月结束。

物联网(internet of things, IoT)架构项目则是研究如何将计算机、物体和人通过一个开放的标准连接到网络，同时保护他们的隐私与安全。今天，不同的设备与物体通过不同的工具(如智能标签和智能传感器)进行连接，但它们之间却不一定互联互通。独立的数据系统仅能够处理有限的数据增长，并不能很好地保护隐私与安全。系统与系统之间的不兼容将减缓未来物联网全球性解决方案诞生的速度。物联网架构模型研究如何在未来的互联网领域，将智能家居、智能交通系统、健康监测系统、物流与零售企业等纳入一个统一的标准化平台，将它们的数据转换为信息。同时，隐私与安全保护措施能够被更好地包含到这些创新技术的设计中，保护用户的个人资料数据。2011年6月6日至9日的巴塞罗那"物联网周"，欧洲物联网架构的第一个版本被提出。该项目由比利时、法国、德国、希腊、意大利、西班牙、瑞士和英国的产业界、大学与研究中心联合执行。欧盟第七框架计划资助了该项目1190万欧元(项目总经费为1870万欧元)。

作为未来的发展趋势之一——物联网将在各个方面决定未来世界和人类社会的发展方向，所以现在有必要对物联网开展全面的研究工作，对物联网的发展提出合理可行的建议，以利于物联网在全世界的发展，造福世界各国人民。

为了迎接物联网这一挑战，欧洲物联网研究项目组(Cluster of European RFID

Projects-Internet of Things, CERP-IoT)于 2009 年制定了"物联网相关的战略研究路线图(SRA)"。这一路线图不但综合了欧洲各界专家的意见,同时也汇集了欧洲专家与世界各地专家的交流成果。

欧洲针对物联网的发展出台了具体的研发、测试指导意见,分为短期、中期和长期计划,并且启动了七项智慧城市试点项目,其中物联网技术在其中四项里扮演重要角色。从这些项目和发展目标来看,欧洲对物联网的研发和投入具体到实施层面,更加偏重网路领域和传感领域的技术研究、部署和实现方法。

欧盟将物联网发展分为三阶段。短期阶段:主要开展信息和通信技术政策支撑计划(ICT Policy Support Program),目前有六大试点工程。中期阶段:启动未来互联网公共私有合作关系计划(Future Internet Public Private Partnership),十大项目于2010年4月启动。长期阶段:融入欧盟的未来互联网研究与实验计划(Future Internet Research and Experimentation, FIRE),这是学术界下一代互联网的庞大科研计划,物联网作为其中一个分支,以 WiseBed 和 Smart Santander 作为试验床开展深入研究。此外,欧洲同时启动了七大智慧城市试点项目,物联网技术在其中扮演重要角色,分别是 EPIC、Peripheria、Open Cities、Life2.0、w-iLab、SenslabKanseiGeni、TWIST。

其中,欧洲智慧城市平台(European platform for intelligent city, EPIC)将构建一个以云计算为基础的、覆盖全欧洲的 Web 服务交付平台,采用一些未来互联网技术如物联网、移动计算、3D 等,实现灵活、可扩展、安全性高的平台。基于此平台试点欧洲智慧城市项目,向公众和企业界提供公共服务,并将智慧城市的开展作为 virgin 城市的先期试点。试点的智慧城市:罗马尼亚的特尔古穆列什(Tirgu Mures)、西班牙的巴塞罗那、英国的曼彻斯特、法国的伊西(ISSY)。向用户展现一个portal界面,并提供Rlocation服务(利用增强现实技术,在布鲁塞尔更好定位)、城市规划服务(利用3D 技术,基于手机终端的地理信息技术,在法国伊西,提供城市规划水平)和智能环境服务(利用手机传感技术,在英国曼彻斯特让市民更好地感知周围环境,提高生活质量),都是非常具体的应用,这些服务的运行需要调用后端云计算平台的各类智慧城市元服务。最终形成一个 Web 服务交付平台和物联网应用的试验床,构建大量电子政府范围内的 Web 服务,制订智慧城市的实施策略,并将智慧城市落实为基于云计算和 Web 的信息服务。

Peripheria 是为期 30 个月的欧盟研究项目,隶属于欧盟政策支撑计划(Policy Support Program, PSP)、信息和通信技术、竞争与创新计划(Competition and Innovation Plan, CIP),包括 5 个欧盟国家 12 个城市,共同形成智慧城市网络。该项目将建立和实现Peripheria智慧城市之间的开放式服务融合平台(open service convergence platform, OSCP),这是在欧盟另外一个项目(Save Energy: Social Information Architecture)基础上的进一步提升和扩展,新增和融合了一些重要组件,包括传感网络、实时 3D 技术、手机定位服务等。

该项目为了更好地展示物联网技术在提升社会价值上的重要作用,将抽象出一些共性理论、方法和实践工具。此外,该项目重点关注智慧城市中政府职能转变和提供服务方式的变革,提出未来政府需要重点关注和发展的方向,其中包括:多渠道,以市民为中心的服务提供方式;一站式、全生命周期和跨部门、跨行业的无缝服务提供方式;依靠民众参与的电子政务服务提供方式。在该项目所覆盖的 12 个欧洲智慧城市内部和城市之间,构建一个统一融合的未来互联网平台,实现一系列创新服务,从而改变传统工作和生活方式,改善和提高市民工作和生活水平。值得一提的是,Peripheria 不再将互联网仅看成一个技术产物,而是社会发展、社会技术交融的结果,由物联网、人联网和服务联网三部分构成的科技世界,其核心是人在各个社区中的交互,是未来城市发展的重要基础。

2) 西班牙

智慧桑坦德(Smart Santander)是集欧洲科研力量、财政投入于一体的大型智慧城市项目,于 2010 年 9 月启动,持续 36 个月,有 8 个欧盟国家,15 个组织参加,预算 800 万欧元左右。该项目将在西班牙的桑坦德市建立一个试验床,研究以物联网为核心的智慧城市的基础架构、关键技术、服务与应用。西班牙政府、Telefconica 电信运营商和 Cantabria 大学是智慧桑坦德的主要运营管理者,他们将以西班牙桑坦德为中心,连同分布于欧洲其他地方的物联网实验基地,进行协同实验,共同深化智慧城市理念和开展具体实践。智慧桑坦德是目前全球范围内唯一的城市级智慧城市实验基地。

3) 瑞典

瑞典的智慧城市建设在交通系统上得到了最大的体现。瑞典首都斯德哥尔摩交通拥挤非常严重,于是在 2006 年初瑞典当局宣布征收"道路堵塞税"。在 IBM 公司的助力下,斯德哥尔摩在通往市中心的道路上设置了 18 个路边控制站,通过使用射频识别技术以及利用激光、照相机和先进的自由车流路边系统,自动识别进入市中心的车辆,自动向在周一至周五(节假日除外)6:30~18:30 进出市中心的注册车辆收税。通过收取道路堵塞税减少了车流,交通拥堵降低了 25%,交通排队所需的时间下降 50%,道路交通废气排放量减少了 8%~14%,二氧化碳等温室气体排放量下降了 40%。

4) 爱尔兰

智能科技在爱尔兰自然环境方面得到了成功应用。在爱尔兰戈尔韦湾(Galway Bay)的"智慧湾"(Smart Bay)项目中,系统从装在数百个浮标上的感应器获取信息,并从渔民那里获得短信,以了解水面漂浮的危险物体。信息被利用到各个渠道,包括避免渔船失事、向戈尔韦湾管理员发送涨水警告,以及帮助渔民把捕获的鱼直接卖给餐厅,让他们可以获得更高的利润。

5) 德国

T-city 是德国电信和德国城市腓特烈港共同进行的大规模生活实验室计划(2007~2012年),旨在研究现代信息通信技术,示范如何提高城市未来的社区和生活质量。该计划还集合了阿尔卡特集团、三星集团、德国城镇发展协会、波恩大学等组织,是德国第一次由城市居民、公司、学校、科学家、医疗机构、城市管理者共同进行日常应用性的创新。T-city 内的各项实验计划,目标都在建构未来生活形态,并且透过实验为企业的创新建立坚实的基础。2007年以来,共进行了约30个项目,分为六大领域,基本上覆盖了城市生活的各个方面。

(1) 学习与研究:多媒体教育平台。请病假的学生可以在家上网同步观看上课情形。多语言翻译功能让移民学生也能了解授课内容,老师可以用来备课等。未来将从基础教育扩展到高等院校、职业技术培训学校等,进而整合成完整的行动教育网络。

(2) 行动与运输:电子船票、水上活动全球定位求救系统。当发生意外时,只要使用手机按键即可发出求救信号,定位地点,内建软件将姓名、联络方式等预先储存起来。

(3) 旅游与文化:手语电话、城市观光导览信息、多媒体信息站、饭店信息系统、数字新闻频道等。城中设置八个听障人士公用电话,可以连通手语及翻译通话。旅客可以在网络上直接安排旅游行程等。各项活动日期、地图等都可利用网络传送到个人移动通信装置上。

(4) 公民与政府:eGovernment,各项公众事务简便化。

(5) 商业与工作:dDesk 移动办公室、手写信息数字转换、智能电表。全面换装智能电表在 15 分钟内可将用电、煤气情形上传至用户个人网站平台上。提供网络办公平台,无论身在何地,只要连接上网,插入 dDeskKey 就可进入办公平台。

(6) 健康与护理:德国第一套远程医疗系统。慢性心脏疾病患者在家中即可接受医疗院所的照护。

3. 亚洲及其他

1) 日本

2004 年日本总务省就提出了"u-Japan"计划,旨在推进日本信息和通信技术建设,发展无所不在的网络和相关产业,并由此催生新一代信息科技革命,在2010 年将日本建设成一个"任何时间、任何地点、任何人、任何物"都可以上网的环境。

2007年东京市政府联合其他职能部门在全市成功推行了物联网应用。在"东京无所不在计划"中,应用先进技术将东京市内所设"场所"及"物品"赋予唯一的固有识别码,将真实世界的资讯或内容进行数字化处理后与虚拟现实空间结合。东京大学曾参与低碳信息化项目,将建筑内的空调、照明、电源、监控、安全设施等子系统联网,对电能控制和消耗进行动态、有效的配置和管理。传感技术和智能技术的应用大大减少了电能消耗,例如,当学生进入研究室时,其所经过的照明系统和其独享的空调设施会及时开启,而当其离开系统则会立即关闭。

2009年7月,日本政府IT战略本部制定了"i-Japan(智慧日本)战略2015",旨在将数字信息技术融入生产生活的每个角落,目前将目标聚焦在电子化政府治理、医疗健康信息服务、教育与人才培育等三大公共事业,计划到2015年实现以人为本、"安心且充满活力的数字化社会",让数字信息技术如同空气和水一般融入每一个角落,并由此改革整个经济社会,催生出新的活力,实现积极自主的创新。

i-Japan战略2015是日本继e-Japan、u-Japan之后提出的更新版本的国家信息化战略,其要点是大力发展电子政府和电子地方自治体,推动医疗、健康和教育的电子化。该战略的要点在于实现数字技术的易用性,突破阻碍其使用的各种壁垒,确保信息安全,最终通过数字化技术和信息向经济社会的渗透打造全新的日本。该战略由三个关键部分组成,包括设置"电子政务"、"医疗保健"和"教育人才"三大核心领域,激活产业和地域的活性并培育新产业,以及整顿数字化基础设施。

i-Japan战略2015提出整顿体制和相关法律制度,以促进电子政府和电子自治体建设,关键是设置副首相级的信息总管(chief information officer, CIO),赋予其必要的权限并为其配备相关辅佐专家,增强中央与地方的合作以大力推进电子政务和行政改革,并延续过去的计划,确立PDCA(计划–执行–检查–行动)体制,以通过数字技术推进"新行政改革",简化行政事务,实现信息交换的无纸化和行政透明化。i-Japan战略2015有一个核心内容——"国民个人电子文件箱"。其目的是让国民管理自己的信息资料,通过互联网安全可靠地完成工资支付等各种手续,对其进行综合管理,使国民享受到一站式的电子政务服务,让其能够放心获取并管理年金记录等与己相关的各类行政信息,并参与电子政务。

日本政府已认识到,目前已进入将各种信息和业务通过互联网提供的云计算时代,政府希望通过执行i-Japan战略,开拓支持日本中长期经济发展的新产业,大力发展以绿色信息技术为代表的环境技术和智能交通系统等重大项目。在上海世博会上,日本馆更是以连接为主题,用信息化最新科技让人们看到未来20~30年城市"智慧生活"的美好场景。展会上所亮相的"未来邮局"融合了互联网和物联网技术,在邮局中不仅能够寄送信件,还能实现人与商品的智慧交流。

2) 新加坡

2006年,新加坡启动了"智慧国家2015(iN2015)"计划。该计划为期十年,共投资约40亿新元,目标是"利用无处不在的信息通信技术将新加坡打造成一个智慧的国家、全球化的城市"。该计划力图通过基础设施建设、产业发展与人才培养，以及利用资讯通信产业进行经济部门转型等多方面的战略规划，并通过包括物联网在内的信息技术、感应技术、生物识别、纳米科技等的演进带动信息通信相关产业的发展，以建构一个真正通信无障碍的社会环境，最终将使新加坡成为一个由资讯通信所驱动的智慧国家与全球都市。

到2015年，新加坡政府希望实现如下六个目标：90%的家庭使用宽带网络；100%的学龄儿童家庭拥有计算机；信息通信科技业带来8万个新增就业机会，其中5.5万个信息通信类工作和2.5万个附属类工作；信息通信增值产业的产值增倍，达到260亿新元；信息通信产业出口收入增长3倍，达到600亿新元；新加坡成为全世界在应用信息通信技术为经济与社会创造增值方面首屈一指的国家。

新加坡政府将通过四大策略来完成上述六大目标的实现：建立超高速、广覆盖、智能化、安全可靠的信息通信基础设施；全面提高本土信息通信企业的全球竞争力；发展普通从业人员的信息通信能力，建立具有全球竞争力的信息通信人力资源；强化信息通信技术的尖端、创新应用，引领包括主要经济领域、政府和社会的改造，提升数字媒体与娱乐、教育、金融服务、旅游与零售、医疗与生物科学、制造与物流以及政府等七大经济领域的发展水平。

智慧国家2015的一个战略要点就是发展完善的基础设施，目标是到2015年，新加坡将建成新一代的全国资讯通信基础设施，包括建设超高速且具有普适性的有线和无线两种宽带网络。同时，资讯通信发展管理局(Infocomm Development Authority of Singapore, IDA)还推出了相应的平台和新服务，进一步加强新一代资讯通信基础设施建设，为经济增长和社会发展打好基础。

资讯通信产业是新加坡经济发展的一个关键推力，IDA通过吸引国外领先企业、刺激资讯通信创新和促进本地企业的国际化发展，全力发展具有国际竞争力资讯通信产业，而充满活力的资讯通信产业将促进其他经济活动的增长。发展资讯通信技术的最终目的是要借此促进其他关键经济领域的发展，以提升国家和资讯通信产业的经济竞争力，使其惠及更多的国民。

新加坡在全球范围内引领电子政府的发展，"整合政府2010"(iGov2010)的目标是通过资讯通信系统与公民建立良好联系，同时IDA正在计划下一阶段电子政府计划的总体规划。下一阶段的电子政府将借助新兴技术，顺应社会发展趋势，与私营部门和公众部门采取新的合作模式。同时，IDA已经确定了在智慧国家2015计划中九个部门的行业转型，分别为数字娱乐媒体、教育、医疗卫生、中小企业发展、交通、金融、旅游、酒店和零售、贸易和物流产业。通过提供辅助资金、技术支持、合作征求计划等方式，推出了多个项目，以促进资讯通信技术在这些行业的应用，进而帮助提高行业的服务质量，实现整体经济发展。

除此之外，在全球资讯通信行业都呈现出新机遇的大背景下，作为对快速进步环境的回应,许多近期出现的战略性领域,如云计算、商业分析、绿色资讯通信技术等都将包含到智慧国家2015计划中。

在智慧国家2015的推动下,新加坡资讯通信产业的发展在亚洲排名首位,在全球排名前10位,特别是在电子政府领域,新加坡的表现更为优异。新加坡保持其在早稻田大学2009年及2010年电子政府研究排名的首位,世界经济论坛2010年全球IT报告中电子政府准备度分类指数排名第一,在最近公布的瑞士洛桑国际管理学院(International Institute for Management Development, IMD)世界竞争力年鉴2010年报告中,新加坡跃升两级,排名第一。

在电子政府、智慧城市及互联互通方面,新加坡的成绩同样引人注目。新加坡上马的智能交通系统(intelligent transportation management system, ITMS),使道路、使用者和交通系统之间紧密、活跃和稳定的相互信息传递和处理成为可能,从而为出行者和其他道路使用者提供了实时、适当的交通信息,使其能对交通路线、交通模式和交通时间作出充分、及时的判断。新加坡的电子政府公共服务架构(public service infrastructure)已经可以提供超过800项政府服务,真正建成了高度整合的全天候电子政府服务窗口;其网络建设现有130万用户,其中35%的用户每周平均用网超过3.6小时,迄今为止,网速达1×10^3Mbit/s的新一代全国宽带网络已覆盖新加坡35%的房屋和建筑,并于2012年实现95%;作为有线宽带的补充,"无线@新加坡"项目通过7500多个热点,提供速度高达1Mbit/s的无线WiFi上网服务,相当于每平方公里有10个公共热点,2009年6月新加坡政府宣布将其免费服务期延长。

3) 韩国

韩国信息通信部于2004年提出了u-Korea战略,2006年3月确定其总体政策规划。u-Korea战略旨在建立无所不在的社会(ubiquitous society),即通过布建智能网络[如国际网络通信协定第六版(international network communication protocol version 6, IPv6)、宽频通信网络(broadband communication network, BcN)、无所不在的传感器网络(ubiquitous sensor network, USN)]、推广最新的信息技术应用[如数字多媒体广播(digital multimedia broadcasting, DMB)、Telematics、射频识别]等信息基础环境建设,让韩国民众可以随时随地享有科技智能服务。其最终目的除了运用IT科技为民众创造食、衣、住、行、体育、娱乐等各方面无所不在的便利生活服务,也希望通过扶植韩国IT产业发展新兴应用技术,强化产业优势与国家竞争力。根据规划,u-Korea发展期为2006~2010年,成熟期为2011~2015年。

在韩国,u-Korea战略的核心是"IT839"行动计划。该计划的主要内容包括八项服务、三个基础设施、九项技术创新产品。2005年韩国政府将IT839行动计划修改为"u-IT839"行动计划。八大服务不再包括IP网络电话(voice of internet protocol, VoIP),而是融合了数字多媒体广播(DMB)和数字电视,追加了网络电视

[交互式网络电视(internet protocol television, IPTV)]。这意味着韩国将积极引入通信、广播的组合服务。在三大基础设施中,包含下一代互联网协议(IPv6)、宽带聚网(broadband convergence network, BCNK)以及软件基础设施,这将极大促进韩国电子信息产业的发展。在九项技术创新产品中,把移动通信和远程信息服务(Telematics)结合起来,并增加了 RFID/UNS(ubiquitous network society),为打造"智能社会"打下基础。

建设 u-city 是 u-Korea 发展战略在韩国城市的具体实施。u-city 是一个可以把市民及其周围环境与无所不在技术(ubiquitous technology)集成起来的新的城市发展模式。u-city 把 IT 包含在所有的城市元素中,使市民可以在任何时间、任何地点,从任何设备访问和应用城市元素。u-city 发展可以分为互联(connect)阶段、丰富(enrich)阶段、智能(inspire)阶段。互联阶段偏重信息基础设施建设(如无线网络、传感器安装);丰富阶段偏重服务,即提供无所不在的服务(如u-服务);智能阶段偏重管控一体化(如 u-中心)。目前,韩国 u-city 已逐步进入智能阶段,即利用无所不在技术,特别是无线传感器网络,达到对城市设施、安全、交通、环境等智能化管理和控制。

韩国中央政府和地方政府都非常支持 u-city 建设。2007 年 6 月 7 日,为使 u-city 工作顺利落实,韩国信息通信部成立了 u-city 支援中心,首尔、釜山、仁川等六个地区成为 u-city 示范区。2009 年,仁川市提出打造一个绿化的、信息化的、无缝连接的、便捷的生态型智慧城市。通过整合的泛在网络,市民不仅可以方便地享受远程教育、远程医疗、远程办税服务,还可以远程控制家电,以降低家庭能耗。

2009年,韩国仁川市宣布与美国思科公司合作,以网络为基础,全方位改善城市管理效率,努力打造一个绿化的、资讯化的、无缝连接的、便捷的生态型和智慧型城市。通过整合式的公共通信平台,以及无所不在的网络接入,市民不仅可以方便地实现远程教育、远程医疗、远程办理税务事宜,还可以实现智慧化地控制房间的能耗。未来市民看病不需要亲赴医院,医生通过专门的医疗装置就可以了解患者的体温、脉搏等情况,通过视频会议系统就可以完成望、闻、问、切。

韩国水原依靠以中小型的通信科技、生物科技及纳米科技产业,创造了高度的经济成长,被智能社区论坛(ICF)评选为 2010 年度智慧社群。

2005年,水原市政府提出了名为"快乐水原"的整体发展计划,计划把水原市打造为"名牌都市"。计划的目标是让水原政府以更透明、更有效率,与市民互动更多的方式来运作。尽管韩国有令人印象深刻、覆盖率排名全球第一的宽带基础设施,水原市仍决定发展自己的网络。因此,水原市得以利用原本就有的交通道路管线来取代租用线路,以削减经营成本,并将网络传输速度从韩国标准设计的 32Mbit/s 提高到1Gbit/s。目前宽带网络在水原市的覆盖率已经高达100%。当然智能型的公共运输系统是不可少的,水原市政府斥资396亿韩元(约2.4亿元人民币)建设光教新市镇的公交车及捷运系统,并以信息和通信技术(ICT)来控制公共运输系统。

除了在水原市覆盖率高达 100%的宽带网络,信息和通信技术在新市镇无处不在。除了在主要干道用来控制交通流量,每一个公车站和捷运站都有交通信息系统电子广告牌,提供给乘客最实时的交通运输工具状况。信息和通信技术也被用在犯罪和灾难监控以及水质监测上。当犯罪行为或火灾发生时,智能网络会自动发出警告,并通知警察及消防当局。此外,信息和通信科技在光教新市镇不只是服务人群,也用于监控湖泊及河流的生态环境和污染状况。

4) 澳大利亚

布里斯班(Brisbane)是澳大利亚第三大城市,拥有全国最大的海港,是被誉为"智慧之州"的昆士兰州的首府和该州的主要工商业中心。布里斯班市政府通过"绿心智慧城市计划",以"气候变化和能源工作组"为智囊团提供城市发展建议,推动绿色交通系统、绿色基础设施等绿色智慧城市建设行动,将布里斯班打造成为澳大利亚最为节能环保的城市之一。此外,布里斯班每年举办全澳大利亚的"智慧城市创新节",通过构建开放的绿色智慧城市建设创新网络,高效推进绿心智慧城市计划的实施。

布里斯班市议会在城市建设中全面推行绿心智慧城市(Green Heart City Smart)计划,目标是在2026年将布里斯班建设成为一座"无碳城市"。绿心智慧城市计划目前主要包含绿色清洁能源的使用、金融支持体系和生态多样化城市建设等几方面的内容,通过清洁能源技术的开发与利用、强化全民环保意识、制定环保法规政策、绿色基础设施建设、智能交通、城市生态建设等多方面举措,构建低污染、低排放、低能耗的绿色智慧城市。目前布里斯班人均日用水量为140升,低于我国2007年人均日用水量150升的水平(我国目前这一指标已远高于2004年的水平)。2006年布里斯班市每户居民的 CO_2、甲烷等温室效应气体排放量为16吨,2012年这一指标降到10吨。研究表明,为了阻止全球气候变化,地球上每年人均温室效应气体排放量应不高于1吨,这也是布里斯班节能环保计划的终极目标。

3.1.3 国内智慧城市建设的现状

数字城市是指综合运用现代信息技术对城市地理、资源、环境、人口、经济、社会与城市设施,城市规划、建设、管理等信息进行采集、更新和集成,实现城市管理、决策、工作、学习、娱乐的数字化。20 世纪 90 年代,欧美发达国家和地区着眼于自身经济社会发展或全球战略需要,先后启动了数字地理空间框架建设,推动了信息资源的广泛共享和充分利用,成效十分显著。在我国,数字中国从酝酿提出到热潮涌动，已走过10余年的历程。早在1998年下半年，构建数字中国的基本思路已经提出。

1. "九五"、"十五"期间

"九五"期间，包括北京、上海、广州、深圳、重庆等城市在内的70多个国内城市进行了数字城市规划，其中有8个城市被信息产业部列为城市信息化建设试点城市，40多个城市启动了数字城市工程，总投入将近100亿元。"十五"期间，共有100多个城市进行数字城市建设，总投入超过100亿元。

2002年7月，科技部批复将"城市规划建设、管理与服务的数字化工程"项目纳入"十五"国家科技攻关计划，要求建设适合我国城市规划、建设与管理工作的数字化应用系统，并进行应用示范，推动城市规划、建设与管理部门和相关企业的信息化建设，大力提高我国城市管理的现代化水平，推动数字城市的发展，并带动相关信息产品和产业的发展。项目中的重要组成部分之一是建设城市数字化示范应用工程。

城市数字化示范应用工程的主要目的是结合国家"十五"科技攻关计划城市规划、建设、管理与服务的数字化工程项目其他课题的研究成果，开展数字化城市、数字行业、建设领域企业信息化、数字社区、产业化示范基地等五类城市数字化应用示范工程的选点条件与方法、建设要点与技术导则、实施管理办法、验收指标体系的研究，建立起示范应用工程体系，为城市数字化工程的顺利开展提供必要的实验场所和示范基地，并从实践中总结经验教训，为进一步提高我国城市规划、建设、管理与服务领域的数字化工程水平打下坚实基础。项目执行期间取得了丰硕的成果：

(1) 完成了示范工程总体研究报告的编写。

(2) 完成了示范工程项目选点的条件与规划方案、示范工程的建设要点与技术导则、示范工程的管理办法、示范工程的验收指标体系的制定与应用。

(3) 完成了示范工程的实施评估。

(4) 建立了5个不同地域有着典型意义的市级城市综合数字化工程应用示范工程。

(5) 建立了5个不同地域、不同侧重点的有着典型意义的城市建设管理信息化示范工程。

(6) 建立了4个不同地域的有着典型意义的城市规划管理信息化示范工程。

(7) 建立了8个不同地域、不同规模的有着典型意义的城市房地产业管理信息化示范工程。

(8) 建立了4个不同地域、不同侧重点的有着典型意义的城市建筑业管理信息化示范工程。

(9) 建立了21个不同地域、不同侧重点的有着典型意义的建设领域企业信息化示范工程。

(10) 建立了15个不同地域的有着典型意义的数字化社区示范工程。

(11) 建立了8个不同侧重点的有着典型意义的建设领域信息产品产业化基地。

项目通过示范工程取得了非常好的经济效益：

(1) 示范项目建设带来了精细化管理，优化了工作岗位，提高了工作效率。例如，北京市东城区新模式运行后，由于管理效率的提高，从巡查成本节约、事件处理成本节约、管理对象成本节约和车辆节约等多方面产生收益，每年节约高达近5000万元。广州市道路扩建办公室在2003年广州城市环境项目中，通过系统帮助优化设计，减少近亿元的拆迁量。

(2) 示范项目建设带来的联网办公和无纸化办公降低了办公成本。例如，中国海外集团由于全部联网办公，每年减少交通成本达到300万元；深圳燃气公司每年节约70万张打印纸及其打印机消耗。

(3) 示范项目建设单位利用信息化建设成果提供对外服务，实现信息资源的社会共享，产生经济效益。例如，杭州市规划局实施规管系统，将城市空间信息资源提供给其他部门共享，每年可产生直接和间接效益约500万元。

(4) 产业化示范基地通过软件销售、数据生产和信息服务获得巨大的经济效益。例如，中国建筑科学研究院(简称建研院)，建筑工程软件所通过销售PKPM等行业知名品牌的软件，年销售额过亿；北京星天地公司通过完成多个城市多种比例尺真彩色、彩红外全数字航摄任务，以及数据产品加工任务，总营业额超过3000万元人民币。

除了经济效益，本项目还取得了巨大的社会效益和环境效益：

(1) 为城市建设领域信息化提供了全面的解决方案。

(2) 城市综合数字化应用示范结合中国国情，推出北京东城的城市管理新模式，集成多项先进技术，加强政府管理和服务能力。

(3) 建设行业信息化应用示范推出了杭州规划、广州拆迁等先进典型，带动了城市建设规划、建设、管理等部门的信息化建设。

(4) 建设领域企业信息化应用示范推出了中国海外建设、太原规划院、绍兴自来水等先进典型，带动了建筑施工安装、勘察设计、供水供热供气等企业的信息化建设。

(5) 数字化社区应用示范推出了苏州名城花园、南京翠岛花城等先进典型，引导社区数字化、智能化建设的新潮流。

(6) 产业化基地推出了建研院、超图、理正等软件开发企业和星天地、中测(新图)等数据生产、加工企业等先进典型，为行业信息化提供软件和数据的双重保障。

2. "十一五"期间

党中央国务院高度重视数字中国建设。2006年，我国正式启动"数字区域地理空间框架建设示范"基础测绘项目，"十一五"期间分批在全国29个省、自治区、直辖市遴选了120个城市(区)开展数字城市地理空间框架建设，其中40个城市已经建成，带动各地基础测绘投入约12亿元，并通过边建设、边应用，在规划、国土、城管、公安、工商、税务、环保、房产、卫生、药监等30多个领域的600多个专业部门广泛应用，其经济效益、社会效益和行政效能十分显著。

随着经济社会的发展，城市信息化建设的重要性被广泛认识，数字城市建设工作在各地得到了积极响应。在太原、潜江、嘉兴等很多试点城市，市政府大力主导、市领导亲自挂帅，数字城市建设迅速推进。

作为数字城市建设的基础，各试点城市建成了一批基础地理信息数据库，初步扭转了城市管理与信息化建设中地理信息资源匮乏的局面；建成了一批城市地理信息公共服务平台，实现了地理信息与城市其他经济社会、自然资源和人文信息的互联互通与整合集成应用，促进了信息共享和开发利用。

在此基础上，各地开展了包括规划、国土、城管、公安等30个领域总计600多个应用专业部门示范，建成了一批城市交通管理、市政服务、地下管网、公安消防、人口管理、旧城改造、土地管理、应急联动等方面的管理信息系统，大大推动了城市信息化建设。

经过几年的发展，山西太原、湖北潜江、浙江嘉兴、黑龙江齐齐哈尔等4个试点城市已经通过了国家测绘局组织的验收。山东临沂、广东惠州等近20个城市通过了省级测绘行政主管部门组织的预验收，且已基本达到了验收条件。北京市西城区等30个地区已完成了地理信息公共平台的建设。

(1) 提升城市发展水平，数字城市魅力显现。

数字城市提供了全新的城市规划、建设、管理、运行手段。在各试点城市，数字城市在城市管理、政府决策和服务民生等方面发挥了重要作用。

(2) 数字城市建设为提高政府决策能力提供了有效的技术手段。

北京市西城区是我国政治、经济、文化中心的主要载体之一。西城区建立了网格化城市管理信息系统，实现了城市管理的信息化、标准化、精细化和动态化，提升了城市管理现代化水平。在北京奥林匹克运动会期间，西城区积极推进"四位一体"奥运综合指挥平台建设，取得了丰硕的成果。

在江苏徐州，由于数十年的煤炭开采，造成地面大面积塌陷，整治、恢复塌陷区生态成为重要课题。徐州将全市塌陷地数据建库，利用地理信息共享平台，可以对全市塌陷地分布、积水深度、地质条件、交通水利等情况进行查询分析，为政府治理塌陷地提供决策支持。

(3) 数字城市建设使城市规划管理更为科学合理，效率大大提高。

浙江嘉兴完成了地下综合管线信息系统、规划管理信息系统、城市真三维信息系统，城市决策者和规划者点击鼠标，小至窨井盖、路灯，大至建筑物、河流，每一物体的相关信息均一览无余，连城市地下"家当"的最新情况也能及时反映，从而为城市的精确管理提供依据。

广东惠州在开展旧城镇、旧厂房、旧村庄改造工作中，基于数字惠州地理空间框架快速建立了三旧改造管理信息系统，实现了地理空间框架对惠州市三旧改造管理的深层次应用和决策支持，提升了政府综合管理效能。

(4) 数字城市建设用于城市环境保护和污染治理，还百姓一片蓝天。

在太原这个能源和重工业城市，整治环境污染是个难题。利用数字太原地理空间信息公共平台，环保部门对全市100多家排污企业进行在线监测，全市污水排放量、流向、处理等信息也能随时掌握。现在太原的空气变得越来越干净，"数字太原"功不可没。

(5) 数字城市建设为城市安全保障提供了高技术支撑。

在山东临沂，警用地理信息系统已建成警务指挥、应急处置、警情研判、治安管理、天网工程和智能交通六大功能模块，与110接处警系统、人口管理系统、治安卡口系统、视频监控系统等多个公安业务系统相连接，大大提高了公安机关战斗力。

(6) 数字城市使医疗卫生工作方式发生了革命性变化，惠及百姓健康。

在血吸虫病重疫区湖北潜江，卫生部门借助地理空间信息公共平台，可以随时获得相关的农场、学校、企业等信息，以前要花 3~5 天收集的资料现在不到 5 分钟就能获取，在开展防疫工作时能够快速划定防疫范围，制订处理预案。

(7) 为百姓提供实惠，数字城市服务民生。

城市是广大市民生活的家园。数字城市建设的最终目的，归根到底是要为居住在城市里的市民服务。数字城市建设过程中，各试点城市积极推动建设成果的社会化应用，为公众提供高效、便利的服务。

药品安全关系百姓民生，近年来全国因食品与药品质量问题引发的事故层出不穷。而在山西太原，公众想要了解具有合法资质的药店怎么去？出现用药问题如何反映？反映的问题是否已经解决？家庭过期药品回收点在哪里？这些都能通过数字太原药监信息服务系统解决，同时各种药品违法行为通过系统曝光，为百姓安全用药提供了保障。

交通拥堵是很多城市的"顽疾"。交通压力同样很大的河南郑州找到了应对这个问题的好办法。得益于依托地理空间框架系统建设而成的实时调度系统，郑州快速公交系统可实时监控每一辆公交车，调取车速、位置、车内及周围的实时视频信号等多样信息，若遇车辆运行不畅，则通过语音系统在第一时间向司机实施调度指令。市民还可以在候车时通过"电子站牌"、手机上网等方式了解自己要乘的车还有多久能来。

此外，山东临沂、广东惠州、湖北潜江等地搭建的地理信息公共服务平台采用影像、图片、三维模型、动画等形式，将整个城市直观、生动地呈现在人们面前，为广大公众提供了丰富便利的衣、食、住、行、游等信息。

3.2 当前的城市规划与具体城市案例

智慧城市的基础是物联网。我国对智慧城市、物联网发展高度重视。2009年8月7日，国务院总理温家宝视察中科院嘉兴无线传感网工程中心无锡研发分中心时提出"在传感网发展中，要早一点谋划未来，早一点攻破核心技术"，并且明确要求尽快建立中国的传感信息中心，或者称为感知中国中心。全国政协副主席、科技部部长万钢在2010年上海世博会上的演讲《让科学技术引领城市未来发展》中指出："未来城市发展趋势的一个主要特点就是'城市的运行将具备感知和自适应能力'，为推动城市的可持续发展，应加强信息、智能等技术的应用推广，提高城市的综合管理水平，建立和完善基于感知网、智能化技术的网络体系，提高城市防灾减灾和应急处置能力。"

在全球智慧风潮和国家政策的鼓励下，北京、上海、广东、南京等省市已把智慧城市列入重点研究课题，纷纷加入智慧城市、感知中国建设的赛跑，希望借助物联网布局在未来的经济竞争中脱颖而出，有的甚至已经着手编制智慧城市专项规划。

1. 北京

在城市信息化的建设上，北京市提出要瞄准建设国际城市的高端形态，从建设世界城市的高度，加快实施北京城市的发展战略，以更高标准推动首都经济社会又好又快发展，而智慧城市正是北京建设世界城市的制高点和切入点。2009年北京市发布了《北京信息化基础设施提升计划(2009—2012年)》。根据计划，到2012年底，互联网家庭入户带宽超过20Mbit/s，企业入户带宽最高达到10Gbit/s，届时北京市将建设成为一个信息枢纽和互联网中心，在移动互联网基础上建立物联网平台。到2012年，上述目标基本实现。

2009年12月，北京市携手中国科学院等单位，正式签订"感知北京"合作协议，启动感知北京的示范工程建设。在北京，同方股份、中国移动、大唐移动、中国科学院软件研究所、清华大学、北京大学、北京邮电大学等物联网产业链上的40余家企业和研发机构，共同组建了中关村物联网产业联盟。

2010年1月13日，北京市计算中心建成的20万亿次公共云计算平台顺利通过鉴定。该平台可提供虚拟化服务和高性能计算服务，能够提供 SaaS、IaaS，部分提供 PaaS 多种服务模式。该平台已成功应用于国庆 60 周年天安门阅兵发光二极管(light-emitting diode, LED)显示系统模拟、北京长城华冠汽车公司的汽车碰撞仿真、北京同仁医院的鼻腔病变研究、北京生命科学研究所的生物计算研究等项目。北京公共计算服务平台定位以工业计算为主，2010 年已经完成 100 万亿次北京云二期扩建工程，并在 2013 年完成 500 万亿次的三期扩建工程。

目前《智能北京行动纲要》正在制定，主要内容包括加快无线物联网专网和无线宽带专网等物联网基础设施建设。"十二五"期间，将围绕城市智能运转、企业智能运营、生活智能便捷、政府智能服务等若干方面，全面启动智慧城市建设工程。到 2012 年，WiFi 等无线网络覆盖全市范围。到 2015 年，全市将统一建成物联基础网络；推进感知北京示范工程项目，建设物联网特色产业园区，积极推进物联网在公共服务、交通管理、卫生医疗、农业生产等领域的应用试点。无线物联网专用网等物联网基础设施的建设，将为物联网应用的落地打下坚实的基础。如果将物联网的各种应用比喻为行驶在马路上的汽车，那么高速、可靠的无线数据传输网络可以比喻为宽敞、畅通无阻的马路。另外，此类基础网络的建设，可以成为未来物联网应用的"公共汽车"，从而可以加速各类城市物联网的实际应用。此外，北京还将投资 1000 亿元建设城市高速信息网络。在信息基础设施方面，北京还将实现高清交互数字电视网络升级改造、建成国内最好的三网融合信息网络。"十二五"期间，北京还将加快云计算、物联网等产业的规模化运作，培育 10 家具有国际影响力、营业收入超过 100 亿元的世界级信息企业。

智慧北京强调的是全面感知，是人的生活水平的提高。根据规划，智慧北京的建设首先是强调社会管理、市场监管以及政府基础设施建设；其次发展市场主导，企业、社会、方方面面应该发挥作用，包括数字社会、数字社区等都需要企业界参与，政府电子政务也需要企业参与。在具体推动中，目前分成十个领域来推进。第一是城市应急管理领域，目前有关部门正会同市应急办组织市应急领域物联网示范工程建设；第二是社会安全领域，包括整个交通流、人流、大型活动等社会安全；第三是交流领域，加大信息化的应用来提高效率；第四是市政市容管理应用领域；第五是环境监测监管领域；第六是水资源管理领域；第七是安全生产监管领域；第八是节能减排检测监管领域；第九是医疗卫生领域；第十是农产品等监管领域。

在物联网方面，北京发展物联网是建设信息城市、网络城市、先行城市和可信城市的关键。目前，北京市委市政府已经着手制订北京市物联网产业规划，发展具有自主知识产权的产品，特别发挥中关村国家自主示范区优势，在公共安全、食品安全、楼宇等领域应用示范物联网。

北京市在传感网、物联网应用这些领域有非常好的基础，特别是结合奥运会的举办，物联网技术应用在城市网格管理、视频监控、智能交通、食品溯源、水质检测等方面有全国领先的成功典型应用，并逐步形成了一个产业链。同时，北京在传感网、物联网的技术研发资源具有巨大优势，目前北京产学研单位都参与到国际标准，包括国家标准的研制工作。到 2012 年，北京建成首个物联网应用资源共享服务平台、物联信息交换平台、传感信息网络平台、超级计算中心和云计算中心等共性基础支撑平台。完成政府、社会、企业三个方面涉及公共安全、城市交通、生态环境、流通供应链、社区综合服务等领域的一批示范应用和区县级、园区级综合示范。初步目标计划用三到五年的时间，让北京市物联网产业规划能基本成型，产业链和产业群初步形成。此外，2009 年 10 月中关村物联网产业联盟成立，打破了中关村物联网呈现产业链长，资源相对分散的产业发展结构，联盟将以应用为导向，以产业为主线，以技术为核心，以创新为动力，打造中国物联网产业中心。作为联盟成员开展合作，将着重开展五大方面的工作，加大中关村的产业优势。

北京已经在许多方面开展物联网的应用。目前朝阳区正结合智慧城市的理念，在"智慧北京行动纲要"的基础上，建设智慧朝阳行动纲要。在城市监控方面，专门针对一氧化碳中毒问题，给农村地区的出租房屋安装系统，建立五级报警四套系统，一旦报警，就会打电话告诉房东，并且开窗通风。自从安装这个系统后就基本没有出现煤气中毒死亡情况。

在智能交通方面，朝阳区将整合资源，通过信息化手段研究三环路疏堵问题，在三环主要出入口设置感应线圈采集车辆密度和流量，同时通过整条三环路的视频拼接，了解环路交通状况，实施疏堵措施。根据朝阳信息办的主要任务，朝阳区将通过智能模拟，改变区域内红绿灯策略，还将通过视频拼接，以完整的三环大路面视频了解整条环路状况，同时通过设置在各路段的无线喇叭，对行人、车辆的小事故进行语音提示和出行诱导，尽早解决问题。此外，还要着手推动相关企业构建地下、地面车库信息平台，让市民可以通过手机软件预先了解出行线路上停车场的收费、车位，以及拥堵路段的实时视频等信息，方便市民出行。

智慧城市建设工程内容还包括加强人口基础数据库的建设和应用，提高人口服务和管理的信息化水平；加快电子政务和公共服务平台建设，推广网上办公，逐步实现"零距离"办事和"零跑路"服务；建设和完善新一代城市智能交通系统，着力缓解城市交通拥堵；构建网格化管理服务和社会治安防控体系，推进社会管理和服务的信息化建设；推动信息化和工业化深度融合，加强信息通信高速网络和枢纽建设，加快推进三网融合，完善信息安全保障体系，推动物联网应用实践，实现城市管理精细化、智能化等。

2. 上海

上海是拥有2000万以上实有人口的特大型城市，在城市经济与产业发展、城市安全与管理、城市生活与公共资源配置、城市公共服务与社会保障、城市文化与社会进步等各方面面临的很多问题是其他城市从未遇到过的，无论历史上还是当今世界上都无现成的解决模式可以照搬。城市智慧化，是上海自身经济与社会发展的必由之路。城市信息化是城市智慧化的基础。20世纪90年代初，上海提出了建设"信息港"的战略目标，多年的发展使上海的城市信息化水平始终处于国内领先的地位，相对而言，上海的市民已经享受到城市信息化所带来的较高生活质量。2008年，上海GDP增长仅8.7%，终结了连续保持16年之久的两位数经济增长纪录，并低于同年全国9%的平均增速。2009年，上海GDP增长8.2%，继续低于全国平均水平的8.7%。增长乏力的现实下，上海迫切需要找到新的城市增长动力。智慧城市因为涉及交通、通信、水、能源、医疗、教育等与城市功能相关的各个领域，能为城市管理、功能转型带来极大的促进作用，同时具有巨大的产业拉动作用，很自然会进入上海决策层视野。自2009年开始，上海电信开始助力上海打造泛在网络基础，如率先建设"城市光网"等。目前上海市的基础网络建设已全面提速：上海至全球的互联网带宽提升到140Gbit/s，成为国内首个太(T)级别的城市；城市光网光纤到户用户接入带宽能力最高已达100Mbit/s，2009年覆盖75万户，IPTV用户突破100万；并初步实现3G+WiFi无线宽带通信网络覆盖。2010年4月27日上海市政府公布了《上海推进物联网产业发展行动方案(2010—2012年)》，在技术研发和产业化等各方面推进物联网发展。其中提到将在上海建设涵盖交通、医疗、安防、物流等各领域10个物联网应用示范工程。目前上海已率先建成公共物联网统一接入管理平台，为全市的物联网发展和在世博会中的应用起到积极推动作用。人们怀着美好的理想，运用先进的信息技术手段，尝试构建以电子化政府、网络化小区、数字化生活机能为重点的智慧城市，从而使城市能够更快、更智能地感知和交换信息。2010年上海世博会以"城市，让生活更美好"为主题。上海借助2010年世博会之机，将全球智慧城市最新信息科技率先应用于世博园的安防、管理、服务、交通等各个环节，使世博园成为智慧城市"样板"。

2010年11月9日通过的中共上海市委《关于制定上海市国民经济和社会发展第十二个五年规划的建议》中把信息化提升到新的高度，提出"大力实施信息化领先发展和带动战略"，加快建设以数字化、网络化、智能化为主要特征的智慧城市。"十二五"期间，上海发展的一大特色和优势就在于智慧城市建设。这也是进一步延伸世博后续效应的重要内容。具体来看，一要把信息基础设施搞好，有一定的带宽为保证；二要落实运营项目，包括智慧的交通、智慧的教育、智慧的公共事务服务管理等；三要发展与物联网、云计算相关联的产业。目前上海已基本明确智慧城市建设的40字指导思想，即"加大投入、强化基础"，"融合发展、提升效率"，"创新引领、自主发展"，"完善制度、保障安全"，以及"城乡一体、普遍受益"。"十二五"期间，上海将初步形成建设智慧城市的基本框架，明确4个主要的关注点：一是关注信息基础设施能级提升。为适应高速、智能、融合的趋势，上海将着力打造城市光网以提升信息网络带宽和接入能力，发展3G、WiFi等多种技术的无线宽带网，扩大其在全市域的覆盖，推动智能技术、云计算和物联网等新技术的研发应用，加快三网融合进程。二是关注信息技术的广泛应用。加快信息技术在金融、航运、商贸等服务业领域的深化应用，发挥信息化在改造传统产业和激发新兴产业中的作用；围绕城市规划管理、交通综合信息服务、城市应急联动，建设信息化综合管理平台；引导和发挥社会组织开展信息化积极性，继续缩小城乡之间和不同人群之间的"数字差距"；促进政务信息共享和业务系统的建设，提升政府信息化服务水平。三是关注信息技术创新和产业化。一方面借助信息技术创新，带动应用模式创新，促进业务形态创新，进而实现产业形态和结构的更新，催生新的信息服务业；另一方面由信息技术创新激发组织机制和管理模式创新，促进企业创新发展，实现企业做大做强。四是关注信息化的发展环境。继续深化信息安全保障、信息化政策法规体系、信息化人才培养、信息化合作交流等方面的工作，为信息化的新一轮发展提供支撑。2011年1月16日，上海市长韩正在政府工作报告中指出，建设现代化国际大都市，必须率先构建智慧城市，始终在城市信息化方面走在前列。韩正还指出，上海要加快建设城市光纤宽带网，实现百兆宽带接入能力覆盖300万户家庭；加快三网融合，新建覆盖100万有线电视用户的下一代广播电视网络系统；加快建设新亚太海底光缆系统，海光缆国际通信容量继续保持全国50%以上。

《智慧浦东建设纲要(iPudong 2015)——浦东新区国民经济和社会信息化"十二五"规划》和《智慧浦东建设三年行动计划》已经过审议，未来浦东计划投建118个项目发展智慧城市。实施项目中，移动互联网、云计算、物联网、地理信息技术等新一代信息技术的应用被多次强调。按照加快提升智慧产业规模的要求，到2013年浦东新区包括电子信息制造业、软件和信息服务业，以及电子商务在内的智慧产业总体规模将超过5000亿元。并将重点培育行业龙头。预计到"十二五"期末或更长的时间，争取基本建成智慧浦东框架体系，达到"基础设施高度覆盖、产业发展高度生态、应用体系高度发达、民众生活高度和谐"的智慧城市发展新阶段，把浦东打造成为国内智慧城市建设的先导区域和示范区域。具体包括三大计划，即城市光网升级计划、无线城市完善计划和三网融合加速计划，以及九大工程，即政府服务协同工程、智能城管升级工程、社会事业亲民工程、民众生活关爱工程、数字三农综合工程、两化融合深化工程、信息安全保障工程、智慧城区样板工程、信息市民培训工程。

3. 深圳

由国务院发布的《珠江三角洲地区改革发展规划纲要(2008—2020 年)》,为深圳市定下了"一区四市"的发展未来,即建设国家综合配套改革试验区、全国经济中心城市、国家自主创新城市、国际化城市、有中国特色的社会主义示范市。怎样通过实际工作实现这个综合发展目标,考验着深圳的智慧。2010 年是深圳特区建立 30 周年,把握新一轮科技创新革命和信息产业浪潮的重大机遇,充分发挥深圳优势,加快构建城市发展的智慧环境,这是深圳市在 2010 年 2 月 3 日首次提出的"智慧深圳"理念。继 2009 年摘得"杰出的发展中的知识城市"桂冠之后,深圳开始了由知识向智慧的进发。深圳正从科技、人文、生态三个方面打造新时期的智慧城市,并以此作为建设国家创新型城市的突破口。

智慧深圳是指充分利用信息技术,分析整合城市运行的关键信息,对各方需求作出智能响应,形成新的生活、产业发展、社会管理模式,构建面向未来全新的城市形态。建设智慧深圳是深圳推进建设国家创新型城市的突破口,将发挥深圳信息和通信技术产业发达、射频识别技术领先、电信业务及信息化基础设施优良等优势,通过建设信息和通信技术基础设施、认证、安全等平台和示范工程,加快产业关键技术攻关,形成基于海量信息和智能过滤处理的新的生活、产业发展、社会管理等模式。其中包括提高企业信息化应用水平和建设"无线城市",具体措施包括:建设电子商务支撑体系,深入普及电子商务应用;制定信息和通信技术产业发展规划和应用推进计划;支持推广应用企业信息化示范项目;大力推进光纤接入网、下一代互联网建设等。打造以无线城市为载体的智慧深圳,将是深圳未来继续保持发展优势和核心竞争力的有力保障。

电子信息产业一直是深圳的支柱产业之一,在全国范围内也是一枝独秀,产值占到了全国的 1/6 强。依托着强大的电子信息产业,深圳信息化建设一直走在全国前列,领先的信息化进程也把智慧深圳的科技理念体现得淋漓尽致。2009 年 8 月,深圳市政府与广东电信、广东移动、广东联通共同举行战略合作协议签约仪式。根据协议,三大运营商在未来 5 年将分别投入 120 亿元、100 亿元和 60 亿元构建信息网络,全力建设"数字深圳",力争到 2012 年深圳信息化水平总体达到世界先进水平。最近深圳已明确"创建首个国家电子商务示范城市"目标,出台了《深圳互联网产业振兴发展规划》、《深圳互联网产业振兴发展政策》等一系列措施,全力扶持和发展包括电子商务在内的互联网产业。目前深圳市正在向有关部委申请作为国家三网融合试点城市,并尽快在全市开展三网融合示范小区建设,并鼓励电信运营商与广电企业在网络基础设施、业务内容、商业模式等方面开展合作,推进深圳数字家庭产业的发展。与此同时,深圳还将大力推进光纤接入网、下一代互联网建设,推动通信网络网际协议(internet protocol, IP)化、宽带化、全光化,建设具有国际先进水平的宽带城域网。

与上海、北京等城市不同,深圳智能交通建设存在资源过度分散、信息资源不共享等问题。为此,深圳交通部门在探索中推出U交通战略,逐步实现U服务(无处不在的智能交通服务)、U保障(无处不在的智能交通保障)、U体验(无处不在的交通信息体验)。根据计划,深圳将按照"大运优先、先急后缓"的原则推进大运智能交通项目建设。首先完成全球定位系统监管平台二期建设,实现在一个平台上实时监控全市出租车、公交车、长途客运、包车客运、危险品运输营运车辆。其次启动智能化枢纽(场站)服务系统、公交电子站牌试点项目建议书的编制申报工作,研究智能化出租车服务系统、智能公交系统建设方案。最后是启动全市营运车辆全球定位系统地方行业标准编制工作,指导全市交通行业全球定位系统技术的规范化应用,提供数字化、智能化管理手段。

一个城市,只有科技的发展是不够的。在走向智能城市的同时,深圳也不忘人文精神对于社会进步和城市发展始终起的重要推动作用。以人为本是人文精神的本质特征与核心价值,倡导、弘扬人文精神就是在倡导和落实科学发展观,真正实现"发展惠及人民,人民共享发展成果"。深圳提出,纪念深圳特区成立30周年之际,要更加关注民生、保障民生、改善民生,进一步谋划为人民群众做实事,认真研究推出一批惠民工程,让老百姓真正享受到改革开放30年的丰硕成果。深圳表示,将加快建设"民生幸福城市"、在社会建设和发展上实现新跨越,特别是要进一步增强市民的光荣感、责任感、幸福感,真正让他们感到深圳就是自己的家园。

建设低碳生态城市是深圳转变发展模式的需要,也是深圳新的发展目标、新的历史责任。今后深圳市将在规划建设、低碳产业、公共交通、绿色建筑、资源利用等方面积极探索,不断改革创新,实现发展观念、发展模式的根本性转变,努力建设资源节约型、环境友好型的新型城市,先行先试,力争为全省、全国作出表率。低能耗、低污染、低排放,深圳未来发展,将走一条绿色大道,与环境和谐共处。

当深圳在科技、人文和生态方面都做到智慧城市的时候,一个洋溢着文化气息的智慧深圳就诞生了。

4. 广州

信息服务业的快速发展为云计算大规模应用提供了产业化条件。众多知名企业、高等院校、科研院所也纷纷加入到云计算服务模式的探索研究和应用推广行业。例如,中国香港亚洲脉络有限公司拟与政府合作,投资10亿元建造云计算科技园,为众多世界500强知名企业提供云计算服务。中国电子科技集团第七研究所更是建成了国内首个云计算体验中心。

无线城市是"智慧广州"建设的重要基础,目前广州正大力推进无线城市建设,把无线城市与智慧广州建设相结合,推动无线宽带网络应用。截止到2010年年底,广州共建成第三代移动通信(third generation, 3G)基站9625个,3G室内分布系统7300个,无线局域网(wireless local area network, WLAN)无线接入点(access point, AP)35139个,发展3G用户数量为301.8万,WLAN注册用户为77.5万。广州将用2~3年时间,实现无线宽带接入点、光纤到户规模翻一番,互联网普及率超过85%,家庭平均接入带宽达到30Mbit/s。

目前广州正在统筹规划加大无线宽带网络建设力度,按照"政府推动、购买服务,企业投资、建设运营"模式购买重要公共场所如政府办事大厅、医院、公园、图书馆的无线局域网。目前无线宽带网络在广州深度覆盖,为各种基于无线宽带网络的应用奠定基础。广州还积极推进无线城市宽带网络在政府系统的应用。在广州无线城市门户网站开通的基础上,也开通了无线城市门户网站手机客户端。

此外,广州以建设国家级信息化和工业化融合试验区为契机,在3G基站基础上,智慧广州积极拓宽无线城市网络应用,提高政府公共管理水平和公共服务效率。以中国电信为例,其根据广东省地税局需求开发"天翼税通"业务为纳税人提供在线涉税业务智能终端。目前广州已有2万多纳税用户申请,1万多纳税用户正式使用。

目前广州正在部署的"天云计划"计划到"十二五"期末云计算应用水平将达到国内领先水平,努力构建世界级的云计算产业基地,最终率先把广州建设成具有国际影响力的亚太智慧城市。

天云计划是广州市力推的重点项目,其重要目标是建设一批世界领先的云计算平台,构建国际云计算中心,如广州超级计算中心、中国电信亚太信息引擎、中移动南方基地、中联通广州数据中心、中金数据华南云计算中心、亚洲脉络云计算中心等。并以此为基础,形成技术、产品和服务一体化发展的产业格局,以促进智慧广州快速、协调和可持续发展。天云计划将实施一批云应用示范试点项目,电子政务、医疗卫生、文化教育、城市管理等重点领域,都将示范带动、以点带面地建立云计算公共服务平台。例如,通过整合信息中心和数据中心现有资源,推动电子政务全面向云时代转型,建设"政务云"和"安全云",降低电子政务成本;选择金融、教育、医疗、交通等信息化应用水平高的行业为试点,利用云计算创新的服务模式,为市民提供便捷的云计算服务。

作为广州市的中心区、龙头区,天河区将建设63平方公里的"天河智慧城",将其建成智慧广州示范区。"十二五"期间,广州市科信局将以市区联动方式,在天河区率先开展"一库、一卡、一页、一台"示范。一库即建成包含自然人信息、企业法人信息、地理空间信息、市政设施、居民健康档案五大数据库以及视频监控、智能交通、水务、环保等感知信息的区级海量信息资源库。一卡指的是为天河区每位居民发放一张社会保障卡、建立一份居民健康档案、建设一个市民主页,实现市民服务"一卡通"和"一站式"服务。一页则是在电子政务公共服务、电子政务安全、中小企业软件企业等领域建成三个以上的云计算服务示范平台。一台指的是启动建设全区统一的城市综合管理信息平台。

此外,着眼于低碳、生态、智慧、宜业、宜居五大元素的天河智慧城建设方案也初步确定。天河智慧城将会拥有智慧城市运营服务支撑平台、多种服务合一的智慧社区、全面的中小企业服务、基于实景三维地理信息的新一代综合城市管理、云技术支撑平台、智慧广州示范基地建设工程、智慧城市基础设施建设工程、智慧产业核心区建设发展、三旧改造等九大示范工程,计划总投资282亿元。

目前该区已确定六个社区试点智慧社区,争取年内实现光纤到户。按照规划,天河智慧城将在一年内建成智慧广州示范基地,三年内完成主要小区、街道和中央商务区(central business district, CBD)智慧化改造,五年内形成智慧产业集群,建成高唐生态智慧产业聚集区,十年内力争成为国际智慧城典范。

5. 宁波

宁波也将智慧城市的研发放到了城市发展首位。在其规划中,宁波市政府选择以宁波大学、浙江大学软件学院等为依托,建设智慧城市企业经营管理人才、软件开发的创新型科技人才的教育培训基地,以宁波职业技术学院(服务外包学院)、大红鹰职业技术学院等为依托,建立网络数据中心、商业运营应用等所需的中高级职业技工教育培训基地。同时,宁波市政府将重点对智慧技术和产品研发、智慧应用系统试点示范工程、智慧产业基地创建、人才引进和培养等方面给予政策支持。全市每年用于智慧城市建设的扶持资金不少于10亿元,并组建智慧城市建设专业投资运营公司,引导更多的社会资金投向智慧城市建设。2010年7月初,中国电信与宁波市政府签署了战略合作框架协议,双方将围绕智慧城市发展目标,坚持"高端定位、应用牵引、融合创新、试点带动"的原则,以智慧应用为核心,以创新应用为动力,以建设先进智慧设施、智慧产业园区为重点,积极构建智慧城市应用示范推广的全国支撑平台。2010年9月宁波市政府发布《宁波市智慧城市发展总体规划》描绘了未来宁波建设智慧城市的蓝图。智慧城市建设分为两个阶段,这两个阶段及其发展目标分别是:第一阶段,到2015年建成一批成熟的以智慧物流、智慧制造、智慧贸易、智慧能源、智慧公共服务、智慧社会管理、智慧交通、智慧健康保障、智慧安居服务、智慧文化服务等为重点的智慧城市应用体系,形成网络数据基地、软件研发推广产业基地、智慧装备和产品研发与制造基地、智慧服务业示范推广基地、智慧农业示范推广基地、智慧企业总部基地等六大智慧产业基地,智慧城市建设取得显著成效;第二阶段,到2020年将宁波建设成为智慧应用水平领先、智慧产业集群发展、智慧基础设施比较完善、具有国际港口城市特色的智慧城市。《宁波市智慧城市发展总体规划》为宁波打造智慧城市设定了

2015年将要达到的主要目标。例如，宁波市要建成先进的智慧城市信息网络，无线城市和网络融合建设水平走在全国前列，互联网城域出口带宽达到1000Gbit/s，互联网宽带接入率达到95%以上，无线宽带网络覆盖率达到98%以上，全市有线电视数字化整体转换率达到100%。2011年宁波市将先期重点建设智慧物流应用系统和智慧健康保障应用系统两大应用系统，并开展宁波国家高新区软件研发推广产业基地、杭州湾新区智慧装备和产品研发与制造基地两大智慧产业基地的建设，将这四个项目作为智慧城市的先行启动项目。根据规划，通过十年的努力，宁波将建设成为具有现代化国际港口城市特色的智慧城市、中国领先的智慧应用城市、先进的智慧产业基地和具备领先的智慧基础设施的城市。到2020年，宁波的智慧技术应用、产业基地和基础设施的发展水平将进一步提升，智慧人文对智慧城市发展的贡献取得突破，智慧技术与智慧人文耦合更加紧密，跻身于国际智慧城市的行列。

《宁波市加快创建智慧城市行动纲要(2011—2015)》提出，到2015年宁波信息化水平继续保持全国领先，智慧应用体系、智慧产业基地、智慧基础设施和居民信息应用能力建设取得明显成效，建成一批智慧城市示范工程，智慧城市应用商业模式创建和标准化建设走在全国前列，力争在优势领域形成对智慧城市建设的引领能力。

"十二五"期间，宁波智慧城市建设主要着力于31项工程87个项目，总投资407亿元。其中智慧应用体系建设共有10项工程28个项目，投资总额75亿元；智慧产业基地建设共有6项工程18个项目，投资总额254亿元；智慧基础设施建设共有5项工程17个项目，投资总额73亿元；居民信息应用能力建设共有3项工程5个项目，投资总额4亿元；组织保障机制建设共有7项工程13个项目，投资总额1亿元。

智慧城市建设包括智慧物流、智慧制造、智慧贸易、智慧能源应用、智慧公共服务、智慧社会管理、智慧交通、智慧健康保障、智慧安居服务和智慧文化服务等十大方面。到"十二五"末，宁波智慧物流、智慧健康保障和智慧社会管理三大应用体系建设力争达到国内先进水平，全市80%以上的物流企业实现物流业务网络化，集装箱智能化应用达到100%。网上就诊预约、网上诊疗信息查询、网上医疗咨询、远程医疗等服务更加普及，医疗卫生机构诊疗信息共享基本实现。机动车、非机动车电子车牌上牌率达到100%。

产业基地是智慧城市建设的关键。五年后，宁波信息化与工业化两化融合试点示范工程建设走在全国前列，50%以上规模企业生产经营实现自动化、集成化、网络化、智能化和协同化。软件研发推广产业基地、智慧装备和产品研发与制造基地等基地建设取得明显成效，建成一批智慧服务业、智慧农业示范推广园区，现代产业体系进一步形成。

未来五年，宁波先进的信息网络设施基本形成，无线城市和网络融合建设水平走在全国前列，互联网城域出口带宽在2000Gbit/s以上，互联网宽带接入率在96%以上，无线宽带网络覆盖率在98%以上，全市有线广电网络基本完成双向数字化改造。

宁波市委、市政府也出台了《关于建设智慧城市的决定》，并将智慧城市建设写入了"十二五"规划。近期宁波智慧城市建设已与近20家企业签订合作协议，已明确的投资金额达到209亿元。这也意味着宁波建设智慧城市全面启动。

宁波争取通过五年的努力，建成一批成熟的智慧应用系统，形成一批上规模的智慧产业基地，智慧城市建设取得显著成效；通过十年的努力，把宁波建设成智慧应用水平领先、智慧产业集群发展、智慧基础设施比较完善、具有国际港口城市的智慧城市。

"两大区域、两大系统"开展试点：宁波杭州湾新区开展智慧装备和产品研发与制造基地试点、宁波国家高新区开展智慧城市软件研发推广产业基地试点、物流系统开展智慧物流试点、医疗系统开展智慧健康保障试点。

通过五年或更长一段时间，将杭州湾新区打造成"生态家园、智慧新城"，力争成为宁波智慧城市建设的示范区。根据杭州湾新区的《智慧新城规划》，杭州湾新区正在着力打造的"智慧新城"将包括三大内容：发达的智慧城市基础设施、物联网产业基地和智慧产业硬件研发制造基地、智慧应用体系。智慧应用体系包括智慧政务、智慧社区、智慧企业总部、智慧电网、智慧农庄和智慧交通六大方面。

6. 杭州

近日，杭州市出台了《杭州市物联网产业发展规划(2010—2015年)》(以下简称《规划》)，将着力培育壮大杭州物联网产业，提升城市智能化管理水平。根据《规划》，到2015年物联网产业规模超1000亿元，年均增幅保持在30%以上。到2015年，全市物联网产业形成集聚发展态势，其中市物联网产业园高新区块产业规模达到300亿元，市物联网产业园余杭仓前区块产业规模达到200亿元。力争到2015年，集聚一批掌握关键核心技术、具有产业带动性和行业影响力的大企业大集团，其中主营业务收入超100亿元的企业达到1~2家。同时，杭州市还将引导国内外研发资源汇聚，到2015年将力争新增省级以上企业技术(研发)中心超过20家，物联网领域专利及软件著作权累计总量达到1000项。

杭州市将率先在公共安全、医疗保健、生产与物流、大气环境监测等领域启动示范应用工程建设，重点推进智能城市、智能生活、智能两化和智能环境监控等四大试点示范工程，并将产业重点发展放在先进传感器及无线传感器网络，网络传输、数据存储与分析决策，物联网系统集成及标准化推广和关键支撑等领域上，并推动标准化应用开发模式走向全国。

7. 无锡

物联网是建设智慧城市的 DNA。如果说互联网缩短了人与人之间的距离，那么即将到来的物联网的时代更将逐渐消除人与物之间的隔阂，"用分时(time division, TD)网络连接世间万物"，是中国移动对物联网新的诠释。当前，无锡移动正积极响应温总理建设感知中国中心的号召，在智能交通、健康工程、平安城市、环境保护等各方面加快推进 TD 与传感网融合，为无锡这一创新城市精心打造智慧生活。物联网在无锡的广泛深入运用正是无锡打造智慧城市发展的具体实践。在未来五到十年，无锡要提升区域性中心城市国际化水平，走新型城市化道路，必须在城市发展科技内涵取得革命性突破，打造好智慧城市发展这个软件。要特别关注世界智慧城市发展的新动态、新趋势，充分利用建设好国家传感网创新示范区的难得机遇，巩固、提升和扩大无锡在物联网技术研发应用方面的先发优势，抢先进入全国和世界"感知城市"发展的第一方阵。把无锡打造成一个传感网的示范城市，一个智慧的城市，一个感知的城市，而不是一个冷冰冰的城市。

《无锡市"十二五"科技发展规划》(以下简称《规划》)正式发布，《规划》提出，"十二五"期间无锡市将重点培育物联网等八大战略性新兴产业和高新技术产业，将物联网作为科技发展重点与重点产业领域，积极推进智慧城市建设，建设以物联网为基础的城市信息基础设施，构建物联网创新战略联盟，形成完整的物联网产业科技公共服务平台体系，并加大物联网在农业等领域的应用。

《规划》指出，战略性新兴产业具有市场需求前景好、资源能耗低、带动系数大、就业机会多、综合效益高的特征。"十二五"期间无锡市将重点培育物联网、微电子、新能源与新能源汽车、新材料与新型显示、节能环保、生物、软件与服务外包、工业设计与文化创意等八大战略性新兴产业和高新技术产业，具体实施"211科技计划"，即攻克200项关键技术难题，推进100项科技成果转化，创制100项具有自主知识产权的重大战略产品并产业化，以提高原始创新能力和获取自主知识产权为导向，以增强新兴产业的全局带动性和产业共性支撑作用为目标，加速核心技术的转化应用，形成全市战略性新兴产业发展的增长极和重要支撑。

依托无锡市微电子产业基础，重点开发传感器、二维码、射频识别、多媒体设备等数据采集终端，发展传感网节点片上系统(system on chip, SoC)、各种网关和接入网络以及异构网融合、云计算等承载网支撑系统技术与共性平台；加快物联网业务中间件、应用子集系统技术等软件与服务的研发。进一步紧跟世界科技发展方向，优化科技创新力量的布局。在八大战略性新兴产业开展关键、共性技术与产品的研发，在物联网、光伏、微电子、环保等领域建设若干个国际水平、国内一流的科技研发基地，建立一批重点实验室、重大研发机构和工程技术研究中心，实现技术新跨越，显著增强产业国际竞争力。

物联网产业作为"十二五"重点产业领域，未来五年内，将以感知中国中心建设为重点，依托新区、滨湖和南长三大核心园区，着力推进国家传感网创新示范区和国家云计算创新服务城市建设，确立无锡在物联网技术、标准、产业化和应用等方面的世界领先地位。大力发展以物联网技术为承载的战略性新兴产业，推进物联网在工业、农业、环保、交通、物流、医疗、家庭与社区等领域的应用，形成一批科技示范工程，培育与集聚一批物联网企业。到2015年物联网产业规模达2500亿元。

《规划》中指出，"十二五"期间要积极推进智慧城市建设，依托物联网技术的应用，着力攻克海量数据存储、数据挖掘与处理、云计算深度应用、三网融合等领域的关键技术，积极实施以智慧交通、智慧医疗、智慧物流、智慧家居、智慧环保、智慧园区、智慧电网、智慧农业、智慧安保等为代表的九大物联网应用示范工程，建设以物联网为基础的城市信息基础设施；提高城市电力、交通等基础设施和管理服务的智能化水平，以太湖新城——感知新城建设为突破，高起点建设国际一流的智慧城市，使无锡市成为智慧应用水平领先、智慧产业集群发展、智慧基础设施比较完善的智慧城市。

"十二五"期间，无锡市将重点在物联网、生物医药、集成电路、环保节能与新能源和软件与服务外包领域形成较完整的产业科技公共服务平台体系。建立20个覆盖创新链、产业链全过程的产业科技公共服务平台体系。物联网产业重点建设传感网核心关键技术研发服务平台、传感器件设计制造服务平台、传感网产品认证与性能评价服务平台、传感网工程文献及知识产权服务平台、传感网学科体系平台和人才服务平台等六类平台。

《规划》明确提出，"十二五"期间，无锡市将加大物联网在农业领域的应用，建立精准可控、集约高效的智慧农业示范体系，通过无线传感器与物联网远程控制，获取精确的作物环境和作物信息，有效降低人力消耗和对农田环境的影响，提升农业生长效率。

8. 南京

2010年3月30日，南京市政府宣布打造"智慧之都"、"绿色之都"、"枢纽之都"以及"博爱之都"并落实"三个发展"的基本目标，以智慧的城市驱动南京的科技创新，促进产业转型升级，加快发展创新型经济。南京市将积极协调整合全球资源，并将在基础设施、产业建设、政府建设、人文建设等重点领域展开战略合作，共同探索出"智慧南京"的总体构想和实现目标。南京城市智能交通系统建设初步规划方案提出，要建设一个综合交通数据交换平台，在此基础上打造智能化的交通调度系统、交通优导服务系统、交通管理决策系统、不停车收费系统等，整体提升南京城市交通智能化水平。交通高峰时可提前请城市智能交通数据交换平台帮助预测某个时段后新街口地区交通状况,信息获取渠道可通过全球定位系统或无线短信平台;公交车高峰时段如何调度,也可让智能交通系统来"指挥";停车收费会造成交通拥堵,智能交通系统可实现不停车的自由流收费。

《南京市"十二五"智慧城市建设规划(讨论稿)》提出,"十二五"期间,要围绕南京市发展的特色优势、产业升级的战略重点和群众对公共服务的迫切要求,着力推进重点领域的智慧应用。这些重点工程包括政务数据中心、市民卡、车辆智能卡、智慧医疗、智能交通、应急指挥等。

以市民卡为例,要加强与教育、卫生、园林、旅游、工会等部门沟通,以市民卡为载体实现各类便民应用;在智慧医疗上,要逐步建立起全市电子健康档案平台、区域医疗共享平台、药品追溯及管理平台和卫生电子政务平台,最终实现医疗体系的所有数据共享;还要加快智能交通建设,采用各种技术手段,解决动态监测及流量精准预测等难题,保障城市畅通有序。

此外,还要采用先进信息技术改造提升传统产业,促进以智慧产业为代表的新兴产业蓬勃发展,使南京市经济发展适应能力和抗风险能力显著提升。

"十二五"期间,南京市将推动一批智慧产业基地建设。例如,麒麟生态科技城,将重点引进物联网产业、新材料、智能环保、现代通信、生物技术等战略性新兴产业及文化创意、旅游会展、工业设计等现代服务业,到2015年成为国内一流的技术创新基地。"中国南京软件谷"要以雨花软件谷为基地,到2015年软件产业人员数达到16万人,力争软件产业实现销售收入1000亿元以上。"中国(江宁)无线谷"到2015年要集聚超过500家通信研发、制造、服务企业,实现产值1000亿元。此外,南京市还要加快"液晶谷"、"射频谷"、"智能电网基地"、"智能物流基地"等的建设。而2014年南京青奥会的召开,也是推进智慧南京建设的重大机遇。南京市要着力建设了"智慧青奥城",充分利用物联网、云计算等现代信息技术,加快在河西地区建设各种适度超前的信息化基础设施和先进的信息化应用系统。

9. 武汉

武汉将用10年时间打造智慧城市。未来10年武汉将以66.8平方公里的未来科技新城为试点,构建基于"中国云"的智慧城市基础设施及智能处理基础平台,建设智能交通、城市基础设施、公共应急决策,以及能源与资源管理四个智能示范应用工程,并力争突破智能感知、时空协同、泛在互联、数据活化、安全可信和服务发布六个关键技术。其中,2010~2011年为建设第一阶段,武汉着力于智慧城市相关的规划与方案制订、标准研究、关键技术,并确定典型应用示范。第二阶段是2012~2015年,工作将进入标准制订、关键技术研究,力争体系基础成型。此阶段将以光谷未来科技城为试验区,全面实践智慧城市各项建设。2016~2020年将是武汉打造智慧城市的推广应用期。届时智慧城市将从未来科技城推广到东湖开发区、武汉城区，智慧城市雏形初显，武汉将成为中部智慧之都。已开展的三网融合试点工作、"光城计划"、"数字武汉"计划，与智慧城市建设一脉相承。而正在建设的智能电网、广电互动传感网络、食品安全跟踪、电子不停车收费系统(electronic toll collection, ETC)等项目，正是智慧城市建设项目，使武汉打造智慧城市拥有良好基础。2011年1月23日武汉市致力于建设智慧城市，围绕"编制世界一流的智慧城市发展总体规划"的工作要求，成立了武汉智慧城市工作专班，专门从事智慧城市规划设计相关工作。

《武汉市国民经济和社会发展第十二个五年规划纲要》提出加快推进以数字化、网络化、智能化为特征的智慧武汉建设。引进和运用物联网、云计算等信息技术，实施智能交通、智能电网、智能安防设施、智能环境监测、数字化医疗等物联网示范工程。

"十二五"时期，武汉市将实施"387"工程推动智慧武汉建设，完善网络基础设施、云平台和公共数据中心、信息安全等三类基础设施，建设实施智慧交通等八项智慧应用体系，发展壮大智慧应用技术研发等七个支撑性智慧产业。

以"大智武汉、信息通衢"为目标的武汉智慧城市建设，分为顶层概念设计和详细设计两个阶段分别对外招标。顶层概念设计相当于房屋装修中的风格设计，详细设计则类似装修公司的施工图。第一阶段招标从2011年1月29日开始，目前已经完成。招标产生的顶层概念设计方案，受到赵梓森院士等评审专家肯定。

随着信息网络技术不断向服务领域渗透，武汉电子商务、现代交通、电子政务等现代服务体系日趋完善，数字媒体、数字文化、数字娱乐等服务领域运营态势趋好。

智慧城市将覆盖1600平方公里武汉城区，将在全国率先建设四大示范应用工程：智能交通、重大基础设施自动监测、公共应急决策、能源与资源管理。

10. 沈阳

沈阳生态城市联合研究院将为沈阳市的未来发展提供前瞻和建设性的理念，实现以互联网和物联网的融合为基础，为沈阳市生态化建设提供一套完整的方法论。生态城市联合研究院的重点包括生态城市和谐规划、城乡水污染监管及饮水安全、面向行业的节能减排、大气污染防治、噪声污染防治和固体废物利用、食品安全风险分析与溯源技术、城乡发展与环境保护情报分析等研究在内的主要相关课题研究。研究题目涉及各种数据的收集、整合与处理。这些数据内容庞大，形式多种多样，并且随着时间推移而不断更新。IBM大中华区首席技术官兼中国研究院院长李实恭认为，解决如此复杂的城市生态发展问题，在以前是很难想象的事情。而在智慧的地球思路下，可以用数学模型来描述绝大多数城市面临的生态问题，同时依靠海量数据实时分析技术在数据"运动"过程中实时捕捉并分析关键信息，实现智慧的解决之道。相信在 IBM 智慧城市的蓝图上，五大研究领域都将基于更透彻的感知、更加全面的互联互通及更智能的洞察的技术能力上，获得更大的突破。

沈阳市人民政府与 IBM 公司及东北大学联合宣布成立的沈阳生态城市联合研究院，其研究内容包括生态城市和谐规划、城乡水污染监管及饮水安全等重大课题，旨在为解决中国传统工业城市的转型难题开创一个新的思路和模式。希望通过发展生态城市循环经济，把经济活动对自然环境的影响降低到最低程度。通过产业化孵化研究，发展高新技术产业，用先进适用技术改造传统产业，调整及优化产品结构、企业组织结构和产业布局，改善产业内在素质，把增强自主创新能力作为中心环节。

11. 成都

成都投资 60.2 亿元，开建首批八大物联网产业项目，其中包括国内首个物联网安全科技产业基地——成都慧安物联网安全技术有限公司实施四川物联网安全技术产业项目；国内首个物联网智能仪表产业基地——由成都伦力表具有限公司投资建设，与中国人民解放军信息工程大学和四川大学进行技术合作的成都物联网智能仪表产业项目；国内首个金融系统物联网技术产业基地——四川金融系统物联网技术产业项目；国内首个物联网智能集控中心——深圳智能集控项目，将在双流物联网产业园区点从事建设智能旅游、能源、监控等物联网项目。

2010 年 5 月 27 日，成都出台国内首个中心城市物联网业发展规划。该规划确定了成都物联网产业"三中心、两基地、六体系和一高地"的"3261"战略目标，即在三年内基本建成物联网应用中心、物联网研发中心和物联网信息安全中心，初步形成物联网成果孵化基地和产品制造基地，初步构建起物联网产业创新体系、应用推广体系、标准研制与验证体系、公共技术服务体系、信息安全基础体系和产业要素保障体系。该规划明确指出，到 2012 年物联网产业力争实现 300 亿元以上的产业发展规模，形成 20 家以上龙头企业，集聚 100 家以上骨干企业。

根据规划，成都物联网产业规划确立了两个产业布局区——成都高新区和双流县。其中高新区为高端研发区，重点打造物联网关键技术研发和产业孵化基地；双流县为制造产业区，重点打造物联网产品制造基地和技术成果转化中心。

由中国电信投资、建设、运营的中国西部信息中心正式竣工投产。这是中国电信在西部最大的数据灾备中心和全国第一家"国家级数据安全中心"。中国西部信息中心位于成都高新区——天府新城，占地面积为 90 亩(1 亩=666.6 平方米)，项目总投资近 10 亿元，总建筑面积为 22 余万平方米。

中国电信四川公司围绕四川通信行业"十二五"规划，制定了智慧城市建设的规划：以中国西部信息中心为基地，实施四川"智慧信息产业计划"，包括建设打造智慧的全光网络、建设泛在无线网络，打造现代综合信息服务基地、前沿技术实验基地、对外合作发展基地，完成物联网发展工程、移动互联网工程、三网融合工程、云计算信息化外包服务工程的建设。

目前，中国电信四川公司正与高新区共同规划，在居住、商务、医疗、教育、政务五大领域推行三网融合、办公一体化、智能互联楼宇、数字媒体、城市管理、智能卡、协同、集中运营中心等八大服务，构建智能互联天府新城，将天府新城打造为西部智慧城市的示范和样板。

12. 昆明

2010年1月22日，昆明市人民政府与全球著名的信息技术和服务公司IBM共同举行合作备忘录签约仪式，宣布双方将参考世界先进经验，综合运用物联网、云计算、决策分析与优化等先进信息技术着力解决人民群众最关心、最直接、最现实的问题，携手建设资源节约型和环境友好型的"智慧昆明"。在此次合作中，智慧交通、智慧物流等领域将作为重点领域。此外，双方还将在信息化技术及应用实验室联合研究等方面开展合作。

昆明市和IBM公司的合作将会在六个方面率先展开：智慧交通，双方将重点打造智能交通指挥中心，实现现代化的智能交通管理体系，包括实施智能、全局和远程交通诱导，实时可视化和一体化的交通监控，扁平化的单兵定位等新型执法和服务手段，全面提升昆明的交通能力；智慧物流，双方将根据地区优势，共同建设面向东南亚和泛湄公河流域的物流集散及物流产业，打造现代的电子口岸和综合物流服务平台，树立昆明物流品牌；服务型政府电子政务，利用动态服务组合、软件服务(software as a service, SaaS)、云计算等电子政务平台关键技术研究成果，昆明市将协同IBM建立新型电子政务平台的同时，连同本地各高等院校科研机构力量，致力推动昆明国家级创业中心、高新技术产品出口基地、产业园区建设，促进昆明信息产业发展，为经济发展提供优良环境，实现向服务型市政转型；智慧医疗，医疗方面双方则致力于推动昆明市医疗卫生体制改革，在建立智慧的医疗卫生公共服务平台，药品管理监督等方面进行合作；人才培养，为促进昆明市信息人才，特别是服务外包产业中高端人才的培养，昆明市人民政府以及当地院校和IBM合作成立实训基地项目，致力协助昆明市服务外包产业的快速发展；实验室联合研究，双方就实验室联合研究进行进一步的交流与探讨，为昆明市全方位发展提供符合科学发展观的研究建议。

13. 合肥

在以提升网络宽带化和应用智能化水平为核心，加快推进信息技术与城市发展全面深入融合，建设以数字化、网络化、智能化为主要特征的"智慧合肥"，已经写入合肥市十二五规划纲要。

安徽省一直十分重视物联网、软件及高技术服务业的培育发展，相关内容已经进入省"十二五"战略性新兴产业发展规划。正在建设的皖江城市带承接产业转移示范区也已经将信息基础设施纳入其中，为智慧城市建设留下空间。

合肥要把自己打造成智慧城市，网络技术的高度发达是一个重要的基础条件，未来合肥将推进三网融合，促进物联网、云计算的研发和示范应用，宽带、泛在、融合、安全的信息网络基础设施将建成。

14. 昆山

昆山市政府、昆山中创软件与 IBM 在江苏省昆山市共同启动智慧城市战略合作项目。同时，IBM 宣布与昆山市政府和昆山中创软件共建 IBM 智慧城市解决方案展示中心，以帮助昆山等中国城市以信息技术为基础，探索城市繁荣创新与可持续发展之路。

该战略合作项目内容包括在昆山软件园(昆山中创软件)设立智慧城市解决方案的展示中心、实验室和服务中心。昆山市将与 IBM 和昆山中创软件在智慧城市信息化项目上展开深入合作。例如，在电子政务、食品管理、水资源管理、智能交通、公共卫生医疗、城市安保等领域继续合作，为昆山城市建设和商业发展注入活力。

建设智慧城市，在策划和规划方面，一要整合现有资源；二要构建共享平台；三要组织操作运用部门开展"头脑风暴"；四要突出有利于城市管理与公共服务。在运行方面，技术不存在障碍，关键是建立符合昆山发展要求的运行体系和模式。每个部门都要参与研究、提出需求，让智慧城市系统运行更有效益。在基础设施方面，请国际顶级公司策划、研究，超前规划好平台，满足未来发展要求。

要通过智慧城市的建设带动昆山智慧产业的发展。要通过建设智慧城市这个载体，集聚一批为智慧城市服务的供应商、运营商、服务商、开发商，带动昆山高端现代服务业实现新的发展突破。

15. 佛山

以信息化和工业化融合为基础，推进信息化与城镇化、国际化的融合。大力培育发展与信息技术相关的战略性新兴产业，充分利用信息化手段改造和提升传统产业，成为信息化与工业化高度融合的先行地。加快信息化对社会管理和公共服务的全面渗透，提高政府对海量信息的收集和处理能力，成为睿智的社会管理先行地。通过三网融合广泛运用智能化技术于社会各个领域，成为智能生活先行地。运用信息技术促进企业成为国际化企业，成为经济国际化的先行地。

到 2015 年，现代产业体系基本形成，培育形成若干个接近或达到世界先进水平的战略性新兴产业集群，成为引领佛山经济发展的支柱产业。物联网产业形成规模，信息技术普遍应用，信息资源合理利用，覆盖整个经济社会领域的信息化体系较为完备。三网融合全面实现，网络化、数字化、智能化和移动化成为市民工作生活的主要方式。节能减排和低碳发展成为佛山经济社会发展的主要模式。

以"四化融合，智慧佛山"示范体验区、智慧产业核心基地、世纪互联云计算南中国总部基地、广东省(佛山)软件产园建设、RFID 产业化项目、城域物联网等一系列项目为龙头，将禅城区建设成为四化融合，智慧佛山示范区。按照佛山城市发展总体规划要求和总体定位，高起点、高标准地将东平新城建设为四化融合，智慧佛山先行地。各类城市基础设施嵌入感应器，形成智能化的物联网，率先实现交通、电力、城管的智能化。建设智慧信息大厦，使其成为智慧佛山的信息神经中枢，成为市民体验和感知智慧佛山的示范区域。

16. 桑坦德

桑坦德的智慧城市项目提供了目前世界上独一无二的、城市规模的试验设施和平台，为智慧城市的上层应用和服务提供支持。其试验平台具有规模大、开放性和灵活性等特点，能够很好地与其他试验设施进行横向和纵向的联合，并极大地推动 IoT 先进技术的前瞻性与试验性研究。与此同时，它对 IoT 技术的应用提供用户接受度测试的真实性评估。截止到 2011 年 9 月，已有近 2000 个传感器节点部署，计划到 2013 年年底，该数目将增大到 2 万个。项目核心的试验平台和设施将主要部署在西班牙的桑坦德，相关的设施也将同时在塞尔维亚的贝尔格莱德、英国的吉尔福德以及德国的吕贝克三座城市进行部署和试验。智慧桑坦德项目是目前在研的、实现未来物联网的现实性测试的大规模试验设施。

智慧桑坦德项目将要设计实现一个试验床，并使其具有可伸缩性、异构性和可信性的特点，从而实现一个灵活的、大规模的并能反映现实世界真实场景的试验设施。试验床不仅为科学实验提供服务和支持，也为大规模 IoT 设备在城市的部署提供了可能，并可以对设备的服务能力进行验证。通过提供支持，最终实现激励科学团体、终端用户和服务提供者使用验证平台，最大程度地减少技术和社会因素的壁垒的目标，使 IoT 概念融入人们的日常生活。

整个项目设施主要包括贝尔格莱德、吉尔福德、吕贝克和桑坦德四座城市的子试验设施，共计部署大约 2 万个传感器(其中桑坦德将超过 1.2 万个)。目前桑坦德试验床由符合 IEEE 802.15.4 协议的 2000 个设备组成，在体系架构上分为以下三层。

IoT 节点：采集设备，负责采集相应的参数信息，如温度、CO、噪声、光强、车位等。

中继节点：一些特殊节点放置于高处，例如，街灯、信号灯、信息版等，这些节点作为信息的中继点，将从不同采集传感器接收的信息进行转发。

网关节点：信息收集设备，接收从中继节点和 IoT 节点传递过来的信息，作为传感器网络和智慧桑坦德骨干网络的中间节点。

项目应用：在一期的设备部署中，提出对户外停车场管理控制进行用户实例测试，并提供与此场景相关的事实环境信息，包括温度、CO 浓度、噪声、光强等。系统由 IoT 节点、中继节点和网关几个部分组成。车位监控传感器通过收发机(运行Digimesh 协议)发送车位状态信息(空置/占用)到相关的网关节点，该信息可能被位于街灯处的中继节点续传。与此同时，位于中继节点上的温度、CO、噪声和光强传感器获取的信息将一并传递给网关，这些信息被处理和存储，并可以被本地或者位于远程节点上的不同应用所访问。考虑到与试验相关的数据，这些数据将通过 Digimesh 接口中 802.15.4 被动模式以独立的方式发送，避免了试验数据与服务提供和网络管理数据间的干扰。

第 4 章 智慧城市技术体系总框架

智慧城市是以信息、通信、空间与地理信息等核心技术为基础，面向现代城市运行服务与管理的系列关键技术和复杂应用体系。智慧城市涵盖密集型数据处理、智能感知、新一代通信网络、虚拟现实、空间与地理信息处理等技术领域，在应用上涉及城市规划与发展、公共安全、环境、交通、能源、人口与健康等核心领域，是信息技术综合应用与集成创新的重要载体，是未来城市信息化建设的主要方向。

4.1 技术体系总体层次结构

智慧城市技术体系总体上呈现明显的层次式架构，如图 4-1 所示。该层次式架构是一个六横两纵的结构，其中的六横层次包括城市感知层、数据传输层、数据活化层、支撑服务层、应用服务层、行业应用层；两纵则是指标准与评估体系和安全保障体系，这两纵贯穿了智慧城市技术体系六个横向层次的始终。

城市感知层对城市环境及各方面的数据进行智能感知识别，对信息采集进行处理和自动控制，并通过通信模块将数据传输、汇聚到城市海量动态数据中心。数据传输层主要依托先进的网络技术，采用物联网技术和新一代互联网技术等实现数据的传递、路由和传输控制。汇集的数据在城市海量动态数据中心中进一步分类和聚集，通过数据关联、数据演进和数据养护等技术，实现对数据的活化处理，向支撑服务层和应用服务层提供活化数据支持。底层的数据和活化服务将进一步封装和利用，构成支撑服务层，支撑服务层涵盖了包括云平台、可视化与仿真技术、城市多模式数据系统互联、数据集成分析与空间决策模拟，以及以人为中心的智慧城市公共服务等平台与服务，为智慧城市应用的开发提供复用和灵活部署的能力。应用服务层面向上层的行业应用，以支撑服务层所提供的服务为基础，进行面向行业应用的服务抽象和封装，提供一定的共性服务和技术支持，更加直观且充分地服务于行业应用。智慧城市行业应用层位于体系架构的最顶层，不同规模、不同发展类型的城市可以选择、开发适合自身特点的不同智慧应用。行业应用层采用层次化方式构建一系列元应用，基于这些元应用，可以很方便地实现基于活动的复杂而独特的智慧应用服务。

下面将进一步介绍智慧城市技术体系中其他主要层次所包括的关键技术。本章只是对所涉及的关键技术进行简单分析和介绍，并说明它们在智慧城市建设中的重要作用。

		智慧政务	智慧交通	智慧能源	……	智慧医疗	
标准与评估体系		行业应用层					安全保障体系
	专用技术	智能交互平台	现代信息服务平台		社会组织生态与治理服务平台		
		应急联防服务平台	公共安全服务平台		视频监视网的共享感知和服务平台		
		行业内务共享平台	跨行业共享服务平台		综合环境评估与灾变预警平台		
		应用服务层					
	专用技术	以人为中心的智慧城市公共服务	城市信息多层次智能决策		多源信息实时接入与自主加载		
		复杂时空数据集成分析与空间决策模拟	面向城市运行管理的数据高性能分析		城市多源密集型动态运行数据呈现		
		城市多模式数据管理系统互联	网络监管工具与平台	多维协同服务平台	空天地融合的智慧城市信息共享		
	通用技术	面向服务架构	云平台	智能搜索引擎	可视化与仿真技术	虚拟现实增强现实技术	个性化智能门户技术
		支撑服务层					
	数据关联成长与安全技术	关联数据动态建模	数据自主生长机制		数据实体联网内容安全	活化数据安全与隐私	
	数据维护与管理技术	数据实体演化机制		数据互联		数据并行处理与节能调度	
		海量数据存储		海量数据清洗		城市数据挖掘	
	数据描述与认知技术	异构数据描述语言		海量数据语义认知		数据实体虚拟标签	
		数据活化层					
	面向智慧城市的传输控制技术	面向智慧城市的无线宽带新技术与产品		面向智慧网络传输的应用基础技术		面向专用智慧网络系统传输的控制技术	
	传输控制技术	路由协议及策略		传输控制策略		网络服务质量控制技术	
	网络技术	物联网技术	无线传感器网络技术	社会网络	新一代互联网技术	多网融合	新型网络体系和机制
	通信技术	无线宽带网		光纤网络		宽带超宽带通信	
		数据传输层					
	感知系统	环境与灾变监测感知		智慧城市立体感知网		空间信息感知获取系统	
		城市基础设施感知系统		航拍建模系统		车载感知网络	
	感知技术	感知建模技术	动态感知技术		地球观测与导航技术	可信采集技术	
	设备技术	泛在传感网	射频识别	片上系统	汇聚设备	采集设备	内容安全获取设备
		城市感知层					

图 4-1 智慧总体技术体系架构图

4.2 分层关键技术

4.2.1 城市感知层关键技术体系

城市感知层主要是为了实现对城市相关信息的多样、全面而高效的感知和获取。城市感知层是智慧城市的最底层,负责从物理世界和互联网采集原始数据,并在可能的范围内对数据进行一些预处理等。

从数据来源角度讲,所感知和获取的数据包括来自互联网、电信网、传感网络和各行业的数据;从数据类型角度讲,所感知和获取的数据可能包括视频信息、音频信息、射频定位信息、智能图像信息等。因此感知层的关键技术既涵盖了新型智能监测感知设备技术,也包括针对数据来源的多源异构等特性对获取数据进行再组织和管理相关的感知建模等感知技术;此外,还包括针对智慧城市的特征而构建的数据基础设施和基础共性平台相关的感知系统技术。也就是说,从智慧城市建设的实际需要出发,城市感知层的关键技术包括三个层次,如图 4-2 所示,即设备技术、感知技术和感知系统。

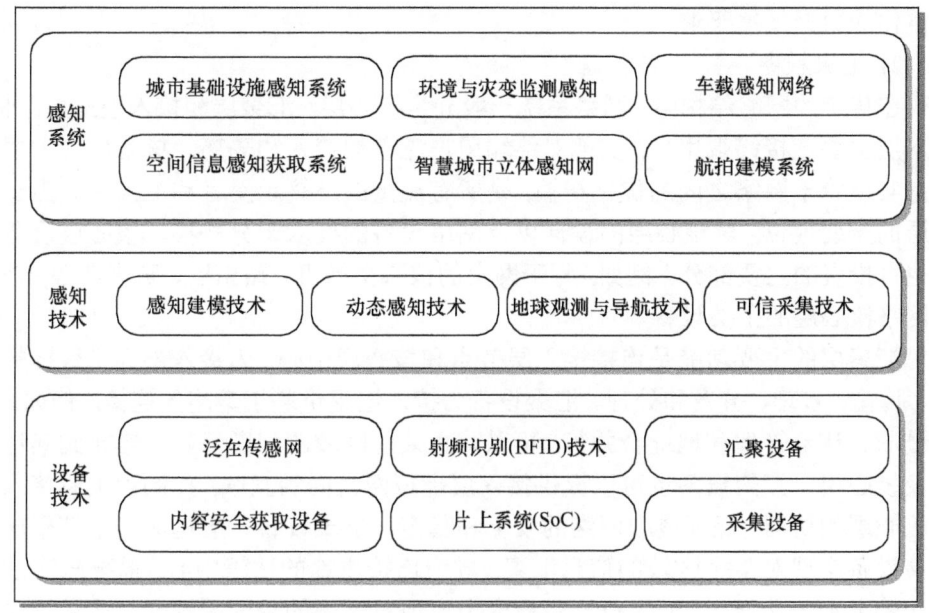

图 4-2　城市感知层关键技术体系架构

1. 设备技术

设备技术是指和感知设备相关的各项关键技术。从城市感知对设备的需求角度来讲，目前典型的感知设备技术包括采集设备、汇聚设备和内容安全获取设备。此外，感知设备技术还涉及泛在传感器网、射频识别(RFID)技术、片上系统(SoC)等核心技术。

1) 采集设备

采集设备是用于实现数据采集的硬件设备。数据采集(有时也称为数据获取)是指对现实世界进行采样，产生可供计算机处理的数据的过程。通常情况下，数据采集过程包括为了获得所需数据或信息，对于信号和波形进行采集并对其加以处理等步骤。因此，数据采集设备或系统包括传感部件，用于将测量参数转换为电信号的传感部件。同时还可能包括对数据进行初步处理的一些处理部件。

在智慧城市应用中，数据具有种类多、数据量大、数据格式多样、数据范围广泛等多模式特征，因此需要多种多样、层次各异的采集设备，实现对城市数据全面、高效、准确的采集获取。如音视频采集设备、USB 数据采集设备、无线采集设备、以太网采集设备、移动采集设备、车载采集设备以及面向行业的专业采集设备等。同时，数据采集设备还可能具有吞吐密集、运算密集、数据层特性匹配密集等特点，从而对硬件平台提出了更大的挑战。甚至可能需要采用新的硬件体系架构实现采集数据的监测、解析、处理和还原操作。此外，随着智慧城市的逐步建设和发展，可能需要研究新型的数据采集设备，来满足城市应用日益复杂和智慧化的数据采集要求。

2) 汇聚设备

在传统的网络结构中，网络系统一般分为核心层、汇聚层和接入层三层结构。接入层主要连接终端用户，实现对终端用户流量的接入和隔离。核心层的主要功能是实现骨干网络之间的优化传输，是所有流量的最终承受者和汇聚者。由于核心层的重要地位，对核心层的设计以及网络设备的要求十分严格。核心层设备一般也占投资的主要部分。例如，骨干网上的核心交换机、路由器、防火墙等，都属于网络核心层的主要设备。

汇聚层的主要功能是连接接入层节点和核心层中心，为接入层提供数据的汇聚、传输、管理、分发和处理。汇聚设备为接入层提供基于策略的连接。例如，信息过滤、认证管理和地址合并等，可以防止某些区域的问题蔓延和影响到其他区域及核心层。汇聚设备也可以提供接入层虚拟网之间的互联，控制和限制接入层对核心层的访问，保证核心网络的安全和稳定。汇聚设备一般构成一个汇聚层。汇聚设备实现对某个区域的信息汇聚，成为连接本地的逻辑中心，需要较高的性能和较丰富的功能，从而可以一定程度上实现对系统的分区域管理、流量控制、安全管理和身份认证等。汇聚层的不同汇聚设备之间可以通过光纤等实现互联，以提高系统的传输性能和吞吐量。

需要说明的是，这里所说的汇聚设备比上面的概念更广，通常是指一定区域内的信息汇聚点，用于将所在区域中采集设备的信息进行汇聚。因此，严格意义上来说，与传统网络系统中的接入层、汇聚层和核心层三层结构相比，这里的汇聚设备实际上涵盖了核心层、汇聚层的部分设备。

3) 内容安全获取设备

内容安全获取设备是一种保证数据内容安全的硬件设备。内容安全获取设备分为数据接入设备和数据实时采集设备。数字内容安全获取设备包括数据接入设备和数据实时采集两部分。

内容安全获取设备的每个平台独立接入网络数据源，从而分担大流量数据输入的压力。数据接入设备主要起负载均衡作用，数据实时采集设备可以采用服务器集群，根据具体的需求和资源限制，分为流水线模型和分段模型。

4) 泛在传感网

传感器网络是由许多在空间中分布的传感器节点所组成的一种无线通信计算机网络。每个传感器节点除了配备一个或多个传感器，还装备了无线电收发器、微控制器和能源(通常为电池)，传感器节点利用其所配备的传感器对环境进行感知，并通过无线电收发器实现节点之间的信息交互，从而协作地完成对某一个区域或某个环境的感知和监测。

泛在网络(ubiquitous network)是广泛存在的网络，它具有无所不在、无所不包、无所不能的基本特征,以达到在任何时间、任何地点、任何人、任何物都能顺畅通信。通俗地讲,泛在网络是一种可随时随地供给人使用,让人享用无处不在服务的网络,其通信服务对象也由人扩展到了物。目前随着经济发展和社会信息化水平的日益提高,构建"泛在网络社会",带动信息产业的整体发展,已经成为一些发达国家和城市追求的目标。

泛在传感网络是指基于个人和社会的需求,利用现有的传感器网络技术和新的网络技术,实现人与人、人与物、物与物之间按需进行的信息获取、传递、存储、认知、决策、使用等服务,网络超强的环境感知及智能性,为个人和社会提供泛在的、无所不在的信息服务和应用。

泛在传感器网络是构建智慧城市的基础,它们是构建智慧城市系统很重要的信息来源。需要说明的是,在智慧城市的城市感知层,关于泛在传感网的研究重点在于传感设备的研究,而在传输层中,关于无线传感器网络的研究,则重点在于无线传感器网(wireless sensor network, WSN)的信息传输协议和传输控制等方面。

5) 射频识别技术

射频识别(RFID)又称为电子标签、无线射频识别,是20世纪90年代开始兴起的一种自动识别技术。射频识别技术是一项利用射频信号通过空间耦合(交变磁场或电磁场)实现无接触信息传递并通过所传递的信息达到识别目的的技术。

射频识别的基本组成包括标签、阅读器和天线。其中标签由耦合元件及芯片组成,每个标签具有唯一的电子编码,附着在物体上标识目标对象。阅读器用于读取(有时还可以写入)标签信息,可分为手持式射频识别读写器或固定式读写器;天线在标签和读取器间传递射频信号,从而使读写器能识别读取标签中的内容。在射频识别系统中,阅读器一般会将其读到的信息传输到载有射频识别中间件或者射频识别软件的计算机系统上,供进一步处理和利用。

在智慧城市领域,能够利用射频识别技术的应用非常多,如智慧物流、智慧交通、智慧医疗等。因此,射频识别是智慧城市建设中,实现信息感知所不可或缺的一项关键技术。

6) 片上系统

片上系统(system on chip, SoC)也称为系统级芯片,是一种在单一芯片上集成了计算机组件或其他电子系统的集成电路。片上系统和传统的微控制器是两个不同的概念,前者的层次更高。一个典型的片上系统一般包括一个或多个微控制器、一个或多个类型的存储器、提供系统时脉的振荡器和锁相环、计数器/时钟/复位电路、USB 和以太网等接口、模数和数模转换等接口,以及电压调节和电源管理电路等。典型的片上系统应用就是嵌入式系统。需要补充说明的是,假如在某些应用中无法将所有的功能放入一个片上系统内,则可以利用系统级封装(system in package, SiP)技术,将一个系统或子系统的全部或大部分功能封装在整合型基板内。

片上系统由于其高效集成性能,成为当前替代集成电路的主要解决方案,代表了当前微电子芯片发展的必然趋势,应用也日益广泛。因此,在智慧城市建设过程中,不可能离开片上系统的支持和应用。

2. 感知技术

感知技术是用于感知建模的关键技术,典型的感知技术包括感知建模技术、动态感知技术、地球观测与导航技术、可信采集技术等。

1) 感知建模技术

感知建模技术是指对感知对象或系统建立相关模型,并以此来仿真、模拟或分析系统的特性,并根据建模结果进一步指导感知技术和感知设备的选择、部署和具体的感知控制。感知建模技术是研究感知设备和感知系统的一个很重要的技术手段。具体来说,感知建模技术具有如下三个方面的功能:首先是可以用于分析和设计实际的感知设备和感知系统;其次是可以用于预测实际感知设备或系统的某些状态的未来发展趋势;最后通过感知建模技术,可以对感知设备或系统实行优化控制。

在智慧城市领域,被感知的对象千变万化,感知设备和感知系统存在很大的异构性,要适应城市感知的需要及实现对众多异构感知设备的优化控制,利用感知建模来建立、分析、研究感知设备和感知系统是非常必要的,因此智慧城市技术体系的研究和建立,就不能不考虑感知建模技术。

2) 动态感知技术

动态感知技术指通过射频识别、产品电子代码、传感器技术、无线传感网络等技术手段动态监测感知对象或环境,或利用这些技术的组合灵活、实时、动态地控制感知网络,掌握被感知环境中的动态信息。

在智慧城市的各种应用中,往往需要感知设备节点不停移动,甚至是高速移动,以便动态获取各种所需要的数据。因此,由这些(高速)移动的感知设备所构成的感知网络的拓扑结构可能一直在快速变化中。现有的各种无线网络组网技术对于网络节点慢速移动,或者基本静止的情形中有较好的效果,但还不能很好地适应于智慧城市动态感知的需求。所以需要研究新的动态感知网络技术,不仅能够适应网络拓扑一直变化的情况,也能够解决网络不时处于非连通或非全覆盖的情况。

3) 地球观测与导航技术

地球观测是指由陆地卫星、海洋卫星、气象卫星等系列遥感卫星及地面各类地球观测数据收集平台等组成的系统及关键技术,是一个全方位的、多学科的地球观测科学技术体系。导航技术是引导飞机、船舶、车辆以及个人等进行运载体安全、准确地沿着选定的路线、准时到达目的地的一种技术。地球观测与导航技术是近年来我国重点支持的技术发展方向，863计划就曾支持了该领域多个重点项目的研究。

地球观测与导航技术所涵盖的技术领域很广，主要包括导航与位置服务技术、先进遥感技术、地理信息系统技术、导航定位技术、空间探测技术等，而其中的很多技术对于智慧城市的建设和发展都起着非常关键的作用，如导航与位置服务技术、地理信息系统技术、导航定位技术等。因此，地球观测与导航技术也是智慧城市建设与发展必须重视的关键技术之一。

4) 可信采集技术

可信采集技术是指如何合理有效地利用有限的资源，来采集有效、可信的数据。利用无线传感器网络采集数据时，传感器节点在能量、带宽、处理能力、存储能力等方面都比较有限，同时节点易受到环境的干扰而失效或出错，所以如何保证节点感知采集的信息的可信度就是需要考虑的问题。

此外，可信采集技术还包括如何提供数据有效性检验功能，保证通过人机接口输入或通过通信接口输入的数据格式或长度符合系统设定要求，对目标数据源实时进行信息采集、抽取、挖掘与处理。

在智慧城市应用中，城市感知是一个高度开放的环境，如何保证感知采集信息的可信和安全是非常重要和迫切的，因此可信采集技术的研究和发展，对智慧城市的信息感知具有非常重要的意义。

3. 感知系统

智慧城市感知系统是服务于智慧城市应用而形成的、综合化的感知系统技术，包括城市基础设施感知系统、航拍建模系统、车载感知系统、环境与灾变监测感知系统、智慧城市立体感知网、空间信息感知获取系统等。

1) 城市基础设施感知系统

任何一个城市都具有无数的基础设施。从广义来讲，城市的基础设施包括城市生存和发展所必须具备的工程性基础设施和社会性基础设施，是城市中为顺利进行各种经济活动和其他社会活动而建设的各类设施的总称。工程性基础设施一般指能源系统、给排水系统、交通系统、通信系统、环境系统、防灾系统等工程设施，它是城市赖以生存发展的必要条件，也是城市运行的主要载体。社会性基础设施则主要指行政管理、文化教育、医疗卫生、商业服务、金融保险、社会福利等设施。我国一般讲城市基础设施多指工程性基础设施这个狭义的概念，在这里讲的也是狭义的基础设施和城市建筑物等。

城市基础设施在形态上具有固定性的特征，即其实物形态上大都是永久性的建筑，供城市生产和居民生活长期使用，不能经常更新，更不能随意拆除废弃。因此在建设智慧城市的过程中,需要对这些数量庞大的基础设施进行有效监测和管理,就离不开这里所提到的城市基础设施感知系统。一般指部署传感器、探头、电子标签等各类传感终端,感知监控城市建筑、市政设施等基础设施,完善城市信息采集系统,构建城市数字资源中心及信息服务体系。基础设施感知系统可以综合处理和利用所感知的信息,实现城市基础设施生命周期、安全评估和动态预警预测等功能。

2) 航拍建模系统

航拍建模系统指用直升机、固定翼或超轻型飞机在空中飞行过程中对实景实物,根据不同高度、角度、多方位摄影,并对实景实物建立模型。航拍图能够清晰地表现地理形态,因此可以运用于军事、交通建设、水利工程、生态研究、城市规划等方面。在智慧城市应用中,航拍建模系统主要是利用航拍技术对城市主要建筑、基础设施和重点区域拍摄采集、建模和监测。

航拍所用的平台包括飞机、直升机、热气球、小型飞船、火箭、风筝、降落伞等。为了让航拍照片稳定,有的时候会使用如 Spacecam 等高级摄影设备,它利用三轴陀螺仪稳定功能,提供高质量的稳定画面,甚至在长焦距镜头下也非常稳定。

航拍建模系统需要解决的关键技术包括飞行控制装备技术、地面站软件构建技术、透视矫正技术、建模与拼接技术等,从而能够构建出更加逼真可控的航拍模型场景。例如,空中拍摄的照片,往往采取一定角度拍照,这意味着,角度不正确的照片将使远近物体的相对大小关系出现视觉上的错误;此时就需要利用透视矫正技术来矫正扭曲的形象,以便在同等大小的物体的真实世界有同等大小的照片。再如可以利用拼接技术,将航拍所得的一系列照片拼接在一起,从而它们形成一个单一的大面积的航空照片,创建无缝的图像。

3) 车载感知网络

车载感知网络(vehicular ad hoc network, VANET)也称为车辆通信网络,可以实现车辆与车辆之间(vehicle to vehicle, V2V),以及车辆与路边基础设施之间(vehicle to infrastructure, V2I)的多跳无线通信。车载感知网络可以应用于许多方面,包括提供安全驾驶、协作路况检测与采集、车辆内容共享与娱乐等。随着城市的飞速发展,城市车辆保有量越来越多并持续快速增长,每个车辆都可以作为一个车载感知网络的节点。因此在智慧城市应用中,车载感知网络具有节点数量大、高速运动、沿路径移动及受通信质量和环境影响大等特性,为车载感知网络的信息感知方法、信息传递模式和信息处理利用策略等方面都提出了相当多的挑战。

车载网络极大地拓展了无线传感器网络的应用范围,车载网络中的车辆随机运动,通过它们来感知、传递和利用其经过路径的相关信息,从而可以大大拓展传感器网络感知与应用的范围和深度。相对于传统传感器节点具有能量有限、计算和处理能力有限及存储空间有限等约束不同,车载节点被认为不受能量、存储能力和处理能力等方面的约束,因此被认为有很好的发展空间和应用前景。

4) 环境与灾变监测感知系统

环境与灾变监测感知系统指利用传感网络进行信息动态采集、综合分析和处理的监测预警系统。通过监测环境中潜在灾变体在时空域的变形信息和诱发因素信息,实现对灾变体的稳定状态及变化趋势的有效把握及时预警灾变。环境与灾变监测感知对于智慧城市的建设非常关键。

智慧城市需要面对城市中的各种物理环境问题(如水污染、声污染、城市内涝等)以及复杂多变的自然气候问题。环境与灾变监测感知系统基于所获取的环境与灾变信息,并借助于物理仿真技术,可以为解决城市灾变问题提供一种新的思路。通过对城市大范围内的光、热、水、声、气等的物理建模,分析并发现各种自然灾变问题的原因(如城市某一位置热岛效应的产生),并根据城市现状与自然环境的变化(四季、白昼、雨雪等)作出智慧应对,对可能产生的灾难性后果进行仿真和评估,提出应急响应策略。

环境与城市灾变监测感知系统的功能主要包括:环境与城市灾变信息感知、城市灾变的物理模型构建、分布式的并行灾变数值模拟平台、自然灾变的智能3D仿真技术、城市灾变的智慧应对方案与技术等。其中,城市灾变的物理模型构建是对城市自然灾变的各种主要因素进行多尺度物理模型构建,包括灾难变化的动力学模型、灾变趋势预测模型等。分布式的并行灾变数值模拟平台是指为了支持大规模高精度自然灾变的数值模拟,设计分布式并行灾变数值模拟平台,研究高效并行算法及面向典型并行平台的优化和高效动态负载平衡算法等。自然灾变的智能3D仿真技术是在数值模拟的基础上,研究灾变场景的渐进表示方法以及高效高精度3D绘制技术,利用3D动态仿真技术对灾变的形成、发展态势进行虚拟仿真,以实现城市灾变的动态仿真及趋势预测。城市灾变的智慧应对方案与技术是指根据城市灾变的模拟计算和3D动态仿真结果,提出不同灾变情况下的应对措施和应急预案,并提出预防灾变的城市基础设施改进措施。

5) 智慧城市立体感知网

智慧城市立体感知网通过规范互联和控制协议、提供前端传感器等硬件建设,重视对各种感知信息的融合与利用,从而最终形成具备特定人员跟踪、异常行为报警、危险源监控、遗留物品发现、事件轨迹追踪、警务态势和业务信息融合展示等功能的立体防控感知系统。在智慧城市建设中,建立立体的感知网络,实现对不同类型、不同地点、不同级别的对象的多层次多粒度监测感知。

智慧城市立体感知网可以实现对城市实体全方位的感知,包括异常行为感知、重点人员感知、治安态势感知检索、警力部署(定位)感知、地下基础设施入口感知、建筑物水箱感知、重点车辆感知、重点单位消防远程预警、移动互联网终端感知、单兵警务应急视频感知等功能。每一种感知应用可能都由一个复杂的感知系统来完成，包含一定的感知硬件设备和相应的控制软件，需要建设的内容比较复杂。例如，用于异常行为感知的感知系统主要由前端摄像机、基础传输网络、智能行为分析服务三个部分组成，而需要建设的内容则可能包括前端摄像机的调整和补充技术，建设基础传输网络用于监控视频的传输，以及智能行为分析服务。

6) 空间信息感知获取系统

现代城市中，人类接触的各种信息与地理位置和空间分布密切有关，空间信息作为智慧城市的重要支撑之一，是各种经济、社会、人口、城市管理等方面应用的基础支撑和空间参考基准。空间信息涉及的范围相当广泛，不仅包括高分辨率遥感数据，还包括各种与空间相关的街景影像、室内数据、定位信息和各种包含位置信息的经济、社会和人口等方面的泛在信息。智慧城市的全面建设，不能忽略对这些空间信息的感知、获取、处理与利用，需要相应的空间信息感知获取系统。

空间信息感知获取系统需要从时空基准与定位、数据接入、信息关联、数据更新、基础信息服务等方面展开关键技术研究。具体包括时空动态参考基准维持与定位、多源地理信息的汇集与加载技术、城市实体的地理关联技术、地理信息的动态更新技术、智慧城市位置服务应用支撑技术、城市基础地理空间信息服务等。

4.2.2 数据传输层关键技术体系

智慧城市技术体系总体层次架构中的数据传输层主要是为了将感知层所感知的数据汇聚传输到城市海量动态数据中心，从而为后续的数据存储、处理和利用提供基础。因此，这里的数据传输层有别于网络多层模型中所说的传输层，这里所指的智慧城市技术体系的数据传输层涵盖了传输网络技术、数据信息路由及传输控制等系列技术，其关键技术包括了四个层面，即通信技术、网络技术、传输控制技术、面向智慧城市的传输控制技术，如图4-3所示。

1. 通信技术

智慧城市技术体系的数据传输层相关的通信技术主要是指为智慧城市网络应用提供通信的基础网络技术，包括光纤网络、无线宽带网、宽带超宽带通信等。

1) 光纤网络

光纤网络是智慧城市的网络基础设施，与以前的铜缆接入方式相比，光纤接入式宽带连接可以大幅提高用户的网络带宽。光纤网络具有传输速度快、频带宽、损耗小、重量轻、抗干扰能力强以及工作性能稳定可靠等特点。其最大的优势是容量大且传输距离远，因此光纤网络被公认为理想的宽带接入网。当然，光纤网络也有一些缺点，如光纤易断、质地脆、机械强度低、连接比较困难、技术要求较高、分路与耦合不方便、价格较昂贵等。因此，需要进一步研究光纤网络的相关技术，促进其发展，并根据城市规划和需要，将光纤网络建设成为智慧城市传输网的主干道。

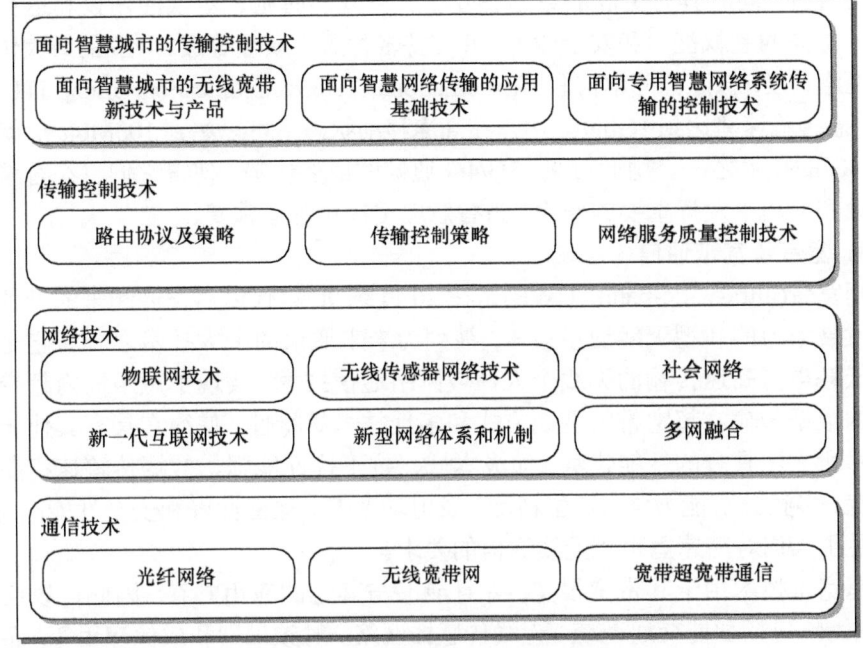

图 4-3 数据传输层技术体系架构图

2) 无线宽带网

无线宽带网具有灵活性高、移动性强、安装便捷、易于进行网络规划和调整及易于扩展等特征和优势，必将在智慧城市的建设和应用中发挥越来越重要的作用。无线宽带有多种接入方式，如 WiFi、3G/4G 通信等。

WiFi 是 IEEE 定义的一个无线网络通信的工业标准(IEEE 802.11)。WiFi 技术支持短距离内的互联网接入，因此是一种适合在办公室和家庭中使用的无线局域网通信技术。与蓝牙技术只有十几米左右的覆盖范围不同，WiFi 的覆盖范围有了大大提高，可以覆盖几十米至几百米。利用 WiFi 的无线网络构建非常方便，只有接入点(access point, AP)和无线网卡就能在配合既有的有线架构的情况下，用无线模式来进行网络连接，所以其费用和复杂程度都非常低，普及和推广非常方便。因此 WiFi 必然在智慧城市建设中发挥重要作用。

3G/4G 通信是当前很重要的无线通信技术，其中，3G 是指第三代无线通信技术。4G 是指第四代无线通信技术。3G 通信是指支持高速数据传输的蜂窝移动通信技术。与已有的 1G/2G 等技术相比，3G 的最大特点和优势在于能极大地增加系统的容量、提供通话质量和数据传输速率。3G 服务能够同时传送声音及数据信息，速率一般在几百 Kbit/s 以上。4G 是第四代移动通信及技术的简称，是集 3G 与

WLAN 于一体并能传输高质量视频图像的技术产品。4G 除了具有与现有网络的可兼容性外，同时具有更高的数据吞吐量、更低的时延、更低的建设和运行维护成本、更高的鉴权能力和安全能力，并支持多种服务质量等级。4G 的最大优势在于其网络速度，按照国际电信联盟(International Telecommunication Union, ITU)的定义，静态传输速率达到 1Gbit/s, 用户在高速移动状态下可以达到 100Mbit/s, 就可以作为 4G 的技术之一。由此可见，3G/4G 通信的诸多优势，使得它们将在智慧城市的建设和应用中发挥重要的作用，为智慧应用提供基础保障。

3) 宽带超宽带通信

超宽带(ultra-wide-band, UWB)是在 20 世纪 90 年代以后发展起来的一种具有巨大发展潜力的新型无线通信技术，被列为未来通信的十大技术之一。它是一种具备低耗电与高速传输的无线个人局域网络通信技术，实现了短距离内超带宽、高速的数据传输。超宽带的调制方式和多址技术等特性，使得它具有其他无线通信技术所无法具有的性能优势，如成本低、抗干扰性能强、数据传输速率高、带宽极宽、多径分辨能力强、定位精确、发射功率低、保密性好和安全性能高等，从而满足了人们对高速短距离无线通信的要求。

超宽带技术由于其带宽很宽，并且能够与其他的应用共存，因此可以应用到多个领域，包括智能交通系统、无线传感器网络、射频识别和成像应用等，希望在智慧城市的建设中发挥重要作用。

2. 网络技术

智慧城市技术体系相关的主要网络技术包括物联网技术、无线传感器网络技术、社会网络、新一代互联网技术、新型网络体系和机制、多网融合等。智慧城市的建设和发展离不开这些网络技术的支持，同时这些网络技术的发展希望拓展智慧城市服务的广度、深度及服务水平。

1) 物联网技术

物联网将人类生存的物理世界网络化和信息化，对传统分离的物理世界和信息空间实现互联和整合。物联网是互联网的应用拓展，通过互联网把无处不在的被植入城市物体的智能化传感设备连接起来形成物联网，实现对物理城市的全面感知，利用云计算等技术对感知信息进行智能处理和分析，实现网上数字城市与物联网的融合，并发出指令，对包括政务、民生、环境、公共安全、城市服务、工商活动等在内的各种需求作出智能化响应和智能化决策支持。

智慧城市中的物联网建设应面向城市公共安全、交通物流、现代服务业等领域重大需求，以解决上述物联网应用领域共性问题为目标，运用系统科学的理论，探索物联网的基本规律，研究和解决大规模、实用化物联网所急需的关键科学问题。其主要研究目标包括：①创建面向城市重大应用需求的多源异构互联的物联网体系结构基础模型,形成一套标准架构;②研究物联网网络融合与自治机理、信息整合与交互的理论和方法、软件建模理论与设计方法、服务提供机理和方法,形成一套指导物联网建设的基本理论、方法和关键技术;③研制一套面向智慧城市多应用领域的物联网综合验证平台,并提供面向智慧城市的物联网应用示范。

2) 无线传感器网络技术

无线传感器网络(wireless sensor network, WSN)是由部署在监测区域内大量的微型传感器节点组成的,通过无线通信方式形成一个多跳的自组织的网络系统,其目的是协作地感知、采集和处理网络覆盖区域中感知对象的信息。无线传感器网络是构建智慧城市立体感知网络的基础,也是智慧城市建设的主要数据来源,如何有效地保证泛在传感网的信息能够可靠有效地传输到智慧城市动态数据中心,需要研究无线传感器网络的传输控制技术,包括研究无线传感器网络协议栈体系结构、协议栈分层设计、协议栈关键技术等。

关于无线传感网络技术的更详细介绍,可以参见感知层中关于泛在传感网的介绍内容。

3) 社会网络

社会网络(social network)也称为社交网络,是指社会个体成员之间因为互动而形成的相对稳定的关系体系,其重点关注人们之间的互动和联系,并通过这种互动进一步研究人们的社会行为及其影响。社会网络运行在社会的不同层面,从家庭层面到国家层面,并扮演着非常关键的作用。在智慧城市中,人是城市的重要主体,因此研究由人所组成的社会网络,对于智慧城市的建设和发展都起着重要的作用。

在社会网络研究领域,一般用点和线可视化地表达社会网络,其中的点代表社会网络的社会行动者,而行动者之间的关系则用各点之间的连线来表示。社会网络研究的重要理论基础包括六度分隔(six degrees of separation)理论和150法则(rule of 150)等,并利用社会网络分析方法。社会网络分析(social network analysis)方法通过对行动者之间的关系模型进行描述,分析这些模型所蕴涵的结构及其对行动者和整个群体的影响。

面对走向后工业时代和信息化背景下的复杂城市社会,针对产业结构转型、虚拟社会组织参与社会运动能力提高、海内外流动人口增多、社会分层结构震荡等现象,以及由此带来的各种社会问题开展社会网络的研究,可以为建立更加有效规范、活力有序的智慧城市社会管理提供保障。围绕智慧城市建设所开展的社会网络研究,还包括研究社会网络动态信息的智能监测、采集与管理、在线社会网络模型及用户行为分析与预测预警和社会感知计算技术等核心问题。

4) 新一代互联网技术

下一代互联网没有统一的定义,但对其主要特征已达成了一些共识。下一代互联网采用 IPv6 协议或其他新型协议，使下一代互联网具有非常巨大的地址空间，网络规模将更大，接入网络的终端种类和数量更多，网络应用更广泛；下一代互联网将具有 100MB/s 以上的端到端高性能通信；下一代互联网可进行网络对象识别、身份认证和访问授权，具有数据加密和完整性，实现一个可信任的网络；下一代互联网提供组播服务，进行服务质量控制，可开发大规模实时交互应用；下一代互联网将提供无处不在的移动和无线通信应用；下一代互联网能够实现有序的管理、有效的运营、及时的维护；下一代互联网有盈利模式，可创造重大社会效益和经济效益。

新一代互联网技术是智慧城市建设和发展需要依托的关键技术之一。智慧城市建设的一个重要目标就是可以让市民平等地、无所不在地享用智慧城市带来的智能化、智慧化、个性化的服务，这和新一代互联网的发展趋势相吻合。同时智慧城市建设所依赖的庞大的感知网络，理论上对地址空间也提出了更大的挑战，因此需要用到下一代互联网技术的 IPv6 协议来解决此问题。

5) 新型网络体系和机制

随着网络的普及和人们对网络及信息服务需求的不断增长，人们对安全可靠可信的网络与通信服务的需求就更加迫切，然而现有网络因网络体系结构方面的局限，面对这些需求存在一定的问题。因此，业界开始研究新型网络体系，从接入、交换、承载、传输和业务提供等多个层面出发，研究具有安全、可信、可管、可控、可靠、灵活、低成本等多种特征的新型网络体系结构。

新型网络体系的研究包括如下几个方面：①创立新核心功能。跨越现有的数据通信、分组和电路交换模式，设计新命名、寻址、全部身份体系结构和网络管理模式。②增强体系的能力。建立体系结构内的安全性，设计高可用性，平衡隐私和责任，设计发展地区差异，发挥区域价值。③布设和结成新体系结构。设计新体系结构采用潜在技术(新无线和光学技术)和使用泛在设备的新计算模式。④建立高层次服务提取。使用信息对象、基于位置的服务和身份框架。⑤建立新服务和应用。使大规模分布应用具有安全、鲁棒和可管理性，发展分布应用的原理和模式。⑥发展新网络体系结构理论。研究网络复杂性、可扩展性和经济激励。

6) 多网融合

多网融合主要指三网融合，其目标是通过技术改造，实现电信网、广播电视网和计算机互联网三大网络互相渗透、互相兼容并逐步整合成为统一的信息通信网络，使得它们功能趋于一致、业务范围趋于相同、网络互联互通、资源高度共享，从而形成可以提供包括语音、数据、广播电视等多种综合业务的宽带多媒体基础平台。

三网融合并不意味着三大网络的物理合一，而主要是指高层业务应用的融合。在概念上从不同角度和层次上分析，融合可以涉及技术融合、业务融合、行业融合、终端融合及网络融合。三网融合的主要技术包括 DOCSIS(data over cable service interface specification)技术、EoC(ethernet over coax)技术、交互式网络电视 IPTV 技术、IMS(IP multimedia subsystem)技术和多屏融合与互动技术等。

3. 传输控制技术

1) 路由协议及策略

路由是指通过互联网络把信息从源地址传输到目的地址的活动，而路由协议则是指导信息数据包发送过程中事先约定好的规定和标准。不同类型的网络，其路由协议和策略也不一样。例如，无线传感器网络和有线宽带网，它们的网络特点决定了其路由协议及其研究侧重点都有很大区别。因此，这里的路由协议和策略是一个相对比较笼统的概念，所涵盖的技术细节非常多，需要研究解决的问题也很复杂，是智慧城市建设的一个重要技术支撑方向。

2) 传输控制策略

传输控制策略是对信息在路由传输过程中加以控制，以尽可能达到传输的某些特别目标和传输效果，典型的传输控制包括拥塞控制、差错控制等。与路由协议与策略类似，这里所说的传输控制策略是一个比较笼统的概念，涵盖了不同类型网络中，对其进行信息传输控制所相关的很多技术、策略与机制。读者可以参考相关的网络书籍，此处不再赘述。

3) 网络服务质量控制技术

服务质量(quality of service, QoS)控制技术是网络技术领域一个非常重要的技术，最初是针对容量受限的网络提出的。在容量受限的网络中，传统的传输控制策略很难保证某些应用和服务的性能。例如，对于像 VoIP 和 IPTV 之类的应用，这些应用常需要固定的传输率，对延时也比较敏感，而传统的策略是不能提供类似保证的。因此服务质量保证及控制技术应运而生，它是指在容量有限网络中，如何通过一定的控制策略，使得网络所提供的服务能够满足给定业务合同的需要。服务质量控制技术提供了针对不同用户或者不同数据流采用相应不同的优先级，或者是根据应用程序的要求，保证数据流的性能达到一定的服务质量要求和水准。

在传统网络中，服务质量指的是网络为用户提供的一组可以测量的、预先定义的服务参数，包括时延抖动、带宽和分组丢失率等。用户在接受网络服务的时候，需要与网络具体协商这些参数。因此，服务质量可以看成是网络对用户数据传输所承诺的服务保证，通常以服务保证级别的形式体现，不同的服务保证级别体现了网络对数据传输不同级别的性能保证。

现在网络基础设施得到了很大的发展，带宽越来越宽，网络资源越来越多，但同时人们对网络的使用和需求的量及服务级别的要求也日益提升，研究服务质量控制技术非常必要和迫切。现在业界对于服务质量控制技术的研究主要集中在服务质量体系结构、服务质量实现机制、服务质量性能评价、具有服务质量保证的网络实践、网络服务质量控制技术的仿真与实现等多个方面。随着新一代互联网技术的发展以及新型网络技术和体系的兴起，网络服务质量控制技术的发展方向必然包括面向新一代网络的服务质量控制技术和面向特定应用的服务质量控制技术。

4. 面向智慧城市的传输控制技术

1) 面向智慧城市的无线宽带新技术与产品

面向智慧城市的无线宽带新技术与产品针对智慧城市应用背景，开展无线宽带新技术与新产品的研发，并通过合理利用新技术，丰富为民服务手段和能力，大力提升服务品质、范围和质量。

2) 面向智慧网络传输的应用基础技术

面向智慧网络传输的应用基础技术针对智慧城市网络传输相关的一些特定应用需要所开展的基础技术研究。主要包括面向智慧城市应用的异构网络中的多无线电协作技术、异构无线网络传输互联安全问题、智慧城市数据传输中的认知无线网络、面向海量数据传输的混合网络编码、对等网(pear-to-pear, P2P)、喷泉编码技术和面向海量数据传输的绿色通信技术等问题。

3) 面向专用智慧网络系统传输的控制技术

面向专用智慧网络系统传输的控制技术是指结合智慧城市的典型网络和智慧系统，开展其密切相关和切实有效的专用智慧网络系统的传输控制技术研究，如研究面向智能电网中的双向无缝通信传输技术、智能网络传输监测技术、云计算数据中心的数据传输网络及其控制技术、智能交通系统中的数据网络设计与控制等。

4.2.3 数据活化层关键技术体系

急速膨胀的海量数据已经成为关系社会民生和国家命脉的战略性资源，并带来大量的应用和商机，但是数据量的高速膨胀、数据无意义的冗余、数据原有关联的割裂又对信息的充分利用形成严重制约。数据活化技术通过感知、关联、溯源等手段，可实现海量多源多模数据的自我认知、自主学习和主动生长，能够很好地解决海量数据管理和分析等问题，是构建智慧城市的核心技术。

智慧城市全方位感知网络将产生大量的数据，并利用海量动态数据中心技术对这些数据进行存储和管理。动态数据中心是智慧城市的重要基础设施，智慧城市的运转需要依靠动态数据中心对数据进行统一处理，同时根据不同的应用需求提供相应的服务。数据活化是基于动态数据中心中数据进行分析、处理的技术集合。数据活化层的关键技术包括四个层面，见图4-4，即数据描述与认知技术(包括异构数据描述语言、海量数据语义认知、数据实体虚拟标签)、数据关联与成长技术(包括关联数据动态建模、数据自主生长机制)、数据维护与管理技术(包括数据实体演化机制、数据互联、数据并行处理与节能调度、海量数据存储、海量数据清洗、城市数据挖掘等)、数据活化安全技术(包括活化数据安全与隐私、数据实体联网内容安全)。

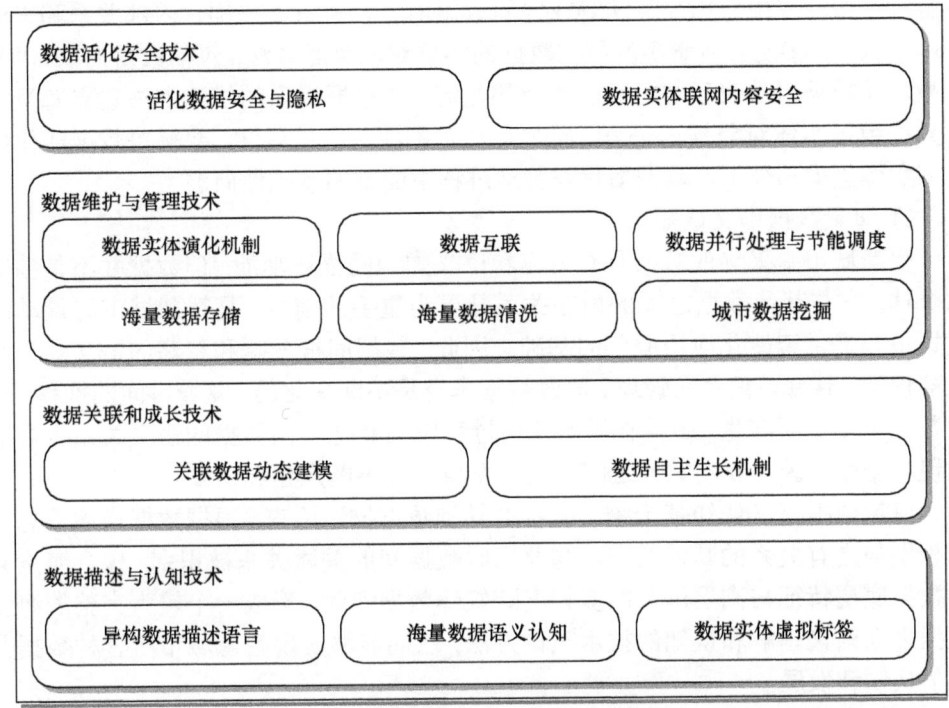

图 4-4　数据活化层关键技术体系架构

1. 数据描述与认知技术

数据描述与认知技术主要针对城市中爆炸式增长的多源异构数据进行统一规范化描述，同时获取和建立不同数据之间的语义关系，以便于数据的组织与管理。数据描述与认知涵盖了异构数据描述语言、海量数据语义认知和数据实体标签等关键技术。

1) 异构数据描述语言

随着数据获取方式和硬件设备的不断丰富，城市采集数据的数量呈爆炸式增长，导致数据高效组织、管理和利用变得越来越困难。与此同时，由于获取的城市数据在维度、来源、类型等方面具有多样性等特征，传统的数据组织与管理技术已经不能满足新的需求，隐藏在数据之间原本的关联信息需要被有效地加以描述，这样智慧城市的数据中心才能够最大限度地利用所采集的数据及其关联信息，为建立数据间的关联关系提供基础，实现数据中心的智能化。因此，海量异构数据的统一规范化的描述语言是智慧城市中数据活化技术迫切需要解决的技术难点问题。

异构数据描述语言需要解决的技术问题包括：①研究数据描述的共性基础，定义一种通用数据特征描述规范，包含数据的时空信息、语义知识、关联信息、所有者、访问权限、压缩算法等在内的数据内容、背景、结构、内部关系和来源等基本属性；②研究海量多源异构数据的实体对象描述方法，包括数据抽象、语义模型、元数据语法表示与封装、本体构建等；③根据提出的描述方法建立海量多源异构数据实体对象描述语言，同时具有完备性和可扩展性，并解决数据活化中数据实体建模和分析、数据演化与管理过程中面临的基础性问题。

2) 海量数据语义认知

智慧城市中采集的数据具有内容和语义知识的描述功能，但数据并不是独立的个体，它与其他数据之间的内在关系是更为重要的信息，是智慧城市海量动态数据中心提供智能化应用服务的基础。因此，数据间被分割和忽略的语义知识必须被识别、认知、重建和管理。同时数据本身是不断变化的，随着时间的推移，新的数据也在不断产生，数据在不断使用过程中与其他不同数据的语义关系也会被发现和变化。因此新的数据之间语义关系也需要不断产生和认知。

海量数据语义认知基于统一完备的异构数据描述语言，根据数据描述信息自动识别与之有关系的其他数据。与此同时数据间的关联关系被识别，建立海量异构数据底层特征与高层语义的多粒度跨媒体数据映射，形成一个较为完整的海量数据之间语义理解和认知的技术理论方法，从而能够实现智慧城市中各种数据关系的认知和发展。

3) 数据实体虚拟标签

数据活化以实体为基本组织和处理单元，其核心思想就是为数据增加语义标识，数据连同其语义标识构成了数据实体。希望能够根据城市数据处理的具体需求，选择合适的语义，对它们进行标识，以便能够高效地存储、处理、查询这些海量的数据。而数据连同其语义标识就构成了所谓的数据实体，它是数据活化的基本组织和处理单元。采用实体方式组织数据能够使数据的处理过程更加高效、灵活。

同时，可以利用虚拟标签技术，实现对数据实体的有效标识。将数据实体看成一种虚拟的物体，为其添加唯一标识数据，称为虚拟标签，并使用信息隐藏等技术把虚拟标签嵌入到数据实体中。虚拟标签将用于存储标识(indentification, ID)、元数据、日志信息以及数据活化结果等信息，这些信息承载了数据重要的语义属性。虚拟标签的主要目标在于记录数据从产生开始后全生命周期中的各种活动信息。

有些数据实体(如视频图像等)是可以嵌入信息的，采用嵌入式的虚拟标签，即直接将选择的实体语义信息嵌入到对应的数据实体中，且这些嵌入并不会改变数据原有的语义。而有些数据实体(如文本等)是不可以嵌入信息的，如果对它们嵌入信息，则将改变数据原有的语义，此时采用附加式的虚拟标签，即数据的语义信息和数据拼接在一起。

2. 数据关联和生长技术

数据关联和生长主要针对同一事件或对象，将智慧城市中的语义关联数据进行内容分析并动态建模，同时建立新的数据关联关系，维护数据实体的自动生长。数据关联和生长涵盖了关联数据动态建模和数据自主生长机制等关键技术。

1) 关联数据动态建模

智慧城市中的数据获取和感知设备采集的数据均在各自技术框架下定义，且对各自观测的目标对象缺乏统一的描述模型，其数据类型、测量维度等属性相互间都有很大差异，因此将海量多源异构数据完全关联在一起是一个很复杂的问题。另外，测量环境和感知设备存在一定的局限性，获取的数据往往具有二义性和冗余性等问题。因此，以异构数据间语义关系为基础，将关联数据进行动态建模，以解决智慧城市中异构数据在时间和空间上的差异性，就显得尤为关键。

面对海量数据格式异构、内容非结构化、数据量巨大等特性，现有数据处理技术缺乏多层次数据动态建模方法。智慧城市中数据应用场景复杂多变，海量异构数据中的对象、空间、时间等多维信息之间存在不同程度的关联关系，关联数据动态建模的任务在于：深入分析关联数据的本质内涵，并根据不同数据实体之间的相互作用及影响，采用动态图理论对数据实体之间的语义关联关系进行分析，建立一套关联结构化、半结构化和非结构化数据的层次建模理论体系；并最终实现对海量多源异构数据更准确更快捷的内容分析和关系建模。

2) 数据自主生长机制

在智慧城市中，时空属性是数据实体的核心关联属性。另外，数据实体内部还包含关于人物、事件、对象等其他类型的关联属性，新的应用可能导致数据实体中建立新的数据关联。同时，由于海量城市数据的应用具有多样性、时效性和复杂性等特点，这对活化数据实体提出了高可扩展性、高查询处理能力、高可靠性以及高适应性等需求。

活化数据的生命特征的表现之一就是数据可以不断根据环境因素的变化而自主生长，因此需要结合复杂应用需求，实现数据实体的自动生长过程。数据自主生长机制的技术任务就是，根据数据关联从无序到有序的发展规律，赋予数据以自我更新、自我完善的能力，并利用进化理论、动态优化理论和信息熵理论，分析和研究数据主动成长的基本机制，分析数据实体成长的基本原理。

3. 数据维护与管理技术

数据维护与管理是为了实现对城市动态数据中心中数据的管理、利用与维护，其内容主要包括数据实体演化机制、数据互联、数据并行处理与节能调度、海量数据清洗、海量数据存储、城市数据挖掘等。其中，数据实体演化机制用于提高数据的可信度和数据实体的关联维护；数据互联是采用虚拟标签技术将数据实体联系起来；数据并行处理与节能调度则是突破城市海量数据的并行处理、虚拟化资源管理与调度、面向数据中心的多级能耗管理等关键技术，构建可控可管的多元数据处理平台。

1) 数据实体演化机制

由于时空多维数据所处环境或应用改变时，数据关联不断演化，因此需要分析数据实体中关联属性的动态演进。数据实体演化机制的研究将有助于提高智慧城市数据的利用范围和存储系统的适应性。

数据实体演化机制的主要技术内容包括：①实时分析数据实体的演进过程，研究数据实体中自适应构建小规模数据实体的理论，避免单个数据实体发展过大导致存储系统性能降低的问题；②结合复杂应用需求，设计数据实体同等规模或精炼关联的繁衍方法；③通过研究多模多阶的数据自主演化方法，实现对多源数据有效性和相关性的准确评估，对数据实体信息进行适时完整的演化，有利于提高数据可信度，降低信息不确定性，提高数据存储与查询分辨率；④根据关联数据之间的依赖特性，以及数据不同维度在关联中的重要性，结合动态自适应和最优化理论，研究环境和用户查询规律的变化对复杂时空数据的维度增减理论与算法，加速数据处理速度。数据演化机制包括存储系统的自主演化和检索系统的自主演化等方面。

2) 数据互联

近年来数据在大小和复杂性上都一直在呈爆炸式增长。很多时候数据之间的关联关系比数据本身所包含的信息更为重要。数据互联(internet of data, IoD)正是借鉴物联网的概念，结合信息隐藏技术等提出的概念。它可以作为数据活化的基础，为数据分析提供基础，并且可以管理、跟踪和识别数据。

数据互联的技术目标在于研究如何将数据作为实体进行联网，且构成数联网。需要研究数据互联相关的一系列技术，包括城市数据实体命名、注册、寻址、更新与访问等；同时，需要支持数据实体唯一标识到与其对应的特定信息资源地址的寻址解析，以及与其相关的诸多信息资源地址的寻址与定位等。

3) 数据并行处理与节能调度

数据并行处理与节能调度是为了实现对城市动态数据中心的海量多源异构数据的综合有效处理，其目标是紧密围绕智慧城市多元数据处理与支持数据活化活动的底层资源调度与分配，结合试点城市的典型智慧应用，突破海量数据的并行处理、虚拟化资源管理与调度、面向数据中心的多级能耗管理等关键技术，构建可控可管的多元数据处理平台，从而实现智慧城市新兴应用的快速开发、高效运营和服务支撑。

数据并行处理与节能调度涉及的技术内容包括：①研究面向智慧城市海量多源数据综合处理的大规模并行计算模式，围绕城市传感数据的关联性挖掘和综合分析等典型应用，给出有针对性的计算框架，提供可重构的并行处理基础设施，以及可复用的并行处理模型和算法；②提供对城市信息综合处理资源的统一监控与管理，研究高灵活的资源管理与调度分配机制，高自适应的资源-任务协同模型，多任务间有效的资源隔离机制，以及资源故障检测与快速恢复技术，研究带有服务质量约束的资源虚拟化调度，实现在线、灵活、高可伸缩的资源动态管理与自演化机制，提高资源的综合利用水平；③建立大型计算中心计算能耗模型，研究面向智慧城市的多用途虚拟数据中心能耗管理以及节能调度策略，分析并研究分级的能耗管理机制，在宏观调度层面对能耗与服务质量关系进行综合建模，以实现绿色计算；④面向智慧城市应用的快速构建与部署运行，研究可编程的数据并行处理体系等。

4) 海量数据清洗

从感知层获取的数据，经过传输和活化处理，可能会出现一些错误、不完整、重复、冲突的数据，这些数据是并不想要的"脏数据"。脏数据的存在，对于数据的存储、处理和利用都是有害无益的。因此需要利用一定的技术手段，按照一定的规则，将这些脏数据清洗掉(即数据清洗)或者对它们进行必要的修正(即数据修正)。

数据清洗和数据修正是指对原始数据进行预处理，对数据噪声或明显错误的数据进行剔除。如果大多数数据源都保持一定的一致性，则一个简单的方法是采用投票机制。这种方法对于因随机因素而产生的错误非常有效，但一旦脏数据成为大多数，则不能清洗掉脏数据。改进的方法主要是通过条件函数依赖性以及匹配依赖性进行的。前者依赖于能被发现的基于条件的依赖函数，而后者主要靠发现精确的依赖匹配。

在智慧城市的建设中，利用海量数据清洗技术和数据活化技术，在采集数据后对数据质量实现优化，在融合前对不同特征数据进行关联，最终实现可靠的数据融合，从而提高数据存储的有效性和数据应用的价值。

5) 海量数据存储

智慧城市的数据存储需要具有支持大规模复杂数据的能力，具有高可靠性、可扩展性、用户访问形式多样性以及高效低耗与经济性相结合等特点。智慧城市海量数据存储需要实现适用于智慧城市的海量数据存储架构、物联网海量存储安全体系和设计高性能、低成本、高密度、绿色节能、安全、易用、易维护的海量数据存储设备，以及实现面向物联网海量数据存储的应用方案。结合目前IT界发展的最新趋势，并针对不同的应用模式提供个性化设计，实现存储资源优化配置、开放共享和高效利用。

针对智慧城市应用数据密集型的特点，利用云存储等先进技术，构建城市动态数据中心，是实现城市海量数据存储的主要方式。动态数据中心是智慧城市的重要基础设施，智慧城市的运转需要依靠动态数据中心对数据进行统一处理，根据不同的应用需求提供相应的服务。

智慧城市海量数据存储的技术内容主要包括云存储服务架构、大规模异构混合存储系统、面向多种典型应用的混合存储结构感知的大规模文件系统、数据和存储服务资源动态组织和管理方法、大规模存储系统中数据的高效可靠存储、大规模存储系统节能技术、元数据管理与容错、智慧城市中动态大容量的数据迁移、云存储数据副本机制、自适应存储优化策略与调度、统一存储网等核心关键技术。

6) 城市数据挖掘

数据挖掘技术是指从大量的、不完全的、有噪声的、模糊的、随机的数据中，提取隐含在其中的、人们事先不知道的，但又是潜在有用的信息和知识的过程。研究者作出一系列的努力，融合数据库、人工智能、机器学习、统计学等多个领域的理论和技术。数据挖掘的过程一般有六个阶段：确定业务对象、数据准备、读取数据并建立模型、数据挖掘、结果分析、知识的同化。数据挖掘采用人工智能中部分已经成熟的技术作为基础，包括决策树、神经网络、遗传算法、规则归纳、贝叶斯网络、粗糙集等。数据挖掘通常分成两个大类：描述型的数据挖掘和预测型的数据挖掘，前者给出对数据集合简洁的、总结性的描述，而后者则通过创建一个或多个模型，试图从当前数据集合推导出未知数据集合的行为。

针对智慧城市应用所产生海量的城市数据信息，需要结合智慧城市的特点，利用和研究数据挖掘技术，从而实现对这些信息进行有效、科学、合理的应用。城市信息来源具有多样性，即便是来自同一领域不同部门、不同单位的数据，也存在语义表达不一致的问题。为对多源数据进行整合和智能分析，需要构建领域知识库。对于智慧城市，与城市运行管理、建设规划、应急指挥、公众服务相关的医疗、食品、能源、交通、供应链等各个领域都需要建立其领域知识库，为城市管理各应用领域部门决策提供基础，但对于城市更高层的决策者，对城市事件的分析决策可能涉及多个领域，还应该研究各领域之间的沟通时所需的知识，建立更高层次的知识库。所以为实现辅助城市各级决策者进行城市运行管理、建设规划、应急智慧等的分析决策，智慧城市领域的知识库应该是多层次的，其研究建设工作需要很大的投入，这也是国内外智慧城市建设、研究与发展需要着力解决的主要问题之一。

4. 数据活化安全技术

数据活化层的关键技术实现对智慧城市动态数据中心的全面操作，以及对数据的维护与管理。数据是一种重要的战略资源,它们的安全性对于城市的有效运营和提供智慧化的服务起着非常关键的作用。然而,城市动态数据中心是一个面向众多用户和服务的相对开放的环境,其安全性容易受到威胁。因此,数据活化层的安全技术就是为数据的存储和内容安全、隐私保护等方面提供技术保障的。

1) 活化数据安全与隐私

数据活化的实现离不开对不同行业、不同领域分布式海量数据的访问、智能分析与智能处理,在为包括政府、城市居民和企业在内的城市行为的主体提供智慧应用的同时,必须保障数据在处理和访问过程的安全性要求,即数据不能被非法泄露、篡改。与此同时,政府决策信息、企业商业信息以及用户的隐私权将保证不被侵犯。

所谓隐私就是个人或机构等实体不愿意被外界知道的信息,而数据隐私就是不愿意被披露的敏感信息。数据隐私保护的技术包括基于数据失真的隐私保护、基于数据加密的隐私保护以及限制发布的隐私保护技术等。无论采用哪种技术,都要做到保护数据隐私的同时不影响数据应用。

2) 数据实体联网内容安全

对数据实体进行联网和多模式数据系统互联过程中,数据成为一种网络资源进行广泛共享和利用,尤其需要注重如何通过相关的技术来保证数据在联网和使用过程中的内容安全性。事实上,以论坛、博客、播客、微博与社交网络为代表所构成的社会信息网络加速了城市信息传播的速度,也增强了不安全内容的潜在风险,这对内容安全控制技术的实时性和处理能力提出了新的挑战。因此,数据实体联网内容安全是智慧城市建设的一个很重要的方面。

数据实体联网内容安全的技术在于,面向政府、企业、市民等用户对城市运行管理数据的安全性、准确性、服务性等需求,分析城市运行管理数据的海量、多源、异构、分布存储等技术特征;建立严格的数字内容安全认证体系。在依赖传统数据加密方法来保证内容安全的同时,充分考虑智慧城市互联网中数据的特殊性,研发城市级互联系统中数字内容的主动取证技术。结合智慧城市应用需求,研究实用性强的数据内容被动取证技术(如数字取证及隐藏分析等技术)。以内容的保密性、完整性、可用性以及抗抵赖性等为指标,对研发的内容主动取证技术进行验证,明确研发技术的适用范围及优缺点,并在相关领域开展应用尝试。

随着更高级和更易操作的数字编辑/篡改/攻击工具的逐渐普及,数据实体联网的内容安全技术也有诸多挑战需要解决。例如,如何建立新的隐写分析和内容取证方法,并保证现有内容安全控制体系的可扩充性是当前的很重要的技术挑战;如何解决数据认证水印算法的水印容量与不可见性、安全性与定位精度之间的矛盾。

4.2.4 支撑服务层关键技术体系

支撑服务层是为应用服务层和智慧应用层提供支撑服务的，即支撑服务层提供智慧城市各种应用的共性关键技术，它们是智慧城市信息服务的重要基础。根据支撑服务层技术的特点，将智慧城市支撑服务层的技术体系分为两个子层次，即通用类技术和专用类技术，其中通用技术类是指构建智慧城市支撑服务层所涉及信息领域的一些通用技术，如面向服务架构(service oriented architecture, SOA)、智能搜索引擎、云平台等。这些技术在很多大的信息化系统和平台中都有可能应用到。而专用技术则是指根据智慧城市建设的特点和需求所构建的领域性的关键支撑技术，如城市多模式数据系统互联技术、城市信息多层次智能决策关键技术、城市复杂时空数据集成分析与空间决策模拟、智慧城市多维系统服务平台等，如图4-5所示。下面对各项关键技术分别加以介绍。

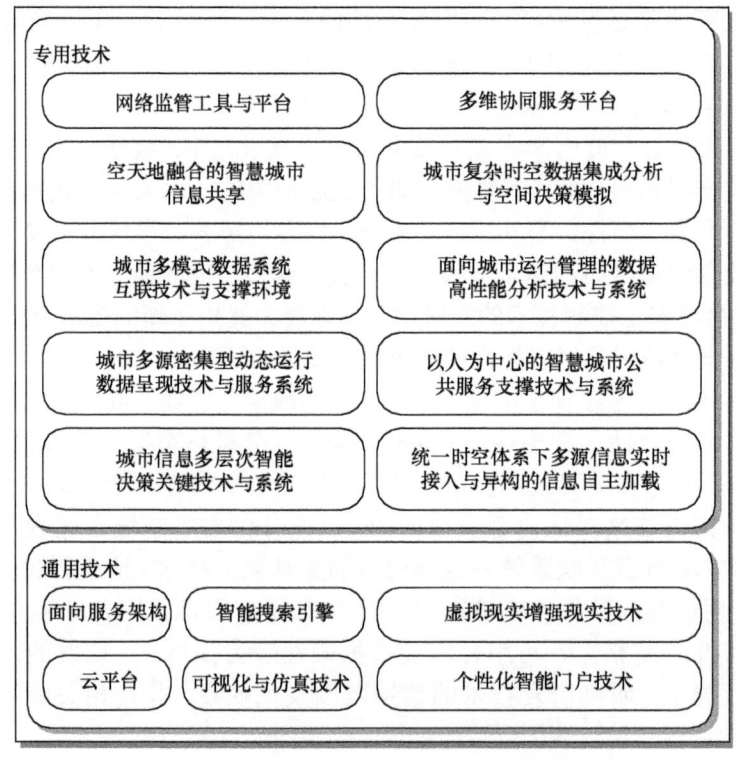

图 4-5 支撑服务层关键技术体系架构

1. 通用技术

1) 面向服务架构

面向服务的计算包括面向服务的体系结构和Web服务，是一种新的计算模式，受到了国际标准化组织、学术界和产业界的广泛支持。Web 服务是与平台和语言无关的、自描述和自包含的松耦合模块,并且遵循国际开放标准协议规范。Web 服务一般通过 WSDL(web service description language)来进行描述,通过 UDDI(universal description, discovery and integration)来进行发布,并最终通过 SOAP(simple object access protocol) 消息协议进行服务的调用。由此可见,Web 服务为分布式环境下异构系统间的交互提供了一种标准方式,能更好地支持跨域实体间的协作,适用于分布性强、共享需求大的应用领域,如电子商务等。

随着 Web 服务技术的应用和推广,网络上出现了越来越多稳定易用的 Web 服务,但单个的 Web 服务能够提供的功能相对有限。为了更充分地利用 Web 服务,一种有效的方式就是将多个服务进行组装和协同,从而提供更为强大的业务功能的服务组合技术。服务组合技术已经成为服务计算领域的一个研究重点。随着网络发展和应用的加速,网络上积累越来越多的软件和服务资源,利用服务组合技术可以更灵活、便捷地完成业务流程定义,更高效地实现新业务系统的构建和原有业务系统的更新和扩展,因而成为基于互联网的全新的软件开发、部署和集成模式。

在面向服务的系统架构中,采用面向服务的方式来提供系统的功能:一方面采用基于可扩展标记语言(extensible markup language, XML)和 Web 服务的异构系统综合服务解决方案,解决系统的跨平台问题;另一方面 Web 服务很容易被业务流程执行语言(business process execution language, BPEL)等业务流程引擎所消费,使得业务流程集成将更加快捷和方便,并且具有低成本的特性。所有的平台服务遵循面向服务架构的组织原则,各层之间通过松散耦合实现逻辑复用,通过服务方式实现同层之间模块的松耦合,使得平台具备良好的扩展能力。

智慧城市建设将提供庞大和丰富的服务平台,并最终为三大城市主体(即政府、企业和市民)提供琳琅满目的智慧化服务,显然这些服务的构建、组织等都需要面向服务架构技术的有力支撑。

2) 云计算平台

云计算是互联网时代信息基础设施的重要形态,是新一代信息技术的重要方向。它以资源动态聚合及虚拟化技术为基础,以按需付费为商业模式,具备弹性扩展、动态资源分配和资源共享等特点,并以按需供给和灵便使用的业务模式提供高性能、低成本、低功耗的计算与数据服务,支撑各类信息化应用。云计算作为一种新兴技术和商业模式,将对国民经济和社会生活产生越来越广泛和深入的影响。云计算及其应用的快速发展,对加速信息产业和信息基础设施的服务化进程,催生大量新型互联网信息服务,带动信息产业格局的整体变革,为提升信息服务水平、培育战略性新兴产业、调整经济结构、转变发展方式等提供有力手段。

未来具有强大数据分析能力的云计算平台将是智慧城市发展的决定性因素,可以成为智慧城市的"大脑",实现对海量数据的存储与计算。在智慧城市中,以海量信息收集、存储和处理为基础的应用服务模式，需要有大规模的计算、存储与软件资源管理和动态调度分配能力支撑。数据和应用的规模性、资源分配的动态性以及资源环境的异构特征，为构建上述支撑能力带来了众多技术挑战。与此同时，面向城市管理、政府决策、市民服务、企业服务等多类型的智慧城市应用在计算资源、数据处理、应用分发等环节存在众多共性需求，而在资源可靠性、服务质量保障、安全可信需求等方面存在巨大差异。如何提供统一的资源管理支撑平台，提高资源利用效率，降低智慧城市部署运营成本，使得智慧城市主体能够切实受益，是智慧城市得以实现与可持续发展的关键。因此，采用云计算相关思想与技术，基于虚拟化与服务化技术，实现海量智慧城市应用的资源动态管理、软件按需即时服务、数据有效共享与协同，是实现智慧城市核心数据处理能力与应用服务支撑的重要技术基础。

3) 智能搜索引擎

智能搜索引擎是引入人工智能的思想和先进技术，使得搜索引擎具有信息服务的智能化、人性化特征，使检索的结果更能反映用户的需求。智能搜索引擎是一种高效搜索引擎技术，它除了能提供传统的快速检索、相关度排序等功能外，还能提供用户角色登记、用户兴趣自动识别、内容的语义理解、智能信息化过滤和推送等功能。利用语义理解和机器翻译等技术，智能搜索引擎将信息检索从目前基于关键词的层面提高到基于知识的层面，对知识有一定的理解与处理能力，允许用户采用自然语言进行信息的检索，为他们提供更方便、更确切的搜索服务。它将是在智慧城市构建的动态数据中心中寻找有效信息的必要技术支撑。

在智慧城市建设过程中，智慧城市感知层将感知、获取、存储海量、异构、多模式的数据，形成庞大的动态数据中心。而智慧城市的动态数据中心是城市智慧化的基础，只有有效处理、利用这些数据，挖掘数据所蕴涵的信息与知识、充分发掘数据中的关联关系，才可能提供智慧化的服务。同时，用户只有方便、快捷、灵活地从庞大的动态数据中心获取到所需信息，实现对动态数据中心的按需、灵活的访问，才能利用所提供的智慧化服务。因此智能搜索引擎将在智慧城市建设中发挥重要作用。

4) 可视化与仿真技术

智慧城市可视化与仿真技术是支撑服务层的核心技术之一，通过复杂城市的三维模型构建和地形绘制，为各种智慧应用提供数值仿真计算平台，并动态直观地展现各种城市问题与现象。智慧城市可视化与仿真技术不仅为城市管理决策、企业虚拟经营、市民人性化服务提供了新颖的手段，也为智慧城市的复杂问题分析与发现提供了通用的交互式平台。该技术主要包含三维建模、数值仿真、渲染等关键部分。

三维建模由地形建模与场景建模组成。地形模型在空间上大面积、连续分布，承载了所有城市场景，目前地形建模技术已经比较成熟。而城市场景建模需要综合考虑数据传感获得的几何、纹理数据,以及动静态场景信息,是智慧城市三维建模中最复杂的部分。

数值仿真层是对城市几何模型根据不同的应用模型进行数值计算的过程。在建模层产生的三维模型基础上,数值仿真需要进一步完成多尺度几何仿真模型的生成。对于不同的智慧应用需要不同的应用模型,多层次仿真管理技术将不同层次的应用模型与不同尺度的几何模型进行数值计算。数值仿真的结果往往会对城市几何模型进行改变,如城市建筑发生爆炸、坍塌、开裂等的损毁仿真,所以需要渲染层对仿真结果进行显示。

渲染层与智慧城市真实感体验的关系最为直接。真实感渲染技术主要解决渲染效果的真实性问题,如城市地形、自然景物、光影的逼真绘制。基于 Web 3D 的交互式渲染可以满足城市管理者和使用者对城市数据的三维操作需求。同时,在高效渲染技术的支持下,解决复杂的大规模城市渲染的效率问题。

5) 虚拟现实与增强现实技术

虚拟现实是利用计算机模拟产生一个三度空间的虚拟世界,提供使用者关于视觉、听觉、触觉等感官的模拟,让使用者如同身历其境一般,可以及时、没有限制地观察三度空间内的事物。虚拟现实是一种基于可计算信息的沉浸性、交互性系统,允许用户与计算机仿真互动。而增强现实是一种同时包括虚拟世界和真实世界要素的环境,其目标是在屏幕上把虚拟世界套在现实世界并进行互动。

虚拟现实和增强现实能够实现对数字内容高真实感、高沉浸感的表现,并强调人机交互。这在智慧城市建设中是必不可少的。此外,除了对单类型数字内容高真实感、高沉浸感的表现,不同类型数字内容的无缝融合和综合数字内容的融合化展示成为一个重要趋势,也是智慧城市建设在城市多源密集型数据呈现的重要需求。

在智慧城市建设过程中,研究以感知网获取的实时动态信息和其他历史统计资料为基础,依托辅助决策模型库,利用虚拟地理模拟、计算机仿真和虚拟现实等技术手段,来进行分析规划决策的目标制订、资源调度、方案执行、实施效果和动态演变等过程,研究以模拟仿真的方式表现规划决策实施的过程与城市历史发展、城市规划情景、城市土地利用格局、生态环境变化和突发事件中产生的现象和动态变化之间的关系,实现为城市演变规律分析、土地利用规划、应急预案的制定提供科学的依据。

需要补充说明的是,可视化仿真中的三维仿真可以说是隶属于虚拟现实技术的,但二者又有一定的区别。虚拟现实技术除了强调三维呈现,还强调人机交互;而三维可视化技术则重点在于 3D 可视化的表现。所以两者不能完全等同或被取代。

6) 个性化智能门户技术

个性化智能门户技术是指根据用户的个人兴趣,从庞杂无序的海量异构数据中找到有用知识,提供一种根据用户兴趣对信息进行组织和过滤的智能人机交互手段。其目标是建立能帮助网络用户彻底摆脱网络海量数据信息超载的困扰,使用户能以最快捷方式获取符合个人兴趣的信息的个性化门户系统,实现从传统的"人找信息"模式到"信息找人"模式的转变。个性化智能门户是实现个性化的智慧城市运营的重要技术手段。

个性化智能门户技术的首先问题是如何获取用户的个性化偏好,其次是根据所建立的用户偏好进行个性化的信息推荐。其中,用户个性化偏好的获取过程大致为:面对用户在信息访问时所蕴涵的多方面的个性化需求,并利用信息之间的各种关联关系(直接的或潜在的关系、动态的或静态的关系),综合分析用户偏好建立对信息源的需求、用户空间行为的频繁模式、时空异常行为特征、环境空间布局和环境事件分布,以及采取不同用户干预条件对用户偏好建立的影响,采用时空关联分析和时空数据挖掘方法,实现用户个性化偏好、空间行为、时空模式等高层知识的挖掘,建立用户个性化兴趣模型;并利用一定的反馈机制,实现对用户个性化兴趣模型的动态更新。

在智慧城市建设中,建设可定制的、个性化的,公众能参与互动的一站式政府管理服务门户,使市民可以参与到智慧城市管理中,与智慧城市建设、智慧城市管理形成互动,使市民能够定制个性化智慧城市服务,直接享受来自政府、公共服务机构向市民及企业提供的所有公共服务,同时提升智慧城市管理的广泛性和敏感度。

此外,智慧城市建设中强调的个性化门户,还可以包括根据城市自身的个性化特点,结合市民的个性化需要与偏好,构建智慧政务门户系统,达到城市个性化运营的目标。事实上,城市最明显的一个特点就是个性化,主要体现在城市所在的区域位置、资源环境、城市规模、基础条件、城市特色、历史沿革等的独特性和所处的发展阶段与机遇以及城市的社会经济状况、科学技术水平、组织管理能力、城市发展愿景等方面。个性化的智慧城市运营就是充分发挥城市潜力、利用自身优势,充分开发自身资源。真正做到个性化运营,就要从实际出发,避免照搬照抄别的城市经验和做法,不断地用新技术手段和智慧城市运营理念打造个性化的智慧城市。

2. 专用技术

所谓专用技术,是指专门服务于智慧城市建设的一些支撑服务和技术。结合智慧城市建设的特点和需求,其所需的专用技术主要包括如下几项:城市多模式数据系统互联技术与支撑环境、面向城市运行管理的数据高性能分析技术和支撑平台、城市多源密集型动态运行数据呈现技术与服务系统、以人为中心的智慧城市公共服务支撑技术与系统、城市信息多层次智能决策关键技术与系统、统一时空体系下多源信息实时接入与异构信息自主加载、城市复杂时空数据集成分析与空间决策模拟、网络监管工具与平台技术、多维协同服务平台、空天地融合的智慧城市信息共享技术等。

1) 城市多模式数据系统互联技术与支撑环境

智慧城市是典型的多源数据密集型处理与应用环境,城市各方面数据关联关系的割裂是必须解决的核心问题。同时在城市的各个行业中,实时和非实时的、离线和在线的不同类型的系统并存。现存的这些系统是多模式数据系统,其多模式体现在两个层面:一个是系统层面的多模式,主要包括系统所遵循的标准与规范异构、系统所基于的基础设施和网络异构、系统所采用的技术和架构异构、系统的处理方式异构;另一个是数据层面的多模式,主要指系统所涉及的数据具有多源(即不同的数据获取手段、不同的系统来源、不同的数据格式等)、异构、时变和高维等方面的特征。如何实现这些多模式数据系统的互联是智慧城市建设需要面对的首要问题之一。

城市多模式数据系统互联技术与支撑环境的目标在于:研究城市运行、服务于管理系统汇聚互联解决方案,突破其核心关键技术。主要研究内容在于:首先研究智慧城市系统汇聚模型和互联规范,建立我国自主的智慧城市技术体系与标准体系,使智慧城市系统建设和多系统汇聚均有章可循、有规范可依;其次研究面向智慧城市系统汇聚互联的虚拟存储技术和数据互联机制,实现数据的互联;再次研究系统汇聚过程中的安全性和高效性,并提供高效汇聚协同中间件和数据动态融合、检索和分析中间件,为所服务的汇聚应用提供支撑服务;最后基于这些核心技术的突破,融合相关研究成果,构建智慧城市应用系统汇聚的城市数据融合与共享互联系统,并研究如何在中小以上城市开展示范应用。

2) 面向城市运行管理的数据高性能分析技术和支撑平台

城市运行管理将持续产生海量的数据,主要包括视频监控、位置信息、交通传感网、环境监测等,形成一个动态数据中心。城市建设智慧化水平的高低很大程度上取决于对这些数据处理、分析、利用的程度。因此,需要以城市中的人–物–环境为对象,从并行化、硬件化、精确化和智能化等角度开始对城市数据进行高性能的处理、分析和利用等。

面向城市运行管理的数据高性能分析技术和支撑平台的目标在于:以城市中的人–物–环境为对象,通过分析城市运行管理动态数据特征,突破城市大规模实时运行数据高性能处理与分析、智能检索与识别等关键技术,研制多模精确定位的行为识别等设备并构建服务系统,开展示范应用。

由于城市运行管理数据具有多源、海量、跨媒体等特点,如视频、音频数据,位置、传感数据等,对这些实时数据中人–物–环境等要素的分析与理解主要涉及如下关键技术:首先针对城市人–物–环境等源数据准确获取,开展面向城市公共安全的多模精确定位设备、城市运行管理数据快速处理与识别设备(软硬件一体化)

的研究；其次针对城市运行管理中海量数据处理实时性和快速性的需求，开展多模态数据高性能处理技术研究；再次针对城市人-物-环境海量数据的智能化检索与分析的需求，开展城市动态运行管理的大规模数据智能检索、面向区域时空模型的目标异常行为分析技术的研究；最后在上述关键技术研究的基础上，选择好合理的数据来源和典型的应用行业，如公共安全和交通等领域，研究如何构建面向城市公共安全环境等城市运行管理数据高性能分析与处理系统，并选择与之相关的单位开展技术应用示范方面的合作。

3) 城市多源密集型动态运行数据呈现技术与服务系统

对于智慧城市，如何对多源、多模、结构复杂且异构的城市场景数据和随时间轴变化的城市动态运行数据进行交互式呈现，以更为直观的方式提供给应用系统的各种用户使用，从而发掘更深层次的关联关系及事物的实质需求是迫切的。因此城市密集型多源数据呈现与服务也是智慧城市研究中重要的技术内容，是从数据中获取知识，达到智慧化的必要工具和技能。

城市多源密集型动态运行数据呈现技术与服务系统的目标在于：围绕城市运行管理中的多源密集型及动态变化数据，研究大规模复杂城市基础数据虚实融合呈现技术，研究城市动态运行数据与真实城市场景自然而逼真的融合建模、仿真与绘制技术，搭建基于移动智能终端的密集型城市数据呈现行业服务系统，并在中小以上城市开展应用示范。其技术建设内容包括：首先对城市的基础设施静态数据与密集型多个传感器采集的多源动态运行数据，包括环保数据、通信数据、气象数据、交通数据等进行深入分析，挖掘动、静态数据之间的联系，对城市设施基础数据进行建模；其次突破多源密集型城市动态运行数据与基础设施数据的融合、识别、分析与实时呈现核心技术，对各类城市可视化数据实施呈现；再次利用相关模型和呈现结果，提供对城市多源密集型数据的组织、存储、全生命周期管理等服务；最后在上述关键技术研究的基础上，开展面向城市信息服务的有代表性的典型应用系统原型的研发，验证上述关键技术的有效性，推动智慧城市可视化数据呈现技术的发展。

4) 以人为中心的智慧城市公共服务支撑技术与系统

城市资源环境、市民自我发展、综合社会关系等问题相互交织、结构复杂，但是均与人息息相关。智慧城市在服务对象、服务内容、服务组织以及服务提供等方面均具有以人为中心的特点和需求。以人为中心的智慧城市公共服务支撑技术与系统的建设目标在于：研究面向个人的智慧城市公共服务聚集技术，突破基于个人信息的实时分析与偏好发现关键技术，研究以人为中心的服务定制与融合技术和基于个人偏好与情境的服务推荐技术，研制以人为中心的支持百万级用户的智慧城市公共服务支撑平台，并开展应用示范。

以人为中心的智慧城市公共服务支撑技术与系统的技术内容建设将从领域知

识、制程技术、服务平台三个方面展开，具体包括：建立以人为中心的智慧城市知识模型和知识自增长、自演化机制；突破以人为中心智慧城市应用的开发、演化、融合、推荐、运行、管理等共性关键支撑技术；建设基于云计算模式的开放服务平台。并在此基础上，选择特色城市，研究如何实施应用示范工程，并促进相关产业发展。

5) 城市信息多层次智能决策关键技术与系统

智慧城市的建设和应用，离不开对相关政府部门提供面向城市运行管理、建设规划、应急指挥等方面的决策支持，甚至需要对企业和市民提供有利于企业发展和市民生活密切相关的一些决策与推荐服务，使得政府决策部门、企业和市民能够对决策资源透明访问、智能分析、综合决策。因此，研究并构建城市信息多层次智能决策关键技术和系统，提供相应的支撑服务，是非常关键和迫切的。

城市信息多层次智能决策关键技术与系统的目标在于：综合信息领域的先进计算、通信和对地观测领域的时空模拟的现有基础，突破城市时空信息智能分析与决策模型联网协同决策、模型与数据双向耦合与主动聚焦决策服务的瓶颈，构建跨领域的城市决策模型库，研制城市信息多层次智能决策系统，开展城市管理综合决策应用示范，形成更多层次的协同决策、更精确的综合决策、更细粒度的个性化决策和更主动的聚焦决策，最终实现数字城市的联动决策系统到智慧城市的智能决策服务的跨越式发展。

城市信息多层次智能决策关键技术与系统的建设内容主要在于：研究和突破城市海量分布式数据与多样异构化决策模型在线双向耦合技术，研制城市信息智能分析与辅助决策支持系统，为城市运行、管理和规划提供面向多层次、细粒度用户的综合辅助决策支持能力，并研究如何结合典型城市开展相应的示范应用。

6) 统一时空体系下的多源信息实时接入与异构信息自主加载

智慧城市系统所包括的立体感知网络与系统将采集海量、多源的城市信息，其中也存在大量的城市空间信息。而目前对这些城市空间信息还难以实现互联、互通、互用，无法实现综合运行管理等，从而大大限制了智慧城市建设的发展。因此，需要系统的研究城市空间信息的体系、标准规范、信息接入与加载等，实现城市空间信息的互联互通。

统一时空体系下多源信息实时接入与异构信息自主加载的建设目标和主要技术内容在于：研究和制定统一时空体系下的城市多种类型空间信息接入与加载的规范标准，突破多传感器信息的实时接入与空间关联、多源异构信息的自主加载与内容融合、时空信息管理与更新等核心技术，研发支撑城市综合管理的时空信息实时接入、动态加载与综合集成技术平台。

7) 城市复杂时空数据集成分析与空间决策模拟

实现城市空间信息的互联互通和实时加载的目标是能够实现它们的互用与综

合运行管理，从而最大效能地发挥城市空间信息的作用，为智慧城市的政府、市民和企业这三大主体提供更全面、更丰富、更智慧的服务。因此，智慧城市需要研究城市复杂时空数据集成分析技术，并提供空间决策模拟，从而实现对城市运行空间信息的智能处理与分析。

城市复杂时空数据集成分析与空间决策模拟的建设目标和主要技术内容在于：面向城市应急响应、市政管理等实际应用需求，突破城市异构时空数据的空间整合与智能分析、面向多层次与多主题的空间决策分析等核心技术，研发自主的智慧城市时空数据集成分析与决策模拟技术平台，并进行典型试验验证。

8) 网络监管工具与平台

智慧城市应用是构建在庞大异构多样的开放的网络基础上的，其所面对的用户也具有数量大、种类多、层次各异、需求和目标不同等多方面的特征，是一个高度开放的网络环境。因此，如此开放的网络环境和庞大的用户群使得网络的安全和服务性能等都受到了很大的挑战。所以，要保证智慧城市诸多应用的稳定及可靠的服务，需要有强大的网络监管工具与平台，来对网络的使用情况进行动态监管，保证其安全性和使用效率。

网络监管工具与平台支撑服务的建设目标和主要技术内容在于：建立综合的监管平台，提供多样化的网络使用与监管工具，能够实现对网络使用状态实时监控、网络性能分析、用户服务、基于服务水平协议(service level agreement, SLA)的网络使用服务体系、统一监控和应急响应等多个方面。

9) 多维协同服务平台

城市运营是一个庞杂的系统，其离不开多部门、多角色、多方面和多维度的协同服务。因此，构建智慧城市就需要提供智慧化的多维协同服务平台，以满足城市运营在协同服务方面的固有需求。

多维协同服务平台的技术目标在于：梳理智慧城市中的协同维度，研究智慧城市的多维协同映射关系和协同工作模式、协同接口定义和服务描述等关键问题，并建立多维协同共享服务平台和协同工作环境，以保证智慧城市系统的主体间的高效协同运作，达成城市运行和智慧管理的最佳状态。

为此，多维协调服务平台的主要技术研究内容包括：首先，分析梳理车路协同、用户协同、跨区域协同等多维协同模式、构建数据协同关系、协同模式；其次，建立数据协同平台和信息便利协同运作模式、创建政府服务协同工程和协同工作环境；最后，针对上述研究成果，研究如何建立面向应用的跨区域跨行业协同服务的示范工程。

10) 空天地融合的智慧城市信息共享

正如前面所言，城市信息包括地面城市建筑物的基础数据、空间数据以及实施运营的诸多数据，如何实现这些空天地数据的有效融合，提供信息共享和服务，是智慧城市建设需要考虑的一个重要方面。

空天地融合的智慧城市信息共享技术的建设目标在于：研究和解决对地观测、空间信息处理、信息化测绘、位置服务、物理–信息融合、多重城市地理空间数据整合、地理信息技术等关键问题，并通过这些问题的研究，提供一套面向智慧城市应用的空天地融合的信息共享支撑平台。

因此，该项支撑服务的主要技术内容包括：首先，构建信息化测绘技术服务体系，并研究地理信息实时化获取、地理信息自动化处理、地理信息网络化管理与服务、地理信息管理实用性技术、复杂地理计算平台技术、物理–信息转化机理和融合平台等关键技术；其次，构建高性能计算支撑软件以及空地一体化的城市监管体系；最后，研究如何突破多重城市地理空间数据整合与分析技术，提供城市数字化、智慧化的空间信息管理和服务与系统。

4.2.5 应用服务层关键技术体系

应用服务层主要是为上层的各种智慧应用提供服务的，但是其与支撑服务层有所不同。应用服务层主要是对跨系统应用管理与服务进行高度封装，从而为上层的智慧应用提供服务。而支撑层则强调的是抽取智慧城市的核心共性关键技术，构建统一化的服务和支持平台，可以同时为应用服务层和智慧应用层服务。应用服务层的关键技术包括(但不限于)：面向智慧城市的行业内务共享平台、面向智慧城市的跨行业共享服务平台、城市管理应急联动防控关键技术和应用平台、城市大规模视频监控网络的共享感知和综合服务平台、智慧城市智能交互平台、智慧城市社会组织生态与治理技术与服务平台、城市综合环境监测评估与灾变预警技术与服务平台、基于位置的城市公共安全信息服务平台、基于智慧城市的现代信息服务平台等方面，如图4-6所示。下面分别加以介绍。

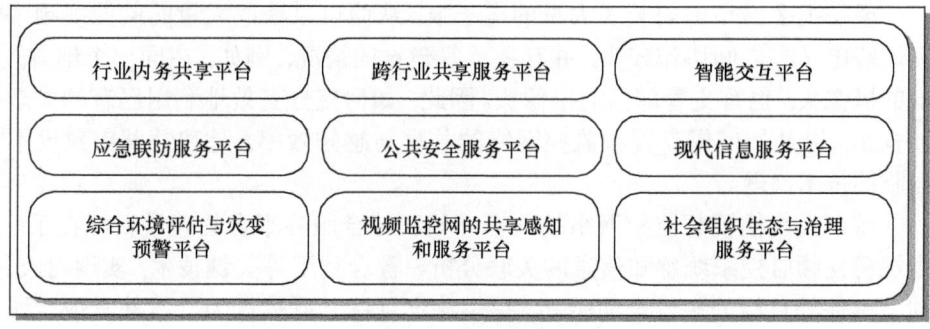

图4-6　应用服务层关键技术体系架构

1) 面向智慧城市的行业内务共享平台

信息化的发展使得现有多数行业内部都有自身的信息化系统，但现存的系统间的共享性较弱,即使是同行业不同单位的系统间都鲜有关联和共享。因此,构建行业内务共享平台,希望打破同行业异单位之间的信息壁垒,从而有助于提高行业的服务能力和整体水平。面向智慧城市的行业内务共享平台的主要技术内容在于:首先,全面分析和研究行业数据信息共享粒度、共享层次、共享方法,突破这些核心技术;其次,研究业务数据的共享编码体制和描述方法;再次,研究同行业不同单位的数据信息共享的安全和隐私保护等关键问题;最后,研究如何针对行业服务特点,建立行业内封装服务、共享接口,打造面向智慧城市的行业内务共享平台。

2) 面向智慧城市的跨行业共享服务平台

面向智慧城市的跨行业共享服务平台是指在行业内务共享平台的基础上,将共享扩展到跨行业领域,其需要面临的共享范围更广、共享内容更异构、共享享用群体更多、共享难度更大、共享模式更复杂等诸多困难,因此需要进一步建立跨行业的信息共享和服务平台。

3) 城市管理应急联动防控关键技术和应用平台

应急管理和联动防控是城市管理的一个重要方面,应急联控的能力和水平是城市智慧与否的体现之一。因此,构建城市管理应急联动防控关键技术和应用平台就显得非常关键和迫切。其技术建设目标和内容在于:针对城市中自然灾害、事故灾难、突发公共卫生、突发社会公共安全等应急事件联动的快速性和防控的精确性需求,构建城市高效、低成本的应急联动防控体系,突破跨行业、跨区域、跨媒体的多元复杂系统集成协同运作方面的一系列关键技术难题,构建支持市县区多级联网的城市应急联动防控信息服务平台,提供共性支撑和技术示范,实现城市公共安全应急处置智能化、防控精准化、响应实时化运行管理模式创新。

4) 城市大规模视频监控网络的共享感知和综合服务平台

现在很多城市都安装了大量的电子眼,从而可以获取大量的监控视频。但现在这些电子眼之间协作较少,并存在重复建设的情况,例如,在同一个地方,有公安的摄像头,也有交管部门的摄像头。因此,如何充分有效地利用已有的大规模监控视频,以及如何提高视频监控网络的共享与感知效率,是智慧城市建设不得不面临的技术问题。

城市大规模视频监控网络的共享感知和综合服务平台的建设目标在于:突破大规模视频监控系统感知信息的关联分析、融合利用等关键技术,实现对人、车、物、事件等目标的多维全面感知,提供特定目标、群体行为、事件发现、城市态势、历史挖掘等个性化和大众化服务,提升智慧城市服务水平与应急能力。围绕上述目标,需要研究解决的技术内容主要包括:首先是研究城市场景网络化视频感知方法、大范围场景的信息融合与视频目标关联分析技术、视频数据访问的负载均衡和分布式调度机制等核心关键技术;其次是研制海量视频数据的高效存储与快速检索系统，并面向公共安全、城市交通实现系统集成并开展应用示范。

5) 智慧城市智能交互平台

智慧城市建成以后，不仅是为用户提供被动式的服务，更重要的是可以给用户提供方便快捷智能的管理和控制的平台，从而使用户参与到城市管理中。智慧城市智能交互平台的建设目标就在于为用户提供这样一个访问平台，使得用户在其权限范围可以使用、控制相应的智慧应用，参与到智慧城市的管理中，真正享受到智慧城市系统所提供的各项智慧化服务。其技术建设内容主要包括：交互控制接口定义、控制流程定义和管理工具、控制权限的管理、控制方法和可视化控制、一站式一键式控制服务模式、多媒体交互服务等核心问题，并研究如何结合城市特点，最终建立智能交互示范工程。

6) 智慧城市社会组织生态与治理技术及其服务平台

城市生态和生态城市越来越受到世界的关注和重视，在这一大背景下，智慧城市的建设就不能离开社会组织生态的关键问题研究，并提供相应的综合服务，有助于建立良好的生态城市。智慧城市社会组织生态与治理技术与服务平台的技术内容主要包括：研究生态城市的内涵和外延、城市复合生态系统的组织形态和展现形式；符合生态规律的生态城市的结构、功能、主体关系的研究；城市生态良性循环关系的研究；基于生态学原理的城市设计等关键问题的研究；生态治理技术的研究；基于上述研究提供示范服务平台。

7) 城市综合环境监测评估与灾变预警技术及其服务平台

城市综合环境监测评估与灾变预警在城市中的地位是不言而喻的，因此开展相关专门技术和应用服务的研究也是顺理成章的事情。城市综合环境监测评估与灾变预警技术与服务平台的建设目标在于：通过研究环境监测评估技术、评估方法、构建监测评估所需的监测网络，构建服务平台，综合处理监测信息，展示监测结果和评估预测结果；并对可能的灾变提供预警机制。其技术建设内容主要包括：城市污染防护监测和防护技术、城市交通监控预警技术、城市重点工程与主要建筑的监控和灾变预警技术、重大地质灾害的监控预警技术、城市病的事变监控和调控等技术，并构建统一通用的城市综合环境监控与预警平台。

8) 基于位置的城市公共安全信息服务平台

基于位置的城市公共安全信息服务平台的目标在于建成基本的视频监控体系，服务于交通事故处置、刑事侦缉等公共安全管理，进一步挖掘现有资源，对分布在城市范围的各类视频监控进行整合与完善，尤其是整合银行、物业公司、商业网点等社会机构设立的监控装置，形成广覆盖、高融合的视频监控终端体系。此外，整合城市管理网格化系统，进一步普及智能采集及终端设备的覆盖范围，尤其是应开发和普及价格低廉、实用性强的智能终端设备，使其与现有平台互联。同时该项研究还包括整合现有信息技术，包括视频图像识别、移动通信定位等，采用多途径对高危人群进行路径跟踪等。

9) 基于智慧城市的现代信息服务平台

基于智慧城市的现代信息服务平台的目标在于研究和攻克一系列基于智慧城市的现代信息服务业共性服务基础技术，形成基础支撑系统和平台，为多种智慧城市典型应用和服务提供基础运行支撑和开发管理支持。其主要技术内容包括：①研制服务基础核心技术，为基于智慧城市的现代信息服务业提供基础运行环境，服务生命周期管理、数据集成和事务处理等机制；②研制基于智慧城市的现代信息服务基础支撑技术，为上层服务组件的灵活配置、高性能加载、海量数据传输存储和负载平衡提供统一服务支撑；③形成服务基础平台，提供虚拟化计算环境，支持基于智慧城市的现代信息服务业共性服务集成。

4.2.6 安全保障关键技术体系

智慧城市建设将构建海量的城市动态数据中心，这些信息是城市重要的战略资源和城市运营的灵魂与基础。不同类型、不同来源、不同用途的数据，有不同的安全性要求。同时智慧城市是一个开放的环境，其安全性很容易受到威胁，因此在构建智慧城市的过程中，需要完善的、多层次的安全保障技术来保证智慧城市数据、信息和访问的安全性。具体来说，智慧城市重点需要解决的安全问题主要包括以下几个方面。

(1) 移动终端的安全问题。

(2) 物联网机器/感知节点的本地安全问题：终端设备需要安全加固和一定的信息安全防护措施，否则很容易被"遥控"和"伪造"等。

(3) 前端感知网络的传输与信息安全问题：无线感知网络的协议通常较为简单，空中信号被截取是不可避免的。

(4) 核心网络的传输与信息安全问题：核心网络具有相对完整的安全保护能力，但是物联网中节点数量庞大，且以集群方式存在，因此会导致在数据传播时，大量机器的数据发送使网络拥塞，产生拒绝服务攻击。

(5) 物联网业务的安全问题：物联网设备可能是先部署、后连接网络，而物联网节点又无人看守，所以如何对物联网设备进行远程签约信息和业务信息配置就成了难题。

(6) 分布式数据存储和处理引发的安全问题：敏感数据不容易保护得面面俱到，信息安全防护措施，投入需求非常大，实用性降低。

从智慧城市发展战略角度考虑，需要建立促进经济建设与城市建设良性互动、协调发展的现代制度平台，在战略目标、资源配置、运行机制等方面建立有效的制度保障体系，要在信息安全领域加大科研投入力度，有机融合智慧城市科研优势，形成强有力的综合科研团队和配套的资源设施，从而积极应对智慧城市面临的信息安全态势,在未来的发展格局中占据重要的位置。

从技术角度讲,构建一个完备的一体化可信任多层次智慧城市网域安全保障体系,主要由以下几个层面的关键应用技术来保障。

(1) 智慧城市的关键基础设施安全和自主高可信软硬件系统。
(2) 智慧城市数据安全传输关键技术。
(3) 智慧城市的网络安全和信息安全。
(4) 智慧城市的云计算安全。
(5) 智慧城市网络空间多层次失泄密检测与防范、安全防卫等方面。

如何构建一体化、可信任、多层次的智慧城市信息安全保障体系,最重要的就是要解决好这几个关键域的问题,需要从关键应用技术体系上全方位进行融合突破。为此,安全保障体系贯穿于从感知层到支撑服务层的始终,在不同层面有不同的安全策略和关键技术,从而构建立体的安全防护体系,如图 4-7 所示。

图 4-7 安全保障层技术体系架构

1. 感知层安全技术

感知层安全技术主要是为了保证信息的安全可靠采集,针对传感节点和射频识别标签类终端，研究如何保护数据的完整性和可信性、机密性与可用性；研究能量有限情况下的高效安全算法；针对手持式移动终端，研究安全可信的操作系统等。主要包括数据采集设备安全加固技术、电子标签的防伪和认证技术、内容安全获取设备、可信采集技术、加解密算法及其优化技术、密钥分配与动态更新技术、感知系统安全技术、统一安全标识和解析技术。下面分别加以简单介绍。

1) 数据采集设备安全加固技术

数据采集设备安全加固技术主要是为移动采集终端和传感器节点等进行安全加固。移动终端的安全加固技术指在硬件上整合安全芯片，设计安全型终端软件操作系统，或通用操作系统的安全客户端软件，实现系统的应用数据保护、病毒防护、存储区域安全访问机制等功能。传感器节点的安全加固是指为传感器节点设计低功耗高性能的安全芯片，实现真正安全可信的"智慧尘埃"。使节点可适应条件恶劣、安全级别较高的场合。

2) 电子标签的防伪和认证技术

电子标签的防伪和认证技术包括标签的防伪造技术、读写认证和访问控制技术。电子标签的防伪造技术用于设计安全射频识别芯片，整合射频网际协议(internet protocol, IP)单元和存储保护单元；研究轻型不可逆内容摘要算法和加密算法；保障标签数据完整性和机密性。而电子标签的读写认证和访问控制技术则实现对读写器的使用进行认证和授权，防止假冒身份非法读写射频识别标签数据。

3) 内容安全获取设备

参见 4.2.1 节第 1 部分的相关内容。

4) 可信采集技术

参见 4.2.1 节第 2 部分的相关内容。

5) 加解密算法及其优化技术

加解密算法及其优化技术主要指设计适合低功耗节点的安全加解密算法，或优化现有算法使其满足网络对节点的可靠认证需求，保障信息的可信性和完整性。其主要技术内容在于：研究采用多种加密算法(符合智慧城市密码相关规定的算法)设计用户鉴别和密钥协商安全协议，采用逻辑、可证明安全性理论等形式化分析手段证明其安全性，并进行安全协议性能分析与模拟测试，以满足智慧城市大规模应用系统的性能要求。

6) 密钥分配与动态更新技术

为提供无线传感器网络中机密性、完整性、鉴别等安全特性，实现一个安全的密钥管理协议是前提条件，也是传感器网络安全研究的主要问题。密钥管理机制所必需的计算量、通信量和存储需求应尽可能小，这是受到传感器网络中的资源限制。这些都是密钥分配与动态更新技术需要关心的重要内容。

7) 感知系统安全技术

在感知层存在面向智慧城市的多种感知系统,这些系统在某种程度上强调的是多个、多种、异构感知设备协同工作构成功能更强的感知系统,而这些设备与系统之间的安全性就是不得不考虑的重点。因此,智慧城市的全面建设还需要研究如何针对这些感知系统,提供对它们的安全控制与访问,这就是感知系统安全技术的技术任务和目标。

8) 统一安全标识和解析技术

统一安全标识和解析技术是指对所有安全级别的终端进行分类,研究统一安全级标识方法和可靠的解析技术。通过该技术实现智慧城市系统中各个节点和网络的安全级别识别,保障通信质量,并对假冒复制终端的搜索和系统定位等,从而能在一定程度上杜绝不安全因素的产生。

2. 传输层安全技术

传输层安全技术主要是完成感知层采集数据的安全可靠传输,主要包括网络入侵检测技术、业务网络的管理和认证技术、可信可控可管网络技术、网络与信息安全技术。下面分别加以简单介绍。

1) 网络入侵检测技术

入侵检测是通过从网络系统中的若干关键点收集信息并对其进行分析,从中发现违反安全策略的行为和遭到攻击的迹象,并作出自动响应。入侵检测通过迅速检测入侵,在可能造成系统损坏或数据丢失之前,识别并驱除入侵者,使系统迅速恢复正常工作,并且阻止入侵者进一步行动。同时,收集有关入侵的技术资料,用于改进和增强系统抵抗入侵的能力。

2) 业务网络的管理和认证技术

该技术包含业务网络范围内的安全策略制定、容灾备份方案、日志审计等传统网络安全技术,并衍生出动态的安全策略配置和更新技术,该技术可以实现安全策略随业务的安全级别变化而变化。该技术实现业务的登记、注册,应用层认证和授权,可以有效地控制业务开展的范围和进行数据交换的内容,为实现应用层综合业务安全管理系统提供支撑。

3) 可信可控可管网络技术

网络安全领域的发展已进入综合安全系统建设的阶段,同时随着可信计算方兴未艾,可信网络也呼之欲出。而所谓的可信网络,本质上是一种可信网络架构,它不是一个具体的安全产品或一套具有某些针对性的安全解决方案或体系,而是一个关于网络安全的、有机的、全方位的架构体系化解决方案。可信网络的推出旨在实现用户网络安全资源的有效整合、管理与监管,实现用户网络的可信扩展以及完善的信息安全保护;解决用户的现实需求,达到有效提升用户网络安全防御能力的目的。可信网络应该具备三个方面的能力，首先是预期网络的未来；其次是对于网络中出现的非预期性行为进行把握和控制；最后是认识和改进预期性与实际情况出现差别，能进行自我的不断完善。

可信网络被认为应该具有安全性、可控可管和可生存性等特征。安全性不言而喻；可控可管则主要指网络具有对用户行为、网络运行状态和网络资源的有效控制和管理的能力；可生存性则是指网络在遭受攻击、失效或意外后能够及时地完成任务的能力。可信可控可管网络是趋势，在智慧城市这样的开放网络环境中必将发挥非常重要的作用。

4) 网络与信息安全技术

针对智慧城市中信息通信网络规模不断扩大、数据海量累计且重要性和敏感程度不断上升、业务对信息网络依赖程度的不断提高、内外网互联互通需求日趋强烈、网络安全风险凸现、安全保障难度不断加大的新形势和新问题，突破智慧城市中信息通信网络安全防控体系构建的共性关键技术，实现智慧城市的全程全网可信、可知、可控、可管，为维护社会稳定、促进社会发展创建安全可信网络信息环境。

网络与信息安全技术的具体内容包括：智慧城市信息通信网络安全虚拟计算环境关键技术研究与应用、智慧城市信息通信网络大规模身份管理系统与装置关键技术研究与应用、智慧城市信息通信网络软件安全运行保障关键技术研究与应用、智慧城市信息通信网络安全检查与评估关键技术研究与应用、智慧城市信息通信网络云安全服务支撑关键技术研究与应用、智慧城市信息通信网络统一安全管理关键技术研究与应用、智慧城市信息通信网络安全威胁感知与响应关键技术研究与应用、智慧城市信息通信网络内外网信息安全交换关键技术研究与应用等多个方面。

3. 活化层安全技术

数据活化层安全技术主要是为了保证数据在活化、联网和处理过程中的安全性和隐私，包括活化数据安全与隐私保护技术以及数据实体联网的内容安全技术。关于这两项安全技术的具体内容参见4.2.3节的相关介绍。

4. 支撑层安全技术

支撑层安全技术主要是为智慧城市体系提供尽可能安全可靠的支撑环境。智慧城市运行支撑的一个基础就是云计算平台，所以云计算的安全性是支撑层安全的重要方面，其他的支撑层安全技术还可能包括个性化智能门户的安全和隐私等。这里重点介绍云计算的安全系统。云计算在提供方便易用与低成本特性的同时也带来了新的挑战。首先考虑安全问题，它成为制约云计算发展的关键因素之一，能否确保云计算平台的安全性，将很大程度影响用户是否愿意将其数据和应用向云计算平台进行迁移。在智慧城市建设过程中,智慧城市云的安全性很大程度上决定了建设能否成功。而支撑层云平台的安全性主要包括云计算和云存储安全技术、云服务的可信认证技术、云服务网络隔离和防护技术、云服务内容智能研判技术。下面分别加以详细介绍。

1) 云计算和云存储安全技术

云计算和云存储安全技术则研究云的业务使用用户认证和存储访问控制,实现云计算的安全防护和结果的保密保障。云计算平台安全方面的首要问题是云计算平台体系结构的安全问题,包括面向云计算环境的关键安全模型和理论方法、基于云计算平台的运行时安全保障机制、漏洞发现技术等。云存储安全的技术内容包括云存储安全访问权限控制、数据安全存储和验证体制、数据安全交互协议、安全的云备份环境与机制、针对云计算的安全审计等多个方面。

2) 云服务的可信认证技术

云环境中的信任已和传统计算环境存在很大不同,它更强调的是用户对平台的信任。另外,同样需要考虑平台对用户的信任及云内部组件间的信任等方面。云服务的可信认证的目标是认证形成云的群体身份,切断不可信的链接,保障云的来源可控、可调整,从而认证云服务的可用性等。云平台是智慧城市的重要基础,研究云服务的可信认证技术就非常关键。

云服务的可信认证的技术内容包括:面向云计算、云存储和云服务的风险评估模型和理论方法、风险分析与加固方案、信任与安全核查模型与机制等多个方面。

3) 云服务网络隔离和防护技术

云服务网络隔离和防护技术的目标是通过研究网络动态隔离技术,实现对有安全性要求的云的分割逻辑区域加以防护,过滤可疑数据,形成对病毒的防护能力和有效抵御多种攻击手段。

4) 云服务内容智能研判技术

云服务内容智能研判技术用于研究和建立云计算分析模型,对比结果,智能判断云计算内容。通过检索技术监控云计算内容,对监测到的不合法内容及结果进行跟踪和标识,控制其输出路径。

4.3 关键技术分类及核心技术研究

4.3.1 技术分类

由上面的分析可知,智慧城市建设离不开一系列技术的支持,但是这些技术,有的不属于智慧城市研究的范畴,只是在建设智慧城市的过程中,需要依托这些技术,而技术本身的研究和发展则由其他领域来完成;有的属于专用技术,即是智慧城市建设所必需且要依托智慧城市建设进行研究和发展的技术。为此,将智慧城市建设的技术体系分为三大类,一是依托类技术(图 4-8 下部所描述的技术),二是智慧城市专用类技术(图 4-8 右上部所描述的技术),三是交叉类技术,即该类技术虽然不属于智慧城市的专用类技术,但将它们应用到智慧城市领域,需要充分考虑智慧城市的特点,同时智慧城市研究和应用的支持,可以促进这些技术的发展(图 4-8 左上部所描述的技术)。

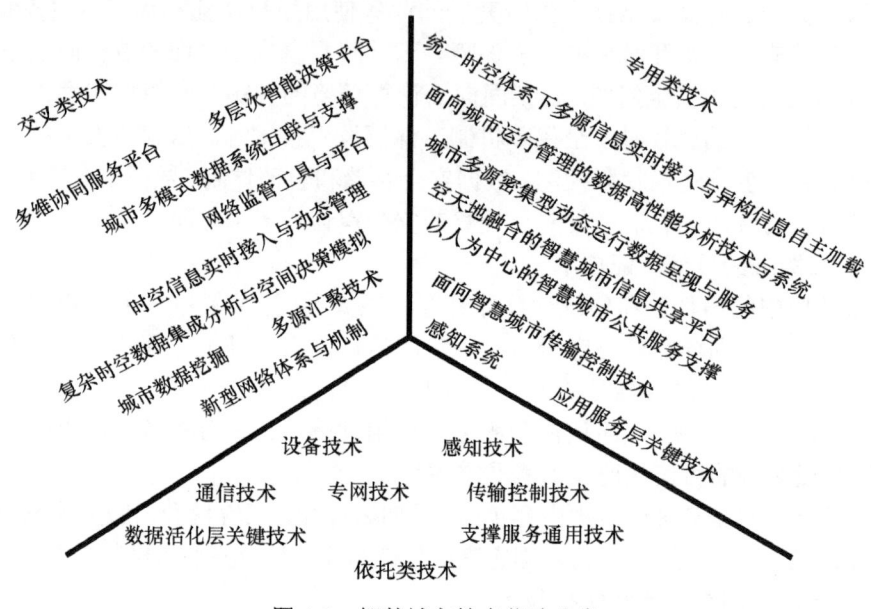

图 4-8 智慧城市技术范畴分类

4.3.2 建设建议

1. 加强核心技术研究,构建智慧城市技术池

智慧城市的核心技术是支撑我国智慧城市建设的技术基础。加大智慧城市相关技术的研发投入,突破智慧城市的核心与关键技术,构建我国自主知识产权的智慧城市技术体系,是决定我国智慧城市建设成败与否的关键因素。因此,我国政府应当着力加强对智慧城市核心关键技术的研究投入,打造结构完善、重点突出、特点鲜明的智慧城市核心技术研究体系与人才梯队。

在核心技术的研究体系方面,应当以政府重大科研攻关为引导,以科研院所、高等院校为依托,在一些核心技术领域进行重点突破,地方政府应当根据当地的地方特色,并结合本地的科研资源,建立配套的科研项目投入,对国家重大科研攻关进行具有地方特色的补充。同时,政府还应当积极引导和鼓励相关企业的研发力量在智慧城市领域进行投入,并积极鼓励民间资金也参与到智慧城市的核心技术研发当中,构成我国智慧城市核心技术研发的潮流主体。在资金保障方面，需要构建以财政科研项目为方向引导，企业与民间资金参与的资金保障体系。

在核心技术研究的人才梯队建设方面，应当以国家级科研院所与重点高等院校的科研人才力量为龙头，以地方科研机构与高等院校的科研人才为支撑，以相关企业的技术与生产研发力量为生力军。研究梯队根据自身优势和特点，可以为我国智慧城市核心技术的重点突破与全面发展提供智力保障。

政府需要充分调动全社会多方面、多渠道、不同类型的智力、技术、资金、产业等资源优势，统筹性地推进我国智慧城市核心关键技术的研究，在一些关键的核心技术领域实现重点突破，掌握智慧城市建设各核心环节的关键技术与知识产权，使我国能够在未来全球智慧城市建设的竞争当中占领先机。

在具体的核心技术研究内容上，要坚持有所为有所不为的原则，在基础技术与城市特征结合领域开展智慧城市共性关键技术研究，打造开放式支撑环境和平台，在关键领域的关键技术上集中发力，实现核心技术的重点突破。结合智慧城市的整体技术体系，从中选择具有战略意义的关键技术要点，重点投入、重点突破，从而逐步构建起立体化的智慧城市核心技术池。

2. 分期分布实施

智慧城市的技术所涵盖的领域广，复杂程度不一，因此其建设也不是一蹴而就的，需要分阶段实施。根据技术的重要程度、相互依托关系、已有技术基础等，可以将智慧城市技术体系的各项技术的研究与发展分为四期来完成。如图 4-9 所示，对于城市感知层、数据传输层、数据活化层和支撑服务层的通用类技术，在信息、自动化、电子等相关领域已经有所积累，但是这些技术还将继续发展(图 4-9 中用带方向的圆角矩形表示，说明该项技术并不仅局限于其所在的建设期，也将持续发展)；而统一时空体系下多源信息实时接入与异构信息自主加载，在建设一期有初步涉及，同时还将在后面的建设期持续发展；城市多模式数据系统互联技术与支撑环境、城市信息多层次智能决策关键技术与系统、城市多源密集型动态运行数据呈现技术与服务系统、以人为中心的智慧城市公共服务支撑技术与系统、面向城市运行管理的数据高性能分析技术与系统、城市复杂时空数据集成分析与空间决策模拟，这几项关键技术将重点在二期中建设；网络监管工具与平台、多维协同服务平台、面向业务数据的集成和聚类服务平台、空天地融合的智慧城市信息共享平台，这些关键技术可以考虑在三期重点建设；同时，在三期建设期内，还要开始应用服务层关键技术的研究与突破，而四期结束，将全部完成应用服务层关键技术攻关和建设。通过这几期的建设，为智慧应用服务奠定技术基础，并提供全面的服务。

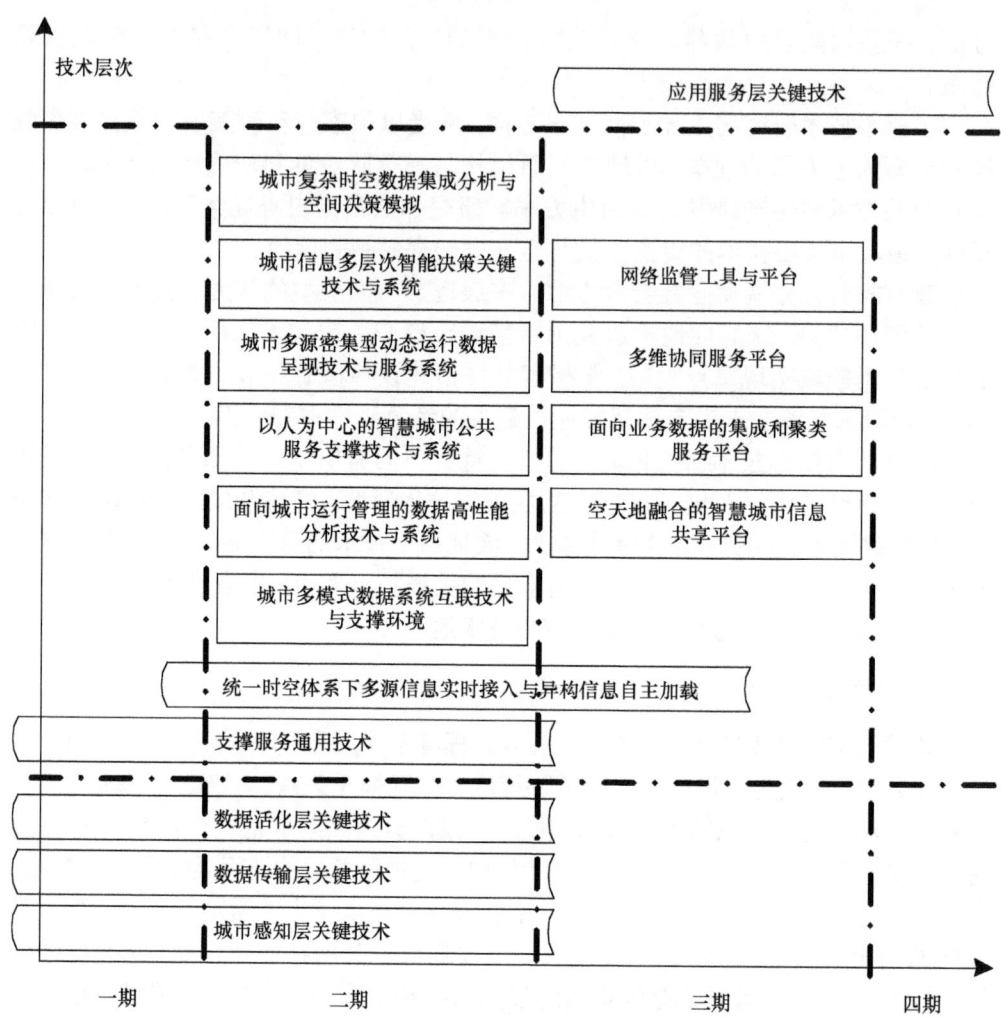

图 4-9 技术体系分期建设建议方案

第5章 智慧城市数据感知、汇聚与活化

5.1 智慧城市数据感知

5.1.1 数据感知与获取设备

城市数据感知是智慧城市建设中一项重要的关键技术。该技术目标是对广泛部署在城市环境中的市政、交通、医疗等各个行业与市民生活环境中的各种传感器、监控等感知设备进行高效、实时的数据获取与数据传输。为建设智慧城市，适应智慧城市各种应用的服务与安全需求，智慧城市数据感知技术通过使用视频、音频、红外、激光、射频、全球定位系统等各种感知技术，构建智慧城市的立体感知系统；针对数据来源的多源性、异构性以及环境复杂多样性，开发新型智能监测设备；同时也通过对所获取的海量数据进行数据再组织与高效管理，构建出数据感知的基础设施与共性平台，以提供对基础公共服务的支撑，实现行业间的数据互操作和支撑面向行业(或区域)应用服务。

1. 数据感知系统构成

智慧城市数据感知系统主要包括城市立体感知系统和社会网络感知系统两大子系统。

1) 城市立体感知系统

城市立体感知系统主要通过多种传感器感知所关注的信息。系统通过规范互联和控制协议来提供前端传感器等硬件建设。立体智能感知系统网络示意图如图 5-1 所示。目前我国智慧城市发展过程中正在积极建设的立体防控感知系统将具有如下功能：特定人员跟踪、异常行为报警、危险源监控、遗留物品发现、事件轨迹追踪、警务态势和业务信息融合展示等。

(1) 异常行为感知：用于实现异常行为感知和特定目标智能检索。针对现有视频监控系统智能化应用水平低，监看、检索自动化程度低，人工发现目标效率低等制约视频监控系统发展的问题，集成最新科技成果，构建具备特定人员跟踪、异常行为报警、危险源监控、遗留物品发现、事件轨迹追踪、警务态势和业务信息融合展示等功能的视频安全防控应用技术，将显著改善现有监控系统特征中识别方法单一、误报率高、图像信息关联性差等问题，减轻视频监看、检索等工作强度，为防范及处置突发事件、异常行为提供技术支撑。

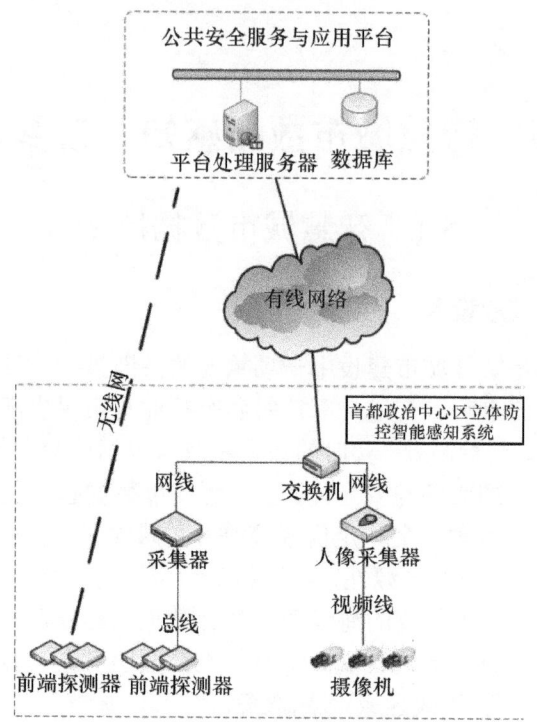

图 5-1 立体智能感知系统网络示意图

(2) 重点人员感知：通过设置人像比对感知前端，实现重点人员及重点人群人像比对感知。由于近年来反恐、国土安全和社会安全的需要，犯罪嫌疑人的手段越来越高，如何有效地防止和侦破这些案件，并及时阻止和抓获这些嫌疑人，成为警方的重要工作，重点人员感知系统就是为此设计的。重点人员感知系统将一些关键和有嫌疑的人物图像录入数据库，在关键场地安装摄像头进行布控，控制进出人员，有效防止嫌疑人逃脱追捕。利用城市中无处不在的摄像头，跟踪锁定成员，发现疑犯时系统可以立即报警；并且当发现可疑人员后，将感知前端采集到的人脸图像与黑名单数据库内信息进行对比，从而确认重点人员及重点人群；同时可以通过信息检索查找可疑人员行径，方便警方找到犯罪线索，从而得到犯罪证据。

(3) 治安态势感知检索：通过建设视频信息的高性能分析处理单元和全景融合展示，实现人员数量统计、人员密度分析，及时感知大人流聚集、群体性突发性事件、人流增减态势、运动趋势、各出入口流量；实现特定人员、车辆、物品的事中、事后智能检索感知。不仅可以极大地提升中心区管理的信息化水平，而且为重点地区的安全管理提供有效的技术保障。

(4) 警力部署(定位)感知：采用超宽频射频技术进行非接触式定位，并结合三维地理信息系统在地图上进行标识，以达到识别和定位的目的。警力部署(定位)感知系统通过无线定位技术进行非接触式定位，并结合三维地理信息系统在地图上进行标识，通过定位器对目标进行数据读取，利用有线网络或无线网络传输到指挥中心，实现对警员的准确跟踪和定位。

(5) 地下基础设施入口感知：对城市现有各类线路管道基础设施安装感知前端与自锁装置，以实现异常情况报警处置。地下基础设施入口感知系统利用报警传感器技术和电子信息技术，探测并指示非法进入或试图侵入设防区域的行为，及时处理报警信息、发出报警信息，并将信号上传到综合管理中心，通过边缘汇聚网关与视频监控系统联动，实时传送报警区域的图像信息，供轨道交通、公安管理人员出警。

(6) 建筑物水箱感知：在建筑物的生活供水箱内部安装感知前端，监测其状况，采用电信运营商的无线公网传输通道，传输必要的状态信息和报警信息，实现对水箱状态的实施感知掌控和异常情况报警。

(7) 重点车辆感知：实现对进入城区重点机动车辆的智能感知，并对可疑车辆进行有效报警及布控。通过对进入地区机动车辆的智能感知，建立车辆与监控中心之间迅速、准确、有效的信息传递通道。监控中心可以随时掌握车辆状态，迅速下达调度命令。还可以为车辆提供服务信息，有多种监控方式可供选择。该系统能够了解紧急突发地点特种车辆分布状态，方便中心调遣，并对可疑车辆进行有效报警及布控。

(8) 重点单位消防远程预警：采取统一接入、分级服务的应用模式，建设消防安全远程监控中心，配备相应的软硬件系统，通过有线、无线等通信网络连接远端用户的监控信息采集装置，采用扁平化的系统架构实时采集消防设施运行数据和报警信息，所有信息全部送到中心进行集中监控、存储和管理。

(9) 移动互联网终端感知：针对"重点人员及重点人群感知"，通过互联网信息积累确定重点人员；通过用户名登记信息获知重点人移动上网卡卡号等信息；通过三大电信运营商基站位置，勾勒出重点区域。

2) 社会网络感知系统

社会网络是指社会个体成员之间因为互动而形成的相对稳定的关系体系，社会网络关注的是人们之间的互动和联系，以及社会互动对人们的社会行为的影响。其理论基础源于六度分隔理论和150法则。

社会网络分析与信息技术的结合就是社会感知计算。社会感知计算是指利用信息技术感知现实世界的个体行为和群体交互，以此理解人类社会活动模式，并为个体和群体交互提供智能辅助和支持。

面对走向后工业时代和信息化背景下的复杂城市社会，针对产业结构转型、虚拟社会组织参与社会运动能力提高、流动人口增多以及由此带来的各种社会问题开展社会网络的研究,可以为建立更加有效规范、活力有序的智慧城市社会管理提供保障。

(1) 社会网络动态信息的智能检测、采集与管理。将互联网、语音网、短信网、物联网和在线社会网络五个网络社会的多维并行结构进行整合,实现数据的互联互通。在城市社会公共信息资源数据库中采集的各种社会网络信息的基础上,进行有效的数据活化与融合,形成更便利于上层智能分析的数据平台。以智能化信息技术为手段,动态收集、分析、整合和反映社区居民关于环境、安全、公共服务、民生方面的主观需求和产业活动的信息。

(2) 在线社会网络模型以及用户行为分析与预警。分析互联网与即时通信等手段的运用对社情舆情传导机制的影响,以及网络社会的人际交往方式和虚拟组织的运行规律;研究网络社群组织对民意民情的影响机制,以及网络舆情的监测预警方法;根据虚拟社会重大社情舆情对实体社会影响的路径,对可能发生的重大社会冲突进行有效预警,为政府决策提供咨询。

(3) 社会感知计算技术。社会感知计算是社会计算与普适计算的融合产物。社会感知计算通过大规模多种类传感设备(如普适传感器、智能手机等)、电子邮件、Web网页、即时通信工具等,获取关于人类社会行为和交互的大规模、客观、实时、连续、动态的现场数据,为人类行为理解和交互规律认识的研究提供坚实基础。此外,社会感知计算还强调从个体、群体和社会三个层面为人类行为和交互提供智能辅助和支持。利用现实物理世界部署的大规模多种类传感设备实时感知物理世界社会个体的活动原始数据。研究不同模态数据的语义表示和关联。研究大规模感知数据的汇聚、融合和存储。

2. 智慧城市数据内容安全获取设备

物联网数字内容安全获取设备包括数据接入设备和数据实时采集两部分。处理的对象是数据,当接入(输入)的数据流量大于一个数据实时采集设备的处理能力时,选择多平台协同工作,分担接入数据流量,分布式接入的架构如图5-2所示。

每个平台独立接入网络数据源,从而分担了大流量数据输入的压力。接入设备主要起负载均衡作用,数据实时采集设备采用服务器集群,根据具体的需求和资源限制,分为流水线模型和分段模型。流水线模型将一个任务分解为若干子任务,可重叠执行。分段模型采用简化分段式处理模型,其基本用法是先收集某个网段的一定时间内的数据,然后进行离线式分析。

数据采集设备具有吞吐密集、运算密集、数据层特性匹配密集的三大技术特点,对硬件平台提出了极大的挑战。需要采用新的硬件架构对物联网数据进行数据的检测、解析和还原。

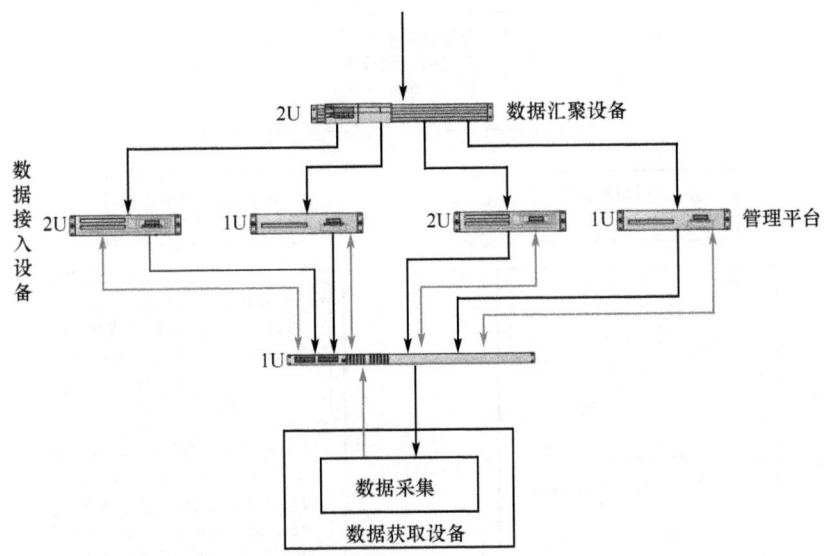

图 5-2　数据接入设备和数据采集设备工作方案

5.1.2 智慧城市数据传输

智慧城市是把城市里分散的、各自为政的信息化系统整合起来,进行联合优化处理。智慧城市的核心理念是智慧、互联、协同、并行;智慧城市的终端网络基础是物联网、传感器网络;智慧城市高速信息互联的媒介基础是 Internet、通信网的核心网、广播电视网;智慧城市信息数据互联及传输的特点是海量信息、宽带传输、有线无线混合组网等。

如图 5-3 所示,智慧城市中数据传输网关键技术可分为两类。

第一类属于面向专用数据的传输网。该类网络直接与日常生活和城市建设相关,应用目的性强,重点在于智慧城市的终端网络,包括传感器网络和物联网。该类网络包括智能电网中的双向无缝通信、智能网络监测、智能交通系统传感器网络设计与应用、云计算数据中心平台的相关研究等。

第二类数据传输网络技术主要面向高速信息互联的网络基础技术。在海量、宽带、多媒体数据要求下,快速、无缝信息交换给城市骨干网络带来了巨大的压力。此外,当前并存多种有线、无线网络,异构的网络结构与分布进一步阻碍了信息的有效交换,导致信息传输瓶颈。因此,面向网络基础关键技术的研究对于实现智慧城市的高速信息交换有着至关重要的意义。其中关键技术问题包括:面向高速多媒体应用的服务质量(QoS)和服务体验(quality of experience, QoE)保障,异构网络中的多无线电协作技术,异构无线网络互联安全问题,智慧城市中的认知无线网络,面向海量数据的混合网络编码、P2P、喷泉编码技术,智慧城市中面向海量数据传输的绿色通信技术等。

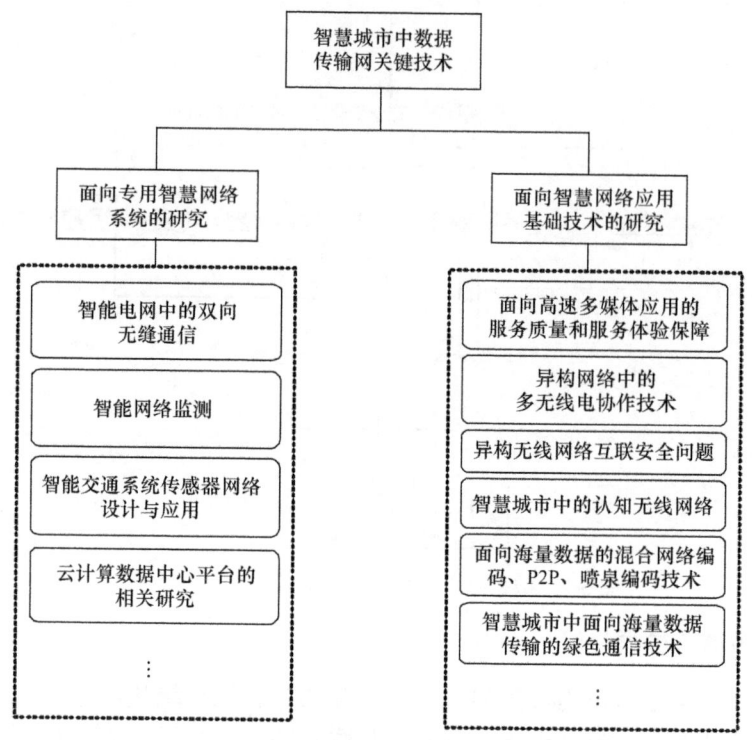

图 5-3 智慧城市中数据传输网关键技术的分类

1. 智慧城市中数据传输网关键技术

目前随着科技的发展，传输网络的建设也日益完善，将通信网、互联网、物联网构成智慧城市的基础通信网络和传输网络成为一种趋势。通过各种无线、有线的长距离或短距离通信网络，或内网(intranet)、专网(extranet)、互联网(internet)等架构，在确保信息安全的前提下，实现选定范围内的互联互通。现有的智慧城市数据传输网络包括光纤网络、2G无线网络、3G无线网络和WiFi网络，今后将进一步包括以时延-长期演进(time delay-long term evolution, TD-LTE)为主的 4G无线网络。智慧城市数据传输网络包括了如下的关键技术。

1) 光纤网络传输技术

光纤通信的原理为：在发送端，首先要把传送的信息(如话音)变成电信号，然后调制到激光器发出的激光束上，使光的强度随电信号的幅度(频率)变化而变化，并通过光纤发送出去；在接收端，检测器收到光信号后把它变换成电信号，经解调后恢复原信息。

光纤网络具有频带宽、损耗低、重量轻、抗干扰能力强等特点。目前光纤网络已经面向以下几个方面在演进，包括光纤到路边、光纤到楼和光纤入户。虽然光传输的损耗很小，但仍不可避免地存在。材料吸收、波导散射、材料散射、漏泄模等原因,会造成信号的衰减。需要光放大器对信号进行放大和整合。光纤放大器一般都由增益介质、泵浦光和输入输出耦合结构组成。目前常用的光纤放大器主要有掺铒光纤放大器、半导体光放大器和光纤拉曼放大器三种。

未来的光纤通信将向超高速系统、超大容量波长分割多路转换器(wavelength-division multiplexer, WDM)系统演进,而实现光联网是整个光纤通信发展的战略大方向。

2) 2G 无线网络技术

此技术主要包括全球移动通信系统(global system for mobile communication, GSM)和码分多址(code division multiple access, CDMA)在数据传输中的应用。

GSM 的分布式基站解决方案容量大、功耗低,尤其适用于密集城区的高楼覆盖,有效解决了现有机房紧张的寻址难题;同时通过科学地调度资源,解决了城市话务迁徙问题,明显节约了资源成本;灵活组网带来快捷部署,建网时的人力资源也大为减少。在网络传输中增强型数据速率 GSM 演进技术及电子数据采集设备(electronic data gathering equipment, EDGE)技术可以最大程度地利用现有网络资源,在数据传输方面 EDGE 数据速率与宽带码分多址移动通信系统(wideband code division multiple access, WCDMA)相仿,并且 EDGE 拥有在现有 GSM 网络上的平滑升级特性,EDGE 在对现网架构基本不进行改动的条件下大幅提升网络性能,高达 2~6MB 的峰值速率保证了服务和覆盖的连续性,为成熟 GSM 技术的"宽带无缝漫游业务"做好准备,从而最大化地保护现有投资。

在 GSM/CDMA 网络中,必须保证既容易让合法用户接入,又不容易被潜在的非法用户窃听,因此安全问题总是同移动通信网络密切相关。GSM 通信网络,主要是在下列五个部分加强了保护:接入网络方面采用对客户鉴权;无线路径上采用对通信信息加密;对移动设备采用设备识别;对客户识别码用临时识别码保护;SMI 卡用个人身份号码(personal indentification number, PIN)码保护。多重措施体现出的优越保密性,使得通话被空中窃听是几乎不可能的。提供三参数组客户的鉴权与加密是通过系统提供的客户三参数组来完成的。客户三参数组的产生是在 GSM 系统的认证中心(Authentication Center, AUC)中完成,每个客户在签约(注册登记)时,就被分配一个客户号码(客户电话号码)和客户识别码国际移动用户识别码(international mobile subscriber identifier, IMSI)。通过产生的不可预测的伪随机数(RAND)、密钥以及响应数签署响应(signed response, SRES),组成客户的一个三参数组。这些参数被储存在系统中,用户的接入、使用均需要经过多重验证,多重保密技术被同时破解的概率为0。

3) 3G 无线网络技术

(1) WCDMA 技术。

WCDMA 标准的全称为 Wideband CDMA, 也称为 CDMA Direct Spread, 它所

代表的含义为宽频分码多重存取。这种标准是按照国际电气通信协会制定的 IMT-2000 规格之一"IMT-DS"开发出来的新技术。这套系统能够架设在现有的 GSM 网络上，对于系统提供商，可以较轻易过渡，而 GSM 系统相当普及的亚洲对这套新技术的接受度预料会相当高。

WCDMA 的主要技术指标是：支持高速数据传输(慢速移动时384Kbit/s，室内走动时2Mbit/s)，异步基站(base station, BS)，支持可变速传输，帧长10ms，码片速率3.84Mbit/s。

(2) CDMA 2000 技术。

CDMA2000(Code Division Multiple Access 2000)是一个3G 移动通信标准，国际电信联盟(ITU)的 IMT-2000标准认可的无线电接口，也是2G cdmaOne 标准的延伸。其根本的信令标准是 IS-2000。CDMA2000与另一个3G 标准 WCDMA 不兼容。它采用多载波方式，载波带宽为1.25MHz。CDMA2000共分为两个阶段：第一阶段将提供144Kbit/s的数据传送率，而当数据速率加快到每秒2Mbit/s 传送时，便是第二阶段。那时和 WCDMA 一样支持移动多媒体服务，是 CDMA 发展3G 的最终目标。

软切换作为 CDMA2000 系统的关键技术之一，与业务资源管理、功率控制、信道管理等共同构成无线资源管理(radio resource management, RRM)子系统，它不仅和 CDMA 系统的网络质量(通话质量、掉话性能等)有密切关系，也与覆盖、容量、干扰有着复杂的关系，因此正确地理解 CDMA 网络切换的概念，有助于网络规划与建设工作。

切换的基本概念为：当移动用户(mobile subscriber, MS)靠近原来服务小区的边缘，将要进入另一个服务小区时，原基站与 MS 之间的链路将由新基站与 MS 之间的链路来取代的一个过程。

在CDMA网络中，通话状态下的切换按照MS与网络之间连接建立释放的情况以及频率占用情况可以分为：硬切换、软切换(小区间切换)、更软切换(扇区间切换)、软/更软切换。

硬切换(hard handoff)：在切换过程中，MS 与新的基站联系前，先中断与原基站的通信，再与新基站建立联系。硬切换过程中有短暂的中断，容易掉话。

软切换(soft handoff)：MS 在两个或多个基站的覆盖边缘区域进行切换过程中，在中断与旧的小区的联系之前，先用相同频率建立与新的小区的联系，MS 同时接收多个基站(大多数情况下是两个)的信号，几个基站也同时接收 MS 的信号，直到满足一定的条件后 MS 才切断与原来基站的联系。在切换过程中，MS 同时与所有的候选基站保持业务信道的通信。

软切换和更软切换的区别在于：更软切换发生在同一基站收发信台(base transceiver station, BTS)里，MS 同时向多个扇区发送相同的信息，分集信号在 BTS 进行最大增益比合并；而软切换发生在两个 BTS 之间，MS 同时向多个基站发送相同的信息,BTS 内的声码器/选择器都收到同一个帧的多个副本,分集信号在基站控制器 BSC 进行选择合并。

(3) TD-SCDMA 技术。

时分同步码分多址(time division-sychronous code division multiple access, TD-SCDMA)是频分多址(frequency-division multiple access, FDMA)、时分多址(time division multiple access, TDMA)和码分多址(code division multiple access, CDMA)三种基本传输模式的灵活结合,其基本特性之一是在时分双工(time division dual, TDD)模式下,采用在周期性重复的时间帧里传输基本的 TDMA 突发脉冲的工作模式,通过周期性地转换传输方向,在同一个载波上交替地进行上、下行链路传输。

4) WiFi 网络技术

WiFi 是 IEEE 定义的一个无线网络通信的工业标准(IEEE802.11)。WiFi 技术与蓝牙技术一样,同属于在办公室和家庭中使用的无线局域网通信技术。相对于蓝牙技术十几米左右的电波覆盖范围,WiFi 可以覆盖几十米至几百米的范围。

虽然 WiFi 具有传输速度高、覆盖范围广等特点,其自身也存在着某些不足,如安全性差等。需要强调的是,安全问题仍是 WiFi 面临的最大挑战。WiFi 网络安全性主要包括访问控制和加密两大部分,这也是在构建智慧城市中的传输网络需要研究的两个课题。

WiFi 网络访问控制保证只有授权用户能访问敏感数据,加密保证只有正确的接收方才能理解数据。为了使 WiFi 网络中的数据传输可以具有同有线网一样的安全性,IEEE802.11标准采用的是有线等效加密(wired equivalent privacy, WEP)无线加密协议,虽然 WEP 采用了64位和128位加密密匙的 RC4加密算法,但由于对包含密钥数据本身的信息流进行截取并不复杂,WiFi 网络还是会轻易地被攻击。WiFi 网络被攻击的方式一般通过某些算法阻塞网络,导致 WiFi 网络合法用户无法使用 WiFi 网络的服务,主要有对数据链路层的攻击、对物理层的攻击、盗用计费等。针对主要的攻击手段,可以从站点、接入点 AP 及网络主干网安全方面对 WiFi 网络采取一些安全措施,如接入点 AP 安全。接入点的安全设置同样是整个 WiFi 网络安全的保障,通过加密、鉴权以及适当的检测措施,可以达到 AP 的安全目的。通常使用的方式包括媒体接入控制(media access control, MAC)地址列表的使用、接入管理监测等方法。还有主干网的关口安全、防火墙的设置主要是对网络第三层以上的体系结构进行保护,关口可以是设置在局域网与因特网、局域网与无线局域网接入点 AP 之间的具有一定保护作用的硬件设备和相应的软件。对关口的恰当设置可以使其起到提供防火墙保护网络,为两个网络提供域名服务器(domain name server, DNS)服务的作用。

2. 面向专用智慧网络系统的研究

1) 智能电网中的双向无缝通信

智能电网(smart grids)是指电网的智能化,是建立在集成的、高速双向通信网络基础上,通过先进的传感和测量技术、先进的设备技术、先进的控制方法以及先进的决策支持系统技术的应用,来实现电网的可靠、安全、经济、高效、环境友好和使用安全的目标。智能电网中的通信系统主要用于监测、决策和控制信息的传输,是智能电网运行的基础。

2) 智能网络传输监测

未来智慧城市的一个重要特征就是能从网络传输的内容发现潜在的危险、疫情等问题。一个典型的例子是在禽流感爆发的初期,Internet上利用搜索引擎搜索感冒症状与对应治疗方法的请求急剧增加,并且发出请求的物理地点高度集中。基于这些信息,政府可以迅速地锁定疫情及相关地点,从而较早地采取应对措施,防止疫情扩散。另一个例子是在日本核泄漏期间,部分商人恶意在网上散布谣言,声称食盐受到核污染,导致盐价急剧上涨,造成社会不稳定因素。因此,检测网络内容而作出智能的判断对于发现潜在疫情及破坏社会不安定因素有着非常重要的作用。

智能网络传输监测所面临的核心挑战包括三个方面。

(1) 网络传输监测内容的选取。

网络监视的内容一方面要针对性强,所监测内容需要提供较多的信息对相关问题进行推断。另一方面网络监视内容不能过于宽泛,过大的数据量会导致数据分析与挖掘的困难。

(2) 网络传输监测与隐私保护的矛盾。

过多的网络传输监测会使民众丧失隐私感。因此,网络传输监测的核心业务应放在完全公开的网络内容以及网络流量的变化上。同时内容分级加密是解决该问题的另外一种思路。

(3) 云计算数据中心平台的相关研究。

云计算由处于网络节点上的许多计算机分工协作,共同进行计算,减少用户终端的处理负担,从而以更低的成本达到更强大的计算能力;通过把网络基础设备、计算、存储资源虚拟化,根据应用需求动态调配,使数据中心的基础架构更有弹性、更灵活、更敏捷,并降低企业数据中心的复杂度。

借助云计算平台的建设,一方面改变企业对于IT投入的传统方式;另一方面能够让企业各个业务部门清楚知道数据中心的使用成本和价值。此外,可以使用户不需要获取网络的具体信息,且不需要具备相关的网络知识,只需要通过对平台界面的操作,选择相应的云计算单元及操作系统等内容,获得所需的结果,从而满足用户的实际需求。

网络层基础平台承载云计算和云存储，它的改造和革新是数据中心向云计算演进的第一步。简洁、高度扩展的数据中心网络将更利于计算和存储的虚拟化，实现更有效的负载均衡和更佳的利用率。

云计算数据平台的构建主要基于以下需求。

(1) 简化网络架构：传统网络受限于网络设备端口、容量的限制，采用设备层层叠加的构建方式，网络层次的增加会带来拥塞、时延等问题。

(2) 构建高度可扩展的网络：一味追求宽敞的空间、昂贵的网络设备，在各种技术快速发展的阶段只会造成投资成本的沉淀和浪费，构建可伸缩、可扩展的网络是比较务实的方法。

(3) 节能：统一控制，减少消耗。因此，可以构建可运营、可管控的云计算服务平台，利用虚拟化技术将基础资源设施封装为用户可灵活使用的服务，以解决以上问题，并打造新的数据中心增值业务。

3. 面向智慧网络应用基础技术的研究

1) 面向高速多媒体传输应用的质量服务和服务体验保障

随着高速多媒体业务在 2.5G、3G、长期演进技术(long term evolution, LTE)等无线通信中的应用，视频在无线环境中怎样才能高效、稳定地传输成为研究的热点。未来多媒体通信系统中视频通信的关键技术中除了需要能够提供高效的视频编码外，还需要可靠的视频传输技术。

因此需要针对无线网络传输特征，联合考虑传输协议各个层次进行多媒体传输系统的跨层全局优化，设计一个灵活可用的系统级优化理论基础来包含与当前控制策略相关的变量，实现时延受限的多媒体流在 2.5G、3G、LTE 等无线网络中的传输，从而达到最优的多媒体通信质量。

从系统全局的角度考虑如何统一优化对应于不同协议层的多媒体传输容错技术参数来获取端到端传输性能的提升。例如，应用层视频编解码参数、传输层的发送速率和物理层的编码策略来最小化在预定时延边界下的端到端期望视频失真度，从而达到最优化多媒体端到端用户体验质量。

2) 异构网络中的多无线电协作技术

异构网络融合是未来网络技术发展的必然趋势。异构网络的融合面临着高延迟、高消耗、低速率等诸多方面的瓶颈。为克服这些瓶颈，满足异构网络融合的需求，多无线电协作技术应运而生。通过多无线电间的相互协作和对多无线电资源的有效管理及合理分配，能够有效地提高网络吞吐量，降低无线设备的能量消耗，减少异构网络间切换的延迟，从而为实现真正的异构网络无缝融合提供可能。

随着无线网络技术高速发展，出现了许多新型的无线异构网络，如蜂窝移动通信网络(2G、3G、4G)、卫星网络、GPRS、WLAN、移动自组织网络(mobile ad-hoc networks, MANET)、WiFi、无线传感器网络(WSN)等。因此，如何实现这些种类繁多的不同网络的无缝连接，即异构网络的融合，是未来网络发展的必然趋势。网络融合是采用通用的、开放的技术实现不同网络或网元的集成，其中不同的网络或网元集成涉及接入网融合、核心网融合、终端融合、业务融合和运维融合等。这些异构网络面向不同的应用场景、目标用户，因此它们从底层的接入方式到高层的资源管理与控制等技术都不尽相同。面对种类繁多、技术各异(尤其是接入技术)的异构网络的融合，传统的单无线电技术有很大局限性，多无线电协作技术在这方面将大有可为。

多无线电指的是无线网络中单一节点配备多个独立的无线电系统，每个无线电系统可以使用不同的接入技术及不同的信道，即一个无线网络节点可以同时与不同的接入系统建立连接，或者同一时刻与一个接入系统保持多个连接。多无线电协作技术指的是通过多无线电系统间的协作以及对多无线电接口的管理和资源分配达到异构网络间的协同工作，从而提高网络容量，降低能量消耗，增强移动管理，扩大连通范围，最终实现多种异构网络的互联互通。

3) 异构无线网络传输互联安全问题

智慧城市旨在通过新一代信息技术中多种异构网络(WLAN、WiMAX、移动通信网络)改变人们交互的方式，提高实时信息处理能力及感应与相应速度。但各种无线网络安全标准互相独立、互不兼容，不能从整体上满足无线宽带网络对安全的需求，所以需要设计出专门的安全保护机制，保证自网络固有安全、网间安全、安全协议的无缝衔接，以及提供多样化的新业务带来的新的安全需求，以保护传输数据的机密性和完整性。

异构网络除了存在原有各自网络所固有的安全需求，还将面临一系列新的安全问题，如网间安全、安全协议的无缝衔接，以及提供多样化的新业务带来新的安全需求等。

4) 智慧城市中的认知无线网络

智慧城市是以广播电视网、电信网、互联网等多网融合为基础，涉及智能楼宇、智能家居、智能医院、路网监控等多个领域，以海量计算、高速率传输、大规模数据实时交换和动态决策等为主要特点的智能计算通信系统。其中无线数据传输系统是智慧城市的核心系统之一。虽然通过使用多输入多输出(multi-input multi-output, MIMO)、正交频分多路复用(orthogonal frequency division multiplexing, OFDM)、空时编码等新技术，无线数据传输速率得到了极大提高，但是仍然不能满足未来智慧城市中海量实时数据传输的需求。通过应用认知无线电技术，建设认知无线网络，使得无线数据传输系统能够通过对其所处环境的实时认知，动态获取可用频谱资源，克服现有静态频谱分配策略导致的低频谱利用率问题，从而系统级地解决上述问题，有效提高无线数据传输速率，满足智慧城市海量数据实时传输的需求。

5) 面向海量数据传输的混合网络编码、P2P、喷泉编码技术

智慧城市需要形成基于海量信息的新生活，以随时随地满足移动用户需求的目的。城市拥有海量的信息资源，通过分布在城市重要基础设施、城市公共环境中部署的传感系统、自动监测、监控设施的联网，以及分布在城市中各个角落的个人、组织、政府信息系统，实现城市海量信息与数据的实时收集与存储。构建如个人信息、法人信息、地理信息、统计信息四大城市基础数据库，以及如城市重大基础设施智慧监测信息、治安与道路实时监测信息等城市应用数据库。这些海量的数据的传输为目前的通信系统提出了巨大的挑战。

现有的可以有效提升信息传输率的技术有以下几种。

(1) 网络编码是一种融合编码和路由的信息交换技术，在传统存储转发的路由方法基础上，通过允许对接收的多个数据包进行编码信息融合，增加单次传输的信息量，提高网络整体性能。网络编码允许网络节点在传统数据转发的基础上参与数据处理，已成为提高网络吞吐量、鲁棒性和安全性的有效方法。

(2) 喷泉码是针对大规模数据分发和可靠广播的应用特点而提出的一种理想的解决方案，由于没有了传输控制协议(transfer control protocol, TCP)的网络时延影响吞吐量，喷泉码可以在互联网、无线网、移动网及卫星网上提供接近网络带宽速度的大文件传输。但是，喷泉码的译码在接收数据数量不足时，译出的数据比例相当低，将网络编码与喷泉编码相结合，使得在无线网络中实现可靠高效传输。

(3) P2P 技术由于其非中心化、易扩展、稳定性高、负载均衡等优点，越来越多地被应用于文件共享、即时通信、分布式计算、协同工作等各个领域，并促使这些领域出现了新的发展和应用。文件共享一直是网络技术发展的重要推动力，也是 P2P 技术最典型的应用。但是，常见的文件共享系统存在如对种子结点的依赖性太强、网络的稳定性较低等问题，采用喷泉码可以解决这些问题。P2P 内容分发协议一直是 P2P 应用系统的研究热点，基于网络编码的内容分发协议在节省带宽资源、提高系统的抗毁性和可扩展性等方面都比无编码协议优势明显。

综上所述，提出面向海量数据混合有线、无线信息广播、多播、单播中网络编码、P2P、喷泉编码的混合应用。

6) 面向海量数据传输的绿色通信技术

随着科学技术的迅猛发展，各个行业中都出现了海量数据，如国家户籍档案管理、医疗卫生、水利规划、气象预测、制造与销售等。海量数据的存储与传输需要消耗大量能源，一方面增加了对可再生能源及不可再生能源的使用负担；另一方面增大了二氧化碳及相关废气的排放，从而对人们的生活环境造成了很大的负面影响。为建设低碳型、绿色的工业智慧城市，开发具有低功耗的绿色海量数据通信技术是当务之急。

5.1.3 智慧城市物联网

根据智慧城市中数据感知网络的重大需求，需要使用传感器网络体系和相应关键技术进行研究，构建可靠、稳定和高效的数据感知网络，为智慧城市底层数据采集提供很好的支撑。智慧城市物联网包括如下关键技术。

1) 物联网体系结构理论模型

面向网络可控可扩展的需求，研究大规模、实用化的物联网体系结构理论模型、异构网络互联模型、网络行为控制机理、性能评价体系与度量模型等展开理论问题，为建立科学合理的物联网体系结构奠定基础。

2) 物联网网络融合与互联机制

物联网是指将各种信息传感设备，如射频识别装置、红外感应器、全球定位系统、激光扫描器等种种装置与互联网结合起来而形成的一个巨大网络，在技术上又称为传感网，被认为是继计算机和互联网之后的"第三次 IT 浪潮"。物联网产业具有产业链条长、带动系数大、综合效益好、核心技术强等特点，是下一个有望突破万亿元规模的新兴产业。

物联网发展面临的一个重要问题是如何解决智慧城市中的物联网超大规模性、多元异构性、系统动态性与高效数据交换之间的矛盾。解决物联网内异质网络实体不同通信服务需求，研究数据交换方法；解决基于动态路由的数据报交换方式，针对层次化网络拓扑结构，提出新型的数据汇聚和中心交换相结合的数据交换方式；针对物联自治网络内不能自组织保护的问题，提出新的物联自治网络自愈或数据重转发机制；面对物联网中的不同网络实体间的行为、能力、连接方式的异构性，提出物联网中不同的接入选择策略；针对物联网中网络实体接入的随机性，设计物联网实体发现机理，不同网络实体的物理介质和协议的通信机制；研究海量数据传输网络的汇聚方法。

3) 物联网信息整合与交互的理论

针对物联网感知信息的不确定性，分别从信息整合、信息交互和隐私保护几个角度开展理论和方法研究，主要内容包括：针对物联网感知物理对象的信息多源性，研究感知网内的多模态异构信息的融合计算模型；针对物联网上信息动态的时间、空间特性，研究上下文指导下的多层次融合和情景语义描述模型。以实现物联网中物理对象信息隐私保护为目标，研究物联网隐私保护体系；隐私确保的分布式数据加密和解密；隐私保护的用户身份管理与动态数据处理；分布式访问控制和密钥管理；软件和数据的分段安全；隐私敏感的安全协议。

4) 物联网软件建模理论

在物联网应用系统中，应用系统运行和操作环境均发生了新的变化，软件系统的应用模式从确定性交互对象为目标的方式转变为处理动态性交互实体的软件应用模型。通过对贯穿软件全生命周期的软件模型体系结构进行研究,包括面向问题域的软件建模和分析、软件体系结构建模和设计及面向实现的软件编程方法等方面,为应用服务提供理论和技术支撑。

5) 物联网服务提供机理和方法

针对物联网高动态的系统环境,从物联网服务模型、服务需求确定、服务构建、质量保障等机理和方法展开研究。以实现人、机、物和谐交互,提供环境自适应的智慧型物联网服务,针对物联网的动态性和异构性,研究统一服务的视图模型;针对物联网处理交互对象实体的不确定性,与环境交互的随机性,研究服务的自主交付模型。研究支持服务的动态发现选择、聚合和集成的方法;充分利用环境上下文信息,研究基于事件或者状态的服务运行时的动态适配方法。

5.2 智慧城市的数据汇聚

所谓汇聚,不是单纯的合并,而是分类的汇集。现代城市中的数据呈现爆炸式增长,这其中既涉及传统行业,如医疗卫生、教育培训、新闻媒体的信息化数据,也包括现代电子商务的兴起所带来的网上交易的繁荣。此外,覆盖城市街道、社区、工厂企业、商业中心、交通枢纽、机场、车站码头、公交车辆和娱乐场所的视频采集设备和遍布城市用水、大气、办公场所等在内的环境监测的各式样数据采集设备每时每刻都在获取大量的数据,这些数据通过无线、有线、光纤等网络介质,最终汇聚到城市的海量数据中心。

5.2.1 多源密集型数据

信息化给人类生活带来便利,伴随而来的却是急速膨胀的海量数据。随着物联网、互联网、多媒体、遥感等技术的进步,在现代城市数字化运行过程中,收集数据变得既迅速又简单,但是如何高效智能化地存储、管理和分析数据,并将有意义的信息提取出来应用于各种城市数据密集型应用,提升城市智慧已经成为至关重要的问题。数据量的高速膨胀、数据无意义的冗余、数据原有关系的割裂对信息进步形成严重的制约,数据活化技术通过感知、关联、溯源等手段,可实现海量多源多模数据的自我认知、自主学习和主动生长,能够很好地解决海量数据管理和分析等问题,是构建智慧城市的核心技术。现有技术中的动态数据中心、海量数据处理、数据监管、数据密集型计算、数据挖掘和信息推荐等技术都可以作为智慧城市数据层的技术手段,具有重要的意义。

互联网时代造就了由无数0和1组成的数据海洋,但遗憾的是,各类数据都依赖它所生成、运行和管理的专门化系统,一旦离开这个系统,它就变成了无法识别的信息垃圾。智慧城市中希望通过数据的泛在聚合,给各类数据穿上统一的制服,给出唯一的属性标识，从而实现人们对它们的普遍相认。

当今时代是互联网的时代、信息的时代。下一代信息技术革命将是以数据为中心的革命(data-centric revolution)。2010年3月 *Science* 的文章指出，科学技术的发展正在变得越来越依赖数据。图灵奖获得者Gray也指出，数据密集型科学发现(data-intensive scientific discovery)将成为科学技术发展的第四范式。2010年2月 *The Economist* 的专题文章提出需要解决当前数据泛滥(the data deluge)的问题。2009年12月 *Nature* 的文章提出未来对于数据的科学研究将关注数据的智能性。

根据国际数据公司环球研究(IDC Universe Study)[1]的估算，2011年全球数据总量大约为1.8ZB，即2^{70}B、2^{30}TB、2^{40}GB、2^{50}MB。如果用9GB的DVD盘来保存，那么这些DVD叠加起来的高度超过26万公里，大约是地球到月球距离的三分之二；如果用1TB的2.5寸硬盘保存，那么这些硬盘叠加起来的高度超过1.7万公里，接近地球周长的一半[2]。近年来，随着国家信息基础设施建设的高速推进，行业数据种类繁杂，数量巨大。城市行业数据量已经迈过PB级关口，正往EB级膨胀。数据是关系城市经济和社会发展的战略性资源。我国城市化的快速发展使得城市数据规模呈爆发式增长，数据冗余、原有关联割裂等问题对数据价值的充分利用形成严重制约。

数据密集型计算是指能推动前沿技术发展的对海量和高速变化的数据的获取、管理、分析和理解[3]。它有三层含义：首先其处理的对象数据是围绕数据展开的计算，需要处理的数据量非常巨大且变化快，是分布的、异构的。因此，传统的数据库管理系统不能满足其需求；其次计算包括从数据获取到管理再到分析、理解的整个过程，因此数据密集型计算不同于数据检索和数据库查询，也不同于传统的科学计算和高性能计算，是高性能计算与数据分析和挖掘的集合；最后其目的是推动技术前沿发展，是依赖传统的单一数据源和准静态数据库所无法实现的应用。近几年工业界建立的一些系统对数据密集型计算有所支持。Yahoo公司推出的大规模分布式数据库系统PNUTS为其Web应用提供服务。Amazon建立了高效Key-Value存储基础组件Dynamo，用于支持其很多应用系统。这些系统可以较好地完成企业的要求，但是只能支持一些简单的操作，如关键字检索、选择操作等，无法支持复杂的数据库查询和其他数据密集型计算。BigTable是一种针对检索应用设计的分布式的存储模型，无法有效支持数据查询、分析、挖掘等其他计算。在数据并行处理方面，MapReduce、Hadoop、Amazon's S3存储云等都是专门为数据中心设计的数据计算并行处理系统，主要使用集群信息将数据文件以数据块的形式存放和处理。谷歌文件系统(Google file system, GFS)是Google开发的分布式文件系统，支持大型的、分布式的、对大量数据进行访问的应用。GFS具有可提供高效数据存取和并行处理的能力，但不能支持较高层次数据密集型计算中的数据查询。目前，MapReduce在工业界的成功案例主要集中于操作相对简单的Web

服务，并不适合于多变的、多维时空数据以及复杂的数据关联操作。

此外，在当前的研究中，无论海量数据处理、密集型数据处理，还是数据挖掘技术，其对象都是存储于数据库和文件系统内含标识特征的数据，处理和管理数据都是根据事先定义的特征。海量数据处理和管理主要针对单个机构、组织或领域内的数据进行处理和管理，但是没有出现对于跨行业或跨领域的海量数据处理和管理。目前还没有出现对动态数据进行语义描述和定义，并通过某种描述语言来表示数据，从而应用语义处理规则进行海量数据处理和管理的技术和相应的专利。各类关于数据处理技术的专利中，数据一旦存储后，其结构和内容都是不变的，针对动态数据存储后的自主生长机制的相关研究尚未出现。

随着智慧城市的发展，各系统间的信息交互和应用协作将大幅度增加，对系统汇聚的需求不断加大，从而在系统互联方式、复杂性、扩展性等方面都提出很高的要求。基于系统汇聚中心的系统互联和汇聚方式成为当前技术发展的重点，并受到业界的广泛重视，但目前在此方面的研究还比较零散，不成体系，更无系统的模型和规范可供参考。而智慧城市系统汇聚和互联模型是智慧城市系统设计的依据，互联规范是系统间互通和协作必须遵守的行为准则，在智慧城市系统汇聚和互联技术中占有重要地位。只有模型和规范科学合理才能保障智慧城市的健康发展，降低软件和产品互联互通的难度，防止智慧城市模型的过渡多样化，从而避免整合成本提高和资源浪费。此外，智慧城市涉及的系统多、应用广，系统的建设和互联在技术层面、规范层面和建设方案层面也应该有规范可循、有标准可依。因此，还需要构建完整的智慧城市建设的技术体系、标准体系和建设建议等，同时要根据技术的发展与进步、智慧城市建设要求的不断更新，按年度更新技术报告、技术体系和建设建议等。

5.2.2 多源数据的互联

目前根据城市建设的信息化水平，可以收集、分析数据，监测、衡量和管理复杂的系统。然而城市的各系统间依旧彼此独立，在进行智慧的城市化建设时，首先考虑的问题是如何维持城市各系统间的内部关联，除了物理层面的互联，还要加强逻辑层面的互联。其中数据的互联有关键性作用，多系统间的数据应得以汇聚、识别、交换、分发、处理、存储、寻址等。目前关于城市多系统级别上的数据互联技术研究尚属空白。结构化的数据实体描述是建立数据之间逻辑关系的基础，城市本身就是一个复杂的系统，其涉及的数据形式多、范围广、数量庞大，而且城市数据时刻都在更新，这就给数据本身的表述和更新机制带来了多方面的要求。其次城市内各系统之间的关系复杂，导致数据间的逻辑关系难以明确定义，因此智能的数据之间的逻辑关系需要有科学完备的定义。同时，还需要具备一套完整的数据互联关系的建立、更新、备份相关的规则与机制，以保证数据表达信息的可靠、即时、真实等性质。

1. 系统互联与汇聚技术

传统上城市系统互联大多是根据各系统彼此之间的互联应用需求,采用两两互联的方式。随着智慧城市的发展,各系统间的信息交互和应用协作将大规模增加,对系统汇聚的需求不断加大。两两互联的方式在功能、复杂性、扩展性等方面将不能满足智慧城市的需要。基于系统汇聚中心的系统互联和汇聚方式将成为下一步技术发展的重点。IBM在全球率先提出智慧城市智能运营中心[4]方案,引领基于系统汇聚中心的系统互联和汇聚方式成为研究热点。

当前许多企业都提出自己特有的各种智慧城市模型,整体来看,智慧城市领域出现了过渡多样化的态势;长期来看,将造成相关软件和产品互联互通困难,从而造成整合成本提高和资源浪费。智慧城市要实现高效的系统汇聚,科学的发展方式应该是开发者都按照同样的智慧城市元系统模型规范设计自己特有的系统模型。元系统模型辅以统一的接口规范可以最大程度上保证智慧城市系统间的互通和汇聚,而且又不会限制企业在元系统模型基础上的差异化方案竞争。

然而目前在智慧城市元系统模型方面的研究还比较少。欧盟智慧城市项目报告[5]给出了三个典型城市的架构,为研究和建立智慧城市元模型提供了素材。报告[6]提出适用于欧盟的智慧城市架构元模型,可以一定程度上为我国智慧城市元系统模型的建立提供参考。van de Sompel等[7]提出智慧城市综合一体化模型,该模型可以非常好地用于理解智慧城市,但不能直接用于指导智慧城市的汇聚和互联。欧盟基于物联网的智慧桑坦德项目[8]提出的智慧城市平台架构具有广泛的影响力,但仍属于特定架构实现层面,也不能起到元系统模型的作用。

系统汇聚的数据和事件交换模型及规范是智慧城市系统信息描述和语义互通的前提,是智慧城市信息交换和应用协同的基础。目前国际、国内都没有统一的智慧城市系统汇聚的数据和事件交换规范或标准,智慧城市各个系统多遵从特定应用或行业特有的规范或标准,包括国际方面的交通和旅行数据目录数据交换标准(DATEX II)、公共报警协议(common alerting protocol, CAP)、医院可用性交换(hospital availability exchange, HAVE)、高级旅行者信息系统标准(advanced traveler information systems standards, ATIS)等,国内的应急指挥信息平台的业务数据标准、卫生应急指挥体系元数据和数据交换标准等。要实现智慧城市多模数据系统的互联,统一的数据和事件交换模型不可或缺,这一问题急需研究解决。上述标准可作为系统汇聚模型和规范研究提供有价值的参考。

智慧城市系统汇聚中心方面,IBM在全球率先提出智慧城市智能运营中心[9],在2010年年底发布初步的产品解决方案,并开始在个别城市试点。该方案可以实现各系统实时的信息交换和协作,为城市管理部门提供集中智能查看、预测事件和快速响应。城市可以将该系统部署在自己的数据中心，也可以通过 IBM 的智慧云获得服务。韩国推出泛在城市的升级版泛在生态城市(U-ECO city)，社会管理、交通管理、环境管理、犯罪和灾害预防、设施管理五类 32 项业务都基于集成操作中心平台。目前泛在生态城市已经建成 1 个，另有 6 个在建。部分国内研究机构和企业，如金证科技、金蝶软件等，也开始着手跟进研究智慧城市系统汇聚方案，但目前还处于跟踪和初级研究阶段。国内在应急指挥中心和行业解决方案等方面的研究和产业积累为后续的研究提供了一定基础。

2. 数据互联技术

随着信息技术的发展，人们每天能通过电子设备获取的数据一直呈爆炸式增长。这些数据来自不同的地方，具有不同的结构和形式，并且数据中的图片、视频、音频、文档等都可与物体一样是独立开来的。很多时候数据之间的关联关系比起数据本身所包含的信息更为重要。数据互联(internet of data, IoD)技术借鉴物联网中"物物相连"的核心思想，将数据类比为物联网中的可见实体连接起来。目前，国内外暂时没有城市数据互联这方面的系统研究，现有技术中的物联网技术、语义网、互联数据、命名数据网络(named data networking, NDN)对其具有借鉴意义。

物联网是数据互联的思想来源。物联网是一个动态的全球网络基础设施[10]，它具有基于标准和互操作通信协议的自组织能力，其中物理的和虚拟的"物"具有身份标识、物理属性、虚拟的特性和智能的接口，并与信息网络无缝整合。1999 年在美国召开的移动计算和网络国际会议上，由 MIT Auto-ID 中心的 Ashton 教授在研究射频识别时最早提出物联网(internet of things)这个概念。2009 年以来，欧盟、韩国等国和我国相继提出了自己的物联网发展设想。2010 年 3 月 5 日温家宝总理在政府工作报告中将"加快物联网的研发应用"明确纳入重点振兴产业。目前，介入物联网领域主要的国际标准组织包括 IEEE、ISO、ETSI、ITU-T、第三代合作伙伴项目(Third Generation Partnership Project, 3GPP)和第三代合作伙伴项目 2(Third Generation Partnership Project 2, 3GPP2)等。

在 2000 年语义网由 Berners-Lee 首次提出[11]，是对未来网络的一个设想。语义网提供了跨平台、跨企业、跨社区的数据分享和复用框架。语义网中信息被赋予明确的含义，机器能够自动地处理和集成网上可用的信息。语义网的体系架构分为七层：Unicode 与 URI、XML+NS+xmlschema、RDF+rdfschema、Ontology vocabulary、Logic、Proof 以及 Trust。其中的前四层已经有相应完善的 W3C 标准出台。目前，语义网的实现需要三大关键技术的支持：XML、RDF 和 Ontology。其中 XML 提供统一的方法来描述和交换独立于应用程序或供应商的结构化数据；RDF 为资源描述框架，使用 XML 语法和 RDF Schema(RDFS)来将元数据描述成为数据模型；Ontology 是目前研究的热点，比较常见的是 OWL[12](web ontology language)，其为 W3C 开发的一种网络本体语言，用于对本体进行语义描述，目的是提供更多的原语以支持更加丰富的语义表达和推理能力表示。然而，目前语义网的 Logic、Proof 和 Trust 这三层架构尚无成形的框架。

除此之外，还有一些其他的网络数据交流协议，如简单对象访问协议SOAP，它是一种轻量的、简单的、基于 XML 的协议，被设计成在 Web 上交换结构化的和固化的信息；简易信息聚合(really simple syndication, RSS)是一种描述和同步网站内容的格式，目前广泛应用于新闻频道、博客和 WIKI。

互联数据[13](linked data)来源于2007年 W3C 的项目 Linked Open Data Project[14]。互联数据的目的在于构建能被计算机理解的语义数据网络，而不是格式不一的文件网络，以便于在此之上构建更加智能的应用。Linked Open Data Project 的宗旨在于号召人们将现有数据发布成互联数据，并将不同数据源互联起来。在过去的几年中，越来越多的数据提供者和 Web 应用开发者将他们各自的数据发布到Web上，并且与其他数据源关联在一起，形成一个巨大的数据网，其数据领域涉及地理图像、生命科学、出版物、用户生成数据和媒体数据等。截止到2011年9月，Linked Open Data Project 已发布的互联数据规模为295个数据集，包括至少310亿个 RDF 三元组以及5亿多个 RDF 关联关系，相比2007年5月的5亿 RDF 三元组以及12万 RDF 关联关系，增长非常迅速。

命名数据网络(NDN)[15]是2010年由加州大学洛杉矶分校 Zhang 团队为首开展的研究项目，由 NSF Future Internet Architecture(FIA)资助。由于互联网上的用户与应用程序通常对数据内容进行操作，使得通过 IP 发现和指定位置进行通信变得越来越受限制，难度越来越大。NDN的提出是为了改变当前互联网主机–主机通信范例，使用数据名字而不是 IP 地址进行数据传递，让数据本身成为因特网架构中的核心要素。NDN 继承目前已有的网络架构的优势，保持沙漏模型，采用七层结构，下层协议都是为了适配底层物理链路和通信而设计的，上层协议为对应相关的应用而设计。与 TCP/IP 模型最大的区别就是在中间层用命名数据(内容块)取代 IP。目前，已有包括 PARC、UCLA、UIUC 和 UCSD 在内的12所高等院校与研究机构参与 NDN 项目。NDN 的出现顺应了当今互联网的发展，然而 NDN 体系架构还处于研究阶段，尚不成熟。

目前国内暂时没有城市数据互联这方面的系统研究。在物联网方面，从 2009 年 8 月 7 日温家宝总理提出感知中国以来，国内多家大学和科研单位都对物联网进行了深入研究。从技术架构来看，目前国内将物联网划分为感知层、网络层和应用层的三层体系。感知层由射频识别、传感器以及智能芯片构成，主要作用是识别物体和感知相关信息。2006 年 6 月 9 日，由中华人民共和国科学技术部等十五部委联合编写了《中国射频识别(RFID)技术政策白皮书》，对射频识别产业化和应用方面的关键技术进行梳理和探讨；网络层由各种私有网络、互联网、有线和无线通信网、网络管理系统和云计算平台等组成，负责传递和处理感知层获取的信息，目前我国传感网标准体系已形成初步框架，向国际标准化组织提交的多项标准提案被采纳，传感网标准化工作已经取得积极进展；应用层是在感知层和网络层的支撑下，实现多种物联网应用，包括像绿色农业、工业监控和远程医疗等。

在语义网及其关键技术的描述与介绍方面，我国的研究主要包括了语义网的含义、体系结构、RDF、Ontology、面临的挑战等。另外，国内学者将语义网技术用于信息管理、信息检索、数据挖掘、电子商务、机器翻译、智能代理、需求分析、元数据描述与交换、网络信息资源和知识表达等领域的研究。除此之外，国内的学者就语义网及其关键技术进行一些有益的试验与应用研究，涉及范围有语义网及其实现、RDF技术的应用、Ontology的应用与构建。例如，RDF的应用与存储，基于RDF/XML的搜索引擎的涉及与实现，基于Ontology的查询系统设计，Ontology在图书服务网络、知识图书馆和数字图书馆中的应用等。

3. 多系统汇聚支撑环境

作为未来城市发展的趋势，智慧城市要求全面融合多种智慧应用，为城市提供全面、深入、智慧的管理和服务。作为一个宏观的系统，它由六个核心系统构成，包括社交网络、政府对商业的调控、交通、通信、水资源、能源等，这六个系统彼此交互关联[16]。目前已有众多智慧应用系统处于研究和试点阶段，如智能交通系统、智慧电网等，但它们基本上只关注于本领域、本行业的应用需求，未对系统的互联互通和数据融合进行全面的研究。

近年来，国内外部分研究机构开始对智慧城市应用系统汇聚与融合展开初步的研究。武汉大学的Su等[17]提出，智慧城市的构建分为三个层次：公共基础设施、公共服务平台和应用系统，其中应用系统的建设尤为重要。如何组织和协调多结构的、分布式的系统设备，如何有效地存储和管理大规模异构的数据，如何提出有效且高效的方法来集成互联设备、大规模数据和用户，都直接影响到智慧城市信息服务的质量。中央民族大学的研究团队提出，利用多样的互联工具，如高速率、高带宽的通信网络，智慧城市对多源异构的数据进行采集和存储，使得数据和信息之间更好的交互和共享。依据"易者先行"和"系统整体构建"的原则，合理安排智慧城市的建设顺序和接口，对应用系统进行集成与融合，是智慧城市建设的重要部分。

智慧城市服务集成项目[18]提出一种一体化的框架，围绕八个核心因素：管理与组织、技术发展、政府调控、政策内容、公民与社区、经济发展、基础设施和自然环境，解释了智慧城市相关概念的关系及其相互影响。集成服务管理[19]不仅是一种管理技术基础设施的方法，也提供了加强的可视化、控制力和自动化机制，以适应从小型企业到整个城市的各种不同类型和规模的组织的需求。因此，在此层面上，可以认为集成服务管理是整个智慧地球的操作系统。面向特定城市应用的系统集成与融合[20]是智慧城市发展的重要环节。智慧城市提供互联互通的服务，保证了泛在的连通性，实现政府工作方案经内部转换成为面向市民和企业的应用。智慧城市的终极目标是提升城市服务的总体质量，构建一个集成系统本身并不是目的，而是一种提供服务传递和信息共享的机制。

目前，有些智慧城市的应用系统在一定程度上实现了系统互联互通和数据融合共享。例如，新加坡提出的资讯通信产业发展蓝图"智慧国家 2015"或称"iN2015"计划[21]，力图在一些公共服务领域实现从非连续、碎片化的服务向连续性、一体化的服务转变。但不同的应用大多面向本系统的需求提出了局部互联的解决方案，没有上升整合成为统一通用的智慧城市的应用系统互联平台和支撑环境。同时，已有的应用系统互联互通支撑环境的体系架构缺乏清晰的层次机制，服务缺乏公认的服务接口集，服务模式单一，不能提供不同等级的服务。而这些性质在智慧城市中又是需要的，因此需要从以下几个方面开展研究：研究智慧城市应用系统汇聚与融合支撑环境的主要研究内容与体系架构，研究基于分级约定的支撑服务集和工具集，研究数据接口规范及接入转换工具集，搭建城市级的示范应用平台。

在多系统汇聚支撑环境的研发方面，国内有一些高等院校和企业开展了面向特定应用的系统互联互通技术的研究。山东大学提出了基于 Web 服务技术的 CSM (customer scene management)系统与其他系统的互联，通过把不同 Web 站点上的 Web 服务组装在一起，形成新的、更强大、功能更加丰富的应用，不仅有利于实现网络上的信息共享，也有利于消除系统间的信息孤岛。北京邮电大学提出基于融合业务支撑环境的 IPTV 业务系统，在三网融合的环境下，面向以高清视频为核心的、交互的、多样化、个性化、融合化的通信业务，以 IPTV 作为典型的 IP 多媒体业务，进行整体性分析，通过与业务运行管控协同支撑环境的其他功能实体交互，实现 IPTV 业务的部分功能，为三网融合的全方位实现和产业化提供一定的技术支持和实践基础。北京交通大学提出铁路综合视频监控系统互联互通平台，通过对所辖范围的用户和设备进行统一协调管理，提供用户跨区域访问的认证、鉴权，实现视频访问信令的多级交换和视频数据的跨域转发，完成异构视频系统之间互联和视频共享。

目前的研究工作主要面向各个不同的行业和领域，缺乏对智慧城市建设中的全方面的、系统的统筹与规划。因此，对于智慧城市中的多个行业和部门之间的系统汇聚支撑环境，仍有很多关键问题亟待研究。

总之，智慧城市的建设要求各类应用系统利用信息资源集成平台，形成全局数据共享的管理和处理模式，各类业务应用之间在信息资源层实现数据的共享、联动。同时依据统一的对外接口,实现统一的用户访问入口、用户权限管理和完善的信息安全体系。面向对象的服务整合,标志着数字城市发展进入一个新的阶段。在这一阶段,面向对象的各类服务和信息被有机地组合为一个整体,市民、企业、城市基础设施以完整的形象接受管理和服务。多样的智慧服务的发展亟待建立一套完整的智慧应用系统和可靠的运行支撑环境,对智慧城市系统互联和汇聚相关的关键技术及方法的正确性、可用性及性能进行验证、评估,同时为各项技术的使用提供示范。

5.2.3 数据实体联网

物联网是物物相连的网络,网络中所连接的实体为人眼可见的物体,如玩具、药物、手机等。然而比可见物体更大的一个集合是数据,在大小和复杂性上,近年来数据都一直呈爆炸式增长。数据与物联网中的可见物体的最大差别就是数据是人眼不直接可见或人耳不直接可听的,它们必须通过电子设备,如计算机、手机、MP3 等才能为人们可见、可听、可用。数据互联(IoD)正是借鉴物联网的概念,结合信息隐藏技术等提出的概念。它可以作为数据活化的基础,为数据分析提供依据,并且可以管理、跟踪和识别数据。

数据互联借鉴了物联网中物物相连的核心思想,将数据类比为物联网中的可见实体并连接起来。IoD 与物联网一样,都必须依靠 Internet 作为通信基础,"虚拟标签"(virtual tags)将用于模拟物联网中射频识别标签的功能,而信息隐藏技术等将用于把虚拟标签嵌入到数据实体中。虚拟标签将用于存储 ID、元数据、日志,以及数据活化结果等信息。虚拟标签的主要目标在于记录数据从产生开始后全生命周期中的各种活动信息。

数据实体与现实世界的物品不同,具有虚拟性。智慧城市是典型数据密集型处理环境,数据实体具有海量和组织异构特性。另外,城市数据往往多层嵌套,在数据实体描述上具有多粒度特性。目前,虚拟物品的标识是物联网标识技术的一个挑战,与虚拟物品相比较,城市数据实体具有虚拟性、异构性、海量性和多粒度特性,且更加复杂。因此,如何满足标识唯一性,同时兼顾数据实体虚拟性、异构性、海量性和多粒度特性,是城市数据实体标识机制需要解决的关键技术难点。由于城市数据实体的特殊性,如何实现城市数据实体互联对现有互联网寻址技术提出一个新的挑战,这是需要在现有寻址技术基础上解决的另一个技术难点。

1. 虚拟标签

在详细叙述虚拟标签之前,对数据进行了如下两种分类。
(1) 数据实体,是 IoD 中的节点,可以嵌入虚拟标签。

(2) 基数据，在基数据中不能嵌入虚拟标签，虚拟标签中的数据就是一种基数据。

IoD 中虚拟标签的结构图如图 5-4 所示。

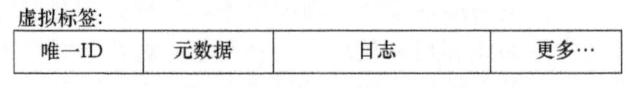

图 5-4　IoD 中虚拟标签的结构图

(1) 唯一 ID，是数据实体的全球唯一标识，它的作用与物联网中的 IP 地址作用类似，都是用于标识数据的，ID 的长度固定。

(2) 元数据，是数据实体的属性信息，如创建时间、作者、描述等，该部分的长度不固定，但是在嵌入之后，将不会再改变。

(3) 日志，数据实体自从创建开始的整个生命周期中的所有活动信息都将被记录下来保存到虚拟标签中，虚拟标签的主要作用和目的也是收集数据的各种活动信息，如图片增强、视频压缩、数据复制等，该部分的长度不是固定的，会随着基数据的更新而改变。

(4) 数据活化结果，该部分是为数据活化准备的，当数据实体进行数据活化之后，所得到的结果也将存储到虚拟标签中，该部分的长度不是固定的，会随着基数据的更新而改变。

(5) 其他，虚拟标签中还可以根据应用定制嵌入其他信息，甚至是可执行程序等，该部分的长度不是固定的，会随着基数据的更新而改变。

2. 读取与更新

虚拟标签的读取和基数据写入是利用数字水印与信息隐藏技术实现的。标签读取过程如图 5-5 所示，从技术上讲，读取器可分解为提取器和信息解码器，提取器简单地将嵌入数据实体之中的信息提取出来并恢复载体，信息解码器再将信息解码成 IoD 可识别的数据。

虚拟标签更新过程如图 5-6 所示。因为在数据活动过程中会产生日志信息，在参与数据活化过程中也会产生活化结果信息，所以虚拟标签中收集的基数据一直处于增长状态。然而数据的标签嵌入容量是有限的。以图像为例，在不影响图像质量的情况下，即嵌入信息后，人眼不能察觉图像因为数据嵌入而引起的失真，图像的可嵌入容量是有限的。所以必须对虚拟标签中的数据进行更新。如图 5-6 所示，先将数据实体中的原始虚拟标签提取出来并更新信息，再将新的虚拟标签嵌入即可。

标签的嵌入、读取和更新过程是应用数字水印与信息隐藏技术实现的，这里要求虚拟标签的读写器满足以下两个要求。

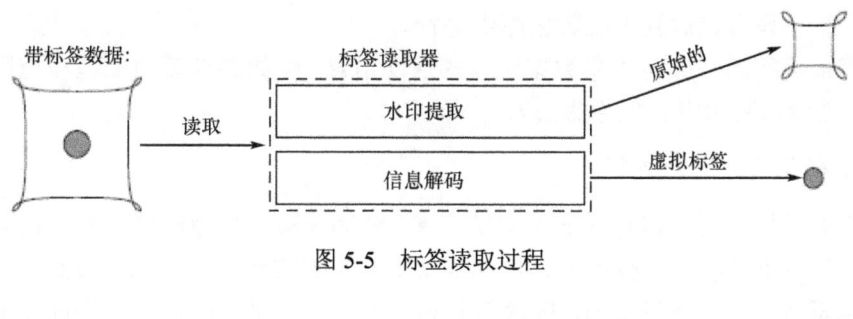

图 5-5 标签读取过程

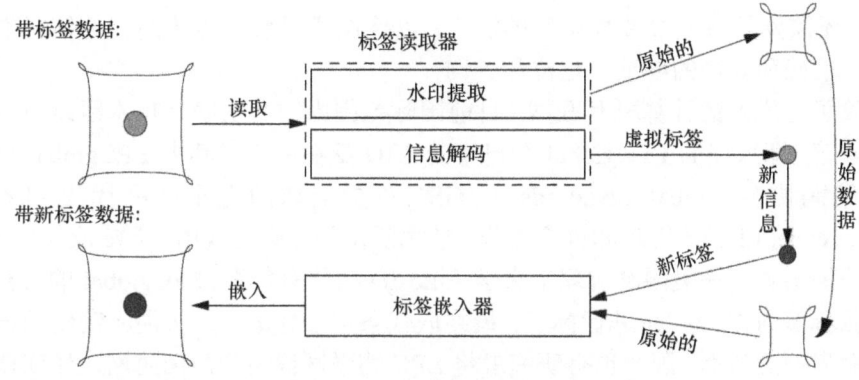

图 5-6 虚拟标签更新过程

(1) 鲁棒性。虚拟标签必须能够抵抗恶意攻击,至少虚拟标签中的唯一标识 ID 在数据实体受到攻击后不能损坏或改变。

(2) 安全性。虚拟标签中的基数据必须被安全保存,可能需要对基数据进行编码和加密处理。

3. 基数据转移

如前面所述,由于数据实体的嵌入容量有限,导致虚拟标签的容量也是有限的。虽然对于不同数据实体,虚拟标签的嵌入容量也是不同的,但是随着时间的推移,新的基数据不断产生,虚拟标签的容量必将填满。因此,基数据必须进行不定期转移,即在虚拟标签进行更新时计算更新内容是否会超出容量,如果是,则将虚拟标签中除 ID、元数据之外的基数据转移至中心数据库,虚拟标签中始终保留最新的信息。

基数据转移是必要的,其原因如下。

(1) 显然指定数据实体的虚拟标签嵌入容量是有限的,为了防止数据溢出,必须进行转移。

(2) 对基数据进行分析工作如查询操作时,如果基数据只存于数据实体中,那么在查询之前将涉及从数据实体中提取基数据,代价太大,效率低,因此基数据的分析工作应该放到中心数据库中进行。

虚拟标签的任务是收集数据实体的活动信息,但如果有效地处理和使用这些信息,则应该交由中心服务器去做。

4. 数据实体联网机制

资源寻址系统一般包含五个关键要素：资源名称、资源地址、寻址机制、更新机制以及安全机制。数据实体联网需要支持数据实体唯一标识到与其对应的特定信息资源地址的寻址解析,以及与其相关的诸多信息资源地址的寻址与定位。此外,还需要具备分级授权访问的能力,以确保联网数据实体的相关信息都能被高效、准确和安全的寻址、定位和查询。

除了已成熟的计算机互联网,目前国际范围内知名物联网技术组织可以分为两大阵营,即欧美的 EPCglobal 和日本的 UID 泛在中心。其中 EPCglobal 由国际物品编码协会(Global Standards 1, GS1)负责全球的电子产品代码(electronic product code, EPC)的管理和推广工作,技术研发部分则继续由"internet of things"最早的提出者——美国麻省理工大学 Auto-ID 实验室负责。EPCglobal 的目标是使用射频标签对单一产品进行标识,最终取代条码,提高产品从供应链到销售链整个生命周期的效率,因此也有研究者将 EPC 物联网称为产品信息网。而 UID 泛在中心则提出通过建立泛在网络,对有形和无形的产品与服务进行唯一标识,建立人与人、人与物、物与物的连接,提供泛个人、商业公共和行政服务,相对而言,其范围比 EPC 物联网要广,更接近物联网的目标。

与产品和物理对象相比,数据实体具备易复制、易修改、多版本同时生效的特点,在并且语义检索、副本追踪等方面都有不同的需求。在参考互联网、EPC 物联网、UID 泛在网络相关经验的基础上,本书提出了如下的城市数据实体联网机制。

(1) 设立数据实体联网编码管理中心(以下简称管理中心),该中心采用分级授权机制,负责数据实体唯一码的编码管理和提供寻址服务。

(2) 数据实体使用智慧城市一期项目提出的统一描述语言进行描述。

(3) 数据实体产生后需要在管理中心进行注册,注册时将生成唯一编码数字影像数据(digital image data, DID),并保存 DID 和相应的服务地址信息[如统一资源定位(uniform resource locator, URL)]。DID 中包括数据 UID、数据产生时间、产生设备编码、数据文件获取源(当前版本数据来源,如果是新产生数据尚未建立副本则为空)、前一版本 UID(如果是源数据则为空)等信息。DID 除了在管理中心进行存档,还使用信息隐藏的方法附加在数据实体中。

(4) 数据实体在复制后需要修改 DID 中的"数据文件获取地点",并在管理中心进行副本登记。

(5) 数据实体在修改后需要在管理中心进行重新注册,生成新的UID,将原UID存入前一版本UID中,并修改数据产生时间、产生设备编码、数据文件获取源(不为空)。

将互联网、EPC物联网、UID泛在网络和数据实体联网IoD进行对比,如表5-1所示。

表5-1 几种典型网络的特征对比

	互联网	EPC物联网	UID泛在网络	数据实体联网IoD
实体	具备联网能力的计算终端	附着无线射频标签的物品(产品)	附着无线射频标签的任何物理对象	数据实体(文本、图像、音频、视频、超文本等)
描述语言	HTML(hyper text marking language)	PML	未公开	多源异构数据描述语言(智慧城市一期研究成果)
唯一标识	MAC地址	EPC编码(可扩展为256位)	uCode编码(可扩展为512位)	DID数据实体编码(data identification)
寻址服务	域名解析服务(DNS),将网页地址(uniform resource locator, URL)转换为IP地址	对象名解析服务(ONS),将EPC编码转换为相关服务地址(URL)	uCode解析服务器提供分布式轻量目录寻址服务,将uCode码转换为相关服务地址(URL)	数据实体名解析服务(DENS)将DID编码转换为相关服务地址(URL)

5.3 数据活化理论技术

5.3.1 数据活化理论

1. 数据密集型处理

1) 数据密集型科学研究范式的提出

(1) 范式和范式的演变。

1962年著名美国科学哲学家库恩在他的著作《科学革命的结构》中系统阐述了范式的概念和理论[9]。所谓范式,就是一种公认的模型和模式,是常规科学赖以运作的理论基础和实践规范,是研究者群体在从事科学研究时共同遵守的世界观和行为方式,是他们共同接受的一组假说、理论、准则和方法的总和。范式的演变则表示科学研究的一套方法及观念被另一套方法及观念所取代。库恩对范式转换给予科学发展的推动作用尤其重视,他甚至认为:科学的发展不是靠知识的积累而是靠范式的转换完成的,一旦形成了新范式,就可以建立起常规科学[5]。

近半个世纪以来,科学范式理论对世界学术界产生了重大和深远的影响,很多学者都关注科学研究的范式,各个学科也纷纷开展自己的学科范式以及范式的应用研究。科学范式的价值不仅在于它描述了科学研究已有的习惯、传统和模式,还在于它提供了科学研究群体协同一致的、共同探索的纽带,它能够为科学研究的未来发展和进一步开拓奠定基础[6]。

(2) 科学研究第四范式的提出。

2007年，计算机图灵奖得主格雷在美国国家研究理事会计算机科学和远程通讯委员会(NRC-CSTB)的演讲报告中提出了科学研究第四范式，即以数据密集型计算为基础的科学研究范式。

格雷先生的四个科学范式理论基本内容为：第一范式产生于几千年前，是描述自然现象的，以观察和实验为依据的研究，可称为经验范式；第二范式产生于几百年前，是以建模和归纳为基础的理论学科和分析范式，可称为理论范式；第三范式产生于几十年前，是以模拟复杂现象为基础的计算科学范式，可称为模拟范式；第四范式今天正在出现，是以数据考察为基础，联合理论、实验和模拟一体的数据密集计算的范式，数据被一起捕获或者由模拟器生成，被软件处理，信息和知识存储在计算机中，科学家使用数据管理和统计学方法分析数据库和文档，可称为数据密集型范式。

关于学科的发展，格雷先生认为，所有学科 X 都有两个进化分支，一个是模拟的 X 学；另一个是 X-信息学。以生态学为例，即计算生态学和生态信息学，前者与模拟生态的研究有关，后者与收集和分析生态信息有关。在 X-信息学中，编码和表达知识的方式是，将实验和设备产生的、其他档案产生的、文献中产生的、模拟产生的事实都保存在一个空间中，人们通过计算机向这个空间提问并获得答案，这之中要解决的一般问题有：数据获取、管理 PB 级大容量的数据、公共模式、数据组织、数据重组、数据分享、查找和可视化工具、建立和实施模型、数据和文献集成、记录实验、数据管理和长期保存。目前科学家需要更好的工具来实现数据的捕获、分类管理、分析和使其可视化。

关于新范式下的学术交流，格雷先生认为，应该让公共资金资助的学术论文都能在互联网上传播，因特网的功效不仅如此，它还可以联合所有的科学数据和文献形成一个互操作的世界，让人们读论文时还可以找到论文的原始数据，可以重新作一次作者所作的分析，或者能够从数据开始找到与这些数据有关的所有文献。科学的研究素材有三个层次，分别是原始数据、派生数据和重组数据、科学文献，应该让三个层次的资源都能够在线和被获取。新的学术交流革命中需要建立既有文献也有数据的新的数字图书馆，需要开办 Overlay 期刊(一种不出版原始论文，而是按照一定的评价标准挑选保存在其他地方的文章，作为一项服务提供给用户的期刊[7])，需要实施数据出版，需要处理数据、信息和知识的本体和语义网技术。

2009年微软公司开放创新部门副总裁Hey以及Tansley和Tolle共同主编了《第四范式——数据密集型科学发现》(The Fourth Paradigm: Data-intensive Scientific Discovery)一书。该书共分六个部分，首先前言部分在刊登微软研究院首席研究员、著名计算机科学家贝尔的序言之后，登载了根据格雷先生的发言整理的《Jim

Grey 眼中的 eScience: 变革了的科研方法》作为引子,提出科学研究的第四范式的内涵和意义;然后从地球与环境、健康与幸福、科学基础设施、科学交流四个方面展示了 69 位学者从不同的视角观察、理解、分析和探讨的第四范式科学研究状况;最后结语部分登载了《前方的路》、《总结》和《下一步》三篇文章提出面对数据密集型科研应该如何提高认识、应该采取何种措施的问题[8]。

2) 数据密集型科学研究兴起的社会环境

也许仅从微软研究院研究者的成果出发就断定第四范式的到来尚不够客观,需要从更多的层面来考察这个新的科学研究范式的出现和存在。本部分将从数据爆炸现象和科学界的反应、世界范围内广泛兴起的关联数据运动、政府数据开放运动这三个方面,感受海量数据对各个领域的冲击,从而讨论数据密集型科学研究兴起的社会环境。

(1) 数据洪流的到来以及科学界的关注。

①数据洪流。

从技术角度讲,新型的硬件与数据中心、分布式计算、云计算、大容量数据存储与处理技术、社会化网络、移动终端设备、多样化的数据采集方式使海量数据的产生和记录成为可能。

从用户角度讲,日益人性化的用户界面、人人的信息行为模式都容易作为数据记录下来,人人都可成为数据的提供方、人人也可成为数据的使用方。

从未来趋势看,随着云计算的发展,理论上讲,世界上每个人每件事物存在和活动产生的新数据,包括位置、状态、思考、过程和行动等都能够被数字化,成为数据在互联网传播[22]。社交网站记录人们之间的交互,搜索引擎记录人们的搜索行为和搜索结果,电子商务网站记录人们购买商品的喜好,微博网站记录人们产生的即时想法和意见,图片视频分享网站记录人们的视觉观察,百科全书网站记录人们对抽象概念的认识,幻灯片分享网站记录人们的各种正式和非正式的演讲发言,机构知识库和开放获取期刊记录人们的学术研究成果。

上述现象都导致海量数据的产生,引起数据的洪流。可见在现代技术的支持下,今天无论人们简单的生活活动还是复杂的学术研究的记录,都能够成为数据而传播,这些海量数据蕴涵了巨大的潜力,善于挖掘、分析和可视化展现它们,将给人类的生活、工作和学习带来全方位的影响。

②科学界对海量数据的关注。

2011 年 5 月,麦肯锡全球研究院发布了一份同样关注当前社会数据洪流的报告《海量数据:创新、竞争和生产率的下一个前沿》。报告以数字数据和文档的当前状况为基础,分析大数据集如何在现代社会中创造价值和产生更大的潜力。报告称,2010 年全球企业在磁盘上存储了超过 7EB 的新数据,消费者在 PC 等设备上存储了超过 6EB 的新数据,而 1EB 等于 10 亿 GB,相当于美国国会图书馆中存储数据的 4000 多倍[23]。如果这些数据能够合理地采集、管理和分析，那么将会创造难以计量的商业价值。报告通过研究美国卫生保健、欧洲公共部门、美国零售业、美国制造业和全球个人位置数据这五大领域的大数据集后估计：美国的医疗行业可以利用海量数据管理，通过使数据更易于访问、促进与数据相关的实验和商业决策自动化等手段，创造高达每年 3000 亿美元的价值；零售业通过海量数据管理可将利润率提高 60%；欧盟经济可以利用海量数据管理缩减 1490 亿美元的运营开支[24]。

在科学领域，由于科学观察、实验和研究设备的进化、计算机辅助技术的发展以及大规模合作的科学态势，科学数据呈海量增长。据统计，大型天文观察望远镜投入运行后第一年，生产的数据就达到 1.28PB(1×10^{15}Bytes)；欧洲分子生物实验室核酸序列数据库 EMBL-Bank 收到数据的速度每年递增 200%；预算达 30 万元的人类基因组计划(Human Genome Project, HGP)要揭开组成人体的 4 万个基因的 30 亿个碱基对的秘密，2008 年生产 1 万亿碱基对的数据，2009 年速率又翻一番[25]。

海量数据对科学研究的影响已经得到科学界的重点关注，2011 年 2 月美国《科学》(Science)期刊刊登了一个专辑，名为"数据处理"(Dealing With Data)。该杂志还联合美国科学促进会(American Association for Advancement of Science, AAAS)的官方刊物《科学——信号传导》(Science: Signaling)、《科学——转化医学》(Science: Translational Medicine)以及职业在线网站 Science Careers，推出相关专题，围绕科学研究海量数据的问题展开讨论[26]。

2006 年美国国家科学基金会发布的名为"21 世纪发现的赛博基础结构"报告称，美国在科学和工程领域的领先地位将越来越取决于利用数字化科学数据，借助复杂的数据挖掘、集成、分析和可视化工具将数据转换为信息和知识的能力[27]。2010 年 12 月，美国总统科技顾问委员会(President's Council of Advisors on Science and Technology, PCAST)提交给总统和国会的报告中明确提出"数据密集的科学和工程"(DISE)概念，随后数据密集的科学和工程问题在美国国家科学局和国家科学基金会的一些会议上进行了深入的讨论。

学者将科学研究型数据的来源归结为四类：一是来自于测量仪器、传感设备记录仪器的观测型数据，如天文望远镜观测的数据；二是来自于物理学、医学、生物学、心理学等各学科领域的大型实验设备的实验型数据，如粒子加速器实验数据；三是来自于大规模模拟计算的计算型数据；四是来自于跨学科、横向研究的参考型数据，如人类基因数据[28]。这些数据有些由于观测和实验的不可重复性，有些由于时间、设备和经济等其他条件的限制，数据获取难度大，数据长期有效保存、科学管理、有条件共享和促进利用是极有意义和价值的一项工作。

科学界需要为应对数据洪流采取措施，需要从海量的数据中寻找科学的规律，需要考察数据密集型科学研究的未来。

(2) 关联数据运动。

互联网之父 Berners-Lee 从对 Web 发展和演变的分析中也发现了数据在未来网络中的价值。2006 年，他在讨论关于语义网项目的一份设计记录中提出了发展数据网络(web of data)的设想，并创造了"关联数据"(linked data)一词，提出数据网络的核心即关联数据(linked data)[29]。2009 年，他在 TED 大会(即技术娱乐和设计大会，1984 年由沃尔曼先生发起，每年 3 月在美国召集科学、设计、文学、音乐等领域的杰出人物，探索关于技术、社会和人的问题[30])上再次阐明了关联数据及其对数据网络的影响[31]。关联数据就是用主体、谓词、客体三元组来表示资源的 RDF(resource description framework)格式数据，关联数据描述了一种出版结构化数据让其能够互连和更加有用的方法，它依赖标准互联网技术如 HTTP 和 URIs，不是使用它们服务于人类可读的网页，而是扩展到以能被计算机自动阅读的方式分享信息[32]。关联数据有别于万维网上的文件互联，它强调的是数据互联，将以前没有关联的数据链接到一起，允许用户发现、描述、挖掘、关联和利用数据。

关联数据方法提出后受到社会的广泛响应，一些国际组织(如 W3C、世界银行)、政府机构、社会公益机构(如美国国会图书馆)、大众媒体(如 BBC、纽约时报)等纷纷加入到关联数据出版发布的行列。2007 年 5 月，W3C 启动 LOD(Linked Open Data)项目，号召人们将数据按照关联数据要求发布，将数据源互连。至 2010 年 9 月，已有很多数据提供者和 Web 开发者将数据发布过来，形成了具有 203 个数据集、包含 250 亿条的 RDF 语句、3.95 亿个链接构成的巨大关联数据网络[29, 33]。

从以下欧洲委员会在关联数据所提供的支持和举措，人们便可以感受到关联数据的影响力：欧洲委员会提供资金作为第七框架计划的一部分支持出版和使用链接的开放数据，目的是改善一个全天候的基础结构以监测使用情况并改善数据质量，为数据出版者和消费者提供低的接入门槛，开发一个开放源数据处理工具图书馆，为处理链接数据与欧盟数据的联合管理一个试验平台，支持社区教育和最佳实践。

欧洲委员会资助了杰出网络项目——行星数据项目(The Planet Data Project)，致力于将欧洲在大规模数据管理方面的研究者聚合起来，这些数据包括遵从链接数据原则出版的语义网 RDF 数据。该项目的独特之处在于能够在项目进行过程中开放引进其他研究者提供的行星数据。

欧洲委员会投资 650 万欧元的资金支持 LOD2 项目，以持续开展链接开放数据项目。该项目从 2010 年 9 月开始，将持续到 2014 年完成。该项目的目标是从"相互关联的数据中创造知识"，具体任务包括五个方面：开发可供企业使用的、在互联网上公开和管理大量结构化信息的工具和方法；开发来源于维基百科和 Open- StreetMap 的高质量的多领域、多语种的本体的试验平台和网络；开发基于机器自动从互联中学习和从网络融合数据的算法；开发能够可靠跟踪来源、确保隐私和数据安全、评价信息质量的标准和方法；开发适宜的工具以搜索、浏览和创作链接数据[34]。

(3) 政府数据开放运动。

由于新型网络技术在电子政府发展过程中的逐步应用，今天的互联网已不仅是政府提供信息和服务的平台，也是公众与政府互动的、共同创造的平台，这种状态改变了政府与公众以及公信息管理和服务的方式。新时代的电子政府不再只满足于从提供的角度给公众更好的服务，而是提倡政府作为一个整体的、开放的平台为企业和公众开放更多的信息和数据，促进更多的创新应用，这就是Reily提出政府2.0时重点强调的观点。众之间建立关联的方式，同时也逐步改变了电子政府

政府信息资源占社会信息资源的绝大多数，政府所掌握的数据也同样可观，如果关联数据标准用于政府数据的开放中，则必将为全球的数据空间贡献更多的数据容量。对政府而言，政府数据的开放意味着电子政府的发展进入到一个全新的开放、透明、互动的电子政府新阶段，它使得政府能够提供一个中心平台或者门户，更好地满足决策制定者、科学研究者、企业和普通公众对政府信息资源的需求。开放政府数据的价值在于：①可以使公众免费、便捷地获得政府的数据，促进政府信息透明；②可以使公民更多更好地参与政府决策，促进政府决策的民主化；③可以获得公众更有效的反馈，增加公众与政府的协作性；④可以促进公共数据的广泛应用，激发创新，促进政府信息资源的深度开发与重用，更快实现资源的价值。

自2009年以来，世界电子政府先进国家兴起了一股"数据民主化"浪潮，各国积极开展政府数据开放工作。美国政府承诺除了涉及国家安全和隐私之外的政府数据全部向公众开放。2009年5月，美国政府将以前政府专有的数据库发布到网上，建立了全球第一个独立的政府数据门户www.data.gov。该举措标志着全世界政府数据开放运动的开端。Berners-Lee也是政府数据上网的积极倡导者，他不仅通过TED会议号召公众访问和利用政府数据，通过真实的案例说明政府开放数据的价值，还在2010年1月亲自为英国政府数据网站揭幕。

近几年多来，政府数据开放发展迅速，成效显著，以美国政府数据网站为例，2009年5月美国政府数据网站上线时，只有11个政府机构提供了76项数据集[35]。如今，该网站不仅提供计算机可读和可处理的数据集，还提供多种数据分析、过滤和管理的工具；不仅由政府提供数据的各种应用程序，还鼓励公众贡献数据的应用程序；不仅提供互联网上的应用，还提供移动终端的综合应用。2012年1月，该站点提供390178个原始数据和地理空间数据集，1150个政府应用程序，236个政府开发的应用，85个移动终端应用。美国政府有31个州、13个城市、172个机构和子机构建立了数据网站，而与此同时国际上也有28个国家、地区或国际组织开办

了数据网站[36]。

政府数据开放运动的价值不仅在于它提供了计算机可以直接处理的数据,还在于它提供了各种各样的作为数据基础设施的数据工具,包括结构间协作的数据工具、数据反馈工具、数据查找工具等。毫无疑问,从科学研究发展的角度看,全球正在兴起的政府数据开放运动为基于数据科学研究基础架构的建立提供了良好的条件。

2. 大数据

解决大数据问题的核心是大数据技术。目前所说的大数据不仅指数据本身的规模,也包括采集数据的工具、平台和数据分析系统。

要理解大数据这一概念,首先要从大开始,大是指数据规模,大数据一般指在 10TB (1TB=1024GB)规模以上的数据量。大数据同过去的海量数据有所区别,其基本特征可以用 4 个 V 来总结(volume、variety、value 和 velocity),即体量大、多样性、价值密度低、速度快。

第一,数据体量巨大。从 TB 级别跃升到 PB 级别。第二,数据类型繁多。如前面提到的网络日志、视频、图片、地理位置信息等。第三,价值密度低。以视频为例,连续不间断监控过程中,可能有用的数据仅有一两秒。第四,处理速度快。1秒定律。最后这一点也是和传统的数据挖掘技术有着本质的不同之处。物联网、云计算、移动互联网、车联网、手机、PDA、PC 以及遍布地球各个角落的各种各样的传感器,无一不是数据来源或者承载的方式。

大数据技术是指从各种各样类型的巨量数据中,快速获得有价值信息的技术。解决大数据问题的核心是大数据技术。目前所说的大数据不仅指数据本身的规模,也包括采集数据的工具、平台和数据分析系统。大数据研发目的是发展大数据技术并将其应用到相关领域,通过解决巨量数据处理问题促进其突破性发展。因此,大数据时代带来的挑战不仅体现在如何处理巨量数据从中获取有价值的信息,也体现在如何加强大数据技术研发,抢占时代发展的前沿。

当下我国大数据研发建设应在以下四个方面着力。

(1) 建立一套运行机制。大数据建设是一项有序的、动态的、可持续发展的系统工程,必须建立良好的运行机制,以促进建设过程中各个环节的正规有序,实现统合,搞好顶层设计。

(2) 规范一套建设标准。没有标准就没有系统。应建立面向不同主题、覆盖各个领域、不断动态更新的大数据建设标准,为实现各级各类信息系统的网络互联、信息互通、资源共享奠定基础。

(3) 搭建一个共享平台。数据只有不断流动和充分共享,才有生命力。应在各专用数据库建设的基础上,通过数据集成,实现各级各类指挥信息系统的数据交换和数据共享。

(4) 培养一支专业队伍。大数据建设的每个环节都需要依靠专业人员完成,因此,必须培养和造就一支懂指挥、懂技术、懂管理的大数据建设专业队伍。

3. 数据活化理论

信息物理系统时代的到来,在许多方面都影响数据分析。一个典型的数据集可能包含来自各种传感器如射频识别标签、移动手机、全球定位系统等连续收集的大量数据。毫无疑问,如何使用复杂的分析方法分析这些具有空间属性的时间序列数据是非常关键的。例如,给定所需数据,在黄金72小时内定位所有受困的人仍然是十分困难的。人们发现处理数据时间往往超过收集数据时间的十倍或者更多。

总体而言,数据分析呈现出三大发展趋势。第一,数据集的规模不断地迅速增长,速度甚至超过摩尔定律[37]。工业界和学术界的人员都已经或者即将管理PB级的数据集。第二,数据中心往往采用大量的低端商品机集群,而不是少量的高端服务器集群。这种"scaleout"的解决方案[38]由于高性能价格比而受到欢迎,节点故障由于代价小也将变得正常。第三,数据集分析的复杂度也在不断增加[39~42]。复杂分析如多维聚合和模式发现等问题也凸显出来,这样的查询负载可能导致性能低下的操作,如复杂的操作链接。此外,查询负载也变得非常难以预测,因为高达90%的查询都是新查询。

一个系统要满足以下四个方面的要求才能有效进行大规模数据分析:延迟、可扩展性、容错性和灵活性。针对前三种性能要求的研究已经比较成熟,例如,并行RDBMSs[43]在处理结构化数据方面具有高性能,MapReduce[44]在处理非结构化数据时具有的卓越可扩展性和可靠性,SciDB[45~47]在处理科学数据分析的常见需求方面具有良好的性能、可扩展性以及容错能力。然而这些方法在处理新型的复杂查询负载时性能就会下降。其原因是,这些系统的数据组织方案在系统设计之初就已经进行设定并进行优化。尽管现代数据库技术能够通过查询记录调整系统,数据格式很难发生变化。基于内置假设基础上的系统只有在假设成立时才有效运行,因此缺乏灵活性。

提出一种新型的大规模数据集分析范式——数据活化。该范式旨在使系统具备上述四个属性,尤其是高系统灵活性,以使系统能够适应任何复杂分析应用。在数据活化范式中,数据被组织为一组活化单元,简称为单元。作为数据集的基础功能单位,每个单元是一个数据及计算能力的集合。除了存储数据,单元还负责维护逻辑组织和数据物理存储结构。随着用户需求的变化,活化单元自发地发展以满足潜在的新型查询负载。例如,一些重要的分析结果能够存储在单元中以供将来分析时使用。为了满足这种变化,单元必须具有感知、学习、记忆和通信的能力。如同生命实体的细胞一样,单元逐渐成长,逐渐被最优化组织以适应将来的分析应用。

虽然数据活化具有非常好的发展前景,但是为了实现数据活化,需要解决以下三个巨大的挑战。第一,数据活化涉及许多研究领域,包括数据库管理、存储管理、人工智能、数据挖掘和计算机系统结构等。但是,为活化单元的行为建立标准和为关系型数据库管理系统(relational data base management system, RDBM)设计范式一样都是很难解决的问题。缺少这样的标准将会复杂化系统设计并且可能降低系统性能。第二,尽管数据活化增强了系统灵活性,如果系统过于活化,则会带来额外的开销。因此系统灵活性和性能之间的权衡需要谨慎考虑。第三,由于每个单元都负责逻辑结构和物理结构设计,现有的系统架构和硬件可能都无法满足要求。在这种情况下,可能要涉及系统架构设计,或者转向可能适合数据活化的新型设备。

然而,紧随 PRDBMS、apReduce 和 SciDB 技术,数据活化基于以下几个原因将成为大规模数据集分析的下一个里程碑。第一,这个范式内在地以数据为中心,强制系统设计者从数据的观点去思考。他们必须要太担心用户的需求将会是什么。相反,他们只需要专注于活化单元的初始化,即感知什么、如何学习和存储什么。然后单元将自动跟踪资源状态并适应用户的需求。第二,它能够从烦琐痛苦的维护爆炸式增长数据的工作中解放出来大量的人力资源。一旦活化单元被初始化,它们将自动负责以后的优化工作,大大降低总拥有成本(total cost of ownership, TCO)。第三,由于数据密集型计算的传统架构将数据计算和底层存储模型分离,大大降低了系统性能,数据活化可能会为计算和存储模型紧耦合的全新架构的发展指引道路。

1) 大规模数据集分析

首先通过比较分析查询和事务查询介绍分析查询的特点,然后描述大规模数据集分析的典型方法,最后讨论这些方法在大规模数据集分析中的局限性。

(1)分析应用的特点。

分析查询的性质和事务查询的性质有很大区别。下面总结分析应用的几个主要特点。

①分析查询往往是难以预料的,而事务查询常是基于预定义用户行为进行设计的。事务查询应用的主要目是自动化常规业务任务。相反,在分析查询世界中,完整精确的需求预先一般是不知道的,用户既不清楚他们自己的查询目标,也经常会随时间而改变查询。

②分析查询往往会持续更长的时间,事务查询往往是简短的,侧重于单个实体。典型的事务查询有"添加一本书"或者"找到一个学生的数学成绩"等。相反,分析查询由于其分析特性而更加复杂和耗时。例如,一个试图找出饮食习惯和疾病之间关系的查询需要在发现任何有意义的结果之前搜索许多试验志愿者的饮

食列表和疾病史。

③分析查询往往是面向读操作的，而事务应用的主要操作包括查询、插入、删除和更新。事务数据集中的数据通常由于常规业务操作而改变。典型地，事务世界收集的数据被转换并被分批加载到分析数据集中，接着进行大量的只读查询。

(2) 大规模数据集分析的典型方法。

为了适应大规模的分析查询，一个系统需要满足高效率、优越的扩展性、容错能力强以及高灵活性的要求。满足前三个要求的研究已经非常多，在这一部分将会介绍几个重要的系统并分别讨论它们的性能。

①并行 RDBMS。

第一个并行 RDBMS[43, 48, 49]能够运行在 20 世纪 80 年代中期生产的商品机的无共享体系结构上。和典型的 RDBMS 相似，并行 RDBMS 支持标准关系模型和 SQL 查询语言。在数据库中的数据具有子表述性和模式，模式存储表、索引和试图的定义以及从数据库到存储系统映射模式的元数据。为了能够使查询执行高度并行化，每个并行 RDBMS 都采用两种主要的技术(关系表的水平分割和 SQL 查询的分割查询)。

并行 RDBMS 的主要优点是在处理结构化数据时的高性能。在过去的几十年中，研究者提出许多优化技术，包括索引、内置运算优化器、压缩、物化视图、I/O 共技术等。由于这些技术的出现，并行 RDBMS 在过去十多年间占据了数据管理工具中的主导地位。

然而，由于系统内在假设硬件故障异常，并行 RDBMS 在容错方面并不出色。当在硬件故障极少发生的环境中，大多数的并行 RDBMS 系统遇到故障时重新发送请求是可接受的。然而在具有成千上万个节点的集群环境下，查询的频繁回滚将十分耗时，因而无法适应。因此，尽管在数十个节点的系统中并行 RDBMS 性能优越(接近线性)，在上百甚至上千节点的系统上很少部署并行 RDBMS[50, 51]。

②MapReduce。

MapReduce[44]在 2004 年首次由 Google 提出。MapReduce 最引人注目的特点是简单。一个 MapReduce 程序仅包括两个功能(由用户编写的 map 和 reduce)。MapReduce 不支持内置模式和优化。与并行 RDBMS 相似，输入数据集被分割并分派在集群上各个节点，这些节点要么执行 map 任务，要么执行 reduce 任务。

MapReduce 具有良好的可扩展性和容错性。一个分析查询被分割成多个任务片段，每个任务片段在本地执行。一旦出现故障，出现故障的任务将会在另一个节点上执行，因而不必回滚整个查询。文献[44]中的试验表明，一个 MapReduce 作业上，当结束 1746 任务进程中的 200 个任务时，查询性能仅下降 5%。

MapReduce 面临的最大问题是性能[52~56]。由于在数据处理之前没有模式设计和数据加载，数据库中开发的许多性能优化技术都无法直接应用在 MapReduce

上。除此之外，频繁的数据实例化和"pulling"机制也会影响查询处理的性能。

③SciDB。

SciDB[45~47]是一种宣称能够支持Peta数量级分析查询的全新的开源科研数据库系统。由于科研分析的特点，如特殊的数据格式、复杂的操作、数据来源和数据不确定性等，基于并行RDBMS和MapReduce系统都无法运行科研分析应用程序。SciDB收集了大量科学学科的需求，包括天文学、粒子物理、融合、遥感、海洋学和生物学等。有趣的是，复杂的商业分析(如eBay)也同样具有这些需求。然而目前SciDB的第一个版本还未发布。

根据文献描述，SciDB支持多维的、嵌套数组模型和多种编程语言。它将数据以压缩块形式分布存储在异构节点上。除此之外，它还采用了scatter/gather技术进行数据重分配。SciDB试图采用来自数据库社区和MapReduce并行计算的经验和技术以保证查询处理的高效率、高可扩展性和高容错能力。

(3) 灵活性限制。

并行RDBMS要求输入的数据是严格结构化的记录，大部分请求都是SQL语言。这样的限制对许多用户来说都"像是一种监狱"[41]，特别是当他们处理非结构化数据的时候。MapReduce和SciDB避免了这些限制，给用户的接口更加灵活。用户能够自由地改变模式类型和编程语言。虽然对于灵活性，这是巨大的改变，但这样的灵活性仍然不足，正如下面要展示的例子。

考虑在一个系统设计之初，从设计者的角度来看，同时考虑客户信息和借款记录的概率非常小，因此将客户信息和借款记录放在不同的表中。随着时间的发展，人们意识到借贷风险策略能够通过有效分析客户属性和借款记录进行优化。不言而喻，这样的查询将会导致复杂的低效率的操作(如复杂连接)。理想的情况是这两种信息已经合并在一起，有意义的结果能够直接从合并后的数据得到。为此，系统需要足够智能以便感知用户需求的变化、预测潜在的查询并相应地预先改变数据组织结构。

要实现系统的高灵活性，用户接口和内部数据组织结构都应该同时适应用户需求。正如前面所述，分析查询趋于不可预测和复杂。然而在现存的系统中，数据集的组织在设计的时候就已经敲定，在无人工干预情况下很少发生变化。

2) 数据活化的功能

(1) 概述。

数据活化是大规模数据集分析一种新范式，它着重于提高系统灵活性，使系统能够适应复杂的分析应用。在这种新的方法下，数据组织方式，如数据格式、索引、物化视图等动态地由系统调整。活化数据集内的数据被赋予生命，能够产生多种智能活动，如感知、学习和发展。一旦进入系统，数据能够从系统经验中获取知识，自发地发展以满足潜在的新需求。

为了使数据活化,把数据集看成活化单元的集合。与生物学细胞概念一样,活化单元是活化数据集最基本的功能单元。每个单元都是数据及运算能力的集合。除了存储数据,单元也负责维护逻辑和物理数据结构。当需求随着时间发生变化时,单元能够调节数据组织模式以满足新的需求负载。活化单元具有预测其动作带来的影响,然后选择能够最优化数据组织的动作,以保证运算和存储的开销尽可能低。为了完成这些任务,每个单元必须能够具有如吸收、消化、演化和与其他单元通信(在 Section III-C2 中定义)的能力。

活化数据集之所以不作为整体具有两个意义。第一,全局优化的开销比局部优化的开销大得多。如果进行全局优化,则收集的大量信息将会被发送到一个特殊的节点,在这个特殊节点进行集中演化决策。不可避免地,如通信拥塞和长时计算延迟等问题变得突出,并可能导致数据错失演化的正确时间。相反,一个单元内部的局部优化开销小得多。尽管每个单元独立运行,单元的演化的整体效果将会使系统全局最优。第二,全局优化很难利用分布式计算和存储资源。通过跟踪资源状态,活化单元能够在空闲设备上执行所有的智能活动,而不会严重降低系统性能。

下面使用一个例子来展示数据活化的核心思想。

(2) 例子。

考虑一个数字城市的数据集。初始时数据集中仅存储了关注对象最基本的信息。为了简化论述,假设数据集中包含四种对象:建筑、道路、公司和出租车。创建四个数据单元,每个单元对应一种对象。除此之外,还要创建一个主单元、一个垃圾单元和一个日志单元。刚开始时,主单元中存储描述其他每个单元的信息;垃圾单元和日志单元都为空。将存储每个数据单元的主要信息总结到表 5-2 中。

表 5-2 数据城市的活化单元

数据单元	对象信息
单元 1	建筑: {地理位置, 名字, 层高, 完成时间}
单元 2	道路: {道路上样品点向量, 名字, 长度, 完成时间}
单元 3	公司: {名称, 地址(包括道路, 建筑, 楼层), 成立时间, 年营业额, 基本业务}
单元 4	出租车: {牌照号码, 空, 时间戳(每 5 分钟收集一次出租车信息), 地理位置, 速度}

每个单元中的数据都被组织到带有属性的记录的表中。初始时每个单元只包含一个表。

查询 1: 找出二环线内所有的软件公司。

单元 2 和单元 3 负责接管所有的执行工作: 连接单元 2 和单元 3 中的表并计算结果。同时单元 3 如图 5-7 描述进行演变。结果, 两个属性(一环路, 二环路)被添加到单元 3 的表中, 假设只有两个环路(与单元 2 中建议一致)。

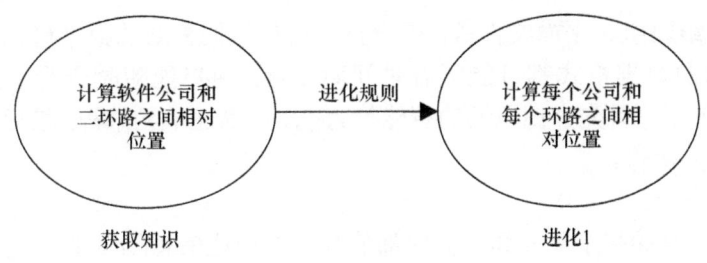

图 5-7 进化一

查询 2: 计算上周期间下午 5 点在一环路内空出租车的平均数量。

在主单元产生执行计划后,单元 2 和单元 4 将会接管执行任务。首先单元 4 将采样点集转化为出租车路径序列。然后借助单元 2 的帮助计算出这些路径和一环路之间的相对位置。

在查询执行过程中,单元 2 学习到未来表示一辆出租车的运动,采用路线集合比位置点集合在处理性能和存储空间上都更有效。因此,单元 2 存储这个中间结果在一个新表中。一段时间后,如果原始出租车表在很长时间内没有被访问(超过一定阈值,如 1 年),单元会把原始表移动到垃圾单元中。在图 5-8 和图 5-9 中分别总结了这两个演化动作。此外,日志单元感知其他单元的所有演变并记录下来。下一个子部分将详细介绍日志单元和垃圾单元。

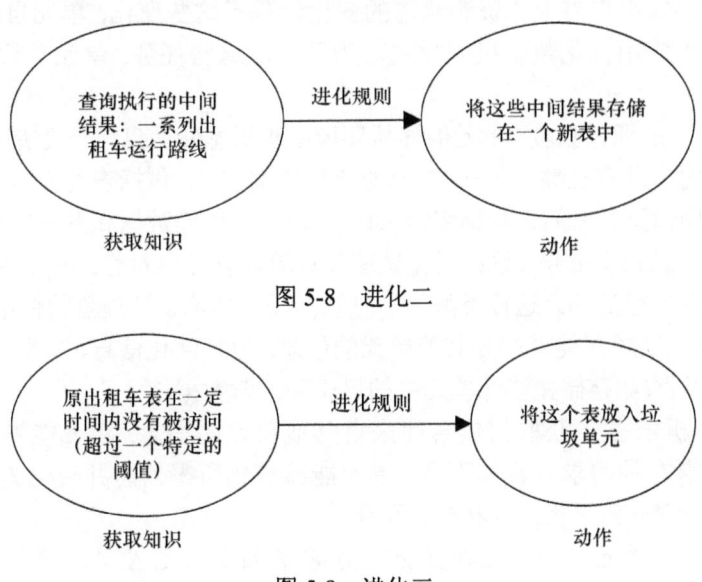

图 5-8 进化二

图 5-9 进化三

① 数据和查询模型。

数据活化给用户提供了两层数据模型。在上层中,数据被组织为单元的集合,每个单元能够独立发展。在下层中,每个单元的数据进一步被组织为多种格式,如关系表、多维数组、平面文件等,用户自由选择他们喜欢的数据格式。单元的数量和其内部的数据格式都可能随着时间而变化,用户能随时查看单元和数据格式。在这一部分,首先介绍单元的智能行为,然后描述单元结构,最后讨论数据活化支持的主要操作。

②单元分类。

主单元:存储每个单元和它们内部的数据的描述信息(元数据)。它们负责接收和检查用户查询,产生执行策略,给数据单元分配执行任务。可以有多个主单元,每个主单元都是完全一样的。作为控制单元,主单元负责各个单元之间主要的协调和调度任务。

数据单元:负责存储数据并执行主单元分配的任务。具体来说,它们同时管理内部数据的逻辑和物理格式。例如,具有索引的关系表集合,数据分割及其在物理节点的备份。

特殊单元:记录日志(日志单元)或者管理废弃数据(垃圾单元)。为了保护数据来源的需求,不会真正删除数据。相反,仅标记它们为废弃的并将它们迁移到垃圾单元中。

③单元行为。

除了存储数据,每个单元可以与其环境进行交互。通过从环境中获取知识,单元可以及时感知用户需求和资源状态的变化。基于这些变化,单元自动发生演化,为将来的分析应用优化数据组织模式。为了完成这些任务,单元必须具备一系列的智能行为。

吸收(获取):通过吸收,单元能够从环境中积极感知信息。一般情况下,一个单元主要感知的信息有三类:第一,单元能感知查询信息,包括查询新旧、处理时间、执行策略、操作执行时间、查询资源(如参与单元、访问数据和参与设备)等。第二,单元能感知资源状态信息,数据活化试图使计算和存储紧耦合,因此单元必须能够通过资源状态进行活动。这种类型的信息包括硬件故障、处理器的使用、缓存、网络带宽等。第三,单元能够感知其他单元的信息,包括演化信息、数据访问模式,甚至数据和元数据(如存储在特殊单元中的日志和过时数据)等。

消化(解析):基于获取的信息和来自其他单元的消息,单元能够推出环境的属性和用户潜在的需求。具体而言,单元能够消化所得信息并转化为对它有用的知识,这些知识分为三类,如表5-3所示。

互相通信:单元之间可以相互交换消息。例如,单元A可以给单元B发送消息,要求单元B加入其合并操作。主单元也可以给一个或多个数据单元发送操作执行请求。要注意到吸收和通信是不同的行为,前者是主动进行的(如一个单元能主动从几个设备上时而收集资源状态信息),而后者至少包括两方(发送者和接收者)。

表 5-3 活化单元获取的知识

分类	知识的例子
与查询相关	查询到达模式，长延时操作，频繁操作，冷操作等
与资源状态有关	冷热设备分布，最近闲置设备，所需最短等待时间等
与单元有关	兴趣单元的数据访问模式，热单元和冷单元，兴趣单元造成的进化等

演化(发展): 单元能够随着环境而进行相应改变。表 5-4 中列出了总结的行为。在逻辑层的演化能够同时改变单元和其中数据的格式。相反，物理层的演化只影响物理层的数据格式，而对逻辑层没有影响。

表 5-4 活化单元的进化

单元		行为
逻辑层	分裂:	一个单元分裂化为两个或更多单元
	合并:	两个或更多单元合并为一个大的数据单元
	重组:	单元内信息重组，如添加新属性，关系表分裂为两个或更多关系表，表内数据排序等
	扩展:	单元添加新信息，信息可能添加到新模式或仅添加在已有模式
	收缩:	将废旧信息放入垃圾单元
	更新:	更新单元内已有的信息
	传播:	从已有的单元中产生新单元
物理层	分割:	单元内的数据分割为小块
	转移:	将数据转移到其他物理节点
	复制:	将数据复制为多个备份并存储在不同的物理节点

④单元结构。

与 OODBMS[57]中的对象类似，每个单元有一个唯一 ID。此外，它还包括了下面要提到的吸收器、内存和活化器三部分。

吸收器: 吸收器是用来吸收(采集)信息的。它主要负责将采集的数据转换为要求的能被活化器处理的格式。一个典型的吸收器主要包括多个定期向单元发回感知信息的程序。

内存: 内存存储单元中的信息。单元中的信息分为三类: 数据、元数据(包括数据格式和索引的定义)和知识(如数据访问模式)。

活化器: 活化器是单元的核心，负责单元演化和通信。一个活化器包含一组演化规则。例如，在一个关系模式中，一个简单的演化规则可能如下:

$$\text{IF opera}_i \text{ on } \sigma_{\text{section-condition}} (\Pi_{\text{attribute-list}}(\text{Table}_i)),$$
$$\text{THEN opera}_i \text{ on } \sigma_{\text{section-all}} (\Pi_{\text{attribute-list}}(\text{Table}_i))$$

这条规则意味着如果一些操作应用在记录的一个子集，那么这个操作应该应用在所有的记录中。此外活化器还包含了一组运算符。数据单元负责大部分的查询执行，它甚至还包括了数据演化(在消化过程中使用)和通信的程序。

⑤操作符。

在处理活化数据集中的数据时，用户可以自由使用各种编程语言，如 SQL、C、C++和 Python。与 SciDB 相似，数据模型的操作符分为两类：结构操作符和内容依赖操作符。第一种操作符负责运行单元结构和数据结构上的操作，而无须考虑结构内部。典型的结构操作符包括分割单元的 SpliteCell，向已有结构添加属性的 AddAttr，合并单元的 MergeCell 等。第二种操作符负责处理存储在输入结构中的数据。与第一种操作符不同，第二种操作符不改变数据和单元格式。典型的内容依赖操作符如向已有结构中添加新数据的 Insert，从结构中删除数据的 Delete，将旧数据进行更新的 Update。

3) 数据活化体系结构

采用数据活化技术，数据集作为多个单元处理，每个单元都耦合了计算能力和管理能力。与传统的技术相比，数据活化系统提供相似的用户接口，而后台查询处理和数据管理却完全不同，这两项都是由活化单元完成的，而不是脱离数据的如负载平衡器和查询工具等纯粹决策部件。建议数据活化系统设计三层，如图 5-10 所示。用户应用层提供查询和响应的用户接口。数据活化层是系统的核心，负责查询处理、数据重组质、备份管理等。存储和计算层提供真实硬件配置的简单抽象，如磁盘、处理器、内存和网络等。这个简单的抽象层为活化单元提供充足的资源信息，而隐藏底层硬件细节。

(1) 存储和计算层。

活化单元的数据存储和计算紧耦合的特点要求该集成从一开始设计时就应该考虑到。因此将存储作为独立子系统的体系结构可能不适合数据活化。目前 Google 广泛采用的无共享的集群架构越来越流行。此外，新硬件设备如内置功能强大处理器的固态硬盘(solid state disk, SSD)，也可以被数据活化采用。

存储和计算层描述了支持活化单元的所有硬件资源，活化单元由各种网络连接的存储控制单元(storage control unit, SCU)集合。一个 SCU 包括存储设备、计算能力和传输数据的总线。SCU 的典型例子包括具有磁盘的服务器，具有强大嵌入式处理器的 SSD，具有存储区域网络(storage area network, SAN)存储系统的集群等。每个 SCU 有三个指标：存储能力、处理度和数据吞吐量。处理速度是与计算有关的所有构件的整体估计，如处理器、内存和缓存。数据吞吐量要么是总线的传输速率，要么是存储构件的 I/O 吞吐量，取决于哪个是数据传输的瓶颈。SCU 之间的连接由网络吞吐量进行度量。因此硬件配置的所有细节能够虚拟化为一个连通图，其中节点为具有上述三个指标的 SCU，边为节点之间的吞吐量。这种模型能为单元提供简洁但充分的信息，以处理查询和演化决策。

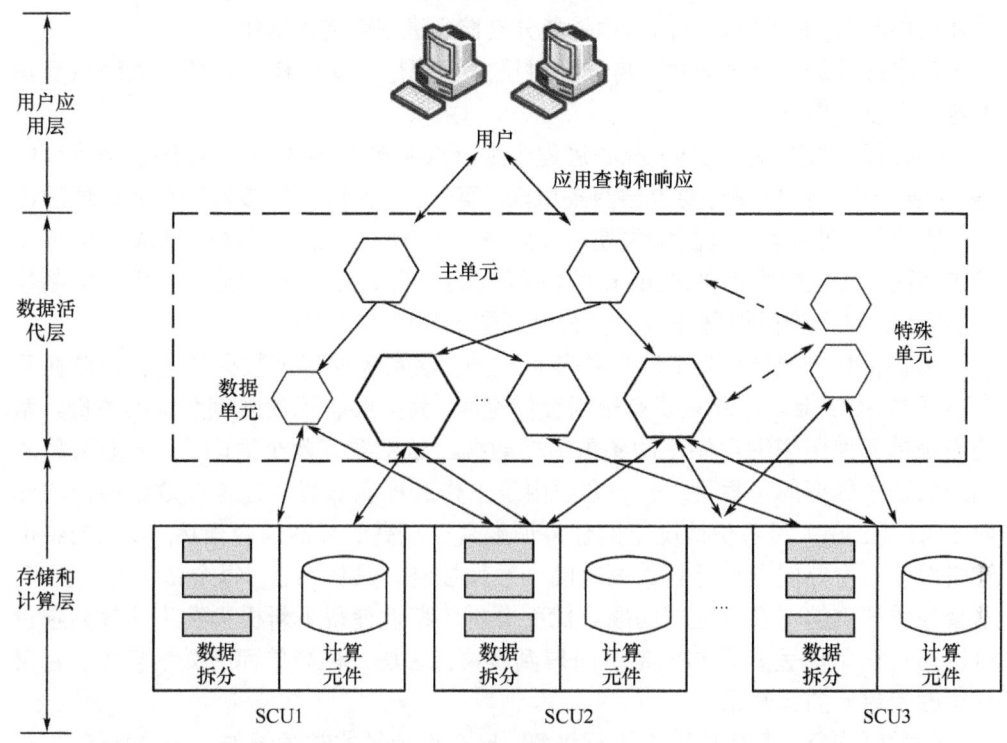

图 5-10 数据活化架构

(2) 数据活化层。

在这一层中,假设每个单元是一个由运行在特定 SCU 的核心处理器实现的进程。核心处理器为单元处理所有的智能行为,使单元活化。单元中的数据和元数据存储在一个或多个 SCU 上。一般而言,主单元在查询执行过程中负责监测和协调。当一个请求到达时,首先被分配到一个空闲的主单元上。主单元检查查询并产生查询执行策略,每个执行策略通常包含一个操作管道。然后主单元再自己内部搜索并决策出哪个数据单元与该查询相关。接着主单元调度管道中的操作,并给包含相应数据的数据单元分配操作。最后主存储单元集成来自数据单元的结果并产生最终的响应。

单元演化的一种方法是每个单元独立演化而不需要主单元的介入。它们基于获取的环境知识进行自身演化。这种模式的最大优点是简单易行,并行度高,然而可能导致资源的冲突和竞争。另一种方法是主单元负责通知当前关键单元进行演化。一旦收到通知,单元的核心进程将逐渐从原始单元演化为一个新的单元,进行演化动作如重组织数据和元数据。当系统忙碌时,演化过程挂起并在稍候进行恢复。采取这种方法,单元演化可能需要花费大量时间来完成。演化过程中,原单元要保证仍然保持可用。一旦创建过程完成,原单元就处于过时状态,新的单元就会取代它。

此外，主单元随时可以通过简单地杀掉分支核心进程而终止演化。

在本部分的剩余内容中，将分别讨论关于并行、备份和一致性、故障恢复等内容的系统结构设计。

①并行：当任务到达时，核心进程带来分散给多个 SCU 的工作进程来执行任务。部署一个工作进程时要遵循两条原则：第一，工作进程应该靠近它要处理的数据；第二，低利用率的资源优先使用。这种机制和MapReduce非常相似。MapReduce只支持两个阶段的数据处理(map 阶段和 reduce 阶段)，而单元能够利用无限制数量的阶段，每个阶段根据任务的复杂度部署不同的工作进程。

②备份和一致性：为了应对单节点故障，该系统中每个数据片至少存储在两个不同的 SCU 上。此外只要有空闲存储空间，就能够有不受限制数量的备份。系统鼓励单元使用空闲存储空间备份更多数据。这主要有两个原因，一方面大量的冗余保证了数据的可靠性；另一方面由于工作进程能部署在包含该数据备份的任何 SCU 上，在大量备份情况下的任务调度具有很高的灵活性。当然，如此的备份策略面临的主要问题是更新数据时的一致性控制。具体而言，每个备份都要更新，这会导致严重的一致性控制问题。然而分析的特性使得更新极少发生。该问题也可以通过简单地丢弃大部分备份而得到解决，这是一种简单而有效的策略，它仅要求改变单元的元数据。

③故障恢复：要从故障中进行恢复，日志记录是非常关键的。与 MapReduce 相似，数据活化跟踪记录查询执行和单元演化中的每个主要步骤，它将记录所有中间结果到日志单元中。如果一个工作进程失败，则核心进程会在另一个 SCU 上开启一个新的进程。如果数据单元或特殊单元的核心进程失效，则主单元首先会杀死该单元发起的所有工作进程并在其他单元中重启，然后该重启单元将会和日志单元通信并试图恢复最新的还原点。当处理查询时，如果主单元失效，则检测到该情况的第一个其他主单元将接管正在进行的查询。

④用户应用层：为了有效进行数据分析，用户通常工作在逻辑数据模式上。例如，RDBMS 的用户主要在关系层进行解释和操作数据集。SciDB 的用户必须要充分了解 SciDB 上的多维数组结构及其操作方法，否则他们无法实现有效的国际(通用)磁盘格式(universal disk format, UDF)分析数据集。对数据活化而言，由于逻辑数据模式随时变化，用户应该跟踪逻辑模式变化。通过在查询之前阅读单元中正在使用的元数据来跟踪变化。无论数据格式如何，为用户应用层提供一种统一的查询语言将使用户应用层非常简便易用。

5.3.2 智慧城市数据共享和融合框架

随着物联网、云计算、移动网络、大数据等相关技术的发展，智慧城市中数据容量和类型的急剧增长，如何有效地管理、分析和整合这些的数据，从数据中提取出有用的信息并将信息转化为价值,成为众多互联网企业和学术界的研究重点和热点。

2012年IT产业界和学术界对大数据的关注度不断提升,存储和处理大数据的技术得到空前的发展。研究者关于如何存储、管理、分析和理解大数据提出许多技术,大数据相关技术得到极大发展。Google提出的大数据处理和存储技术Map Reduce[58]和GFS(Google File System)[59],备受业界推崇的Apache旗下顶级项目Hadoop、迅速崛起的NoSQL数据库技术以及Hinton等提出的深度学习[60]都成为当前的研究热点。

然而如何将多源分散的数据有机整合起来,有效地实现不同数据源的数据共享和融合还没有得到真正的解决。在智慧城市中数据的来源非常分散,如环境传感器数据、移动网络数据、互联网数据和各种信息系统数据。如何有效地把数据从孤立分散的数据源中开放出来,将数据孤岛连接起来,实现数据共享、融合和再利用,从多数据源中提取有用的信息,从而产生更加有用的价值,是智慧城市中亟待解决的核心问题。

数据融合(data fusion)[61]技术最早应用于军事领域中的遥感数据。数据融合技术主要是指整合表示同一个现实世界对象的多个数据源和知识描述,形成统一的、准确的、有用的描述过程。随着数据的快速增长,不同领域的数据融合技术得到极大发展和应用,同时出现了许多相关概念,如数据融合、信息融合(information fusion)、数据集成(data integration)等。这些概念存在细微的差异,如数据集成指将不同数据源的数据合并起来给用户提供一个统一的数据视图,信息融合(又称为信息集成)指将具有异构数据源、不同概念、不同环境、不同形式的信息合并起来用于数据挖掘和数据整合领域。这些概念都是强调将不同数据源的数据经数据共享和融合对事物提供统一的描述。将这些技术统称为数据共享和融合技术,强调不同数据源的数据用于共享和融合用于数据分析。传统的数据融合方法主要包括数据仓库、中间件和联邦数据库,这些技术主要用于解决企业多个异构数据集数据的共享和融合问题,建立在规模较小又不太分散的系统上。智慧城市中的数据具有海量、异构、多源的特点,因此解决智慧城市大数据的数据共享和融合问题需要采用新的数据共享和融合技术。

由Berners-Lee等于2001年提出的语义网(semantic web)[62]概念是对Web3.0的一种设想。关联数据[63]是语义网中的数据描述框架的实现,它是一种通过发布结构化数据使数据互联进而提高数据应用价值的框架。关联数据适用于分散、孤立、异构、海量的互联网数据,因此对智慧城市大数据的数据互联和共享具有指导意义。Xiong等[64]提出了一种大规模数据分析范式——数据活化(data vitalization),其中智能活化单元思想对解决智慧城市数据共享和融合问题有指导和借鉴作用。Fan等[65]提出了一种扩展物联网的思想——IoD(internet of data),IoD将数据类比为物联网中的实体,利用数据标签进行数据关联,是实现数据共享和融合的一种新的思路,对实现智慧城市数据共享和融合有积极的作用。

1. 智慧城市数据互联框架

智慧城市数据互联框架(smart city large-data framework, SCLDF)建立在关联数据、数据活化和 IoD 等多源数据的共享、融合和处理技术基础上[66]。智慧城市数据互联框架是一种智慧城市大数据的数据共享和融合技术新框架,它用于解决智慧城市中大数据的共享和融合问题。智慧城市数据互联框架采用分散自治架构,通过数据图模型描述数据和数据之间的联系,从而形成数据网络,在数据网络中实现数据的共享和融合。智慧城市数据互联框架结构图如图 5-11 所示,智慧城市数据互联框架自下而上分为四层。

(1) 数据存储层(data storage layer)。数据存储层是各个数据源存储形式的抽象名称。智慧城市中数据源存储形式有很多种,如关系型数据库、半结构化文档、非结构化文档、多媒体数据等,因此具有海量、异构、多源和分散的特点。

(2) 数据转换层(data transformation layer)。为了实现数据共享和融合,数据转换层将底层不同存储形式的数据转换为统一的图模型描述,为数据的共享和融合提供统一的数据描述接口。关联数据采用 RDF/XML 描述数据,数据通过 RDF/XML 描述为统一的图模型。借鉴关联数据技术采用 RDF 对数据进行统一描述。

(3) 数据互联层(data linked layer)。统一的数据描述通过数据关联形成互联数据网络,即为数据互联层。数据互联层是智慧城市数据互联框架实现数据共享和融合的核心和基础,其作用形成数据网络、自动维护数据关联,为数据共享和融合应用提供互联数据基础。图 5-11 中数据互联层互联数据网络中的每个节点代表智慧城市中不同的数据集,如各种信息系统数据、环境采集数据等,具有自动变化、自动维护数据关联关系等智能行为。

(4) 数据共享层(data sharing and fusion layer)。数据共享层是利用数据互联层形成的互联数据网络实现数据共享和数据融合应用代理程序和服务的实现层。数据共享层是真正为用户提供数据共享和融合应用服务的接口层和应用层。

智慧城市数据互联框架中还包括标准本体映射和数据注册中心。标准本体映射用于解决多源数据采用不同描述词汇产生的数据描述问题,而数据注册中心则可以解决数据真实性问题。

智慧城市数据互联框架是一个分层的、灵活的、轻量级的智慧城市数据共享和融合框架,结合传统数据融合、关联数据、IoD 和数据活化等技术,用于解决智慧城市大数据数据共享和融合。智慧城市数据互联框架是解决智慧城市数据共享和融合问题的新框架,相对于其他数据共享和融合方案,在多方面进行改进,具有以下几个优势。

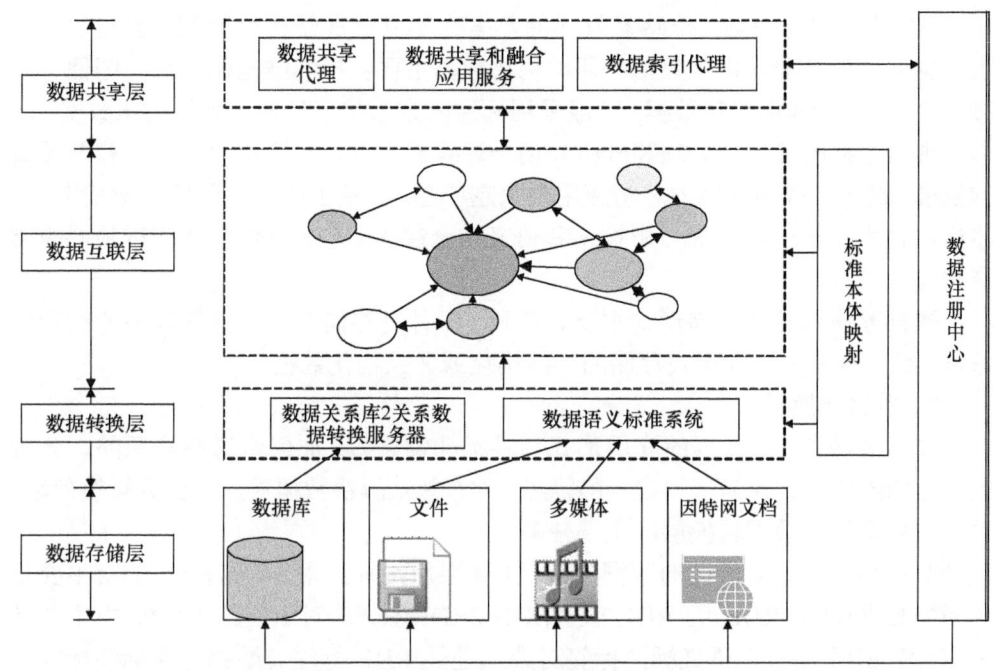

图 5-11　智慧城市数据互联框架结构图

(1) 分层的设计框架使智慧城市数据互联框架具有高可扩展和灵活性,能够适应大规模、异构、多源、分散的数据共享和融合。

(2) 采用分散自治的框架,减少数据集成成本,是一种轻量级的数据共享和融合框架。

(3) 可以描述多种类型的数据,提出数据语义标注标签技术,增强非结构化数据与结构化数据之间的互联。

(4) 采用结构化和语义化的数据描述方案,为大数据的其他分析技术提供更深入的数据描述模型,为智慧城市应用语义网技术提供良好的数据基础。

1) 数据存储层

数据存储层包含的数据类型有以下三种。

(1) 结构化数据:主要指关系型数据库数据。尽管关系型数据用传统的数据仓库技术可以解决多数据源之间的共享和融合问题,但无法实现与其他数据之间的共享和融合,然后数据仓库是对多个数据库中的数据有规划地、人为干涉地设计多源数据库分析技术,而智慧城市中的结构化数据库规模庞大并且分布非常分散,数据仓库无法应用于这样的应用场景。

(2) 半结构化数据:半结构化数据主要指结构变化非常大的数据,如 XML、HTML、各类报表等,因而无法直接使用数据库进行存储。一般的做法是将半结构化数据转化为结构化数据,或者转化为统一描述的图模型或树模型。

(3) 非结构化数据：传感器收集的数据大部分是非结构化数据，因此智慧城市数据大部分是非结构化数据。非结构化数据主要包括非结构化文档、图像、音频和视频。对于非结构化数据，一般采用标注的方法将信息转化为结构化数据，从而实现对数据的管理、处理和分析。由于计算机视觉、机器学习和人工智能领域的发展，基于多媒体内容的分析应用越来越广泛，如基于内容的图像检索技术等。将标注技术、基于内容的分析技术和语义结合起来，是多媒体数据分析领域的发展趋势。

数据存储层数据存储形式主要有两种：一种是存储在各类数据库中的结构化数据；另一种是以文件形式存储的半结构化或非结构化数据。

2) 数据转换层

在智慧城市中，数据的底层形式和种类非常繁多，如何将这些多源的、分散的、异构的数据转换为一种统一的描述，并有效地解决数据更新、数据转换效率、数据转换质量是数据转换层的主要任务。

数据转换层针对不同的数据类型，主要采用两种技术：对结构化数据(主要是关系型数据)采用 RDB 到 RDF 映射(RDB2RDF)技术；对于非结构化数据(主要是多媒体数据)采用数据语义标注标签对数据进行 RDF 标注。数据语义标注标签是根据多媒体标注技术、多媒体语义描述技术和 IoD 中的虚拟标签提出的一种语义化标注方法。

RDB2RDF 技术是将关系型数据映射到图模型数据的方法。文献[67]对 RDB 到 RDF 映射的研究进行了分类。根据创建映射的方式，RDB2RDF 分为自动创建映射和领域语义驱动创建映射。Berners-Lee 在文献[68]中提出一些自动映射规则，Virtuoso RDF[69]View 和 D2RQ[70]都采用了这种思想。自动映射的方式简单，不需要复杂的领域语义，但是产生的 Ontology 不是领域相关的标准本体，增加了数据互联的不一致性。领域语义驱动创建映射的方式采用领域相关的本体知识实现RDB2RDF。这种方式需要复杂领域本体知识，但是映射后的数据是标准本体数据，增强了数据的一致性，实现数据之间的互联。根据映射的实现方式，RDB2RDF 分为静态映射和动态映射。静态映射采用数据仓库中的 ETL(extract transform load)实现，Byrne 在文献[71]中使用批处理创建 RDB 到 RDF 仓库的映射规则。ETL 方法具有良好的性能，允许在数据上附加处理和分析以及逻辑运算，但不能及时反映数据的变化。动态映射只有在收到查询请求时才动态地产生 RDB2RDF，虽然可以及时反映数据变化，但是查询性能比静态映射差。此外，文献[67]还根据 Mapping Representation and Accessibility、Query Implementation、Application Domain、Data Integration 将 RDB2RDF 技术分类。

W3C 一直致力于RDB2RDF研究，在2012年推出了 RDB2RDF 标准语言 R2RML[72]和 RDB2RDF 直接映射标准[73]，R2RML 是可定制的RDB2RDF标准，可

以将数据库中的属性映射到领域本体,因此可以利用 R2RML 进行 RDB2RDF 工程。一些发布工具已经开始支持 R2RML 标准,如 Virtuoso RDF 已经开始全面支持 R2RML[74]。

3) 数据互联层

经过数据转换层转换的数据提供了数据 RDF/XML 描述,通过 RDF/XMLF 数据图模型形成了数据互联层。与关联数据相似却不相同,数据互联层使用了关联数据的技术,并对其进行改进。

与关联数据一样,数据互联层数据遵循以下规则[63]:使用 HTTP URI 作为唯一标识数据的名字;使用HTTP作为获取数据的协议;获取和发布数据采用标准的形式,如 RDF/XML、N3、Turtle 等格式的数据,SPARQL 查询语言;数据之间存在关联,从而可以获得与之相关的数据。

RDF、RDFS、OWL 和 SPASQL 是数据互联层描述和查询数据最基本的语言。

RDF[75]全称为 resource description framework,是一种描述对象("资源")和对象间关系的数据模型,并为这种数据模型提供简单的语义。RDF 中描述的对象称为资源,每个资源使用URI唯一标识;属性是资源之间的关系类型,也是一种特殊的资源;RDF 通过陈述表示资源关系,一个陈述是一个"对象-属性-值"三元组,值可以是资源,也可以是字面值;RDF 通过一系列陈述形成数据图模型。

RDF 图模型允许用户自定义连接类型,连接类型又称为术语或词汇表,而RDFS 和 OWL 则是用于定义术语的语言。术语或词汇表有一个专业的名称——本体。本体是消除术语差别的一种形式化定义,在计算机科学中,本体定义为一个概念体系显式的形式化规范[76]。在万维网这个环境中,本体提供了对给定领域的一种共识,这种共识对于消除术语差别是必要的。

RDFS[77]是RDF Schema的缩写,是一种刻画RDF资源的属性和类的语汇描述语言,带有关于这些属性和类的一般-特殊关系的层次结构语义。W3C在2012年推出的OWL新标准OWL2[78]是一个更丰富的词汇描述语言,可以刻画如类间关系、类的基数、相等、属性的特征和枚举类等。OWL和OWL2是对RDFS的极大扩展。

为了方便 RDF 数据描述模型的查询,研究者纷纷提出许多 RDF 查询语言。SPARQL[79]是 W3C 推荐的 RDF 查询语言,是 RDF 的标准查询语言。类似于 SQL 语言,SPARQL 提供类似的查询接口,可以方便地查询 RDF 数据。

图 5-11 所示的数据互联层中的节点代表智慧城市中不同的数据集,而节点之间的箭头表示数据集之间 RDF 连接,线的粗细代表连接数据的多少。通过数据集之间的 RDF 连接和本体映射,不同数据集形成了统一的数据描述,数据集间形成互联网络,为数据共享和融合提供统一的数据互联和描述基础。

虽然数据互联层和关联数据采用相同的描述和查询技术,但是为了解决关联数据中存在的问题，数据互联层在以下几方面进行了调整。

由于关联数据允许数据发布者自己定义本体，而不强制数据和已有的本体之间产生映射，导致数据描述产生数据本体不一致。为了解决数据互联问题，需要不同的语汇表映射到目标模式中，解决不同数据源的本体映射，将多源本体描述数据融合起来。为了解决词汇表映射问题，智慧城市数据互联框架引入了标准本体映射。标准本体映射不仅要定义标准本体，而且要兼容本地本体和其他标准本体，如 FOAF[80]、SIOC[81]、SKOS[82]、DOAP、vCard[83]、Dublin Core[84]、OAI-ORF 等，将本地本体和其他标准本体映射到标准本体，以解决词汇表映射问题。

产生数据冲突的一个主要原因是数据的真实性问题，在关联数据上每个组织或个人都可以发布数据，这就造成了数据真实性问题。一般来说智慧城市中的数据发布者是固定的城市管理或服务机构，因此智慧城市数据互联框架中提出了数据注册中心策略。发布者在发布数据之前必须在数据注册中心注册数据资源，以证实数据的真实性。数据使用者在使用数据时可根据数据注册中心提供的数据判断数据真实性。在关联数据上推荐解决数据真实性问题的方法是通过启发式算法将数据按照真实性进行排序，而在智慧城市中的数据发布者是特定的，因此解决数据真实性的有效方式是采用注册的方式。

采用 RDF/XML 描述数据的一个主要问题是数据关联关系的自动维护。数据之间存在的关联和冲突不可能全部人为解决，因此必须有一种自动处理数据关系的机制，实现数据关系的自动化。由于智慧城市数据互联框架是分散自治的结构，采用数据活化中的智能单元概念为每个自治的数据集赋予智能关系计算能力可作为解决数据关系自动化的一种方式。

综上所述，数据互联层采用 RDF、RDFS 和 OWL 等标准对数据进行描述和关联，采用标准化本体映射解决本体映射问题，采用数据注册中心解决数据真实性问题，采用智能关系计算能力自动处理数据关联关系，每个数据集节点具有独立、自治、互联和智能的特点。

4) 数据共享层

数据共享层是实现数据共享和融合的关键层，其作用是利用数据互联层形成的数据网络为最终用户提供数据共享应用或服务。数据共享层要解决的问题主要是如何利用数据互联层形成的数据网络提供有效且友好的数据共享应用、服务和接口。下面介绍几种设想的应用、服务和接口。

(1) 数据浏览器，正如互联网中的文档一样，数据互联层的数据是相互连接的，通过收集数据互联层的互联数据，为用户通过提供友好的数据查询、浏览及搜索服务和接口，以便用户使用数据提供更高层的数据应用。

(2) 数据搜索引擎，可以为普通用户和开发者提供接口，让用户通过特定的方式搜索数据，开发者通过数据搜索引擎提供更高层的数据服务。

(3) 特定领域应用,开发面向特定领域的应用,如智能交通应用、智能医疗应用、智能 GIS 应用以及各种互联网应用等。

(4) 数据共享服务,为用户和开发者提供数据标注、数据互联等服务接口,使经过授权的用户可以发布数据和相关应用。

2. 数据语义标注标签

数据语义标注标签(data semantic annotation tag, DSAT)是针对半结构化数据和非结构化数据提出的一种语义标注方法,对无法存储在关系型数据库的半结构化数据和非结构化数据采用标注方法进行数据共享和融合的技术。以下将数据语义标注标签简称为数据标签(data tag)。

数据标签是对文献[65]中提出的虚拟标签的改进。虚拟标签和射频识别标签作用一样,起到标识、寻址访问和记录部分元数据的作用。数据标签具有相同的作用,但具有更广泛的意义。

首先数据标签采用语义化描述,语义化描述使数据标签的应用范围更广泛。其次数据标签的形式有多种,包括嵌入数据内的数据标签、嵌入文件头和文件尾的数据标签以及存储在数据库或文件中的独立数据标签。最后数据标签使用的技术包括数字水印、多媒体标自动注、多媒体描述、文档标注等,对多媒体和文档都可以进行标注。

按照数据标签的存储形式,数据标签可分为嵌入式数据标签(internal data tag)和独立数据语义标注标签(external data tag);按照数据类型进行分类,数据标签可分为多媒体文件数据标签(multimedia data tag),文档数据标签(document file data tag),Web 内容数据标签(web content data tag),如表 5-5 所示。

表 5-5 数据语义标注标签分类

分类	类型	
	类 1 类型	类 2 类型
数据标签存储类型	内部数据标签	
	扩展数据标签	基于数据库的扩展数据标签
		基于文件的扩展数据标签
数据类型	文档数据标签	
	万维网内容数据标签	
	多媒体数据标签	图像数据标签
		语音数据标签
		视频数据标签

1) 嵌入式数据语义标注标签

将数据标签嵌入数据中或与数据相关的存储(如文件结构)中的数据标签称为

嵌入式数据标签。为了实现数据自身和其他智慧城市数据互联框架中数据的关联，在数据标签中存储的是唯一标识数据的信息和一些最基本的元数据，即URI和数据基本信息，嵌入URI保证了数据互联；数据之间的关联关系则存储在智慧城市数据互联框架数据互联层形成的数据网络中，因此数据通过数据标签和其他数据产生关联。其嵌入过程如图5-12所示。

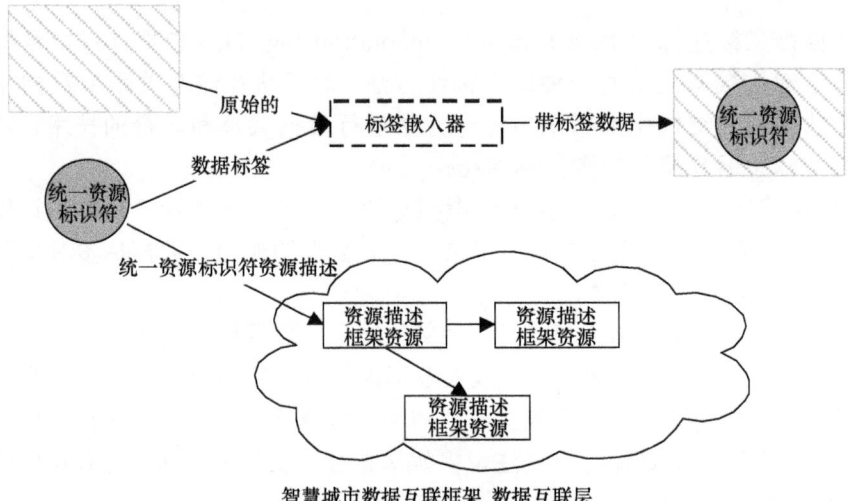

图 5-12 嵌入式数据语义标注标签嵌入过程

当通过带有数据标签的数据查询相关数据时，需要从数据中提取出数据标签，通过数据标签记录的URI和智慧城市数据互联框架数据互联层产生关联，从而实现从数据共享和融合，如图5-13所示。

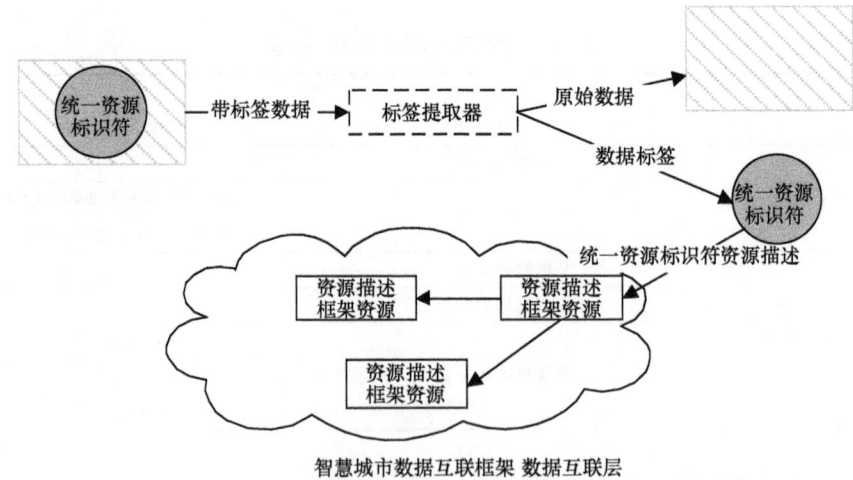

图 5-13 嵌入式数据语义标注标签提取过程

嵌入式数据标签将数据标签和数据自身存储在一起,嵌入到数据内容或数据文件格式中,实现数据标签和数据紧密结合。嵌入式数据标签的嵌入方法如表5-6所示。主要包括数字水印技术、文件格式和文件元数据。

表5-6 嵌入式数据标签

定位	需求	方法
数据内容	数据冗余	水印、统一资源描述架构、宏格式
元数据	文件系统支持	嵌入到文件属性
文件头/尾	文件格式依赖	在文件头/尾嵌入数据标签

采用数字水印方法将数据标签嵌入数据内容中要求数据有数据冗余。数字水印方法的数据标签是对IoD虚拟标签的一种实现,主要用于多媒体文件,具有以下优点:①安全性,由于信息直接嵌入在载体数据中,嵌入过程加密,保证了信息的安全性;②隐蔽性,水印信息不容易被察觉;③与载体紧密性,由于嵌入载体数据内,使嵌入的信息不易丢失,便于管理。

关于Web文档的标注技术应用已经非常广泛,Web的语义标注语言如RDFa[85]、Microfomat[86]和HTML Microdata都是对Web文档进行标注的标准或事实标准,这些结构化的描述语言将语义信息以Markup的方式写入Web文档中,从而实现语义标注。

将数据标签嵌入数据的元数据中要求数据必须能够存储元数据,如文件系统支持的文件属性。文件系统为了方便文件的管理,为文件提供元数据描述,即文件属性。一种嵌入数据标签的方式是扩展文件系统中的文件属性,将必要的信息嵌入在文件属性中,从而实现数据之间的关联。

还可以根据特定的文件格式,将数据嵌入到文件头或文件尾中。DIG35是一种描述图像元数据的语言,文献[87]对图像各种文件格式元数据的Internal Model嵌入方法进行详细描述。这种方式的优点是简单易用,方便管理,缺点是依赖于不同的文件格式,格式转换时容易丢失信息,与数字水印方法相比,安全性较差。

嵌入式数据标签将URI和数据紧耦合,具有方便数据管理,信息不易丢失的优点,同时实现了数据和其语义标注的紧密关联,可以通过数据文件来检索与之相关的信息。

2) 独立数据语义标注标签

独立数据标签的标签部分和数据部分相分离,标签存储在数据库或独立文件中,通过记录数据和独立标签的关联信息实现数据和其他数据的互联。

独立标签的适用范围较广,因为其对数据形式没有限制,既可以是各种各样的文件,也可以是存储在数据库的数据或其他形式的数据。

采用数据库存储标签的独立数据标签和传统的文档标注技术、多媒体标注技术相似，都是通过数据库管理系统对数据的标注信息进行管理。这种方式对于数据转移较少的情况较为适用，如互联网资源和本地文档管理、较少变动的数据库数据等。

采用文件存储标签的独立数据标签是将数据的结构化描述存储在结构化文档中的标注方法，与以数据库存储为基础的方式不同，这种方式的数据标签通过将数据和标签文件存储在相同目录中实现标签和数据的关联，可以随数据进行转移，但易出现丢失标签或失去关联的情况。

3) 自动数据语义标注标签

与多媒体标注和文档标注技术一样，手工标注方法存在很大的局限性，人的主观性和语汇的多义性、同义性导致描述不一致。因此语义标注和自动标注技术得到了研究者的关注，许多研究者纷纷提出不同的自动标注的方法[88, 89]，以及语义标注的方法[90, 91]。

很多研究者在语义网和关联数据领域提出了不同的自动标注框架，这些框架都局限在特定数据的语义标注上，如文献[92]提出语义网中图像语义标注框架，采用 SVM、图像分割、特征提取等技术实现图像自动语义标注。文献[93]提出一种针对网络非结构化数据和半结构化数据的语义标注框架，采用 Bayesian 网络实现自动语义标注。

利用这些已有的特定领域的自动标注技术实现数据语义描述，通过数据语义标注标签进行数据关联，是实现自动数据语义标注标签的有效方式。

3. 智慧城市数据互联框架数据互联层

智慧城市数据互联框架数据互联层是智慧城市数据互联框架实现数据共享和融合的核心层，为数据共享层的应用代理、应用服务和数据索引等应用提供数据基础。智慧城市数据互联框架数据互联层为了提供统一、互联的数据网络，需要具备以下三个功能。

(1) 数据关联的自动维护，如数据关联关系的自动发现、更新和删除。
(2) 解决多本体描述的映射问题。
(3) 解决数据冲突问题。

为了实现数据关联的自动维护，数据服务器必须具备一些关联关系智能计算能力。与数据活化中的智能单元功能相似，数据服务器通过感知数据变化、数据关系变化等环境信息自动维护数据关系。

为了解决多本体描述问题，需要制定智慧城市标准化本体和标准映射机制。解决数据冲突问题需要解决数据互联层的数据融合问题。

1) 数据关系自动维护

自动维护数据关联关系包括三个方面：数据关联自动发现、自动更新和自动删除。

关联数据关系是数据发布者在发布数据时必须执行的过程，但是发布者无法知道所有数据关系，因此需要在发布数据后自动发现数据关联，实现数据网络逐渐融合，形成密切关联的网络。通过数据搜索引擎和数据浏览器提供数据关系及自动关系发现代理可以实现数据关系自动发现。数据服务器上的自动关系发现代理通过周期查询或订阅的方式向数据搜索引擎请求数据关系，搜索引擎通过查询将可能的存在关系的数据返回给代理，代理通过计算自动关联数据，从而实现数据关系自动发现过程。

数据关联关系自动更新、自动删除是维护数据关联的重要过程。有效解决数据关联关系自动更新、维护的方法主要有两种：文献[94]提出的数据源发布关联数据更新日志，采用嵌套更新集合方式组织更新日志，其他数据源通过访问更新日志来更新数据关联关系；PTSW(ping the semantic web)是一个存储最新 RDF 文档的仓库，数据更新通过通知 PTSW 有一个创建或更新的 RDF 文档，PTSW 提供的 API 可以使代理程序知道最近更新的 RDF 文档，实现数据关联自动更新，这是一种中心注册的方式。这两种方式各有优缺点，中心注册方式只需要订阅注册中心，但容易产生单点失效，而发布数据更新日志需要订阅所有关联数据源，但不会产生单点失效。在智慧城市数据互联框架中，由于智慧城市数据源本身的特点，采用中心注册方式比较适用。智慧城市中建立一个更新注册中心，数据发布者在数据集服务器上使用数据关联维护代理程序，通过周期访问或订阅方式访问更新注册中心来更新数据关联关系，更新注册中心通过一些有效手段，如分布式和多复制备份就可以有效防止单点失效。

2) 标准本体映射与数据融合

由于不同的组织发布数据时，采用不同的本体描述数据，如采用RDB2RDF技术自动生成的自定义本地本体或映射到不同领域不同标准的本体。为了实现不同数据源真正的互联，需要将不同的本体定义映射到统一本体描述上。此外，不同的数据源描述同一实体时数据可能产生冲突，解决数据冲突是实现智慧城市数据互联框架数据融合的关键。

构建标准化本体是一个复杂而漫长的过程，关联数据中没有制定标准化本体，而是采用映射机制实现不同数据本体之间映射，解决本体不一致。智慧城市数据互联框架中的标准本体映射分为两部分，一部分是制定标准本体；另一部分是实现本体映射机制。为了加强数据描述的一致性，数据或采用智慧城市数据互联框架标准本体，或映射到标准本体。

关于制定标准本体的研究虽然有很多，但却没有突破，这也是关联数据为何放弃标准化本体的原因。从文献[95]对标准化本体工程进行综述不难看出，标准化本体主要集中在顶级本体的标准化，因为细化本体过于复杂而无法统一。但是在智慧城市中，由于数据来源都非常明确，如交通、通信、教育、医疗等权威机构，这些机构制定相关领域的标准本体通过注册即可成为标准化本体的一部分，而其他数据要成为智慧城市数据互联框架的一部分必须采用映射机制与注册本体进行本体映射。

本体映射是实现异构数据通用性的重要研究领域，文献[96]对本体映射问题进行综述。W3C 推荐标准 RIF[97]是一组规则交换标准语言，提供传递映射和局部映射结合，能很好地描述本体映射。

数据融合问题是智慧城市数据互联框架数据互联层的核心问题之一，在智慧城市数据互联框架中的数据融合要求从自治的数据源中找到最可信的数据，从而解决数据冲突，实现数据融合。数据库管理系统领域的数据融合技术可以有效解决不同数据库中的数据冲突问题，而智慧城市数据互联框架中的数据源具有分散、自治的特点，因此需要结合新的数据融合技术解决数据冲突。融合数据互联层中多源数据的原型系统包括 DERI Pipes[98]和 KnoFuss architecture[99]，结合传统的数据库数据融合技术，可有效解决数据互联层的数据融合问题。

4. 智慧城市数据互联框架应用场景

通过一个智慧城市应用场景实例说明智慧城市数据互联框架在智慧城市应用中起到的数据共享和融合作用。

通过智慧城市数据互联框架形成的互联数据网络可以为智慧城市提供许多智能服务，下面以城市中的交通、医疗、天气和地理数据为例，分析智慧城市数据互联框架如何以智能互联数据为基础向智慧城市提供智能服务。

如图 5-14 所示，地理位置数据、交通数据、天气数据和医疗数据的互联关系通过智慧城市数据互联框架相互关联，假设来自不同数据源的数据之间通过自动关联演化形成了密切数据关联关系，通过智慧城市数据互联框架数据共享层可以浏览、查询和搜索数据。以智能医疗应用为例，智能医疗应用要为客户提供智能挂号服务。一个客户通过智能医疗应用查询在某个具体的时间内(如本周二下午 2:00 之后)可否挂到牙科专家号，智能医疗应用通过智慧城市数据互联框架查询相关医院、相关医生在相应时间内的安排，如果找到可行方案，则从中找出最优方案(如距离最近，医院信誉最好等)，并通过天气数据和交通数据为客户提供出行安排方案，如当日有雨，最好提前 1 小时出行等。

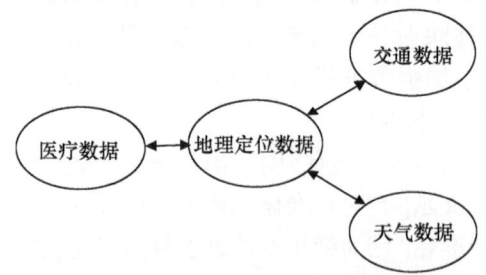

图 5-14 一个智慧城市数据互联框架应用例子

上述应用体现了智慧城市数据互联框架在智慧城市中的数据共享和融合的作用。智慧城市数据互联框架通过智慧城市中多源数据的共享和融合，以及先进数据分析技术，可以为智慧城市提供更有价值的互联数据，从而产生更有价值的智能应用。

参 考 文 献

[1] Hollis C. 2011 IDC digital universe study big data is here now. http://chucksblog.emc.com/chucks_blog/2011/06/2011-idc-digital-universe-study-big-data-is-here-now-what. html [2011-06-30].

[2] 阳振坤, 张清, 王勇, 等. 大数据的魔力. 中国计算机学会通讯, 2012, 8(6): 17~21.

[3] 张国锋, 米凯. 基于云计算的数据密集业务应用. 中国计算机学会通讯, 2012, 8(6): 34~38.

[4] Smartcities project. ICT architecture - supporting daily life in three smart cities. http://www.smartcities.info/files/ICT_architecture_supporting_service_delivery_in_Smart_Cities.pdf [2013-04-30].

[5] 王纪朝. 为库恩的"范式"申辩. http:// www. gmw. cn/ content/ 2006- 04/ 09/content_399652. htm[2012-02-01].

[6] 沈亚洲. 范式的概念和理论、托马斯·库恩《科学革命的结构》. http:// www. beidaren. net/home/space. php?uid=4& do=thread& id=13511[2012-02-01].

[7] van de Sompel H, Carl L, Jeroen B, et al. An interoperable fabric for scholarly value chains. D Lib Magazine, 2006, 12(10): 1082~9873.

[8] Hey T, Tansley S, Tolle K. The Fourth Paradigm: Data-intensive Scientific Discovery. Microsoft Research, Redmond, Washington, 2009.

[9] 周晓英. 数据密集型科学研究范式的兴起与情报学的应对. 情报资料工作, 2012, (2): 5~11.

[10] Atzori L, Iera A, Morabito G. The internet of things: a survey. Computer Networks, 2010, 54(15): 2787~2805.

[11] Wikipedia. Semantic web. http://en.wikipedia.org/wiki/Semantic_Web [2012-03-01].

[12] OWL. OWL web ontology language overview. http://www.w3.org/TR/owl-features/ [2009-12-10].

[13] Bizer C, Heath T, Berners-Lee T. Linked data - the story so far. International Journal on Se-mantic Web and Information Systems, 2009, 5(3): 1~22.

[14] W3C. SweoIG/TaskForces/CommunityProjects/LinkingOpenData. http://www. w3.org/wiki/ SweoIG/TaskForces/CommunityProjects/LinkingOpenData [2011-04-08].

[15] Named data networking. http://www.named-data.net/[2012-05-08].

[16] Lu S. The smart city's systematic application and implementation in China // Proceedings of 2011 International Conference on Business Management and Electronic Information, 2011, 3: 116~120.

[17] Su K, Li J, Fu H. Smart city and the applications // Proceedings of 2011 International Conference on Electronics, Communications and Control, 2011: 1028~1031.

[18] Chourabi H, Nam T, Walker S, et al. Understanding smart cities: an integrative framework // Proceedings of the 45th Hawaii International Conference on System Sciences, 2012: 2289~2297.

[19] Nam T, Pardo T A. Smart city as urban innovation: focusing on management, policy, and context // Proceedings of the 5th International Conference on Theory and Practice of Elec-tronic Governance, 2011: 185~194.

[20] IBM. IBM integrates service management for smart cities and smart buildings. http://www-01.

ibm.com/software/tivoli/governance/action/04012010.html [2010-04-01].
[21] Wuhan Library. A survey of smart cities around the word. http://www.vsharing.com/k/net/2012-3/A656314.html [2012-04-08].
[22] 刘江. 海量数据的意义. http://www. programmer. com. cn/ 9094/[2012-02-02].
[23] 麦肯锡全球研究院. 海量数据 0 带来挑战与机遇. http://www.tele.com.cn/news/display/article/21490[2012-02-02].
[24] 麦肯锡全球研究院. Big data: the next frontier for innovation, competition, and productivity. http://www.mckinsey.com/Insights/MGI/Research/Technology_and_Innovation/Big_data_The_next_frontier_for_innovation [2012-02-02].
[25] 李若溪. 数据密集型科学环境中科技期刊的数字化走向. http://lib.notefirst.com/docs/details.aspx?documentid= 12356[2012-02-02].
[26] 周傲英. 5 海量数据处理 6 专辑前言. 计算机学报, 2011(10): 1739~1740.
[27] 冷伏海, 王立学. 科技情报研究发展趋势与应用环境分析. 图书情报工作, 2011(2): 9~13.
[28] 周献红. 基于案例分析的数字资源保存价值研究. 图书馆论坛, 2011(3): 81~83.
[29] 李琳. 关联数据在图书馆界的应用与挑战. 图书与情报, 2011(4): 58~61.
[30] 维基百科. TEO 大会. http:// zh.wikipedia.org/wiki/TED% E5%A4% A7%E4% BC% 9A [2012-02-02].
[31] 吴王月, 李占羽. 基于关联数据开放政府数据. 电脑知识与技术, 2010, 6(31): 8688~8691.
[32] 维基百科.Linked data. http:// en.wikipedia.org/wiki/Linked_data [2012-02-02].
[33] 黄永文. 关联数据在图书馆中的应用研究综述. 现代图书情报技术, 2010(5): 1~7.
[34] 刘祖斌. 政府数据门户网站及其数据集的建设研究. 信息化建设, 2011(4): 24~26.
[35] Data. gov. www. data. gov [2012-12-10].
[36] W3C. Library linked data incubator group final report. http:// www.w3. org/2005/Incubator/lld/XGR-lld-20111025/ [2012-02-02].
[37] Moore G. Cramming more components onto integrated circuits. Proceeding's of the IEEE, 1998, 86(1): 82~85.
[38] Barroso L, Dean J, Holzle U. Web search for a planet: the google cluster architecture. Micro, IEEE, 2003, 23(2): 22~28.
[39] Becla J, Lim K T. Report from the first workshop on extremely large databases. Data Science Journal, 2008, 7: 1~13.
[40] Becla J, Lim K T. Report from the 2nd workshop on extremely large databases. Data Science Journal, 2008, 7: 196~208.
[41] Becla J, Lim K T, Wang D L. Report from the 3rd workshop on exetremely large databases // Extremely Large Databases, 2009, 9: 1~16.
[42] Gray J, Liu D T, Nieto-Santisteban M, et al. Scientific data management in the coming decade. ACM SIGMOD Record, 2005, 34(4): 34~41.
[43] DeWitt D, Gray J. Parallel database systems: the future of high performance database systems. Communications of the ACM, 1992, 35(6): 85~98.
[44] Dean J, Ghemawat S. MapReduce: Simplified Data Processing on Large Clusters. San Francisco, CA: USENIX Association, 2004: 1~13.
[45] Cudre-Mauroux P, Kimura H, Lim K T, et al. A demonstration of SciDB: a science-oriented DBMS. Proceedings of VLDB 109, 2009, 2: 1534~1537.
[46] Stonebraker M, Becla J, DeWitt D, et al. Requirements for science data bases and SciDB // Conference on Innovative Data Systems Research (CIDR), Asilomar, CA, 2009.

[47] Brown P. Overview of sciDB: Large Scale Array Storage, Processing and Analysis. New York: ACM Press, 2010: 963~968.
[48] Corp T. Database computer system manual, release 1.3. Los Angeles, CA, 1985.
[49] DeWitt D J, Gerber R H, Graefe G, et al. Gamma - a high performance dataflow database machine // VLDB '86: Proceedings of the 12th International Conference on Very Large Data Bases, San Francisco, 1986: 228~237.
[50] Stonebraker M. The case for shared nothing. Database Engineering, 1986, 9: 4~9.
[51] Stonebraker P, Madden M, Abadi S, et al. The end of an architectural era: (it's time for a complete rewrite)// Proceedings of the 33rd international Conference on Very Large Data Bases, 2007: 1150~1160.
[52] Abouzeid A, Bajda-Pawlikowski K, Abadi D, et al. Hadoopdb: an architectural hybrid of mapreduce and dbms technologies for analytical workloads. VLDB Endowment, 2009, 2(1): 922~933.
[53] Pavlo A, Paulson E, Rasin A, et al. A comparison of approaches to large-scale data analysis // SIGMOD '09: Proceedings of the 35th SIGMOD International Conference on Management of Data. 2009: 165~178.
[54] Stonebraker M, Abadi D, DeWitt D J, et al. Mapreduce and parallel dbmss: friends or foes. Communications of the ACM, 2010, 53(1): 64~71.
[55] Abadi D J. Data management in the cloud: limitations and opportunities. Bulletin of the IEEE computer Society Tednical Committee on Data Engineering, 2009, 32(1): 3~12.
[56] Stonebraker D D M. Mapreduce: a major step backwards. http://databasecolumn.vertica.com/database-innovation/mapreduce-amajor- step-backwards/, retrieved [2008-08-27].
[57] Atkinson M, DeWitt D, Maier D. The object-oriented database system manifesto. DOOD, 1989: 223~240.
[58] Dean J, Ghemawat S. MapReduce: simplified data processing on large clusters. Communications of the ACM, 2008, 51(1): 107~113.
[59] Ghemawat S, Gobioff H, Leung S T. The google file system//ACM SIGOPS Operating Systems Review. ACM, 2003, 37(5): 29~43.
[60] Hinton G E, Osindero S, Teh Y W. A fast learning algorithm for deep belief nets. Neural computation, 2006, 18(7): 1527~1554.
[61] Gao X, Wang Y. Survey of multisensor information fusion. Computer Measurement & Control, 2002, 10(11): 706~709.
[62] Berners-Lee T, Hendler J, Lassila O. The semantic web. Scientific American, 2001, 284(5): 34~43.
[63] Bizer C, Heath T, Lee T B. Linked data-the story so far. International Journal on Semantic Web and Information Systems, 2009, 5(3): 1~22.
[64] Xiong Z, Luo W M, Chen L, et al. Data vitalization: a new paradigm for large-scale dataset analysis//Parallel and Distributed Systems (ICPADS), 2010 IEEE 16th International Conference on IEEE, 2010: 251~258.
[65] Fan W, Chen Z Y, Xiong Z, et al. The internet of data: a new idea to extend the IOT in the digital world. Frontiers of Computer Science, 2012, 6(6): 660~667.
[66] World Wide Web Consortium. Semantic web. http://www.w3.org/standards/semanticweb/#w3c_overview[2013-07-22].
[67] Sahoo S S, Halb W, Hellmann S, et al. A survey of current approaches for mapping of relational databases to rdf.W3C RDB2RDF Incubator Group Report, 2009, 8: 1~15.
[68] Berners-Lee T.Relational databases on the semantic web. http://www.w3.org/DesignIssues/

RDB-RDF.html. [2013-07-22].
[69] Erling O, Mikhailov I.RDF Support in the Virtuoso DBMS. Berlin: Springer Berlin Heidelberg, 2009: 7~24.
[70] Bizer C, Cyganiak R.D2rq-lessons learned // W3C Workshop on RDF Access to Relational Databases, 2007: 35.
[71] Byrne K.Having triplets–holding cultural data as rdf // Proceedings of the ECDL 2008 Workshop on Information Access to Cultural Heritage, 2008: 1~13.
[72] Das S, Sundara S, Cyganiak R.R2RML: RDB to RDF Mapping Language. W3C Recommendation, 2012, http://www.w3.org/TR/2012/REC-r2rml-20120927/.
[73] World Wide Web Consortium. A direct mapping of relational data to RDF. http://www.w3.org/TR/2012/REC-rdb-direct-mapping-20120927/ [2013-07-22].
[74] Virtuoso Open-source. Virtuoso R2RML support. http://virtuoso.openlinksw.com/dataspace/doc/dav/wiki/Main/VirtR2RML [2013-07-22].
[75] Klyne G, Carroll J. Resource Description Framework (RDF): Concepts and Abstract Syntax. W3C Recommendation, 2004, http://www.w3.org/TR/rdf-concepts/.
[76] Antoniou G. A Semantic Web Primer. Massachusetts: The MIT Press, 2004.
[77] Brickley D, Guha R.RDF Vocabulary Description Language 1.0: RDF Schema. W3C Recommendation, 2004, http://www.w3.org/TR/rdf-schema/.
[78] W3C OWL Working Group. OWL 2 Web Ontology Language Document Overview (Second Edition). W3C Recommendation, 2012, http://www.w3.org/TR/owl2-overview/.
[79] The W3C SPARQL Working Group. SPARQL 1.1 Overview. W3C Recommendation, 2013, http://www.w3.org/TR/sparql11-overview/.
[80] FOAF project. The friend of a friend (FOAF) project. http://wiki.foaf-project.org/w/Main_Page[2013-07-22].
[81] Science Foundation Ireland. SIOC core ontology specification. http://rdfs.org/sioc/spec/ [2013-07-22].
[82] Miles A, Bechhofer S. SKOS Simple Knowledge Organization System Reference. W3C Recommendation, 2009, http://www.w3.org/TR/skos-reference/.
[83] IETF.vCard Format Specification. IETF, 2011, http://tools.ietf.org/html/rfc6350.
[84] Dublin Core Metadata Initiative. The dublin core metadata element set. http://dublincore.org/ [2013-07-22].
[85] Adida B, Herman I, Sporny M, et al. RDFa 1.1 primer. http://www.w3.org/TR/xhtml-rdfa-primer/ [2013-07-22].
[86] Microformats. org community. Introduction to microformats. http://microformats.org/ [2013-07-22].
[87] Digital Imaging Group.DIG35 Specification - Metadata for Digital Images - Version 1.0. Digital Image Group, 2000.
[88] Jeon J, Lavrenko V, Manmatha R. Automatic image annotation and retrieval using cross-media relevance models // Proceedings of the 26th Annual International ACM SIGIR Conference on Research and Development in Information Retrieval. ACM, 2003: 119~126.
[89] Kang F, Adviser-Jin R. Automatic Image Annotation. Michigan: Michigan State University, 2007.
[90] Srikanth M, Varner J, Bowden M, et al. Exploiting ontologies for automatic image annotation // Proceedings of the 28th Annual International ACM SIGIR Conference on Research and Development in Information Retrieval. ACM, 2005: 552~558.
[91] Carneiro G, Chan A B, Moreno P J, et al. Supervised learning of semantic classes for image

annotation and retrieval. Pattern Analysis and Machine Intelligence, 2007, 29(3): 394~410.
[92] Khan L. Standards for image annotation using semantic web. Computer Standards & Interfaces, 2007, 29(2): 196~204.
[93] Rajput Q, Haider S. BNOSA: a bayesian network and ontology based semantic annotation framework.Web Semantics: Science, Services and Agents on the World Wide Web, 2011, 9(2): 99~112.
[94] Auer S, Dietzold S, Lehmann J, et al. Triplify: light-weight linked data publication from relational databases // Proceedings of the 18th International Conference on World wide web. ACM, 2009: 621~630.
[95] Li J. Current trends on the ontology technology standardization. New Technology of Library and Information Service, 2007, 8: 12~17.
[96] Kalfoglou Y, Schorlemmer M. Ontology mapping: the state of the art. The Knowledge Engineering Review, 2003, 18(1): 1~31.
[97] Kifer M, Boley H. RIF overview. http://www.w3.org/TR/rif-overview/[2013-07-22].
[98] Le-Phuoc D, Polleres A, Tummarello G, et al. DERI pipes: visual tool for wiring web data sources. ESWC 2008, 2008: 843~848.
[99] Nikolov A, Uren V, Motta E, et al. Integration of Semantically Annotated Data by the KnoFuss Architecture // Knowledge Engineering: Practice and Patterns. Springer Berlin Heidelberg, 2008: 265~274.

第6章 面向城市运行管理的数据采集与分析技术

6.1 城市运行管理中视觉感知技术

视觉感知技术是随着图像处理、模式识别以及人工智能领域研究的发展，利用计算机视觉技术对视频信号进行处理、分析和理解，感知目标的行为，是计算机视觉领域中新兴的一个研究方向。其最终目标为计算机能够自动分析、理解和描述视频图像中的内容，达到协助或代替人完成监控任务的目的，从而提高视频监控系统的智能化水平的技术。智能视觉感知技术主要研究内容包括：运动检测，目标跟踪，多摄像机协作，事件模型，异常事件的检测、报警与目标行为的预测，目标运动情况的自然语言描述等。

6.1.1 复杂场景下运动目标检测

目标检测是视频感知技术的关键环节，是目标跟踪、轨迹提取、行为理解等后续过程的基础。目标检测的一个典型应用过程如图 6-1 所示。

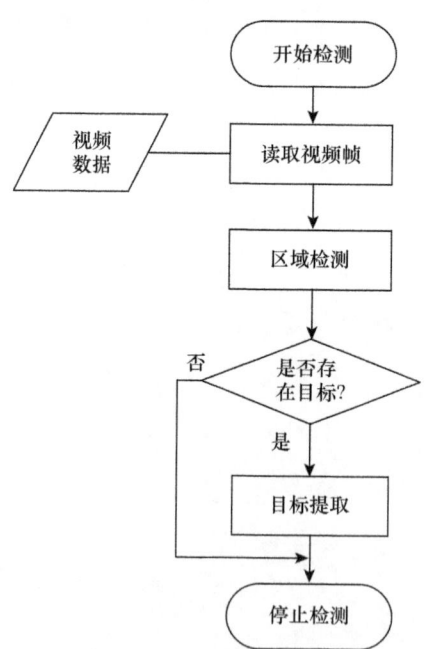

图 6-1 目标检测的典型应用过程

目标检测方法主要可以分为四种：第一种是时域差分法，该方法是基于时间序列图像上的差分图像实现运动目标的检测；第二种是背景减除法，是基于图像序列和参考背景模型相减实现运动目标的检测；第三种是光流法，通过目标和背景之间的不同速度检测运动目标；第四种是模板匹配法，通过匹配模板识别目标。

1. 时域差分法

时域差分法(temporal difference)是在连续视频序列中的两个或几个相邻帧之间，采用基于像素的时域差分提取图像中的运动区域。它的基本思想是在一个极小的时间间隔 Δt(一般 $\Delta t<<1s$)前后两帧图像采用基于像素的时间差分并阈值化提取图像中的运动区域，根据其中的变化区域区分背景和运动物体，其基本流程如图 6-2 所示。

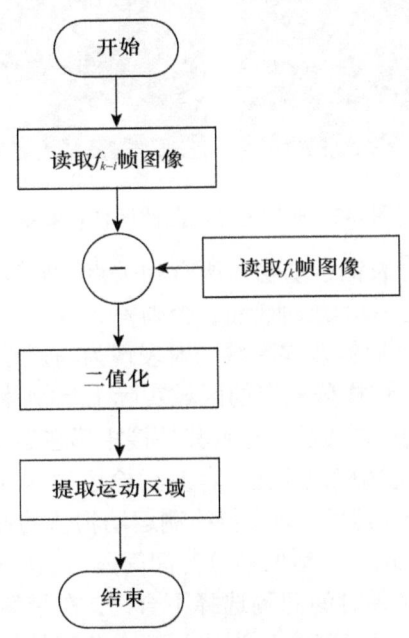

图 6-2 时域差分法流程图

如图 6-3 所示，计算第 k 帧图像 f_k 与第 $k-i$ 帧图像 f_{k-i} 的差分图像 $D_k=|f_k-f_{k-i}|$。对差分图像 D_k 进行二值化后得到运动像素的集合，实际物体在图像中对应一定尺度的连通区域，因此在运动像素集合的基础上进行形态学滤波和噪声去除以后，消除了微小噪声，有助于得到更为精确的估计运动物体位置，再对处理后的结果进行判别，得到运动物体的分割结果。

基于时域差分的运动检测方法的主要优点是算法简单、处理速度快、实时性好。采用邻近帧图像进行差分，而一般情况下邻近帧之间的时间间隔很短，因此，时域差分法对场景光线的变化不敏感，抗干扰能力要优于背景减除法。但在实际

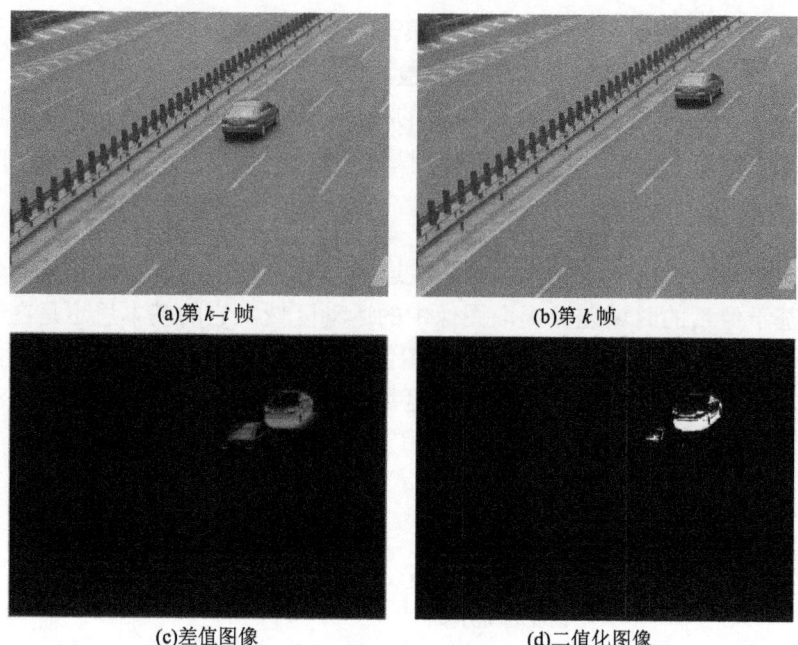

(a)第 $k-i$ 帧 (b)第 k 帧
(c)差值图像 (d)二值化图像

图6-3 时域差分法图像运算效果图

应用中，由于其不能完全表征运动物体所有相关点，尤其是相似的内部重叠区域，除非运动物体本身具有复杂的纹理特征，否则差分后的运动实体内部容易产生空洞或者断裂现象。二值化后的非零区域一般表现为与运动物体边缘密切相关的连续或间断的条带形区域，这样分割出的区域实际上是物体前后两个位置的"或"区域，比实际物体所在的区域要大，导致其外接矩形在运动方向上被拉伸。上述问题使得检测出的物体位置精确度不足，容易漏检运动速度较慢的目标，或将一目标分成几个部分造成多检。然而，如果待检测运动物体的速度远快于采样率，则必须根据物体的运动速度，选择合适的差分时间间隔。对快速运动的物体，就需要选择比较小的时间差，而如果时间间隔选择不合适，在最坏的情况下，物体在前后两帧中没有重叠，那么计算机就会认为这是两个分开的物体，而对于运动速度慢的物体，时间间隔应比较大，否则就会使物体在前后两帧中相互重叠，无法检测。尽管时域差分法往往不能提取完整的目标图像，且只对运动物体敏感，但作为一种运动目标快速检测方法，常用于与其他运动检测方法相结合进行检测。

2. 背景减除法

背景减除法(background subtraction)是目前运动检测中最常用的一种方法，它是通过视频流中的一幅图像与静止背景进行减运算，基于当前图像与背景参考模型的差异进行目标的检测与提取。从理论上说，这种方法可以很容易检测出运动目标。因为在理想的情况下没有其他因素的干扰，所以相减的结果一定是背景区域的像素差值为 0，目标区域的像素差值为 1，很容易提取出完整的目标区域。该算法的基本流程如图 6-4 所示。

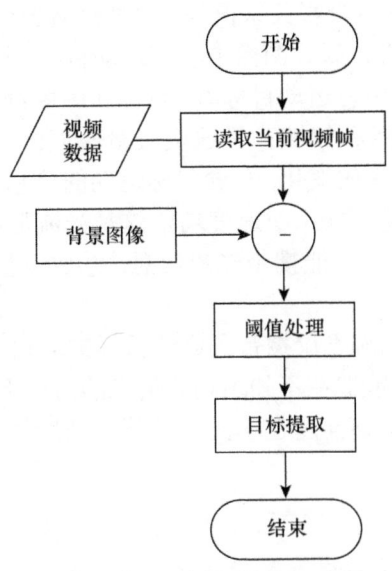

图 6-4　背景减除法流程图

计算第 k 帧图像 f_k 与选取的背景图像 B_k 的差分图像 D_k，其中 T 为阈值。该算法的运算过程如下：

$$D_k = |f_k - B_k| = \begin{cases} 0, & \text{Background}(D_k < T) \\ 1, & \text{Foreground}(D_k \geqslant T) \end{cases} \tag{6-1}$$

在实际情况中，由于外界环境的变化，如光照、阴影等因素的干扰，都会引起背景图像的变化，很难使用单一的背景图像进行描述。目前常见的解决此类问题的方法是建立背景图像的描述模型，根据外界环境的不断变化调节模型参数，进行背景模型更新。因此，基于背景差分法的检测效果主要取决于背景模型及其更新算法。

基于背景描述模型的检测方法原理为：通过分析场景中背景图像像素值的变化特点，依靠数学模型描述背景图像的变化，建立背景图像的描述模型。在背景差分法的检测过程中，用当前图像中的每一个像素值与背景描述模型进行匹配，匹配成功的像素为背景像素，匹配失败的为目标像素，然后对目标像素和背景像素分别进行提取，进行二值化处理和区域连通处理，最后确定检测目标。

3. 光流法

光流(optical flow)是空间运动物体被观测面上的像素点运动产生的瞬时速度场，其中二维速度场是三维速度矢量在成像平面上的投影，它包含了物体三维表面结构和动态行为的重要信息。它给图像中的每一个像素点赋予一个速度矢量，形成一个图像运动场，在运动的一个特定时刻，图像上的点与三维物体上的点一一对应，这种对应关系可由投影关系得到，同时根据各个像素点的速度矢量特征，可以对图像进行动态分析。如果图像中没有运动目标，则光流矢量在整个图像区域是连续变化的。当图像中有运动目标时，目标和图像背景存在相对运动，运动目标所形成的速度矢量必然和邻域背景速度矢量不同，从而检测出运动目标及位置。光流表示视频连续图像的变化，包含目标运动的信息，可用来确定目标的运动情况。光流包含三个要素：①运动(速度场)，这是光流形成的必要条件；②带光学特征的部位(如灰度特征点)，能携带光流信息；③成像投影(从场景到图像平面)，可以被观察。

光流法的优点在于光流不仅携带了运动目标的运动信息，而且携带了有关景物三维结构的丰富信息，能够在不知道场景信息的情况下，检测出运动对象。采用光流法进行运动检测的主要问题在于光流计算复杂度很高，且抗干扰能力差，难以满足实时检测的需要。

4. 模板匹配法

模板匹配法通过对检测目标进行建模，然后采用目标识别的方法进行检测和提取。一般来说模板匹配法有两种实现方式：一种是直接在目标的参数空间(姿态空间)进行搜索；另一种则是在相关空间中进行搜索。其算法的实现通常分为三步。

(1) 根据目标检测结果抽取目标的显著特征，如拐角、边界、纹理、颜色等，建模形成特征模板。

(2) 在视频图像的特定区域内建立图像与模板的对应关系，称为模板匹配。

(3) 根据相似性度量方法，在当前帧中寻找目标位置。

通过目标的物理特征建模是一种比较易于理解的建模方式。由于某些特征存在一些特殊的性能，如矩特征的旋转不变性等，在一定程度上可以提高模型检测的准确性和稳定性。

模板匹配法的难点之一是提出合适的模型对运动目标进行建模。在实际应用中，需要检测的目标类型多种多样，如运动车辆、行人等，需要对这些不同类型的目标分别进行建模，是一件非常困难的事情。即使需要检测的目标属于同一种类型，如只需要检测车辆，由于同一类型的目标仍然存在形状、大小、颜色等差异，通过一个模型囊括现实中所有同类型的目标，也比较困难。另外要对目标进行建模，必须提取出这一类目标所特有的特征，正确选择这些特征是一大难点。在进行目标检测时，从图像中找到与模型匹配的图像块区域，而在二维平面上的匹配算法需要耗费较多的计算时间。模板匹配法的优点在于模板一旦建立，它能够在不依赖场景信息的情况下，准确检测出目标对象，无论目标静止还是运动。

6.1.2 城市运行管理中视觉跟踪技术

1. 视觉跟踪定义

视觉跟踪的主要目的是模仿生物视觉系统对运动物体的捕捉能力，具体而言，就是从视频序列中获得感兴趣目标的状态参数，如位置、速度、尺寸、旋转角等，以实现后续的更高级任务，如行为分析、姿态估计等。实质上，视觉跟踪所要解决的问题是从已获得的二维数字图像中恢复感兴趣目标的三维运动信息，但人脑对世界具有先验知识，使得该问题能够通过数学方法建模并得以解决。因此，一个典型的视觉跟踪系统包括三个环节：场景和跟踪对象，传感器以及对成像数据的视觉跟踪处理，每个环节的不同，都相应决定了跟踪系统的应用范围和解决办法各异。

(1) 场景和跟踪对象。常见的典型场景包括公共场所、公路、厂区等。不同的应用场景确定了不同的跟踪对象，如图 6-5 所示，通常跟踪对象可以分为刚体和非刚体。对视觉跟踪而言，刚性物体在自身变化或摄像机视角移动时，成像结果仅发生刚性形变，可以通过简单的三维几何模型来描述，如车辆等；而人体等经常

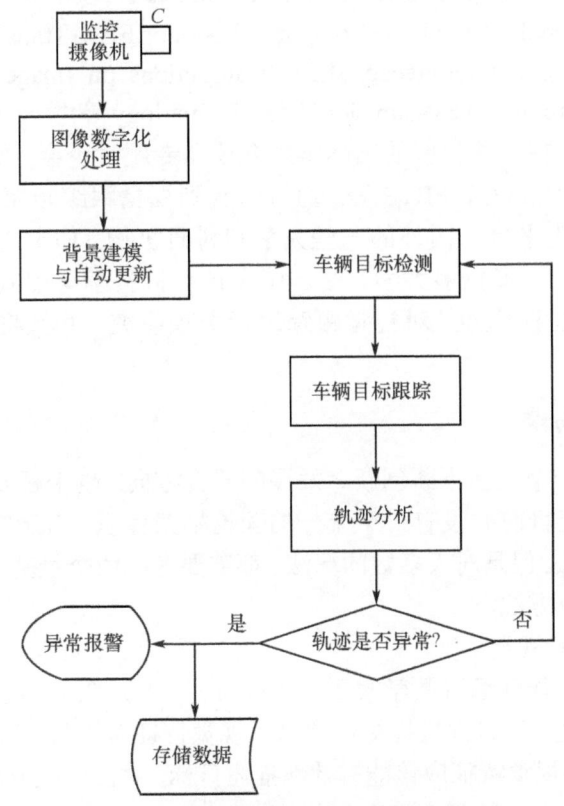

图 6-5 智能交通监控系统的基本结构图

弹性地改变外形的物体,则属于非刚体。

(2) 传感器。常用的传感器包括红外传感器、可见光摄像头、合成孔径雷达、医学上的 X 射线和 CT 等成像器等。不同的传感器或在不同的光谱上成像或通过不同的物理原理生成图像,成像结果能够突出目标的不同特性。此外对不同传感器图形进行融合也是突出目标信息的好方式。对跟踪系统而言,采用合理的传感器能够将任务简单化、具体化。此外,传感器是否静止也是影响跟踪的重要因素,静止摄像机更容易获得场景信息,但更多时候摄像头是运动的,这个时候要求对目标的建型更加准确。

(3) 视觉跟踪算法。虽然经过了几十年的发展,目前通用的视觉跟踪算法还未形成。视觉跟踪算法要根据不同的场景和不同的传感器成像,设计不同的处理方法。根据不同的准则有很多的分类方法,常用的分类是根据目标定位的不同方式分为确定性跟踪算法和概率跟踪算法。

虽然经过了几十年的发展,目前视觉跟踪仍然是一个非常年轻的科研领域,很多一般性问题仍没有得到有效解决,国内外学者正进行大量的创新研究,每年都会出现大量的创新理论研究成果,并以论文的方式体现。国际上一些重要学术期刊(如 International Journal of Computer Vision, IEEE Transactions on Pattern Analysis and Machine Intelligence, IEEE Transactions on Image Processing, IEEE Transactions on Circuit and Systems for Video Technology 等)发表了大量的视觉跟踪方面的经典论文;在一些权威的国际学术会议和专题讨论会,如 CVPR、ICCV、ECCV、ACCV、BMVC、PETS 等,均可以看到视觉跟踪领域的最新研究成果,并给学者提供交流平台。国外的一些大学和科研机构,如卡内基梅隆大学、加州大学、剑桥大学、多伦多大学、法国国家计算机科学与控制研究所等都设有专门的计算机视觉研究组,对视觉跟踪进行专项研究,并且将这些研究成果应用到实际中。

2. 视觉跟踪分类

视觉跟踪是一个正在不断创新、发展的研究方向,越来越多的技术被应用以满足实际需求,但目前并没有一个统一的理论框架体系,对于它的分类,不同的文献有不同的方法。但是对大多数的算法,都需要考虑两个最基本的问题:目标建模方法和目标定位方法。

1) 目标建模的视觉特征

目标建模是指如何通过数学模型来表征目标,通过收集描述目标的视觉特征建模目标视觉外观,为定位目标提供信息。视觉特征对于目标建模的性能有很重要的影响,所选的视觉特征应该能有效地描述目标,并能够区分跟踪目标与背景。如果选择区别性很强的特征,简单的算法就能实现跟踪。反之,如果在所选特征空间内目标和背景很相似，那么即使优秀的目标定位算法也难以跟踪目标。主要的视觉特征包括以下几个方面。

(1) 颜色特征。颜色特征对于目标平面旋转、非刚性变形、部分遮挡等情形较为鲁棒，特别适合于变形目标跟踪，在跟踪领域得到了广泛使用。

(2) 边缘特征。尽管颜色特征对于目标变形和姿态变化很鲁棒，但是不能描述目标的空间结构，容易受光照等外界条件的影响。边缘信息能弥补颜色信息的缺陷，不易受光照变化的影响，而且不需要明确的目标模型。

(3) 光流。光流在跟踪领域使用比较广泛，是一种有效的特征。但在计算光流信息时，必须计算图像内每个像素点的速度和方向，因此光流法计算量很大，很难满足实时性要求。

(4) 小波。以小波为视觉特征的跟踪算法一般利用可操纵金字塔可以从不同尺度、不同方向描述图像的能力，对于由粗到精的差分运动估计非常有效。

(5) 局部区别特征描述子。目标通过一组辨别特征描述子表达，这些描述子从局部区域的图像特征点产生，它们表达了图像局部区域对于比例、旋转和光照的不变性，将这种特征描述子嵌入到跟踪框架中，实现跟踪。

(6) 空间-颜色特征。颜色直方图描述的是目标的全局统计信息，不能描述目标像素间的空间结构信息，当两个颜色分布相似但空间结构不一样的目标出现时，跟踪算法不能区别两个目标。为此学者提出新的表达方式，他们不但考虑目标像素点的颜色信息，还考虑像素点之间的空间关系。这种描述目标的特征称为空间-颜色特征，基于这种特征的跟踪算法能更好地区别目标。

(7) 特征基。如果图像用高维的像素矩阵表示，那么这个图像在低维空间是一个流形。低维流形可以用几何和统计工具提取和分析。传统的构建子空间方法，如主成分分析(PCA)和线性辨别分析(LDA)已经应用到图像跟踪领域。

(8) 目标和背景的区别特征。近年来，一些学者从模式分类的角度考虑跟踪问题，将图像跟踪看成一个二元分类问题，利用分类器从背景中区分被跟踪目标。

2) 目标定位方法

目标定位方法是指根据目标模型如何在图像中计算得到目标的状态，其可分为两类：确定性跟踪方法和概率跟踪方法。确定性跟踪方法先根据目标的视觉特性，建立度量目标和候标的相似性函数，进而依据相似性函数采用最优化算法计算目标状态(如位置、大小和方向等)的局部最优值。具有计算效率高、需要参数少的优点，但由于容易陷入局部极值而无法保证跟踪的精度。概率跟踪方法首先预测感兴趣目标的状态，再依据表观模型通过概率推导来更新目标状态，比较流行的概率跟踪方法是粒子滤波跟踪方法，能够解决非线性非高斯问题，并很容易融入多种视觉特征以使跟踪效果更加稳健，但缺点是计算效率低和依赖的参数较多。下面分别对两类方法进行描述。

(1) 确定性视觉跟踪方法。

对于确定性的跟踪方法，典型的目标模型主要有基于图像模板的图像向量、特征基模型和基于统计特征的模型。相似性度量用来描述当前帧图像中的候选目标与目标模板在所选择特征上的相似程度，不同的目标模型决定了不同的相似性度量方法。基于图像模板的向量常采用相关匹配、欧氏距离等方法来计算相似性，由于考虑模板与候选目标之间每个对应像素的匹配关系，这种方法很容易受到包括光照变化等引起的目标外观变化的影响；基于目标本征基的模型，通过机器学习方法学习目标外观变化，能够处理光照等变化，但无法合理解决非刚体运动的跟踪；对统计特征而言，常用的相似性度量有 Hausdorff 距离、Kullback-Leibler 距离和 Bhattacharyya 距离等。

得到目标与候选目标的相似性度量方法后，确定性跟踪方法根据最优化方法来搜索目标状态，常用的方法有穷举搜索方法和基于微分的方法。穷举搜索方法是将目标模板与当前帧图像中的候选状态区域内每个状态所代表的目标进行相似性计算，最终以相似性最大的状态作为目标的最终状态，其缺点是匹配过程的搜索空间会随着目标大小、目标状态维数的增加而急剧增大，跟踪效率低。

基于微分的方法可以避免穷举搜索方法带来的搜索空间较大的问题，大大提高跟踪算法的速度。在给定目标图像模型后，若能给出一个数学形式合理的相似性度量函数，则可由相似性函数的一阶或二阶泰勒近似，并根据其关于目标状态的一阶微分(经常为雅可比矩阵)或二阶微分(Hessian 矩阵)的数学性质，结合最优化算法迭代地计算目标状态。具有代表性的两种微分方法是 Lucas-Kanade 方法和 MeanShift 跟踪方法。

(2) 概率视觉跟踪方法。

概率跟踪方法的本质是将视觉跟踪问题转化为求解目标状态关于观测的后验概率密度。首先通过概率方程预测目标的状态，然后通过观测值对预测值进行修正，整个过程基于贝叶斯理论进行推导。当系统同时满足：①线性，即状态转移方程和观测方程为线性形式；②高斯特性，即状态噪声和观测噪声满足高斯分布时，卡尔曼滤波能够给出最优解。但真实的系统几乎不会满足这两个特性，扩展卡尔曼滤波和Unscented卡尔曼滤波可以用来缓解这两个因素的影响，但仍然无法处理严重的非线性和非高斯性。

在这种情况下，常用无参数的蒙特卡罗方法来解决问题，粒子滤波便是常用的方法之一。粒子滤波不需要线性、高斯性的假设，能够处理多模态问题，已被广泛用于解决视觉跟踪问题，并成为研究热点。对于粒子滤波算法，最重要的因素是表观模型的选择和粒子采样算法的研究。

表观模型刻画了目标与候选目标的相似性度量，是将粒子滤波与视觉跟踪联系起来的重要环节。粒子滤波跟踪算法的一个比较明显的优势在于能够应用任意的特征作为表观模型,并且可以有效地组合多种视觉特征。Condensation 方法主要目的是跟踪目标的轮廓线,利用目标的轮廓特征。

采样算法一直是粒子滤波跟踪算法的一个重要环节。通过最优化的方法可以对粒子进行有效采样,典型的如 MeanShift 方法,被广泛地应用于粒子滤波的粒子采样中以使粒子集更加有效。两种不同的方式为:①将 MeanShift 跟踪方法独立地应用于每个粒子,对预测得到的每个粒子根据目标模型,并通过 MeanShift 跟踪算法移位到所选特征的局部极值位置,由于 MeanShift 跟踪算法的特殊性,该方法只能应用于特定类型的特征;②用核密度估计的方法来估计后验概率密度,结合表观模型计算的粒子权重,每个粒子可以通过整个粒子集所表征的概率分布结合 MeanShift 算法进行移位,此方法不受目标模型的限制。

多目标跟踪一直都是视觉跟踪研究的热点和难点,在粒子滤波跟踪框架下,多目标跟踪可以很好地解决。多目标跟踪的关键问题是排除虚假目标干扰和目标之间的交互——数据关联问题。在粒子滤波跟踪框架下,解决数据关联问题的方法很多,如多假设滤波方法,联合概率数据关联滤波(joint probabilistic data association filters)以及基于图模型的滤波。

6.2 室内外多模融合精确定位技术

未来的通信网络将涵盖精确、可靠和实时的室内定位,以及基于位置的协议与服务。定位系统能够使移动设备确定自身位置,并能利用定位信息提供基于位置的服务,是智慧城市不可或缺的关键技术。使用精确的位置信息可以用以实现各式各样的应用与服务,如增强型紧急呼叫、欺诈检测、位置敏感支付、智能物流系统、交通管理等。一旦拥有了位置信息,对于动态变化室内环境的不确定性因素被大大削弱了。各个地点(如家庭、办公室、运动场、展览中心等)的室内定位系统(indoor positioning systems, IPS)提供的环境信息为基于位置的重要应用与用户服务奠定基础。在近距网络方面,位置估计也催生了大量新型应用的诞生,如库存跟踪、入侵检测、消防员/矿工跟踪、家居自动化、患者监视等。在某些医院中,基于位置的室内跟踪系统可以定位贵重仪器以防被窃,实时引导患者高效利用复杂楼体结构中的有限医疗资源。室内导航系统需要巨大的公共区域给用户提供位置指示。例如,在大型博物馆中,游客需要室内导航服务来按序观摩不同地点的展品。此外,位置信息也能给未来通信系统的 Ad Hoc 网络带来自组织和自形成方面的诸多便利。

美国电气和电子工程师学会(IEEE)设立了802.15a标准化工作组来设计低数据传输率与定位能力相结合的新型物理层。联邦通信委员会(Federal Communications

Commission, FCC)也要求无线服务提供商能够以数十米的精度对拨打急救 911 号码的移动电话用户进行定位跟踪。

全球定位系统(global positioning system, GPS)是目前应用最为广泛的基于卫星定位系统,它提供了覆盖全球的定位服务。通过添置全球定位系统卡和一些附件可以将全球定位系统整合到各种各样的设备中,从而可提供基于定位的服务,如导航、导购等。但是全球定位系统不能在室内部署应用,因为接收器和卫星间无法在室内环境实现视线(line-of-sight, LoS)传输。相对于室外,室内环境将更加复杂,因为空间结构存在各种障碍物(如墙壁、设备、人员等),并受到电磁波传播引起的多径效应干扰。其他有线或无线网络导致的一些干扰和噪声源也会降低定位准确度。建筑物几何结构、人员移动和大气条件都会导致多径传播效应和环境相关的干扰。考虑上述问题,面向室内应用的室内定位系统给未来通信系统提出了许多新的挑战。

6.2.1 无线定位相关参数

1. 概述

无线定位的许多应用,要求精确位置定位必须能够在各种挑战性条件下完成,如多径传播、非视线(non-line-of-sight, NLoS)传播等。为进行精确位置估计,必定要对定位过程的细节及其理论限制进行深入研究。位置估计的过程也可定义为目标节点[①]的位置估计过程,通常利用无线网络进行目标节点与其他一些参考节点的信号交换的方法来实现。当目标节点可以自主估计自身位置时,称为自定位。利用中心单元采集各参考节点信息进行位置估计的方法,称为远程定位(或网络中心定位)。

2. 接收信号强度

接收信号强度(receive signal strength, RSS)是指信号在两个节点之间传输的功率或能量,它通常与传播距离相对应。基于信号衰减的方法对传播过程的信号通路损失进行计算,再综合利用路径损失与遮挡效应的理论(或经验)模型将信号发射和接收端的强度差转换成距离估计。图 6-6 示意了 RSS 位置估计原理,图中 LS_1、LS_2、LS_3 分别为 P 点与 A、B、C 三点间的信号损失。当场景中存在强烈多径传播和遮挡效应时,理想信号通路衰减模型将不再适用。

通常路径损失和遮挡效应模型都是与具体场景相关的,可预先构建以接收器为中心的 RSS 轮廓图(位置指纹),利用多个基站进行多次反复测量或采用模糊逻辑算法来改进模型的定位准确度。在不考虑误差的理想状态下,节点的 RSS 估计

---

① 节点可以是定位过程中的任意设备,如移动电话、基站、无线传感器等。

决定了在圆球上分布的其他节点的位置，如图 6-7 所示①。

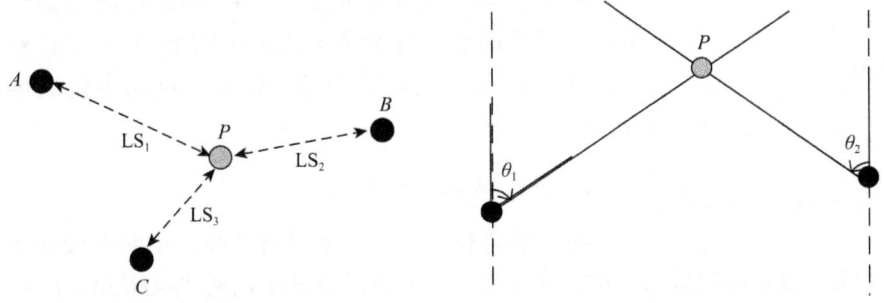

图 6-7　AOA 测量原理　　　　图 6-6　RSS 位置估计原理

对窄带信号而言，时间差可以用相移来表示。因此，可对不同阵列单元组合接收信号的相位平移进行测试用以估计信号到达角度(angle of arrival, AoA)。而对宽带系统，接收信号的时延版本必须考虑，因为时延不能用宽带信号的唯一相位值来表示。

3. 信号到达时间

信号从一个节点传输到另一节点的传播时间称为信号到达时间(time of arrival, ToA)，该时间与两节点间距离成正比。在不考虑误差的理想状态下，ToA 估计可提供球形分布区域。与 RSS 测量类似，必须使用来自至少 3 个参考节点的信号才能进行 ToA 测量。通常直接进行 ToA 测量存在两方面问题：一是系统中所有节点必须有精确同步的时钟；二是传播的信号中必须具有时间戳用来精密地传播距离估计。因此系统设计时各节点必须拥有统一的公共时钟，或者利用某种协议进行时间信息交互，如双路测距协议。ToA 可以使用不同信号分析技术进行测定，如直接序列传播谱(direct sequence spread-spectrum, DSSS)和超宽带(ultrawide band, UWB)测量。

4. 到达时间差

当目标节点和参考节点间无法实现同步时，只要参考节点间满足时钟同步性即可估计到达时间差(time difference of arrival, TDoA)。TDoA 定义为目标节点与 2 个不同参考节点间两路信号的到达时间差值，由该差值可确定目标节点位于一条双曲面 1 上②，如图 6-8 所示。

---

① 为描述方便，将信号分布形状由球形绘制为二维圆环。
② 两个参考节点分别位于双曲面的两个焦点上。为表述方便，示意图绘制成双曲线。

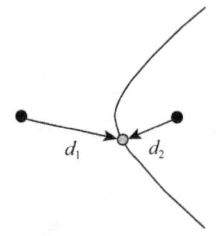

图 6-8 TDoA 测量原理

估计 TDoA 的一种方法是，首先对每路信号估计其在目标节点与参考节点间的 ToA，再获得两个估计的差值。由于目标节点与参考节点并不同步，ToA 估计包含附加在飞行时间上的时钟偏移，参考节点同步化后偏移保持一致。

5. 其他位置相关参数

在一些定位系统中，需要研究并应用两个或更多位置相关参数，以获得目标节点的更多信息。相关的混合方案包括 ToA/AoA、ToA/RSS、TDoA/AoA，以及 ToA/TDoA 定位。

除了在 RSS、AoA 和 T(D)oA 参数及其组合方案，还出现其他位置相关参数估计方法，包括获取多径能量延迟轮廓(power delay profile, PDP)、频道脉冲响应(channel impulse response, CIR)等。在某些应用场合中，PDP 和 CIR 估计比前述方案提供更多目标节点的位置信息。然而，从这种参数中提取位置信息通常需要一个含有先前 PDP(或 CIR)的数据库支持。因此使用 PDP 和 CIR 的估计算法通常需要在实际定位前进行充分训练。

6.2.2 基于信号参数的位置估计方法

1. 概述

当获取来自参考节点或目标节点的信号参数后，无线室内定位系统需要采取合适的算法对目标节点位置进行精确估计。根据信号参数的类型、形式与先验信息等，构建描述目标位置的数学模型，并对测量噪声概率分布进行估计，以实现精确高效的位置估计。应用广泛的位置估计方法包括映射(位置指纹)技术、几何定位法、三角测量法和统计定位法。

2. 映射(位置指纹)技术

用映射(位置指纹)技术进行位置估计的基本思想是基于训练数据集进行回归分析，再根据回归函数估计给定节点位置。与通常意义上的指纹识别类似，位置指纹识别依靠表征目标特征的数据库进行识别。其定位过程主要分为训练与定位两个阶段，如图 6-9 所示。

设训练数据有式(6-2)所示的形式：

$$T = \left\{ (m_1, l_1), (m_2, l_2), \cdots, (m_{N_T}, l_{N_T}) \right\} \tag{6-2}$$

式中，l_i 是第 i 个训练数据的位置向量，在二维定位中 $l_i=[x_i, y_i]^T$；m_i 是第 i 个位置估计参数的向量；N_T 是训练集的元素总数。受定位算法中的信号参数决定，m_i 包含与

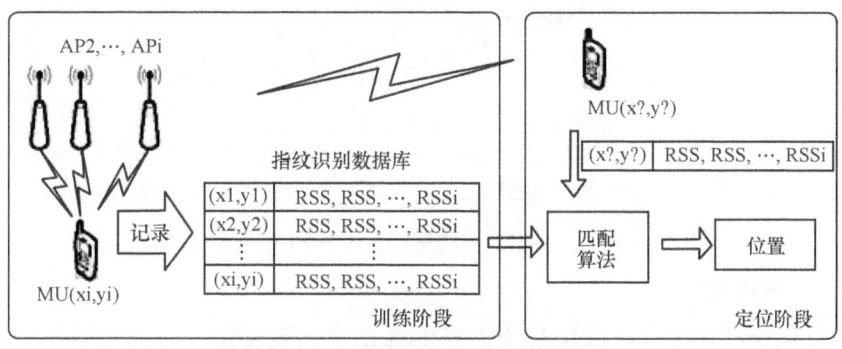

图 6-9 基于位置指纹识别的无线定位

参考节点相关的位置参数。例如，当目标节点位于 l_i 时，m_i 中每个元素是一个参考节点的 RSS 估计。

映射技术的主要优势在于其可以在一些具有挑战难度的环境(如含多径传播、NLOS 传播等)中实现高精确度位置估计，对一些不良传播条件具有一定的内在鲁棒性。然而其主要缺点是依赖训练数据库，这需要预先建立起当前环境的精确位置估计数据。此外，训练数据库还需要及时更新以保证训练和估计阶段的频道特性没有显著差异。这样的更新工作在动态场景中(如室外定位系统)尤其费时、费力。

3. 几何定位法

一定量参考节点采集到位置相关参数集后，可根据位置线的交点利用几何技术求解出目标节点位置。RSS 和 ToA 参数定义了目标节点周围的一个球。通过三边测量法，3 个参数即可求解出目标节点位置，见图 6-10。

AoA 参数定义了穿过目标节点和参考节点的直线，见图 6-11。因此根据三边测量法，两个 AoA 参数即可充分定位目标节点。

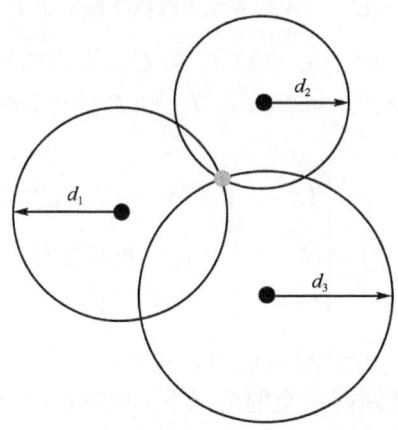

图 6-10 基于三边测量法利用 RSS 或 ToA 参数定位

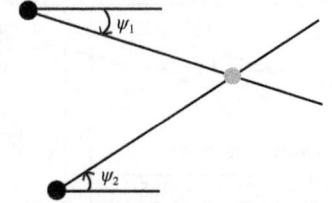

图 6-11　基于三边测量法利用 AoA 参数定位

4. 三角测量法

在几何定位方法中，应用最为广泛的即是三角测量法。三角测量法利用待测目标到至少 3 个已知参考点之间的距离信息估计目标位置。基于三角测量法的无线定位主要包括两个主要阶段：测距与定位。测距过程主要采集 RSS 或 TOA 参数信息，形成三角测量的基本条件。

通过三角测量法计算待测点位置，可分别以已知位置的 3 个 AP 为圆心，以其各自到待测点的距离为半径画圆，所得 3 个圆的交点即为待测点，如图 6-12 所示。

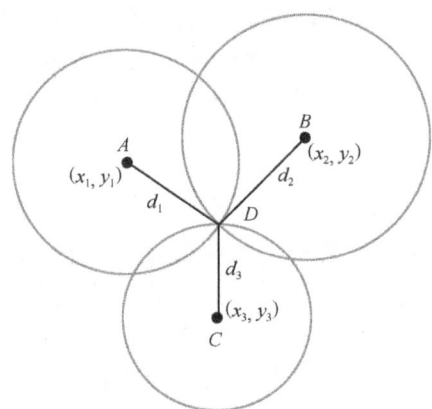

图 6-12　三角形算法示意图(3 圆交于 1 点)

设未知节点 D 的坐标为 (x, y)，已知 A、B、C 三个点的坐标分别为 (x_1, y_1)、(x_2, y_2)、(x_3, y_3)，它们到 D 的距离分别为 d_1、d_2、d_3，则 D 的位置可由式(6-3)所示方程组中的任意两个方程求得

$$\begin{cases} (x-x_1)^2 + (y-y_1)^2 = d_1^2 \\ (x-x_2)^2 + (y-y_2)^2 = d_2^2 \\ (x-x_3)^2 + (y-y_3)^2 = d_3^2 \end{cases} \tag{6-3}$$

然而在实际应用中，由于测量误差的存在，三圆交于一点的情况未必出现，以致式(6-3)无解。在三圆两两相交的情况下，有图 6-13、图 6-14 两种典型的无解情况，其区别在于是否有三圆共同覆盖区域。

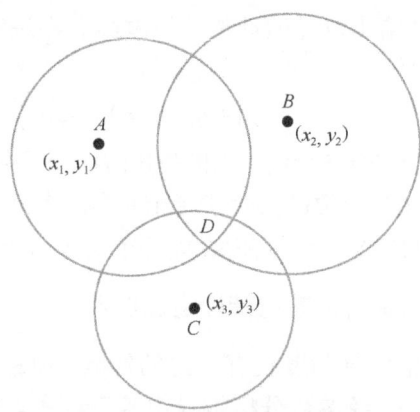

图 6-13 三角形算法示意图(存在 3 圆共同覆盖区)

针对这两种无解情况，D 点的求解方法如下。

(1) 根据式(6-3)分别求解圆 A 与圆 B 的交点 (X_{ab1}, Y_{ab1})、(X_{ab2}, Y_{ab2})，圆 A 与圆 C 的交点 (X_{ca1}, Y_{ca1})、(X_{ca2}, Y_{ca2})，及圆 B 与圆 C 的交点 (X_{bc1}, Y_{bc1})、(X_{bc2}, Y_{bc2})。

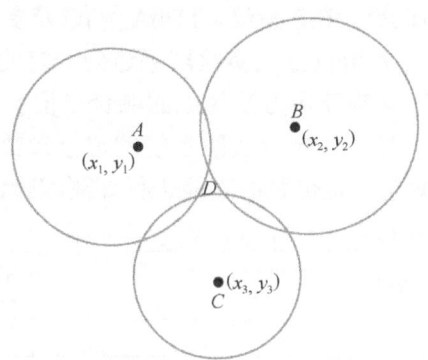

图 6-14 三角形算法示意图(无 3 圆共同覆盖区)

(2) 将圆 A 与圆 C 的交点代入 $[(x-x_2)^2+(y-y_2)^2]$，找出距圆 B 的圆心较近的点，设为 (X_{ac}, Y_{ac})。同理，求解 (X_{ab}, Y_{ab})、(X_{bc}, Y_{bc})。

(3) 近似计算待测点位置。

$$(x, y) = \left(\frac{X_{ab} + X_{bc} + X_{ca}}{3}, \frac{Y_{ab} + Y_{bc} + Y_{ca}}{3} \right) \tag{6-4}$$

由此可知，基于三角形算法的定位很大程度上依赖于确知的 AP 位置信息及准确的信号传输损耗模型。由于影响信号传输的因素很多，不同环境下的信号传输损耗模型大不相同，建立一个准确的、适合实际应用的损耗模型存在着一定困难。

5. 统计定位法

与利用几何信息的定位方法不同，当统计方法(statistical approach)存在多重位置参数及噪声时，也能给出位置估计的理论框架。在进行位置相关参数获取时，考虑下面的参数估计模型：

$$z_i = f_i(x, y) + \eta_i, \quad i = 1, \cdots, N_m \tag{6-5}$$

式中，N_m 是参数估计数；η_i 是第 i 个估计上的噪声；$f_i(x, y)$ 是第 i 个信号参数的真值。N_m 等于 RSS、AoA 或 ToA 定位的采集参考节点数。每个 TDoA 参数估计需要 1 个参考节点，因此基于 TDoA 的定位需要 N_{m+1} 个参考节点。

6.2.3 基于多模定位信号融合的室内精确定位技术

频率多样性对无线电信号强度具有一定的影响，构建复杂环境中的变频率条件下的无线信号特性模型，经参数分析推导出基于频率多样性的信号强度变化模型。搭建频率多样性信号强度试验环境，对信号特性模型和强度变化模型进行试验研究与参数验证，根据输入信号强度求解获得目标精确位置。

融合定位与终端研制技术路线如图 6-15 所示。首先，组建多频率 RSS 定位实验系统，包括 RSS 测量系统搭建、跳频硬件环境搭建和后端计算终端搭建等步骤。实现几种常用定位算法(GPS、RSS 指纹、TDoA 等)以及多频 RSS 定位算法，并进行相应定位验证实验。在各定位方法实验结果达到一定的准确度之后，开展多模数据融合定位方法研究，并构建多方法集成的融合定位实验系统。研制支持多种传感器的定位终端设备，导入各定位实验系统的定位参数，进行室内和室外的多模数据融合定位实验，对整个定位系统功能进行评测和验证。

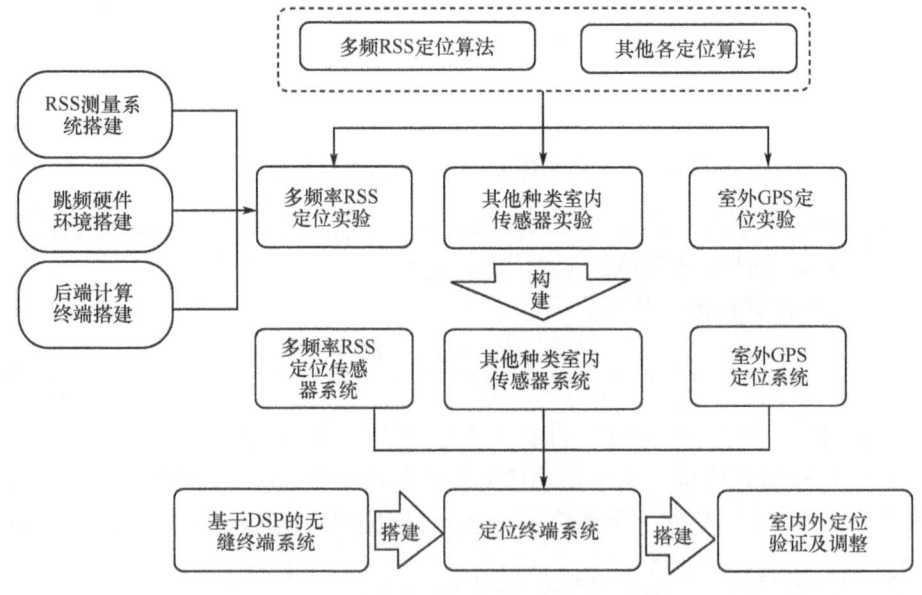

图 6-15 融合定位与终端研制技术路线

室外定位问题通常可用 GPS 卫星定位加以实现，但是卫星信号在穿透建筑外层到达室内之后定位的误差迅速增大；此外，复杂室内环境中通常会存在许多电磁波反射物，导致发射器和接收器之间产生多个无线通道。这种多径效应将显著降低定位系统的准确性和稳定性。

接收信号强度(RSS)是指信号在两个节点之间传输的功率或能量，它通常与传播距离相对应。基于信号衰减的方法对传播过程的信号通路损失进行计算，再综合利用路径损失与遮挡效应的理论(或经验)模型将信号发射和接收端的强度差转换成距离估计。RSS 定位方法是基于电磁波的能量随着传输距离的增长而衰减的，衰减模型如式(6-6)所示：

$$|p| = \frac{P_t G_t G_r \lambda^2}{(4\pi d)^2} \tag{6-6}$$

式中，P_t 是发送端发射功率；G_t 是发送端发送增益；G_r 是接收端接受增益；λ 是发送电磁波的波长；π 是圆周率。

电磁信号的强度 $|p|$ 与传输距离 d 的平方成反比，在接收端检测 $|p|$ 可以推导出发送端和接收端之间的传输距离。多个发射端测出多个发射距离值，以定位目标的位置。但是，由于室内环境比较复杂而 RSS 定位方法并没有考虑克服多径效应，RSS 方法在复杂室内环境中误差较大，但 RSS 方法具有硬件代价小的特点。

6.2.4 室内外定位技术展望

下一代通信网络中，远程通信应用需要各式各样的环境、人员和设备的周边信息才能提供具有高柔性和自适应能力的个人网络服务。定位信息便是周边信息的一种，它为基于位置的智能服务奠定基础，用以改进人们的生活品质。个人网络以满足用户需求为目标，将处于各个地点各种网络中的个人设备集成到单一网络中，提供私密的、以用户为中心的解决方案。IPS 系统主要提供用户及其设备在室内环境中的绝对、相对和粗略位置信息，在此基础上实现跟踪、导航、监视及其他与位置相关的服务。

在定位传感和系统设计方面，一些前沿研究项目正试图改进 IPS 的工作性能。三菱电气研究实验室(Mitsubishi Electric Research Laboratories, MERL)正从事一项名为"定位中心网络开发"的项目，估计 UWB 脉冲无线网络中的收发器位置。目前该项目研发的定位系统已在大区域中实现精度 15cm 的目标定位。澳大利亚联邦科学与工业研究组织(Commonwealth Scientific and Industrial Research Organization, CSIRO)正在从事"室内定位技术项目"的研究，致力于改进定位准确度的同时，减低室内跟踪系统成本。作为 WiFi 主动射频识别解决方案的业界领袖，AeroScout 公司开展了"实时定位系统卫生保健"项目，在数字化医院中应用先进的定位技术来照顾病员。

相对于采用单一定位技术，组合多种技术的混合系统将有望进一步提升定位服务的质量。例如，SVG 系统将 WLAN 和 UWB 的优点集于一身，WLAN 用于提供大区域定位服务，UWB 则用来进行小范围的精确定位。

在日常生活中，人们通常具有一定的行动规律性，大多数人平时都往返于寓所和工作单位之间，因此可用先前位置信息进行后续位置的预测估计。Petzold 等学者提出的位置预测方法支持在 PN 中进行有效应用。位置预测还能与其他类型的背景信息(如用户喜好、时间、天气等)协同应用，来确定用户的位置及身份。

IPS 系统的移动性影响研究也是一项颇有前景的研究方向，包括室内环境中定位物体及人员、设备的移动性。在 IPS 设计时，考虑移动目标和环境变化而实现系统性能的动态优化。融合位置测量、位置预测及其他背景信息来增强个人网络的感知智能。

6.3　大规模城市运行管理数据智能检索与目标行为分析

6.3.1　面向城市动态运行管理的大规模数据智能检索技术

城市动态运行管理对信息检索有很强的需求，这种应用环境下的检索也具有非常典型的特性。城市动态运行管理最核心的要素是"人-物-环境"，这些要素在数字化过程中的一个重要的共性是含有"时-空"属性信息，这对传统的信息检索中的索引、查询、排序乃至实时性都提出严峻挑战。面向城市动态运行管理的大规模数据智能检索技术研究路线如图 6-16 所示。

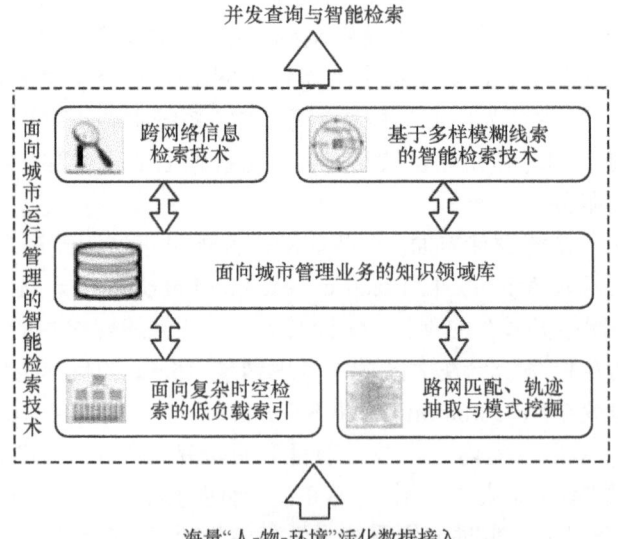

图 6-16　大规模数据智能检索技术研究路线

1. 面向复杂时空检索的低负载索引与高性能处理技术

城市运行管理中涉及各式各样的传感器。时空相关性是传感器数据的固有属性之一。面对城市管理应用中的时空检索,需要对数据按照其时空相关性进行有效组织,以支持含时空逻辑和约束的复杂检索的快速执行。传感器数据的另一个特征是其连续序列特征。单个传感器采样值往往只能反映某一个时刻(即采样时刻)的片面情况,只有将同一个传感器的历次采样值连接起来并形成序列才能反映更为全面的逻辑关系,而且可以通过基于交通网络的插值计算,得到任意时刻的位置,从而获得比原始采样数据丰富得多的信息。

研究移动对象低负载时空索引技术,提出一种网络受限移动对象的动态概略化轨迹 R 树索引,支持移动对象频繁的数据采集,给数据库带来的更新操作。采用基于精确轨迹的增量式交通流统计方法,消除统计误差和延迟;实现对海量移动对象长时间的时空轨迹的跟踪、分析、查询,实现考虑更多因素的高速和高智能化的交通诱导。

为了针对城市运行中产生的传感器流式数据的异构性、时空相关性、连续序列性进行有效处理,需要面向流式动态时空数据的高性能索引方法和面向基于时空逻辑复杂检索的快速处理技术。

2. 移动对象路网匹配、轨迹抽取与模式挖掘技术

基于Euclidean空间的成批运行矢量采集及后台匹配与优化(euclidean-based batch sampling plus network matching and optimizing, UBS-NMO)方法。该方法首先支持运行矢量的密集采集更新(为了提高轨迹与实际行驶过程的匹配度,在移动对象的速度变化、方向变化超过预先设定的阀值时也需要进行采集),成批地发送给服务器;然后在服务器端进行路网的匹配,得到移动对象的网络匹配轨迹;最后为实现高性能实时数据处理,对新采集的轨迹片段进行压缩和优化,丢弃非关键(即去掉它不影响轨迹总体曲线)的采集点以提升轨迹索引的处理效率。

同时将研究移动对象轨迹的特征提取和基于轨迹特征的对象检索。通过轨迹模式挖掘和线索知识导入构建非常规轨迹特征库。对移动对象轨迹进行特征匹配,将所识别的轨迹按照其时空路网分布、从属对象、轨迹特征类型等信息进行聚类,按照聚类结果对轨迹数据构建索引。在实时检索时,参照索引对局部数据的访问,并通过并行优化算法提高检索处理效率。

3. 跨网络信息检索技术

在智慧城市中,物联网可以实现人-物-环境及其物理层面的相互作用的数字化,而人们的信息交流特别是热点事件的反映则主要集中在互联网上,城市管理的很多任务要关联来自这两类不同网络的信息,特别是要实现跨网络的智能信息

检索。但目前由于智慧城市的建设还比较初步，继续打通互联网和物联网信息的信息通路。

例 1 微博报警处置——现在智能手机的开始普及，微博服务已成为典型智能应用，微博报警(如打拐、丢失车辆、追逃)已经成为一种重要的安防手段。将微博数据活化后，就可以用智能检索系统将其和物联网数据关联。例如，从微博上获得一个疑似被拐的小孩在某地方出现，检索系统立即根据微博文本的位置信息关联检索到附近安全监控摄像头，实时捕获视频信息进行辨识，同时关联到相关的执勤民警，通知其前去查处。

例 2 互联网监督——像北京这样的大型城市垃圾处理是有相对完善的规章制度和基础设施，但是由于地理范围广、社区密度大，以及经济利益等方面的因素，在具体执行和监管方面单靠环卫等政府职能部门难以做到全面、细致，存在很多漏洞。现在网上反映经常出现垃圾运送车辆不按规定随机倾倒的现象，严重污染环境。现在市民卫生意识明显增强，常在网上反映类似事件，可以充分说明市民人数多、分布广、反映问题及时的情况，一旦发现问题可以通过照片、视频以及附加文本的形式在互联网上(博客、微博)进行发布，起到监管作用。系统可以根据这些信息提供的线索汇同物联网提供的垃圾车辆等相关信息进行检索，为查证和处置提供依据。

4. 基于多样模糊线索的智能检索技术

线索来源与人的观察、记忆或资料中的描述等，具有多样性、模糊型等特点。城市管理中可能对多条线索展开检索。多样模糊线索的融合模型，对这些线索按照重要程度、可信程度和关联性进行融合。具体依据基于城市运行应用背景的特点和相关知识，研究线索类型。对线索按照其时空特征、各类物理和逻辑特征属性进行聚类。对线索的模糊性进行量化，以隶属度函数表示。对线索进行关联度分析，将零散的线索组织成一个可以用于检索定位的线索集。

5. 面向城市管理业务的知识领域库

城市管理中的业务需要使用资源，而业务之间又存在资源共享和协同配合，因此对业务和资源应该建立相应的本体，用来在一个城市运行管理知识领域内实现信息的共享，为管理者提供统一语义接口和查询机制，实现资源共享和业务耦合。

建立业务和资源的本体，即为不同业务和资源定义规范的结构，明确特定业务和资源的属性和关系。业务本体和资源本体具有很大的差异性。业务本体是为了定义完成某项工作需要经历的步骤和利用的资源，具有很强的动态性，侧重点在和时间相关的流程上。而资源本体是描述某项客观存在的事物所具有的属性和对外提供服务的功能,相对来说具有静态性。资源和物联网相结合,可以很好地提供当前情况下资源的状态,尤其是位置等信息,因此资源本体侧重点是和位置相关的资源属性和功能的描述。

业务本体的建模借鉴工作流的原理,定义完成某种业务工作流程的计算模型,即将业务中的工作和所需资源如何前后组织在一起的逻辑和规则。资源本体库主要是根据系统的运行,进行动态搜集,尤其是根据物联网传输的信息,对资源实例属性进行实时的修改。如位置信息和运行状态数据信息。

6.3.2 半监督的城市动态目标复杂行为分析

传统的基于监督学习的建模方法虽然能够在固定的场景下建立准确的行为模型,但是需要手工标记大量的行为序列以获取足够的训练样本,这会造成大量人力资源的浪费。而无监督的建模方法,分类的准确度低。而基于半监督的建模方法能够半自动地建立行为模型,可以减轻手工标记的负担,同时增强算法的适用性。

目前半监督学习的研究正从广度和深度上不断进行扩展。就广度而言,一方面,不断有各种监督或者无监督算法在半监督情况下的修改算法出现;另一方面,不断有新的数学方法被引入半监督学习。就深度而言,已经有许多研究探讨基于各种不同的有限混合模型的半监督学习方法,基于数据特征视图的半监督学习方法,半监督学习和主动学习相结合的方法,半监督学习的聚类假设方法等。

由上述分析可知,半监督学习有几类重要思路:①基于完全数据概率分布 $P(x, y)$建模;②基于条件概率密度 $P(y|x)$建模;③对于已有的监督,非监督算法进行修改,获得相应的半监督学习算法。

基于完全数据概率分布 $P(x, y)$建模的半监督学习算法中,当未标注样本数量较多时,标注样本部分对于优化值影响过小,存在对标注样本信息利用不够的问题。基于条件概率密度 $P(y|x)$建模的思路是:对于样本的标签关于样本的输入特征的条件概率建模,然后利用 EM(expectation maximization)算法对于模型参数进行估计。这种半监督学习思路避免了对于边缘概率或者联合概率进行建模和求解,而直接将注意力集中于半监督学习和决策中更为关注的条件概率问题。下面详细介绍其中几种典型的基于条件概率密度建模的半监督学习算法。

1. 基于核展开表述的半监督学习

基于核展开表述的半监督学习方法与基于 Parze 窗方法估计数据分布的思路类似。假定完整数据的联合分布为

$$P(x,y) = \frac{1}{N_T}\sum_{i \in T} K_y(y, \tilde{y}_i) K_x(x, x_i) \tag{6-7}$$

式中，核函数满足 $\int K_x(x,x_i)\mathrm{d}\mu(x)=1, \sum_y K_y(y,\tilde{y}_i)=1, i\in T$。如果对式(6-7)进行如下改写和替换：$K_x(x,x_i)\to P(x|x_i)\to P(x|i), K_y(y,\tilde{y}_i)=Q(y|i)$，那么有 $P(x,y)=\frac{1}{N_T}\sum_{i\in T}Q(y|i)P(x|i)$。其中，$P(x|i)$ 可以理解为未标注样本与第 i 个样本的一种概率关系，$P(y|i)$ 相当于标签的噪声概率模型。对于条件概率密度有 $P(y|x)=\sum_{i\in T}Q(y|i)P(i|x)$，如果利用基于条件概率的极大似然估计方法对于模型参数进行估计，那么利用半监督数据进行条件概率密度的估计问题可以转化为如下的有约束优化问题：

$$\sum_y Q(y|i)=1, \max_{\{Q(y|i)\}} \sum_{k\in T}\lg P(\tilde{y}_k|x_k)=\max_{\{Q(y|i)\}}\sum_{k\in T}\lg\sum_{i\in T\cup U}Q(\tilde{y}_k|i)P(i|x_k) \quad (6\text{-}8)$$

利用 EM 算法即可对其进行求解。

2. 基于 Markov 随机游走的半监督学习

该方法首先需要建立样本点间的 Markov 随机游走概率矩阵，或者说样本点之间的概率跳转关系，影响 Markov 随机游走表述的主要参数为 K、δ、t。那么对于条件概率建模可以考虑为一个反向游走问题。

$$P(y|k)=\sum_{i\in T\cup U}Q(y|i)P_{\delta|t}(i|k) \quad (6\text{-}9)$$

分类时可以直接利用最大后验概率准则进行决策。具体步骤如下。

(1) 给定点集：$\{x_1,\cdots,x_{N_T},x_{N_T+1},\cdots,x_{N_{TU}}\}$ 和距离定义 $d(x_i,x_k)$。

(2) 建立领域图：$W_{ik}=\mathrm{e}^{-d(x_i,x_k)/\delta}$，其中 x_k、x_i 为 K 近邻，包括 $i=k$。

(3) 建立局部转移概率模型 $P_{1|0}(k|i)=\dfrac{W_{ik}}{\sum_j W_{ij}}$，令矩阵 A 满足 $A_{ik}=P_{1|0}(k|i)$，则 t 步转移概率矩阵为 $\left[A^t\right]_{ik}$，标记为 $P_{t|0}(k|i)$。

(4) 对于 A^t 的列进行归一化。

同样，如果直接利用最大条件似然准则进行参数估计，则问题变为如下的带约束条件下的优化问题：

$$\sum_y Q(y|i)=1, \max_{\{Q(y|i)\}}\sum_{k\in T}\lg P(\tilde{y}_k|x_k)=\max_{\{Q(y|i)\}}\sum_{k\in T}\lg\sum_{i\in T\cup U}Q(\tilde{y}_k|i)P(i|x_k) \quad (6\text{-}10)$$

对于该问题，同样可以利用 EM 算法进行求解，求解的方法为：引入另一个分布函数 $Q(i|x_k,\tilde{y}_k)$（隐分布函数，hidden assignment distribution），代表第 i 个成分与点 $(x_k,\tilde{y}_k)$ 的关系。起始时可以令 $Q(y|i)=1/N_c$，N_c 为类别数。于是有如下的 EM

迭代过程,直至算法收敛。

E-step: 计算隐分布函数: $Q(i|x_k,\tilde{y}_k) \infty Q(\tilde{y}_k|i)P(i|x_k), \forall i \in T \cup U, \forall k \in T$,然后对隐分布函数归一化。

M-step: 最大化条件似然函数,则

$$Q(y|i) \leftarrow \frac{\sum_{k \in T, \tilde{y}_k = y} Q(i|x_k, \tilde{y}_k)}{\sum_{k \in T} Q(i|x_k, \tilde{y}_k)}, \forall i \in TUU, \forall y \in TUU \quad (6\text{-}11)$$

在假设观察数据的各类样本出现概率不一致而又没有类别分布的先验信息的时候,往往假设各类分布的出现频率一致,于是对于各类评价函数进行归一化处理,那么目标函数转化为

$$\max_{\{Q(y|i)\}} \sum_{y \in C} \frac{1}{N_{T_y}} \sum_{k \in T_y} \lg P(\tilde{y}_k|x_k) \quad (6\text{-}12)$$

在上述求解过程中将求解式(6-11)稍微改动,加上如下两步操作即可。首先,令 $Q(y|i) \leftarrow Q(y|i)/N_{T_y}$;然后,再重新概率归一化使其满足 $\sum_y Q(y|i) = 1$。

从上面的分析可以看到,基于核展开(kernel expansion)表述的半监督学习和基于 Markov 随机游走的半监督学习最大不同仅在于点之间的概率关系描述不一样。

3. 基于信息正则化的半监督学习

半监督学习的一个重要假设为聚类假设,即条件概率密度 $P(y|x)$ 和边缘概率密度 $P(x)$ 存在联系,边缘概率密度 $P(x)$ 较大的区域内,条件概率密度 $P(y|x)$ 变化不大。这种基于信息正则化的方法可以将 $P(x)$ 和 $P(y|x)$ 建立显式联系,利用 $P(x)$ 直接约束 $P(y|x)$。基本方法为:将数据域 X 划分为若干个可以覆盖该区域的小区域 Q,在小区域中利用标注信息量对于条件概率进行正则处理。衡量标注信息量的方法为计算互熵。

$$I_Q(x;y) = \sum_y \int_{x \in Q} P(x|Q)P(y|x) \lg \frac{P(y|x)}{\int_{x \in Q} P(x|Q)P(y|x)} dx \quad (6\text{-}13)$$

覆盖必须满足如下要求。

(1) 除了 $P(x)$ 接近 0 区域的其他区域都需要被覆盖。
(2) 覆盖应该保证连通性,即小区域之间应当有重叠。
(3) 小区域应该足够小以保证局部性。

定义信息归一正则算子为

$$(M_Q/V_Q) \cdot I_Q(x;y), M_Q = \int_{x \in Q} P(x)\mathrm{d}x,$$

$$V_Q = \begin{cases} \mathrm{var}(x|Q), \text{一维} \\ \mathrm{tr}\sum_Q, \sum_Q = \int_{x \in Q}(x - E_Q(x))(x - E_Q(x))^T p(x|Q)\mathrm{d}x \end{cases} \quad (6\text{-}14)$$

利用 Taylor 展开，可以计算得

$$I_Q(x;y) = \frac{1}{2} \underbrace{\mathrm{var}(x|Q)}_{\text{size-dependent}} \sum_y P(y|x_0) \left.\frac{\mathrm{d}\lg P(y|x)}{\mathrm{d}x}\right|_{x_0}^2, x_0 = \int_Q P(x|Q)x\mathrm{d}x \quad (6\text{-}15)$$

由式(6-15)可以看出，如果采用上述形式的正则子，则可以衡量和区域大小无关以及区域中样本数量无关的标注信息量。于是，基于信息正则化的方法可以表述为如下规划问题：

$$\begin{aligned}&\min_{P(y|x_k),\gamma} r \\ &\mathrm{s.t.}(M_Q/V_Q) \cdot I_Q(x;y) \leqslant r, \forall Q \in C \\ &P(y|x_k) = \delta(y, \tilde{y}_k), \forall k \in T \\ &0 \leqslant P(y|x_k) \leqslant 1, \sum_y P(y|x_k) = 1, \forall k \in TUU, \forall y \in TUU\end{aligned} \quad (6\text{-}16)$$

在上述三种半监督模型中，前两种方法主要是对标注点和未标注点之间建立一定的概率关系表述，然后对条件概率建模，而后一种方法是直接对条件概率密度 $P(y|x)$ 和边缘概率密度 $P(x)$ 的约束关系直接建模，约束方法为评价两者间的互熵，使得所有局部小区域上的两者的最大互熵最小。

第7章 城市运行数据呈现技术与服务系统

7.1 城市场景建模方法

1) 与智慧城市的关系

随着遥感测量、激光扫描、虚拟现实等技术的迅速发展,以及"数字地球"概念的提出,智慧城市建设在我国悄然兴起,北京、上海、重庆、深圳、广州等地相继提出了智慧城市建设规划并开始进行试点建设。智慧城市是从工业化时代向信息化时代转换的基本标志之一,其中建立城市场景的三维模型是智慧城市建设的重要内容与必要步骤。

世界范围内广泛的调查研究显示,越是经济发达的城市,三维城市模型应用的规模越大。建立大规模城市场景的三维模型在城市规划、智能交通、三维地图、自然灾害和恐怖袭击等事故应急管理、污染物扩散的模拟与仿真、城市中的文化遗产保护、真实感游戏、城市监控、建筑设计等领域发挥着重要的作用,而且随着城市信息化程度的提高,城市场景的三维模型能够得到更加宽广的应用。城市场景中物体的种类繁多,主要包括道路、树木、建筑物、行人、汽车与公共基础设施等。其中,建筑物及其室内与人类的活动最为密切,因此本节将重点讨论建筑物及其室内场景的高效建模技术。

建筑物是城市场景中最重要的组成部分,构建其三维模型是现实世界三维数字化的主要内容,在城市建设规划、决策与应急指挥、虚拟现实、影视制作及计算机游戏等方面具有重要的意义。例如,高层建筑火灾的应急救援和人群疏散、气体污染物泄漏扩散、"数字噪声地图"的城市噪声仿真模拟等,传统的二维城市系统无法解决这些实际应用问题,而这些应用正是提高城市中人们安全保障和生活质量的有效途径。

与室外场景相比,室内场景作为人类生存和生活的主要场所具有更重要的地位,在城市生活的方方面面发挥着重要的作用。因此,本节讨论的另一个重要内容是室内场景的识别与高效几何表达。相应的研究能够为室内场景的数字化奠定理论和技术基础,将极大地推动城市管理和相关服务(如公共安全、室内定位、导航等)向智能化、智慧化的方向发展。

2) 相关应用

构建三维城市模型从英国 Bath 城的三维计算机模型建立开始,在 20 世纪 90 年代有了较大的发展。伦敦大学(University College London, UCL)高级空间分析中心(Centre for Advanced Spatial Analysis, CASA)的 Batty 教授领导的研究小组为伦敦市的三维城市模型建设进行了一次世界范围内广泛的调查研究。调查显示，越是经济发达的城市，三维城市模型应用的规模越大。这些不同城市的应用涉及广泛的领域，包括应急服务、城市规划、电信、建筑设计、公用设施管理、营销与经济开放、产权分析、旅游与娱乐、电子商务、环境规划、教育和城市信息中心的入库等。一些国际性的都市如伦敦、纽约、东京等已积极开展三维城市建模方面的工作。比较典型的如东京，由不同层次的政府机构、各种公用事业服务商、商业公司和学术机构参与，建立了覆盖整个大东京地区不同细节层次的三维景观模型，并具有多达15种不同类型与目的的应用。建立大规模城市场景的三维模型在城市规划、智能交通、虚拟现实、三维地图、自然灾害和恐怖袭击等事故应急管理、污染物扩散的模拟与仿真、城市中的文化遗产保护、真实感游戏、城市监控、建筑设计、现代军事等应用领域都发挥着重要的作用，而且随着城市信息化程度的提高，城市场景的三维模型能够得到更加宽广的应用。

三维城市模型拥有大量的潜在用户，包括城市规划局、建筑师、出租车公司和手机服务商、安全和消防部门、应急部门、电影特效公司、游戏玩家、军事人员等。城市规划者通过当前城市的三维模型能够更直观高效地进行规划设计，甚至可以利用不同时期的一系列三维城市模型来观察城市的发展演变过程。三维模型使建筑师在进行设计时能增添或减去建筑物、观看建筑效果等。除了有助于城市规划和建筑设计，城市三维模型还能使汽车导航比现在更加先进，通过城市交通道路三维可视化，司机可以看到城市的每条街道及环境，使驾驶路线更加清楚和便于了解。出租车公司和手机服务商可以向他们的用户传送最新的三维地图帮助用户在陌生的城市中驾驶和旅游。在与人民和社会安全息息相关的城市公安、消防、灾害、反恐应急等部门中，三维城市模型将能发挥很大的作用。当恐怖袭击、自然灾害或其他紧急突发事件发生时，应急指挥者可以通过三维城市模型找到最优的疏散逃生渠道、设计更有效的应急方案，最大限度地保护人民生命和财产安全、维护社会安定。电影特效公司需要三维城市模型摄制如"骇客帝国"等特效电影以及目前正在发展流行的三维电影，逼真的三维城市模型能大大丰富特效内容并节省制作成本。对大量的计算机游戏玩家来说，在自己所在城市的逼真三维环境中玩虚拟现实的真实感游戏是一件让人很兴奋的事。通过虚拟现实和可视化技术，三维城市模型还能让更多的人更经济、快速、方便地实现"环球旅行"的梦想，足不出户即可游览世界各个名城的风光。各种服务、销售和生产商家及公司可以在三维城市模型中展示自己的特色商品、产品，标记自己的地理位置或其他信息等。在现代城市战争中，三维城市模型对城市作战人员非常有用，它能给战士提供周围的环境从而辅助军事人员的行动。

另外，三维城市模型在智能交通、生活娱乐、规划管理、社会安全等众多方面具有大量的潜在用户，市场应用前景广阔，能产生巨大的经济效益和发挥重要的社会作用。

3) 挑战性

三维城市模型作为空间数据基础设施的重要内容，同传统的二维数字地图相似，需要覆盖整个城市范围。至今三维城市模型的数据获取仍然是一项投资巨大、技术要求复杂的工程，其技术水平是影响三维城市模型建设与更新工作效率的重要制约因素。如何提高三维城市模型数据获取的自动化水平成为三维城市模型应用的瓶颈问题。当前三维城市模型的数据源主要有远距离获取的数据(卫星影像、航空影像和机载激光扫描数据等)、近距离获取的数据(近景摄影测量数据、近距离激光扫描数据和人工测量数据)和导出数据三种。目前，空对地观测已发展有机载和星载的高分辨率、高光谱和雷达观测技术，但仍未解决城市高层建筑遮挡区、高层建筑物立面，以及城市和众多工程建设所需的高速度的三维测量问题。因此，从地面快速采集城市环境及各种工程目标的三维信息并重建出城市三维模型，以满足当前智慧城市和各种工程建设的需要，是亟待深入研究的问题。

最近几年，激光扫描系统在多等级三维空间目标的实时获取方面取得了较为广泛的应用，根据搭载平台的不同，激光扫描系统可以分为机载激光扫描系统、车载激光扫描系统和地面激光扫描系统。将车载激光扫描系统用于三维城市场景已经成为激光扫描技术发展的一个主要方向，目前国际上许多公司、研究机构已投入大量的人力和财力进行相关技术与系统的研究开发，并形成了较为成熟的产品。利用车载激光扫描数据进行大规模城市场景的三维重建具有很多优点。以往大多数商业系统利用机载航拍图像重建城市三维模型，需要进行人工操作在每两幅图像中选取相同的对应点进行配准，这种方法速度慢而不经济，并且得不到高精度、细致的城市地面模型。通过照相机等被动式设备进行建模，同样存在与航拍图像建模方法相同的问题，即需要大量的人工交互来处理数据。除此之外，这些系统采集数据时以"停-走"的方式进行，因此造成采集过程相当缓慢。车载激光扫描系统(图 7-1)能在通常车辆行驶速度下连续快速地生成密集的和物体几何机构相关的三维点云数据，包括建筑物、桥梁、车辆、树木和其他目标。利用密集的带有城市几何结构信息的点云数据进行城市场景三维重建，是目前国内外研究学者正在积极开展的新一代大规模场景三维建模技术。

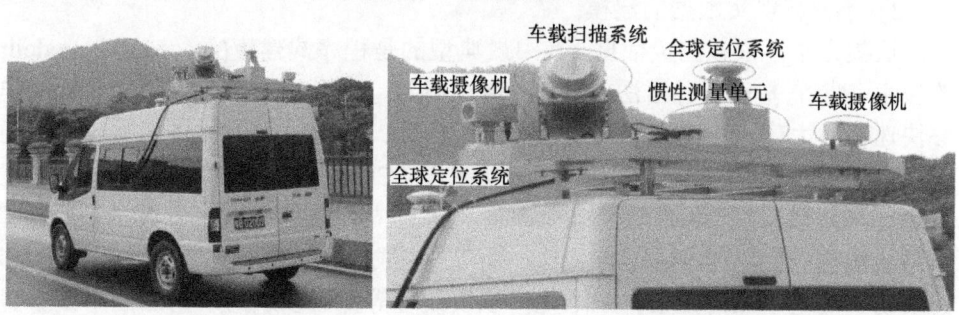

图 7-1　加拿大 Optech 公司的 Lynx 车载激光扫描系统

7.1.1 激光扫描的建筑物建模

与机械领域对金属零件的扫描相比,建筑物属于较大尺度物体,测量过程受扫描仪测量范围和城市场景复杂度的制约,得到的点云通常包含严重的噪声,以及遮挡引起表面数据的缺失,使得传统的点云重建方法不能适用于建筑物的建模,该问题已经成为计算机领域国际公认的难题。

1. 相关工作

城市场景重建是图形学领域一个新的充满活力的研究和发展方向,近些年取得了较多的成果和应用,如 Google Earth 3D(图 7-2(a))、Microsoft Virtual Earth 3D(图 7-2(b))、Skyline Terra Explore 和 ArcGIS 3D Analyst 等都是典型的三维城市平台。这些平台主要面向大众服务,提供二维和三维漫游、用户交互接口和地理信息分析等。目前这些平台所建立或使用的模型精度不高,包含的建筑物细节不足,主要靠手工建模,效率低下。这些应用和不足驱动着城市建筑物建模的研究向高精度、高精细以及面向大规模场景的方向发展。

(a) Google Earth 3D (b) Microsoft Virtual Earth 3D

图 7-2 典型的三维城市平台

有关建筑物和城市场景建模的研究非常广泛,Vanegas 等[1]对此进行了较为全面的综述。这里仅讨论与本节内容较为相关的,特别是基于简单几何元素拟合进行交互式建模的相关研究工作。主要可以分为以下三类。

1) 不依赖现实数据的建模

这类方法不依赖测量数据,其中最典型的是程序式建模(procedural modeling)的技术[2~4],它基于各种语法或规则,通过插入、分裂及变换等一些基本的操作能够快速构建大建筑物、墙面及街道的三维模型。以该技术为核心开发的城市场景建模软件 CityEngine 已广泛应用于影视制作。Chen 等[5]开发了一个半自动的建筑物设计与建模系统,用户徒手勾画草图就可建立复杂的具有真实感的三维模型。该系统能够识别草图中的节点、边、面等,完成对草图所描述建筑物结构的解释,建筑物中的基本几何元素、三维几何以及纹理等都可以从用户勾画的草图中得到重构。通过对用户输入的草图和数据库中已有的具有丰富细节模型的匹配,用户可以在建模过程中方便地添加更丰富的几何细节。

2) 基于图像和视频的建模

Debevec等[6]基于图像对建筑物的建模和渲染进行开创性的研究工作。他们通过交互地在图像中勾画建筑物的棱线，利用立体视觉拟合一系列多面体进行重建。随后很多研究者利用计算机视觉技术，从图像[7~13]或视频数据[14]自动或半自动地对建筑物进行重建。其中具有代表性的是Xiao等[11, 12]基于沿街所拍照片的重建方法。首先从图像中恢复建筑物的平面布局，将地面多边形沿垂直于地面的方向挤出生成屋顶，再用一些带纹理的平面近似表示墙面。Schindler和Bauer[15]利用深度图像构建建筑物模型。首先通过图像匹配和集束调整(bundle adjustment)获得三维点集，然后将该点集分割成多个平面，利用矩形、圆、椭圆等基本几何元素检测并拟合平面点集的边界特征，再将墙面上的这些几何元素偏置来细化得到的模型。

由于建筑物结构的复杂性和多样性，越来越多的研究者在建模中引入了用户交互。Sinha等[10]设计了一个针对平面建筑物结构进行建模的系统。该系统能够自动地进行图像特征匹配、恢复相机位置，进而计算得到建筑物表面稀疏的三维点集。用户仅需要在图像中勾画二维线段，系统就能自动将其映射到三维空间得到三维的几何结构。值得一提的是，Jiang等[16]针对具有镜面对称性的建筑物提出了基于单幅照片的交互建模方法。该方法充分利用建筑物包含众多对称结构的特点，通过拟合一个平截头体和非线性优化获得摄像机模型，然后利用对称性根据立体视觉的方法从图像中计算得到三维点。建模过程中，用户只需要在图像中指定建筑物的平面区域，就可以自动地得到这些平面对应的三维几何。

3) 基于点云的建模

随着三维激光扫描技术的进步，各种激光扫描设备也被用于城市场景和大型文物的测量与重建[17~21]。

建筑物通常包含很多基本几何元素(如平面、球面、圆柱和锥面等)，并且在结构上具有一定的规则性，如一栋楼各层的阳台、门窗等通常都是重复的。在对点云中的这些结构和特征进行识别方面，已经出现了一些成果[22~27]。其中最具代表性的是Pauly等[25]将识别三维点云中规则结构的问题转换为在变换空间拟合平面网格，变换参数由任意对应面片的变换矩阵给出。利用这些特征，部分学者通过从点云中拟合基本的几何元素进行点云的重建。文献[28]主要利用绝大多数建筑物由平面构成这一先验知识，首先通过平面聚类的方法识别建筑物的所有平面组分，再将这些平面拼接成一个封闭的多面体网格模型。文献[29]通过在点云中利用邻域信息拟合一些基本几何形状，以此作为理想形体对点云的法向量、尖锐棱角等进行增强，用于辅助重建。Schnabel等[30]提出了一种在点云中快速提取基本几何形体的方法，并利用该方法对点云中的缺失数据进行修补[31]，这一方法对具有严重噪声的点云也能取得较好结果。

2. 现有方法存在的问题和面临的挑战

对于现实场景的建模是图形学和计算机视觉研究的热点问题，也是公认的难题之一。目前虽然已经有众多的研究成果，但还没有一个真正实用的系统。现有的方法各有所长，但也存在不足，主要体现为重建模型的精度不足、可恢复的建筑物细节不够、建模效率低下。具体来看，程序式建模虽然可以高效快速地获得大量模型，但建模过程中无实际测量数据作为参考，因此得到的模型通常与现实场景中的建筑物存在较大的差别，精度和真实度不够，很难恢复真实城市场景中各种建筑物复杂形状的变化和结构模式；基于图像的方法是目前建筑物建模研究的热点之一，其最大的优势在于图像的获取非常容易。但这类方法在图像配准、三维几何信息复原等方面不够鲁棒，建模中需要大量烦琐的用户交互，获得的模型精度低、细节不足。

快速构建高精度、包含建筑物丰富细节的三维模型是城市场景数字化发展的必然方向和趋势。激光扫描技术的成熟使得快速获取建筑物表面高精度密集的三维采样点，以及基于这些数据的高精度建模成为可能。然而，现有的针对建筑物点云的处理仍局限于模型的基本特征，如线、面等基本几何元素以及几何体的对称性和规则性等。这与计算机视觉中侧重物体局部特征的识别相类似，属于对点云所表示的几何体较低层次的理解，目前很难用来提高建模的精度和效率。

综上所述，基于点云进行建筑物结构特征识别和重建的研究还处于起步阶段，要最终形成实用的技术还需要更多深入和细致的研究。

3. 可能的解决途径

建筑物扫描得到的三维点云通常很不完整，存在许多孔洞，传统的点云重建方法无法处理这种大规模的信息缺失。相比之下，人类很容易根据建筑物不同楼层之间的相似性从整体上推断出缺失部分的三维几何结构，这是因为人脑充分利用了建筑物结构的规则性和上下文关系。对此可以仿照人的这种智能将建筑物的几何结构特征(重复结构、规则性、近似规则性等)进行提取并应用于缺失点云重建。

在这一思想的指导下，Nan等[32]基于用户交互的先验知识，开发了一种称为"SmartBox"的建筑物快速建模技术。用户可以通过简单的勾画自由地在点云上定义和操纵建筑物的模块，这些模块会根据建筑物的结构特征和邻接关系快速自动地调整自己的位置和几何尺寸，来拟合测量得到的点云数据。最后通过点云和建筑物墙面结构特征的双重约束对这些模块进行布局优化，使得建立的模型既忠实于点云，又符合建筑结构特征。在这两个因素的共同作用下，通过用户的简单勾画和交互将高层次的对建筑物结构的语义描述用来引导建模,最终可以利用稀疏、带有噪声,甚至带有缺失的点云构建建筑物的三维模型。

受点云质量的限制(如噪声以及由遮挡引起的数据缺失等),仅通过点云拟合得到的各个结构与真实建筑物通常存在一定的偏差。他们根据几何和结构特征抽象出建筑物表面结构的布局特点,如对齐排列、等间距排列、等比缩放、对称分布等。将这些特征作为对建筑物表面结构定位的约束,结合各结构对点云拟合度的评估构建能量函数(即前面提到的数据拟合项和规则性约束项),用该函数来度量模型对于建筑物表面结构特征的偏差,以及对点云拟合的误差。通过最小化该函数得到既满足对点云拟合较好,又符合建筑物结构特征的高精度模型。在图7-3中,第1行为稀疏、带噪声且不完整的点云数据。其余3行是将粗方框所指示的复合"窗户-阳台"结构向右侧拖放重建的过程中,分别在只有数据拟合(第2行)、只有规则性约束(第3行),以及两者共同作用(第4行)下整个序列重建的结果。利用SmartBox可以构建具有足够细节的建筑物模型。重建结果见图7-4,从左至右依次为:建筑物照片、扫描得到的点云数据(按照高度着色)、重建的几何模型、带纹理贴图的模型。

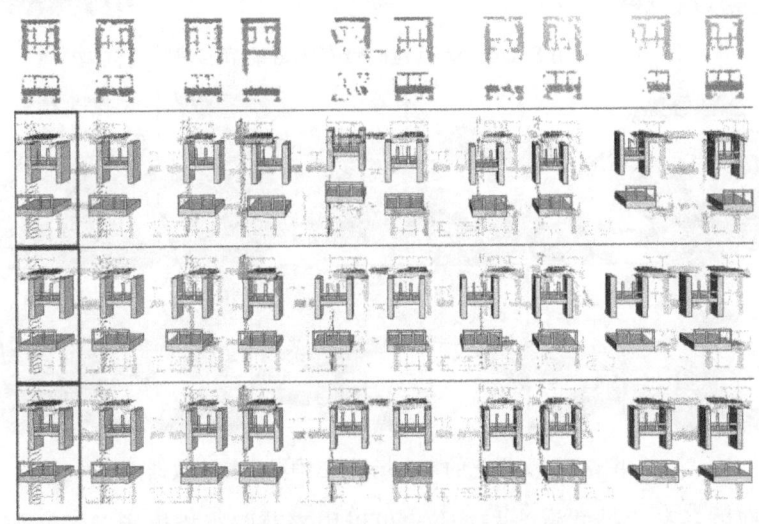

图7-3　数据拟合和规则性约束的作用

7.1.2　基于手持激光扫描的室内场景快速建模

构建室内外场景的三维模型是现实世界三维数字化的主要内容,现有的大部分研究工作主要针对室外场景,研究对象主要包括建筑物、树木、道路等,而鲜有针对室内场景的研究。室内场景的复杂性和多样性(图7-5)决定了数据获取和快速建模都具有极大的挑战性,是计算机图形学领域国际公认的难题。随着传感技术的快速发展,新的数据获取和采集手段不断涌现。例如,针对近景和小型物体进

图 7-4 使用 SmartBox 重建的带有丰富细节的建筑物模型

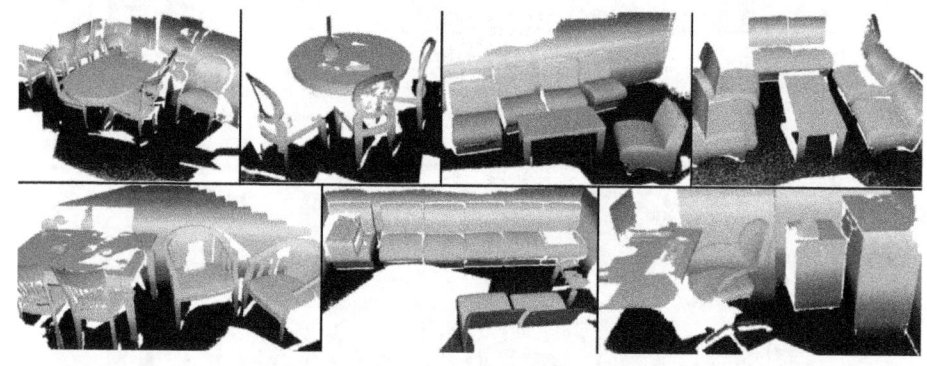

图 7-5 多样化的室内场景(三维激光扫描数据)

行数据获取的各种手持式激光扫描仪,可以用来获取小规模场景的几何和图像数据,并且采集的三维点云数据能够全自动完成配准。这些新兴数据采集手段的出现,能够为室内场景的获取提供准确和丰富的信息,为室内场景的感知与理解提供新的机遇和潜在的途径。

1. 相关工作

现实场景的建模、感知与理解是图形学和视觉领域一个新的充满活力的研究和发展方向,近些年取得了一些成果和应用。为便于理解,下面将从室内场景三维建模和室内外场景的识别与理解两个方面进行详细叙述。

(1) 室内场景三维建模。与室外场景相比,有关室内场景的研究相对较少。文献[33]提出从图像中重建室内场景的方法,重建的结果虽然包含纹理,但是缺乏语义信息。针对室内场景中常见的物体,Xu等[34]提出了对模型不同部分进行缩放的变形方法,该方法可以对同类物体按照风格进行分类。基于该方法,随后又提出了将模板模型进行变形来拟合二维照片轮廓的建模技术,可以从一个物体的模板衍生出多个几何相似的物体[35]。针对室内家具的布局编辑,Merrell等[36]提出了一种交互式的家具布局设计系统,该系统可以帮助用户实现家具的摆放,在不需要预先训练的情况下可以提高家具的摆放质量。类似地,文献[37]提出了一种自动从大量虚拟物体中合成室内场景的方法,该系统处理了不同家具之间的空间和层次关系,能够合成多种合理的家具摆放效果。

(2) 场景的识别与理解。基于图像,王君秋和查红彬[26]提出了多种特征相结合的建筑物和物体的识别方法。随着数据采集技术的发展,基于几何数据的场景感知与理解的研究逐渐成为研究的热点,已有一些工作专注于对三维点云局部和全局特征的描述[38~40]。文献[27]对三维点云拓扑结构表征与计算的最新进展进行了综述。Matei等[41]使用Spin image的方法从三维点云中识别出不同物体。Golovinskiy等[42]针对城市室外场景提出了相应的分割和识别方法,但识别率较为低下(60%+)。另外一些工作使用统计模型来给点云分类,文献[43]和文献[44]使用马尔可夫随机场的方法对点云分类,而文献[45]和文献[46]则基于环境关系使用条件随机场对场景进行分类。针对动态物体,Shotton等[47]提出了一种使用随机森林对人体姿势识别的方法。针对室内场景中的家具,Manfred等[48]将输入模型自动地分解为有意义的部分和连接器(铁钉、螺丝、合页等),这一工作使用基于语法的方法来生成不同的组成部分,同时使用基于统计的方法生成连接器。在对场景中各个物体的关系和场景的相似性识别上,Fisher等[49, 50]使用图的方法对室内环境中物体的相互关系进行分析,同时定义了图上使用的核函数来对场景进行比较,能够计算出不同场景之间的相似性,可以用于场景比较和查询。

2. 现有方法存在的问题和面临的挑战

随着数据获取技术的发展,新型数据采集设备不断涌现,快速获取场景的三维几何已经成为可能,目前的研究重点在于重建场景的三维几何,虽然取得了众多研究成果,但大部分研究工作只能得到场景的网格模型表示,缺乏语义信息,这严重局限了场景模型的深层次应用。

随着图形学和计算机视觉的交叉,越来越多的研究者开始关注城市场景数据的分割、分类、识别(如建筑物、道路、树木、车辆和路牌等)。在具体的某一类数据上,如建筑物数据,当前的发展趋势已经开始试图识别建筑物不同的组成部分，如墙面、窗口和阳台等。同样，对于室内场景数据的处理也逐渐进入语义层次的感知与理解，包括对不同场景(办公室，客厅等)的分类，同时对场景中的物体进行分割和识别，对识别出的某一物体进行功能性分析。因此，场景(包括室内和室外)语义层次的感知与理解已经成为城市场景数字化发展的必然趋势。

3. 可能的解决途径

前面主要讨论了通过分析建筑物点云中各个结构的几何与拓扑信息，以及它们之间的关联特征，研究在这些特征指导下进行建筑物快速高精度建模的方法与技术。虽然利用建筑物墙面结构的规则性可以提高建模效率，但由于建立重复结构的模板仍然耗时、耗力。通过对这一问题的思考给了我们启发：如果计算机能够自动识别这些结构，则可以通过预先构建好的模板进行自动拟合，这将大大减少用户交互，提高建模的效率。

Nan等[51]提出的"搜索-分类"方法的核心思想是一种可控的区域生长方法，即通过在场景中累积可能性高的曲面片寻找有意义的物体。通过模板的拟合增强识别的结果，并利用变形后的模板表示识别出的物体，达到对室内场景的快速几何表达。整个算法流程中，识别与拟合构成了循环回路，识别分割的结果经过模板拟合得到精炼，而精炼后的结果再次进入识别环节利用分类器进行评价。算法流程见图7-6。

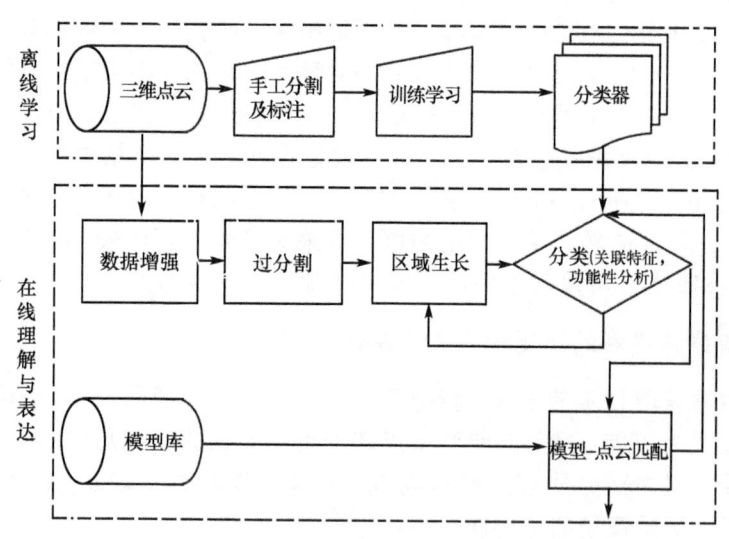

图7-6 基于"搜索-分类"策略的方法流程

场景的理解需要解决两个复杂的子问题：对象分割和对象分类。这是一个典型的"鸡和蛋"类型的问题，因为对象分类的前提是从背景和其他物体中将有意义的物体分割出来；而要将有意义的物体从不完整且带有噪声的场景中分离，又必须知道场景中物体的种类和形状的先验知识。

在数据预处理阶段，通过学习训练集的形状特征，训练得到一个分类器。给定一个室内场景的原始扫描点云，首先根据点的法向量对场景进行过分割，为一系列较为平坦的曲面片，然后根据面片间的欧氏距离构建这些面片的空间邻接图。这样，场景理解的问题转变为将该图分割为若干独立的子图，同时使得每个子图表示有意义物体的可能性最高的问题。已有很多研究证实，随机决策森林(random decision forest, RDF)[52]是一种十分有效的多种类物体分类器[53, 54]，并且可以在GPU上高效实现[55]。随机决策森林分类器的一个主要特点是，它可以直接地处理特征向量中部分维度缺失的情况。具体来说，如果特征向量中某维度缺失，则只需要简单地用一个越界值填充该维度。这样在分类过程中，分类器会忽略这些维度上的数值，从而确保得到正确的分类结果。在分类过程中对丢失的数据处理是改方法的一个重要特色。

由于遮挡对物体的扫描数据通常不完整，并且对场景中物体的种类事先并不了解。该方法采用监督学习训练出针对内场景中常见物体的分类器。定义的随机决策森林为T个决策树的集合，每棵树包含特定的分支和叶子节点，每个节点表示特征向量的某一维度和相应的阈值。对于由若干点描述的分类对象，首先计算特征向量，然后从根节点开始，反复地和节点的阈值比较确定向左还是向右。当到达叶子节点时，就得到了多个物体种类的特征分布。将该分布对森林中的所有树进行平均得到最后的分类结果。

在实现中可以随机选择若干连接的面片三元组作为种子，通过遍历与其相关联的邻接面片，不断添加置信度最高的面片，最后将各个种子生长成若干独立的准物体。在生长过程中，每一个面片的集合表示一个准物体，每次添加一个面片需要保证准物体的置信度值非递减。图7-7给出了一个在搜索–分类过程中准物体置信度值变化的例子，绿色表示当前的准物体，每幅图中的数字表示将红色面片添加后准物体的置信度。当准物体的置信度值突然下降时，停止生长过程。

图7-7 "搜索–分类"过程中准物体置信度值变化

具体地，在邻接图中可以随机选取个相互连接的三元组(下面也表示)作为种子开始生长有意义的物体。与随机拟合的方法(如RANSAC)类似，不断测试向每个三元组加入新的曲面片从而成为有意义物体的可能性。过分割的某些曲面片很小,一个三元组与一个有意义物体的几何形状差别较大,因此在算法开始时,允许置信度较低的种子。物体生长主要是通过遍历邻接图实现。对于每个种子,遍历所有与该种子关联的边。对每个边用分类器检测当前物体的置信度,选择置信度最高的一个邻接面片加入到当前物体,在搜索-分类过程中,仅使用一个物体的局部数据计算置信度,这在算法开始时尤为明显(开始时仅使用三个相互连接的面片测试)。因此物体的置信度在算法开始时通常较低,然而随着将更多正确的数据(过分割的面片)加入当前物体,物体的置信度也将逐渐增加(图7-8)。

图 7-8　邻接图(左一)及物体生长过程示意

一般来说,生长出的准物体是不完美的,这是因为在凌乱的室内场景中物体会经常出现重叠的现象。为此引入一个反馈环节解决这一问题。一般来说,误分割(离群)的面片通常对于点云的拟合较差。在反馈环节中,利用模板变形技术拟合生长出来的准物体,通过度量点云到变形后模板的 Hausdorff 距离,逐步剔除误分割的面片,以此对分割结果进一步求精。所采用的拟合是一种物体各部件自适应的非均匀缩放变形,称为"变形拟合",见图 7-5 中的环路。对模板变形而言,输入是分割好的点云以及若干预先定义好变形方式的多边形网格模型,点云和模板都描述同一类型的物体。首先,调整模板正立方向的朝向,使其严格对齐扫描数据。然后,执行模板各部件的缩放变形,使得点云到模板的单向欧氏距离最小化,以此达到用模板拟合点云的目的。需要说明的是,整个变形过程以非刚性 ICP 的方式进行。在每一步迭代中,计算点云到模板的单向平均距离,然后将模板模型的局部进行变形,以尽量减小单向平均距离。由于模板变形过程可能导致模板部件产生较大的扭曲,在变形后对模板进行一次保结构变形优化,其目的是确保每次变形后的模型保持先前的对称性和部件之间的结构紧凑性等。具体变形方法请参考文献[35]。

对于已经分割并分类的点云,分别用同一类物体的多个模板进行拟合(拟合方法同上),然后根据点云到模型的单向平均距离,选取拟合最好的模板。该步骤将对先前的分割进行进一步的精炼。根据点到模型的距离检测出离群的曲面片,如果平均距离大于指定阈值,则将其删除。如此经过多次迭代后即可得到更优的分割结果(图 7-9)。

图 7-9 通过模板的变形拟合进一步精炼分割结果

图 7-10 和图 7-11 的结果表明该方法在处理物体种类繁多、结构高度混杂区域时的有效性时,能够正确地对室内场景中的物体进行分类,并通过模板的变形拟合得到整个场景的合理重建。

图 7-10 一个典型的室内场景分类与重建结果

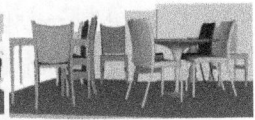

图 7-11 从另一个视角观察图 7-10 的结果

该方法主要针对室内场景,假定场景中的所有物体都是正立的,这对于室内场景是一个很自然且合理的假设,但同时也是该方法的局限性所在。图 7-12 给出了一个不满足物体正立的假设条件而出现的误分类情况。该例子中,中间一个横躺着的椅子被分类器误认为是一张桌子。为解决这一问题,需要研究和设计具有旋转不变性的几何特征。

图 7-12 不满足物体正立的假设条件而出现的误分类情况

7.2 大型场景实时与逼真绘制方法

为了实现大规模场景的实时与逼真绘制,主要介绍并行绘制的相关技术、CUDA 及 QUADRO 协同工作方式、基于 CUDA 的光照并行绘制算法以及大规模城市场景绘制实例。下面对这些内容进行详细叙述。

7.2.1 并行绘制相关技术介绍

随着科学研究和工程设计的发展,数据处理的规模越来越大,如在气象、生物技术、油藏模拟等领域以及卫星数据处理,其规模已经达到 TB 甚至 PB 量级。如何快速、准确地表现海量数据,实现对大规模数据的可视化,对传统的绘制方法提出挑战。并行绘制是解决这一挑战的有效方法之一。

并行绘制是指利用多个图形硬件或图形绘制流水线,使用它们累加的绘制能力来完成绘制任务[56]。并行绘制可以利用有限的绘制条件交付高端形工作站所能提供的绘制能力,为科研人员完成大规模数据集绘制提供实现途径。

1. 图形绘制可并行原理

图形绘制一般以流水线作业的方式分阶段实现图形计算,将整个图形处理过程划分为多个流水阶段。其流水线的组织方式决定了图形绘制过程存在着可并行性。

图形绘制流水线由两个大的阶段组成:几何变换阶段和光栅化。几何变换阶段将一个模型(多数情况下为三角形)从三维坐标(物体空间)映射到二维坐标系统(图像空间)。光栅化阶段将处理后的三角形转化成像素显示到计算机屏幕上。

图形绘制流水线的阶段化结构使其计算步骤独立,非常适合模块化实现。此外,绘制计算的基本处理单元多为三角形面片。绘制系统由一系列顺序相连的处理单元组合,每个处理单元执行一个功能,并将结果输出到下一单元,此结构适合流水线并行。一条绘制流水线可以处理一个顺序的图元序列,而多条绘制流水线的组合则可以构成其他类型的并行方式。

并行绘制的基础是绘制算法本身的可并行性,从并行计算理论的角度来看,图形绘制是流水线结构,具有模块化和数据弱相关的特点,比较适合并行处理,表现在以下两个方面。

(1) 几何变换的输出为光栅化的输入。几何变换处理模型的物理坐标,浮点运算密集。光栅化处理模型屏幕坐标,整数运算密集,两者计算特点不同[57]。几何变换和光栅化都由多个计算步骤组成,这些独立的计算步骤的输入、输出定义明确,算法成熟。这些特点使得多边形绘制非常适合于模块化。

(2) 多边形绘制的基本处理单元为三角面片。两个三角面片的计算大部分可分离处理,只在"深度比较"和"Alpha 混合"步骤,它们的像素有重合时,其中一个面片的部分像素的可见性需要引用另一个面片的信息来判定。在此之前,包括几何转换和扫描转换,面片的计算不需要相互引用,也没有顺序要求。数据弱相关的特点使得绘制算法非常适合并行处理。

多边形绘制是一种"近似易并行"的计算,其特点是:适合并行,但需要进行计算任务的分布和计算结果的收集,并用某种方式加以组合[58]。对多边形绘制算法引入并行的方法有两种:功能并行(functional parallelism)和数据并行(data parallelism)[59]。

2. 并行绘制方法分类

目前最经典的并行绘制方法分类是按照流水线组织方式进行的 Sort 分类[1]。

因为模型和视图变换的任意性,渲染可以看成一个将分类拼接(Sort)的图元映射到屏幕上的过程。根据对任务分类拼接的发生时间不同,将并行绘制方法分为 Sort-first、Sort-middle 和 Sort-last 三种。

1) Sort-first

Sort-first 方式,在渲染管线几何变换阶段的早期进行,发生在几何变换阶段,处理原始图元。通过预变换将屏幕划分为不连续的部分,使每个处理器(渲染器)处理的部分只影响各自的区域。Sort-first 方式是在几何处理阶段对几何图元进行重新分布。该方法将输出图像划分为一些不相交的区域,每条绘制流水线负责一个或多个区域。图元在进入流水线之前先进行预变换,即计算以确定其覆盖的区域,通常是计算出图元在屏幕上的外包围盒并进行比较。之后图元进入相应的流水线,一个图元有可能覆盖多个区域而进入多条流水线。图元分布完成之后,各条流水线单独工作,它们输出的子图像拼接成为最终图像。

Sort-first 方式的优点在于以下几个方面。

(1) 当需要较高的细分程度和过采样程度时,或者帧间一致性可用时,只需要较小的系统通信量。

(2) 对于屏幕的每一部分,处理器执行全部的渲染管线。

其不足之处在于以下几个方面。

(1) 因为某些图元被分割后,一部分几何变换被不对应的处理器处理,所以可能产生覆盖的现象,需要使用新的渲染器进行重新计算。

(2) 对负载敏感。对于图元集中的区域,需要部分渲染器的大量工作。

(3) 为了使用帧间一致性,需要额外的处理。

Sort-first 是三个分类中起步较晚的一个,截止到 1994 年,没有建立一个 Sort-first 系统。但是发展到现在,大部分的集群并行绘制系统大都为 Sort-first 结构。

2) Sort-middle

Sort-middle 方式发生在几何变换阶段和光栅化之间。因为此时图元被转换为屏幕坐标，并已经做好了光栅化的准备。但多数的并行系统的几何变换和光栅化是在不同的处理器上处理的，因此此处是中断流水线一个很自然的选择。几何处理器提供要显示的图元的一个子集给光栅器；光栅器则处理需要显示屏幕的一部分内容。

Sort-middle 方式的优点在于直观通用性，并行方式符合绘制管线的自然流程。其不足之处在于以下几个方面。

(1) 当细分率较高时，需要较高的通信代价。

(2) 当图元在屏幕上分布不均衡时，对负载不平衡敏感。

Sort-middle 是最直观和通用的方法，在早期的并行绘制系统中无论硬件还是软件都是应用最多的。在 20 世纪初，Sort-middle 结构则常被应用在一些硬件图形系统的实现上。但发展到现在，Sort-middle 结构已经不能被当前的硬件架构有效支持，因为 Sort-middle 方式需要中断几何转换和映射过程[60]。

3) Sort-last

Sort-last 方式发生在渲染管辖末端，当图元被光栅化为像素，样本点或者片段的时候开始进行。每个处理器分配一部分图元，计算其像素值而不管像素的最终位置。随后渲染器将像素传送给合成处理器，来解决每个渲染器像素的可见性问题。

Sort-last 方式的优点在于以下几个方面。

(1) 在像素融合之前，渲染器执行整个渲染流程，并相互独立。

(2) 对负载不平衡不敏感。

(3) 可以实现规模线性增长。

其不足之处在于并行绘制过程中需要大量的数据传输，因此当需要实时性或者高质量的渲染时，会导致极高的数据传输率。

Sort-last 方式的并行绘制发展历史悠久，1967 年就开始有 Sort-last 方法的并行系统。目前仍是在发展的并行绘制方式之一。

3. 研究内容及现状

对并行绘制技术的研究，可分为针对体系结构和针对性能两类。

1) 体系结构

针对体系结构的研究内容，包括新体系结构的设计和实现。每种体系结构，都有其运行的关键路径，不解决关键路径上的问题，这些体系结构就无法实现。针对体系结构的问题包括任务划分、归属判断、图像合成以及混合型体系结构的设计等。

(1) 任务划分。

如何将绘制任务分布到多个绘制节点是个基本问题。Display Wall 系统通过预先将图形数据复制到各绘制节点，配合专门的消息机制实现绘制任务的分布[61]。

WireGL[62]是一个分布式并行绘制系统，它采用指令打包的办法实现高效率的任务分布。具体办法是：WireGL 的客户端残根(stub)程序捕获应用程序发射的 OpenGL 指令，将指令的操作码和参数分离，存入一双向缓存(打包)，然后指令包通过网络发送到服务器，服务器端解包并执行指令。

(2) 归谁判断。

前分布拼接合成(Sort-first)系统存在归属判断问题，即决定某一图元的绘制任务应归属于哪个绘制节点。在实际的系统里，归属判断操作存在较粗的粒度，粒度控制也是一个重要问题。WireGL 的策略是将归属判断与指令打包结合起来，将操作指令和几何指令分离处理，几何指令包为基本的粒度单位，对几何指令包内几何数据的外包围盒进行归属判断，通过设定包的大小控制处理粒度。Display Wall 则通过裁剪运算找到三维场景相对当前帧的潜在可见集合(potentially visible set, PVS)，然后针对当前屏幕剖分对 PVS 进行归属判断[63,64]。

(3) 混合型体系结构。

Sort-first、Sort-middle 和 Sort-last 方式各有其优劣，如果能混合使用一种以上的方式，则有可能构造出更加好的体系结构，AnyGL[65]在这方面做出了有益的尝试。AnyGL 是一个 Sort-first 和 Sort-last 混合型的大规模分布式图形系统，它包含四类节点：几何数据分配节点(gcometry data distribution node, G-Node)、几何图形绘制节点(rendering node, R-Node)、深度图像合成节点(image composition node with depth buffer, C-Node)、输出图像显示节点(output image display node, D-Node)，彼此之间以网络连接。应用程序的 OpenGL 指令被 G-Node 截获并根据负载平衡策略将其发往多个 R-Node。R-Node 设置相应的 GLContext 状态，执行 OpenGL 指令，将结果图像和深度缓冲区输出到 C-Node。C-Node 根据深度缓冲区和图像合成状态合成最终图像，并将最终图像发送到 D-Node 输出最终图像。

在 2012 年 Eilemann 等[60]提出一种与传统的单 socket、单 GPU 集群节点不同的，由多个胖渲染节点相连组成的混合 GPU 集群。每个混合集群的节点拥有其内部的拓扑结构，使用非同一内存访问结构(non-uniform memory access, NUMA)以及 PCIE 总线连接多个内存区域、GPU 以及网络适配器。

2) 系统性能

针对性能的研究旨在某种体系结构已经实现的前提下，充分发挥其优点，提高其性能，如负载平衡、指令流压缩、优化的图像合成策略等。

(1) 负载平衡。

在三类并行图形绘制系统中，Sort-last 类系统基于数据空间进行任务划分较容易达到负载平衡，而 Sort-first 基于图像空间的划分容易因为场景在屏幕上分布不均匀导致负载平衡。因此，目前大多数负载平衡算法都是针对此类系统而设计的。对于直接体绘制，因其具有根据图像空间进行投射的特性，可以较好地适用于

Sort-first 并行绘制系统[66]。

按照图像空间划分是否固定分配给特定的绘制节点，并行绘制系统负载平衡算法可以分为静态、动态和自适应三种。其中自适应性算法根据系统运行时场景体元在屏幕上的分布情况动态地确定屏幕划分方法，并且采用预测或者反馈的方式随时调整屏幕的划分，以适应负载分布状态的变化。在 1994 年 Whiteman[67]提出的基于网格加权的Whiteman自适应负载平衡算法。随后自适应的负载平衡方法得到了较多的关注。在 2007 年，Moloney 等[68]提出一种新的动态负载平衡策略，能够在不考虑帧间一致性的情况下确保分层的负载平衡。

(2) 指令流压缩。

分布式并行绘制系统中，网络是性能的瓶颈。对 AnyGL 系统的几何指令流进行压缩，能减小网络流量。几何指令的含义很丰富，因此需要针对指令特点，结合使用多种压缩算法。

在分布式并行绘制系统中，网络带宽容易成为瓶颈，影响系统的性能和可扩展性。如何应用压缩技术减少数据的传输量、缓解网络带宽的瓶颈，是分布式并行绘制系统研究的一个重要问题。对Sort-last系统，通过提取"活跃像素"的办法可以大大压缩数据量[56]。在 Sort-first 系统中，WireGL 尝试用一阶线性预测和量化编码对几何数据进行压缩[62]，但它仅处理了部分几何数据，而Sort-first 系统中网络上传输的是包含多条几何指令的一定格式的指令流。指令流由指令操作码和参数组成，参数主要为几何数据，包括顶点位置、向量、颜色、纹理等，由于数据类型多样，只有根据各种数据的特点，组合使用多种压缩方法才能达到较好的效果。

(3) 优化图像合成策略。

全图像深度合成方式(Sort-last)因其简单性而受到硬件厂商的青睐，这种体系结构的特点是多条图形绘制流水线独立工作，最后对图像进行深度合成。因此图像合成策略就成为一个关键问题。

Ma 等[69]提出了 Binary Swap 并行图像合成策略，发挥多节点计算资源，在多个阶段完成部分图像合成。Direct Send 算法[70]针对 Binary Swap 算法需要多点同步的缺陷，使用重叠图像传输时间与合成时间的策略，加快了图像合成过程，但是合成过程中存在多对多网络通信的问题。

在2008年 Yu 等[71]针对图形合成需要大量的处理器间通信而造成的瓶颈问题，在 Binary Swap 基础上进行了改进，通过节点分组的方式，提出一种称为 2-3 交换的图像合成算法。该方法克服了 Binary Swap 中 2 的幂次数量限制与 Direct Send 算法多对多通信的缺陷，融合了传统的直接传送法的灵活性与二次交换法的最优性。算法允许使用任意数量的处理器进行合成，并且参与的处理器贯穿整个合成过程，实现了高效的并行图像合成过程。

3) 代表系统

(1) PixelFlow。HP 公司和 UNC 在 20 世纪 90 年代初合作开发的 PixelFlow 系统是采取全图像深度合成方式的一个高性能绘制系统。由于各 Renderer 完全独立，其绘制速度理论上可随 Renderer 数目增加线性扩展，唯一的约束就是图像合成的速度。PixelFlow 使用了一个"超快图像合成网络"，其合成单元直接与用逻辑加强存储芯片实现的SIMD光栅化阵列集成在一起，各合成单元之间以菊花链连接。该图像合成网络带宽达 100Gbit/s，足够应付 1280×1024 分辨率，每个像素 4 个反走样样本，60 帧/s 的图形应用需求。

(2) VR Juggler。VR Juggler 最早是由美国州立 Iowa 大学的 Cruz-Neira 博士于 1997 年提出并开发。VR Juggler 不同于其他虚拟现实(virtual reality, VR)软件，该软件提出一个更加通用的虚拟环境框架概念——VR Juggler virtual platform，简称为 JVP。JVP 提供了一个完全独立于硬件设备(显示设备、输入/输出设备)、独立于操作系统，同时可配置虚拟设备的开发和执行环境，其最大程度地隐藏了硬件级虚拟设备的信息，使得开发人员更加专注于应用层的开发，而无须过多地考虑底层的硬件和模拟输入/输出设备的信息。

(3) WireGL。斯坦福大学计算机图形学实验室设计了一个称为 WireGL 的架构，其当前最新版本为 1.2.1。WireGL 使用自身的库函数替换了客户端标准的 OpenGL 动态链接库，这个新库并不执行 OpenGL 命令，而是通过截获 OpenGL 命令并在几何缓存区对命令打包并发送到相应的绘制服务器解码并进行绘制。它将整个系统划分为两类节点：客户节点和绘制服务器。客户节点即应用程序节点，它负责截获 OpenGL 命令并将这些命令打包，根据它们的包围盒将打包后 OpenGL 命令及其参数数据包发送到服务器节点，服务器节点负责 OpenGL 命令包的解码和绘制。

(4) Chromium。Chromium 是 WireGL 的后续版本，它最大的特点是明确地提出了"流处理"的概念，图形绘制过程被看成数据流在 SPU(stream proeess unit)间流动的过程，通过各种类型 SPU 的连接组合可以生成各种结构的并行绘制系统。流处理和 SPU 的概念，大大提高了立即模式并行绘制系统的模块化程度和开放性。

(5) Display Wall。Princeton 大学的 Display Wall 系统是一个类似保留模式的 Sort-first 绘制系统，通过预先将图形数据复制到各绘制节点，配合专门的消息机制实现绘制任务的分布。它采用价格昂贵的 Myrinet 高速网络连接 PC 集群，其数据分布存储在服务器端，但其没有明确地提供一套保留模式的接口，图形应用程序和分布式并行绘制程序间的耦合度很高，在其上开发应用程序比较困难。

(6) Equalizer。在 2008 年 Eilemann 等提出的一个基于 OpenGL 的可扩展并行绘制开发包，为从大规模分布式可视化集群和多处理器多绘制管线图形系统到单处理器单绘制管线桌面机器大范围的系统提供可扩展图形应用开发 API。

7.2.2　CUDA 介绍及 Quadro 协同工作方式

1. CUDA 介绍[72]

计算机统一设备架构(computer unified device architecture, CUDA)是 NVIDIA 公司设计的一个针对异构计算资源扩展下的大规模并行计算架构模型。它使用类 C 语言，写出在显卡上执行的程序，而不必关心特定的硬件特征。NVIDIA GeForce 8000 系列及以后的 GPU 产品，包括 GeForce、Quadro 和 Tesla，都支持 CUDA。它提供编译器和一些开发工具，让开发人员可以不需要图形学 API，而用一种类似 C 的编程语言来开发 GPGPU(general purpose graphics process unit)程序，并同时运行在 CPU 和 GPU 上，这种通用性使它成为当今最流行的 GPGPU 语言。CUDA C 提供给程序员一个完整的接口，可以访问 GPU 的本地命令集、存储器等并行计算元素，使它们在并行运算的同时变成像 CPU 一样的开放式架构。若待开发的应用程序符合这样的大规模并行架构，则运行效率会大幅提升。

1) CUDA 架构

CUDA 是 NVIDIA 的 GPGPU 模型，它使用 C 语言为基础，可以直接以大多数人熟悉的C语言，写出在显示芯片上执行的程序，而不需要学习特定的显示芯片的指令或是特殊的结构。

在 CUDA 的架构下，一个程序分为两个部分：Host 端和 Device 端。Host 端是指在 CPU 上执行的部分，而 Device 端则是在显示芯片上执行的部分。Device 端的程序又称为核。通常 Host 端程序会将数据准备好后，复制到显卡的内存中，再由显示芯片执行 Device 端程序，完成后再由 Host 端程序将结果从显卡的内存中取回(图 7-13)。

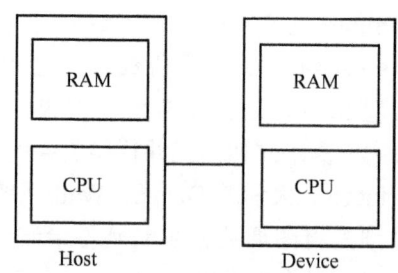

图 7-13　Host 端和 Device 端通过 PIC Express 数据总线传输[72]

2) CUDA 线程层次

在启动 kernel 的时候会生成线程网格 Grid，一个网格包含一个一维或二维的线程块 Block 数组。每个线程块 Block 也相应包含一个一维二维或三维的线程 Thread 数组。CUDA 线程层次结构示意图如图 7-14 所示。

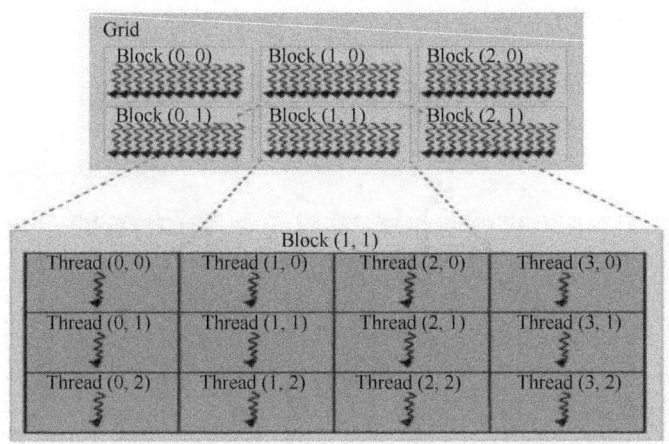

图 7-14 CUDA 线程层次结构示意图[72]

一个 Grid 对应于一个 GPU 或多个处理器。而一个 Block 中的线程则在一个多处理器上并发执行。当这个 Block 的所有线程都执行完以后，新的 Block 会被激活并分配到空闲的多处理器上。同一个处理器上也可能同时激活多个 Block，但是 Block 中的线程不会拆分到不同的处理器上。当 kernel 调用时，GPU 以 Block 为单位执行该函数，并且一个 Block 内的线程可通过共享存储器来共享数据(此时数据需要用 share 声明)，每个 Block 内的线程同样是并行执行的，可以通过同步执行进行协作(通过调用_syncthreads()内置函数指明同步点，该函数起到栅栏的作用，只有当一个块内的所有线程都执行到此处，才可以继续向下执行，否则等待)。到计算能力 2.X 为止，多处理器(stream multiprocessor, SM)激活、管理、调度和执行都是以 32 个并行线程为单位的，并将这 32 个线程成为一个 warp。当一个 Block 的线程激活时，这些线程被分为线程号连续的若干组 warp，多处理器的单指令多线程(single instruction multiple threads, SIMT 是 GPU 中相对于 CPU 中 SIMD 单指令多数据的概念)以 warp 为单位调度线程。由此建议,Block 中线程数为 32 的倍数。在组成 warp 时，CUDA 从 Block 中线程号最小的开始，每 32 个连续的线程被安排在一个 warp 中。从这一点开发人员在设计时就知道哪些线程会在同一个 warp 中，根据这个原则，尽量使位于同一个 warp 中的线程执行相同的路径，这样可以提高性能。

3) CUDA 存储器模型

CUDA 的存储器有三层结构：可被单个线程访问的本地存储器(local memory)和寄存器(registers)，可被 Block 内所有线程访问的共享存储器(shared memory)(由同名的片上共享存储器 on-chip shared memory 实现)；可被一个应用程序中所有线程访问的全局存储器(global memory)、常量存储器(constant memory)、纹理存储器(texture memory)(后两种为只读存储器)，三者都由设备存储器(device memory)实现。其三层结构如图 7-15 所示。

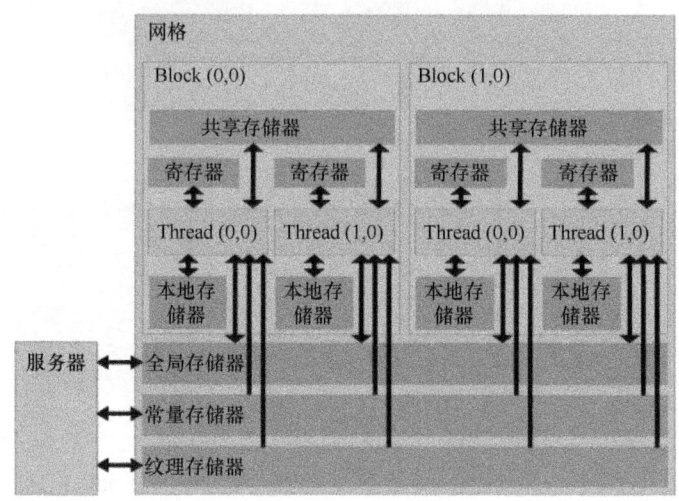

图 7-15 CUDA 存储模型示意图[72]

2. Quadro 协同工作方式

1) Quadro 显卡[73]

(1) Quadro 显卡介绍。

NVIDIA Quadro GPU 是 NVIDIA 公司专门为工作站设计的企业显卡，定位在专业的绘图工作站领域。Quadro 与更强调个人领域的 GeForce 系列显卡采用相同的核心，但 Quadro 显卡系列更强调与行业软件的兼容性、稳定性以及高效率。几乎所有的 Quadro FX 系列的显卡都通过 AutoCAD 认证，可提供 GeForce 所不具备的点状和线状反锯齿等专业特性，完整支持线框模式下的反锯齿。其驱动程序和编程接口都有相应的优化，集成一个专业的 AutoCAD 平滑线条所设计的更强大的多边形处理引擎、硬件 T&L 引擎和高效能 Cooch 着色器。Quadro FX 系列还具备 UMA 技术，高速的硬件交互作业与双工光照、3D 剖析技术。在 NVIDIA 公司的积极推动下，Autodesk、SolidWorks 等软件厂商在软件开发方面充分挖掘 Quadro 系列显卡的硬件机能，以获得更好的运行性能。

2007 年以后发布的 Quadro 显卡都采用统一的渲染架构，不再是传统意义的渲染管线，这一技术可以使着色器模拟各种模型的物理特征，如光源效果中的光源散步、反射、折射和 BRDF 模型等。实时着色器可以让效果相互结合，并实时在屏幕上看到最新效果。相比传统的 2D 静态材质贴图，基于统一的渲染架构的着色器在模型效果、执行效率和外在品质上有大幅度的提高。

时至今日，NVIDIA Quadro FX 系列专业显卡不仅分成了超高端、高端、中端和入门级四大系列的多款产品，还根据不断发展、不断多元化的用户需求，衍生出了 NVIDIA QuadroNVS、NVIDIA Quadro VX、NVIDIA QuadroPlex 等分支产品，并迅速向前沿的高性能计算领域拓展。

(2) Quadro 显卡和 GeForce 显卡的区别。

作为专业的图形解决方案，Quadro 显卡与 GeForce 显卡有着本质的区别。主要在以下几个方面。

①Quadro FX 的矢量点线硬件抗锯齿功能。在矢量图形显示中，精确的线条图不是以像素数据的形式存在，而是以矢量数据定义的形式存在，如此才能保证图形计算的精确性。但是显示器显示图形时必须以像素形式。因此，精确的矢量图形以像素形式近似显示就会出现精度降低的问题，表现在屏幕上就是线条和曲面、实体的边缘不光滑，锯齿现象非常明显。对于规模庞大且精细的图形设计，锯齿对显示效果的影响是很明显的。Quadro FX 专业显卡对矢量数据的显示采用了更为精确的数据模型，具备矢量点线硬件抗锯齿功能，在数据量大幅度增加的情况下，减轻甚至消除了锯齿问题，从而提高了图形的显示质量。对于 GeForce 显卡的用户，矢量图的精确显示显然并不重要，因此 GeForce 不对矢量点线进行抗锯齿处理。

②Quadro FX 的重叠图形处理功能。大型图形设计软件在交互操作过程中，用户需要不断与软件系统对话，将设计参数、功能参数等数据提供给计算机，计算机也要将处理结果反馈给用户，因此在三维图形界面下必须不断弹出交互窗口，这些窗口往往与三维模型的场景重叠。场景重叠问题是计算机交互式图形处理系统所必须考虑到的，Quadro FX 通过硬件桢缓存的形式智能地执行这些操作，被遮挡的像素数据将进入硬件缓存，当窗口移走时，再从缓存中回读像素数据，复现在屏幕上。

③Quadro FX 的专业软件认证和优化。为了保证在各种 CAD/DCC 专业软件中获得最佳表现，Quadro FX 全系列显卡都额外进行一项工作：专业软件认证。NVIDIA 和大量的专业软件厂商合作，包括 Autodesk、PTC、DASSAULT SYSTEMES、SolidWorks、Simense PLM 等主流厂商，在 Quadro FX 的设计、检测阶段保证其在专业软件中的良好、稳定表现。在 Quadro FX 显卡的驱动程序中，专门针对不同的专业应用进行优化调整，用户选择相应的优化方案后效能可以得到不同程度的改善。而这些工作是不会在 GeForce 显卡系列上进行的，理由很简单，成本会大幅度提升，而游戏娱乐用户也不需要。

④Quadro FX 的硬件加速图形剖切功能。三维设计软件的好处之一就是直观和产品结构的可见性好，对于结构复杂的三维实体经常需要进行剖切操作，以"窥视"产品的内部结构或部件之间的连接关系，而且剖面也是工程图形语言中必不可少的表述方式之一。Quadro FX 的硬件架构能对剖切操作进行加速，提高操作效

率，改善应用体验。越是复杂的模型这种硬件加速就越能体现其优势。而三维游戏基本是用不上剖切操作的，因此面向消费娱乐群体的 GeForce 就没必要支持硬件级别的图形剖切加速。

⑤Quadro FX 的动态显存管理和 UMA 功能。针对专业图形的 Quadro FX 显卡具备更为科学的显存管理机制，当进行大型图形设计时，显卡会智能地分配管理显存，首先保证软件需要，然后保证当前模型、当前视图的需要，以保证正在进行的工作流畅运行。而 GeForce 用户基本不涉及这个问题，因此也不提供类似的显存管理功能。

⑥Quadro FX 的双面光源处理。在计算机中显示三维模型需要通过三角形或多边性的面片，这些面片组成了多姿多彩的三维世界。而为了得到真实感的三维模型，必须考虑光源问题，必须通过计算机模拟自然界光源的反射、散射等效果。Quadro FX 支持双面光源处理，保证了当 CAD 用户旋转不封闭曲面，或剖切封闭的空间时，三维模型的另一面或内表面同样得到很好的光源处理，从而得到内外兼具真实感的完整三维模型。GeForce 用户并不需要双面光源处理，因为在游戏场景中的三维物体仅需要处理对外显示的面，而物体的内侧不需要显示，所以不需要额外花费资源进行处理。

⑦Quadro FX 的寿命周期和技术支持。工作站计算机产品的更新周期不低于 18 个月，而家用娱乐计算机产品的更新周期不会超过 12 个月。

2) SLI[74]

(1) SLI 介绍。

SLI 的全称为"可灵活伸缩的连接接口"(scalable link interface)，中文简称速力，是一种可把两张或以上的显卡连在一起，进行单一输出使用的技术，从而达到绘图处理性能加强的效果。

SLI 允许二至四块显卡在渲染同一帧图像的时候分配负载协同工作。在同一款有两个 PCI Express 主板上工作的两块独立 GPU，地位并不是对等的，一块显卡作为主卡，另一块则作为副卡。其中主卡负责任务指派、渲染后期合成输出等运算和控制工作；而副卡只是接收来自主卡的任务进行相关处理，然后将结果传送目主卡。配合 NVIDIA 的驱动程序，系统将自动地均衡向两块显卡分配工作任务。系统将画面分为两块区域，每块显卡负责各自区域图像的生成，系统还会根据两块区域的图形运算量，如填充率、几何处理以及像素阴影处理等，来调整区域比例，保证两块卡的运算量基本均等。两块显卡都是通过 PCI Express 接口与主板连接，而这两块卡之间还有一个通信的 PCB 卡。其中连接两块显卡的 PCB 卡用于任务指派指令以及后期处理结果的传送，这部分的数据量不会很大，所以 PCB 卡使用的接口和自身结构都较为简单。但是显卡在渲染过程中必须调用大量的数据，这部分数据只能通过 PCI Express 接口从系统中获取。换言之，在 SLI 系统中有两部分不同的数据流向：一部分为主卡将任务指令通过 PCB 连接卡传送给副卡，副卡将渲染完毕的结果数据返回给主卡；另一部分为处理过程中从 PCI Express 接口得到的原始数据。

NVIDIA 的 SLI 则有两种渲染模式：分割帧渲染(scissor frame rendering, SFR)模式和交替帧渲染(alternate frame rendering, AFR)模式。分割帧渲染模式是将每帧画面划分为上下两个部分，主显卡完成上部分画面渲染，副显卡则完成下半部分的画面渲染，然后副显卡将渲染完毕的画面传输给主显卡，主显卡再将它与自己渲染的上半部分画面合成为一幅完整的画面；而交替帧渲染模式则是一块显卡负责渲染奇数帧画面，而另一块显卡则负责渲染偶数帧画面，二者交替渲染，在这种模式下，两块显卡实际上都是渲染的完整的画面，此时并不需要连接显示器的主显卡进行画面合成工作。一种反走样模式：SLI 反走样(SLI antialiasing)模式，这种模式能增加画面质素，让两个绘图核心同时运行反走样运算，然后把结果组合。一块显卡负责计算某一方向(如左边和下面)偏移量的反走样，另一块显卡负责相反偏移量(如右边和上面)的反走样计算，再将两种反走样结果组合形成高清画质的反走样模式。

用哪一个 SLI 模式是由驱动侦测计算机游戏的可执行文件来决定的，NVIDIA 驱动程序里已有自带一组定义数据库，没有被定义的就会采用兼容模式，即使用单颗 GPU 而不运行 SLI。而用户也可以从驱动程序设置接口中的"3D Settings"，自行新增未被定义的游戏要用哪种 SLI 模式，或是修改已定义的数据库。

(2) SLI 实现方式。

SLI 的实现方式主要包括以下几种。

①四核心 SLI。以四颗绘图核心运作的 SLI 称为 Quad SLI，即一张拥有两颗显示核心已于内部构成普通 SLI 模式的显卡再加一张相同型号的显卡进行 SLI，现在只有 GeForce 7950 GX2、GeForce 7900GX2、Quadro FX 4500X2、GeForce 9800GX2、GeForce GTX 295 支持。

②三路 SLI。三路 SLI 称为 3-way SLI，硬件要求是采用 nForce 680i SLI 芯片组或 nForce 780i/790i 系列芯片组的主板和三张 GeForce 8800 GTX/Ultra 等拥有 2 个 MIO 接口的显卡。官方声称，性能提升是单卡的 2.8 倍。

③混合 SLI。NVIDIA 新的芯片组也开始支持混合SLI(Hybrid SLI，中文名称为混合动力)技术。内置芯片组中的显示核心，可以通过与独立显卡的显核，进行 SLI 运算。较低端的显卡可以得到较高幅度的性能提升，NVIDIA 声称最高可达到 100%。主流及性能级显核方面，提升幅度分别有40%和20%。如果是高端的显核，那么性能提升约 5%。混合 SLI 包含节能技术 Hybrid Power，原理是当系统不用运算复杂的立体计算时，系统可以关闭独立显示核心，只启动集成显示核心进行显示输出，从而达到节能的效果。

④增强版 SLI。nForce 790i 芯片组将支持增强版 SLI(enhanced SLI)。增强版 SLI 包括两个技术，一个是 PW Shortcut，另一个是 Broadcast。通过 PW Shortcut 技术，两张显卡的沟通可以变得更直接。在以往显示核心要交互数据时，需要 CPU 的参与。现在北桥会自带一条直接数据通道，显示核心可以利用该通道交互数据。这样可以降低 CPU 的占用率，提升 SLI 的性能。

7.2.3 基于 CUDA 的光线跟踪并行绘制算法

在硬件方面，CPU 的计算能力不可能无限制提高，单核或者少数几个核的 CPU 很难处理如此巨大的计算量，而用集群则花费过于昂贵。与 CPU 不同，GPU 从一开始就以计算为核心任务，具有较强的并行处理能力，但其逻辑控制功能较弱，这就使得 GPU 长期以来只能进行图形显示的计算。

现代图形处理器强大的并行处理能力和可编程流水线，使得用流处理器处理非图形数据成为可能，通用 GPU(general-purpose computing on graphics processing units, GPGPU)能够处理原本由 CPU 处理的与图形无任务关系的通用计算任务。NVIDIA 推出的 CUDA 平台可以很方便地开发出 GPGPU 进行通用计算的程序，并且不需要开发者对显卡的工作原理进行过于深入的了解。CUDA 技术的出现，使得许多在 CPU 上无法达到实时绘制的光照绘制通过 GPU 并行计算成为可能。下面介绍基于 CUDA 的光线跟踪和精确阴影计算。

基于 CPU 的光线追踪算法能提供较为真实的光照效果，具有高度真实感。但是计算量巨大，极为耗时，尽管对场景的空间分割技术已经有了很成熟的研究，基于 CPU 的光线追踪算法很难实现实时绘制。CUDA 技术的提出，使得 GPU 通用计算编程的灵活性大大增加，光线追踪实时化已成为可能。

目前对 CUDA 实现实时光线追踪法的研究主要集中在如何有效地对场景元素进行空间分割上，Popov 等[75]提出 KD-Tree 遍历的优化算法，可以实现对中等复杂度场景 6.7 帧/s 的显示效率。Günther 等[76]实现的光线追踪法应用了场景包围盒技术和并行光线包算法，在 GeForce 8800 GTX 显卡上实现分辨率是 1024× 1024、拥有 12.7MB 三角形面片的场景 3 帧/s 的渲染帧率。Dos Santos 等[77]重点讨论了 5 种对 KD-Tree 遍历方法的优化，说明显卡局限性会严重影响算法效率。Britton[78]研究了传统光线跟踪算法在 CUDA 平台上的实现，并对其运行性能进行了分析和优化。以上的研究均是静态场景的光线追踪法，在动态场景研究中关键是如何实时更新场景的空间划分。2008 年 Zhou 等[79]首次提出基于 CUDA 的实时光线跟踪，其核心是基于 CUDA 的实时 KD-Tree 构造算法。2010 年 Reichl 等[80]通过一个包围盒-KD-Tree 两级结构实现了动态场景的光线追踪过程，全过程在 CUDA 下实现。

下面详细介绍两种经典的基于 CUDA 的光线跟踪算法：动态场景中基于实

时 KD-Tree 构造的光线跟踪[79]和静态场景中递归式光线跟踪算法在完全 CUDA 上的实现[78]。

1. 实时 KD-Tree 构造的光线跟踪

GPGPU 概念的提出，使得 GPU 也被赋予了通用计算能力。由于 GPU 的大规模并行性和高性价比的优点，人们开始尝试在 GPU 中建立 KD-Tree。然而由于早期的 GPU 通用计算功能有限，编程难度较大，难以获得鲁棒和通用的建树算法。2008 年 Zhou 等[79]提出的 KD-Tree 算法通过广度优先搜索方式建立树的节点，充分利用了图形硬件优越的流体系结构和并行计算能力，实现 KD-Tree 的实时构建。为了进一步充分利用 GPU 良好的并行性能，使用一种特殊策略用于树的上层大节点，即对于每一层的节点，并行计算所有的几何图元，而不是针对整个节点。

1) 基于 CUDA 的实时 KD-Tree 构造

构建 KD-Tree 的关键是选取最佳的分割面。根据对进入节点可能性估算的方式不同，建树方法可以分为基于 VVH(voxel volume heuristic)的 KD-Tree 建立方法[81]和基于 SAH(surface area heuristic)的 KD-Tree 建立方法[82]。基于 SAH 的 KD-Tree 在静态场景光线跟踪中，可以获得相对最好的加速效果[83]，但计算过程比较耗时，不能用于动态场景。基于 CUDA 的实时 KD-Tree 构造可用于动态场景，主要是大节点和小节点分别处理，具体处理方法如下。

(1) 大节点采用空白部分剔除法和中分法(图 7-16)，其分割线质量较 SAH 的结果低。

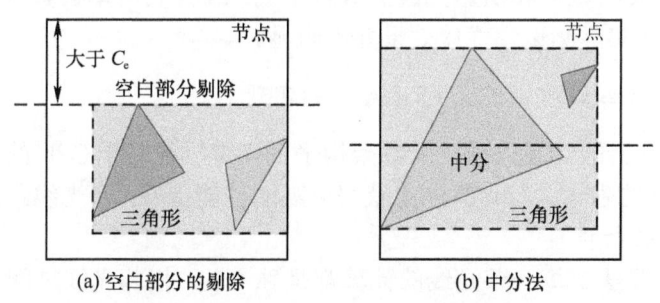

图 7-16　大节点的两种分割方法[79]

(2) 小节点使用 SAH 方法选取分割线。但由于其面向节点并行，单个线程处理多达 64 个面片，串行计算 SAH，并行效率并不高。另外，这种算法需要计算量比较大的排序过程，而且依赖高效的 CUDA 私有存储区读写堆栈，其针对 CUDA 的特殊设计，只能在 NVIDIA GPU 上高效运行，难以在 AMD GPU 上获得高效性能，限制了其通用性。

2) 基于 CUDA 的 KD-Tree 遍历

CPU 上传统的 KD-Tree 遍历是基于栈的。由于早期的 GPU 并不支持栈结构，

Popov等[75]提出了一种基于穿线的KD-Tree遍历方法,避免了堆栈的使用。该方法虽然能在GPGPU上高效运行,但是在建树和遍历时都需要额外的计算和额外的存储空间,且只适用于静态场景。Zhou等[79]提出的基于堆栈的GPU KD-Tree遍历方法,使用CUDA架构在线程内部实现高效的堆栈结构,适用于动态场景。但在GPU堆栈资源相对较少的体系结构中,并非所有的GPU都提供高效的堆栈结构(如AMD GPU),会造成堆栈的性能损失。

3) 基于CUDA的光线跟踪算法

使用KD-Tree对动态场景的光线跟踪进行加速。对于每一帧图像,先计算物体变化后的位置,并计算其轴平行包围盒(axis-aligned bounding box, AABB),然后按照上述过程建立新的KD-Tree。对于该帧的每一个像素,发射一条视点光线,使用基于堆栈的KD-Tree遍历方式加速光线与面片的求交计算。

对整个场景构造KD-Tree以后,基于CUDA的实时光线跟踪具体步骤如下。
(1) 从视点发射并追踪光线。
(2) 遍历KD-Tree获得交点信息,并建立和反射、折射面的交点链表。
(3) 发射并追踪反射和折射光线。
(4) 重复步骤(2)和步骤(3)以处理更多的反弹。
(5) 发射和追踪阴影光线。
(6) 计算阴影。

这种方法的每一个过程功能单一,减少了分支操作,能够提高SIMD的效率。但是由于主光线的数量和阴影光线的数量不同,线程利用率会降低,而且会增加访存的次数,在实际测试中优化效果并不明显。

2. 递归式光线跟踪在完全CUDA上的实现

NVIDIA推出的CUDA统一计算架构平台使得以往基于CPU的计算程序能够轻松利用GPU的强大并行计算能力获得可观的性能提升,而光线跟踪算法本身也具有很好的可并行性。

光线追踪算法中每一条光线的计算都是独立的,相邻光线之间不会有依赖关系,因此可以方便地进行并行化,为每一条光线分配一个线程,独立完成线面求交、着色以及阴影计算等,从而实现光线跟踪算法的并行化。CUDA编程模型将CPU作为主机(Host),GPU作为协处理器(co-processor)或者设备。一定内存被分配、定义并将数据移到GPU后,就开始光线跟踪的操作流程,如图7-17所示。GPU内核被写入光线跟踪各步操作,如与场景模型的相交、计算材质和阴影及颜色合并等。

标准的光线追踪算法具有明显的递归特征,是一个递归计算后续光线并累加颜色的过程,在CPU上的算法是利用栈实现这个过程。然而在CUDA平台上,

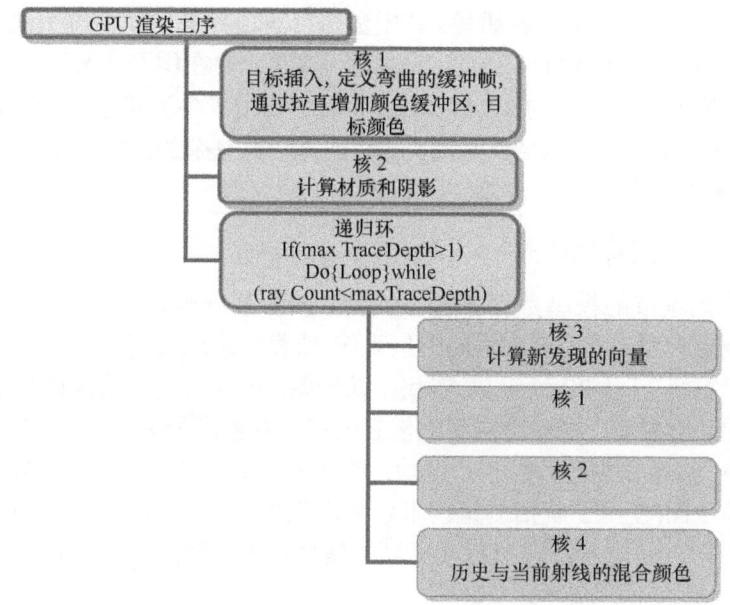

图 7-17 基于 CUDA 的光线跟踪 GPU 内核流[78]

函数的递归调用不被支持,光线追踪算法要想改造成 GPU 上运行的并行程序,就必须解决如何在无堆栈的 GPU 上表达递归的光线追踪过程。

反射光线和折射光线的生成需要上一级光线与物体的交点信息,同样每条光线的颜色计算也需要交点信息,因此光线的生成和颜色的计算应该同时进行。CUDA 中每个执行线程有自己的存储空间,其访问速度很快,但容量也非常小。为了提高渲染器的运行性能,每个线程在运行过程中所需要的存储空间应该尽可能小。Britton[78]通过对光线的状态进行标记的循环跟踪方法实现对反射和折射光线的跟踪。使用这种方式,既可以不增加求交点的次数,也使得需要的存储空间与迭代次数保持线性关系。该方法类似于二叉树的非递归深度优先遍历方式,只是在跟踪过程中并不保留二叉树的结构,而是通过状态标记的方式来指示父光线与子光线的关系。

7.2.4 大规模城市场景绘制实例

虚拟城市技术已经广泛地应用在城市的建设和规划中。由于各城市发展的速度都较为迅速,利用视景仿真系统可有效地把握城市新区规划时的总体效果和预见未来城市的发展趋势。如果城市发生灾难,设计人员则可以通过仿真模型和地理信息数据来确定毁坏的建筑物数量以及需要改造的街道、绿地、房屋等,对重建城区进行规划设计,再将新数据存入该系统,以实现信息系统的良性循环。在国际上很多大型城市都已经开发了自身的城市仿真系统,其中比较著名的项目有虚拟伦敦、数字东京和虚拟洛杉矶等。其中虚拟伦敦项目是比较值得关注的一个，它是由 London Connects 和 CASA UCL 共同主导的，旨在构造一套用于规划分析与可视化覆盖伦敦全部区域的 3D 模型。该项目中应用了多种建模与绘制技术，支持多种模型格式(包括 GIS、CAD 和 Google Earth)，对复杂的大规模城市场景进行组织和展现，是当今最成功、最复杂的系统之一。

1. 大规模城市建模技术

与其他大城市的模型数据来源相比，伦敦的基础模型数据主要有两个来源：全国地形测量和激光雷达(LIDAR)定位系统(准确的建筑物高度和地形数据所提供的环境信息系统)。从 20 世纪 90 年代中期开始，伦敦对整个城区进行了各种不同详细程度的环境勘测，将测量得到的信息依据详细程度分为 A~G 七个等级。在它们的系统中，城市被划分为若干个区块，每个区块拥有由地形测量测得的 1∶1250 建筑轮廓高度图(使用了航拍测量技术)，从而提供了一个细节程度为 G 的城市全景模型，如图 7-18 所示。细节程度更高的模型数据由随后的诸多项目进行增量式更新。

图 7-18　伦敦城区全景图(细节程度 G)

LIDAR 建模是通过机载激光雷达向地面发射脉冲信号，通过测量信号返回的时间差来确定地面物体的深度，并通过滤波去噪等处理生成其数字高程模型的技术，如图 7-19 所示。使用简单的 GIS 技术，可以将高程数据图与二维建筑轮廓相

图 7-19　基于 LIDAR 的城市模型

叠加，从而得到建筑轮廓的空间特性，进而可以从二维地图数据中产生粗粒度的 3D 模型，如图 7-20 所示。

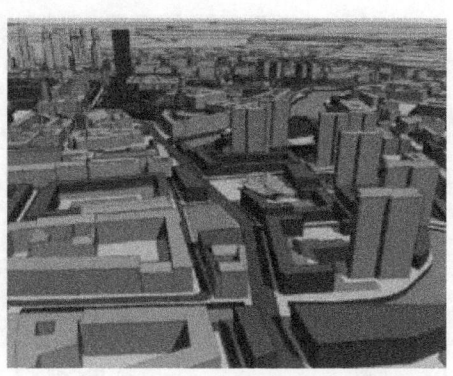

图 7-20　基于高程数据的全景模型

此方法的一个缺点是不能够自动生成屋顶的结构。目前数字图像数据中自动提取的屋顶形态仍然是一个艰巨的研究任务。虽然当前存在较为先进的技术(如使用的自动搜索技术，以确定相应的位置(点、线、区)的多个重叠的图像，然后生成一个可能的"几何形状")。但即使是这种方法在处理复杂的建筑物时仍然需要人为的干预，正如工程在开发 Canary Wharf 时所做的处理一样，如图 7-21 所示。

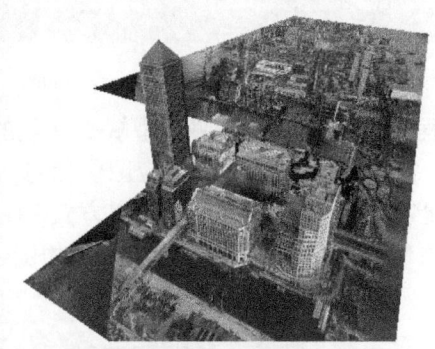

图 7-21　在全景模型中构建 Canary Wharf 屋顶结构

对于基于扩展 GIS 属性的模型，此类模型的特点在于将 GIS 的功能扩展到三维，使得在三维模型上可以查询对应二维地图上的属性信息。此类模型本质上是从二维平面形式"挤"出第三维度，如图 7-22 所示。

2．建筑物纹理绘制技术

全景图像的渲染技术通过弯曲和拉伸图像在观察区域产生新的视点，提供高度逼真的可视化效果。如果拥有细节程度很高的全景图，则该技术可以提供一个非常详细的城区描述，包括常被 CAD 模型遗漏的细节(如行人、汽车和公共设施等)。在虚拟伦敦项目中,该方法是一项重要的可视化展现技术,广泛地运用在项目中,如图7-23所示。

(a) 伦敦港口区人口密度图　　　　　(b) 中心城区人口密度图

图7-22　3D GIS

图7-23　Canary Wharf广场的全景图

由高程图所产生的棱柱块模型缺少有效的结构信息,为了提供建筑物立面的细节信息,需要空中和地面的相应图像信息,但由于在城市中进行图像采集的路径限制,建筑的纹理是最常见的产生方式,往往并不提供最佳视野开阔的外观覆盖从地面摄影。图7-24是一个纹理映射的例子。

图7-24　纹理映射Piccadilly Circus, London

虚拟伦敦与其他城市虚拟项目的不同之处在于其对空间数据技术以及关联分析功能的支持，使得其不再是一个传统的 CAD、多媒体和测绘数据的集合体。它是一个以 GIS 为基础的，包含其他媒体的 GIS 应用。该系统有一个广泛的数据层，链接几何部分与地理部分，同时开发查询系统，实现几何位置和地理单元的交互查询。

下面列举一个伦敦城市规划的例子——土地利用现状数据，如图 7-25 所示。该应用显示了土地利用总体规划的基本信息，全面的显示住宅、写字楼、商铺及工业用途土地的利用情况。

图 7-25　伦敦土地利用情况三维可视化图

7.3　三维模型检索与识别

近十年，三维模型检索技术因其巨大的应用价值和发展潜力，已经引起来自计算机图形学、计算机视觉、计算机辅助设计、模式识别等不同领域研究人员的广泛兴趣。最初的三维模型检索借用信息和图片的检索模式，利用文本信息对模型进行标注，然后通过文本检索方式以实现模型检索的目的。但是这种检索方式存在两个明显不足之处：首先，描述模型的文本信息因标注者的语言文化和行业习惯等各方面差异而产生误差和混乱；其次，三维模型所包含的丰富信息很难用简单的关键字或文本予以概括。因此一种基于模型本身内容的检索模式成了解决问题的可行方案。

1998 年，Paquet 和 Rioux[84]第一次提出了基于内容的三维模型特征描述算法，此后国内外大量的科研工作者相继投身于三维模型检索领域[85~89]，先后提出了许多种三维模型特征提取算法和相关反馈算法，同时还开发了一些基于内容的三维模型在线检索系统，使三维模型检索成为继文本检索、图像检索、视频检索和音频检索之后一种新颖的多媒体信息检索技术，并得到迅速发展。

如今三维模型检索技术已广泛应用于各个研究和工程领域，如计算机辅助设计、虚拟现实、生物信息学、三维建模、三维电影、三维游戏、工业制造和军事等。在计算机辅助设计方面，Jayanti 等[90]建立了一个 CAD 模型标准数据库。由于传统的基于关键字的产品生产周期管理系统已无法满足用户的检索需求[91]，Pu 等[92]提出了一种基于形状信息的模型检索方式，不仅节省了设计时间，还降低了设计复杂性。在生物信息学方面，三维模型检索技术主要用于分析和提取蛋白质结构，并进行分类处理[93, 94]。针对结构遭到破坏或扭曲的蛋白质分子，Fang 等[95]采用局部直径描述子，Liu 等[96]利用最小中位数平方方法，均取得较好效果。在三维建模方面，Funkhouser 等[97]提出了一种用户选择需切割和重建模型部件的三维模型构造方法。Lee 和 Funkhouser[98]专门为非专业设计人员设计一种利用二维草图绘制实现三维建模的算法。

综上所述，进一步开展基于内容的三维模型检索技术的研究，不仅具有重要的理论意义，而且具有重大的应用价值。首先对基于内容的三维模型检索框架进行简要介绍，然后分别对模型正规化处理、特征提取算法、相关反馈、三维模型检索系统、三维模型评价标准等方面的研究展开详细的分析和讨论，最后对三维模型检索技术的未来发展趋势和方向进行展望。

7.3.1 检索框架

基于内容的三维模型检索系统主要包括三维模型库、特征提取、特征存储、检索机制、匹配机制、用户查询接口和相关反馈等关键模块。三维模型检索框架如图 7-26 所示，包括离线部分和在线部分。

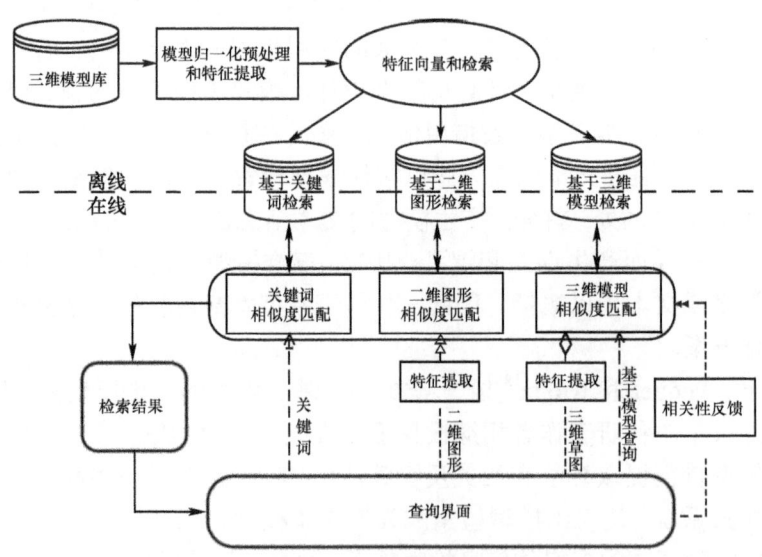

图 7-26 三维模型检索框架

三维模型检索框架中离线阶段主要对标准库中的模型进行正规化处理,首先将模型变换至一个标准的坐标系范围,然后利用不同类型的特征提取算法获取模型各类特征信息,最后利用不同类型的特征向量建立基于关键字、基于二维图像和基于三维模型的检索机制。

在线阶段主要根据用户提交的检索内容进行匹配。根据用户查询接口的不同信息,如关键字、二维图像、二维草图、三维草图、三维模型等,系统首先提取特征信息,然后利用匹配机制实现查询模型的特征与标准库中模型的特征信息的相似度匹配,最后系统将返回与查询内容相似度最高的模型。用户根据对模型的语义理解,可对系统返回模型进行语义标注;系统学习用户的反馈信息,返回语义相似的模型。

7.3.2 正规化处理

模型是一种自由度非常高的三维数据,在三维空间中具有任意的空间位置、方位、缩放比例和旋转角度等坐标系参数,因此在对三维模型进行特征提取之前必须对模型进行正规化处理,将模型变换至一个标准的坐标系范围,确保模型底层特征信息具有相似变换(平移、缩放和旋转)的不变性。

三维模型正规化处理包括以下三个方面:①原点归一化处理;②缩放比例归一化处理;③坐标系方向归一化处理。其中①和②已有较好的解决方法,坐标系方向归一化处理是模型正规化处理中最难解决的问题。

主成分分析(principal component analysis, PCA)[85]算法是模型坐标变换中最基本的方法,它通过仿射变换使模型内部的坐标系和外部的标准坐标系相重合。正规主成分分析(normal principal component analysis, NPCA)方法使用模型表面的法向量进行仿射变换,而连续主成分分析(continuous principal component analysis, CPCA)[86]方法将模型表面视为一个连续的方程进行变换。Papadakis[87]提出了一种利用 NPCA 和 CPCA 各自优势的组合算法,效果改善明显。Liu 和 Ramani[99]通过利用最小中位数平方法自动消除外围空间的坏点,设计出一种具有鲁棒性的主轴决策算法。

除了传统的坐标系方向归一化,模型的对称性也被用于模型正规化处理。Podolak 等[100]介绍了一种平面反射对称变换算法,并定义两个新的模型特征:对称中心和对称主轴。Kazhdan 等[101]提出了一种新颖算法计算模型的旋转变换,使得变换后的两个模型函数之间具有最小距离。Chaouch 和 Verroust-Blondet[102]将平面反射对称性和局部平移对称性结合起来,得到模型局部平移不变性的属性。

7.3.3 特征提取算法

在三维模型检索技术框架中,特征提取算法是核心步骤之一。经过十余年的发展,国内外研究学者提出了许多特征提取算法,以描述模型的不同特征信息,如图 7-27 所示。

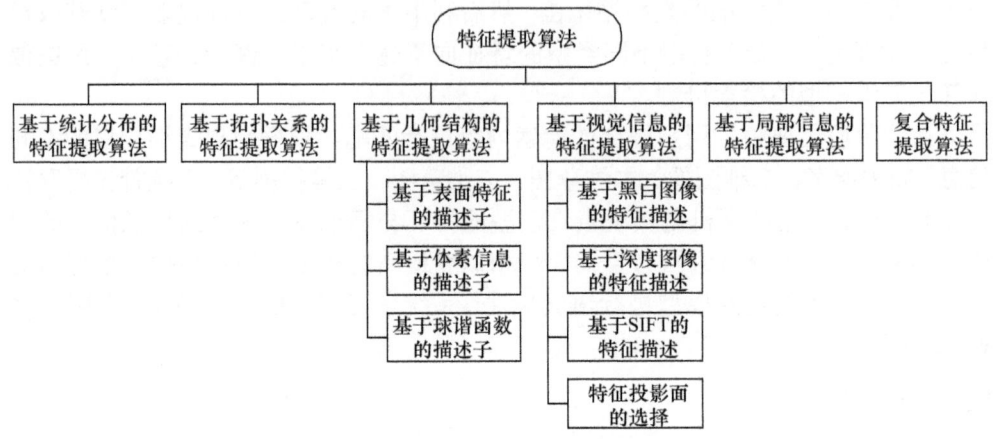

图 7-27　特征描述子分类

1. 基于统计分布的特征提取算法

基于统计分布的特征提取算法将模型匹配问题简化为概率分布比较问题，不需要对模型进行正规化处理，且具有对平移、旋转、缩放等相似变换的不变性等特点。

Osada等[103]提出了一种形状分布(shape distribution)算法，对模型表面顶点进行随机取样，并计算不同的几何分布特征，如角度、距离、面积和体积等，如图 7-28 所示，其中 D2 形状分布的效果优于其他分布。针对 D2 分布的不足之处，Shih 等[104]提出 D2 网格算法(D2 grid)，将三维模型划分为 2R×2R×2R 体素网格，随机抽取体素网格中的模型表面。

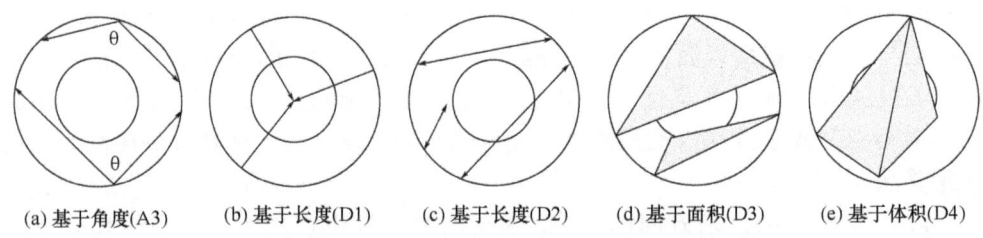

(a) 基于角度(A3)　(b) 基于长度(D1)　(c) 基于长度(D2)　(d) 基于面积(D3)　(e) 基于体积(D4)

图 7-28　五种简单的几何形状分布特征[103]

除了基于几何形状的统计特征提取算法，近年来出现了其他类型的特征描述方法。Mademlis 等[105]设计了一种基于三维实体物理效应特征的算法，通过直方图储存模型在牛顿力学和相对论效应下的重力密度值，作为模型的统计特征。Mahmoudi 和 Sapiro[106]提出了一种适用于点云模型和非刚体结构模型的统计分布特征提取算法。Park 等[107]利用一种片状图像直方图表征模型沿三个主轴的密集切片统计信息。Gao等[108]提出了一种统计分析模型空间结构的环形特征描述子。Pan等[109]提出了用泊松直方图来描述模型的形状,该算法首先通过泊松方程得到三维形状特征,然后统计得到这些三维特征的直方图。泊松直方图维数低、实现效率高,并且在不同的几何处理下具有较好的鲁棒性。

2. 基于拓扑关系的特征提取算法

基于拓扑关系的特征提取算法满足非刚体模型的特征描述要求,如非刚体模型的各种姿态等。Hilaga等[110]提出了一种多分辨率的Reeb图像算法,在不同的分辨层次上提取三维模型的骨架和拓扑结构特征信息。针对Hilaga等[110]的骨架图像(skeleton graph)方法,Sundar等[111]提出了一种改进算法,首先计算模型的骨架,然后对模型进行基于骨架的简化过程,最后把简化后的骨架图像转化为有向开环图(directed acyclic graph),如图7-29所示。Cornea等[112]基于多对多(many-to-many)算法的扩展,提出了一种更具鲁棒性的骨架化匹配算法。Biasotti等[113]借用二维图像处理的尺寸函数(size function)概念优化骨架图特征描述子。

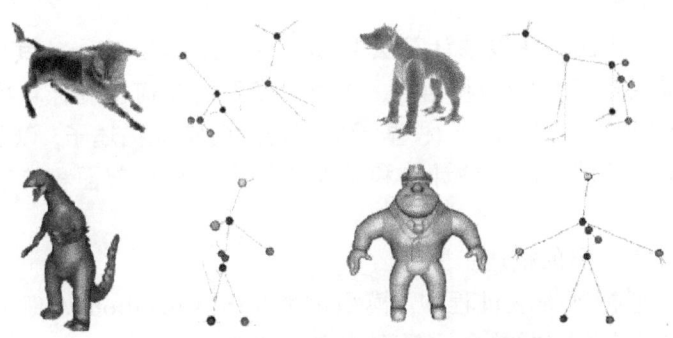

图 7-29 非刚体模型的拓扑关系示意图[111]

在Reeb图像算法改进方面,Tung和Schmitt[114]综合分析几何复杂性和多解性,提出了一种增强型的Reeb图像算法,该算法利用分层式描述方法将拓扑结构信息、几何信息以及视觉信息集中到一个节点图像。随后,Biasotti等[115]给出了一种基于Reeb图像算法的改进方案,将三维模型分解到不同区域,然后计算模型的结构化描述。Patane等[116]提出了一种最小轮廓算法(minimal contouring algorithm),在计算时只考虑f函数在鞍部(saddle)的点集,从而实现了Reeb图像的快速计算。Bucksch等[117]将骨架化过程应用到点云结构模型,计算得到的Reeb图像重新嵌入到点云结构中。

Tabia等[118]使用Bag of Feature方法将三维模型的描述子进行聚类,得到词汇编码,从而进行检索。该算法中使用的模型描述子基于顶点之间的测地距离,因此可用于检索非刚性、可形变的物体,并且有较高的执行效率。Chang和Kimia[119]提出了一种基于中轴的表述——中间支架(middle support, MS),并用来计算三维形状的相似度。该算法将形状变形建模为MS超图的离散拓扑变化，近似得到两个形状之间的理论最优形变迹线。算法先正规化 MS 超图，然后用图匹配机制匹配这些超图。

3. 基于几何结构的特征提取算法

基于几何结构的特征提取算法主要从模型表面特征、体素信息和球谐函数等三个方面分析模型的内部结构，提取模型的特征信息。

1) 基于表面特征的描述子

Paquet 和 Rioux[120]率先提出了基于表面特征的描述子。他们将模型的表面分解为三角形面片，并采集每个三角形面片的法向量(normal)作为模型的局部特征。随后出现了以下两类改进算法：Ip 和 Wong[121]利用扩展高斯图像(extended Gaussian image)算法对模型表面多边形的法向量进行特征描述；Yu 等[122]将正规化处理的三维模型放置于包围球(bounding sphere)中，利用距离矩阵记录模型表面与包围球之间的距离。

Akgul 等[123]提出核密度估计算法(kernel density estimation)，其中 Gaussian 核负责累计存储局部三角形面积信息，并利用模型的几何密度计算模型的特征信息。随后 Akgul 等[124]又提出了一种基于概率密度的特征描述子，以及基于密度的特征提取框架，通过核密度估计法和高斯变换来计算局部面积特征及各种变换组合。

2) 基于体素信息的描述子

在三维模型特征提取过程中，模型体素化(voxelization)处理可获取模型的整体特征，同时降低如重叠多边形面片带来的缺陷。Tangelder 和 Veltkamp[125]将经过标准化和体素化处理的三维模型视为一个带有权重的点集，然后针对每一个体素(voxel)计算其显著点(salient points)信息，并采用 proportional transportation distance 计算模型间的相似度距离。Kazhdan 等[126]将体素化处理技术引入传统的基于对称性探测的特征提取算法，当三维模型被分解到体素元，可方便获得质心与各点之间的距离，从而加快反射对称性的计算。Daras 等[127]将三维模型体素化之后利用径向变换积分(radial integration transform, RIT)和球体变换积分(spherical integration transform, SIT)描述模型的径向和球面的特征信息。文献[128]针对标准化处理的模型，将包围盒(bounding box)分解成一个规则的 N^3 体素网格，在各体素元中心与模型表面之间采用高斯变换，得到一个基于高斯变换的特征描述子。

3) 基于球谐函数的描述子

基于球谐函数变换(spherical harmonic transform)的特征描述子因其鲁棒性和良好的计算效率而得到广泛应用。Vranic 等[129]最早将球谐函数引入到三维模型特征提取领域，首先利用球谐函数记录模型的特征，随后采用傅里叶变换得到球谐函数的系数，以此作为模型的特征向量。随后，Vranic[130]对最初的球谐函数进行改进，采用更复杂的函数获取更好的效果及鲁棒性。Vranic[131]在前期工作的基础上提出了一个基于射线(ray-based)的特征描述子，算法以模型原点为中心朝各个方向发出射线，获取射线和模型表面的相点信息，并采用球谐函数变换获取模型特征。Funkhouser等[132]提出了一种新颖的基于球谐函数的特征提取算法，这种方法主要把三维模型分解为一些基于同心球函数的集合，并利用球谐函数消除方向信息的影响，产生一种既与旋转无关又具有较强描述功能的特征描述算法，图7-30简要描述了该算法的基本思路。

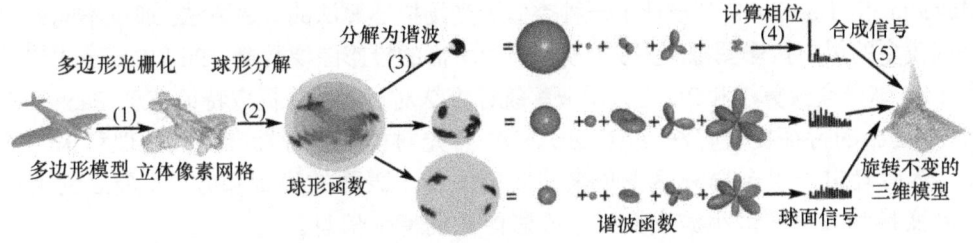

图7-30 球谐函数描述子的特征提取过程[132]

Laga等[133]通过单位球面获取三维模型的几何属性，然后利用球谐函数变换计算模型的特征信息，并确保特征在径向上的一致性。Zarpalas等[134]设计了一个基于球形跟踪变换(spherical trace transformation)的特征描述子，用相切于同心球面的二维平面和半径模拟跟踪模型的体积，如图7-31所示。Papadakis等[135]提出了一种新的球谐函数算法，不仅记录原点径向射线与模型表面交点的信息，还记录模型上所有小于最远表面交点的顶点信息。因为球体可以视为椭球的一个特例，Mademlis等[136]扩展球谐函数到椭球谐函数(ellipsoidal harmonics)，实验证明椭球谐函数具有更紧凑的结构和更好的检索效果。

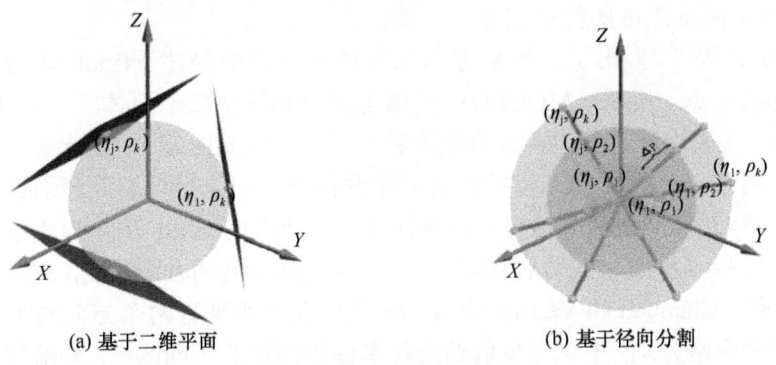

图7-31 球形示踪变换

4. 基于视觉信息的特征提取算法

基于视觉信息的特征提取算法核心思想为：如果两个模型相似，那么从不同的角度进行观察，它们仍然是相似的。这类算法从特定的视角对模型进行透视投影，并对投影图像提取的特征信息进行相似度匹配。因为这种方法符合人类视觉的认知习惯，所以引起了国内外研究学者的广泛重视。

1) 基于黑白图像的特征描述

Chen 等[137]提出了光场描述(light field descriptor, LFD)方法，该算法选择 10 个不同的光场，如图 7-32 所示。获取模型 100 幅投影图像，利用描述轮廓信息的 Fourier 描述子和描述区域信息的 Zernike 描述子提取二维黑白图像的特征信息。Makadia 和 Daniilidis[138]设计了一种类似于光场描述算法的改进方法，通过不同视角获取模型的黑白投影图像，以减少模型检索所需的投影图像数量。Pu 和 Ramani[139]采用 2.5D 球谐变换算法和 2D 直方图概率统计方法对投影图像提取特征信息。Papadakis 等[140]提出的特征提取算法 PANORAMA 首先对模型进行标准化预处理和正交投影，然后确定一组全局观察视角来获取模型各个表面的位置和方向，最后利用傅里叶变换和二维离散小波变换描述投影图像的特征信息。

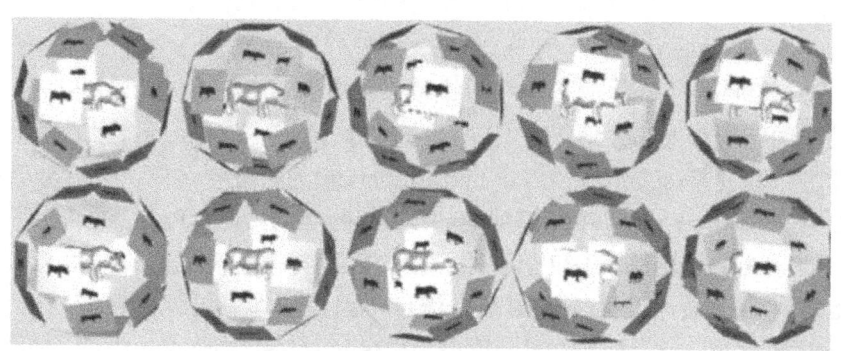

图 7-32　三维模型的光场特征描述子[137]

2) 基于深度图像的特征描述

Ohbuchi 等[141]提出了一种多方向深度傅里叶特征描述子(multiple orientation depth Fourier descriptor, MODFD)，使用正交投影法从二十面体的顶点获取 42 幅深度图像，并采用快速傅里叶变换提取特征信息。Passalis 等[142]设计了一种基于深度缓存的特征描述子 PTK，利用深度缓存网格信息记录模型表面和最近投影平面的距离，并采用带权重的快速傅里叶变换进行特征描述。Shih 等[143]对模型进行旋转归一化处理和体素化，然后从模型的六个视角定义不同的升降平面，并计算每个网格的灰度值。Chaouch 和 Verroust-Blondet[144]从水平和垂直两个方向对深度缓存图像进行平面网格分割，根据深度值的变化率标识图像的不同区域：外部背景、内部背景、深度上升、深度下降及深度不变，并进行特征描述，如图 7-33 所示。

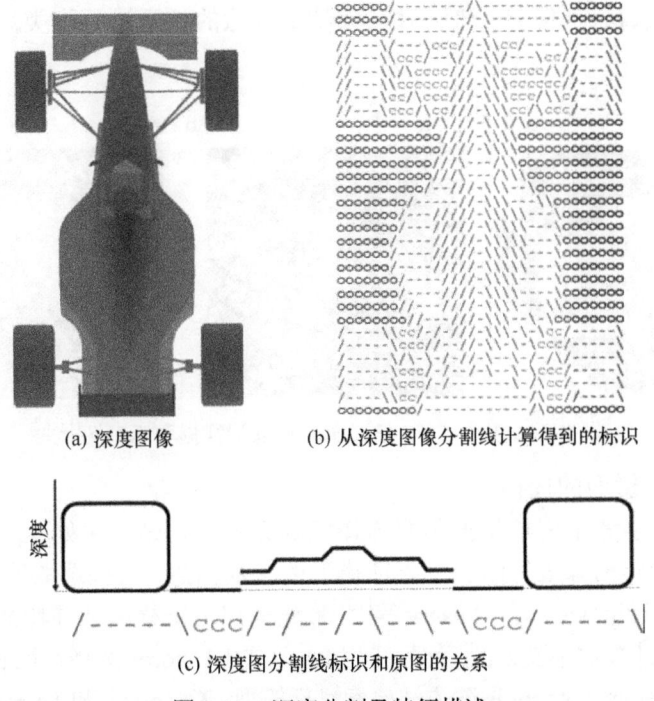

(a) 深度图像　　(b) 从深度图像分割线计算得到的标识

(c) 深度图分割线标识和原图的关系

图 7-33　深度分割及特征描述

Zou 等[145]使用模糊加权深度图(FW-SDI)对三维模型进行检索。该算法首先通过主平面分析和序列二次规划得到三个互相垂直的三维模型对称平面；然后将模型投影到三个对称平面，提取出三幅深度图像(NDI)和三幅深度差分图像(DDI)；最后使用模糊加权过程将 NDI 和 DDI 的傅里叶描述子进行组合。

3) 基于 SIFT 的特征描述

在最近两年的工作中，国内外研究学者逐步将尺度不变特征转换(scale-invariant feature transform, SIFT)[146]引入到基于视觉信息的特征提取算法，并利用 SIFT 描述子提取模型投影图像的特征信息，这已成为三维模型检索领域的研究热点和未来发展趋势。

Osada 等[147]首次利用 SIFT 描述子对模型投影图像进行特征提取，而且设计的局部特征描述子Volumetric-SIFT 对投影图像的局部特征信息具有旋转不变性的特点。Ohbuchi 等[148]首次将 SIFT 描述子与 bag-of-words 算法结合的思想应用于基于视觉信息的特征提取算法，提出了一种利用投影图像特征包描述模型特征信息的算法 Bag-of-features SIFT，如图 7-34 所示。在 Ohbuchi 等[148]的基础上，Furuya 和 Ohbuchi[149]设计了一种利用 GPU 并行处理机制以减少算法 Bag-of-features SIFT 运行时间的解决方案。Gao 等[150]首先对投影图像进行均匀的九等分割，然后在分割区域的基础上提出 Bag-of-Region-Words(BoRW)概念，并利用 SIFT 描述子提取投影图像分割区域内的特征信息,通过对区域赋予合适的权重进行聚类,以描述模型的特征信息。

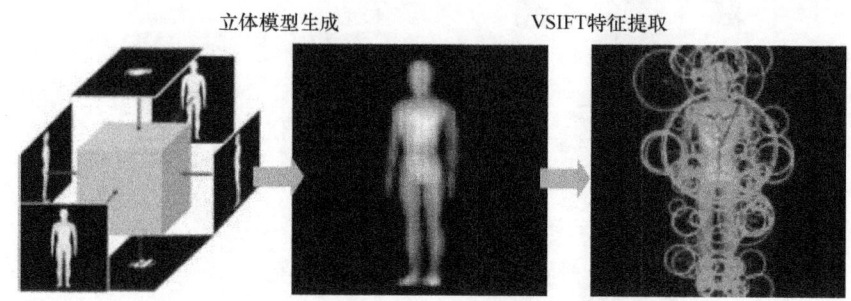

图 7-34 基于 SIFT 描述子的局部特征提取示意图[148]

4) 特征投影面的选择

部分研究学者采用模型投影面选择机制避免旋转归一化处理,其主要思想是选取合适的投影图像进行组合以表征模型的特征信息,这些选取的投影面称为特征面(characteristic views)。Ansary 等[151]最先提出三维模型选择特征面方法,首先从每个投影面计算曲率直方图,然后应用 L1 范式(L1 norm)选择特征面,最后采用贝叶斯概率(Bayesian probabilistic)方法检索目标模型。Chaouch 和 Verroust-Blondet[152]对每幅投影图像的表面区域、外轮廓和连通性等多种特征赋予标识,并应用相关算法选取特征面。Ansary 等[153]提出的自适应面聚类(adaptive views clustering, AVC)方法能从 320 个投影面中选出最佳特征面,并利用 K 均值衍生方法和贝叶斯信息准则衡量特征面与投影图像数据的切合度。Mortara 和 Spagnuolo[154]设计了一种评分函数衡量每个视角下模型关键特征的可视性,并利用模型特征的关联性和权值计算视角的评分值。Gao 等[155]利用概率图模型将投影图像分为几组,并采用一阶马尔可夫链将模型的检索问题转化为概率分析特征面问题。Gao 等[156]通过建立加权的二部图来选择二维投影图像来表示三维模型,在该算法中,根据二维投影图像之间的关系更新初始的二维投影图像和相应权重;通过 Kuhn-Munkres 方法得到最大权重二部图匹配,并用匹配结果表示模型之间的相似度。考虑到每个投影面的信息不是同等重要的,Gao 等[157]提出了 k 部图加强算法通过迭代过程获得每个视图的权重。文献[158]提出了一种不受相机位置限制的基于视图的检索算法,通过层次聚类算法将从各方向的模型视图进行分类,用高斯模型学习得到聚类中的特征分布,并利用其计算模型间的相似度。

5. 基于局部信息的特征提取算法

近年来,针对模型的局部特征匹配逐渐成为三维模型检索领域的研究热点之一。Wessel 等[159]开创了这方面的研究工作,算法将每一个特征点周围区域按同心圆进行划分,并在划分区域上选取特征点,然后在特征点附近的区域,通过球谐函数算法描述特征。最后将相似度计算简化为获取特征区域能量匹配函数(energy matching function)的最小值。此后类似的局部特征描述方法多数沿用了特征点概念。Funkhouser和Shilane[160]通过成本函数(cost function)确定特征点的优先级,拥有最小成本的特征点集将最先从等待队列中选出,避免对高成本特征点集进行无用的计算。Gal和Cohen-Or[161]提出了一种基于三角独立突出几何特征(triangulation-independent salient geometric features)的方法,该算法对模型表面顶点进行随机采样,并应用二次拟合得到二次解析面片以覆盖特征点附近区域,最后利用散列结构对模型检索进行加速。

此外,研究学者通过定义有意义区域或独特位置对特征点进行筛选。Shilane和Funkhouser[162]设计了一个基于表面特殊区域的检索方法,如图7-35所示,算法首先从模型所有的顶点中随机选出一个特征点集,然后在每个特征点领域内使用球谐函数描述子提取特征。Mademlis等[163]提出了一种基于有意义区域的局部特征匹配方法,相对其他算法降低了计算量。该方法首先使用Hamilton Jacobbi骨架化算法从中间面将3D模型分割成有意义的部分,然后对这些有意义的部分进行球形跟踪变换并计算描述特征的方差矩阵。Mian等[164]指出如果要减少局部特征的数量,则需要进行局部匹配。为此他们选择用关键点集合来表示三维模型上的重复位置并获得了成功。Ruggeri等[165]采用搜寻特殊点的方法,构造特征函数使得关键点具有等距映射不变性,然后基于关键点对模型进行统计采样,产生参考点集合,并对集合中的每个参考点生成一个统计描述子(point-based statistical descriptor, PSSD)。

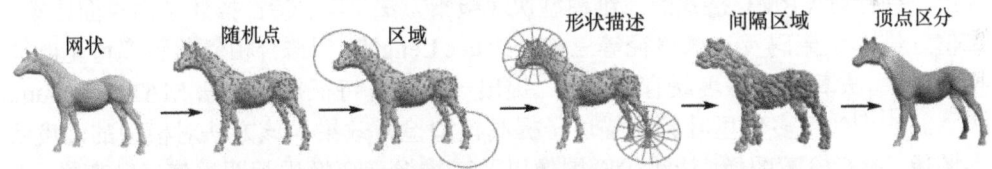

图7-35 根据模型库提供的类别信息将模型表面划分为多个特征区域[162]

6. 基于复合特征的特征提取算法

正如文献[85]和文献[89]所讨论,虽然不同的三维模型特征提取算法能够描述模型不同类型的特征信息,但并没有一种通用的特征提取算法能针对所有的模型都具有最佳的检索效果。造成这种现象的主要原因是每一种特征提取算法只能描述三维模型某一方面的特征信息,而不同类型的模型所具有的显著特征各不相同。复合特征提取算法将不同类型的特征描述子进行组合,发挥各自不同的特征描述优势,因而能取得较好的检索效果。

最早的复合特征描述子来源于Song和Golshani[166]所提出的算法,该方法整合了模型的二维视觉信息和三维空间排布。在二维视觉信息方面,利用傅里叶变换对 66 幅投影图像提取图像特征信息。在三维空间方面,从整体和局部两个层面分别提取距离分布和离散曲率分布信息。Mademlis 等[167]综合了模型的几何结构和拓扑关系两方面的特征,首先针对预先分割好的投影面中有意义区域的特征,然后利用超椭球变量对图像节点上所分配的几何信息进行编码,最后使用带属性的图匹配算法衡量模型间的差别。Shih 和 Chen[168]提出结合两种形状特征的描述子,该方法基于角度基变换描述模型轮廓特征,然后利用表面网格算法描述其内部信息。Leng 和 Xiong[169]将基于形状的特征 Dbuffer(438 维)与基于几何形状的特征 GEDT(544 维)组合成 982 维的描述子 TUGE。Moumoun 等[170]通过贝叶斯框架将分块的部分特征与整体描述结合起来,不仅使整体索引效果得到明显提高,也可以实现不同姿势的相似物体的检索。其中形状 D2 分布用来表示分块的几何形状特征,SSD 描述子用来表示模型整体特征。Xiao 等[171]通过组合基于光场的方法与统计学习方法结合得到贝叶斯网光场描述子(BLD),基于广场的模型使得描述子包含多视角的信息,通过使用贝叶斯网学习算法将光场信息转换为图模型 BLD,从而减少了检索算法的时间开销。Pu 等[172]结合了欧氏距离和拓扑距离,提出了自适应形状特征,不仅对几何变换具有不变性,而且支持自适应的用户查询。该算法先随机地选取样本点,找到每个样本点的 k-近邻并建立连接边,组成图模型;对于不相连的子图,找到其中距离最近的点对,建立连接边;所有节点对间的最短距离的直方图即 ASF。

三种或更多特征描述子的合成方法正日趋成为主流。Vranic[173]提出一种复合特征描述子 DESIRE,结合了深度缓冲、投影轮廓及射线描述算法。Kolonias 等[174]提出一种针对 VRML 格式的三维模型快速检索方法,其中特征描述子由表面比率、二值三维形状掩码及边缘路径等三部分组成。Leng 等[175]结合相邻角距离傅里叶变换、切比雪夫算法和深度缓存描述子,提出一种复合特征提取算法 MATE。Tatsuma 和 Aono[176]使用多傅里叶频谱描述子提高模型检索效果。该方法对模型的深度缓存图像、投影轮廓图像、边缘轮廓图像以及三维像素变换进行四重傅里叶变换,并对某些图像进行边缘提升滤波处理,如图 7-36 所示。最后通过光谱簇法降低复

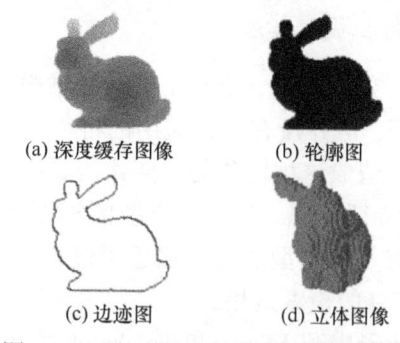

图 7-36 用 MFSD 表述的四种图像[176]

合特征向量的维数从而加速相似性匹配。Daras和Axenopoulos[177]提出压缩多视点特征描述子,支持多种方式的模型检索。该方法从三十二面体顶点获取模型28幅投影图像,采用二维傅里叶变换、二维Zernike矩和二维Krawtchouk矩算子提取图像特征。

7.3.4 检索系统

1. 查询方式

基于内容的三维模型检索系统的用户界面查询方式主要包括以下几种。

(1) 基于关键字的检索。在模型库中,每个模型都有相应的文本关键字,有些是三维模型的描述信息,有些则是语义关键字。针对模型的文本关键字,系统将提供关键字检索功能。

(2) 基于二维形状的检索。如图7-37所示,检索系统可接受用户上传待查询模型的图片、基于用户交互绘制界面制作的模型二维草图,以及三维模型在不同视角的二维投影图像,然后提取特征进行相似度匹配,实例可参考文献[137]、[138]、[177]、[178]。

图7-37 基于二维形状的检索界面[177]

(3) 基于三维草图的检索。这种查询方式通过三维模型草图绘制工具[132],建立简单的三维草图,确定待查询模型的信息。

(4) 基于三维模型的检索。检索系统提取用户上传的待查询模型文件,或直接利用检索结果返回中的任意模型进行索引,文献[132]和文献[179]给出了典型实例。

(5) 基于相关反馈的检索。用户可根据语义知识将检索系统返回的模型标注为"相关"、"一般"或"不相关"。然后检索系统将学习用户的标注信息,最终返回尽可能多的语义相关模型。

(6) 基于多种方式的检索。在文献[132]、[137]、[177]中，检索系统提供多种查询方式的用户界面，包括关键字、二维草图、二维图像、三维草图、三维模型以及相关反馈等。

2. 系统案例

随着基于内容的三维模型检索技术的不断发展，国内外很多研究机构已经实现并发布了一些三维模型检索原型系统，比较典型的原型系统案例主要有以下几种。

(1) 美国普林斯顿大学的 3D 模型检索引擎: http://shape.cs.princeton.edu。

(2) 中国台湾大学的 3D 模型检索系统: http://3d.csie.ntu.edu.tw/dynamic/。

(3) 德国 Konstanz 大学的 3D 模型相似度检索引擎: http://merkur01.inf.uni-konstanz.de/cccc/。

(4) 希腊 Informatics & Telematics Institute 的 3D 模型检索系统: http://3d-search.iti.gr/3DSearch。

(5) 荷兰 Utrecht 大学的 3D 检索引擎: http://www.cs.uu.nl/centers/give/multimedia/3Drecog/3Dmatching.html。

(6) 以色列 Institute of Technology 的 3D 模型检索引擎"Georgel": http://www.technion.ac.il/gleifman/。

(7) 中国清华大学的 3D 模型检索系统: http://sem.thss.tsinghua.edu.cn/Mode。

7.3.5 评价标准

1. 标准模型库

目前三维模型有 50 多种数据格式，而具有通用性的格式比较少，主要包括 VRML(virtual reality modeling language)、OFF(object format file)、OBJ 等。尽管不同的数据格式具有不同特点，却都含有描述模型中点和三角面片的位置信息。

自从 2004 年普林斯顿大学的 Shilane 等[180]建立第一个三维模型检索领域公认的标准模型库 PSB(Princeton Shape Benchmark)以来，国内外研究学者先后公布了多种三维模型标准库，方便不同类型的特征提取算法和相关反馈算法进行分析和比较。如今公认的标准型库主要包括以下几种。

(1) 普林斯顿标准模型库(PSB)[180,181]。该标准模型库采用通用的三维模型表示格式 OFF，共有三维模型 1814 个，分成 92 个基本小类，包括汽车、飞机、动物、家具、植物等不同类型模型。

(2) Konstanz 三维模型数据库(KOD)[85,182]。其测试集包含 473 个分属 55 个不同类的模型，以及 1366 个未分类模型。

(3) 工程形状标准模型库(ESB)[90,183]。三维 CAD 模型标准数据库由普渡大学建立，共由 1391 个 CAD 模型组成，主要分为三大类：扁平零件、立方体棱柱以及实心旋转体。

(4) ITI 三维模型数据库[177]。其包含 544 个分属 13 个不同类的模型，以及 103 个未分类模型。

(5) NIST 标准模型库[184]。其中含有 40 个类型的三维模型，且每类模型数量相同。模型库中所有模型均预先进行过标准化处理工作。

(6) SHREC'09 标准模型库[185]。该三维模型标准库是 2009 年全世界形状检索大赛使用的评价标准模型库。该标准数据库主要从 NIST 通用形状评价标准库中精选的 800 个三维模型，分属 40 个不同类型。

(7) MPEG-7 三维模型数据库[140,186]。该数据库由 MPEG-7 协会提供的在线三维模型数据库。

(8) Sculpture 三维模型数据库[187]。该三维模型数据库包含分属 53 个不同类型的 513 个模型，其中大多数模型是博物馆 3D 文物。

2. 相似度匹配

两个模型之间的相似度判断是一个复杂的过程，因为相似度这一概念本身就带有强烈的主观色彩。一个可行的方案是对相似度进行量化度量(metrics)，相关的基本概念如下：

$$d: S \times S \to R^+ \cup \{0\} \tag{7-1}$$

式中，S 表示模型特征空间的一个子空间，对任意特征点 $x,y,z \in S$，d 满足如下性质：

$$\text{非负性：} d(x,y) \geqslant 0 \tag{7-2}$$

$$\text{对称性：} d(x,y) = d(y,x) \tag{7-3}$$

$$\text{同一性：} d(x,y) = 0 \Leftrightarrow x = y \tag{7-4}$$

$$\text{三角不等式：} d(x,y) + d(y,z) \geqslant d(x,z) \tag{7-5}$$

根据这些性质，三维模型检索中四种常用的度量方法如下。

(1) 大部分针对三维模型特征向量的相似度匹配方法均采用 Minkovski 距离度量方式，其计算公式如下：

$$L_p(x,y) = [\sum_{i=1}^{N} |x_i - y_i|^p]^{1/p} \tag{7-6}$$

当 $p=1$ 时，度量方法为 Manhattan 距离(L_1)，当 $p=2$ 时，度量方法为欧氏距离(Euclidean distance)。

(2) Hausdorff 距离也广泛地用于计算机视觉和计算机图形学中的相似性匹配，基于定义如下：

$$d_H(X,Y) = \max\{\sup_{x\in X}\inf_{y\in Y} d(x,y), \sup_{y\in Y}\inf_{x\in X} d(x,y)\} \tag{7-7}$$

(3) Cosine 度量方法利用两个向量的内积作为它们的相似度距离。

$$d_C(X,Y) = \frac{A \cdot B}{\|A\|\|B\|} \tag{7-8}$$

(4) 测地距离(EMD)主要用于度量从一种概率分布转变为另一种概率分布所花费的最小代价。

3. 评价方法

Shilane 等[180]详细讨论了三维模型检索领域几种标准的评价方法。

(1) Precision 和 Recall(查准率-查全率)。假设 α 为查询模型所属模型类的模型集合，β 为系统检索的模型集合，则 γ 表示 α 与 β 两个模型集合的交集，即 $\gamma = \alpha \cap \beta$。则查准率($P$)和查全率($R$)分别定义为

$$P = \frac{\gamma}{\beta}, R = \frac{\gamma}{\alpha} \tag{7-9}$$

(2) Nearest neighbor(最邻近法)。该评价方式描述与查询模型最相似的模型是否属于同一个模型类。

(3) First-tier(第一级)和 Second-tier(第二级)。First-tier 和 Second-tier 评价方式表示在返回的最相似 M 个模型中相关模型个数与查询模型类中模型个数的比例。设定 C 表示查询模型类中模型的个数(不包含查询模型)。在 First-tier 评价方式下，$M=|C|$；在 Second-tier 评价方式下，$M=2\times|C|$。

(4) E-measure(E-评价法)。该方法是针对固定数量检索结果的查准率–查全率混合评价方法。E-评价法的设计初衷源于用户对检索系统返回的首页检索结果更感兴趣，而对后面的返回结果兴趣不大。

(5) Discounted Cumulative Gain(DCG)。设定 G 是根据所有模型与查询模型的相似度距离序列转换而得的一个列表，如果相似度距离序列中第 i 个模型属于查询模型类，则 G_i 设为 1，否则为 0。

$$\text{DCG}_i = \begin{cases} G_1, & i=1 \\ \text{DCG}_{i-1} + \dfrac{G_i}{\log_2(i)}, & \text{其他} \end{cases} \tag{7-10}$$

然后将上述结果除以一个最大可能值得到最终值为

$$\text{DCG} = \frac{\text{DCG}_k}{1+\sum_{j=2}^{|C|}\dfrac{1}{\log_2(j)}} \tag{7-11}$$

式中，k 表示模型库中模型的总数；$|C|$ 表示查询模型类的模型个数。

4. 效果与效率

三维模型检索效果(effectiveness)通常采用查准率-查全率曲线等评价方法描述。效率(efficiency)则反映模型检索时所消耗的资源，如计算时间、内存空间等。一般而言效果和效率是相互矛盾的。近些年，为提高三维模型的检索效果，通常采用复合特征提取算法，但高维特征向量会降低计算效率。因此最新的研究旨在较好处理和解决模型检索效果与效率之间的权衡问题。

5. 鲁棒性

对于部分三维模型，轻微的缺陷如孔洞(holes)和锯齿(discontinuity)是不可避免的，而这些缺陷会影响检索效果。为避免这种缺陷带来的影响，模型的特征提取必须具有一定的鲁棒性。实际上大部分的三维模型属于多边形网格(polygon meshes)，与密闭型模型(watertight volumetric)相比更容易出现上述缺陷，所以三维模型特征提取算法必须把鲁棒性作为衡量优劣的标准之一。

7.3.6 未来趋势

目前的三维检索技术离成熟的工业应用以及商业化尚有很大的距离，依旧处于一个快速发展的阶段。未来该技术的应用领域会不断扩大，三维水印、三维数字城市和 3D 电影都将比以往更依赖三维模型检索技术的发展。除此之外，在不久的将来这一技术也可以嵌入移动设备作为潜在的在线服务应用。然而检索效果与效率之间的平衡是三维模型检索引擎需要克服的难点之一。

在提高检索效率方面：降维、并行计算(基于GPU)等方法可用来从软件和硬件多方面提高检索效率。

在提高检索效果方面，包括以下内容。

模型的部分检索将会成为三维模型检索的基本功能并起到至关重要的作用，使用户只通过检索模型的一部分就能够得到完整的模型。此外，部分检索还可以与其他算法相结合达到更好的判别效果。

语义检索技术也将成为这一领域的新热点，因为该技术可以弥合底层模型特征与高级语意信息之间的差距，如相关性反馈和自动标注算法。长期学习方法会成为语义检索框架中的主流研究方向。长期学习机制可以记忆每次检索时得到的检索结果，因此，一方面可以使检索过程得到加速，另一方面用户判断的偶然失误所带来的负面影响也可以通过历史检索记录得到平衡和补偿。

强大的检索接口将在三维模型检索领域得到普及。目前三维模型草图检索接口用起来还比较复杂，但是随着三维模型分割以及组合的发展，用户将能够通过一个友好的数据库接口检索或设计所需要的模型。

参 考 文 献

[1] Vanegas C A, Aliaga D G, Wonka P, et al. Modeling the appearance and behavior of urban spaces // Proceedings of EUROGRAPHICS State-of-the-Art Report, 2009: 25~42.
[2] Parish Y I H, Müeller P. Procedural modeling of cities // Proceedings of SIGGRAPH, 2001: 301~308.
[3] Müeller P, Wonka P, Haegler S, et al. Procedural modeling of buildings. ACM Transactions on Graphics, 2006, 25(3): 614~623.
[4] Müeller P, Zeng G, Wonka P, et al. Image-based procedural modeling of facades. ACM Transactions on Graphics, 2007, 26(3): 85.
[5] Chen X, Kang S B, Xu Y Q, et al. Sketching reality: realistic interpretation of architectural designs. ACM Transactions on Graphics, 2008, 27(2): 1~15.
[6] Debevec P E, Taylor C J, Malik J. Modeling and rendering architecture from photographs: a hybrid geometry and image based approach // Proceedings of SIGGRAPH 96, 1996: 11~20.
[7] Werner T, Zisserman A. New techniques for automated architecture reconstruction from photographs // Proceedings of the 7th European Conference on Computer Vision, Copenhagen, Denmark, 2002: 541~555.
[8] Dick A R, Torr P H S, Cipolla R. Modeling and interpretation of architecture from several images. International Journal of Computer Vision, 2004, 60(2): 111~134.
[9] Goesele M, Snavely N, Curless B, et al. Multi-view stereo for community photo collections // Proceedings of International Conference on Computer Vision, 2007: 1~8.
[10] Sinha S N, Steedly D, Szeliski R, et al. Interactive 3D architectural modeling from unordered photo collections. ACM Transactions on Graphics, 2008, 27(5): 1~10.
[11] Xiao J, Fang T, Tan P, et al. Image-based facade modeling. ACM Transactions on Graphics, 2008, 27(5): 1~10.
[12] Xiao J, Fang T, Zhao P, et al. Image-based street-side city modeling. ACM Transactions on Graphics, 2009: 1~12.
[13] Agarwal S, Snavely N, Simon I, et al. Building rome in a day // Proceedings of International Conference on Computer Vision, 2009, 54(10): 105~112.
[14] Pollefeys M, Nistér D, Frahm J M, et al. Detailed real-time urban 3D reconstruction from video. International Journal of Computer Vision, 2008, 78: 143~167.
[15] Schindler K, Bauer J. A model-based method for building reconstruction// Proceedings of IEEE Workshop on Higher Level Knowledge in 3D Modeling and Motion Analysis, 2003: 74~82.
[16] Jiang N, Tan P, Cheong L F. Symmetric architecture modeling with a single image. ACM Transaction on Graphics(Proceedings of SIGGRAPH Asia), 2009, 28(5): 1~8.
[17] MIT city scanning. http://city.csail.mit.edu/[2009-05-15].
[18] Fast 3D city model generation. http://www-video.eecs.berkeley.edu/~avz/3d/3d.html[2010-04-27].
[19] Ma X, Zha H B. Hybrid scene reconstruction by integrating scan data and stereo image pairs // Proceedings of 6th International Conference on 3D Imaging and Modeling(3DIM'07), 2007: 393~399.
[20] Hu S X, Zha H B, Zhang A W. Real 3D digital method for large-scale cultural heritage sites // Proceedings of 9th International Conference on Information Visualization, 2005: 503~508.
[21] 胡少兴, 查红彬, 张爱武. 大型古文物真三维数字化方法. 系统仿真学报, 2006, 18(4): 951~954.
[22] Podolak J, Shilane P, Golovinskiy A, et al. A planar-reflective symmetry transform for 3D shapes. ACM Transactions on Graphics(SIGGRAPH 2006), 2006: 549~559.

[23] Mitra N J, Guibas L, Pauly M. Partial and approximate symmetry detection for 3D geometry. ACM SIGGRAPH, 2006: 560~568.
[24] Martinet A, Soler C, Holzschuch N, et al. Accurate detection of symmetries in 3D shapes. ACM Transactions on Graphics, 2006, 25: 439~464.
[25] Pauly M, Mitra N J, Wallner J, et al. Discovering structural regularity in 3D geometry. ACM Transactions on Graphics, 2008, 27(3): 1~11.
[26] 王君秋, 查红彬. 结合兴趣点与边缘的建筑物与物体识别方法. 计算机辅助设计与图形学学报, 2006, 18(8): 1257~1263.
[27] 张义宽, 张晓鹏, 查红彬, 等. 三维点云的拓扑结构表征与计算技术. 中国图象图形学报, 2008, 13(8): 1576~1587.
[28] Chen J, Chen B Q. Architectural modeling from sparsely scanned range data. International Journal of Computer Vision, 2008, 78: 223~236.
[29] Gal R, Shamir A, Hassner T, et al. Surface reconstruction using local shape priors // Proceedings of EUROGRAPHICS Symposium on Geometry Processing, 2007: 253~262.
[30] Schnabel R, Wahl R, Klein R. Efficient RANSAC for point cloud shape detection. Computer Graphics Forum(Special Issue of EUROGRAPHICS), 2007, 26(2): 214~226.
[31] Schnabel R, Degener P, Klein R. Completion and reconstruction with primitive shapes. Proceedings of EUROGRAPHICS, 2009, 28(2): 503~512.
[32] Nan L, Sharf A, Zhang H, et al. SmartBoxes for interactive urban reconstruction // Proceedings of ACM SIGGRAPH, 2010, 29(4): 1~10.
[33] Furukawa Y, Curless B, Seitz S M, et al. Reconstructing building interiors fromImages. ICCV, 2009: 80~87.
[34] Xu K, Li H, Zhang H, et al. Style-content separation by anisotropic part scales. ACM SIGGRAPH Asia, 2010, 184:1~10.
[35] Xu K, Zheng H, Zhang H, et al. Photo-inspired model-driven 3D object modeling. ACM Transactions on Graphics, 2011, 80~10.
[36] Merrell P, Schkufza E, Zeyang L, et al. Interactive furniture layout using interior design guidelines. ACM Transactions on Graph, 2011, 87~10.
[37] Lapfai Y, Sai-Kit Y, Chi-Keung T, et al. Make it home: automatic optimization of furniture arrangement. ACM Transactions on Graph, 2011, 86:1~12.
[38] Johnson A E, Hebert M. Using spin images for efficient object recognition in cluttered 3D scenes. IEEE Transactions on Pattern Analysis Machine Intelligence, 2009, 21: 433~449.
[39] Belongie S, Malik J, Puzicha J. Shape matching and object recognition using shape contexts. IEEE Transactions on Pattern Analysis Machine Intelligence, 2002, 24: 509~522.
[40] Frome A, Huber D, Kolluri R, et al. Recognizing objects in range data using regional point descriptors. ECCV, 2004: 224~237.
[41] Matei B, Shan Y, Sawhney H S, et al. Rapid object indexing using locality sensitive hashing and joint 3D-signature space estimation. IEEE Transactions on Pattern Analysis Machine Intelligence, 2006, 28: 1111~1126.
[42] Golovinskiy A, Kim V G, Funkhouser T. Shape-based recognition of 3D point clouds in urban environments. International Conference on Computer Vision(ICCV), 2009: 2154~2161.
[43] Anguelov D, Taskar B, Chatalbashev V, et al. Discriminative learning of markov random fields for segmentation of 3D scan data // Proceedings of the 2005 IEEE Computer Society Conference on Computer Vision and Pattern Recognition(CVPR'05), 2005: 169~176.
[44] Munoz D, Bagnell J A, Vandapel N, et al. Contextual classification with functional max-margin markov networks. IEEE Conference on Computer Vision and Pattern Recognition(CVPR), 2009:

975~982.

[45] Galleguillos C, Rabinovich A, Belongie S. Object categorization using co-occurrence, location and appearance. IEEE Conference on Computer Vision and Pattern Recognition, 2008: 1~8.

[46] Xiong X, Huber D. Using context to create semantic 3D models of indoor environments // Proceedings of the British Machine Vision Conference, 2010, 45: 1~11.

[47] Shotton J, Fitzgibbon A, Cook M, et al. Real-time human pose recognition in parts from a single depth image. CVPR, 2011: 1~8.

[48] Manfred L, Akira O, Jun M, et al. Converting 3D furniture models to fabricatable parts and connectors. ACM Transactions on Graphics, 2011, 85: 1~6.

[49] Fisher M, Hanrahan P. Context-based search for 3D models. ACM SIGGRAPH Asia 2010, 2010, 182: 1~10.

[50] Fisher M, Savva M, Hanrahan P. Characterizing structural relationships in scenes using graph kernels. ACM Transactions on Graphics, 2011, 34: 1~12.

[51] Nan L, Xie K, Sharf A. Search-classify approach for cluttered indoor scene understanding // Proceedings of SIGGRAPH Asia 2012, 2012, 31(6): 137~138.

[52] Breiman L. Random forests Machine. Learn, 2001, 45: 5~32.

[53] Shotton J, Fitzgibbon A, Cook M, et al. Real-time human pose recognition in parts from a single depth image. CVPR, 2011: 1~8.

[54] Shotton J, Johnson M, Cipolla R. Semantic texton forests for image categorization and segmentation. International Conferrence. Computer Vision and Pattern Recognition, 2008: 1~8.

[55] Sharp T. Implementing decision trees and forests on a GPU. ECCV, 2008: 595~608.

[56] Steven M, Michael C, David E, et al. A sorting classification of parallel rendering. IEEE Computer Graphics and Applications, 1994, 14(4): 23~32.

[57] Mitra T, Chiueh T. Three dimensional graphics Architecture. Current Science:Special Section on Computational Science, 2000, 78(7): 101~109.

[58] Wilkinson B. Parallel programmning: techniques and applications using networked workstation and parallel computers. Boston: Addison-Wesley publisher, 2002: 121~135.

[59] Croeket T W. Parallel rendering. NASA Contraetor Report ICASE Report, 1995: 95~31.

[60] Eilemann S, Bilgili A, Abdellah M, et al. Parallel rendering on hybrid multi-GPU clusters. Eurographics Symposium on Parallel Graphics and Visualization, 2012: 109~117.

[61] Li K, Chen H, Chen Y, et al. Early experiences and challenges in building and using a scalable display wall system. IEEE Computer Graphics and Applications, 2000, 20(4): 671~680.

[62] HumPhreys G, Eldridge M, Buck I, et al. WireGL: a scalable graphics system for clusters. ACM SIGGRAPH, 2001: 11~12.

[63] Samanta R, Zheng J N, Funkhouser T, et al. Load balancing for multi-projector rendering system. SIGGRAPH/Erographics Workshop on Graphics Hardware, 1999: 107~116.

[64] Samanta R, Funkhouser T, Li K, et al. Hybrid sort-first and sort-last parallel rendering with a cluster of PCs. SIGGRAPH/Erographics Workshop on Graphics Hardware, 2000: 97~108.

[65] Yang J, Shi J Y, Jin Z F, et al. Design and implementation of a large-scale hybrid distributed graphics system. Eurographics Workshop on Parallel Graphics and Visualization, 2002: 39~49.

[66] Marchesin S, Mongenet C, Dischler J M, et al. Dynamic load balancing for parallel volume rendering. Proceeding of the 6th Eurographics Conference on Parallel Graphics and Visualization, 2006: 43~45.

[67] Whiteman S. Dynamic load balancing for parallel polygon rendering. IEEE Computer Graphics and Applications, 1994, 14(4): 41~48.

[68] Moloney B, Weiskopf D, Möller T, et al. Scalable sort-first parallel direct volume rendering with

dynamic load balancing. Eurographics Symposium on Parallel Graphics and Visualization, 2007: 1~9.
[69] Ma K L, Painter J S, Hansen C D, et al. Parallel volume rendering using binary-swap compositing. Computer Graphics and Applications, 1994, 14(4): 59~68.
[70] Eilemann S, Pajarola R. Direct send compositing for parallel sort-last rendering. ACM SIGGRAPH ASIA 2008 courses, 2008: 29~36.
[71] Yu H F, Wang C L, Ma K L. Massively parallel volume rendering using 2-3 swap image compositing. High Performance Computing, Networking, Storage and Analysis, 2008: 1~11.
[72] CUDA toolkit document. http://docs.nvidia.com/cuda/cuda-c-programming-guide/.
[73] Nvidia technical brief. http://www.nvidia.com/object/quadro_geforce.html.
[74] Nvidia SLI best practices. http://developer.download.nvidia.com/whitepapers/2011/SLI_Best_Practices_2011_Feb.pdf.
[75] Popov S, Günther J, Seidel H P, et al. Stackless KD-tree traversal for high performance GPU ray tracing. Computer Graphics Forum, 2007, 26(3): 415~424.
[76] Günther J, Popov S, Seidel H P, et al. Realtime ray tracing on GPU with BVH-based packet traversal // Proceedings of IEEE/Eurographics on Interactive Ray Tracing, 2007: 113~118.
[77] Dos Santos A L, Teixeira J, De Farias T S M C, et al. KD-tree traversal implementations for ray tracing on massive multiprocessors: a comparative study. Symposium on Computer Architecture and High Performance Computing, 2009: 41~48.
[78] Britton A D. Full CUDA implementation of GPGPU recursive ray-tracing. College of Technology Masters Theses and Directed Projects, 2010.
[79] Zhou K, Hou Q M, Wang R, et al. Real-time KD-tree construction on graphics hardware. ACM Transactions on Graphics, 2008, 27(5): 1~11.
[80] Reichl M, Dunger R, Schiewe A. GPU-based ray tracing of dynamic scenes. Virtual Reality and Broadcasting, 2010, 7(1): 1~18.
[81] Wald I, Günther J, Slusallek P. Balancing considered harmful-faster photon mapping using the voxel volume heuristic. Computer Graphics Forum, 2004, 23(3): 595~604.
[82] Goldsmith J, Salmon J. Automatic creation of object hierarchies for ray tracing. IEEE Computer Graphic and Application, 1987, 7(5): 14~20.
[83] Stoll G. Part II: Achieving Real Time-Optimization Techniques. New York: SIGGRAPH 2005 Course on Interactive Ray Tracing, 2005.
[84] Paquet E, Rioux M. A content-based search engine for VRML databases // Proceedings of the 1998 Computer Society Conference on Computer Vision and Pattern Recognition, Santa Barbara, 1998: 541~546.
[85] Vranic D. 3D Model Retrieval. Leipzig: University of Leipzig, 2004.
[86] Kazhdan M. Shape Representations and Algorithms for 3D Model Retrieval. Princeton: Princeton University, 2004.
[87] Papadakis P. Content-Based 3D Model Retrieval Considering the User's Relevance Feedback. Athens: Institute of Informatics and Telecommunications, 2009.
[88] 潘翔. 三维模型形状分析和检索. 杭州: 浙江大学, 2005.
[89] 冷彪. 三维模型检索的特征描述和相关性反馈算法的研究. 北京: 清华大学, 2009.
[90] Jayanti S, Kalyanaraman Y, Iyer N, et al. Developing an engineering shape benchmark for cad models. Computer-Aided Design, 2006, 38(9): 939~953.
[91] Iyer N, Lou K Y, Jayanti S, et al. Shape based searching for product lifecycle applications. Computer-Aided Design, 2005, 37(13): 1435~1446.
[92] Pu J T, Kalyanaraman Y, Jayanti S, et al. Navigation and discovery of 3D models in a cad

repository. IEEE Computer Graphics and Applications, 2007, 27(4): 38~47.
[93] Li B, Turuvekere S, Agrawal M, et al. Characterization of local geometry of protein surfaces with the visibility criterion. Proteins: Structure, Function, and Bioinformatics, 2008, 71: 670~683.
[94] Daras P, Zarpalas D, Axenopoulos A, et al. Three-dimensional shape structure comparison method for protein classification. IEEE/ACM Transactions on Computational Biology and Bioinformatics, 2006, 3(3): 193~207.
[95] Fang Y, Liu Y S, Ramani K. Three dimensional shape comparison of flexible protein using the local diameter descriptor. BMC Structural Biology, 2009, 9(29): 29.
[96] Liu Y S, Fang Y, Ramani K. Using least median of squares for structural superposition of flexible proteins. BMC Bioinformatics, 2009 , 10(29): 29.
[97] Funkhouser T, Kazhdan M, Shilane P, et al. Modeling by example. ACM Transactions on Graphics, 2004, 23(3): 652~663.
[98] Lee J, Funkhouser T. Sketch-based search and composition of 3D models. Eurographics Workshop on Sketch-Based Interfaces and Modeling, Amecy, France, 2008: 97~104.
[99] Liu Y S, Ramani K. Robust principal axes determination for point-based shapes using least median of squares. Computer-Aided Design, 2009, 41(4): 293~305.
[100] Podolak J, Shilane P, Golovinskiy A, et al. A planar-reflective symmetry transform for 3D shapes. ACM Transactions on Graphics, 2006, 25(3): 549~559.
[101] Kazhdan M. An approximate and efficient method for optimal rotation alignment of 3D models. IEEE Transactions on Pattern Analysis and Machine Intelligence, 2007, 29(7): 1221~1229.
[102] Chaouch M, Verroust-Blondet A. Alignment of 3D models. Graphical Models, 2009, 71(2): 63~76.
[103] Osada R, Funkhouser T, Chazelle B, et al. Shape distributions. ACM Transactions on Graphics, 2002, 21(4): 807~832.
[104] Shih J L, Lee C H, Wang J T. 3D object retrieval system based on grid D2. Electronics, 2005, 41(4): 179~180.
[105] Mademlis A, Daras P, Tzovaras D, et al. 3D object retrieval using the 3D shape impact descriptor. Pattern Recognition, 2009, 42(11): 2447~2459.
[106] Mahmoudi M, Sapiro G. Three-dimensional point cloud recognition via distributions of geometric distances. Graphical Models, 2009, 71(1): 22~31.
[107] Park Y S, Yun Y I, Choi J S. A new shape descriptor using sliced image histogram for 3D model retrieval. IEEE Transactions on Consumer Electronics, 2009, 55(1): 240~247.
[108] Gao Y, Dai Q H, Zhang N Y. 3D model comparison using spatial structure circular descriptor. Pattern Recognition, 2010, 43(3): 1142~1151.
[109] Pan X, You Q, Liu Z, et al. 3D shape retrieval by poisson histogram. Pattern Recognition Letters, 2011, 32(6): 787~794.
[110] Hilaga M, Shinagawa M, Kohmura T. Topology matching for fully automatic similarity estimation of 3D shapes // Proceedings of the 28th Annual Conference o Computer Graphics And Interactive Techniques, 2001: 203~212.
[111] Sundar H, Silver D, Gagvani N, et al. Skeleton based shape matching and retrival // Proceedings of the IEEE International Conference on Shape Modeling and Applications, Seoul, Korea, 2003: 130~142.
[112] Cornea N D, Demirci M F, Silver D, et al. 3D object retrieval using many-to-many matching of curve skeletons // Proceedings of the IEEE International Conference on Shape Modeling

and Applications, Rutgers, N J, USA, 2005: 366~371.
[113] Biasotti S, Giorgi D, Spagnuolo M, et al. Size functions for comparing 3D models. Pattern Recognition, 2008, 41(9): 2855~2873.
[114] Tung T, Schmitt F. The augmented multiresolution reeb graph approach for content-based retrieval of 3D shapes. International Journal of Shape Modeling, 2005, 11(1): 91~120.
[115] Biasotti S, Marini S, Spagnuolo M, et al. Sub-part correspondence by structural descriptors of 3D shapes. Computer-Aided Design, 2006, 38(9): 1002~1019.
[116] Patane G, Spagnuolo M, Falcidieno B. A minimal contouring approach to the computation of the reeb graph. IEEE Transactions on Visualization and Computer Graphics, 2009, 15(4): 583~595.
[117] Bucksch A, Lindenbergh R, Menenti M. Skeltre robust skeleton extraction from imperfect point clouds. The Visual Computer, 2010, 26(10): 1283~1300.
[118] Tabia H, Daoudi M, Vandeborreb J P, et al. Deformable shape retrieval using bag-of-feature techniques // Proceedings of the 3D Image Processing(3DIP'11), 2011.
[119] Chang M C, Kimia B B. Measuring 3D shape similarity by graph-based matching of the medial scaffolds. Computer Vision and Image Understanding, 2011, 115(5): 707~720.
[120] Paquet E, Rioux M. Nefertiti: a query by content software for three-dimensional models databases management. Image and Vision Computing, 1999, 17(2): 157~166.
[121] Ip H, Wong W. 3D head models retrieval based on hierarchical facial region similarity // Proceedings of the 15th International Conference on Vision Interface, Calgary, Canada, 2002: 314~319.
[122] Yu M, Atmosukarto I, Leow W K, et al. 3D model retrieval with morphing-based geometric and topological feature maps // Proceedings of IEEE International Conference on Computer Vision and Pattern Recognition, Madison, Wisconsin, USA, 2003: 656~661.
[123] Akgul C B, Sankur B, Yemez Y, et al. Density-based 3D shape descriptors. EURASIP Journal on Applied Signal Processing, 2007, 2007(1): 209~224.
[124] Akgul C B, Sankur B, Yemez Y, et al. 3D model retrieval using probability density-based shape descriptor. IEEE Transactions on Pattern Analysis and Machine Intelligence, 2009, 31(6): 1117~1133.
[125] Tangelder J W H, Veltkamp R C. Polyhedral model retrieval using weighted point sets. International Journal of Image and Graphics, 2003, 3(1): 209~229.
[126] Kazhdan M, Chazelle B, Dobkin D, et al. A reflective symmetry descriptor for 3D models. Algorithmica, 2004, 38(1): 201~225.
[127] Daras P, Zarpalas D, Tzovaras D, et al. Efficient 3D model search and retrieval using generalized 3D radon transforms. IEEE Transactions on Multimedia, 2006, 8(1): 101~114.
[128] Chaouch M, Verroust-Blondet A. 3D gaussian descriptor for 3D shape retrieval // Proceedings of the IEEE International Conference on Multimedia and Expo, New York, USA, 2009: 834~837.
[129] Vranic D V, Saupe D, Richter J. Tools for 3D-object retrieval: karhunen-loeve transform and spherical harmonics // Proceedings of the IEEE 2001 Workshop Multimedia Signal Processing, Cannes, France, 2001: 293~298.
[130] Vranic D V. Description of 3D-shape using a complex function on the sphere // Proceedings of the IEEE International Conference on Multimedia and Expo, Lausanne, Switzerland, 2002: 177~180.
[131] Vranic D V. An improvement of rotation invariant 3D shape descriptor based on functions on concentric spheres // Proceedings of the IEEE International Conference on Image Processing,

Barcelona, Spain, 2003: 757~760.
[132] Funkhouser T, Min P, Kazhdan M, et al. A search engine for 3D models. ACM Transactions on Graphics, 2003, 22(1): 83~105.
[133] Laga H, Takahashi H, Nakajima M. Spherical parameterization and geometry image-based 3D shape similarity estimation. The Visual Computer, 2006, 22(5): 324~331.
[134] Zarpalas D, Daras P, Axenopoulos A, et al. 3D model search and retrieval using the spherical trace transform. EURASIP Journal on Advances in Signal Processing, 2007, 39: 441~471.
[135] Papadakis P, Pratikakis I, Perantonis S, et al. Efficient 3D shape matching and retrieval using a concrete radialized spherical projection representation. Pattern Recognition, 2007, 40(9): 2437~2452.
[136] Mademlis A, Daras P, Tzovaras D, et al. Ellipsoidal harmonics for 3-D shape description and retrieval. IEEE Transactions on Multimedia, 2009, 11(8): 1422~1433.
[137] Chen D Y, Tian X P, Shen Y T, et al. On visual similarity based 3D model retrieval. Computer Graphics Forum, 2003, 22(3): 223~232.
[138] Makadia A, Daniilidis K. Spherical correlation of visual representations for 3D model retrieval. International Journal of Computer Vision, 2010, 89(2): 193~210.
[139] Pu J T, Ramani K. On visual similarity based 2D drawing retrieval. Computer-Aided Design, 2006, 38(3): 249~259.
[140] Papadakis P, Pratikakis I, Theoharis T, et al. Panorama: a 3D shape descriptor based on panoramic views for unsupervised 3D object retrieval. International Journal of Computer Vision, 2010, 89(2): 177~192.
[141] Ohbuchi R, Nakazawa M, Takei T. Retrieving 3D shapes based on their appearance // Proceedings of the ACM SIGMM International Workshop on Multimedia Information Retrieval, Berkeley, California, USA, 2003: 39~46.
[142] Passalis G, Theoharis T, Kakadiaris I A. Ptk: a novel depth buffer-based shape descriptor for three-dimensional object retrieval. The Visual Computer, 2007, 23(1): 5~14.
[143] Shih J L, Lee C H, Wang J T. A new 3D model retrieval approach based on the elevation descriptor. Pattern Recognition, 2007, 40(1): 283~295.
[144] Chaouch M, Verroust-Blondet A. A new descriptor for 2D depth image indexing and 3D model retrieval // Proceedings of the IEEE International Conference on Image Processing, San Antonio, TX, USA, 2007: 373~376.
[145] Zou K S, Chan C K, Peng S X, et al. Shape-based retrieval and analysis of 3D models using fuzzy weighted symmetrical depth images. Neurocomputing, 2012, 89: 114~121.
[146] Lowe D G. Distinctive image features from scale invariant keypoints. International Journal of Computer Vision, 2004, 60(2): 91~110.
[147] Osada K, Furuya T, Ohbuchi R. Local volumetric features for 3D model retrieval // Proceedings of IEEE International Conference on Shape Modeling and Applications, Stony Brook, New York, USA, 2008: 245~246.
[148] Ohbuchi R, Osada K, Furuya T, et al. Salient local visual featuers for shape-based 3D model retrieval // Proceedings of the IEEE International Conference on Shape Modeling and Applications, Stony Brook, NY, USA, 2008: 93~102.
[149] Furuya T, Ohbuchi R. Dense sampling and fast encoding for 3D model retrieval using bag-of-visual features // Proceedings of the ACM International Conference on Image and Video Retrieval, Santorini, Greece, 2009: 26~33.
[150] Gao Y, Yang Y, Dai Q H, et al. 3D object retrieval with bag-of-region-words // Proceedings of the ACM Conference on Multimedia, 2010: 955~958.

[151] Ansary T F, Vandeborre J P, Daoudi M. A Bayesian approach for 3D models retrieval based on characteristic views // Proceedings of International Conference on Pattern Recognition, Cambridge, UK, 2004: 898~901.

[152] Chaouch M, Verroust-Blondet A. Enhanced 2D/3D approaches based on relevance index for 3D-shape retrieval // Proceedings of the IEEE International Conference on Shape Modeling and Applications, Matsushima, Japan, 2006: 36~41.

[153] Ansary T F, Daoudi M, Vandeborre J P. A bayesian 3-D search engine using adaptive views clustering. IEEE Transaction on Multimedia, 2007, 9(1): 78~88.

[154] Mortara M, Spagnuolo M. Semantics-driven best view of 3D shapes. Computers & Graphics, 2009, 33(3): 280~290.

[155] Gao Y, Tang J H, Li H J, et al. View-based 3D model retrieval with probabilistic graph model. Neurocomputing, 2010, 73(10): 1900~1905.

[156] Gao Y, Dai Q, Wang M, et al. 3D model retrieval using weighted bipartite graph matching. Signal Processing: Image Communication, 2011, 26(1): 39~47.

[157] Gao Y, Meng W, Zha Z J, et al. Less is more: efficient 3-D object retrieval with query view selection. Multimedia, IEEE Transactions, 2011, 13(5): 1007~1018.

[158] Yue G, Jinhui T. Camera constraint-free view-based 3-D object retrieval. Image Processing, IEEE Transactions, 2012, 21(4): 2269~2281.

[159] Wessel R, Novotni M, Klein R. Correspondences between salient points on 3D shapes // Proceedings of GI Workshop on Vision, Modeling, and Visualization, Aachen, Germany, 2006: 365~372.

[160] Funkhouser T, Shilane P. Partial matching of 3D shapes with priority-driven search // Proceedings of the 4th Eurographics Symposium on Geometry Processing, Cagliari, Sardinia, Italy, 2006: 131~142.

[161] Gal R, Cohen-Or D. Salient geometric features for partial shape matching and similarity. ACM Transactions on Graphics, 2006, 25(1): 130~150.

[162] Shilane P, Funkhouser T. Distinctive regions of 3D surfaces. ACM Transactions on Graphics, 2007, 26(2): 7~20.

[163] Mademlis A, Daras P, Tzovaras D, et al. On 3D partial matching of meaningful parts // Proceedings of IEEE International Conference on Image Processing(ICIP 2007), San Antonio, Texas, USA, 2007: 517~520.

[164] Mian A, Bennamoun M, Owens R. On the repeatability and quality of keypoints for local feature-based 3D object retrieval from cluttered scenes. International Journal of Computer Vision, 2010, 89(2): 348~361.

[165] Ruggeri M R, Patan G, Spagnuolo M, et al. Spectral-driven isometry-invariant matching of 3D shapes. International Journal of Computer Vision, 2010, 89(2): 248~265.

[166] Song J J, Golshani F. Shape-based 3D model retrieval // Proceedings of IEEE International Conference on Tools with Artificial Intelligence,Sacramento, California, USA, 2003: 636~640.

[167] Mademlis A, Daras P, Axenopoulos A, et al. Combining topological and geometrical features for global and partial 3D shape retrieval. IEEE Transactions on Multimedia, 2008, 10(5): 819~831.

[168] Shih J L, Chen H Y. A 3D model retrieval approach using the interior and exterior 3D shape information. Multimedia Tools and Applications, 2009, 43(1): 45~62.

[169] Leng B, Xiong Z. ModelSeek: an effective 3D model retrieval system. Multimedia Tools Appl, 2011, 51(3): 935~962.

[170] Moumoun L, Chahhou M, Gadi T, et al. 3D object retrieval using a global-partial analogy and

the bayesian approach. Signal-Image Technology and Internet-Based Systems(SITIS), 2011: 314~321.
[171] Xiao Q, Wang H, Li F, et al. 3D object retrieval based on a graph model descriptor. Neurocomputing, 2011, 74(17): 3486~3493.
[172] Pu Y C, Du W C, Huang C H, et al. Invariant feature extraction for 3D model retrieval: an adaptive approach using Euclidean and topological metrics. Computers & Mathematics with Applications, 2011, 64(5): 1217~1225.
[173] Vranic D V. Desire: a composite 3D-shape descriptor // Proceedings of IEEE International Conference on Multimedia and Expo, Amsterdam, Netherlands, 2005: 962~965.
[174] Kolonias I, Tzovaras D, Malassiotis S, et al. Fast content-based search of vrml models based on shape descriptors. IEEE Transactions on Multimedia, 2005, 7(1): 114~126.
[175] Leng B, Qin Z, Cao X M, et al. Mate: a visual based 3D shape descriptor. Chinese Journal of Electronics, 2009, 18(2): 291~296.
[176] Tatsuma A, Aono M. Multi-fourier spectra descriptor and augmentation with spectral clustering for 3D shape retrieval. The Visual Computer, 2009, 25(8): 785~804.
[177] Daras P, Axenopoulos A. A 3D shape retrieval framework supporting multimodal queries. International Journal of Computer Vision, 2010, 89(2): 229~247.
[178] Liu Z B, Wang Z S, Ma C B, et al. Shape alignment and shape orientation analysis-based 3D shape retrieval system. Multimedia Systems, 2010, 16(4): 319~333.
[179] Lmaati E A, Oirrak A E, Aboutajdine D, et al. A 3-D search engine based on fourier series. Computer Vision and Image Understanding, 2010, 114(1): 1~7.
[180] Shilane P, Min P, Kazhdan M, et al. The princeton shape benchmark // Proceedings of Shape Modeling and Applications(SMI), Palazzo Ducale, Genova, Italy, 2004: 167~178.
[181] Princeton shape benchmark. http://shape.cs.princeton.edu/benchmark/.
[182] The 3D model database from the university of konstanz. http://merkur01.inf.uni-konstanz.de/CCCC/.
[183] Engineering shape benchmark. http://shapelab.ecn.purdue.edu/Benchmark.aspx.
[184] Fang R, Godili A, Li X, et al. A new shape benchmark for 3D object retrieval // Proceedings of the 4th International Symposium on Advances in Visual Computing, Las Vegas, NV ,USA, 2008: 381~392.
[185] Godil A, Dutagaci H, Akgul C, et al. Shrec'09 track: generic shape retrieval // Proceedings of Eurographics Workshop on 3D Object Retrieval, Munich, Germany, 2009: 65~69.
[186] Mpeg-7 dataset. http://www.chiariglione.org/mpeg/.
[187] Goodall S, Lewis P, Martinez K, et al. Sculpteur: multimedia retrieval for museums // Proceedings of the International Conference on Image and Video Retrieval, Dublin, Ireland, 2004: 638~646.

第 8 章　以人为本的智慧城市支撑服务

8.1　"人"与智慧城市

　　城市是一个区别于自然环境而又明显具备生态特征的生态圈，无论发展到何种阶段，城市最基本的功能仍然包含三大部分：载体功能、经济功能、社会功能。载体功能以城市公共设施和环境为主体，包括土地、空气、水资源、能源、道路、房屋等，为城市提供基本的物资条件。经济功能以企业为主体，包括生产、分配、运输、消费、科技等，是城市作为生产力聚集形态的价值所在。社会功能则以人为主体，包括城市居民的日常生活，各类政治、文化活动等，是城市以人为本的体现。此外，有些城市还具有特殊功能，如港口、矿产、交通枢纽、历史名城等，特殊功能与城市地理位置、自然资源和历史条件有重要关系。

　　城市几大功能之间的关系是对立统一、和谐共生的，经济、社会的发展依赖于公共设施和环境，同时也依赖于市民的素质和创业精神。经济的发展有利于社会文明的进步和公共设施的改善，而城市居民的幸福度、满意度在城市吸引人才、发展经济、塑造良好的环境上起着积极作用。经济的繁荣、民生的幸福、环境的和谐是城市追求的终极目标。

　　如今人类社会已进入信息时代，信息化成为全球经济社会发展的显著特征，并逐步向一场全方位的变革演进。信息技术突飞猛进，信息产业迅速壮大，信息实践应用广泛，信息化不可阻挡地渗透到人类社会的各个方面，成为世界经济和社会发展的大趋势。信息化日益融入人们生产生活的各个领域，成为一股无处不在的力量，在优化资源配置、促进可持续发展、提升政府效能、推动企业创新、提高人民生活方面发挥着越来越重要的作用。信息产业对于经济发展的影响日益重大，作为新兴的绿色、高技术产业，信息产业不仅对于改善经济结构，提升产业含金量具有重要意义，而且对其他产业的发展具有重要的支撑和促进作用。信息化程度和水平成为衡量一个国家、一个地区、一个城市经济社会发展综合实力和文明程度的重要标志，信息化成为促进全球经济增长和社会进步最为强劲的动力之一。

　　智慧城市围绕城市可持续发展、民生核心需求为关注点，将先进信息技术与先进的城市经营服务理念进行有效融合，通过对城市的地理、资源、环境、经济、社会等系统进行数字网络化管理，对城市基础设施、基础环境、生产生活相关产业和设施的多方位数字化、信息化的实时处理与利用，构建以政府、企业、市民三大主体的交互、共享平台，为城市治理与运营提供更简捷、高效、灵活的决策支持与行动工具，为城市公共管理与服务提供更便捷、高效、灵活的创新应用与服务模式，从而推进现代城市运作更安全、更高效、更便捷、更绿色的和谐目标。

过去一段时间城市信息化一直由政府部门主导，使得经常从政府管理的角度出发，而非从服务对象的角度考虑问题，结果导致服务对象的需求被忽略，难以形成真正价值。同时建设模式以条线建设为重点，缺乏资源共享和应用创新，缺乏持续改进机制，缺乏公众参与的监督驱动力。

智慧城市不仅致力于发展城市的信息产业，还是利用信息技术及相关活动改造和发展包括社会、经济、文化等一切领域，极大地促进城市内外部信息产生、交流、释放和传递的有序化、高效化，提升城市经济和社会活动的综合竞争能力，最终产生"聚合"和"辐射"效应。发展智慧城市将极大地促进各领域信息化的最终实现，对消除区域内和区域间的发展不平衡，形成经济及社会的可持续发展，提升城市整体竞争力，具有至关重要的作用。

如亚里斯多德所说，"人们为了生存而来到城市，为了生活得更加美好而居留于城市"。城市文明的不断发展首先应该满足人类生存和发展的需求。据联合国人类住区规划署报道，目前全球有近10亿人居住在城市恶劣条件的贫民窟中，相当于世界总人口的1/6，全球城市人口的1/3，预计到2020年居住在城市贫民窟人数将增至14亿。就中国的情况来说，长期形成的城乡二元结构为城市化的进一步扩展制造了障碍。这体现在以下两个方面：第一，工作和生活在城市的2.3亿农民工在教育、医疗、住房、卫生等方面缺乏保障，他们仍然在为获得公民权而奋斗；第二，对于户籍意义上的城市居民，昂贵的医疗成本、居高不下的房价、稀缺的教育资源以及不完善的社会保障等因素影响了城市生活的质量。在一系列的问题面前，如何重建城市家园，实现每个城市居民的幸福生活成为新的课题。

如何在未来几十年内解决城市发展的诸多问题，保持城市又好又快地发展，以人为中心的智慧城市建设思路就显得尤为重要，能够给出一条基于人的各类需求，依托信息技术的系统化变革之路。以人为中心的智慧城市公共服务体系将人作为服务的主体，以信息化为手段，以产业化为依托，在整体规划的基础上，面向服务对象，对已有的城市基础设施、应用系统、服务体系、信息资源进行整合，提升资源利用效率，实现信息与服务共享，逐步迈向幸福、繁荣、和谐、智慧的未来城市之路。

智慧城市内涵十分丰富，在其众多的领域之中，与民生密切相关的建设工程意义重大，我国对与之相关的共性支撑技术与系统具有广泛而迫切的需求，主要体现在以下几个方面。

8.1.1　市民幸福感是智慧城市的核心指标

建设以人为中心的智慧城市公共服务对提升市民幸福感意义重大，且符合科学发展观"以人为本"的核心价值。一个城市能够称得上拥有智慧,其首要特征应该是市民在此城市中能够拥有较高的幸福感。以人为中心的智慧城市公共服务在医疗、教育、社保、就业、交流、出行、娱乐等多个领域围绕市民的需求提供丰富、高效、易用的应用,以为民、便民、利民为目标,力图提升市民的幸福感。这在我国城市常住人口持续快速增加,交通、教育、卫生、环境等公共基础设施资源日渐紧张,服务质量尚不乐观的背景下,其作用尤为重要。

此外,城市的智慧化是城市发展的重要方向,而发展则必须坚持科学发展观,坚持以人为本的核心价值。中共中央宣传部编写的《科学发展观学习读本》中明确指出:"坚持发展为了人民,就要顺应各族人民过上更好生活的新期待,着力解决人民群众最关心、最直接、最现实的利益问题"。以人为中心的智慧城市公共服务正是围绕市民日常工作、生活、发展提供服务,与以人为本的核心价值完全契合。

目前,我国包括北京、上海、广州、天津、南京、石家庄、武汉、深圳、珠海、佛山、苏州、无锡等城市的政府工作报告中都明确地把"民生"、"居民幸福感"作为智慧城市建设的主要目标,这也综合反映了我国城市对以人为中心的智慧城市公共服务的广泛需求。

8.1.2 以人为中心的智慧城市公共服务

以人为中心的智慧城市公共服务面向智慧城市的应用场景,基于城市信息基础设施,为市民个人、家庭或者其他社会群体提供内容丰富、个性化、综合融通且随需而动的公共民生服务,具有以下几个方面的特点。

(1) 服务对象以人为中心。服务的对象是城市中的人,这里的人不是某个人或某些特定的人群,而是指全体市民。具体而言,市民人数众多,对服务的访问量大,并且居住相对集中,往往由于区域性事件的影响而同时访问某项服务。例如,因为城市中感冒流行而导致大量市民同时访问医院挂号服务,或者由于突然下雨,而导致市民同时访问出租车预订服务等。因此,以人为中心的智慧城市公共服务具有用户量大,并发访问峰值高,且访问量波动明显的特点,要求服务系统能够适应访问量的变化,具有良好的可伸缩性。

(2) 服务内容以人为中心。这包括两个层面的含义:一方面,从宏观上说,以人为中心的智慧城市公共服务面向市民工作、生活的方方面面,服务内容以市民的需求为中心,涉及范围广;另一方面,从微观上说,针对某一个特定的市民,其服务内容又需要根据该市民的个性需求、使用习惯、所处情境进行充分的定制和适配,使每个市民都能使用到以自身需求为中心而优化的个性化服务。

(3) 服务组织以人为中心。以人为中心的智慧城市公共服务内容十分丰富,不同的应用在数据和业务逻辑上存在大量的交融与依赖,传统的以功能为中心的服务组织模式不再适用。所谓以功能为中心的服务组织是指，按照功能将面向市民的信息服务分割为多个应用系统，市民则根据要完成的功能选择使用相应的系统，通俗地讲就是"系统为中心，人围绕系统转"的模式。这种模式存在以下弊端：①应用按功能切分，应用间易形成壁垒，不利于数据共享和业务融合；②应用根据预设的功能设计，柔性不足，难以演化；③要求用户在使用前预先知道应用的存在，而在应用极大丰富且不断增长的环境中，这一要求无法为市民广泛接受。针对上述问题，未来智慧城市服务应该采用新型的以人为中心的组织模式。这包括以下两点：①在信息资源层，应该突破单个应用的边界，建设以人为中心的市民智慧城市信息资源库，整合与人相关的各种数据和可复用服务，为应用提供统一的资源模型，以支持应用间的深度融合；②在应用层，则应该综合分析市民的剖面(profile)、偏好(preference)和所处情境(context)，通过人工选择、自动推荐等方式为每个市民聚集适合其使用的独特的服务集合，并且根据市民状态的变化，对此集合做出动态的适应性调整，做到"以人为中心，系统围绕人转"。

(4) 服务提供以人为中心。平台提供服务的渠道不应该是单一的，而应该充分利用智慧城市中电信网、移动通信网、传感网、广电网等多种通信基础设施，扩展到包括 PC、PDA、手机、电视、公共终端机等各种终端，通过网络向市民全方位地提供服务。服务提供的模式包括用户主动访问(即"拉"模式)和系统推荐(即"推"模式)两种类型。从用户的视角看，各种服务资源以人为中心展开，使用户可以随时、随地、随需地获取服务。

8.1.3 以人为中心的智慧城市与城市的经济转型

信息技术与信息化是城市科技创新的重要内容，决定城市未来发展的竞争力，这需要以人为中心的智慧城市建设与当地信息产业发展能够形成良性的互动发展关系。一方面，信息产业为以人为中心的智慧城市建设提供全面的网络、产品和系统设备，是信息化建设的物质基础和技术支撑；另一方面，以人为中心的智慧城市建设为信息产业创造出巨大的市场需求，开拓了更为广阔的发展空间。

以人为中心的智慧城市建设对信息产业的带动主要通过市场、技术、投资以及资源要素等实现，对信息产业的不同分支的带动作用显现出不同的主次性和强弱性，有的表现为强带动，有的表现为弱带动，有的通过外部性溢出效应关联带动，总体来说，以人为中心的智慧城市建设对 IT 咨询、数据处理等信息服务业和电子制造、软件业具有巨大的带动作用。

我国智慧城市建设中对以人为中心的智慧城市公共服务支撑技术和系统存在着广泛且迫切的需求，然而此类技术和系统仍面临较大的技术挑战。在此背景下，迫切需要做好以下工作：突破以人为中心的智慧城市公共服务领域知识模型构造与演化技术，建立全面综合且具地域特征的领域知识模型；建立城市多源多型信息资源聚合、应用构造与演化、偏好发现与情境感知、应用推荐、定制与融合等公共服务应用支撑技术体系，为充分利用知识、聚集资源、构造应用、定制服务提供全面支持；构建基于互联网的智慧城市公共服务平台，提供开放的平台生长机制和多终端多网络的服务渠道；在若干城市展开示范应用，带动产业链的发展。

综上所述，以人为中心是面向市民的智慧城市公共服务的最主要的目标和技术特色，它在建设中需要面临着三个层次的技术挑战。

(1) 知识层：要做到以人为中心，首先要对智慧城市中的人和与公共服务相关的其他各种实体和关系形成较为完整的认知，只有以此为基础才能够打破应用之间固有的信息壁垒，使得各种应用可以综合融通，且随着城市的发展而增长演化。为此，需要建立以人为中心的智慧城市公共服务知识模型，并且为此知识模型提供自增长、自演化的机制，使其不断完善且与城市同步发展。

(2) 支撑技术层：紧密围绕上述知识模型，需要突破一系列以人为中心的公共服务共性支撑技术，包括公共信息资源聚集技术、应用构造与演化技术、偏好发现与情境感知技术、服务定制、推荐和融合技术等，为各类服务的构造和演化提供全方位的支持，从而促进公共服务应用的丰富与发展。

(3) 平台层：需要建立一套基于互联网的开放式服务支撑平台，使得与智慧城市公共服务相关的各种利益相关者都可以方便地参与到公共服务的发展中。具体而言，市民作为终端用户可以使用多终端多渠道访问平台上服务；应用开发者可以快速高效地构造应用或贡献可复用资源；平台和服务运营者可以方便地制定服务和平台的运营管理策略；政府部分则可以方便地提供服务及了解市民需求。

8.2 以人为中心的智慧城市公共服务领域知识模型

智慧城市中的智能化信息服务将覆盖城市运行及生产、生活等各个方面的各种数据和信息进行全面整合和统一管理，并在需要时通过灵活的整合、集成来实现面向市民的智能化服务。

智慧城市所涉及的政务、民生、环境、公共安全、城市服务、工商活动等各个方面的数据和信息具有来源广泛而分散、结构和形式多样、动态性强等特点，因此，实现统一的智慧城市智能化信息服务的一个重要基础是建设智慧城市领域知识模型与知识体系，这为大范围、开放式的异构数据和信息资源接入、交换和集成提供知识基础。

为了实现这个目的，现有的智慧城市和早期的智慧城市研究及实践案例中主要是采用基于元数据的方法。元数据是"关于数据的数据"，即一种对数据以及对这些数据的操作的应用和处理方式的描述信息。元数据可以对信息资源的内容及由应用信息资源所提供的服务进行高度结构化描述，用于管理和组织信息内容和服务内容,支持对信息资源及其应用的维护和挖掘。基于 XML 还可以进一步实现元数据的发布和交换。元数据为智慧城市中的各种数据、信息来源以及相关应用提供了信息共享的标准化的方法和手段,使得高效的信息和服务共享及互操作成为可能。围绕与智慧城市相关的空间、地理等方面,国内外政府和相关机构推动制定并发布了一系列标准,如 Dublin 核心元数据标准、美国的联邦地理数据委员会发布的地理元数据标准、我国的 NSII(国家空间信息基础设施)空间元数据标准等。

基于元数据的方法具有简单、实用的特点,在实践中也得到了广泛应用,但由于缺乏严格的逻辑基础和推理能力,基于元数据的方法也存在很大的局限性,难以实现数据和信息向知识及智能的提升。随着 Internet 的普及和广泛应用,知识共享和交互需求越来越广泛,语义网(semantic web)成为万维网(WWW)的一个发展方向得到了广泛的认同和关注,而描述概念与概念间关系的本体模型则由于其在推理能力、标准化的描述语言、工具支持等方面的优势,越来越多地应用于领域知识建模,成为语义网的一项重要技术基础。其中 OWL(web ontology language)作为 W3C 推出的 Web 本体语言标准得到了广泛应用。基于 OWL 语言的 Web 服务本体 OWL-S 则支持对于 Web 服务的逻辑化描述,为服务的语义化描述和动态匹配与组合打下了基础。

目前常用的本体开发工具及环境主要有 OntoEdit、protégé、WebODE、WebOnto 等,这些工具和环境主要提供了本体模型的编辑、持久化、推理及一致性检查等功能。进一步分析可以看到,与软件工程方法相似,人们从研究和实践中也逐渐总结出一些本体开发方法,例如,骨架法所提出的本体开发过程包括目标及范围分析、本体构建、本体评价、文档化这几个基本阶段。其中本体构建阶段的主要活动又包括本体分析、本体表示以及与现有本体的集成。

近些年来,农业、医疗、电子商务等领域在国际和政府组织的支持下已经建立起得到广泛参与和认同的领域本体。例如,国际粮农组织(Food and Agricultural Organization, FAO)资助建立了农业本体服务(agriculture ontology service, AOS)。这些领域本体主要是由少量的专家以封闭、集中的方式开发和构造的,具有复杂、耗时、代价高等问题,难以支持大规模的领域本体模型开发。

由于智慧城市涉及城市运行、生产及生活的方方面面,所涵盖的领域知识范围十分广泛,由于不同地区、不同城市在一些具体的方面还存在一些差异,此外随着城市发展的日新月异,智慧城市所涉及的知识领域自身也处于不断地发展和变化之中,封闭、集中式的智慧城市领域本体开发是不可行的,而需要一种开放的、协作的方式,集大众智慧于一体,实现内容丰富、持续发展的智慧城市领域本体开发。随着 Web2.0 时代以 wiki 为代表的群体参与性的知识与内容编辑和共享方式的普及,一些基于群体性协作的本体构造方法也逐渐出现。基于协作的本体构造方法将本体开发视为许多人员共同参与完成的一项工作,这些参与人员可以是分布在世界不同的地方,从各自的经验和观点出发参与本体开发工作。在此方面,尽管相关学者已经开展了一系列试验性的工作,但目前尚没有针对智慧城市这类大规模和大范围领域内的领域本体协同开发的支撑技术和实践应用方面的报道。

这需要建立广泛覆盖智慧城市运行、生产及生活等各个方面的领域知识型,通过基于本体的领域模型实现智慧城市领域内的大范围知识与信息资源共享,同时吸引和鼓励智慧城市中各种专家及众多市民的广泛参与,以开放和协同的方式实现智慧城市领域知识模型的构造以及持续演化和发展。这具体表现为:在高层核心本体及相关的规则的指导和约束下,面向领域内的领域专家和普通用户,以基于互联网的大范围、开放和协同的方式实现大规模本体的构造,同时以增量和迭代的方式实现领域本体的持续发展和演化。

以人为中心的智慧城市领域知识模型以领域本体作为主要的知识表示形式,同时包含支持复杂推理的扩展规则,智慧城市涵盖了城市管理及市民个人生活的方方面面,所包含的范围极其广泛,因此智慧城市领域知识模型规模极大且随着时间的推进会不断发生演化(如要涵盖城市管理和生活中不断出现的新概念和新事物),依靠集中化的方式进行构建难度很高。此外,不同城市的城市管理和市民生活方面的知识在高层概念上存在较大的共性,然而在具体层面上则存在差异。

因此,以人为中心的智慧城市领域知识模型以统一的高层核心本体为基础,通过知识挖掘和大范围协同开发实现领域知识模型的自增长和持续演化,其中智慧城市领域高层核心本体通过集中式的方式进行构建,并可以作为标准在不同城市试点平台中推广。在高层核心本体基础上,基于知识挖掘技术实现智慧城市领域知识模型的自增长,并通过协同式的领域知识开发平台允许并鼓励城市中的职能部门、专家和市民积极参与领域知识模型的开发和持续演化。

8.2.1 以人为中心的智慧城市高层核心本体构建

以人为中心的智慧城市领域知识模型是描述智慧城市信息和服务资源、市民偏好和个性化特征,支持智慧城市应用构造、实现智慧城市公共服务推荐、定制与融合的重要基础设施,这部分的主要研究内容是建立以人为中心的智慧城市领域高层核心本体,按照"记录一生、服务一生"的原则最大程度覆盖市民一生以及其日常生活的方方面面。智慧城市领域高层核心本体以人为中心,对智慧城市中的城市环境、社会组织、物理实体和信息实体等各个方面的基本信息建立基础描述框架,并为基于知识挖掘和协同开发的领域知识模型自增长和持续演化打下基础。这部分的主要技术关键点在于:高层本体的建立需要对智慧城市中,以人为中心、多样化的生活要素进行高度的共性抽象，形成具有良好的通用性和可扩展性的标准化本体知识模型。

这部分的技术路线可以概括为图8-1所示的以人为中心的智慧城市高层核心本体框架。该框架以人、城市环境、社会组织、物理实体、信息实体这些方面的城市基本要素为基础，定义相关方面的静态关联以及动态事件与轨迹。与此同时，该框架中的公共服务过程将借助于过程本体描述与智慧城市中方方面面的公共服务相关的过程性知识。各部分的知识内容具体包括以下几个方面。

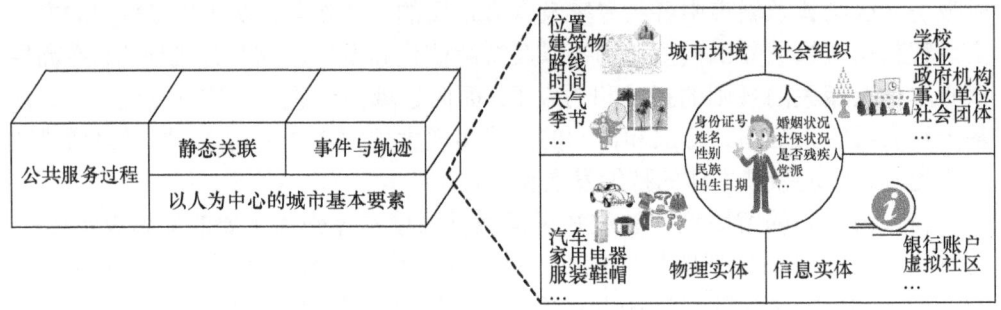

图 8-1　以人为中心的智慧城市高层核心本体框架

（1）以人为中心的城市基本要素：生活在智慧城市中的人位于中心，相关的知识信息描述包括姓名、出生日期、婚姻状况等市民自然属性和状态；城市环境包括与地理位置相关的知识(如城市中的建筑物、交通路线等)以及时间、天气等相关的知识；社会组织覆盖了学校、企业、政府机构、社会团体等组织机构；物理实体是指城市生活中的方方面面所涉及的物理实体相关的知识，如服装鞋帽、家用电器、汽车等；信息实体则涵盖了城市生活中与人相关的虚拟信息，如银行账户、虚拟社区等。

（2）静态关联：以人为中心的五方面的基本要素之间所形成的社会、经济、生活等方面稳定关联，这些关联在一定时期内稳定存在并随着各种事件和活动的发生而发生变化，如人与人之间的亲属和同学等社会关系、人与物理实体或信息实体之间的所有和购买关系、人与社会组织之间的工作和学习关系、社会组织与城市环境之间的位置关系等。

（3）事件与轨迹：以时间和位置信息为基础，定义以人为中心的城市活动行为轨迹及各类事件，如事件包括各类治安事件、自然灾害事件等，行为轨迹包括购物、搭乘交通工具、开设账户等日常行为以及结婚、入学等人生轨迹。

（4）公共服务过程：描述以人为中心的智慧城市生活中的公共服务过程，具体包括各种公共服务、活动及其流程信息，如经适房申请、房产过户、政府资助项目申请、观看演出等。

以上各个方面本体知识密切相关，构成了一个有机的整体。例如，市民的城市生活轨迹(如结婚)、静态关联(如与另一个人的婚姻关系)以及自身的自然和社会属性(如婚姻状况)之间存在一致性规则,这可以通过本体规则进行描述,并用于信息与资源集成等过程中的一致性检查和冲突检测,特别是其中的公共服务过程与其他几个方面都存在密切的关系:人、城市环境、社会组织、物理实体、信息实体这些方面的基本要素将参与公共服务过程(如参与房产过户过程的买方、卖方、中介公司、房屋);公共服务的执行需要相关要素的属性、状态及静态关联满足一定的条件(如卖方拥有房屋的所有权)并在成功执行后改变相关属性、状态或关联(如房屋过户成功后买方获得房屋所有权);同时,公共服务在执行过程中会产生一系列事件和轨迹(如房屋过户过程中产生的双方签约、银行转账等事件和轨迹)。

8.2.2 基于知识挖掘的智慧城市领域知识模型自增长技术

智慧城市领域知识模型是智慧城市公共服务建设的重要基础,然而知识模型的构造如果完全依赖于领域专家手工完成,则将面临效率低、成本高等问题,且由于手工构造的方式受到工作量和工作时间的限制,无法在有限的时间内完成大量领域知识实例的创建。为解决上述问题,提出基于知识发现的智慧城市领域知识模型自增长技术,它试图通过对互联网的主动搜索和知识发现,提供一种知识模型自增长的方法。

智慧城市领域知识模型自增长技术的研究是基于面向互联网的主动搜索与语义分析技术展开,具体研究内容包括:研究基于领域知识顶层本体模型的领域知识边界划分技术,以支持领域知识与非领域知识的区分;研究基于自然语言特征模板的语义分析技术,以支持特定关系概念的发现和提取;研究顶层领域知识模型关系类型与自然语言模板的映射关系,以支持对不同种类概念间关系的发现与提取;研究近似概念之间的同义词关系发现技术,以支持语义相同概念的提取。其研究难点在于解决基于顶层领域知识模型的领域知识边界划分问题,以确保领域知识实例发现算法的可收敛性。

该方法首先针对特定类型的概念间关系,建立相应的自然语言特征模板,完成特定类型知识实例的发现;随后针对领域知识边界划分的问题,给出一种基于增量迭代的领域知识核心概念库的领域知识边界确认方法,进而完成基于互联网主动搜索技术的领域知识实例增量迭代发现方法,并完成相应工具的研发;与此同时,完成对领域知识顶层本体中关系类型与自然语言特征模板的对应关系进行分析,将已有的知识发现方法扩展至多种关系类型。

8.2.3 基于协同开发的智慧城市领域知识模型持续演化技术

智慧城市领域知识模型的持续演化在高层核心本体的基础上,通过概念、关系和规则等多个方面的扩展和更新,反映不同城市在城市生活及管理的一些具体方面的差异以及随着时间发展的变化。例如,不同城市的经适房申请过程不尽相同并且会不断发展变化,需要相关职能部门不断维护和更新。

智慧城市领域知识模型以政府职能部门、城市生活和管理各方面领域专家以及广大市民的广泛参与为基础,完成开放、协同和自主的持续演化过程。该过程包括:建立智慧城市领域知识模型的持续演化规范和统一的演化管理过程,研究领域知识模型持续演化的质量评价和质量保障机制;研究基于高层本体、面向大众的智慧城市领域知识模型协同开发技术,并研究知识可视化表示、一致性检测、冲突消解等关键技术;研究基于领域知识扩展的知识模型的重组织技术,包括高层本体的局部重构技术、基于规则的概念实例重新分类技术等。其主要的技术难点在于面向大众的高易用性本体协同开发用户界面、领域知识模型协同开发与演化过程中的冲突检测与消解问题等。

采用增量、迭代的领域本体开发与演化过程,开放协同与集中式控制相结合,由智慧城市领域核心专家组控制领域知识模型的整体迭代过程和正式版本发布;面向大众化的系统用户,开发交互启发式、易学易用的知识编辑工具;将自动化的知识推理与基于专家知识的主观判断相结合,通过自动推理识别可能的冲突,由专家进行最终判断和处置。

8.3 以人为中心的智慧城市应用支撑关键技术

以人为中心的智慧城市各项关键支撑技术基于领域核心本体聚合海量、异构、多源的信息和服务,从而围绕个人形成一个虚拟的统一视图,从而支持为用户个性化定制和推送工作及生活所需的内容。其研究内容主要包括:多源数据的接入与交换;信息资源的集成;智慧城市公共服务的应用与开发;智慧城市公共服务的个性化定制;面向智慧城市公共服务的用户偏好发现与情境感知技术;基于偏好与情境的服务推荐;定制与融合技术、以人为中心的智慧城市多模式构造技术等。

8.3.1 多源数据接入与交换

分布在城市中各处的基础设施和公共环境中的传感、监测系统,以及城市生活中的个人、组织与政府信息系统等每天都在产生着大量、丰富的数据和信息,智慧城市信息资源平台需要针对这些不同的信息来源,通过多种技术手段实现数据的接入和交换,并支持相关数据及信息在不同城市应用服务间的共享与交换。

不同种类资源数据的接入依赖于城市的互联互通基础设施。例如,华为所提出的智慧城市解决方案将互联网、通信网与物联网作为多源数据接入的主要途径,其中,终端 PC 或服务器中的应用服务所产生的数据通过互联网接入至信息资源平台；个人手机、视频电话、呼叫中心的数据通过电信系统提供的固定或移动通信网络被接入；射频识别、传感器网络等终端设备的实时数据则通过物联网基础设施接入至信息资源平台。

在智慧城市及相关领域常用的数据交换与集成技术主要包括以下几个方面。

(1) 建立专用集成接口。通过开发一对一的专用集成接口实现不同城市应用服务之间的数据交换与集成，因此通常可称为点到点的集成与交换方式。

(2) 建立信息资源的元数据表示。元数据是对智慧城市信息资源的描述信息，结合面向服务的体系结构(service-oriented architecture, SOA)技术，可将不同城市应用的元数据注册至 UDDI 中心。因此，城市应用之间的数据交换可以通过查阅 UDDI 以得到合适的数据提供者，并通过绑定城市复用所提供的 Web 接口获得其他来源的资源数据。

(3) 建立共享数据仓库。该方式预定义多源数据所共享的数据模型，在该模型基础上将不同来源的资源数据进行抽取与转换，并将其保存在新建立的共享数据仓库中，以供不同的城市应用通过统一的方式对数据进行访问。

(4) 建立虚拟数据集成视图。与共享数据仓库不同，虚拟数据集成并不创建具体的智慧城市共享数据仓库，而是采用邦联的方法给出多源数据经过集成后的虚拟视图。该机制为用户提供一种中介数据模式，用户可以针对该模式进行数据查询、交换等操作，而对不同来源的真实数据的访问则由资源平台自动完成。

专用集成接口的数据交换方案在子系统数量较少，且系统功能相对固定的情况下易于实现，这在早期的智慧城市建设阶段是一种可行的方案。然而，当城市应用数量增多时，接口数量将以指数级速率增加，从而降低集成接口的可维护性与可扩展性，因此专用集成接口已基本被目前的主流方案所摒弃。

基于元数据与 Web 服务的数据交换机制使得多源数据能够在统一的位置以统一的方式被城市不同的应用所检索并获取，该机制也增强了智慧城市中数据组合的灵活性。不同的信息资源通过元数据描述的方式可以与其他数据接入与交换技术结合，这将极大促进分布在城市不同角落海量数据的流转与共享。

在共享数据仓库或虚拟数据集成的技术基础上，更多的学者或企业提出数据交换中间件的概念并对其加以实现。数据交换中间件内部可集成共享数据仓库从而实现不同来源数据的信息共享，或者内嵌虚拟数据集成视图以支持资源数据的统一访问。另外，中间件支持面向服务的体系结构(SOA)提供企业集成服务，并采用对象–关系映射(OR-mapping)等方式解决对不同来源数据的透明化访问，能够有效适用于智慧城市平台中。

在提供便捷性的同时，数据交换中间件技术在某些方面也存在不足。例如，对共享数据仓库或虚拟数据集成而言，它需要开发人员开发转换程序或映射程序将不同来源的数据转换为符合共享数据仓库模式的数据，或者将其映射至中介数据模式，而在中间件的数据交换机制中，为了实现数据的透明访问，开发人员需要预先定义映射或翻译规则，使得一种城市应用所发布出的数据翻译成另一种应用能够使用的数据。以上所提到的约束将影响智慧城市平台的可扩展性，即新纳入的资源数据将对已有多源数据接入与交换机制产生影响。因此，面对城市应用服务层出不穷的现状下，如何动态地、透明地接入多源数据，并使得数据在不同应用间共享与交换，成为建设智慧城市信息资源平台的重要课题之一。

8.3.2 信息资源的集成

智慧城市公共服务平台中的信息资源集成的目的是在领域知识模型的基础上，对从各种不同来源接入的信息资源进行规范化处理，为平台的应用构造和服务执行打下基础。平台所涉及的信息资源包括数据资源和服务资源两类，而数据资源又进一步分为结构化/半结构化数据(如数据库和XML文件等)和非结构化数据(如图片、视频等)。

在智慧城市建设过程中，数据及信息资源的整合与集成都是一个重要的问题。例如，在上海市推进智慧城市建设2011~2013年行动计划中，明确提出开展数字教育工程，充分利用上海教育资源库和上海学习网的资源开展全民数字教育，但具体的资源集成工作尚未开始。同样，该计划中还提出法人信息共享、空间地理信息共享，建立以应急、交通、工程建设、食品安全监管等领域为重点的信息资源目录体系。北京市建立的数字城管系统将分散在辖区内的多个信息系统进行数据普查和梳理整合，完成城市管理案卷的集中受理，极大提高了城市管理案件的处理效率和监管效果。在此方面，国外也有不少实践应用和探索。自2003年以来芬兰就逐步推广以电子病历、诊断索引、检验报告、影像资料为主要内容的区域共享，目前正进一步扩展到手术记录、病理图像、护理记录等医疗领域的方方面面。从应用场景中发现，尽管这些信息资源通过信息资源集成实现了共享，但其应用领域仍局限于医疗单方面。由此可见，国内外目前所推进的智慧城市相关实践中所进行的数据及信息资源集成都还只是局限于某一个方面，还远未覆盖智慧城市管理及生活的方方面面。

从形式上看，目前国内各地已经开展的智慧城市平台建设大多是以门户网站的方式实现数据和资源整合，这些门户网站一般都是通过固化的方式将各类信息资源(包括信息、服务、数据、应用等)集成在一起，这种简单的方式仅能实现浅层的集成，还远满足不了智慧城市中人的智慧生活、智慧互动的要求。因此，各类异构异质信息资源的深度集成，是建设以人为中心的智慧城市的特色之一，也是迫切需要解决的一个关键问题。

在现有的智慧城市建设规划和实际应用中，异构数据集成的需求非常广泛，涉及医疗卫生、金融保险、政务政策等城市生活的各个方面。其中的结构化数据(主要来自于各种数据库)和半结构化数据(如 XML 数据)需要通过异构数据集成,将不同模式的数据统一为智慧城市平台标准数据模式。而对于非结构化信息资源(音频、视频、图片等),为了在智慧城市平台应用服务中得到有效利用,必须在智慧城市领域知识模型基础上实现标准化的语义标注。

1) 结构化数据集成

在企业信息化、政务信息化等各领域信息化建设过程中,由于信息化进程的不平衡,形成了以信息孤岛为特征的多个独立的信息资源保有体。在智慧城市的建设中,这些信息资源保有体存在的异构数据需要采用技术手段进行集成。大量异构数据需要通过自动或人工的分析和映射,才能达到真正的信息资源集成和共享。

在城市信息化建设的早期,异构数据的集成已经为一个重要的研究点。早在 20 世纪 80 年代,就有研究人员对数据库模式的整合进行研究,用于解决异构数据库的数据整合问题。这类研究随着信息技术和网络技术的不断发展,对数据库字段进行自动映射方法研究也逐渐深入展开。先期的研究主要集中在对字符串的匹配和人工干预方法学的研究上,也有一些研究采用了神经网络技术。这些技术的主要目标是为了将面向相同或相似业务的异构数据进行集成、互通和共享。

随着信息化建设的不断推进,大量的异构信息资源需要有更高效和更智能的方式进行集成。自然语言处理和语义网技术的日益成熟称为新的技术抓手。更多的研究转向如何利用自然语言处理和语义信息进行自动或半自动的模式匹配和映射,从而达到异构数据的融合。数据库结构定义和 Web 服务的结构化数据定义的文本中包含的大量有关数据结构语义的信息被用于计算描述文本的相似度,从而进行异构数据的匹配和映射。还有一些研究通过建立相应的领域本体,对服务或者数据进行语义标注,利用语义网技术实现异构数据元素之间的映射与转换。

虽然面向整个城市生活的异构数据接入技术还没有成熟的应用,但在包括生物信息、病理学等特定领域中,结构化的异构数据的集成已经有一些成功的实用的系统。在研究界还有一些在不同数据源中建立查询转换机制的通用数据库模式映射系统(如 Clio),对智慧城市的异构数据集成是一个潜在的支撑技术。

2) 非结构化数据资源集成

在智慧城市应用中有大量的信息资源是非结构化的,如图片、音频、视频、Flash 动画等。这类非结构化信息资源的集成很大程度上依赖于将这些资源进行分类标注的技术。

传统上互联网信息资源的标注以关键字标注为主,随着基于互联网的论坛系统和博客系统的迅速发展,开放式的关键字选取形成一种新的标注趋势,这类关键字往往称为标签。在城市生活中,大量的互联网用户可以自由地对信息资源给出多个自定义的、非常个性化的标签,从而能够反映出每个用户所关注的城市生活热点。通过标签和结合使用分类技术，能够将用户最关心的非结构化信息资源聚集在一起。因此，标签在用户看来更为自由和自主，更加贴近用户的自发选择；如今在大量用户的共同参与下，标签标注逐渐形成一种大众分类体系，这体现出典型的以人为中心的标注理念。

除了完全由用户主观给出标注的方式，还存在一些利用自动化手段进行文本分析、图像识别的研究工作和技术手段。例如，借助图形处理、计算机视觉技术、模式识别和匹配等技术对图像(影像)进行自动化处理，并结合机器学习技术获得对图像(影像)的自动标注和分类。这类技术已经在城市生活的一些特定领域有了较为成熟的应用，如人脸识别、农业检测、遥感图像分类、信息安全检查、货物检查和识别等。这些应用采用该领域特有的知识进行特定的图像标识训练，从而可以达到较好的标注效果。

另外，存在一些利用语义模型进行语义推导，从而获得对待标注资源的语义推测和自动标注。这类研究在学术界相当活跃，但仍然缺乏成熟商业系统的支持。

3) 服务资源集成

智慧城市中政府机构、企业和社会团体以 Web 服务等形式对外提供的在线服务将作为服务资源集成到公共服务平台中，为应用开发和服务执行提供支撑。服务资源的平台集成主要以语义标注的方式实现。与图片、视频等非结构化数据资源的语义标注不同的是，服务资源的语义标注主要围绕服务的功能语义，例如一般可以通过 IOPE(即输入、输出、前置条件、后置条件)刻画服务的功能语义。在此方面，OWL-S(ontology web language for services)是被广泛使用的 Web 服务语义描述标准。OWL-S 是在 Web 本体语言 OWL 基础上构造的一种用于语义 Web 服务描述的本体，为服务资源提供了一种较为完备的语义描述框架，包括服务的提供者、功能语义(IOPE)、服务过程等。OWL-S 是基于 OWL 定义的一种本体模型，因此基于 OWL-S 的服务语义描述也为服务匹配和动态组合过程中的语义推理打下了基础。

通过上述国内外相关工作以及研究现状的分析，目前在智慧城市公共服务信息资源聚合方面的研究趋势可以总结为以下两点。

(1) 以开放、标准化的数据接入模式，支持大范围、社会化的数据与信息资源接入和交换。同时，通过中间件技术的数据的交换与集成，支持软件应用对于数据的透明访问，解决应用对于操作系统和数据存储方式的依赖性。

(2) 基于智慧城市领域知识模型，实现大范围、开放式的异构、异质数据及信息深度集成。基于领域本体的异构数据集成与非结构化资源标注，通过概念映射和语义推理实现异构数据的深度集成，为基于语义的信息资源检索、推荐与合成提供支持。

8.3.3 智慧城市公共服务应用开发

智慧城市的公共服务涉及城市的交通、医疗、公共安全、城市服务、工商活动等多个领域的应用。传统的城市管理系统主要是在一个领域内集中各类资源进行相关应用的开发，随着市民的需求增长，城市的不断前进与扩充，以及技术的不断发展与进步，对智慧城市的应用提出了新的需求与挑战。智慧城市的应用需要综合各个领域的资源，面对复杂且不断变化的用户需求进行开发。

一般而言，智慧城市公共服务应用开发模式主要有三类：面向单一应用的系统开发模式、面向遗产系统的改造与集成模式和面向公共信息资源开放式系统构造与自增长模式。

智慧城市的应用开发可以是针对全新的需求进行开发，这就是上述的第一种模式。该模式主要是面向单一领域，采用传统的软件开发方法，由零开始打造系统。在该模式中可以是针对具体应用的开发，也可以是面向领域的开发。主要采用的技术是已有的软件工程成熟的方法、技术与工具。

纵观城市的发展历史，可以看到这个过程是分阶段、逐步发展起来的，因此在多年的发展中，城市中的各个领域各个行业均会累积大量遗产系统，而将这些遗产系统丢弃重新开发新的系统势必会耗费大量的人力、物力和财力。为此需要针对这些遗产系统进行改造，搭建新的应用。面向遗产系统的改造与集成模式主要是针对已有的遗产系统，采用再工程技术、重构技术等对遗产系统进行改造，并充分利用遗产系统的资源进行新应用的搭建。在这一方式下，可以采用 EAI (enterprise application integration)的相关技术，将多个遗产系统进行改造后集成以构成新的应用系统。可以采用集成适配器(integration adapter)、集成消息器(integration messenger)、集成刻面(integration facade)、集成媒介器(integration mediator)等方式进行遗产应用的集成。通过这些技术，可以有效地复用多个遗产系统，并利用这些遗产系统搭建新的应用。

随着 Internet 的发展与普及，城市信息化的不断推进，智慧城市的应用也逐步呈现出新的特点，即智慧城市相关应用会涉及跨领域跨行业的资源，聚合多个领域的多个应用，随着城市的进步与市民生活的改善不断更新。为此，面向公共信息资源开放式系统构造与自增长模式就是现阶段智慧城市应用开发所采用的主流技术。在该模式下，首先需要建设针对公共信息资源聚合的架构、开放的系统的构造平台，以及支持应用不断增长与演化的机制。目前 IBM 公司提出了将城市信息化建设分三阶段建设的方案，即在第一阶段建立城市信息基础设施，第二阶段则是利用信息技术汇聚城市中的各类应用，第三阶段则是依据市民的不同需求，采用全面互联互通和更深入的智能化技术，不断对智慧城市的应用演化提供支持。思科公司主要致力于搭建智慧城市的基础设施平台——智慧城市云，主要包括网络基础设施、云计算中心的服务器等的建设，以及这些基础设施和资源的统一整合。Oracle 开发提供了一套统一的政府服务与政府采购的平台信息平台，芝加哥市政府，通过 Oracle 中间件系列产品(web logic application server, integrator and portal, oracle service bus and SOA governance)，在 SOA 下建立了联通全市 134 个政府机关的运营信息平台与可重复使用应用组件。国内的有关企业团体结合具有中国特色的城市信息化发展道路，提出了智慧城市的钻石模型：该模型中明确城市是由人(市民)、经济组织(企业)、管理组织(政府)、外部环境(公共设施与环境)四大主体构成的有机系统，而当前城市信息化的要素包括信息技术(information technology)、整合(intergration)及模式创新(innovation)，数字化与城市主体相互作用，构成了智慧城市的主要内容。华为公司提出了智慧城市需要打造一个统一平台，设立城市数据中心，构建三张基础网络，即通信、互联、物联基础网，通过分层建设，达到平台能力及应用的可成长、可扩充，创造面向未来的智慧城市系统框架。万达的智慧医药卫生平台则基于卫生信息平台，提供对医疗保障、公共卫生、医疗服务、社区卫生和食品药品监督管理等核心业务的支撑。

通过上述分析可以看到，智慧城市公共服务应用开发的趋势是面向公共信息资源开放式系统构造与自增长模式，各个业界的领头企业以及相关的科研院所也认识到这一开发模式的重要性与关键性，而这一技术模式也将会成为未来智慧城市应用开发的主要方式。

8.3.4 智慧城市公共服务的个性化定制

智慧城市公共服务个性化定制的目的是在现有服务应用或动态规划构造的服务应用基础上，基于用户的偏好以及实时情境进行定制，从而更好地满足用户的个性化需求。

公共服务应用的个性化定制能力源于应用内部的可变性。在这一方面，软件产品线方法作为一种针对特定领域、系统化的基于复用和定制的开发方法已经得到广泛的关注和应用。软件产品线方法的基本思想是通过可变性分析、设计和实现构造一组领域核心资产，并在此基础上以定制和扩展为主的方式实现应用产品的快速开发。软件产品线中的可变性需求一般使用特征模型描述，其中可变性主要体现为可选及可变的特征。在此基础上，软件产品线参考体系结构在体系结构层面上提供可变性设计，并在领域构件实现过程中通过某种可变性实现技术对可变点加以实现。软件产品线开发强调以特征驱动的方式实现应用产品的可变性定制，即建立可变性特征与体系结构及实现构件中可变点的追踪关系，在此基础上将特征定制决策映射为软件体系结构及构件内部的定制操作，从而生成完成可变性绑定的应用产品。

软件产品线特征模型中的可变性可以进一步追踪到质量偏好及上下文要素上，即特征可变点上的不同变体反映了不同的质量偏好及应用上下文环境。这两个方面分别与智慧城市公共服务应用中用户的质量偏好以及实时情境相对应,因此在智慧城市公共服务平台设计上,可以借鉴软件产品线开发方法中质量偏好及上下文驱动的可变性分析、设计及定制方法。然而,与软件产品线开发主要针对应用产品的开发时定制技术不同,智慧城市公共服务平台针对不同用户的实时可变性定制是在运行时即时完成的,这就需要通过与平台用户偏好及情境表示的追踪关系支持实时、自动的可变性定制。

在面向服务的应用领域中,质量驱动的 Web 服务动态选取及组合是一个重要的支撑技术。该技术以一个由抽象服务组成的 Web 服务组合方案为基础,通过优化的服务实例选取实现整体质量的最优化,相关方法一般采用综合了多种质量属性评价的效用函数作为整体质量的度量方法,在此基础上根据 Web 服务选取时的优化比较范围可以将相关策略分为三种:局部优化策略、全局优化策略以及混合策略。其中局部优化策略是指针对每一个抽象服务独立考虑其优化选取问题,这种策略效率较高但得到的可能并非全局最优的方案;与之相对应,全局优化策略基于服务组合方案计算整个应用的整体效用,并以此为基础实现服务的优化选取,这种策略能够保证得到全局最优的方案但效率较低。这些基于效用函数的服务选取方法需要对不同的质量属性度量值进行归一化处理,并给出每个质量属性的权重,因此这种方法在很多情况下并不适用。针对这一问题,相关的研究提出通过定性的分析方法实现服务的优化选取,这些方法通过建立不同质量属性之间的优先关系,通过定性的分析进行服务的优化选取。

8.3.5 面向智慧城市公共服务的用户偏好发现与情境感知

以人为中心的智慧城市建设需要体现人的主导地位,通过城市信息化更好地把握城市系统的运动状态和规律,对城市中的人、环境、物理实体、信息实体进行调控,实现城市运转系统优化,进而使城市成为有利于人类生存与可持续发展的空间。为此以人为中心,研究情境感知技术、偏好发现技术以及基于上述两者的推荐技术,是智慧城市应用需要研发以及解决的关键问题。

1. 情境感知技术

20 世纪 90 年代初,Weiser 提出了普适计算的概念,作为其核心子领域之一的情境感知(context awareness)一直受到研究者的关注。情境感知技术旨在使系统能够自动发现和利用用户实时的情境信息(如位置、活动、周围环境等),从而为用户提供真正需要的服务和计算资源。随着信息检索、移动计算、电子商务、智能家居/办公、环境监测、医疗、军事等应用领域的发展要求,情境感知技术的研究和应用逐渐成为学术界和产业界关注的热点之一。

目前在学术界情境感知成为普适计算、物联网等领域的关注热点与难点技术之一。普适计算的很多会议(如 Ubicomp、MobiSys 等都设有情境感知的专题),人机交互的会议(HCI、Interacting with Computers 等也有情境感知的专题)。与此同时,随着智慧城市的理念与实践的逐步深入,情境感知的技术逐步与智慧城市相关应用结合起来,为城市中生活的民众提供更加智能、便捷与人性化的服务。情境感知也成为产业界的研究热点。国际商业机器公司 IBM 所给出的智慧城市在中国的解决方案中,利用情境感知相关技术解决城市交通拥堵问题,并在城市安全监管方面,利用情境感知的技术保证城市的安全稳定。Oracle 的智慧城市解决方案提出了城市的数字化模型,在该模型中以数字化推动城市化,即城市中的各元素如市民、政府、企业、基础设施等交互活动通过手机、PC、摄像头、射频识别、Internet、云平台、传感器网络等被数字化的城市元素所感知,同时数字化的城市元素借助自身的数据优势,更有力地推动城市化的进程。其中情境感知技术贯穿于该数字化模型的各个实现层面。

综合学术界与产业界的研究状况,尤其是包括智慧城市应用中情境感知技术的研究与应用状态,国内外对于情境感知的相关研究重要方向主要包括:情境信息的获取技术;情境的建模、表示与推理;支持情境感知的系统框架;情景感知的应用。

(1) 情境信息的获取技术。情境信息的获取是指利用传感器收集人或者环境中的实时数据(如 GPS 数据、加速度传感器数据、温度数据等),利用数据处理、数据挖掘的相关技术手段,分析一个人的情境信息(如位置、活动、周围环境等)。目前主要的情境信息获取技术有射频识别、NFC、定位技术、活动识别、声音识别、视频或图像处理等。如达特茅斯大学的研究者则利用人所处环境中的声音信息来判断人的位置信息等。

(2) 情境的建模、表示与推理。情境模型是指情境信息及其关系的知识模型,情境的表示与建模实际上就是特定知识的表示。目前主要的情境建模技术包括以下几种方法:键值对模型、标记语言模型、图模型、面向对象的模型、逻辑模型和本体模型。情境的推理主要技术有基于规约的推理和基于学习的推理。其中,基于规约的推理是由专家给出的知识建立情境模型,并通过传感器获得实时数据作为输入进行情境的推理。

(3) 支持情境感知的系统框架。在国内基于情境感知系统框架主要包括情境信息的获取、建模、管理和推理,以及通过一个分布式的面向服务的软件基础架构来支持情境感知系统的开发和部署等理论。在国外的研究成果中,常见的情境感知架构主要有 Gaia、ACAI、CASM、ACF 等,这些情境感知框架也注重对情境信息的获取、描述和建模,并且对于情境信息进行存储、管理以及推理。

(4) 情境感知的应用。达特茅斯大学、法国电信研究院、新加坡南洋理工大学等研究机构的研究者基于情境感知相关技术,与其他相关研究领域相结合研发了一些包括社交、交通、健康、环保等方面的智慧城市应用。

基于以上分析，结合智慧城市的需求，未来情境感知的研究出现了新的趋势和研究点，主要包括以下三个方面：第一，以人为中心的感知。与传统的基于无线传感网的智能环境中的情境感知相比，由于能够携带智能手机等移动设备，人不再仅是环境数据的被动接收者，而成为了数据的主动提供者，人的行为模式可以被感知，人与物理环境的交互变化也可以随着人的移动而被感知。因此以人为中心的感知成为情境感知研究的趋势。第二，基于社交网络的群体情境感知。情境感知研究中感知的范围逐渐扩大，从个人到具有关系的一群人。在传统的情境感知研究中，主要基于个人情境信息的采集和分析，而在未来的研究中，首先可以利用传感器数据感知一群人在物理世界中的关系(如蓝牙设备)，然后通过社交网络获取他们之间的社会关系，从而结合这两部分的信息，实时分析和推测出这一群人的情境甚至是意图，并结合群体偏好等信息，推荐最适合于群体的服务。第三，人人为我，我为人人的模式。由于嵌入传感器的便携式设备的普及和智能手机应用程序通过应用商店的广泛分发，在未来的情境感知研究中，每个人携带的移动设备都可以向云端贡献自己周围的情境信息，如个人的行为模式、周围的物理环境信息等，然后云端进行数据挖掘和分析，推断出一定区域内的情境信息，把该区域内的相关情境信息(或是基于这些信息所提供的服务)提供给该区域内需要的个人。这样一种人人为我，我为人人的新的模式成为情境感知研究趋势之一。

2. 偏好发现技术

建设智慧城市的目的是为城市中的居民创造更美好的生活。智慧城市的相关应用应该以人为中心进行服务的提供与使用，而偏好是个体对于客观事物表现出的一种积极的习惯性的心理倾向，用户的偏好发现为智慧城市的个性化应用提供了重要的依据。

偏好一般被定义为个人对某种事物的喜好程度，作为行为原因或个人特性，偏好决定了一个人在一定环境下的行为，相关的理论已经在很多领域中发挥着积极的作用。在智慧城市应用，偏好的发现为打造个性化的智慧城市服务提供了重要依据。

在偏好发现技术涉及有用户偏好数据获取技术与偏好提取技术。用于分析用户偏好的数据获取方式可分为两种：显式获取与隐式获取。

(1) 显式获取：即用于分析用户偏好的数据由用户主动提供或由系统引导用户提供。显式获取主要方式有面向消费者的问卷调查和面向商家的销售数据统计等。互联网普及之后，在网络用户的注册信息、用户对商品的评分信息和文字形式的购物体验中，都可以获得大量准确的用户偏好源数据，为偏好获取技术的研究提供了方便。虽然显式获取的数据来自于用户的直观感受，较为准确，但这种反馈的过程需要在用户正常的行为中加入不必要的活动,为用户带来不便。

(2) 隐式获取:即根据用户人口统计学特征、用户行为、标签、项目特征等来挖掘用户偏好。隐式获取方式可分为两个方面:基于Web的隐式获取和基于情境的隐式获取。其中前者主要为统计用户浏览页面时的行为和历史记录。如伍斯特理工学院的Claypool等研究表明用户在页面的停留时间和滚动页面的次数与用户对页面的偏好正相关,而点击鼠标的次数与用户偏好无关。基于情境的隐式获取是指通过各种传感器(全球定位系统、加速度传感器、光传感器等)获取用户实时的情境信息,从中提取用户的偏好信息。

在偏好提取技术层面,学者对偏好分析模型的研究趋于成熟。目前偏好获取技术主要有两种研究思路:定量分析和定性分析。现有的技术主要有早期经济学家提出的偏好提取模型,以及按照定量分析/定性分析的划分方法——计算机辅助(computer-aided)的偏好提取技术和基于情境推测的偏好提取技术。

1) 经济学中的偏好提取模型

早期的偏好提取研究以决策与效用理论为理论基础,偏好提取的经典模型主要有两种:基于效用函数的偏好提取模型和层次分析模型(AHP法)。一种偏好代表了一个人对待风险与损益值的态度。另一种偏好提取AHP模型于1971年由美国匹兹堡大学的Saaty提出,可让决策者在动荡环境拟定决策时,将复杂、庞大的问题系统,简化成明确的元素层级系统的分析方式。

2) 计算机辅助的偏好提取技术

随着信息技术的发展以及人工智能、决策科学、运筹学等多学科交叉融合,用户偏好提取技术不仅关注用户本身,还关注用户对项目及其属性的顺序选择关系,逐渐成为缓解信息过载问题的前提条件和推荐系统的关键技术之一。研究学者将偏好提取技术划分为定量分析与定性分析两方面。其中,定量分析是指使用数字评分量化表示用户偏好;定性分析是指考查用户对项目及其属性的二元偏序关系。针对前者,韩国学者Jung等提出一种创新的数学统计模型,根据商品或服务的可能性与可达性建立偏好模型,可推测用户的积极偏好与消极偏好。而针对后者,德国学者Holland等通过建立事物之间的严格偏序关系来建立偏好提取模型。

3) 基于情境推测的偏好提取技术

决策理论研究表明,真实情境中个人的偏好往往是可变的,而这些转变可以表现在选择的过程中。如何监测这种变化并主动做出适应,对于提供实时、精确的个性化服务来讲十分重要。在偏好获取与推荐领域,由于科技发展水平的限制,人们往往只关注用户–项目之间的关联关系,却较少考虑它们的情境信息(如时间、位置、周围人员、情绪、活动状态、网络条件等),从而影响获取用户偏好的准确性。普适计算的发展使基于情境的用户偏好提取技术得以实现。在基于情境的偏好提取方式的定量分析方面,主要采用多维向量评分模型和层次模型。希腊学者

Stefanidis 等采用聚类和相似度计算技术，建立用户信息树(profile tree)推测加入情境信息后的用户偏好。在基于情境推测偏好提取的定性分析方面，从逻辑推理和偏序模型的角度提取用户对任意两个具体项目或其属性的偏序关系。微软研究院的 Agrawal 与 IBM Almaden 研究院的 Rantzau 利用条件偏序模型提出一种形式化的基于情境的用户偏好模型。

虽然偏好获取技术研究起步早，应用领域甚广，但在与智慧城市应用的需求相结合的过程中，仍面临着许多挑战。目前在偏好发现相关的技术研究发展趋势如下。

(1) 在偏好数据的获取方面。

①挖掘潜在用户行为与用户偏好的关联性。虽然隐式提取研究深入、应用广泛，但人的行为的多样性加之普适计算概念的兴起，更多的用户行为数据可被检测收集，故挖掘潜在用户行为与用户偏好的关联性的研究工作仍有很大潜力。

②系统地调查研究不同情境条件对用户偏好的影响。由于用户的偏好会因情景条件(位置、温度、时间等)发生变化，现有偏好获取研究大都集中于特定条件下的特定任务，而忽略了情景条件对用户的偏好的影响。因此，研究者应系统地研究不同情景条件下用户偏好的变化模式。

③优化用户偏好相关数据的采集方式与过程。

(2) 在偏好提取方面。

①注重用户的消极偏好的分析。现有偏好提取模型大多用来分析用户的积极偏好，忽略了消极偏好的重要性，而即使一个令人反感的错误推荐都会直接毁掉一个推荐系统的可靠性。虽然已有学者关注于消极偏好提取模型的建立，但更多的研究应关注于此。

②从个人偏好到群体偏好的分析。基于群体偏好的应用主要集中于基于群体行为历史的偏好推测，但由于更多的偏好数据是由个人获得的，更多的研究应着眼于建立从多个个人偏好实时分析出群体偏好的分析模型。

3. 面向个人及群体的实时情境自动感知技术

了解市民在城市中所处情境信息对于为市民推荐和定制服务具有重要意义。情境信息除了包括个人所处的时空、正在进行的活动、身边环境的情况等个人信息，人与人之间的社会关系也成为情境感知中信息的一个新的重要来源。为此需要研究面向个人及群体的情境信息交互模式，以此提炼个人及群体情境信息的交互特征，扩展情境信息的获取途径与方式，并研究情境的自动感知机制。主要包括：①面向个人及面向群体情境信息的类型和特征，建立统一的描述模型；②实时情境信息的获取机制及汇聚机制，以及有效的情境信息存储方式；③基于历史情境的数据挖掘技术，以辅助实时情境的推理和未来情境的预测。

主要技术关键点在于个人及群体情境信息的特征分析，以及如何依据情境信息的特征，借助于合适的数据挖掘相关技术，建立合理有效的推理机制获得隐式情境信息。

根据智慧城市中大量情境无法直接显示获取的特点，利用已有的历史情境数据，采用数据挖掘技术分析推理情境，从而提高情境感知的全面性和准确度。分析个人及群体在物理空间、信息空间和社会空间中的交互事件，推理人与人之间的社会关系，辅助社会群体情境的感知。

4. 多维用户偏好智能发现技术

智慧城市的目标是为人提供更好的服务，而代表了个人对某种事物的喜好程度的偏好信息，对于提升用户的满意度意义重大。用户的偏好存在多维特点，如系统使用习惯、服务内容和系统性能方面的偏好等。不同的应用，考虑到其目标不同，这就需要了解用户不同维度的偏好，以支持服务的推荐和定制。

偏好信息获取方式包括显式和隐式两种。显示方式需要用户直接参与并贡献数据，因此为用户带来了较大的负担，在实践中应用范围有限；而隐式方式，则根据用户人口统计学特征、用户行为、应用标签等来对用户偏好进行自动发现，这种方式不但可以发现更多的偏好信息，而且由于不会为用户带来负担，应用也更广泛。为此需要研究多维用户偏好智能发现技术。主要包括：①研究用户行为与用户偏好的关联性，基于各类用户的交互信息，采用数据挖掘等技术主动发现用户的偏好；②研究用户偏好定义、描述及分类模型，研究用户偏好信息的有效汇聚及存储模式；③研究用户偏好与情境信息的关联关系，借助于规则推理、多维向量模型、层次模型与偏序模型等技术，建立基于情境推测的偏好提取机制。

主要技术关键点在于用户偏好信息的分析与提取，如何根据不同场景下用户偏好的特征，采用合适的数学模型进行偏好的挖掘，同时偏好信息与情境信息关联关系的挖掘与推理也是研究的难点。

针对这些问题，在广泛收集用户交互行为信息的基础上，进行用户习惯行为、喜好的分析与分类，进而采用数学模型、机器学习与数据挖掘技术(如最近邻算法、聚类、朴素贝叶斯、Rocchio方法、决策树、决策规则分类器、神经网络和贝叶斯网络等)，挖掘用户的偏好。并进一步结合不同场景采集而来的情景信息，研究用户偏好与情境信息的关联关系，以获得基于情景信息的用户偏好推测机制。

8.3.6 基于偏好与情境的服务推荐、定制与融合技术

在构建智慧城市的相关应用时，其中一个策略就是最大程度复用已有的资源，产生新的应用，因此系统如何根据用户的需求向用户推荐合适的服务或资源是智慧城市应用中需要解决的关键问题之一。

推荐技术一般都源自各种推荐系统。推荐系统是一种信息过滤系统(information

filtering system)，主要通过对项目的特点以及用户的行为进行分析来预测用户潜在感兴趣的项目。

推荐系统最著名的一个例子就是 Amazon.com。作为一个在全球范围内具有影响力的在线电商，Amazon 为浏览书籍的用户提供了个性化的推荐；而另一个例子是 Google News，它是一个计算机生成的新闻站点，聚合了多个新闻站点的标题并且聚类到相关主题中，利用大量的用户数据以协同过滤的方式推荐给用户。在软件工程领域，推荐系统也有较为丰富的应用场景：CodeBroker 通过推荐当前编程情境中的方法和参数，以有效地促进软件复用；Strathcona 通过检索相关的源代码示例程序来帮助程序员高效地使用方法框架；Expertise Browser 通过检查某段代码的位置和文档以往的变化，旨在帮助开发者找到拥有某种专家知识来回答相关问题的专家。

当前的推荐系统在推荐方法上主要有以下三种类型：基于内容的推荐、协同过滤的推荐和混合式推荐。

(1) 基于内容的方法最早是在信息检索领域受到的启发，这在很大程度上是在进行文本挖掘。项目在推荐给用户之前可以对项目的描述信息进行一些挖掘，通过文本分析提取出描述信息的关键词，并利用 TF-IDF 给出相似度矩阵，把与用户感兴趣的项目描述信息相似度较高的项目推荐给用户。使用该方法需要对象具有显式的特征描述信息，这点要求在一定程度上也成为它的使用局限性。

(2) 协同过滤的方法主要基于用户-项目的评分或交互矩阵来进行推荐。协同过滤推荐算法的基本假设是：为用户推荐感兴趣的项目可通过找到与该用户偏好相似的其他用户，将他们感兴趣的项目推荐给该用户。该方法面临着一些问题，例如，仅考虑了用户与项目的简单交互关系，并未考虑用户与项目本身所具有的特征，而且对协同过滤来说，数据稀疏和冷启动都是影响推荐质量的关键问题。

(3) 为了克服基于内容的推荐和协同过滤推荐的缺点和不足，很多系统采用了两者混合使用的方法进行推荐，具体来说，可以分为如下四类混合的方式。

①分开实现协同过滤和基于内容的推荐方法，再将预测结果结合起来。
②将一部分基于内容推荐的特点融入协同过滤的模型中。
③将一部分协同过滤的特点融入基于内容推荐的模型中。
④构造一个通用的统一模型来融合基于内容的方法和协同过滤的方法，基于知识进行推荐。

目前在学术界有越来越多的会议和期刊都涉及了对推荐系统的研究：ACM RecSys 致力于将学术界和产业界对推荐系统的最新研究成果展示出来，并预测推荐系统的发展趋势和相应的挑战，是当前推荐系统领域最重要的学术会议；ACM EC 主要从电子商务的领域出发，研究推荐系统在该领域的应用；ACM SIGKDD 从知识发现和数据挖掘的角度出发，对推荐系统的传统模式进行了相应的扩展；

UMAP定位于个性化的推荐，主要涉及用户建模及个性化，较好地契合了推荐系统的自身特点；CIKM 从知识管理与应用的角度出发对推荐系统展开广泛的讨论，为基于知识的推荐系统的发展提供了充分的技术基础；IEEE TKDE, IEEE Intelligent Systems 等学术期刊也越来越多地包含了对推荐系统的现状分析以及未来方向的预测问题；此外，如 ACM TOIS、ACM TKDD、ACM TIST、ACM TOCHI 都不同程度地涵盖了对推荐系统这一主题的研究。

考虑到传统推荐系统在推荐技术方面都存在一定的不足，并且在智慧城市中往往会存在更多的信息(如情境信息、多种层次的显式信息和隐式信息等)，而传统的推荐方法又很难利用这些信息，国内外很多高等院校和企业针对推荐系统进行了更多的研究，归结起来主要研究趋势如下。

(1) 基于情境信息的推荐。根据部分已知的用户偏好来预测用户、情境、服务之间的潜在偏好，并结合当前的情境信息来生成推荐结果。具体到数学模型中，将情境信息作为另一维度来扩展经典的协同推荐数学模型，并且可以在推荐过程的不同阶段融入情境信息，即情境预过滤、情境后过滤以及情境建模等；此外，基于情境的服务组合推荐也是一个很受关注的研究方向，这个研究点主要面向组合服务的推荐，主要过程如下：首先需要以某种方式输入用户的需求，从中自动抽取服务组合目标，随之进行目标分解，按照分解的目标从服务存储池中发现服务，并利用服务描述的本体进行匹配，在服务分派的时候，需要考虑服务的情境信息，以保证服务组合时各个服务既能满足整体的情境，也能满足服务之间的情境。

(2) 基于偏好获取的语义推荐。基于偏好获取的语义推荐一般可以考虑分为两个部分，第一部分是用户偏好获取：对用户剖面(user profile)和服务描述进行本体建模，将用户信息和服务描述以本体的方式呈现出来，并通过计算和推理获取用户偏好；第二部分是基于本体的语义推荐：将用户本体和服务本体通过语义网技术整合起来，融合领域本体和传统的推荐方法或语义匹配，利用收集的数据进行推荐。

以人为中心的智慧城市应用需要针对用户个人的即时需求，根据用户的个人偏好及所处的情境，以个性化定制及按需组合的方式提供服务。为此，以智慧城市领域知识模型及平台化的应用开发和部署技术为基础，面向个人用户、基于偏好与情境的服务推荐、定制与融合技术是开发重点，主要内容分为以下几个方向。

1. 支持用户偏好与情境的服务推荐技术研究

以人为中心的智慧城市相关应用及服务，需要考虑到人及其所在环境的情境信息进行有目的且有效的推荐。鉴于智慧城市的应用中会涉及诸多来源的信息(如来自计算空间、物理空间以及应用空间等信息)，传统的基于内容的推荐系统或是协同过滤的推荐系统在如何有效利用这些信息方面存在一定的不足，为此需要研究一种面向用户及不同应用场景的有效推荐技术。

(1) 研究与用户偏好与情境信息融合相关的建模技术。即研究如何根据部分已知的用户偏好来预测用户、情境、服务之间的潜在偏好，研究将情境信息与偏好信息相融合的信息模型。

(2) 研究面向用户偏好的情境感知推荐机制，研究如何基于偏好信息在推荐过程的不同阶段融入情境信息，即情境信息的预过滤、情境信息后过滤等推荐过程及机制。

(3) 研究支持用户偏好与情境的组合服务推荐机制，研究用户需求目标的分解方法，并利用服务描述的本体进行服务的发现，在服务分派的时候，研究如何保证服务组合时各个服务既能满足整体的偏好及情境需求，也能满足服务之间的情境需求。

上述主要技术难点在于将偏好信息与情境信息有机结合，进而建立偏好与情境可以互相推理的机制，发掘更多隐式信息。同时，如何根据情境信息的特征建立合适的推荐数学模型是本研究的关键技术及技术难点。本研究主要是根据不同场景的特征，分析用户的偏好与情境的相互关联，进而提炼相应的推理规则。同时通过对不同场景的分析，研究情境信息与推荐过程及模型的融合时机与决策机制。基于对单个服务推荐的研究基础，进而研究用户复杂需求的分解方法，并由此将用户偏好与情境信息和组合服务推荐技术结合，以适应智慧城市中复杂应用的需求。

2. 基于用户偏好与情境的服务定制技术研究

智慧城市平台通过开发和规划等不同方式构造的服务应用都可能具有面向不同用户和具体情境的可变性。这部分研究工作的目标是在服务应用基础上，根据用户的个人偏好与即时情境实现应用的可变性定制，获得完全实例化的服务应用作为平台服务执行的基础。这部分的研究内容主要包括：智慧城市服务应用的数据、行为和结构可变点表示方法，包括变体、定制原理等；用户个人偏好及即时情境与应用可变点定制选项间的映射关系表示与映射关系发现；应用可变点定制决策的一致性检查技术。

主要的技术关键点在于如何建立应用可变点定制选项与用户个人偏好及即时情境之间的映射关系，并基于此实现面向智慧城市用户的即时可变性定制。

借鉴软件产品线开发方法中可变点的表示及定制技术，综合运用户偏好与情境驱动的自动定制以及交互式的定制决策过程，实现智慧城市服务应用的可变性定制。软件产品线需求工程方法通过系统化的可变性分析，将产品线可变点配置决策与质量偏好及上下文要素相关联。基于类似的技术路线，可以将服务应用可变点定制选项与用户偏好(质量偏好)与情境(上下文)分别对应，从而支持可变性定制。

此外，面向用户的交互式可变性定制在初步的定制方案基础上，针对难以确定或置信度不高的可变点，通过交互式问答实现服务应用可变点的最终定制。

3. 涌现型服务应用的运行装配与融合

对于涌现型的服务应用，智慧城市平台还需要在规划得到的应用模板、信息及服务资源基础上，通过运行时的服务装配与融合实现应用服务实例的创建和执行，其目标是保证服务执行过程中异构服务资源之间的有效交互以及事务管理。主要包括基于用户质量偏好的信息与服务资源选择方法、基于异构服务的应用服务实例动态装配技术、应用服务执行中的会话与事务管理方法三部分。其中，基于用户质量偏好的信息与服务资源选择将以应用服务模板和所匹配的资源为基础，考虑用户对于价格、时间性能、可靠性、可信度等方面质量属性的偏好，选取最佳的服务实例。应用服务实例动态装配技术以应用服务模板和所选取的服务实例为基础，通过运行时的消息转换与适配等手段实现不同服务资源之间的交互和通信；会话与事务管理方法的目标是通过会话和事务管理保障应用服务实例的成功和正确执行。

这部分的技术关键点主要源自智慧城市平台所提供的应用服务具有即时快速规划与装配，以及运行环境高度动态、不确定的特点。具体技术难点主要包括异构服务的接口适配与组装、应用服务实例的动态执行管理。因此要基于适配器和包装器技术，从数据接口、交互行为协议等方面实现异构服务的动态装配；参考面向服务的计算领域已有的长事务管理技术，结合智慧城市平台服务实例的特点，保障应用服务在运行时的正确性和一致性。

8.3.7 以人为中心的智慧城市公共服务应用的多模式构造技术

以人为中心的智慧城市公共服务业务领域覆盖范围广，涉及市民工作和生活的方方面面，应用的数量十分可观；另外，因为面向市民生活的各类应用需求变化快，并且存在极大的创意空间，需要能够快速地构造应用，所以面向信息资源复用的公共服务应用快速开发技术，能够使我们了解市民需求，并且善于创意的第三方应用开发组织能够基于按照领域知识模型聚集的信息资源，快速地构造出丰富的应用。此外，在市民的工作生活中，还可能存在大量的涌现性的需求，这些需求具有非普遍性、短时效性和难预测的特点，因此无法有针对性地开发应用满足这类需求，还需要研究基于领域知识模型的公共服务应用自动规划与构造技术，利用领域知识模型和信息资源动态地规划出所需的应用。目前主要研究方向可描述为以下几点。

1. 面向信息资源复用的公共服务应用快速开发技术

要能够快速地构造应用，软件复用是一条现实可行的途径。智慧城市公共服务应用的快速开发和部署强调在领域知识模型的指导下，复用从已有信息系统中聚集起来的包括数据和服务两种形态的信息资源，开发应用特定的构件，实现基于构件和服务组装的快速应用开发。另外，公共服务应用运行于互联网环境中，具有自主性、协同性、动态性、演化性和多态性的特点，因此其开发技术应该从需求、设计、编码、测试、维护的全生命周期对这些特点予以支持。

基于领域知识模型的应用领域共性和变化性分析及特征建模技术，面向多业务领域特征的软件元建模和建模技术，基于构件和服务组装的应用快速构造技术，基于模型驱动的异构应用终端系统建模与转换技术，面向互联网环境的应用测试技术，支持互联网环境下多人协同的轻量级任务管理技术，互联网环境下的配置管理技术等。

主要的技术关键点体现为：如何将领域知识模型中积累的知识转换为应用系统中的共性和变化性分析结果，并为软件开发提供支撑；如何针对智慧城市公共服务中大量不同的业务领域提供可定制的建模语言和建模工具；如何针对智慧城市公共服务运行网络环境和终端异构的特点，提供一套统一高效的终端开发技术。

因此可以基于领域知识模型，研究将业务领域知识转换为系统构造知识的方法，并且利用此方法建立本体模型与特征模型之间的转化机制，实现业务领域知识向解决方案知识的平滑过渡。在软件建模技术方面，则首先分析智慧城市公共服务的不同业务领域的个性建模需求，并利用元建模技术，定义特定领域的建模语言，优化各领域的建模方法。在应用实现方面，则结合构件组装和服务组装两种方法，实现应用的快速组装。在开发协同和管理方面，则针对应用需求快速变化、时效性强的特点，坚持轻量级的原则，研究基于互联网的高效协同机制，促进应用的快速迭代。

2. 基于领域知识模型的公共服务应用自动规划与构造技术

为解决平台现有应用无法直接满足的涌现型公共服务应用的问题，智慧城市公共服务平台应具备通过自顶向下的服务应用方案规划以及后续的服务资源选取与组合实现应用的即时构造与执行的能力。

相关技术目标是以用户提出或平台推荐的高层服务需求出发，以智慧城市领域知识模型为基础，通过实现方案规划将高层服务精化为一系列可以直接获取的服务资源和信息资源，并通过自动的服务与信息资源组合实现即时服务应用的构造。其主要研究内容包括：基于公共服务过程本体推理以及智慧城市平台服务历史挖掘的应用模板规划技术；质量及偏好驱动的服务资源与信息资源匹配和选取方法；基于应用模板及服务、信息资源的服务应用自动组合技术。

这部分的技术关键点主要源自涌现型服务所具有的即时快速规划与组合，以及运行环境高度动态、不确定的特点。还包括应用模板的自动精化与规划、质量及偏好驱动的服务资源与信息资源优化选择、异构服务的接口映射与组合。

将本体推理与数据挖掘技术相结合,基于公共服务过程本体的方案推理产生初始的应用模板,然后通过平台服务历史的挖掘进行应用模板的调整和精化,从而完成实现方案规划;基于相关研究工作中已有的质量驱动的服务优化选取方法,参考相关的全局优化和局部优化选取技术,并基于智慧城市平台服务资源的特点进行综合与改进;基于领域知识模型实现基于语义的异构服务接口映射与组合。

8.4 智慧城市公共服务支撑平台

智慧城市公共服务对基于互联网的应用共性支撑平台的需求来源于以下四个方面原因:①领域知识模型和整合后的信息资源需要一个公共的平台作为载体,以支持多应用的访问;②服务访问量峰值的大幅度波动需要一个计算能力可动态伸缩的云计算平台;③第三方应用开发者需要一个易于访问使用的基于互联网的开发环境;④市民用户通过互联网可以方便获取的服务访问方式。因此需要构建一个基于互联网的智慧城市公共服务应用支撑平台。

该平台的一个关键特征是开放,其内涵包括三个方面:①对资源贡献者开放,即各种政府部门、公共事务机构、商业组织、市民团体都可以方便地将知识和信息系统的数据和服务资源贡献到平台上,使平台的可复用资源得以不断增长;②对应用开发者开放,即各种第三方开发者可以基于此平台提供的工具、服务和接口,方便地开发满足市民需求的应用,并将其部署在平台上,使平台的公共服务应用得以不断丰富;③对最终用户开放,即市民可以通过互联网、移动互联网、广电网等不同的网络,使用计算机、手机、电视、公共终端等不同的设备访问到平台上的公共服务应用。为此,需要研究支持各种公共服务利益相关者开放参与贡献的互联网平台技术,并构建以人为中心的智慧城市公共服务支撑平台。

8.4.1 基于互联网的开放式应用支撑平台

智慧城市公共服务应用在开发部署、运行管理上也需要一个共性的支撑平台。随着互联网的发展和云计算的出现,基于互联网的应用共性支撑平台成为满足上述需求的最佳选择,此类平台主要针对互联网应用的三个特征设计:①在软件形态上,具有分布和异构的特点。②在开发部署上,要求快速迭代,并且更强调满足用户的个性需求和功能上的创意性。③在运行环境上,具有平台开放共享,终端复杂多样、网络动态易等特征。正是由于网络化应用的这些特点,基于互联网的开放式应用支撑平台开始出现新的趋势,首先工具也要网络化,其次软件生命周期中不同阶段软件工具能够集成在一个平台上，这能够使工具集成更为方便，开发流程更为灵活，并且有利于开发者的协同开发。

在产业界，一些企业已经基于以上技术基础构建了自己的网络化应用开发平台，并且已经形成产品，聚集一定的用户(应用开发者)。这类产品形式涉及应用系统的开发和运营，主要由拥有传统应用系统开发技术的企业在云计算的弹性架构基础上提供包括开发、部署、运行和管理等一系列服务的通用开发平台或完整的云计算解决方案。目前主要的网络化的应用开发平台主要分为两类，一是通用开发平台，二是特定领域的开发平台。下面分别介绍这两类的一些典型产品。

(1) 通用开发平台。这一类平台并非针对某一类特定的应用而设计，而是提供一套共性的开发环境和运行平台，原则上支持各种类型应用的开发、部署和运行管理。最典型的代表包括：Google App Engine、Windows Azure、IBM 蓝云，国内的典型代表是新浪的 Sina App Engine，北京大学构造的领域通用的网络化应用支撑平台等。这类平台通常提供可伸缩的弹性运行环境，使用其提供的应用程序编程接口(API)并遵循相应的开发规范，用户可以开发自己的应用系统，上传、部署、运行和托管在平台中。

(2) 特定领域的应用开发平台。这类产品也称为开放平台，是较大规模的网络应用运营商在提供其传统业务的同时，通过提供 API 方式公开其部分功能，使得第三方企业或者直接用户可以根据需要定制其业务形式或通过开发衍生出新的应用形式，从而使得用户可以更加灵活地配置和使用系统提供的功能。按照业务领域划分，目前主流的开放平台包括社交网络平台，如 Facebook 平台、中国的人人网平台；电子商务网络平台，如淘宝开放平台(taobao open platform, TOP)、阿里云、财付通开放平台；按照技术体系划分有专门针对苹果系统的 Apple 平台；特定应用领域的开放平台，例如，面向客户关系管理的 Force.Com 平台，面向企业管理的八百客平台，面向智慧城市的神州数码云平台。

目前的网络化应用支撑平台的发展存在以下两个方面的趋势：①开发平台与运行平台紧密结合。开发工具与运行平台的各种资源，运行管理方式结合得日益紧密，开发平台与运行平台之间的边界日渐模糊。②平台中的可复用资源与行业领域知识紧密结合。尽管通用平台仍然是主流，但随着云计算模式在各个业务领域的深度应用，聚集蕴涵大量行业领域知识可复用资源的互联网平台显示出巨大的发展潜力。

8.4.2 以人为中心的智慧城市支撑平台的典型应用架构

应用架构描述了系统与外部角色之间生态关系，以及系统内部各组成部分之间的依赖关系。以人为中心的智慧城市服务支撑平台典型应用架构如图 8-2 所示。

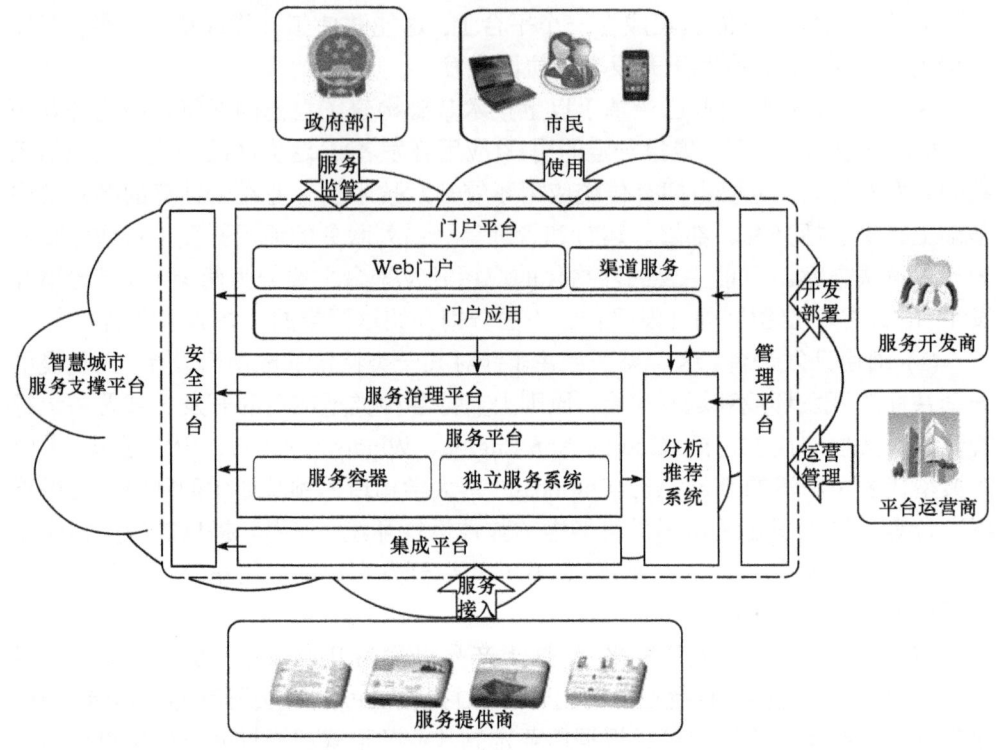

图 8-2　以人为中心的智慧城市服务支撑平台典型应用架构

从图 8-2 中可以辨析出如下关系。

从服务支撑平台外部视角看,有以下角色与平台相关。

市民:通过计算机、手机和其他终端设备访问门户平台,获取信息、调用服务以及进行沟通交流。

政府部门:政府部门用户通过门户平台接受和处理市民服务请求,并行使其城市管理者职责。

服务开发商:通过管理平台将开发完成的服务部署到服务支撑平台,并进行后续测试、维护和省级。

平台运营商:对通过管理平台对平台进行管理、维护和运营,以保证平台为用户提供服务。

服务提供商:为服务支撑平台提供服务处理能力。服务提供商的应用系统通过集成平台接入服务支撑平台,处理用户的服务请求。

从服务支撑平台内部视角看,平台包括以下组成部分。

门户平台:连接互联网,用户(市民、企业和政府)通过门户平台访问服务支撑平台,门户平台提供 Web 和渠道两种接入方式。

服务治理平台：提供门户平台访问服务系统的通道，并对服务平台中部署的服务生命周期进行管理。

服务平台：是服务支撑平台的业务核心部分，包括服务容器和独立服务系统。

集成平台：完成外部第三方服务系统的接入，由 ESB(enterprise service bus)和数据交换平台构成。

分析推荐系统：采集用户的行为信息，并对其进行分析挖掘，对用户的行为和需求进行预测，实现对用户的个性化服务。

安全平台：对整个平台提供服务全过程的安全保障，包括访问控制、身份认证、鉴权以及单点登录等。

管理平台：为服务开发商和平台运营商提供必要的工具，包括运营管理、平台管理和安全管理等。

8.4.3 以人为中心的智慧城市支撑平台技术架构

如图 8-3 所示，以人为中心的智慧城市服务支撑平台技术架构由以下几部分组成。

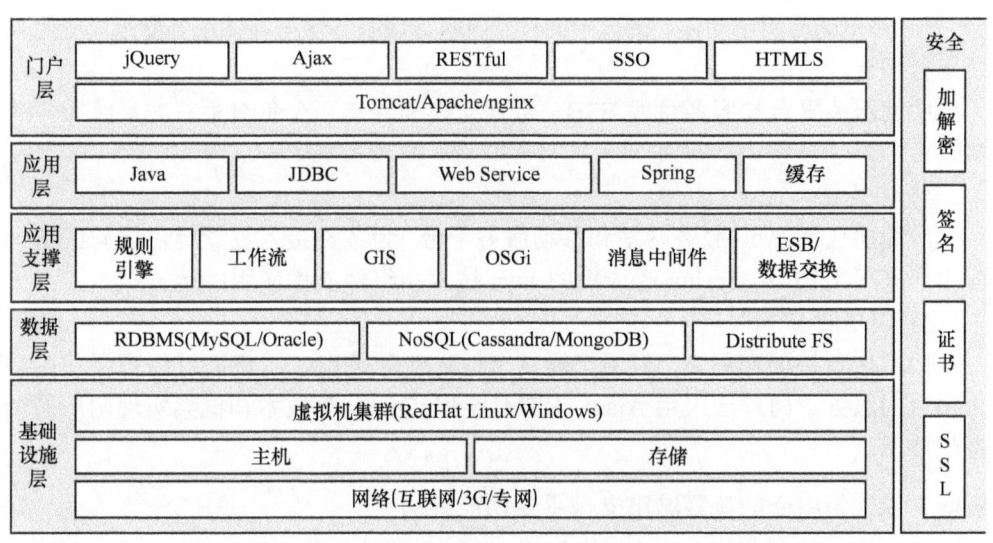

图 8-3 以人为中心的智慧城市服务支撑平台技术架构

1) 基础设施层

考虑到系统的外围环境包括各种服务商和政府部门，网络层的设计支持互联网、3G 和专网的接入模式。网络的互联互通是实现企业、政府业务协同和信息共享的基础。网络层采用网络互联协议 TCP/IP 为标准和虚拟专用网(virtual private network, VPN)为技术手段。网络层位于最底层，是各层的基础，用来提供信息传输的通道。

硬件层采用云计算IAAS的架构，将主机和存储作为资源池管理，应用虚拟化技术动态地创建虚拟主机环境支撑软件系统运行，实现整合、简化支撑系统的IT基础架构，在提高整体资源利用率，降低IT成本投入的同时，还使得系统具有高度的可扩展性。同时还能加快新业务创新、孵化和部署的速度，降低新业务的投入和运维成本。

2) 数据层

数据是智慧城市服务支撑平台建设的主线，它涵盖所有的结构化和非结构化数据。它也是基础信息、动态信息和应用信息的存储和积累，为这些信息的进一步开发利用提供支持。数据层主要是用来实现数据的存储。

数据层既支持便于访问、维护和操作的关系型数据库如MySQL和Oracle；又支持满足于海量、多样、多交互和实时需求的非关系型数据库如Cassandra或MongoDB。通过分布式文件系统(distributed file system)，如HDFS分布式文件系统，来顺应互联网发展，支持海量数据存储。

3) 应用支撑层

系统平台中，由分布式数据库和分布式文件系统组成分布式的存储系统；符合J2EE规范的应用中间件、消息中间件、内容管理服务器与媒体服务器组成应用系统运行平台。

中间服务平台与服务总线ESB、数据交换和共享平台负责第三方系统服务的接入。

4) 应用层

应用层包括Web服务网站和移动服务平台，为各种接入设置提供访问渠道。应用层采用J2EE和Spring等成熟的Java技术和组件支撑应用的运行。

5) 门户层

门户层直接面向用户，为用户提供个性化交互接口。用户通过门户层使用整个平台的服务。门户层采用Ajax、HTML5和jQuery等技术和框架实现门户的个性化展示。

8.4.4 以人为中心的智慧城市支撑平台功能架构

以人为中心的智慧城市服务支撑平台的功能架构如图8-4所示。

整个智慧城市的规划建设和工程实施是个相当复杂的过程，为了支持智慧城市的工程建设设计提供了以人为中心的智慧城市服务支撑平台。此服务支撑平台构建出智慧城市工程建设的完整体系，服务支撑平台的功能架构主要划分为门户支撑平台、应用中心、应用支撑平台和管理平台四大部分。门户支撑平台为服务消费者提供个性化门户，并为如PC、智能手机、自助终端、PDA等多种服务渠道提供应用层的统一访问接口，实现单点登录和统一权限认证；应用中心实现了

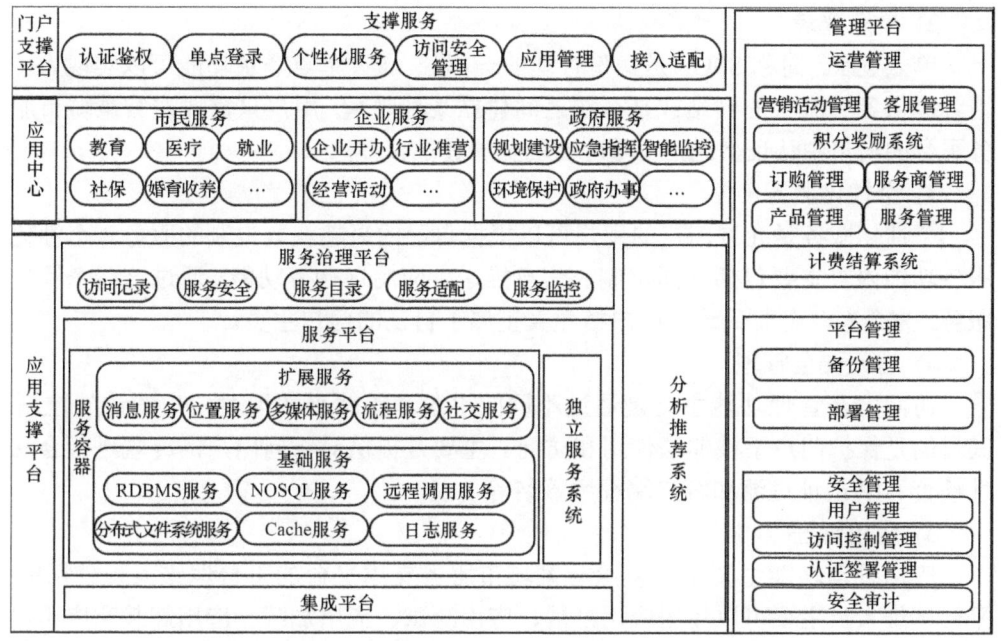

图 8-4 以人为中心的智慧城市服务支撑平台的功能架构

对市民、企业和政府三大类服务的支持;应用支撑平台为应用中心提供了强大的平台支撑,为服务的调用、存储等提供完备机制;管理平台是从平台的运营、平台的日常管理和平台安全三方面出发搭建了平台管理系统,实现为平台管理提供定向支持。

智慧城市服务支撑平台的四个组成部分的功能说明如下。

1. 门户支撑平台

智慧城市服务支撑平台的门户支撑平台主要是为搭建个人门户、政府门户、企业门户提供认证鉴权、单点登录、个性化服务、访问安全管理、应用管理和接入适配等功能的平台。

1) 认证鉴权

个人、政府、企业门户都是实行实名制的门户。为了实现实名制,门户的使用用户需要通过门户支撑平台提供的认证功能验证用户信息的真实性,这种认证会是线上线下验证结合的方式进行。

用户的实名验证方式可以是多种的。平台提供多种接入方式进行用户信息验证,根据接入方式的等级进行用户使用系统的权力鉴别即鉴权。认证是决定用户是否可以使用系统,鉴权是决定用户具体可以使用系统的什么功能。因此认证鉴权是开启一个个性化门户的钥匙,用户登录平台之后,判断用户信息的真实性以及用户对服务的权限。

2) 单点登录

单点登录,简称SSO,是身份管理的一部分。通过单点登录功能可以实现为使用者提供各种服务的网站或是系统之间建立某种联系,用户只需要在智慧城市服务平台的门户中认证登录后,即可实现全局登录。

3) 个性化服务

个性化服务是允许门户的用户可以根据自己的兴趣获取定制的服务。个性化服务功能内容主要包括界面定制、信息推送、应用订购等功能,通过这些个性化服务,为个人、企业、政府用户搭建真正属于自己的门户主页。

4) 访问安全管理

访问安全管理功能主要是通过不同的手段和策略来实现对门户的访问控制,其目的是保护门户不被非法使用和访问。主要是提供对访问门户的终端进行合法性检查、IP地址过滤和客户端程序签名等功能。

5) 应用管理

应用管理功能主要是提供给智慧城市服务支撑平台的平台运维人员使用的,平台运维人员主要可以使用应用部署、应用测试、应用加载、应用卸载和应用启用停用功能。

6) 接入适配

当用户通过如PC、智能手机、自助终端、PDA等多种服务渠道访问平台时,门户支撑平台的接入适配为这些不同的访问端提供应用层的统一访问接口,这些不同的终端渠道访问平台可能是不同的协议和接口,通过适配就是把这些不同协议和接口的请求转换为系统内部统一的协议的接口。

2. 应用中心

应用中心为智慧城市服务支撑平台应用层的核心部分,为服务消费者提供全方面的工作生活服务,功能框架图中列出的服务只是列出个别的服务示意,因为按照服务类型划分为市民服务、企业服务和政府服务三大类,约300类服务,功能框架图中就不一一列出,具体服务分类详见8.4.6节的服务内容参考集。

3. 应用支撑平台

应用支撑平台统一提供对整个平台的应用支撑,是整个平台的核心部分。如图8-5所示,它包括服务治理平台、服务平台、分析推荐系统和集成平台几个部分,其中服务平台又分为服务容器和独立服务系统。

1) 服务治理平台

服务治理平台管理整个系统的服务生命周期与授权访问。服务治理平台提供对业务服务访问的统一入口,屏蔽平台相关处理,屏蔽平台差异,完全剥离业务

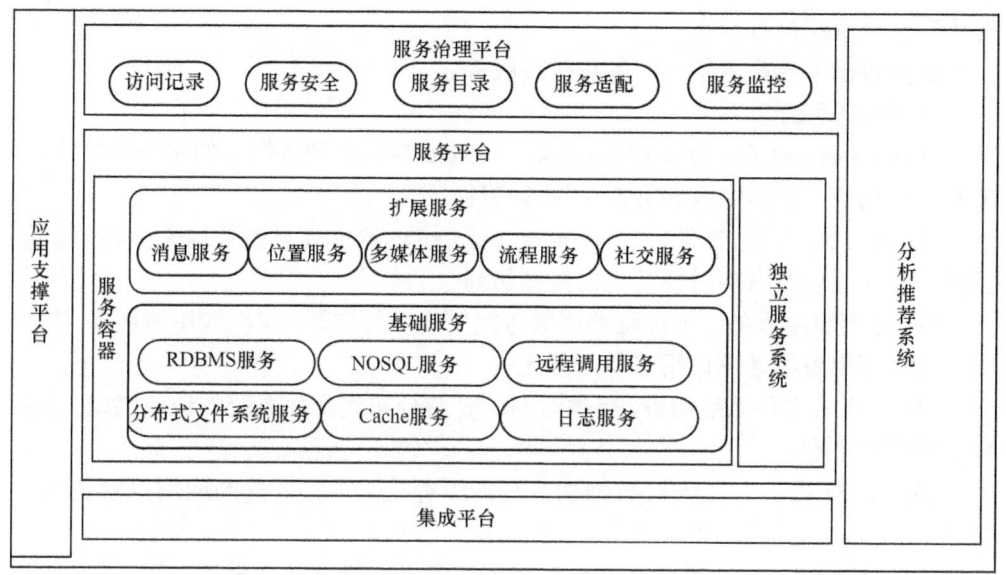

图 8-5　应用支撑平台

逻辑和平台相关处理。包括访问记录、服务安全、服务目录、服务适配和服务监控五大部分内容。

(1) 访问记录。记录服务消费者调用何种服务，以及调用服务的时间、地址、次数、频率等信息，为服务的精细化管理提供数据支持。

(2) 服务安全。服务安全模块，对访问服务的请求进行消费方身份认证和权限验证，确保经过授权的合法用户才允许访问服务，从而保障服务的安全。

(3) 服务目录。将服务提供者提供的服务进行注册，并梳理成服务地址列表，服务消费者从服务列表中，基于软负载均衡算法，选一个服务进行调用，如果调用失败，则再选另一服务调用。

(4) 服务适配。解决服务提供者和服务消费者之间的适配行为，一是接口适配，具体指服务的调用形式不符合服务的接口定义和服务调用的参数个数或类型与定义不一致；二是行为适配，具体指消息交换顺序的不匹配。

(5) 服务监控。服务消费者和服务提供者，在内存中累计服务的调用时间、调用次数，定时发送一次统计数据到监控中心，从而对服务质量进行管理与优化。

2) 服务平台

服务平台主要包括服务容器和独立服务系统。服务容器是指服务的运行环境，它负责服务的加载卸载、启动停止等整个生命周期管理。它主要装载着一些基础服务和扩展服务。独立服务系统是指在平台中运行的第三方的独立服务系统，是不需要装载在服务平台的服务容器里面的(如 CMS)。独立服务系统因为是集成在服务平台上的第三方系统，不是智慧城市服务支撑平台的建设范围，所以本章节中不对此类系统进行描述。

服务容器中装载着基础服务和扩展服务。

基础服务包括以下几种。

(1) RDBMS 服务。提供对 MySQL、Oracle 等关系型数据库的统一访问接口。支持负载均衡、故障恢复和数据切片等特性。

(2) NOSQL 服务。提供对 Cassandra、MongoDB 等非关系型数据库,支持海量、多样、多交互以及有实时性要求的数据访问。

(3) 远程调用服务。为远程调用服务提供统一的框架,实现应用透明性,接口开发人员不用考虑远程调用等与业务无关。

(4) 分布式文件系统服务。提供对 HDFS 等分布式文件系统的访问接口,支持海量数据的处理。

(5) Cache 服务。提供对数据读、写的缓存处理,有效提高应用系统的处理能力。

(6) 日志服务。对服务调用提供统一的记录以及日志的分析处理等,为系统运营与优化提供基础数据支持。

扩展服务是为服务支撑平台提供各类业务能力,包括消息、内容、位置和多媒体等,从而实现业务应用层的各种功能。

(1) 消息服务。提供基于消息的服务。包括站内通知、提醒、手机短信。

(2) 位置服务。提供基于位置的信息服务。包括交通路线、商户定位、周边查找等。

(3) 多媒体服务。提供各类多媒体服务。包括视频点播、视频分享等。

(4) 流程服务。提供基于流程的服务。包括工单管理。

(5) 社交服务。以用户的人际关系和兴趣为基础建立关联网络。包括论坛、微博、留言板等。

3) 分析推荐系统

服务分析推荐系统使以人为中心的智慧城市服务支撑平台能够对用户提供智能化和个性化的服务。通过对用户行为的分析、关联分析,获取用户的行为特征,对用户的行为进行预测,从而对用户提供有针对性的服务和信息。服务推荐引擎包括分析引擎、推荐引擎和规则库三个部分,如图 8-6 所示。

(1) 分析引擎。分析引擎采集用户信息,并对其进行统计分析,发现用户访问系统的规律,并与系统运营策略和相关政策等相结合,产生服务推荐规则。分析引擎包括以下模块。

①信息采集模块。信息采集模块从数据库中采集分析所需数据,主要包括两方面数据:从基础库中采集用户信息和服务信息,用于用户特征分析和关联分析;从历史库中采集用户行为数据和服务访问数据,用于用户行为分析和关联分析。

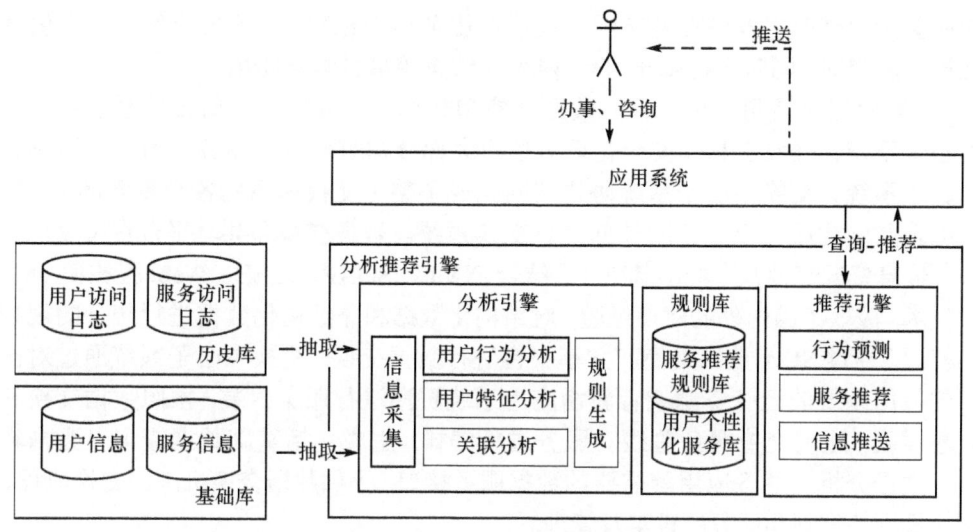

图 8-6 服务分析推荐系统框图

②用户行为分析模块。用户行为分析模块根据用户访问系统的历史行为记录分析用户的需求或即将要做的事情,产生对用户个性化的服务推荐。

③用户特征分析模块。用户特征分析模块通过对用户特征进行分类,找出各类用户的行为特点,达到针对性推荐模式。

④关联分析模块。关联分析模块发现关联规则,在用户行为习惯之间、用户行为与用户特征之间,以及用户行为与服务之间进行关联分析,产生推荐规则。

⑤规则生成模块。规则生成模块根据分析模块的分析结果产生推荐规则,并存储至推荐规则库,供推荐引擎使用。

(2) 推荐引擎。推荐引擎负责接收输入,根据推荐规则产生推荐信息,供应用系统对用户进行推荐反馈。推荐引擎包括以下模块。

①行为预测模块。根据规则预测用户在发生某种行为时的可能后续行为,对用户进行针对性的服务推荐。

②服务推荐模块。根据规则库产生推荐信息,通过信息推送模块推送至应用系统。

③信息推送模块。将推荐信息推送至应用系统,应用系统可以根据推荐信息对用户进行反馈。

(3) 规则库。规则库存储经过分析挖掘后产生的规则数据,包括通用的基于用户行为特性的推荐规则数据,以及针对每个用户的个性化推荐数据。

4) 集成平台

集成平台主要包括服务总线 ESB 与数据交换和共享平台两大部分。

(1) 服务总线 ESB。服务总线 ESB 主要负责与第三方系统的实时服务接入,并可以在开放式 J2EE 环境中对各种应用系统进行基于 SOA 的集成,提供各类业务的服务接口规范以及各业务条线之间横向服务访问标准,为各类业务应用提供独立扩展的空间,同时支持基于 ID、内容、结果等多种复杂路由方式。

(2) 数据交换和共享平台。数据交换和共享平台其核心由前置子系统和交换中心子系统、开发工具和安全管理监控四大部分构筑而成。业务应用系统通过和前置子系统、交换中心子系统协作共同完成了整个交换体系的各个重要环节,相互配合共同构成一个完备的外部信息交换系统。数据交换和共享平台在国家电子政务信息资源交换共享标准基础上,结合 XML、SOAP、J2EE、Web 服务和 JMS 等技术,汲取了国内外的建设经验,对结构化数据和非结构化数据进行统一的规划和梳理,通过 SOA 数据交换和共享平台进行数据交换。交换中心子系统通过对已有的应用系统的已有资源或者新增应用系统资源进行服务封装,按照数据交换和共享需要,通过交换服务总线对服务进行编排,生成包括基础数据查询、数据转换、数据分析、业务应用等需要的数据服务接口,提供数据交换机制、交换流程、交换规则等规则和服务的设定及管理。

4. 管理平台

管理平台提供对整个系统的运营、安全和平台的管理。

1) 运营管理

服务运营管理面向平台运营和市场营销部门用户,提供营销活动管理、客服管理、积分奖励系统、订购管理、服务商管理、产品管理、服务管理和计费结算系统等功能。

(1) 营销活动管理。营销活动管理主要包括广告管理、产品包装推广、活动策划等功能。

(2) 客服管理。客服管理主要是指对用户的投诉、建议的处理。主要功能包括投诉反馈、信息审核等功能。

(3) 积分奖励系统。积分管理主要包括积分规则、积分兑换、积分清零等功能。

(4) 订购管理。订购管理主要包括订单管理、订购、续订、退订等功能。

(5) 服务商管理。服务商管理主要包括服务商注册、服务商审核、服务商注销等生命周期管理的功能。

(6) 产品管理。产品管理主要包括产品登记、产品发布、产品打包等功能。

(7) 服务管理。服务管理主要包括服务部署、服务测试、服务启动、服务卸载等功能。

(8) 计费结算系统。计费结算系统是提供平台的面向用户和服务商的运营支撑。主要包括计费规则管理、结算、结算报表管理等功能。

2) 平台管理

平台管理主要包括部署管理和备份管理。

(1) 部署管理。平台部署管理主要是提供给平台运维人员使用的。主要包括服务部署、门户部署等功能。

(2) 备份管理。备份系统的数据，当由于系统的软硬件故障导致系统数据被损坏时，能够迅速地恢复系统数据，继续提供服务，从而将损失和影响降到最低。备份管理主要由四大部分组成：备份硬件管理、备份软件管理、备份计划管理和数据恢复管理。

3) 安全管理

安全管理主要负责包括用户管理、终端的访问控制管理、认证鉴权管理及服务访问安全审计管理等功能。

(1) 用户管理。用户管理主要包括用户注册、用户审核、用户注销等功能。

(2) 访问控制管理。访问控制管理主要针对于终端的访问控制管理。主要包括终端授权等功能。

(3) 认证鉴权管理。认证鉴权管理主要指用户对服务的授权管理。主要包括服务权限管理、用户授权管理等功能。

(4) 安全审计。安全审计主要包括对访问服务的日志管理、审计查询等功能。

8.4.5 以人为中心的智慧城市支撑平台服务内容参考集

本节总结智慧城市服务经验，梳理服务内容，形成智慧城市服务支撑平台服务内容参考集。智慧城市服务内容参考集可供城市管理者启动智慧城市建设选择服务内容时参考与选择，并可以此参考集为基础根据城市发展特点定制新的服务内容。

现以智慧城市服务中的市民服务、企业服务和政府服务为例，通常服务领域和服务主题如表 8-1 所示，在服务内容参考集中把服务主题细化到具体服务

表 8-1 智慧城市支撑平台服务内容参考集

	服务领域	服务主题		
市民服务	教育	孕育期教育	新生儿教育	婴幼儿教育
		学龄前教育	小学教育	初中教育
		高中教育	职业教育	继续教育
		特殊教育	留学教育服务	教育救助与资助
		老年教育	高等教育	远程网络教育
		学校信息查询	政策查询	校友录
		幼儿园服务	小升初服务	中考服务
		高考服务	录取服务	
	医疗	医疗机构	药店药品	门诊住院
		疾病预防	食品安全	药品、医疗器械安全
		卫生监督	医疗保险	医疗救助
		预约挂号	儿童免疫接种	女性两癌筛查服务
		婚检服务	专家咨询	在线咨询
		母子健康档案	出诊排班	在线投诉
		特需服务	基层卫生	健康知识查询
		献血	医疗专题	自助化验单
		体检	新农合	医药价格

续表

服务领域		服务主题		
市民服务	就业	职业技能培训	职业技能鉴定	自主创业
		公务员招考	毕业生就业	农民工就业
		失业人员再就业	人才引进	军转安置
		劳动合同	劳动监察与仲裁	劳动能力鉴定
		失业办理	劳动关系	人才市场信息
	社保	养老保险	医疗保险	工伤保险
		失业保险	生育保险	抚恤优待
		老年人福利	残疾人福利	儿童福利
		城乡最低生活保障	临时救助	农村五保供养
		社会捐赠	大病医疗保险	医疗补充保险
	婚育收养	结婚	离婚	解除婚姻
		计划生育	生育服务	奖励及优待
		政策外生育	收养	解除收养
	住房	保障性住房	住房公积金	中介机构服务
		购买新房	二手房买卖	房屋租赁
		经济适用房	限价房	
	证件办理	户籍办理	身份证办理	居住证办理
		归国身份认定	驾驶证办理	
		护照办理	通行证办理	签证办理
		教育培训类证件	医疗卫生类证件	交通旅游类证件
	公共事业	供水	供电	燃气
		污水垃圾处理	消防安全	
		公共文化服务	公共体育服务	园林绿化
	交通出行	公交信息	地铁/轨道信息	火车信息
		长途客运信息	飞机信息	轮渡信息
		交通违章信息	驾驶员积分信息	实时路况信息
		尾号限行信息	停车场信息	加油站信息
		汽车维修企业信息	天气信息	交通管制
	旅游消费	景点信息	旅游线路信息	旅行社信息
		旅游咨询	电子门票	宾馆信息
	文体	休闲健身	健康基础知识	文化设施
		购物消费	体育彩票	
	税务	个人所得税	房屋相关税费	车船使用税
		税务网上咨询		
	殡葬	死亡注销		
	兵役	服兵役	退伍	随军家属服务
		证件办理	复原	退役

续表

服务领域		服务主题		
企业服务	企业开办	企业名称登记	前置审批与验证	工商登记
		刻制印章	组织机构代码证书	消防证件办理
		税务登记	设立变更	企业实名空间
		破产注销	年审年检	
	行业准营	食品生产许可	食品流通许可	保健食品经营企业卫生许可
		餐饮服务许可	药品经营许可	母婴保健技术服务执业许可
		公共场所卫生许可	盲人保健按摩机构开业资格	计划生育技术服务机构执业许可
		医疗器械	危险品许可	
	经营活动	商标注册	广告登记	信用合同
		资质认定	产品注册	登记备案
		企业年检	需求调查与反馈	供需对接服务
		企业展示	对外交流	商业活动
	劳动保障	劳动合同	劳动监察与仲裁	补助与优惠
		养老保险	医疗保险	工伤保险
		失业保险	生育保险	住房公积金
	财务税务	税务登记	认定管理	申报征收
		税款缴纳	税收优惠	税收证明
		发票业务		
	宗教管理	宗教团体	宗教材料	宗教院校
		宗教活动	宗教活动场所	
	公共服务	企业宣传	互动沟通	企业政策
政府服务	规划建设	规划设计	规划制定	规划备案
		规划发布	规划实践	规划公示
		建筑设计	城市建设	规划计划
	数字城管	井盖	路灯	邮筒
		果皮箱	停车场	电话亭
		综合管理考评	政策法规	在线视频
		服务热线		
	应急指挥	应急手册	应急避难场所	应急演练
		应急队伍建设	应急平台建设	事故救援
		办事指南	预案管理	应急培训
		公文公告	行政许可	科普宣传
		自然灾害	事故灾难	公共卫生事件
		社会安全事件		
	智能监控	监控设备	防盗报警	监控场所
		监控数据		

续表

服务领域		服务主题		
政府服务	环境保护	减排	上市公司环保核查	自然保护区
		环境应急	环境污染治理	环境保护标准
		生态示范创建	专项	环境执法
	政府办事	行政许可	行政审批	行政征收
		初审	在线申报	结果公示
		业务咨询	执法监督	
	政务信息公开	公开指南	公开目录	公开年报
		依申请公开	监督投诉	
	重点领域	土地管理	服务拆迁	保障性住房
	公共事业	捐款救助	社会公益	水
		电	气	暖

项，服务内容参考集可以作为一个通用的基础模板供城市管理者选择，城市管理者结合本市实际情况和需求，在参考集中选择一些服务项，并定制开发一些新的服务项。

以市民服务为例，研究的内容围绕从出生到离世的人生命周期的24个板块（图8-7）组织服务内容，逐步实现政府对市民服务的全方面覆盖，打造市政府提出的"从幼儿至老年的终生关爱体系"，形成智慧城市服务内容集的一部分，24个板块下的服务内容数量预计最终将超过1000项。

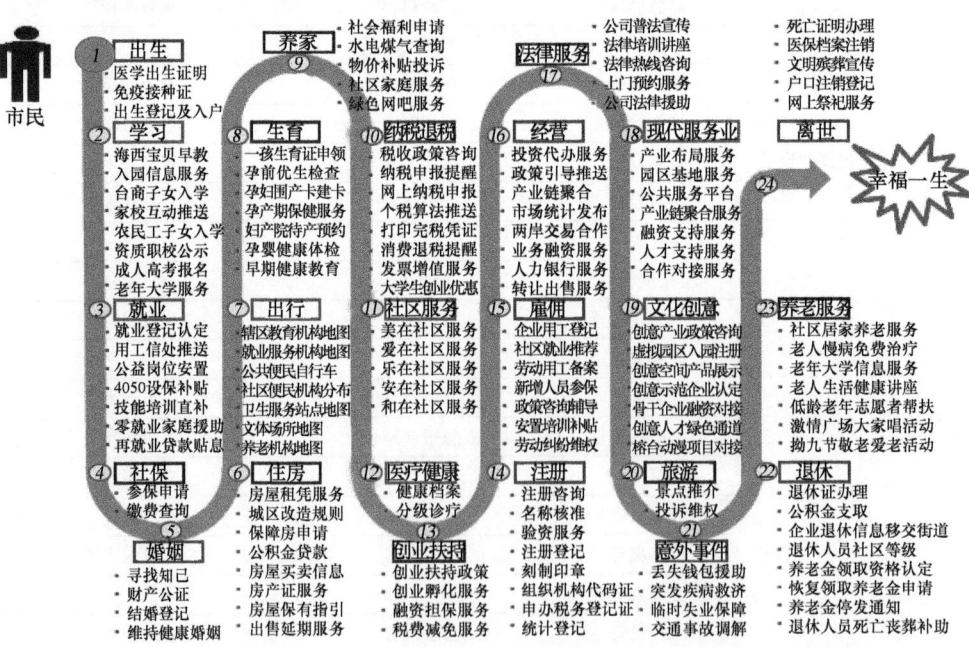

图8-7 市民服务中涵盖人生命周期的24个板块

8.4.6 以人为中心的智慧城市支撑平台运营体系

智慧城市运营服务体系总体架构如图 8-8 所示，共分为六个层次。

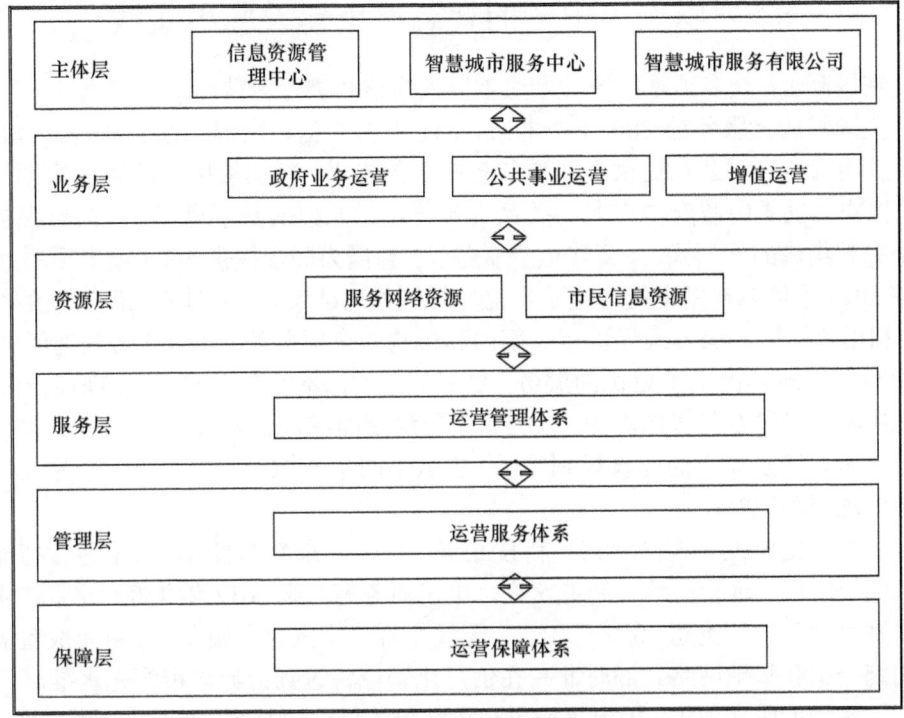

图 8-8 智慧城市运营服务体系总体架构

(1) 主体层：包括信息资源管理中心、智慧城市服务中心和智慧城市服务有限公司，其中智慧城市服务中心和智慧城市服务有限公司是运营的监管和执行机构。

(2) 业务层：包括以政府服务、应用为核心的政务业务运营，以智慧城市服务为主要内容的基础服务运营，以及以商业服务及业务拓展为主要内容的增值服务运营，是运营体系的主要内容。

(3) 资源层：包括服务网络系统和智慧城市服务信息资源数据库系统，是运营实施的基本资源。

(4) 服务层：包括服务组织、服务规范、客服中心、综合网站在内的运营服务执行系统。

(5) 管理层：包括规范、标准、安全、制度等在内的运营服务体系。

(6) 保障层：包括资源、协同、技术、信息等在内的运营保障体系。

在这个总体架构中最为重要的是，整个运营体系将在各个层次之间建立有机的运营关联机制,以保证运营的总体性、统筹性、协同性和目标一致性。这一点应该在运营组织的岗位职责设计和运营流程设计中予以充分的体现。

8.5 以人为中心的智慧城市建设应用实践

在国际上,众多国家已经开始注重以人为核心进行智慧城市相关建设工程。

美国将线上服务与 800 免费电话、311 服务电话、微博、社交网络、博客等进行充分整合,对公众提供多渠道信息服务的推送;新加坡以人的生命周期为依据,将物理世界中政府与市民的关系真实再现于虚拟的数字世界中,为市民提供一个完整集成的一站式、一窗式电子服务包;韩国为民众提供 5007 项事项的办理,其中 3013 项可以在网上提交电子申请并得到处理结果。侧重用需求倒逼服务的改善,利用热词排名的方式促进相关部门和机构的事项办理,并用实名制确保安全;澳大利亚也同样提出了更优的服务,更好的政府,要求在新的电子政府时代,民众是中心。经过八年多的努力,建立了精美清晰的综合服务门户。

在国内诸多城市的建设规划当中,也从不同角度体现出以人为核心建设智慧城市的思想和策略。

北京提出建设"人文北京、科技北京、绿色北京"的目标,其中包含智能交通、电子病历、远程医疗、智能家庭、电子商务等。到 2012 年年底,北京将实现互联网家庭入户频宽超 20 兆;2015 年无线宽带将覆盖北京城乡,并将建成覆盖全市的统一物联基础网络。届时北京在信息化领域将达到世界城市领先水准。

上海借世博会契机,提出"城市让生活更美好"的目标。"十二五"期间,上海将初步形成建设智慧城市的基本框架,明确四个主要的关注点:一是关注信息基础设施能级提升。为适应高速、智能、融合的趋势,上海将着力打造城市光网以提升信息网络带宽和接入能力,发展 3G、WiFi 等多种技术的无线宽带网,扩大其在全市域的覆盖,推动智能技术、云计算和物联网等新技术的研发应用,加快三网融合进程。二是关注信息技术的广泛应用。三是关注信息技术创新和产业化。四是关注信息化的发展环境。

佛山新兴产业发达、社会管理睿智、大众生活智能以及环境优美和谐的城市蓝图正在展开,提出了《"四化融合智慧佛山"发展规划纲要(2010–2015)》。到 2015 年,把佛山建设成战略性新兴产业聚集区,四化融合先行地,宜商宜居美好家园。《纲要》提出了实现规划纲要的三大任务:信息化带动工业化,提升产业综合竞争力;信息化提升城市化,增强城市发展竞争力;信息化加快国际化,提升经济发展国际竞争力。《纲要》设计了"四化融合智慧佛山"建设"十大重点工程",通过实在项目实现智慧佛山的既定目标,让市民切实感受到城市发展。

武汉将用十年打造智慧城市。智慧城市将从未来科技城,推广到东湖开发区、武汉城区。届时智慧城市雏形初显,武汉将成为中部智慧之都。已开展的三网融合试点工作、光城计划、数字武汉计划，与智慧城市建设一脉相承。而正在建设的智能电网、广电互动传感网络、食品安全跟踪、ETC 等项目，正是智慧城市建设项目，使武汉打造智慧城市拥有良好基础。

深圳正从科技、人文、生态三个方面打造新时期的智慧城市，并以此作为建设国家创新型城市的突破口。智慧深圳是指充分利用信息技术，分析整合城市运行的关键信息，对各方需求做出智能响应，形成新的生活、产业发展、社会管理模式，构建面向未来全新的城市形态。打造以无线城市为载体的智慧深圳，将是深圳未来继续保持发展优势和核心竞争力的有力保障。

在广州，2010 年我国第一个"由政府主导，牵手运营商"的无线城市官方门户网站——智慧广州无线城市门户网站开通，将推动市民、企业以及社会各界获得更加高效便捷的无线宽带网络接入和公共信息服务。该网站分智慧声音、智慧民生、智慧生活、智慧兴业、智慧亚运五大板块。广州力争用 5 年时间建成国家创新型城市、华南科技创新中心、国际高新技术产业重要基地和高度信息化、全面网络化的智慧城市。

昆明将建设资源节约型和环境友好型的智慧昆明，在六个方面展开：智慧交通——将重点打造智能交通指挥中心，实现现代化的智能交通管理体系。包括实施智能、全局和远程交通指导，实施可视化和一体化的交通监控等新型执法和服务手段，全面提升昆明的交通能力。智慧物流——将根据地区优势，共同建设面向东南亚和泛湄公河流域的物流集散及物流产业，打造现代的电子口岸和综合物流服务平台，树立昆明物流品牌。智慧医疗——推动昆明市医疗卫生体制改革，建立智慧的医疗卫生公共服务平台、药品管理监督等。服务型政府电子政务——建立新型电子政务平台，连同本地各高等院校科研机构力量，致力推动昆明国家级创业中心、高新技术产品出口基地、产业园区建设，促进昆明信息产业发展，为经济发展提供优良环境，实现向服务型市政转型。人才培养——为促进昆明市信息人才，特别是服务外包产业中高端人才的培养，昆明市政府以及当地院校将成立实训基地项目，致力昆明市服务外包产业的快速发展。实验室联合研究——就实验室联合研究进行进一步交流与探讨，为昆明市全方位发展提供符合科学发展观的研究建议。

以上内容从不同角度体现出对人的关注。我们的政府也意识到以客观的财富和收入多少作为快乐幸福的衡量，忽略了人类精神层面的需求，造成了举国上下对 GDP 的片面追求，忽视了人们是否能过上有尊严和幸福的生活，忽视了公众的主观感受、公平的成长机会、通畅的意见表达和合理的公众监督。这些问题相互交织，异常复杂，但均与人息息相关。以人为本是解决问题的关键，因此以人为中心的智慧城市建设具有广阔的市场空间和应用需求。

在此大背景下，国内的相关企业也已经开始了以人为中心的智慧城市相关业务的建设实践，下面以神州数码市民卡建设作为典型案例进行具体介绍。

该方案针对目前市民手中各种卡的数量过多、使用繁复的问题，遵循"一卡多用、多卡合一"的发展原则，基于"记录一生，管理一生，服务一生"的理念，借鉴国内外先进经验，涵盖政务服务(社保、卫生、公安、公积金、民政、教育、计生、个税……)、商业服务(便利店、药店、医院、超市、加油站……)、金融服务(银行网点、ATM……)和公共事业服务(公交、轨道、水、电、燃气、有线、宽带、道路停车……)等多个方面的小额支付、身份认证、信息查询等应用。

市民卡存放有市民个人信息，能逐步关联医保、医疗、养老、就业、公积金等多个账户，可作为每个市民的电子身份凭证，用于办理业务、支付费用、查询信息等用途。市民只需要凭这一张智能卡，就能方便地与政府各个部门和公共服务机构的信息系统打交道，方便快捷地享受到各种服务，省却"周身是卡"的麻烦。未来基于市民卡可以为市民提供政务服务、公共事业服务、金融服务和商业服务，同时借助于市民卡以及以市民卡为基础整合的市民信息，政府制定民生政策更加具有针对性，使管理举措更加精确，从而实现记录一生、管理一生、服务一生。市民卡工程作为智慧城市建设的重要内容，是推进信息资源整合应用，避免重复投资，提升政府公共管理和商业服务水平，方便老百姓生活的重大基础性信息化工程。

市民卡工程建设主要包括硬件平台、软件系统、支撑体系的建设，系统设计图如图8-9所示，各部分要点如下。

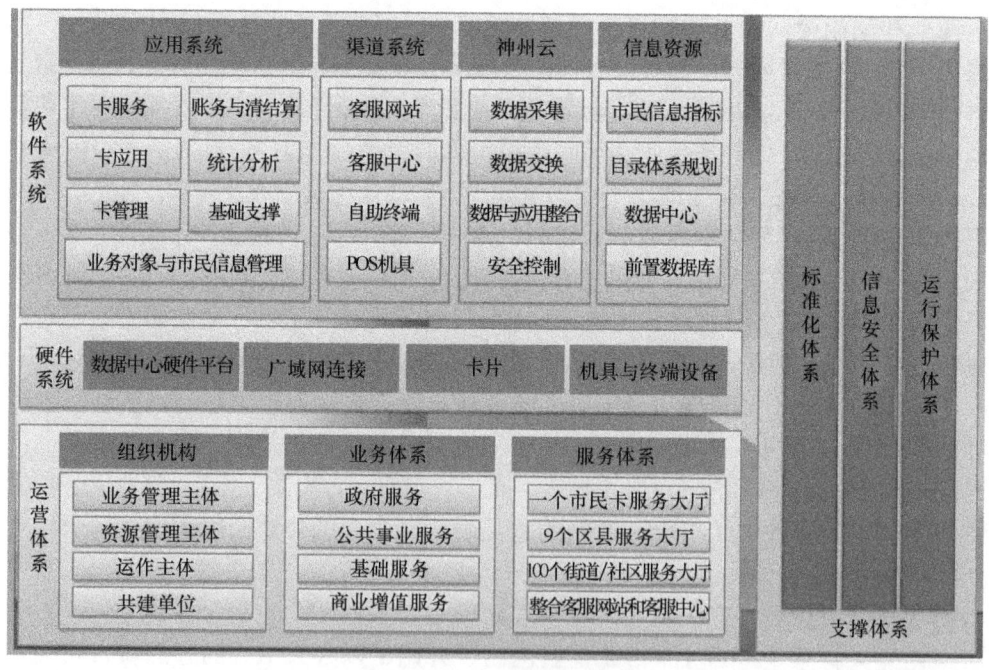

图8-9　市民卡总体设计图

1. 硬件系统

硬件系统的建设包括市民卡数据中心硬件平台、接入单位广域网连接、卡片、机具与终端设备建设；市民卡数据中心硬件平台建设包括机房、主机、存储、安全、备份与系统软件建设；广域网连接依据各接入类型，遵循安全、可靠、经济和利旧原则，对政务外网覆盖的政府组成部门，通过政务外网实现连接。对不在政务外网的单位，以专线互联；依据发卡数量，采购相应的卡片、制卡设备和改造配套的机具。

2. 软件系统

软件系统建设包含渠道系统、应用系统、应用支撑平台、信息资源规划与数据库建设四部分内容。

渠道系统主要有客服网站、客服中心、自助终端、POS机具等子系统。

应用系统规划了卡服务、卡应用、卡管理、账务与清结算处理、业务对象与市民信息管理、统计分析和基础支撑等子系统。先期重点开发市民信息与业务对象管理、卡管理、账务与清结算处理、卡应用、客服中心、客服网站和基础支撑应用系统，升级改造配套的社保、交通、卫生、民政、公积金等业务系统。并依据发卡数量、服务内容的增加不断扩展提供卡服务、卡应用和统计分析功能。

神州云主要包括基于构件化应用服务器技术建设的云计算中间件，提供数据采集、数据交换、数据与应用整合、安全控制、统计分析等功能，基于SOA、采用软刀片等技术，实现高性能、高可靠的软件支撑。

信息资源规划主要是市民信息指标体系和目录体系规划，数据库建设包括数据中心和接入单位前置数据库两部分工作。数据中心有市民信息服务数据库、基础数据库、业务数据库、统计分析数据库、交换数据库和历史数据库。

3. 支撑体系

支撑体系主要包括标准规范、安全和运维三部分。标准规范的建设是参考国际标准、国家标准和行业标准，制订项目建设需要的技术与管理标准规范，卡片与机具规范是建设的重点；安全保障体系建设是依据信息内容，划分不同的安全域，实施等级保护，构建信息安全技术和管理体系，尤其是市民卡密钥管理体系；运行维护体系建设将采用IT服务外包模式，从技术和管理上降低系统维护成本，提升服务质量，保证系统可靠、安全及稳定运行。

神州数码在市民卡领域将卡作为一个消费者的统一身份象征，已经突破了银行卡、信用卡的传统概念，也不仅是一个介质。它以支付为核心，整合了所有的金融服务与非金融服务，是完完全全地以客户为中心的服务模式。卡业务作为神州数码发展的核心业务，在初始阶段将获得一个消费者客户群体，在其上不断加载创新的服务，形成一个独特的业务模式。此外，不断地通过卡外包获得持卡人客户群体。

持卡人群的获得有四种途径：①与银行合作发银行卡；②与政府合作发行市民卡；③与大商户合作发商户储值卡/积分卡；④可以与神州数码任何一个大客户进行合作发卡。

在消费者客户群体形成后，优先发展以下服务、产品和解决方案。

(1) 借记卡运营外包：为新进入市场的金融机构提供的借记卡全生命周期的"立即发卡"业务运营，解决方案非常成熟。难点为门槛低，大部分客户选择自己发卡。客户成功案例为宁夏黄河卡。

(2) 储值卡运营外包：为商户联盟或独立商户提供储值卡运营服务，可以做到立即发卡，解决方案成熟，市场竞争激烈。拟作为辅助解决方案，为银行卡和积分运营积累商户资源。成功案例为月福储值卡。

(3) 市民卡运营外包：为一个行政城市提供金融卡、市政一卡通、政务(社保)卡三卡合一的市民卡运营，可以整合卡业务的所有解决方案。特点是发卡量大，对政府协调能力要求很高。

(4) 信用卡运营外包：为所有金融机构提供全流程的信用卡业务运营。目标客户非常广泛。

(5) 积分运营外包：提供跨商户的积分互换运营服务，与银行卡或储值卡进行捆绑，初期对卡业务的商业运营(整合商户资源)起到关键作用，规模化之后能够成为独立盈利业务。

第 9 章 城市信息多层次智能决策

9.1 概 述

9.1.1 背景

城市信息多层次智能决策技术与系统是智慧城市核心关键技术之一，它从城市动态感知网和动态数据中心获取数据，面向城市运行管理、建设规划和应急指挥，政府决策部门、企业和市民对决策资源透明访问、智能分析、综合决策的需求，针对目前决策信息缺乏互联共享与协作机制、决策模型与观测数据缺乏关联、决策需求粒度多样、决策资源分散、被动式决策的现状，考虑到模型联网、模型驱动观测、数据优化模型和聚焦决策的国际发展动态，综合服务计算和时空模拟的现有基础，突破城市时空信息智能分析与决策模型联网协同决策、模型与数据双向耦合和主动聚焦决策服务的瓶颈，构建跨领域的城市决策模型库，研制城市信息多层次智能决策系统，开展城市管理综合决策应用示范，形成更多层次的协同决策、更精确的综合决策、更细粒度的个性化决策和更主动的聚焦决策。

9.1.2 需求

1) 推动我国智慧城市化建设的重大需求

城市化是人类文明的象征，随着经济、社会的不断发展，我国在过去三十年的数字城市进程中，进行了城市信息化与重大信息基础设施的规划建设，布设了数以百万计甚至更多的城市传感器感知系统，并构建了大量以城市专业部门为中心的决策支持系统。然而，随着城市运行管理从单一性到综合性、应急响应要求从滞后性到实时性的转变，单纯的城市数字化建设并不能满足实时、综合、智能的城市管理的需求。随着数字城市、传感网、物联网与云计算的发展，智慧城市脱胎于 2009 年初萌生的智慧地球战略，智慧城市将信息技术、对地观测技术与先进的城市决策服务进行有效融合，充分利用三网融合城市通信基础设施，智慧地感知、分析、集成城市各部门如公安、交通、电力、环保、水务、规划、人口等信息，通过进行智能化的网络管理，为城市提供更高效、主动灵活的公共管理与创新服务模式。智慧城市是以城市信息综合管理与决策分析智能化为目标和战略方向，通过新一轮的智慧城市建设，带来城市综合管理的全新面貌，进一步推进城市的可持续和谐发展。目前我国已有上百个地区提出建设智慧城市，但是尚没有开展面向城市信息多层次管理、任务综合化的智能决策技术与系统研究，因此研究城市信息多层次智能决策关键技术与系统，对于推动我国智慧城市化建设具有重要意义。

2）将提升我国智慧城市的决策能力与服务水平

改革开放以来，我国城市政府部门、企业和机构已经建立起数量庞大、标准各异、专业分工的决策与服务系统，但是这些系统比较分散，规模不一，没有采用统一的技术标准和规范，并且这些系统的发展正面临着整合、管理、资源共享及协同服务的挑战。这些问题表现为以下几个方面。

(1) 如图 9-1 所示，多层次协同决策困难。城市分析与决策模型多时空、多主题，服务对象多，决策单一，缺乏互联、共享与协作机制，导致多层次协同决策困难。

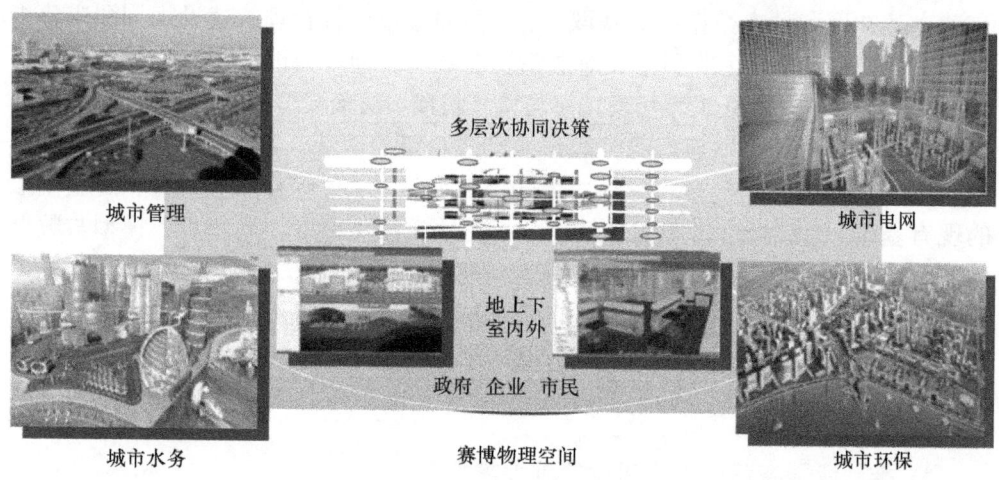

图 9-1　多层次协同决策

(2) 如图 9-2 所示，数据与模型双向耦合脱节。缺乏城市事件的观测数据与决策模型相互演化的机能，未能实现决策模型更好、更优地正向预定与规划各种城市观测数据以及观测数据进一步优化决策模型的反向反馈服务。

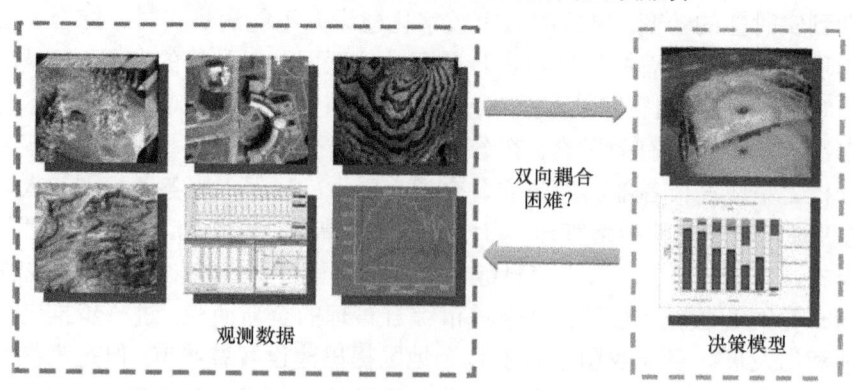

图 9-2　双向耦合困难

(3) 如图 9-3 所示，精细决策困难，聚焦决策服务模型缺乏。现有城市决策模型基本上仅适用于单一的领域决策，局限于孤立地获取特定的、有限的信息，针对时空现势性要求较高的城市综合性监测任务，无法对城市传感器资源、数据资源、计算资源和决策资源进行高效聚焦。

图 9-3　精细决策困难

总之，单纯地依靠改进设施、增加装备、提高专业业务决策能力等粗放型的管理机制已经无法解决这挑战。因此城市信息多层次智能决策关键技术与系统势在必行。通过重点研究数据与模型双向耦合、模型网协同决策与智能聚焦决策等技术，形成面向任务的城市智能管理、建设规划、城市应急和联动服务等典型行业应用解决方案，从而大幅提升我国智慧城市的决策能力与服务水平。

3) 促进我国智慧城市多领域、多学科技术的交叉融合

随着数字城市向智慧城市建设的转变以及信息技术的飞速发展，传统的对地观测手段和空间信息服务模式已不能满足智慧城市建设的需要，迫切需要进行跨学科、多专业领域融合的研究，实现技术方法的创新。智慧城市旨在实现城市信息智能感知、互联互通、资源共享、多层次运营以及主动聚焦决策，现有技术对城市信息的多层次智能分析与聚焦决策服务未能足够支撑，大规模的专业领域决策模型与专家模型库的建设不能满足构建智慧城市多层次、综合化、智能化的需求。研究城市信息多层次智能决策技术，需要对城市时空信息、城市管理、智能交通、城市安全、计算机、环境、网络与通信以及电子信息等多学科的实质交叉融合；城市信息多层次智能决策系统是构建一个于各城市专业信息决策系统之上的综合智能平台，通过建立与城市公安、交通、电网调度、环境监测等领域互联互通，最终实现城市信息综合智能决策。目前关于实现智慧城市的核心技术与关键技术，全世界都处于自主创新与你追我赶的局面。尽管我国的自主创新方面与发达国家存在一定差距，但智慧城市研究提供了促进我国多学科技术发展与多领域

综合的良好契机。城市信息多层次智能决策关键技术作为智慧城市需要优先解决的重要课题,因此将作为典型的应用研究,促进我国智慧城市多领域、多学科技术的交叉融合发展。

综上所述,城市多层次智能决策技术是以城市综合管理为主要服务对象,通过提供智能分析与决策模型、数据与模型双向耦合、面向任务的主动聚焦决策服务等技术,对于满足典型行业的多层次城市决策需求、提升智慧城市应用水平具有重大现实意义。

9.2 国内外发展现状与趋势

9.2.1 城市决策模型共享技术

在城市智能分析与决策方面,各应用行业的模型包括城市圈交通模型、城市水文模型、城市规划模型。城市圈交通模型中包含了交通产生模型、交通分布模型、交通分配模型、交通网规划模型、交通网优化模型、交通网决策模型等;城市水文模型包含非恒定流过程模型、一维水动力模型、二维水动力模型、三维水动力模型等。在城市时空过程模拟模型方面,已有的主要模型有元胞自动机(cellular automata)模型、多智能体模型和离散事件模型,元胞自动机是平行计算的抽象模型,比较适合研究自然灾害的动态变化;智能体(agent)是人工智能(artificial intelligence, AI)中使用的概念,主要用来模拟现实世界的各个个体;离散事件系统(DES 系统)是与连续时间系统(微分方程或随机微分方程)和离散时间系统(差分方程)相并列的刻画事件发生的一种动态系统[1~4]。

在模型的融合和互操作方面,最基本的方法是使用开源代码构建独立的工具运行模型或仿真,如用户使用图形用户界面选择模型参数和算法访问模型的输出结果。NASA 的陆地观测与预报系统(thermodynamic ocean prediction system, TOPS)包含了生态、水文和其他相关模型,可以用于预报预测的集群系统,但它的模型和输出结果缺乏共享和互操作,不能被其他领域模型和建模者使用。开放的建模框架 OpenModeller,提供了一个应用程序界面和工具使用不同的算法到模型分布格局进行建模。其设计目的提供一个灵活、用户友好和跨平台的环境,该建模环境用于生态模拟实验的整个执行过程。它的主要缺陷是只能服务于特定领域,很难融入到更复杂的场景。目前这种互操作的建模框架还有很多,如对象建模(object modelling)系统, ModCom, 可视化的建模框架(the invisible modeling environment, TIME), 空间建模框架(Spatial Modelling Environment), 地球系统建模框架(earth system modeling framework, ESMF)等。它们的区别主要包括应用领域(单领域或多领域)、功能(模型链或逐步仿真)、技术(单一平台或跨平台)。这些框架虽然提供了模型应用的框架,但缺乏时空分布式的模型之间以及不同框架的模型之间的互操作。

在互操作建模架构方面,基于组件的架构(component based architecture, CBA)提出一种机制和方法来开发粗糙的、可重用的软件执行单元。在 CBA 中,模型可以被封装成组件,通过定义好的接口来实现和其他组件之间的交互。这些组件单元可以组合成具体应用,设计良好的组件单元可以在不同应用中进行重用。随着网络技术的发展和 SOA 的出现,模型可以封装成服务,与 CBA 相比,模型互操作的协议从技术环境发展成为网络接口规范。公开的标准规范,如网络服务描述语言(web service description language, WSDL)和地理信息联盟(Open Geospatial Consortium, OGC)的网络处理服务(web process service, WPS),用于支持网络环境下的应用建模。这种架构支持现存系统的融合和空间分布式的模型,已经接近模型网(model web)的原理。然而这些架构对于实现模型的共享和互操作,抽象的层次较低,建模者和用户仍然需要过多地关注技术层面,语义网和Web2.0 的技术将有效地降低建模和使用的难度。

2008 年 NASA 提出了模型网的概念:它是大量计算模型的动态网络,与单个模型相比能够解决更多的科学问题;建模者和用户通过标准协议的网络服务实现对模型和模型结果的访问与互操作。2009 年开始,地球观测组织的 GEOSS(Global Earth Observation System of Systems)提出了"Model Web"的任务:开发模型网的动态建模的框架,服务于研究人员、管理者、决策者和一般公众。它是由松耦合的模型组成的,模型之间通过网络服务进行交互,模型可以进行独立的开发、管理和操作。这种方式和紧耦合、封闭的、集成式的系统相比有很多优越性。模型网是一个开放式的系统,模型过程的中间结果和最终结果都可以通过网络服务进行访问,改善了现存模型的互操作,提高和共享相关科学领域的预测能力。参与模型网开发项目的合作单位包括了全球范围内的多家研究机构、政府机构,覆盖面非常广,代表了地理信息系统的发展趋势。主要包括美国国家航空航天局(National Aeronauctics and Space Administration, NASA),电气和电子工程师学会(IEEE),澳大利亚联邦科学与工业研究组织(CSIRO),英国生态与水文研究中心,环境经济 Gund 研究所(Gund Institute for Ecological, GIEE),美国国家海洋和大气管理局(National Oceanic and Atmospheric Administration, NOAA),开放地理空间联盟(OGC),美国加州大学洛杉矶分校(University of California Los Angeles, UCLA),美国奥克拉荷马大学等。

2010 年开始,欧盟资助启动了研究项目 UncertWeb,目标是开发不确定性的模型网。UncertWeb 项目是在互操作的模型网环境中,开发一系列机制、标准、工具和典型应用实现模型决策和不确定信息的管理。不确定性环境中耦合模型的标准规范包括用于描述独立于应用领域的不确定信息的不确定建模语言(UncertML2.0);不确定性信息转换服务的 API;基于观测与测量标准(O&M)和地理标记语言(geography markup language, GML)的不确定性的时空数据模型;用于模型的发现和组合的模型网服务框架。UncertWeb 中制定的应用工具包含不确定性信息抽取工具、不确定性信息交互与可视化工具、不确定性信息计算工具等。Uncert Web 中的典型应用包括了生物多样性应用、空气质量应用、人类活动应用以及跨领域的集成融合应用等。

在时空分析模型的协同辅助决策方面，近年来国内学者研究开发了大量与城市信息智能分析与辅助决策相关的领域模型，包括城市圈交通模型、城市规划模型、城市应急模型和城市水文模型。已有的研究较为侧重某一个领域的模型，模型之间缺乏关联和共享机制，无法协同。而现实中的城市管理与决策需要综合考虑各个方面的信息，如城市灾害管理中需要处理城市的基础设施(如交通运输、电力系统等)和自然环境(如洪水、地震等)之间的关系。在城市管理和辅助决策中需要不同领域的相关模型和同一领域的不同模型之间的协同工作，因此构建城市多层次智能分析与决策模型，并研究基于模型网的协同机制是极其必要的。

9.2.2 数据与模型的关联技术

传感器可以嵌入到物体内部，直接、实时和持续地观测物体的变化，获取的数据通过无线通信网络传输，由计算机进行存储和处理。传感器网络已应用在环境科学、医疗健康、空间探测、军事、交通、采矿和灾难拯救等领域，给这些领域带来了非常好的经济效益和社会效益。2006 年，Butler 在 *Nature* 上撰文指出传感器网络接触和感知真实的物理世界，是物理世界和数字世界连接的桥梁，是下一个研究前沿，他预言传感器将遍布世界的每个地方，对科学研究、技术发展和日常生活带来革命性的变化。

数据融合是一个多级、多层面的数据处理过程，主要完成对来自多个信息源的数据进行自动检测、关联、估计及组合等的处理。

1988 年，美国国防部把信息融合技术列为 20 世纪 90 年代重点研究开发的二十项关键技术之一，且为最优先发展的 A 类。2003 年 8 月美国国防部提出"军事转型中的横向融合(Transformational about Horizontal Fusion)"白皮书，注重横向融合尤其是数据融合，目的是加强系统的横向互通能力特别是数据融合能力。2006 年 3 月 16 日，美国国防部办公厅(Office of the Secretary of Defense, OSD)发布了要在未来几年内进行验证的年度技术项目列表，以推动这些领域的快速发展。对付模糊目标的多军种先进传感器(Multi-service Advanced Sensors to Counter Obscured Targets, MASCOT)是美国 2006 财年的十个项目之一，它是基于网络中心收集、处理和融合技术的系统，可对采用伪装或其他隐藏和欺骗技术的威胁进行快速探测、定位、识别和报告。美国三军在战略和战术监视系统的开发中采用数据融合技术进行目标跟踪、目标识别、态势评估和威胁估计，并研制出已广泛应用于大型战略系统、海洋监视系统和小型战术系统的数据融合系统，这些系统包括战术指挥控制系统、多平台多传感器跟踪信息相关处理系统、海军战争状态分析显示系统、辅助空中作战命令分析专家系统、空中目标确定和截击武器选择专家系统、自动多传感器部队识别系统、目标获取和武器输送系统等。20世纪90年代以来，美国研制的数据融合系统主要有全源信息分析系统(all source analysis system, ASAS)、战术陆军和空军指挥员自动情报保障系统(limited energy situation correlation element, LENSCE)、敌态势分析系统(enemy situation control system, ENSCS)等。

目前世界上主要军事大国都竞相开始投入大量人力、物力和财力进行信息融合技术的研究，并已取得大量研究成果。例如，英国的莱茵河英军机动指挥控制系统(united kindom command and control system, WAVELL)、舰载多传感器数据融合系统(zjednoczenie kurkowych bractw strzeleckich, ZKBS)、飞机的敌/我识别系统、炮兵智能数据融合示范系统(state protection & advocacy systems, AIDD)等。目前，法国舰艇建造局(Direction Des Constructions Navales, DCN)正在研发一种多平台态势感知演示验证系统，使众多平台共享战术态势数据，更好地利用多传感器，从而进行大范围的威胁评估，高效分配资源。

国际上对数据融合技术的学术研究也在不断地深入。从20世纪80年代末，美国便每年两次举行两个关于数据融合领域的会议，由美国国防部联合指导实验室C3I技术委员会和国际光学工程学会(The International Society for Optical Engineering, SPIE)分别赞助召开。1998年成立了国际信息融合协会(International Society of Information Fusion ISIF)，同年由NASA研究中心、美国陆军研究部、IEEE信号处理学会、IEEE控制系统学会、IEEE宇航和电子系统学会发起每年召开一次的信息融合国际会议(International Conference on Information Fusion)，使全世界有关学者都能及时了解和掌握信息融合技术发展的新动向，促进了信息融合技术的发展。

国内关于数据融合技术的研究则起步相对较晚。20世纪80年代末才开始出现有关多传感器数据融合技术研究的报道。20世纪90年代初，这一领域才在国内逐渐形成高潮。在政府、军方和各种基金部门的资助下，国内一批高等院校和研究所开始广泛从事这一技术的研究工作，取得了大批理论研究成果。与此同时，也有一些融合领域的学术专著和译著出版。到了20世纪90年代中期，数据融合技术在国内已发展成为多方关注的关键技术，出现了许多热门研究方向，许多学者致力于多传感器遥感图像的融合、机动目标跟踪、航迹关联、多传感器目标定位、识别与分类、分布信息融合、数据关联、态势评估与威胁估计以及数据融合在非军事领域中的应用等方向的研究，相继出现了一批多目标跟踪系统和有初步综合能力的多传感器信息融合系统。目前新一代舰载、机载、弹载、星载和各种C4ISR系统正在向多传感器数据融合方向发展，将有一批多传感器信息融合系统逐步投入使用[5~10]。

虚拟传感器网络是在无线传感器网络上发展的新概念，其主要目标是把分散在不同地理位置的传感器网络，通过通信网络连接起来，协同操作，共同服务于应用需求。虚拟传感器通常是指非直接观测物理量，它是通过其他观测数据，甚至其他历史数据，依据数学模型推算出需要观测的物理量。在物物相连概念上，虚拟传感器网络和物联网是一致，然而物联网重在信息连接，虚拟传感网侧重于应用。虚拟传感器网的主要目标是协同异地、远程和非直接物理连接的传感器子网协同操作，服务于智慧城市、智慧地球等需求，虚拟传感器网络将是未来智慧城市和智慧地球的主要支撑技术。

现阶段国内外都针对数据融合进行了研究，但是并未考虑到分布式异构观测数据的在线融合，模型与数据之间缺乏关联，决策模型完全依赖于数据，导致决策不准确、不全面，迫切需要研究数据与模型的双向耦合技术，形成两者之间的正向预测和反向反馈，优化数据的调度、组织和管理方法，以提高行政决策和应急事务处理水平。

9.2.3 城市信息决策支持服务技术

智慧城市服务种类丰富，应用场景复杂，如何在复杂的场景中正确推送用户所需的服务是一个关键问题。20世纪40年代初，大量的决策方法、模型与技术被提出、研究和应用，涉及了多个领域。20世纪90年代末期，随着计算机科学的高度发展，形成了针对不同用户不同应用领域的决策支持系统，开始为城市管理、政治、经济等提供各种决策服务。但是由于决策环境的不断变化，现有的决策支持服务局限于孤立地获取特定有限信息，不能结合多平台、多传感器数据源提供监测所急需的多种实时信息，不适应分布、协作、可扩展的网络化环境，无法根据任务对传感器资源、数据资源、计算资源和决策资源进行高效聚焦，不能满足用户的多样化需求。现有的决策服务无法针对长期渐变和突发性事件做出快速、高效的反应，无法进行城市中分布式、异构传感器的规划与配置，无法完成事件的预警和通知、信息处理和决策支持的联动机制。

针对现有聚焦决策服务的发展现状，在城市决策分析中，结合城市信息来源多样性，采用语义Web的相关技术进行决策问题的规范化描述，研究决策模型的构建、表示、存储、运行和组合方式，可以提高对复杂问题的决策求解能力；在决策问题描述基础上，研究决策问题模型的共享与重用机制，提高对问题求解的适应性和敏捷性，实现决策模型和数据的快速发现、自动匹配和智能组合，从而实现决策服务中的即需即用。在城市管理中的应用案例有IBM为智慧医疗所提出并建立的医疗语义数据库和语义化个人健康电子病历，可帮助医生全面地掌握患者状况，自动地把临床指南、路径、证据、电子病例等信息结合起来，在医学观察、诊断、处治和愈后阶段过程中给医生提供更全面的决策参考，为智能化的临床决支持系统提供基础。

基于智慧城市信息多层次的智能聚焦决策服务需要涉及政府各职能管理部门、社会经济的各个利益团体甚至市民个体，因此面向地理分布的决策者建立协作决策环境及其支撑技术势在必行。在地理信息科学研究中，跨组织、跨地域、跨学科的交流与合作成为科研活动的主流。国内外已经开展协同时空数据分析、计算和决策的科学研究。2010 年 11 月，开创性科研项目 CyberGIS 获得美国国家自然科学基金(National Scientific Funding, NSF)的资助。该项目将整合信息化基础设施(CyberInfrastrucre, CI)、空间分析、建模以及 GIS 等领域的知识，构建一个协作式软件框架，以满足多种不同应用需求，希望通过整合信息化基础设施(CI)的海量数据管理、高性能计算、高端可视化等能力，为 GIS 解决涉及海量数据处理和复杂的分析、建模的复杂科学应用问题(如资源环境、公共卫生、城市规划、灾难预防、应急响应)提供可能。参与 CyberGIS 项目的合作单位包括了全球范围内的多家研究机构、政府机构和企业界领导者，覆盖面非常广，代表了地理信息系统的发展趋势。主要包括中国科学院计算机网络信息中心(Computer Network Information Center, CNIC)、美国环境系统研究所(Environmental Systems Research Institute, ESRI)、美国橡树岭国家实验室(Oak Ridge National Laboratory, ORNL)、伦敦大学学院先进空间分析中心(CASA)、美国大学地理信息科学协会(University Consortium for Geographic Information Science, UCGIS)、加州大学圣地亚哥分校(University of California San Diego, UCSD)、加州大学圣芭芭拉分校(University of California Santa Barbara, UCSB)、华盛顿大学(University of Washington, UW)、美国地质勘探局(United States Geological Survey, USGS)等。

对于智慧城市，与城市运行管理、建设规划、应急指挥、公众服务相关的医疗、食品、能源、交通、供应链等各个领域都需要建立其领域知识库，为城市管理各应用领域部门决策提供基础，但对城市更高层的决策者来说，对城市事件的分析决策涉及多个领域，还应该研究各领域之间的沟通时所需的知识，建立更高层次的知识库。

城市决策需要满足不同应用领域的多层次多样化的任务需求，传感器资源、分析服务资源和决策服务分散，缺乏决策支持信息聚焦服务模式。因此，需要研究面向任务的主动聚焦决策服务技术，在动态复杂的网络环境下根据任务需求进行城市决策服务资源的优化配置，对资源进行高效的聚集，以最优模式建立起面向任务的城市决策聚焦服务，从不同层次、不同角度向不同需求的用户提供及时、可靠、主动的信息服务，从而满足智慧城市中各种综合性、区域性和专题性的分析决策需要。

9.2.4 城市信息决策支持系统

决策系统是随着现代信息技术和人工智能技术的发展和普及应用，有力地推动了决策支持系统(decision support system, DSS)的发展。简要来说，决策支持系统大致经历了这样几个发展历程：20世纪60年代后期，面向模型的决策支持系统诞生，标志着决策支持系统这门学科的开端；20世纪70年代，决策支持系统的理论得到长足发展，20世纪80年代前期和中期，实现了金融规划系统以及群体决策支持系统(group DSS); 20世纪80年代中期，通过将决策支持系统与知识系统相结合，提出发展了智能决策支持系统(intelligent decision support system, IDSS)的设想；此后开始出现了主管信息系统(executive information system, EIS)、联机分析处理(online analytical processing, OLAP)等。到了20世纪90年代中期，人们开始关注和开发基于Web的决策支持系统，随着Internet的革命性发展和深入应用，基于分布式的、支持群体网络化和远程化协同的情报分析与综合决策支持系统逐步浮出水面并开始走向应用；随着人工智能技术的不断发展，决策支持系统的智能化程度越来越高，对人们决策的支持能力也越来越强大。

从目前发展情况看，主要有如下几种决策支持系统：数据驱动的决策支持系统(data-driven DSS)、模型驱动的决策支持系统(model-driven DSS)、知识驱动的决策支持系统(knowledge-driven DSS)、基于Web的决策支持系统(web-based DSS)、基于仿真的决策支持系统(simulation-based DSS)、基于GIS的决策支持系统(GIS-based DSS)、通信驱动的决策支持系统(communication-driven DSS)、基于数据仓库的决策支持系统(data ware-based DSS)、群体决策支持系统(group decision supporting system, GDSS)、分布式决策支持系统(distributing decision supporting system, DDSS)、智能决策支持系统(intelligence decision supporting system, IDSS)、自适应决策支持系统(adaptive decision support system, ADSS)。

决策支持系统需要对数据、模型、知识、交互四个部件进行集成。目前专家公认的事实是，计算机语言的支持能力还相当有限，数值计算语言不支持对数据库的操作，数据库语言的数值计算能力也很薄弱。而决策支持系统既要进行数值计算又要进行数据库操作。这个问题一直是决策支持系统发展的技术障碍，成为决策支持系统发展缓慢的主要原因。

另外，要提高决策支持系统的智能化水平和决策支持能力，还需要在其他一些相关技术上有所突破，如建模技术、系统快速原型开发技术、数据库仓库和数据挖掘技术、知识仓库技术、知识发现技术、知识分析技术、知识描述技术、公式发现技术、智能代理技术、神经网络技术、可视化技术等。

总之，决策支持系统是一个融合了多种学科知识和技术于一体的集成系统，随着管理理论、行为科学、心理学、人工科学等相关学科的不断发展，尤其是计算机技术、网络技术等现代信息技术的不断发展，决策支持系统的应用研究将不断深入，逐步向着高智能化、高集成化和综合化方向发展，并将深入到社会生活的各个领域，成为人们决策活动中不可缺少的有力助手。

9.2.5 决策典型应用

城市信息化和城市管理信息化是城市走向现代化的必由之路。20 世纪 90 年代美国提出数字地球概念后，涌现了大量的基于地理空间信息的各类专业化应用，数字城市概念也随之被提出，它强调通过地理空间技术来管理城市各类资源，实现城市的专业和综合管理。为促进市政监督管理信息化建设，加强政府城市管理和公共服务职能，提高城市管理水平，实现资源的整合与共享。"十一五"期间，国家测绘局开始全面推进"数字中国"地理空间框架建设工作，并于 2006 年起在全国范围内选择具备条件的城市开展"数字城市地理空间框架建设示范工程"项目。通过建立权威的、统一的地理空间信息公共平台，推出共性的标准和规范，提供核心技术和软件，逐步推进数字城市地理空间框架建设进程。据统计，截止到 2010 年 5 月，全国已经建成和正在建设数字化城市管理的城市达到了 128 个，全国 36 个大城市中有 30 个已经完成或正在开展数字城市建设。在数字城市建设过程中，涌现出了一些取得突破的典型城市，形成了具有自身特色的数字城市模式，如特大城市的"北京模式"、大中城市的"太原模式"和中小城市的"嘉兴模式"等，对全国数字城市管理的建设具有较好的示范作用。

数字城市与智慧城市是科学发展观和城市持续发展对城市信息化的需求。城市信息化可以提高城市核心竞争力和 GDP。世界银行相关报告指出，信息提高 80%，GDP 可以增加 1.5 倍，但需要科学认识到数字智慧、智慧城市不是简单的结构性的变化，一定要在空间信息的支撑下有序地以地理框架为基础达到一个真正共享支撑。从它的发展来看，要从数字地球到智慧地球的升级和不断发展，认识到数字城市智慧城市的发展是城市发展的必然。环境污染较为严重，需要重点解决好相关的和谐发展问题，同时能源、人口、环境都是有限的，保持继续的发展需要迫切采取相应措施。精确地、适时地把握加强空间管制和优化配置，才可以达到城市管理的目标，数字城市建设、智慧城市建设才可以达到优化空间的配置。为此，国家测绘地理信息局发布了《关于加快数字城市建设推广应用工作的通知》，要求进一步加快已经立项城市的建设速度。与此同时，从已完成数字城市建设的城市中挑选智慧城市试点。通过智慧城市的建设充分利用信息化技术提高城市管理与服务水平，以数字城市全方位的信息体系为基础，以平安城市完善的监控和指挥网络为依托，充分利用现阶段电子政务取得的建设成果，整合政府掌控的各类资源，通过对政府组织机构和城市管理流程的再造，形成一个精准、高效、透明、公正的行政运作模式，实现行政管理科学化、领导决策精确化、公共服务便捷化。

近年来，随着物联网技术的发展，数字城市延伸、拓展和升华为智慧城市，通过物联网、各种传感网、互联网等技术感知城市，获得城市管理各种信息，通过高速网络与城市运营管理平台通信，经城市运营管理平台进行信息处理后，为政府、企业、市民提供便捷的服务。由中国科学院、中国社会科学院等单位发起成立的中国智慧工程研究会制定的《中国智慧城市(镇)建设行动纲要(建议案)》(2011年)显示,未来5年我国将力争建设100个智慧城镇示范区,在200个城镇推进智慧城镇建设,并完成300个城镇的智慧评估。根据资料统计,目前我国有200多个智慧城市项目提出和实施。

对于城市综合管理应用,随着现阶段我国城市的快速发展,通过城市管理创新提高城市管理与服务能力,实现城市管理与服务的现代化,成为各级城市政府普遍关注并急需解决的难题。长期以来,我国对数字化城市管理、数字行政中心、智慧城市进行了积极探索,开展了许多与电子政务和城市管理相关的信息化项目,为城市管理智能化综合决策支持应用奠定了基础。但是,由于大部分的项目均从局部业务职能需求出发,无法适应城市管理多样性、复杂性、综合性的内在特征,尤其是以物联网技术为代表的各种信息技术的发展,导致海量的城市信息快速产生、各类资源无法统一整合和调配,"信息孤岛"、"数字鸿沟"现象严重。同时,在大量智慧城市项目的背后也隐藏着许多突出的技术问题,如智慧城市核心技术缺乏竞争力,标准制定相对落后,许多项目中共性关键技术研究偏弱,因此必须重视城市管理中的共性关键技术研究,特别是智能化综合决策支持技术,提高解决城市管理实际应用问题的能力。

在城市智能决策技术研究方面,目前大多偏重于基础设施和数据的建设,在城市信息数据挖掘、关联分析、人工智能方面虽有些研究,但仍无法满足大规模应用。在城市时空信息智能分析、多层次协同决策模型和主动聚焦决策服务方面研究与应用相对较弱,而且各领域不同层次决策涉及的数据资源、分析与决策模型、决策支持服务分散、孤立,无法协同工作,缺乏智慧城市智能决策的共性技术支撑。因此,城市多层次智能分析与决策模型、数据与模型双向耦合技术和面向任务的主动聚焦决策服务成为影响智慧城市综合决策建设发展的关键技术问题。

9.3 城市多层次智能分析与决策模型协同技术

城市信息的智能分析与决策需要大量相关领域的决策模型交互耦合作为支撑。目前城市时空信息智能分析与决策模型来源多、服务对象与表现形式广泛、模型与模型结果快速查找、共享和互操作困难,需要为网络环境下城市分析与决策模型的有效管理和交互共享提供手段。要建立城市时空信息智能分析与决策的模型库;基于建立的模型库研究模型的分类体系和描述模型,采用统一的编码方式实现城市分析与决策模型的元数据快速建模;基于模型的本体描述和城市分析与决策的领域本体知识,建立城市分析与决策模型注册中心(目录服务),对模型进行注册和发现,实现模型资源的高效管理;通过注册中心,实现抽象模型链到实例化模型链的转变,最终执行模型链得到模型结果为城市智能分析与决策服务。

9.3.1 城市时空信息智能分析与决策模型体系

城市的智能分析与决策需要时空信息相关联的分析与决策模型支持。在城市时空信息智能分析与决策模型体系中,将模型分为基础模型和应用模型两大类。基础模型主要包括元胞自动机模型、多智能体模型、时空集散模型、网络分析模型、多目标决策模型、效益分析模型以及水务、电网、环保和城管行业中的基础模型;应用模型指针对城市智能分析与决策的具体应用需求基于基础模型构建的分析与决策模型,包括污染扩散模型、火灾疏散模型、供水调度决策、城市扩张模型、给水调度模型、暴雨淹没模型、应急调度模型、最优路径模型、断电分析模型等。

9.3.2 城市分析与决策模型的形式化表达

城市智能分析与决策模型的元数据描述是建立模型共享与互操作的前提。由于不同领域、不同应用的模型分类和元数据不同,所采用描述方式各式各样,缺乏统一标准,需要采用统一的描述模型来表达模型的元数据信息。通过实现不同领域不同应用模型的分类组织和快速建模,为模型的耦合和决策结果的融合奠定信息模型基础。

城市分析与决策模型的形式化表达就是提供一个可共享与互操作的城市智能分析与决策模型的描述,如图9-4所示。该模型层次结构清晰,描述内容全面,可实现分析与决策信息的统一标准化描述,支持模型发现。它提供了城市分析与决策过程详细描述,通过执行该过程引擎,最终得以实现基于该过程模型的不同分析与决策处理结果,从而获取处理后的数据/信息,为城市信息多层次智能决策提供强有力的应用支撑。

基于上述描述模型,通过城市分析与决策模型的注册与发现技术,用户可以精确地发现并共享到模型资源;城市分析与决策模型的描述内核是模型的元模型,其中元模型被抽象成两个部分:功能型模型、非功能型模型。功能型模型的实现是过程模型;非功能型模型的实现是元数据模型。如图9-4所示,城市分析与决策模型可以通过各种元数据类型进行表达,包括描述型元数据、结构型元数据、管理型元数据、过程型元数据等。其中描述型元数据、结构型元数据以及管理型元数据等主要用于表达非功能型模型,即元数据模型;过程型元数据用于描述功能型模型,即过程模型;上述表达出来的元模型只是逻辑层次上的模型,然后采用标准的XML模式表达,根据相应的映射规则,最后形成可供标准查询的城市分析与决策模型的描述模型。

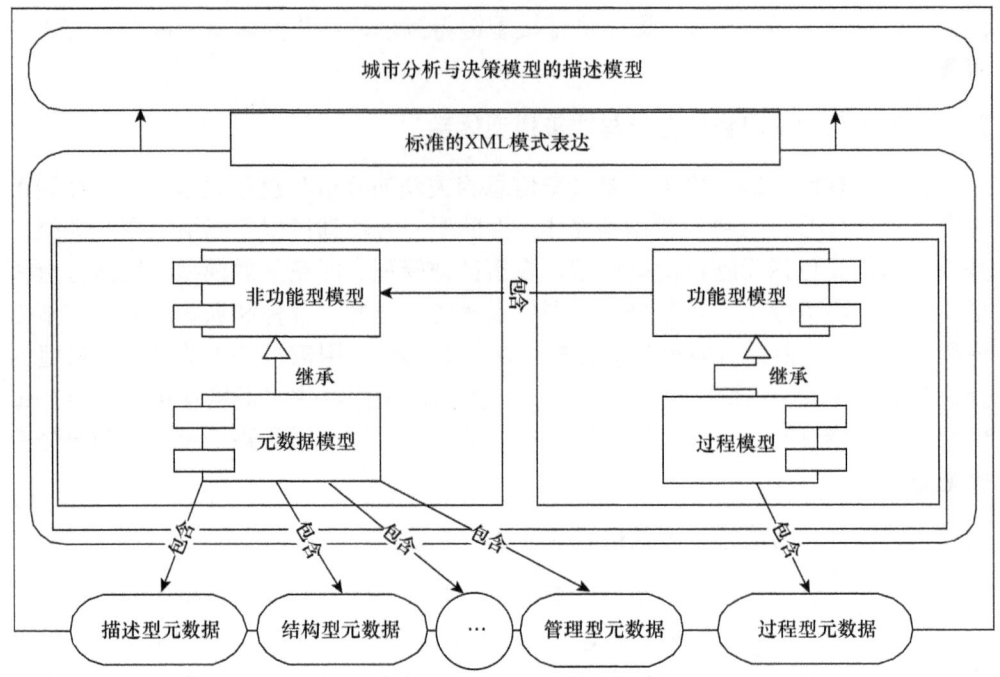

图 9-4　城市分析与决策模型的描述模型框架

1. 元数据模型

为了实现已有城市分析与决策模型的信息模型有效集成，并增强分析与决策模型共享与互操作性，以现存的分析与决策模型的元数据为基础，结合城市信息多层次智能决策模型共享的需求，提出了一个全面的、可扩展的城市分析与决策模型的元数据模型。元数据模型是对现实分析与决策模型的抽象，描述了所需发现分析与决策模型中感兴趣的模型信息结构，包含了分布式环境下对于分析与决策模型管理的重要信息。以元数据模型的方式对分析与决策模型进行表达，有利于分析与决策模型得到标准化的共享与互操作。

分析与决策模型元数据模型(图 9-5)包括模型标签、模型能力管理、模型互操作服务以及可扩展信息。模型标签的实现主要是模型的标识信息，需要符合模型发现所需的最小元信息。模型能力管理的实现由三部分组成：模型能力信息、模型质量信息和模型互操作服务。模型能力信息指的是模型能用来干什么，即评估模型有什么样的特征与能力的元信息；模型质量信息指的是模型所涉及的分析与决策质量信息；模型互操作服务信息是整个分析与决策模型的元数据模型框架中的顶层信息，即当用户已经获取到了模型的标签信息、模型能力管理信息后，该模型是否可得、可用以及如何获取则取决于模型的互操作服务信息。互操作服务信息保证了模型用于分析与决策的可行性，即分析与决策模型使用时应纳入考

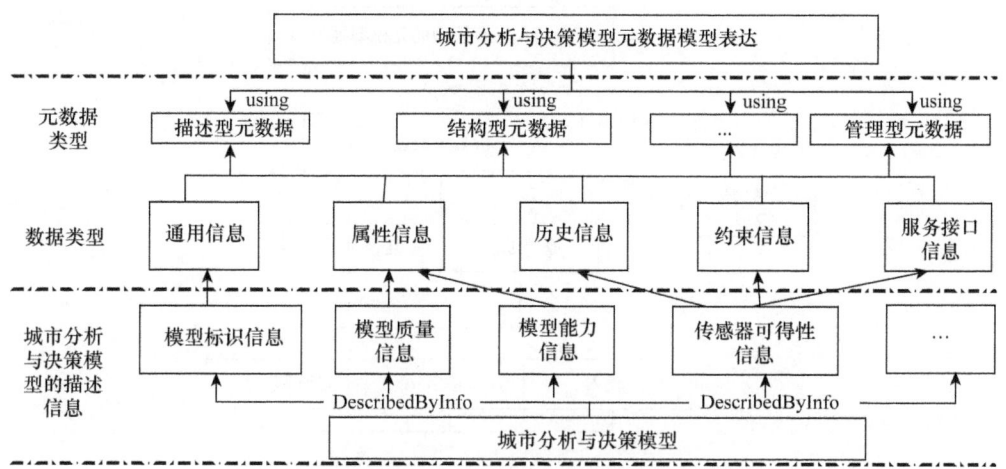

图 9-5 城市分析与决策模型元数据模型表达框架

虑的信息,主要包括分析与决策模型的开发者、使用该模型时所拥有的服务信息等。为了实现整个元数据模型框架的可扩展性,可扩展信息模块用于分析与决策模型的管理用户根据其不同的元信息进行元数据模型扩展。

上述的三个子模块主要采用描述型、结构型以及管理型等元数据进行表达。其中描述型元数据主要用于描述一个分析与决策模型的内容及其与其他模型关系的元数据。总体来说,可以认为元数据都是描述性的。直接描述模型对象固有属性的元素称为描述性元数据,如模型的名称、主题、类型等。结构型元数据用于定义一个复杂模型对象的内在结构,以利于信息检索和显示,如描述各个组成部分是怎样组织到一起的元素。管理型元数据是以管理模型对象为目的的属性元素,包括模型对象的显示、注解、使用和长期管理等方面的内容。例如,模型维护者权限的管理;分析与决策模型获取的服务方式;分析与决策模型使用或获取方面的权限管理等。

2. 过程模型

城市信息多层次决策涉及分析与决策的过程。通过过程建模的方式,根据实际的过程目标,将分析与决策过程中要进行的活动、实现活动所需的资源、每个过程所要求的输入信息、所产生的输出信息以及该过程转换所需要的模型过程方法组成一个完整的过程,称为过程模型,如图 9-6 所示。过程模型主要定义了城市分析与决策的过程以及相关的处理转换方法。

根据过程的复杂程度,又可细分为原子过程与复合过程。这些过程具有特定的元数据描述,主要通过元数据模型来表达。各种过程描述都采用了标准的过程型元数据,主要定义了模型过程所涉及的行为与接口,具体描述过程流(输入、输出、参数)、过程算法以及过程方法。过程模型的功能包括两部分:①通过过

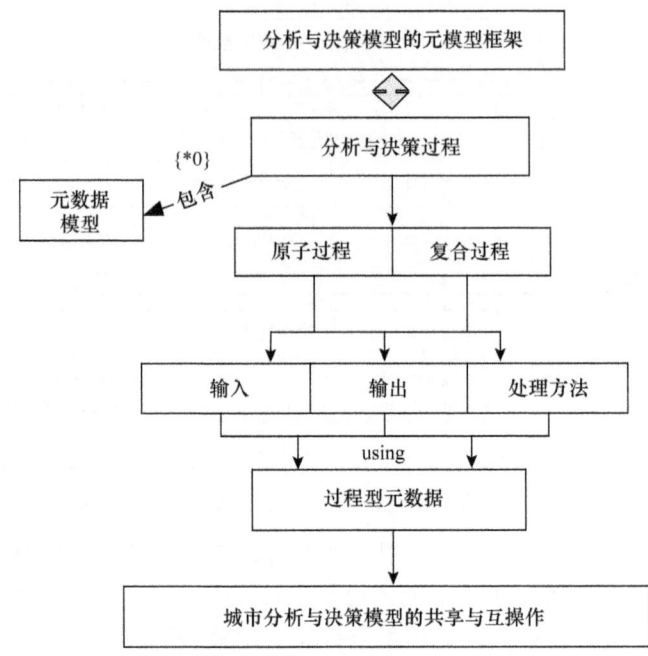

图 9-6 过程模型框架

程模型对于模型过程的描述,实现决策与分析过程的共享,有利于过程的发现;②通过过程引擎,实现分析与决策过程的处理功能,如实现不同分析与处理过程的转换,从而为分析与决策模型互操作奠定基础。

3. 两者的关联

元数据模型是分析与决策模型的非功能模型实现,过程模型是其功能模型的实现,两者共同组成了城市分析与决策模型的元模型。该逻辑层次上的元模型经过特定的 XML 模式表达后,形成城市分析与决策模型的描述模型。

元数据模型主要表达了分析与决策模型固有的属性信息与特征,如分析与决策模型的基本标识信息、质量信息以及要实现的在线模型可得性的一些操作等。这些描述元信息不参与分析与决策的处理实现。而过程模型主要描述了模型分析与决策过程中所涉及的处理流,还包括过程中所使用的方法与算法。这些描述是构成模型分析与决策过程得以转换的基本组件,或者说直接参与了处理过程,是整个处理得以实现的关键。

过程模型既包括直接参与分析与决策过程的功能模型,还包括非功能的元数据模型。分析与决策模型的元数据模型可以独立于模型的处理模型;也可以包含于分析与决策的过程描述模型中,两者组合起来旨在通过一种标准化的描述模型来表达可共享的城市分析与决策模型和处理过程。

4. 面向对象的城市分析与决策模型的建模方法

面向对象的方法学认为：①客观世界是由各种对象组成的，任何事物都是一个对象，每个对象都有自己质的规定性和运动变化的规律，每个对象都属于某个对象"类"，都是该对象类的一个实例化元素。不同对象的组合及其相互作用就构成了要研究、分析和构造的客观系统。②通过分析和比较，可以发现对象间的相似性，即揭示出不同对象的共同属性。这就是构成对象类的根据。在按类、子类、父类等概念构成对象类的层次关系时，如果不加特殊说明，则低层对象可以自然地继承较高一层对象的属性。③对于已分成类的各个对象，可以通过定义一组方法来说明该对象的功能，也就是允许作用于该对象上的各种操作。对象间的相互联系及其作用是通过传递消息来完成的，消息就是通知对象完成一个允许作用于该对象上的操作。至于该对象将如何完成这个操作的细节，则是封装在相应的对象类定义中，对外是隐蔽的。由此可以说面向对象的信息主要有两个特征：以对象化的信息为中心，信息是封装的。

面向对象的分析就是要找出和规定一组根据系统的各项要求而行动和相互作用的问题领域对象，这组对象就构成问题领域的一个模型。针对城市分析与决策模型中信息模型的面向对象建模过程，通过过程汇总中提取各种可能的分析与决策信息因子，由此建立决策相似准则，从而构建分析与决策模型的信息模型。信息模型中提取的决策信息因子是指满足分析与决策模型和分析与决策过程的共享与互操作需求且标识模型分析与决策能力的因子。构建信息模型的目的是将模型固有的元信息和分析与决策过程进行统一标准化的描述，从而实现以信息模型为标准接口的模型描述及其分析与决策过程的发现。并基于该模型所表现出来的模型固有性能特征和相关分析与决策处理过程，实现对模型决策能力的评估。通过该信息模型所表达出来的模型分析与决策信息能更好地被人们所发现，为分析与决策模型的耦合提供强有力的信息基础。因此在满足上述需求的原则下，分析与决策信息因子得到提取。按照一定的决策相似准则，将相互独立的信息因子进行归结，变成分析与决策信息因子团。它的基本思想是将分析与决策信息因子变量进行分类，将相关性较高的分在同一类。

面向对象方法认为，客观世界是由各种各样的对象组成的。在对象中封装了描述对象静态特征(如观测几何)的属性和反映对象动态特征(如观测过程)的方法，形成严格模块化的实体。

面向对象的信息模型中对象或类是由若干个独立分析与决策信息因子抽象而成的决策信息因子团，其基本特征在于有效地描述模型对象及其相关的分析与决策过程信息的三个侧面：①单个对象的描述，其内部结构描述模型对象的相关信息。②模型对象通过特定的过程方法描述了其中分析与决策信息因子间的相互联系,并通过特定的数据形式描述过程链的组合与链接,这就是对象的方法。分析与决策过程描述是对模型过程输入的加工,输入值变化会导致过程输出发生相应的变化,这就是对象的事件。③模型对象间以及模型对象与类间的层次关系。

面向对象技术,从哲学的角度看,它比较真实地模拟了客观事物的固有结构和层次关系,符合人类认识事物的一般规律。面向对象的方法是利用面向对象的信息建模概念,如实体、关系、属性等,同时运用封装、继承、多态等机制来构造模拟现实系统的方法。传统的结构化设计方法的基本点是面向过程,系统被分解成若干个过程。而面向对象的方法是采用构造模型的观点,在系统的开发过程中,各个步骤的共同目标是建造一个问题域的模型。在面向对象的设计中,初始元素是对象,然后将具有共同特征的对象归纳成类,组织类之间的等级关系,构造类库,便于应用时选择相应的类。

9.3.3 城市分析与决策模型的注册与发现技术

1. 注册中心的模型选择与扩展

本章研究对象是城市分析与决策模型,为了实现模型的优化与组合,选择空间信息领域中被广泛使用的目录服务作为注册中心实现的基础。目录服务用于储存、管理空间地理数据及服务等资源的元数据信息,通过对元数据信息的发布、发现以及访问机制,实现数据、服务等资源的共享。OGC目录服务可以划分为三个层次(抽象目录服务规范、网络目录服务规范和目录服务应用规范),分别定义了不同抽象程度的目录服务接口和行为。抽象目录服务规范定义抽象层次的基本操作;网络目录服务规范描述如何在一个具体的通信协议中实现抽象层次的具体操作;目录服务应用规范具体地定义了元数据建模和存储方式,能够为一个具体目录服务开发提供指导。

本章采用的网络目录服务(the catalogue service for the web, CSW)是由开放地理空间信息联盟 OGC 开发的,它定义了一系列标准的接口和协议用来发布和发现地理信息资源。实际上 CSW 就是 OGC 目录服务与 HTTP 绑定的实现,CSW 中存储了需要发布的地理信息资源的元数据信息,这也使得其可以用于模型的注册中。目录服务的实现可以基于不同的协议,如 Z39.50、CORBA、HTTP 等,但是 CSW 则强调服务遵循 HTTP 绑定。CSW 涉及两部分内容:目录抽象信息模型和 HTTP 绑定。

目录服务在面向服务的体系结构(service oriented architecture, SOA)中充当了服务中介者的角色,向用户或服务的提供者提供信息,并进行分类管理提供搜索服务,便于将分布式环境中的应用程序单元和数据通过接口和消息传输协议联系起来,以实现服务空间信息数据的互操作和共享,如图 9-7 所示。

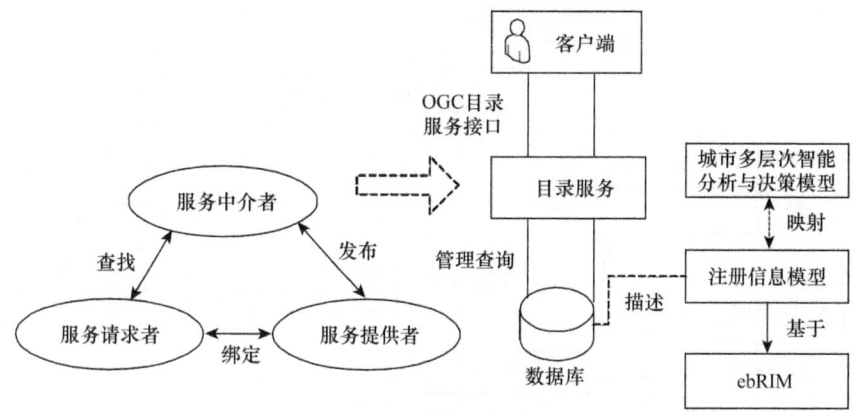

图 9-7 目录服务架构

1) 模型选择

为了实现城市分析与决策模型的注册,需要定义注册中心所需的模型,并针对决策模型进行扩展,完成城市分析决策模型到注册信息模型的扩展。2001 年以来,一套全新的电子商务技术标准模式(ebXML 技术标准)由 OASIS 等为首的国际组织建立,得到了世界范围内的广泛响应和认同。ebRIM v3.0 逐渐成为网络目录服务规范所推荐的信息模型,其优点是应用广泛,并且具有灵活的可扩展性,便于异构信息的注册与发现。

ebRIM 是注册中心组织元数据的逻辑模型,它定义了可以用于目录服务中的通用元数据类型,也定义了建立不同元数据之间关系的机制以及一套完善的分类机制。ebRIM 中的元数据类型按照树状层次结构进行组织,其根节点类型为 RegistryObject,所有其他的元数据类型都继承自 RegistryObject。ebRIM 模型中定义了多种元数据类型,通用元数据类型包含的类型有表示注册对象的 RegistryObject、表示注册对象扩展属性的 Slot、表示外部对象的 ExtrinsicObject、表示扩展包的 RegistryPackage、表示外部链接 ID 的 ExternalIdentifier、表示模型用户的 User 和表示相关组织的 Organization 等要素,其主要类元素及其关系如图 9-8 所示。

这些元数据中,比较重要的包括分类系统元数据、关系元数据和服务元数据。分类系统元数据类型包含 ClassificationScheme、ClassificationNode 和 Classification,如图 9-9 所示。一个 ClassificationScheme 实例标识了注册对象的分类架构体系,该分类法具体的层次结构可以在目录服务内部或者外部定义。ClassificationNode 类型用于表示注册对象的分类节点。Classification 类型用于对目录服务中所管理的信息元数据记录进行分类,它将某一注册对象与某一分类架构中的某一类别相关联。Classification 类型中所包含的 ClassifiedObject、ClassificationScheme 与 ClassificationNode 属性分别指向被分类的注册对象、所参照的分类架构以及该分类架构中的某一具体类型。

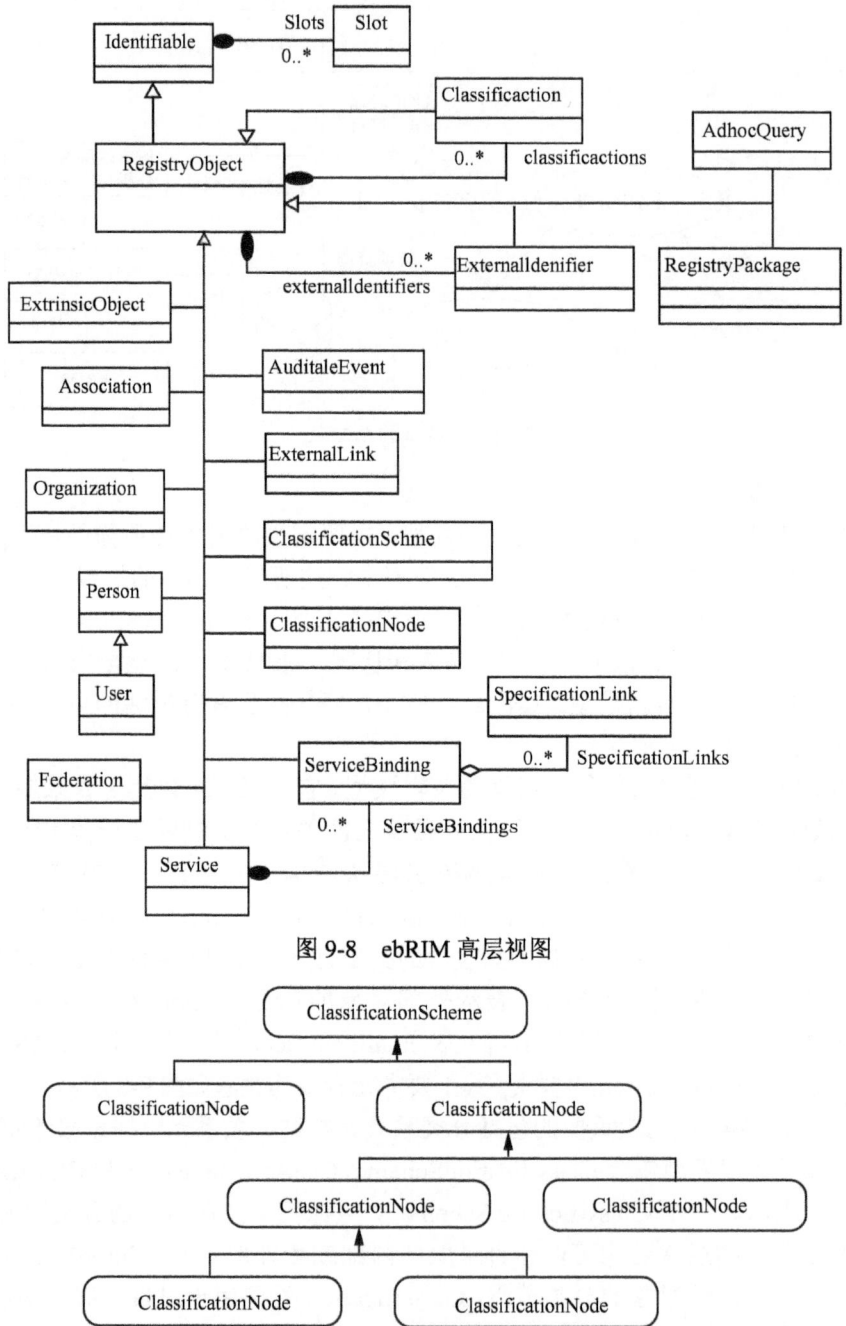

图 9-8 ebRIM 高层视图

图 9-9 ebRIM 分类系统架构示意图

关联关系元数据类型包含 Association 类型。Association 类型用于建立目录服务中所管理的任意两个注册对象之间的关联关系。Association 类型的 sourceObject

与 targetObject 属性分别标识建立关联关系的源信息注册对象与目标信息注册对象,而属性 associationType 则指向目录服务中定义的关联关系分类架构中的某一具体类型。

ebRIM 还单独定义了三个服务元数据类型(Service、ServiceBinding 与 SpecificationLink),分别用于描述 Web 服务中的服务、服务的绑定以及服务绑定的相关技术规范。

对于服务发布者的相关信息,ebRIM 提供了 Organization、Person 和 User 等类进行描述,其中 Organization 类表示注册服务的相关组织或单位,即注册中心的归属,Person 类可以指代一个具体的服务发布者,User 类继承与 Person 类,表示在注册中心获得授权的使用者。

2) 模型扩展

针对城市分析与决策模型的特征,需要扩展 ebRIM 模型实现通用的目录服务注册模型,CSW-ebRIM 规范提供了支持模型注册的扩展方法。目前有两种方法对 ebRIM 模型进行扩展。较为常用的是增加 Slot,当需要在 ebRIM 的 RegistryObject 实例添加任意属性,采用 Slot 进行注册对象扩展属性的描述,是对元数据信息模型进行动态扩展的一种主要机制。一个 Slot 实例相当于元数据记录的一个扩展属性,属性的类型和名称可以由开发者人为地定义。本节采用的扩展方式,所增加的元数据类型属性都是通过添加 Slot 实例实现的,不同的是元数据实例的 objectType 属性的取值不同。

城市分析与决策信息的 ebRIM 扩展方法,主要包含以下两种形式:①创建新的元数据类,这个类继承 ExtrinsicObject 类,使用它注册相关联的元数据。除了简单类型(Slot、PostalAddress、EmailAddress、PersonName 与 TelephoneNumber),ebRIM 中的其他元数据类型都继承自 RegistryObject 类型,所以新创建的元数据类型也直接或间接地继承自 RegistryObject 类型。②将注册实体的元数据映射到 ebRIM 模型已有的基本类型中,即向 ebRIM 模型已有的元数据类添加 Slot 对象。

如图 9-10 所示,针对城市分析与决策模型形式化描述中元数据模型和过程模型的描述内容,添加 MetadataModel 和 ProcessModel 两个新的元数据类型,继承自 ExtrinsicObject 类型并拥有 ExtrinsicObject 类型所包含的属性,见表 9-1 和表 9-2。

新增的元数据模型类型 MetadataModel 用于描述用户所需的城市分析与决策模型的信息,包含模型标识信息、模型质量信息、模型能力信息等数据属性。ebRIM 中定义的 ExtrinsicObject 类型用于表示内部格式不为网络目录服务所了解的信息对象,该信息对象的内部格式由 mimeType 属性标识。地理空间数据属于这一类

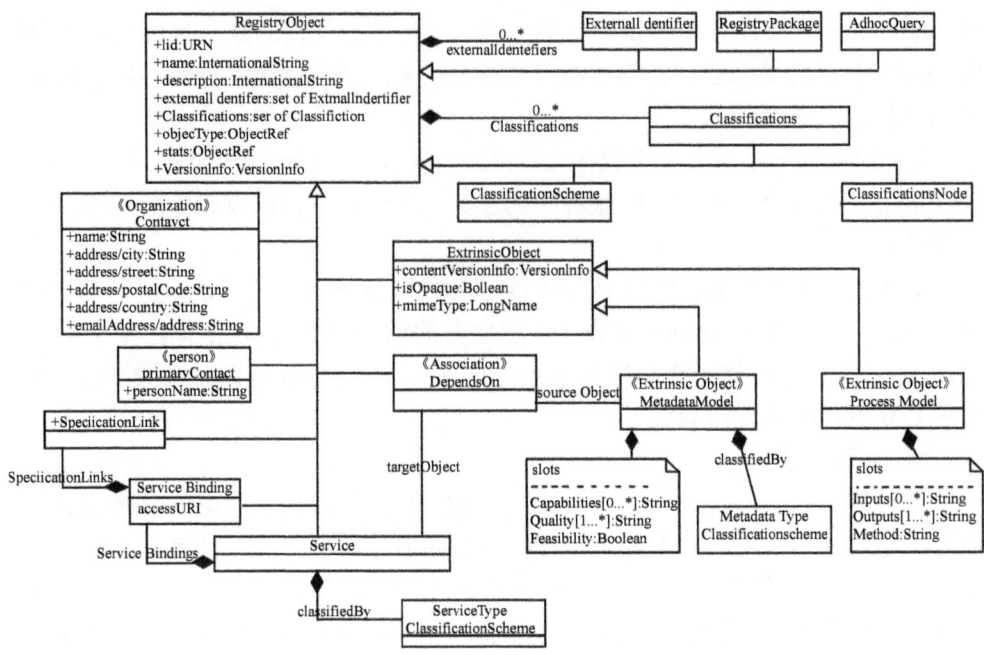

图 9-10 扩展的 ebRIM

表 9-1 RegistryObject 包含的属性

属性	数据类型	是否必需	描述
id	UUID	是	RegistryObject 实例的全局唯一 ID, 目录中其他对象利用该 id 对相应的注册对象实例进行引用
name	InternationalString	否	RegistryObject 实例名称
description	InternationalString	否	RegistryObject 实例描述
objectType	ObjectRef	是	RegistryObject 实例所代表的元数据类型
status	String	是	RegistryObject 实例的生命周期状态
slots	Collection of Slot	否	用于动态地向 RegistryObject 实例添加扩展属性
classifications	Collection of Classification	否	用于对 RegistryObject 实例进行分类
externalIdentifiers	Collection of ExternalLink	否	RegistryObject 实例的可选 id, 用于在目录服务外部对其进行引用

表 9-2 属性表

属性	数据类型	是否必需	描述
所有继承自 RegistryObject 类型的属性			
expiration	DateTime	否	ExtrinsicObject 实例的有效期
majorVersion	Integer	是	ExtrinsicObject 实例的主版本号
minorVersion	Integer	是	ExtrinsicObject 实例的次版本号
stability	String	否	ExtrinsicObject 实例所代表外部对象的稳定性
userVersion	String	否	用户定义的 ExtrinsicObject 实例的版本号
isOpaque	Boolean	否	表示 ExtrinsicObject 实例所代表的外部对象是否可以被该目录服务访问
mimeType	String	否	表示 ExtrinsicObject 实例所代表的外部对象的类型

的信息对象,其内部数据格式由 mimeType 属性表示。表 9-3 详细地列出了元数据类型 MetadataModel 基于 ExtrinsicObject 类型所扩展的属性。

新增的过程模型类型 ProcessModel 用于描述城市分析与决策过程,包含输入、输出、方法等属性。表 9-4 列出了过程类型所扩展的属性。

表 9-3 MetadataModel 属性表

扩展属性(Slot 名称)	数据类型	是否必需	描述
Capabilities	String	是	描述模型的能力信息
Quality	String	是	描述模型涉及的分析与决策质量信息
Feasibility	Boolean	否	属于模型互操作服务信息,描述模型是否可得

表 9-4 ProcessModel 属性

扩展属性(Slot 名称)	数据类型	是否必需	描述
Inputs	String	是	描述过程中所要求的输入信息
Outputs	String	是	描述过程中所产生的输出信息
Method	String	是	描述过程中所需要的过程方法

为了将新建的类同 ebRIM 原有的元数据类区分开,需要扩展对象类型分类体系(ObjectType ClassificationScheme)同时增添新的 ClassificationNode,新添加的注册实体 RegistryObject 的 ObjectType 必须关联到一个新的分类节点 Classification Node。这些新添加的节点在对象分类体系中必须是被继承的元数据类型的子节点。针对 MetadataModel 添加新的 ClassificationScheme(MetadataType),包含两个 ClassificationNode (FunctionMetadata、NonFunctionMetadata)。

建立新的 rim:Association,一是 MetadataModel 与 Service 之间的关系,DependsOn 表示模型的取得取决于模型的互操作服务,如图 9-11 所示。

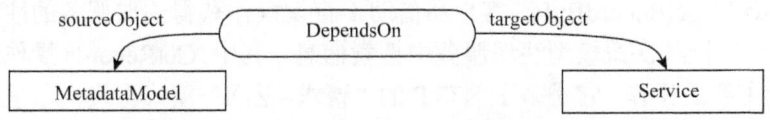

图 9-11 rim:Association-DependsOn 描述

二是 MetadataModel 与 ProcessModel 之间的关系:过程模型包含非功能型的元数据模型,用 Contains 关系进行描述,如图 9-12 所示。

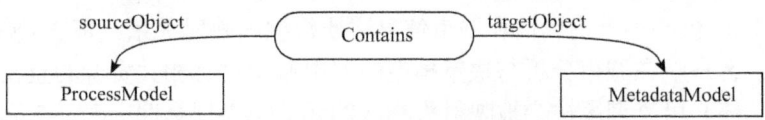

图 9-12 rim:Association-Contains 描述

2. 城市分析与决策模型注册中心

为了能够保证与现有 OGC 目录服务规范的兼容性，针对现有注册中心不提供城市分析与决策模型的注册、发布与发现机制的问题，分析 OGC-CSW 规范的接口和交互协议，扩展规范中的发现操作和发布操作，增加查询过滤条件，实现决策模型的发布与发现，为进一步智能搜索和聚焦服务提供支持。OGC 网络目录服务访问接口包含 7 个用于客户端对服务进行访问的操作(operation)，包括 GetCapabilities、DescribeRecord、GetDomain、GetRecords、GetRecordById、Harvest 与 Transaction。其中 GetCapabilities、DescribeRecord、GetRecords 为 OGC 网络目录服务实现的必选操作。基于 OGC 这些基本操作，城市分析与决策模型注册中心中的操作分为三类。

第一类是基本服务操作(service operations)，客户端可以借助于基本服务操作获取一个城市分析与决策模型注册中心的功能描述，基本服务操作只包含 GetCapabilities 操作。GetCapabilities 操作使得客户端可以在运行时(runtime)动态获得城市分析与决策模型注册服务的元数据信息。一个成功 GetCapabilities 操作的返回是一个包含目标服务元数据信息的 XML 文档。该文档包含 ServiceIdentification、ServiceProvider、OperationsMetadata 以及 Filter_Capabilities 四个部分。ServiceIdentification 包含与该城市分析与决策模型注册服务实现有关的元数据信息，如服务名称、版本、关键字等；ServiceProvider 描述了服务提供者的信息；Operations Metadata 详细地描述了服务接口元数据，包含每一个操作的访问地址、访问方法、参数等；Filter_Capabilities 包含该服务所支持的过滤功能，即搜索功能，所支持的查询操作包括比较操作(PropertyIsEqualTo、PropertyIsNotEqualTo、PropertyIsLess Than、PropertyIsGreaterThan、PropertyIsLessThanOrEqualTo、PropertyIs GreaterThanOr EqualTo、PropertyIsLike、PropertyIsNull 与 PropertyIsBetween)和空间操作(BBOX、Within、Touches、Overlaps 与 Contains)等。

第二类是查询操作，主要是针对服务的发现功能，包含 DescribeRecord、GetRecords 与 GetRecordById，客户端借助于查询操作获得注册服务的注册信息模型，从城市分析与决策模型注册服务中搜索信息。其中，GetRecords 操作是网络目录服务最主要的操作，它是基于 HTTP 的"请求-返回"模式将搜索与呈现两种操作融合在一起。客户端在 GetRecords 操作的请求中指定搜索的目标元数据类型、搜索条件以及元数据结果返回形式，对城市分析与决策模型注册服务进行查询。在城市分析与决策模型的目录服务中，返回的信息主要是元数据模型和过程模型及其描述关系等信息。

(1) OGC 核心可查询属性和城市信息注册模型的映射关系。基于 OGC 核心可查询属性，客户端在城市分析与决策模型注册中心中进行相关资源的查询。在服务实现内部，核心可查询属性会被映射为相应的元数据类型属性。表 9-5 列出了注册服务核心可查询属性和城市分析与决策模型注册中心中注册模型之间的映射关系。

表 9-5 注册服务可查询属性和注册模型的映射关系

可查询属性	对应的注册模型元素
Subject	rim:RegistryObject/rim:Slot[slotName="topicKeyword"]/rim:ValueList/rim:Value
Name	rim:RegistryObject/rim:Name
Abstract	rim:RegistryObject/rim:Description
AnyText	Any element/attribute value of rim:RegistryObject
Format	rim:ExtrinsicObject/@mimeType
Identifier	rim:RegistryObject/@id or rim:RegistryObject/rim:ExternalIdentifier/@value
Modified	rim:RegistryObject/rim:Slot[slotName="lastUpdate"]/rim:ValueList/rim:Value
Type	rim:RegistryObject/@objectType
BoundingBox	rim:RegistryObject/rim:Slot[slotName="BBOX"]/rim:ValueList/rim:Value[1-4]
CRS	rim:RegistryObject/rim:Slot[slotName="BBOX"]/rim:ValueList/rim:Value[0]
Association	rim:Association

(2) OGC 核心可返回属性和城市信息注册模型的映射关系。根据用户的请求，从城市分析与决策模型注册中心所返回的信息记录可以依照所采用的扩展 ebRIM 元数据信息模型组织，也可以依照 OGC 网络目录服务规范所定义的基本元数据记录形式返回，基本元数据记录包含核心可返回属性。表 9-6 列出了注册服务核心可返回属性和城市分析与决策模型注册中心中注册模型之间的映射关系。

表 9-6 注册服务可返回属性和元数据信息模型的映射关系

可返回属性	对应的注册模型元素
dc:title	rim:RegistryObject/rim:Name
dc:creator	rim:Organization/rim:Name
dc:subject	rim:RegistryObject/rim:Slot[slotName="topicKeyword"]/rim:ValueList/rim:Value
dc:abstract	rim:RegistryObject/rim:Description
dc:publisher	rim:Organization/rim:Name
dc:contributor	rim:Organization/rim:Name
dc:date	rim:RegistryObject/rim:Slot[slotName="lastUpdate"]/rim:ValueList/rim:Value
dc:type	rim:RegistryObject/@objectType
dc:format	rim:ExtrinsicObject/@mimeType
dc:identifier	rim:RegistryObject/@id or rim:RegistryObject/rim:ExternalIdentifier/@value
dc:source	rim:Association/@sourceObject
dc:language	rim:RegistryObject/rim:Slot[slotName="language"]/rim:ValueList/rim:Value
dc:relation	rim:Association/@associationType
dc:spatial	rim:RegistryObject/rim:Slot[slotName="BBOX"]
dc:rights	rim:RegistryObject/rim:Slot[slotName="accessConstraint"]/rim:ValueList/rim:Value

第三类操作是管理操作，实现目录服务的发布功能，包含 Harvest 与 Transaction，用于对服务中的信息进行增加、修改或删除。Transaction 操作用于创建(insert)、修改(update)和删除(delete)目标网络目录服务中的元数据记录。Transaction 操作采用"推(push)"的方式在目标网络目录服务中创建新的元数据记录。而 Harvest 操作采用"拉(pull)"的方式提取指定地理空间信息的元数据信息并注册到网络目录服务中。在城市分析与决策模型注册中心中，主要采用 Transaction 操作进行城市信息的管理。

9.3.4 城市分析与决策模型的组合与优化技术

城市分析与决策模型的组合是根据用户需求，通过交互式的手工设计模式或基于本体的半自动组合模式生成了抽象模型链，通过与目录服务注册中心的交互生成实例化的模型链。其中目录服务中注册了原子模型、组合模型(模型链)和实现模型的处理服务元数据信息。模型链的实例化就是将用户信息、领域知识、过程信息用相应的可执行模型服务实例代替，从而形成模型链的实例。实例化的模型链通过模型链执行引擎执行。为保证模型链和模型服务的重用，抽象模型链和执行引擎生成的处理服务可以注册到目录服务的注册中心中。

1. 抽象模型链

抽象模型链组合的依据是过程模型的元数据模板，根据抽象的元数据模板和预期的返回结果，动态地查找需要的模型和数据，组合成模型链实例。通过动态地查找机制，可以提高用户在数据查询、模型构建和选择的效率。该种方式和 OWS 的半透明服务链结构相似，用户可以利用具体实现和逻辑控制分离的优点，使得用户在建模过程中更加侧重所需的逻辑结构而不在过度地关注具体的数据模型以及相关模型的调用细节。

如图 9-13 所示，抽象过程链模型描述的是逻辑结构，不能直接被模型链执行引擎解析和执行。抽象模型链主要是用于实例化一个具体的模型链，当抽象模型链中的所有节点全部映射为具体的实现时，才能被模型链执行引擎解析执行。抽象模型链中每个节点实际建立的是元数据的信息，主要针对建模目的建立相互之间的连接关系。城市分析与决策模型的描述模型中基本概念是模型过程，过程由输入、参数、模型方法和输出组成。抽象模型链中的基本组成节点为模型的输入、参数、模型方法和输出，当然也包含模型链的输入、参数、模型连接和输出。其中用模型连接来组织模型链中的相互关系。

2. 模型链实例化

抽象模型链实例化过程就是将抽象的数据模型和决策模型转换为可执行的数据、数据服务、模型方法和模型服务。图 9-14 显示了抽象模型链实例化过程。

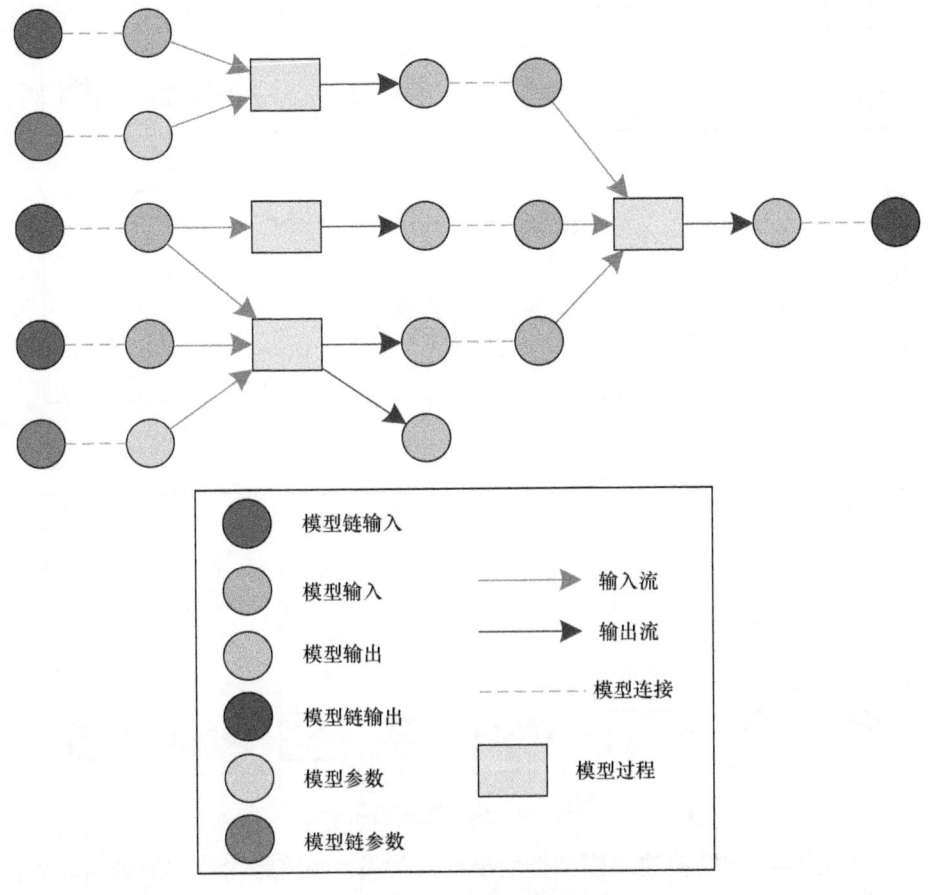

图 9-13 抽象模型链

如图 9-14 所示,模型链实例化是根据抽象模型链的元数据,在模型的注册中心中查找对应的数据或者模型服务。根据数据的时空范围和数据质量信息查找对应数据和数据服务;根据模型的输入和输出数据的格式,查找模型服务的版本信息。模型链的实例化过程不影响抽象模型链的逻辑结构,实例化的结果为数据实例和服务实例的绑定结果。抽象模型链中没有携带数据和具体的服务地址,描述了服务的接口、服务的版本等信息。抽象服务便于用户理解,例如,用户只需要简单知道 Web 要素服务可以提供矢量数据,而不必了解 Web 要素服务繁多的调用参数。根据用户提出的服务需求在 CSW 中搜索注册了的 WMS 服务,获取返回的 WMS 列表,用户选择一个合适的 WMS 服务,该服务最后绑定到模型链实例中。整个实例化过程借助了城市分析与决策模型注册中心–目录服务,用于相关模型资源的搜索。

3. 模型链执行引擎

模型链实例化之后的核心是模型链执行引擎,为模型链实例提供运行驱动环

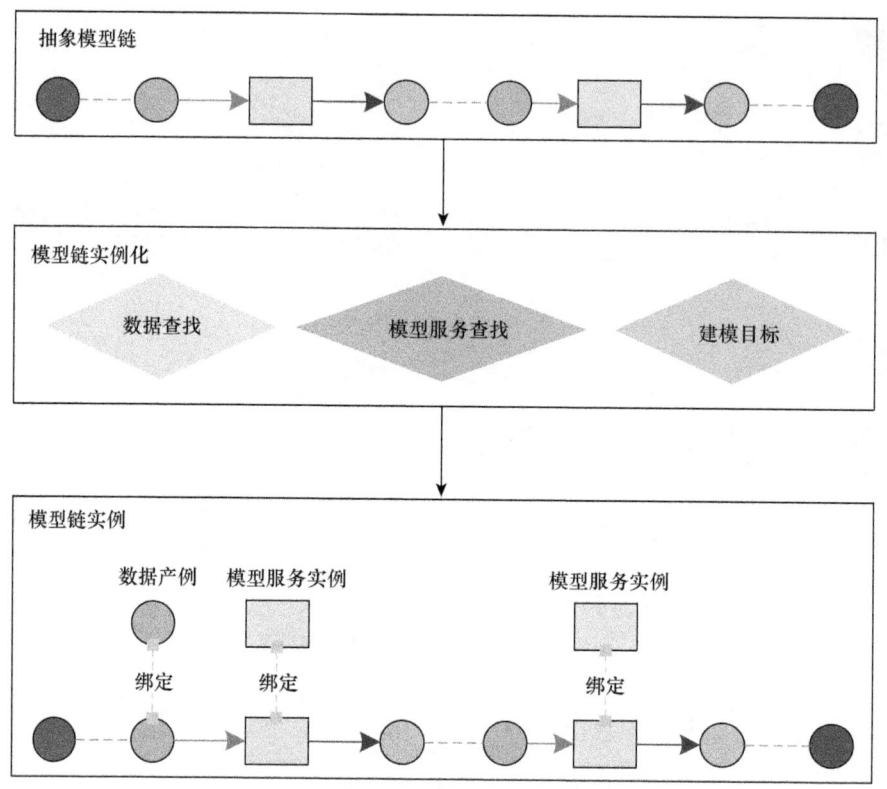

图 9-14 模型链实例化

境。首先模型链实例需要建立模型链引擎内部类型,并用路由器构造调用队列,之后验证模型链实例的每个组成部分,最后由执行处理器运行模型链实例。在整个模型链执行引擎中包括了如图 9-15 所示的几个主要部件。

从图 9-15 中可以看到,模型执行引擎包括四个主要部件和过程。第一步根据模型链模型实例解析为有向非循环图;第二步根据图的连通性建立调用队列;第三步验证流程调用的合法性和有效性;第四步由流程处理器调用处理队列。模型链执行引擎输入为一个实例化的模型链模型,输出为一个模型链规定的数据结果。

9.4 城市海量数据与异构模型双向耦合技术

9.4.1 耦合模型

城市决策模型与观测数据缺乏关联,缺乏预测与反馈机制,导致决策支持不全面和不准确。城市海量数据与异构模型的双向耦合模型可以解决上述问题,如图 9-16 所示。首先对城市多源观测数据进行分类,分为传感网实时数据与非实时存档数据,其数据来源、数据形式、时空参考、接入模式与数据应用等均存在差

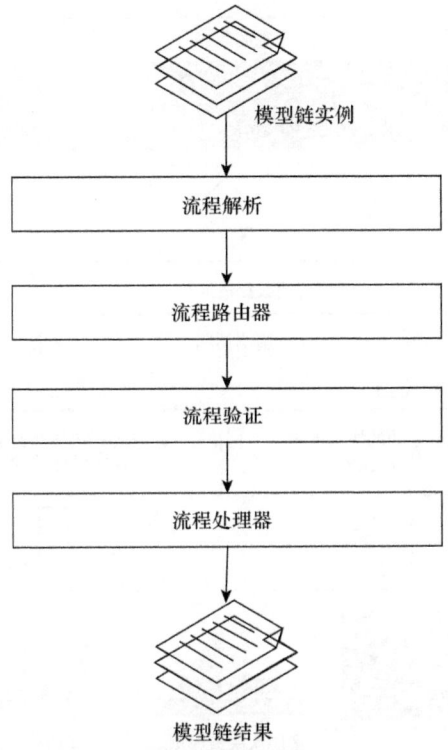

图 9-15 模型链执行引擎主要部件

异。通过统一的观测数据编码模型，实现多源观测数据的专题透明获取以及在线融合访问技术，通过透明网关获取城市多源观测数据，从而为城市运行管理提供数据源。然后建立决策模型与观测数据之间的双向耦合技术，通过基于决策模型的正向预测，实现观测数据的优化调度；通过观测数据的反向回馈，实现决策模型的优化反演。最终通过数据与模型的循环双向耦合，完成城市综合运行管理的优化调度与聚焦服务。

从总体对象上看，此模型分为数据部分、模型部分和数据与模型的相互关联部分。数据部分，即信息源，指城市的多源异构数据。数据的信息化，是城市信息化的基础。《国家信息化领导小组关于我国电子政务建设指导意见》和《国家信息化发展战略(2006–2020 年)》都明确提出人口基础信息库、法人单位基础信息库、自然资源和空间地理基础信息库以及宏观经济数据库等基础数据库的建设。这些基础信息库包括城市信息资源访问与融合的视频监控信号、气象监测数据、污染监测数实时交通数据、城市管理网数据和城市电网数据等。模型部分为适合城市决策使用的各种模型，包括时空聚散模型、元胞自动机模型、多智能体模型、网络分析模型、多目标决策模型和效益分析模型等。基于这些模型可以得到城市分析与决策的污染扩散模型、火灾疏散模型、供水调度决策模型、城市扩张模型、

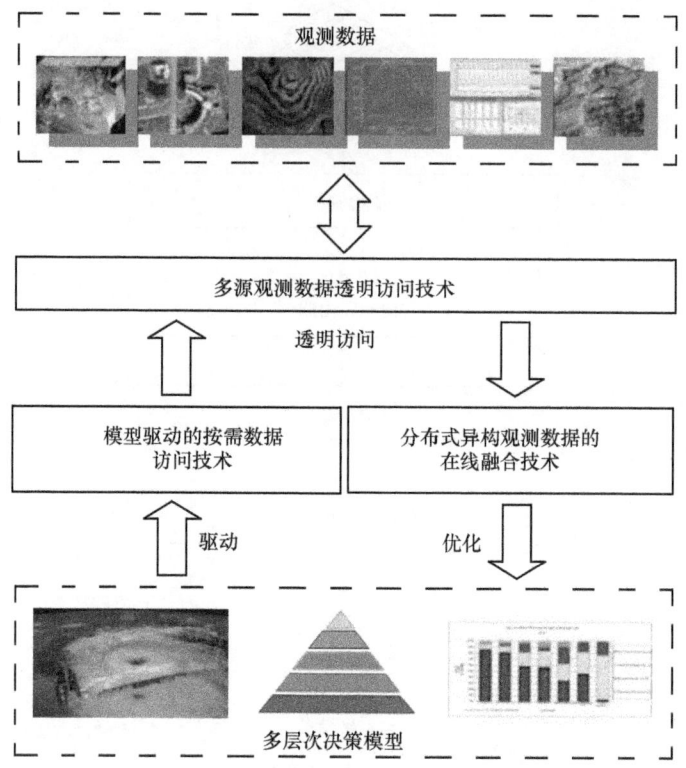

图 9-16 数据与模型双向耦合模型

给水调度模型、暴雨淹没模型、应急调度模型、最优路径模型和断电分析模型等。数据与模型的相互关联,可以实现数据和模型的预测与反馈机制。此模型以观测数据为基础,是模型的输入;以城市具体应用模型为核心,输出决策信息。

模型的实现分为多源观测数据透明访问技术、分布式异构观测数据在线融合技术和模型驱动的按需数据访问技术。在虚拟时空里,建立城市决策模型与数据间的双向连接通道和数据在线融合方法,满足模型预测和决策对数据的时空精度、实时性和数量等多方面的要求;建立虚拟传感器数据对象,统一异构数据对象对外接口的描述方法,研究模型驱动下的虚拟传感器网络拓扑结构和通信协议,协同多源异构数据服务于决策模型;建立任务驱动下的决策模型与数据的关联模型,优化数据的调度、组织和管理方法,以利于行政决策和应急事务处理。

9.4.2 多源观测数据透明访问技术

观测数据按照观测平台的差异,可划分为卫星遥感数据、航空遥感数据和地面现场传感器观测数据三大类。卫星遥感数据尺度大、分辨率低。地面传感器网络观测数据是多个单点观测数据的集合,每个点获取的数据是对物理现象直接感知的结果,可信度高。同卫星遥感数据相比,航空遥感数据的尺度较小,分辨率较高。随着科学技术的发展,各类观测数据量迅速增长,数据的质量也不断提高,然而针对具体应用,如城市规划、智能交通和自然灾害防控等,单一数据源难以为智能决策提供足够的支撑,多源异质数据的融合是解决这一难题的有效途径,是对智慧城市未来发展的重要方向。

协同空天地传感器网络,获取多源异质观测数据的关键技术包括虚拟传感器网络、透明网关和统一的逻辑数据接口。多源异质数据透明访问架构如图9-17所示。

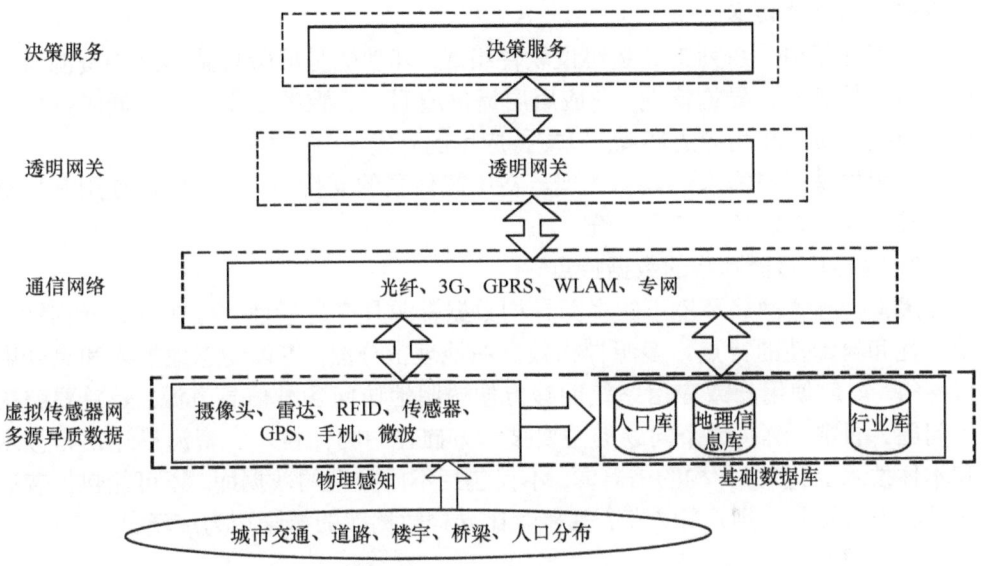

图9-17 基于虚拟传感器网络的多源异质数据透明访问架构

1. 虚拟传感器网络

虚拟传感器网络是在无线传感器网络上发展的新概念,其主要目标是把分散不同地理位置的传感器网络,通过通信网络连接起来,协同操作,共同服务于应用需求。虚拟传感器通常是指非直接观测物理量,而是通过其他观测数据,甚至其他历史数据,依据数学模型推算出需要观测的物理量。在物物相连概念上,虚拟传感器网络和物联网是一致的。物联网重在信息连接,虚拟传感网侧重于应用。虚拟传感器网的主要目标是协同异地、远程和非直接物理连接的传感器子网协同操作,服务于智慧城市、智慧地球等需求,虚拟传感器网络将是未来智慧城市和智慧地球的主要支撑技术。

相对于传统的无线传感器网络,虚拟传感器网络能更好地管理分布式的网络资源,将之虚拟成为一个空前强大的一体化信息系统,在动态变化的网络环境中，共享资源和协同工作，让用户从中享受可灵活控制的、智能的、协作式的信息服务。

1) 虚拟传感器网络结构

虚拟传感器网络一般由传感器网络资源层、中间件层以及应用层组成。

传感器网络资源层构成系统的硬件基础，它包括各种传感器资源、信息资源、无线通信资源等，这些资源通过网络设备连接起来。传感器网络资源层仅实现了计算资源在物理上的连通，但从逻辑上看，这些资源仍然是孤立的，资源共享问题仍然没有得到解决。因此必须在传感器网络资源层的基础上通过中间件层完成传感资源的有效共享。

中间件层由一系列工具和协议软件组成，其功能是屏蔽传感器网络资源层中传感资源的分布、异构特性，向应用层提供透明、一致的使用接口。同时需要提供用户编程接口和相应的环境，以支持应用的开发。

应用层是用户需求的具体体现。在中间件层的支持下，用户可以使用其提供的工具或环境开发各种应用系统。

2) 虚拟传感器网络的数据特点

虚拟传感器网络环境下的多源异构数据资源具有海量性、分布性、异构性、动态性和自治性的特点。多源异构数据在地理上分散，可以动态地加入和离开虚拟网络，如何使用户或应用系统能够方便透明地访问各种信息资源，是首要解决的问题。目前，解决这个问题的主要技术方向在中间件技术、资源描述语言技术和本体技术上。多源异构的信息源，不仅包括不同类型的数据库，还可能包括普通文件、设备输入、用户输入等，其概念比异构数据库的概念更为广泛。

2. 透明网关

多源异构信息透明访问的目标，是要将异构信息特征对用户透明化，让用户感觉到的系统只是一个本地单一系统。多源的异构信息可根据其语义规则有机地结合在一起，给用户提供一个整体的视图。用户无须知道各数据源的细节，一切操作如同在一个本地数据库上进行。

1) 透明访问的模式

当前实现多源异构的数据透明访问的主要方式有直接数据访问、数据格式转换和数据互操作三种模式。

(1) 直接数据访问指在一个数据源中实现对其他数据格式的直接访问，用户可以使用单个数据源存取多种数据格式。直接数据访问可以避免繁杂的数据转换。这种方式需要针对所需的数据格式充分调研，如果要访问的数据格式不公开，则很难实现直接数据访问；并且只针对本数据源的数据访问服务，难以提供给其他数据源使用。因此，每个数据源根据需要开发自己的直接数据访问接口，造成资源的浪费。

(2) 格式转换模式是传统数据集成方法。基于数据通用交换标准的数据交换,尽管在格式转换过程中增加了语义控制,但是其核心仍然是数据格式的转换。数据格式转换有两种方式,一是直接转换;二是借助数据转换标准,间接实现数据转换。虽然数据转换模式相对比较简单,只需要增加相应的数据转换模块或接口,但其数据共享的弊端也是显而易见的。数据转换模式主要存在的问题是:①缺乏对数据对象统一的描述方法,从而使得不同数据格式描述数据对象时采用的数据模型不同,因而转换后不能完全准确表达源数据的信息。②这种模式需要将数据统一起来,违背了数据分布和独立性的原则,如果数据来源是多个代理或企业单位,则需要考虑所有权的转让等问题,多种数据格式的存在会导致数据的冗余和数据管理的浪费。

(3) 数据互操作是指在异构数据库和分布计算的情况下,用户在相互理解的基础上,透明地获取所需的信息。数据互操作区别于数据转换,它是跨平台、跨系统的,允许数据格式存在差异并能对数据实施操作,使数据共享从物理标准转向逻辑标准,可以为数据分布式存储、集中式管理与共享提供依据。为了使不同数据源之间能够实现互操作,一种最理想的方法是通过公共接口来实现。接口相当于一种规程,是大家都遵守并达成统一的标准。在接口中需要考虑数据格式、数据处理,还需提供对数据处理应采用的协议,各个系统通过公共的接口相互联系,而且允许各自系统内部数据结构和数据处理可互为不同。

2) 透明网关

透明网关是实现数据互操作的有效技术之一。透明网关其实是一种中间件技术,通过它可以实现异构数据库的透明访问。其目的在于聚合多源的自治、分布、异构的海量资源,实现资源的有效共享,消除信息孤岛,形成有效的服务平台,将需要的信息输送到网络用户的桌面,从而形成分布、协作、共享的虚拟计算模式。

中间件是用来描述各种各样集成、变换或翻译层作用的一组软件产品。中间件为事件、消息接发、数据访问、事务等提供一些通用接口。中间件介于系统与应用软件之间,通过对应用软件进行抽象,将大量应用软件的技术细节包含在其中,提供了将数据源与应用软件相分离的机制。采用中间件封装后的具体应用软件即成为组件。对上层来说,屏蔽了底层的硬件和操作系统的差异性,可运行在异构平台上,从而实现分布式系统集成。

从数据管理的角度来看,透明网关需要满足以下需求。

(1) 从用户使用的角度来说,数据管理需要为用户组织虚拟的逻辑数据视图,采用统一的方式对数据资源进行访问,并尽力提供高效的数据传输性能。用户在使用数据资源时,看到的是逻辑的数据视图,同时可以按照自己的喜好对数据进行重排,数据资源的物理存放位置对用户来说是透明的;用户使用系统提供的统一接口对数据进行访问，该接口只需要用户提供用户视图空间的数据路径，就能自动完成数据传输。简而言之，用户对数据管理的要求采用符合用户习惯的方式来组织与管理那些分布且异构的存储资源与数据资源。

(2) 数据并不能脱离存储资源而独立存在，因此网格数据资源管理，需要涉及网格系统中存储资源的管理。从存储资源的角度，数据资源管理需要实现统一的I/O访问接口，从而实现存储资源的虚拟化；同时数据资源管理需要对分散的、独立的存储地址空间进行统一管理，将分散的存储空间连续化、统一化，实现虚拟的存储空间，对外则可以提供统一的存储服务。存储资源的性能直接影响到数据资源服务的效率，因此动态的存储资源监控体系在数据管理中是必需的，它所提供的性能指标将成为系统进行资源分配、数据迁移、副本管理等数据管理操作的重要依据。

(3) 从数据资源本身的角度来看，数据资源在其生命周期内，由于不断地被用户使用而不断演化，能够产生超出数据资源本身的大量信息，根据数据资源所产生的不同信息量，需要对不同的数据资源采取不同的管理与存放策略。例如，活跃性高以及信息量大的数据资源，需要存放在具有更高存储性能与网络性能的存储资源上；而那些活跃程度低的数据资源，不能浪费有限的高性能资源，需将其存放在性能较差的存储资源上。通过这样的措施，一方面能够使得系统所提供的数据服务能够满足用户的需求，另一方面也能够提高网络资源的利用效率。

总之，根据上述三方面的分析，透明网关需要提供一种统一、透明数据服务体系。这种数据服务体系可以为用户提供虚拟、连续的存储空间，使得用户不需要关心具体的存储介质就能够完成数据空间的浏览、数据资源的更改、查找及传输功能；同时这种数据服务体系能够屏蔽异构的数据资源，并对连续、独立的多源数据进行虚拟化、统一化，使得透明网关能够通过统一的方式对各种资源进行管理与操作；最后通过对数据资源的调度，能够在满足用户需求的前提下提高资源利用效率。

3) 透明网关构建的技术与方法

可扩展标记语言(extensible markup language, XML)是由W3C组织于1998年2月制订的一种通用语言规范，它允许用户创建自己的标记语言，其自描述性使其非常适用于不同应用间的数据交换，而且这种交换是不以预先规定一组数据结构定义为前提。XML作为一种与平台无关的描述性语言，以其高度的可扩展性及纯文本的特征，使得其被广泛地应用于各个领域。它使得网上的信息查询、数据交换更加便利，具有良好的可靠性和互操作性。还有其元数据管理、语义透明性和自主体都是XML所独有的概念，而XML对统一结构化语法和半结构化语法的承诺，将有助于把几乎不可能完成的事情变成切实可行。

XML 通过其标准的 DTD(document type definitions)定义方式,允许所有能够解读 XML 语句的系统辨识用 XML。DTD 定义的元数据格式,从而解决了对不同格式的释读问题。

然而 XML 并不能解决语义异构问题。本体是指共享概念模型明确的形式化规范说明。通过定义通用的顶层本体,提供网络中核心概念和知识架构的描述,有助于领域本体的建立,便于在各个研究领域使用[5]。本体与目前应用比较广泛存在的元数据相比,具有更强的语义特性,有助于实现相关数据资源的共享和转换。

从应用领域、研究侧重点两个方面来分,本体大致分为以下几类:领域本体是涉及特定学科领域的;顶层本体涉及客观世界常识,这里的常识具有普遍的意义;涉及问题求解的问题、方法求解本体或者是应用本体;涉及知识语言的宏本体、表示本体。领域本体是专业性本体,被表示的知识是针对特定学科领域的,包括本领域内共同认可的共享知识库,提供了对该领域知识的共同理解,确定了领域内共同认可的概念,并给出了概念和概念间相互关系的明确定义。领域内的概念通常内涵定义精确、外延易于确定。

因此,基于 XML 和本体二者相结合的方法是解决异构数据互操作,构建透明网关的有效途径之一。

9.4.3 分布式异构观测数据的在线融合技术

目前来自于城市感知网和动态数据中心的观测数据千差万别:它们的感知原理和获取手段不同,存在射频、视频以及存档数据等多个来源;时空基准和尺度不同,包括不同的时空参考体系和时空分辨率以及光谱分辨率;不同行业收集的数据侧重点不同,有时还存在语义分歧,是典型的分布式异构观测数据,难于实现在线互操作和资源共享及融合,迫切需要一种通用框架来描述各种类型的观测数据和历史数据及其相互联系。在线融合技术可以针对分布式异构观测数据,实现传感、射频、视频等实时观测数据和存档数据、服务数据等多层次多元信息融合框架,产生并提升新的数据和信息能力,以支持决策服务。具体研究内容包括分布式数据融合框架、分布式数据融合模型、分布式在线融合方法。

1. 分布式数据统一编码和发现

通过多源观测数据透明访问技术得到多源观测数据,在分析异构数据的时间尺度、空间尺度、光谱尺度、语义以及行业特点的基础上,建立统一描述的通用观测模型——观测与测量编码(O&M)。O&M 提供观测结果的标准表示和交换模型。O&M 结构有属性 gml:id,主要元素有 gml:StandardObjectProperties、gml:boundedBy、gml:location、om:OM_CommonProperties 和 om:result。其中 om:OM_CommonProperties 又包括 om:type、om:metadata、om:relatedObservation、om:

phenomenonTime、om:resultTime、om:validTime、om:procedure、om:parameter、om: observedProperty、om:featureOfInterest 和 om:resultQuality。它们主要是指，gml: boundedBy 是 GML 定义的区域范围或者是带时间的区域范围描述。gml:location 是 GML 的几何信息，包括点线面等信息。om:type 表示观测类型。om:metadata 表示 O&M 的元数据信息，可以是任何信息，所以它的范围非常广泛。om:relatedObservation 提供相关观测的上下文，便于理解观测结果。om:phenomenon Time 表示观测的现象时间。om:resultTime 表示过程与相关观测的应用时间。om:validTime 表示结果有效的时间。om:procedure 表示产生结果过程的描述。这个过程主要参考 SensorML 的四种类型过程。om:parameter 观测参数是个一般具体事件的参数。om: observedProperty 表示观测的特性或者现象，观测结果提供其估计值，是感兴趣地物类型的特性。om:featureOfInterest 是指感兴趣物，观测表示的目标。om:resultQuality 表示具体实例结果的质量。om:result 表示过程产生的结果。

传感器观测服务(SOS)定义了管理部署的传感器和获取传感器观测的接口。SOS 定义了核心操作 GetCapabilities、DescribeSensor 和 GetObservation，事务操作 RegisterSensor 和 InsertObservation，增强的操作 GetObservationById、GetResult、GetFeatureOfInterest、GetFeatureOfInterestTime、DescribeFeatureType、DescribeObservationType 和 DescribeResultModel。它们分别为传感器观测提供了不同的操作。服务中的强制操作包括 GetCapabilities 描述了允许客户端获取服务实例的服务元数据；DescribeSensor 用于请求详细的传感器元数据；GetObservation 用于获取 O&M 编码的观测数据。可选操作包括 RegisterSensor 用于客户端登记一个新的传感器系统到 SOS；InsertObservation 用于客户端插入新的观测到一个传感器系统；GetObservationById 通过识别观测数据的 ID 来请求观测数据；GetResult 用于客户端从相同的传感器中重复获取传感器数据；GetFeatureOfInterest 用于获取感兴趣要素；GetFeatureOfInterestTime 可以返回感兴趣要素的时间；DescribeFeatureType 表示返回要素类型，用含有 GML 描述的 XML Schema 表示；DescribeObservationType 用于返回特定现象的观测类型，用 XML Schema 表示。DescribeResultModel 可以返回结果元素的 schema。分布式数据目录服务可以提供数据的注册与发现，具体内容参考 9.3.2 节。

2. 分布式数据融合框架

1) 概念框架

图 9-18 表示了分布式数据融合概念框架。融合环境包括人员、处理、数据和联合功能信息与时空信息的技术。融合环境的概念组成有聚合器、处理器和查看器。信息流通过内部资源节点和交互节点的网络连接，将各种原始未处理的、处理的资源表示到融合环境中。无缝的和可互操作的数据流通过融合环境中的互操

作节点在聚合器、处理器、显示器和客户端应用中产生。带有内部资源的信息流通常通过转换节点发生。互操作节点和内部资源节点可支持多种服务和编码标准，支持生产者和消费者的互联。

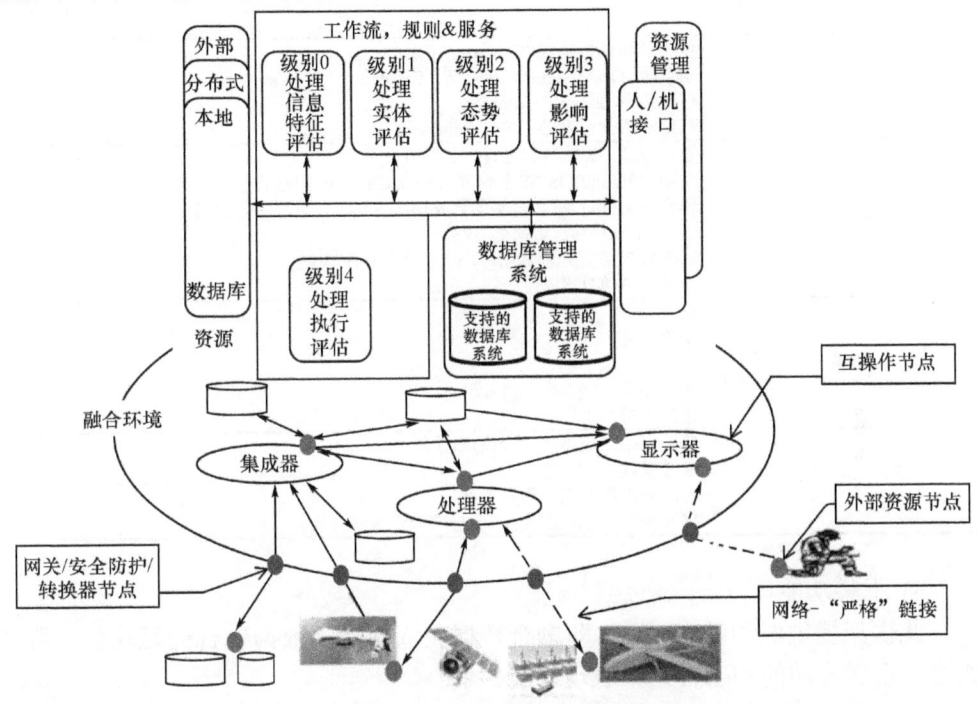

图 9-18　分布式数据融合概念框架

融合多观测数据的目的是得到更高级别或更精确的测量结果，快速识别感兴趣对象和事件，以及判定特别对象或事件。传感器融合的基本要求是发现传感器系统、观测并满足用户中间需求的观测处理，决定传感器的测量能力和质量，访问可自动进行软件处理和定位观测的传感器参数。标准编码的内容包括不确定的测量和处理测量需要的参数，从而获取实时或历史的观测，通过规划传感器获取感兴趣观测，预订和发布由传感器或标准服务发布的预警，进行实体识别、分类和关联，通过访问处理引擎和需要的参考信息实现数据的融合和处理。传感器观测、融合对象和融合处理之间密切相关。融合能力可以体现的主要方面包括地理空间和事件的精确观测，传感器的高效处理，基于需求的自动观测处理，不同传感器、观测和处理模型之间的互操作，动态移动设备的高效发现，传感器观测的快速预警，大数据量实时观测数据的高效传输。

2) 框架协议

通过一些标准和工具，实现融合框架的实现。这些标准和工具包括设备和数据编码,访问观测、传感器任务、处理和发现的标准服务,以及处理、可视化、分析和决策支持的软件。这些标准及其在融合中技术对应关系如表 9-7 所示。

表 9-7 融合技术对应关系表

技术	标准
编码	传感器和过程描述(如 SensorML) 观测(如 O&M, SensorML, SWE Common) 任务消息(如 SWE Common) 预警和事件消息(如 SWE Common)
网络服务	设备发现:传感器和过程;观测 观测访问(如 SOS, Web 覆盖服务 WCS, Web 网络要素服务 WFS) 预警和事件订阅(如传感器预警服务 SAS,传感器事件服务 SES) 任务(如传感器观测服务 SPS) 网络服务访问处理算法(如 Web 处理服务 WPS) 目录服务(如 CSW)
客户端	发现 观测描述 观测分析 观测处理 决策支持
中间件	基于规则的预警/事件识别和通知 语义发现 时间同步和空间一致性探测 预警探测,观测处理,融合处理和设备任务调整

3) 框架功能

此框架提供四种基本功能,即融合数据获取功能、数据融合处理功能、服务组合实现融合功能和融合结果表现功能。

数据获取是融合的第一步。各种各样的传感器资源,通过 SOS 或者 SOS 与其他服务的融合服务来获取。常见的融合服务有 SOS 和 SPS 融合、SOS 和 WPS 融合。SOS 和 SPS 融合解决数据无法直接获取,需要通过规划服务来规划的问题。SOS 和 WPS 融合解决数据需要处理后,才能提供满足要求数据的问题。

数据处理是融合的中间必要过程。WPS 处理 SOS 或者融合服务提供的数据。

服务组合是融合的关键。现实任务越来越复杂,简单的基本服务不能满足要求,需要多种服务组合。依据任务的类别和复杂程度,选择需要的服务进行组合。

用户得到最终结果后,完成融合任务。结果表现可以通过天地图、谷歌地球、电子终端和网站门户等实现,便于理解。它们主要的实现方式是调用框架中的相关服务,这些服务包括 SOS、WMS、WFS、WCS 和融合服务等。天地图和谷歌地球等兼容 WMS、WFS 和 WCS,直接调用可视化。其中,SOS 可视化需要借助具体的 SOS 数据的解析程序。

3. 分布式数据融合模型

分布式数据在融合框架下实现融合过程,其中数据和数据的融合模型来自常用的融合模型。依据融合的类别，总结了各类别内常用的融合模型。

根据处理的阶段和语义级别融合分为传感器/观测融合(sensor/observation fusion)、对象/特征融合(object/feature fusion)和决策融合(decision fusion)三大类。观测融合需要考虑不同观测特性的传感器进行观测的特征化处理，并考虑不确定性因素。融合处理涉及合并相同现象的观测成一个组合的观测。对象/特征融合包括处理观测到更高级别的语义特征和特征处理。决策融合是数据融合的最高级别，需要先提取特征，再识别特征，最后进行融合。其优点是信息量小，但信息损失量大。决策融合侧重于客户端提供给分析者和决策者的数据可视化、分析和编辑到产品融合的过程，是数据在独立完成决策任务基础上，通过一定的法则进行融合，辅助决策支持。

在实际的应用过程中，这三种级别的融合往往是相互结合使用的。融合方法多种多样，现按融合级别归纳如下(不完全统计)：观测级融合方法包括代数运算法、多元回归法、主成分变换法、HIS变换法、Brovey变换法、高通滤波法、金字塔法、小波变换法；特征级融合方法包括贝叶斯统计理论法、D-S证据理论法、带权平均法、神经网络法、聚类分析法、小波变换法；决策级融合方法包括最大似然法、专家系统法、D-S方法、神经网络法、模糊逻辑法。

代数运算法：选择源图像或若干波段数据进行简单的代数运算，包括加法、乘法、平均值法、加权融合法、积分法和比值法等。这些方法的优点是计算简单。

多元回归法：首先假定源图像间存在一个线性关系，则通过最小二乘法进行回归，然后再用回归的方程计算预测值。

主成分变换法：是对源图像数据或源图像多波段数据的所有波段进行主成分分析。首先求多波段数据协方差矩阵的特征值，并将其按由大到小的顺序进行排列，然后求与各特征值对应的特征向量，构造变换矩阵。对原始图像数据进行变换后，得到各主成分图像。

HIS变换法：从图像的RGB彩色空间变换到HIS颜色空间，其特点是保持最优的目视信息。

Brovey变换法：变换某个多波段图像数据时，先计算该波段的像元值在此多波段图像所有该位置像元值总和中所占比例，将此比值和高分辨率全色波段图像的该位置像元值相乘，得到融合波段该位置的像元值。

高通滤波法：提取高分辨率图像的高频信息，如边缘信息，加到低分辨率的图像中，形成高频信息突出的融合图像。

金字塔法：将源图像分别按一定的规则提取各自的金字塔系列图像，融合这些金字塔图像形成新的金字塔，再对其重构形成融合的图像。

小波变换法：基本思想是将图像从空间域变换到频率域再变换到空间域。如将低分辨率图像为参考图像来对高分辨率图像进行直方图匹配，形成多个图像，然后对这些图像进行小波变换以形成各自的低频图像和高频细节信息,并用原始的低分辨率图像来取得小波变换后的低频图像,对替换后的图像及与其相关的细节信息进行小波逆变换,从而获得融合图像。

贝叶斯统计理论法,又称为最大似然法:首先选取模型需要分析的相容信息,然后对这些信息利用先验信息和样本信息合成为后验分布,并对检测目标进行贝叶斯估计,以求得最优的融合概率。在图像数据满足正态分布假设的条件下,贝叶斯统计方法能获得最小的分类误差。该方法通常能提高图像的分类,主要用于目标检测和分类。

证据理论法:该方法首先计算各个证据的基本概率分布函数、信任函数和似然函数;然后利用一定的组合规则计算所有证据联合作用下的基本概率分布函数、信任函数和似然函数;最后根据一定的法则,选择联合作用下支持度最大的假设。

神经网络法:神经网络是一种数学模型,由大量的节点(神经元)和它们之间相互连接构成。每个节点代表一种特定的输出函数,称为激励函数。每两个节点间的连接都代表一个对于通过该连接信号的加权值,称为权重,网络输入信息可以是目标的参数,输出信息是目标识别或分类结果。它具有并行性、自组织性、自学习和高容错能力等特点。

聚类分析法:将数据分类到不同的类的一个过程。实际应用的步骤是首先进行数据预处理,再根据一定的法则,如距离函数,将数据分类,最后评估得到结果。

专家系统法:根据人们在某一领域内的知识、经验和技术而建立包含大量相应的领域知识库(事实、经验规则、启发性信息)和推理机的解决问题和做决策的系统,来模拟专家解决问题的能力和推理能力。

模糊逻辑法:数据融合是根据某些信息进行的,但是空间数据某些信息往往存在模糊性,不能精确定量化,需要借助模糊逻辑方法来对检测目标进行识别和分类。建立标准检测目标和待识别检测目标的模糊子集是关键,同时建立各种各样的标准检测目标合适的隶属函数。最后计算评价,得到融合结果。

融合结果的好坏需要进行评价。融合评价分为主观的定性评价和客观的定量评价。定性评价往往是直接观测融合结合,判断结果是否为好。好的标准是结果合理、精度提高、信息含量增强、主观希望结果突出。这些标准根据不同的需求,可以是其中一种或几种。定性评价往往比较简单,主观性大。为了消除主观性,用量化的指标评价,定量的方法使用范围更广。定量评价就是使用量化的指标量化融合结果,再根据一定的原则评价量化结果,从而得到融合的好坏。定量方法主要有基于统计方法、包含信息量、信噪比、分类精度和清晰度等。基于统计方法包含平均值、偏差、标准差和相关系数等。包含信息量可以通过图像的信息熵、交叉熵和联合熵等。熵值是衡量图像信息丰富程度的重要指标之一,熵值越大,信息量越丰富。信噪比是反映信息是否提升及噪声是否得到抑制的重要方法。图像融合一般要求保持原有主要信息不丢失的情况下提高图像质量和信息量，可以对图像进行清晰度分析。清晰度分析指标有平均梯度和标准差等。

4. 分布式数据在线融合方法

1）基于分布式动态处理服务的在线融合方法

分布式数据融合通过融合处理服务执行。图 9-19 表示了单个融合处理服务直接处理观测数据的方法。它分为 3 个部分：分布式数据、融合处理服务和融合结果。分布式数据主要以 SOS 服务形式存在和提供。这些数据作为融合处理服务的输入。融合处理服务输入通过其操作 DescribeProcess 描述，可接收到数据并根据具体的 Execute 操作进行融合和处理。融合处理服务的 Execute 操作封装了具体的融合算法。融合处理服务执行完任务，得到融合结果。具体结果依据任务选择结果存在形式，如结果包括在服务硬盘下，以链接的方式提供给用户；也可以将结果插入到 SOS 中，通过 SOS 管理。

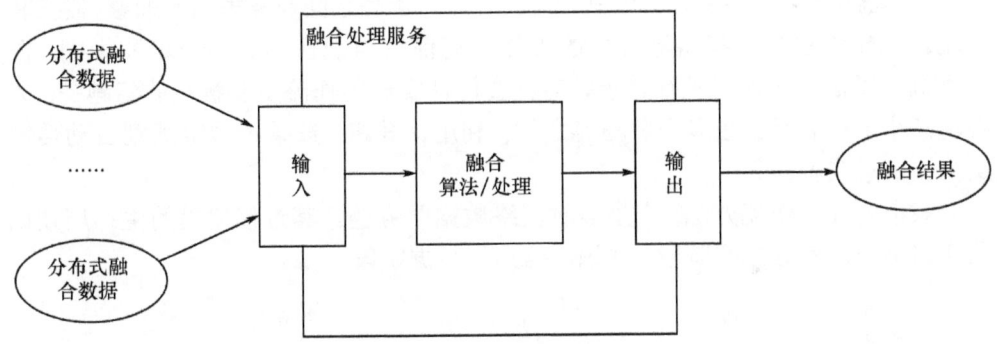

图 9-19　WPS 融合分布式数据

分布式数据融合处理，往往数据量大，种类繁多。单个服务器受限于物理存储和中央处理器计算能力，处理能力有限。图 9-20 表示了分布式处理环境下融合处理服务处理观测数据的方法。

此系统包括两大部分：客户端和融合处理服务。融合处理服务分为处理服务器和处理的分布式环境。融合处理服务部署在一个服务器上或集群服务器上，负责接受标准处理服务请求和响应请求，同时将服务的处理提交给分布式计算环境。它只是负责接受和响应任务请求，具体的任务提交到分布式计算环境中计算。分布式计算环境可以是一个也可以是多个。处理服务器和分布式计算环境是多对多的关系，即一个处理服务器可以对多个分布式计算环境，或者多个处理服务器对一个分布式计算环境。

通过耦合分布式环境，实现分布式处理能力；通过实时接入 SOS 和增量式访问 SOS 实现动态处理；通过抽象处理流程重写具体算法实现多算法的适配。

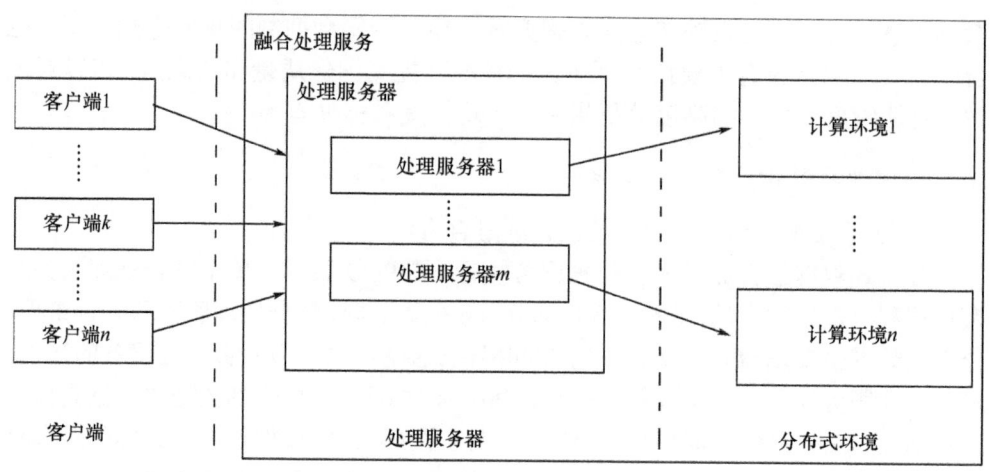

图 9-20 分布式计算环境下 WPS 架构

2) 基于工作流的服务链在线融合方法

工作流(workflow)是对工作流程及其各操作步骤之间业务规则的抽象、概括和描述。工作流建模是指将流程中的工作如何前后组织在一起的逻辑和规则，在计算机中以恰当的模型进行表示并对其实施计算。工作流主要解决的问题是：为实现某个业务目标，在多个参与者之间，利用计算机，按某种预定规则自动传递文档、信息或者任务。

城市处理工作流方法，产生实时网络数据服务链。其过程建模的生存周期如图 9-21 所示，包含三个阶段：知识、信息和数据阶段。

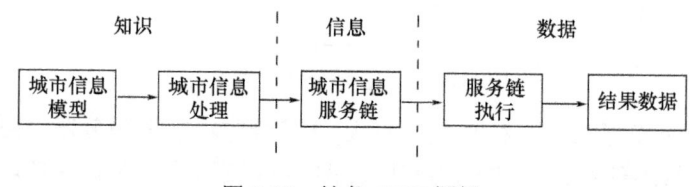

图 9-21 抽象 GPW 框架

(1) 知识阶段——通过组成复合的城市信息过程建立一个城市信息处理模型，包括三种模型构建的方法：透明、半透明和不透明。

用户定义的(透明的)：用户通过不同城市服务类型的特定细节查询目录服务以定义和管理模型。工作流管理的(半透明的)：用户通过查询目录服务找到给定问题，然后知识库帮助用户选择和配置模型建立过程中最适合的城市服务类型。聚合的(不透明的)：用户提出一个问题，然后知识库在用户无参与的情况下，用最优的城市服务类型，使用目录服务创建一个城市信息模型。

(2) 信息阶段——实例化城市信息过程到城市信息服务链。在这个阶段中，注册服务的实例信息被用于将城市信息模型实例化到城市信息服务链。这个服务链传递的是如何获得精确数据产品的信息。该阶段的实现需要完成一个虚拟的数据服务，主要包括服务发现、数据发现和融合以及服务链的描述。

服务发现：目录服务的服务实例都与一种服务类型相关联，所以在城市信息模型中很容易为每一种服务类型找到一个服务实例。如果可用的服务实例存在多个，那么服务质量就被作为一个选择标准。其他功能性的参数和条件，如精度、时间、数据格式和数据映射也应该被考虑在内。如果没有发现服务实例，那么该阶段就被认为失败，停止处理。

数据发现和融合：在城市信息模型中，没有服务输入的明确提示。目录服务中虚拟的数据服务自动添加一个相关的数据服务实例，并且该实例在服务链的起点处提供相应的输入数据。如果相邻服务的输入输出在数据格式和数据映射上不同，则数据融合服务就会自动处理这些差异。网络坐标转换服务和数据格式转换服务都是这种数据融合的实例。

服务链的描述：服务链的描述是其实体化和重利用的关键。已经开发了一些工业的方案以满足服务排序和执行的协同要求。采用广泛使用的网络服务业务流程执行语言，业务流程和业务交互协议的形式说明语言，来描述服务链。

(3) 数据阶段——执行城市信息服务链，产生结果数据。在本阶段执行城市信息服务链以获得所需的数据产品。为了达到这个目标，使用 BPELPower，一个基于像 BPEL、WSDL、SOAP 这样的主流标准服务链引擎，并且开发了 J2EE。它能够在 Tomcat、JBoss、Weblogic 和 Websphere 等流行应用服务器上运行。

9.4.4 模型驱动的按需数据访问技术

面对特定观测任务时，数据既"多"又"少"的问题，高效、按需获取数据为实现城市信息多层次智能决策提供数据源基础。城市综合观测网中存在实时传感器采集数据、非实时存档或融合的数据，研究通过模型驱动的按需数据访问技术，主要研究内容包括：虚拟资源按需访问模型；模型驱动的数据访问方法；虚拟资源接需访问服务。

城市观测网中包括四个部件：模型、数据、数据中心以及观测任务，研究模型驱动按需数据访问技术，其主要研究思路就是面向观测任务，然后通过模型驱动下在各种数据中心按需要获取到数据。其研究的关键技术如下。

面向城市观测任务的数据调度关联模型。结合城市观测任务中多样的信息决策模型，分析典型观测系统中异构传感器的能力信息以及各存档或融合数据的观测信息，研究数据调度的关联规则，通过特定的模型表达方式，建立起决策模型到数据调度的关联。

多源异构决策的最优关联算法。分析关联模型对观测任务时间、空间、主题、精度和实时性等方面要求的满足程度，提出关联模型的观测指标，建立面向观测任务的最优调度算法，进一步促进多传感器的优化观测。

"模型-数据"的正向预测服务与反向反馈服务。通过现有的决策模型与用户观测需求进行比较，正向预定服务用以安排或选择更加优化或有针对性的传感器，通过优化调度方法，实现传感器观测的规划与按需获取数据；反向反馈服务将对地观测的观测数据以及初始状态传给决策模型，从而补足决策模型中面向任务的调度规则，进行相互的演化。

1. 面向城市事件的数据调度关联模型

在城市发生需要应急救援事件时，针对该城市事件的决策水平低效、滞后与不全面，高效、按需获取数据可以为实现城市信息多层次智能决策提供数据源基础，从而为智慧城市信息多层次智能决策奠定基础。

城市观测网中包括三个部件：城市事件、数据、传感器。城市事件是指人的行为活动或自然因素导致城市市容环境和正常秩序受到影响或破坏，需要城市管理部门处理并使之恢复正常的事情和行为的统称。城市突发型事件是城市事件的重点，城市突发事件的预测预警是指城市政府及职能部门通过观察、监测、信息采集与分析等方式，对突发事件发生、发展的趋势做出评估、推测，并对即将发生或者可能发生的突发事件发布警报的活动。突发事件预测预警的内容主要为：一是对突发事件的类别和发生区域做出预判；二是根据一定标准对突发事件的级别或者严重程度做出预测；三是对突发事件发生区域内受灾对象的承灾能力做出预测，以便对受灾对象实施救助或者引导；四是对突发事件发生区域内应急系统的抗灾能力进行预测，以便公共资源的科学调动和合理使用；五是对突发事件可能引发的次生灾害和衍生灾难进行预判，以做好全面应急的各项准备工作；六是根据已掌握的各种信息，为突发事件应急指挥机构提出适当建议，以作为突发事件应急指挥机构的决策参考。城市突发事件的应急响应是指从事件发生开始，到决策部门针对该事件做出决策救援的一个过程，在这个过程中最关键的是获取事件中地理对象发生变化的实时数据，这些实时数据正确地反映了事件的状态，因此直接决定了应急响应的即时性。

城市综合观测网中存在实时采集数据、非实时存档或融合的数据，这些数据类型各异，各种数据的观测能力也不尽相同，因此需要获取城市各类实时观测数据和存档的数据，基于分布式数据统一编码技术，建立城市数据编码库。其中在数据编码时，尤其重点是描述各种数据的来源、应用能力。无论是何种类型的数据，它们都是通过某种观测或处理产生的。所以在城市综合观测网，物理或虚拟的传感器扮演着产生数据的角色。这些传感器是整个城市观测的感知来源，各种传感器具有其不同的观测能力，这些观测能力决定了其能应用于何种类型的事件观测任务。例如，不同传感器具有其观测的时间约束和空间范畴。因此，基于开放式地理信息联盟的传感器信息模型对传感器进行统一的建模,将各类传感器按照标准的模式进行归一化表达,从而同化城市传感器资源,为传感器资源的共享奠定基础。

面向城市事件的数据调度关联模型主要是指针对城市发生的某特定事件,调研该事件的特征与性质,确定在进行该事件应急响应时,需要何种类型的数据来辅助决策分析,并分析需要指派的传感器来获取该数据。因此,该关联模型的意义在于快速地将事件-数据-传感器进行关联,为城市即时、智能分析提供决策源。

2. 模型驱动的数据按需访问服务

在建立了城市事件-数据-传感器的关联模型后,决策者可以根据关联规则,访问已有的数据资源与规划实时数据的获取,从而实现基于关联模型的数据按需访问。

数据的访问与获取服务遵循开放式地理信息联盟传感网体系之下的传感器观测服务。传感器观测服务是一种开放的接口,通过这个服务,客户能够获取或注册来自一个或多个传感器的观测、传感器和平台的描述。该服务提供标准的 Web 服务接口用来请示、过滤和检索观测数据以及有关传感器系统信息。该标准是客户端与观测数据存储仓库交互的中间代理。如 9.4.4 节第 1 部分对于传感器观测服务的操作介绍,通过两个核心操作: DescribeSensor 和 GetObservation,分别返回对于传感器信息的描述和获取指定的观测数据。

对于需要实时规划传感器而获取的数据,则需要先调用传感器规划服务,对传感器进行观测任务指派,产生实时数据。传感器规划服务的作用是构建一个可交互的 Web 服务,用户可以通过该服务知道向某一传感器或者传感器平台查询信息收集的可行性并提交任务。传感器规划服务操作被划分为信息操作和功能操作,信息操作包括 GetCapabilities、DescribeTasking、DescribeResultAccess 和 GetStatus。其中,GetCapabilities、DescribeResultAccess 和 GetStatus 操作提供用户需要知道的元数据信息,而 DescribeTasking 操作提供了设备管理系统需知的描述任务的信息。功能运行操作包括 GetFeasibility、Update 及 Cancel。当决策者得知要指派的传感器,在调用传感器规划服务时,流程如下。

首先通过 GetCapabilities 接口发送一个传感器规划服务 GetCapabilities 描述文档的请求。该文档描述了有关当前传感器规划服务的元数据,包括有哪些传感器可以调用,可以获取哪些区域的信息等。如果用户想获取到接受自己任务的传感器的观测数据,则可以发送一个 DescribeResultAccess 请求。假定用户根据返回的 Capabilities 文档已经得到了足够的信息,下一步是查找向一个设备提交一个任务需要什么参数,可以通过发送 DescribeTasking 请求,该请求包括了决策对传感器指派的任务参数,然后传感器规划服务返回给客户有关此请求的响应。之后是发送 GetFeasibility 请求去验证用户提交的收集信息的任务是否可行，即这个具体的任务在当前的条件下是否能够被执行。例如，一个无人机可以获取某一个特定地区的影像，当一个用户通过SPS向该无人机发送请求的时候，首先会检查该用户是否拥有操纵无人机的权限，请求的地区是否在无人机的飞行计划当中，或者是否能够调整等。如果 GetFeasibility 请求的响应指明该任务可以被执行，则用户下一步可以进行 Submit 操作，正式提交任务。之后传感器开始按照指派的任务进行观测，从而产生需要的数据。对于获取到的数据，则可以通过传感器观测服务中的 GetObservation 操作来访问与获取。

因此，基于事件-数据-传感器的关联模型，通过传感器观测服务和传感器规划服务，决策者可以按需、即时访问到满足观测任务的数据。

9.5 面向任务的主动聚焦决策服务

通过面向任务的主动聚焦决策服务，解决任务需求、数据资源和决策模型的无缝衔接与聚合，提供面向细粒度用户的综合辅助决策支持。如图 9-22 所示，针对城市决策信息种类多、服务对象多、服务形式各异、服务系统异构等特点，分析城市突发事件类型，采用本体建模语言，构建基于语义的任务需求模型，更准确地抽取用户决策任务的需求特征；建立决策任务与服务资源的映射关系模型及联动机制，设计面向政府、行业、公众的决策支持信息聚焦服务模式[11, 12]；对数据、分析与决策模型等服务进行质量监控，提出具有主动协同能力的组合服务运行状态监测和执行控制方法，根据状态监测和反馈结果及时发现新启用的更适合的服务，并形成新的优化服务组合，构建智慧城市主动聚焦决策服务体系。

9.5.1 基于语义的任务需求模型

1. 任务需求模型的语义表达

1) 任务需求模型的语义约束

充分理解任务需求模型的语义约束是主动聚焦服务的基本前提。本节根据任务需求的功能和属性特征，将任务需求的语义约束划分为任务的资源需求约束和任务的属性约束。任务的资源需求约束描述任务对所需城市信息资源的功能需求[11]，利用资源信息语义表示主动聚焦决策服务功能的聚合[13~15]；任务的属性约束描述任务对服务非功能属性的需求，表示主动聚焦决策服务非功能语义的聚合，如服务响应时间。

任务的资源需求约束包括资源需求约束和任务偏好约束。①资源需求约束描述任务需求的城市多层次信息资源及其关系，包括传感器资源、数据资源、处理

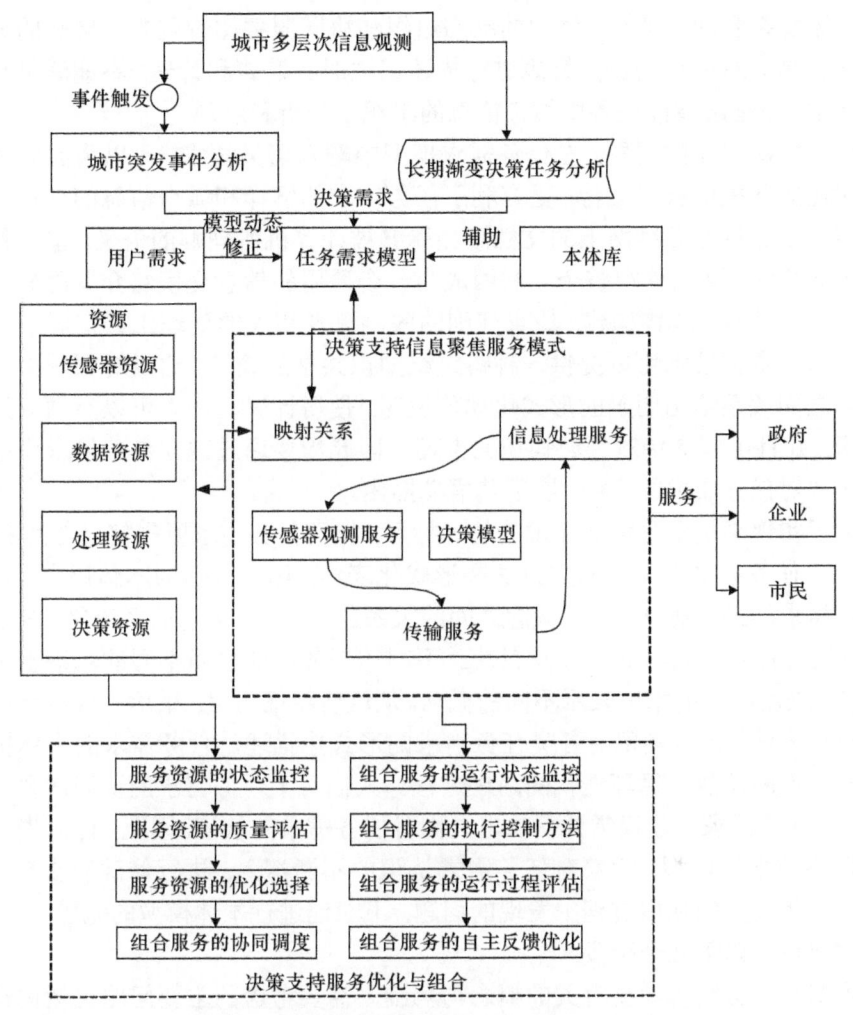

图 9-22 面向任务的主动聚焦决策服务技术路线

资源和决策资源。②任务偏好约束描述任务对信息属性的偏好关系。例如,有些任务更倾向于快速预警与通知,有些任务倾向于快速生成应急和实施方案。这些偏好约束是面向细粒度用户实现主动、个性化服务模型的基础。当然,这些约束关系之间存在一定的互斥关系,当任务需求不能被完全满足的情况下偏好约束描述任务的强制约束(必须满足的条件)和可选约束(可不被满足的条件)。

任务属性约束包括优先级约束和任务质量约束。①任务优先级约束描述任务请求响应的优先级。在多任务并发情况下,优先级约束决定调度机制中任务执行的先后顺序。②任务质量约束描述了任务对聚焦服务非功能语义的需求。

2) 任务需求模型的本体建模

城市信息资源面向应用任务,服务的用户和终端类型多种多样,资源之间的相互关系复杂且动态变化，资源的动态组织和协同服务比较困难。现有的城市信息服务仅是针对单一的数据资源进行描述、注册、发布和管理，不能满足复杂的任务需求，不适应智能服务中城市信息的组织、分析和展现。

为了解决存在的问题，在任务需求模型中融入语义技术，可以为面向任务的主动聚焦服务提供技术支持，更有利于任务需求的解译和城市信息的共享。语义网的核心是通过在万维网上的文档添加能够被计算机所理解的语义，也就是进行元数据的描述，从而使得整个互联网成为一个通用的信息交换媒介。语义网通过元数据明确注释，本体构建，逻辑规则的限制以及相关的处理工具扩展了现有的网络能力。本体技术可以提供一种跨组织知识共享的途径，通过对领域中的概念和概念之间关系给出明确的形式化规范说明，使得计算机和人可以对领域知识达成共识，并且可以支持对领域知识的推理。因此需要通过建立任务需求模型的本体来实现对任务需求的解析，实现其语义描述。

为了实现满足多种任务需求的统一标示，揭示任务需求所需信息之间的关系，需要研究任务需求本体的构建方法和形式化表达，选择合适的本体语言，合理抽象任务需求的共享概念，明确概念之间的关系。由于任务需求的多样化，其主题各异，但是具有一些共同的特征和属性。不同的任务可能采用不同的术语表示相同的概念，采用相同的术语表示不同的概念。从这些特征出发，采用一种循环迭代的语义建模方法，逐步实现对各类任务需求的形式化描述。任务需求的本体构建方法是一个不断反复、循环迭代的渐进过程。人们对于任务需求的认识需要一个过程，对于任务需求的建模需要反映出人们对任务需求的认识。因此，可以先定义出一个粗略的本体模型，随着对任务需求认识的不断深入，进行修改和完善，并且通过在本体模型的使用过程中发现的问题，不断地进行本体模型的完善。

主要包含以下几个阶段。

确定与任务需求模型有关的概念与范围。需要考虑的主要问题包括构建的任务需求本体是否包含足够的信息来满足决策的需求；是否需要进行某一领域的细化或是特定领域的描述等。在面向城市信息的智能决策时，任务的需求根据所发生的突发事件或用户所需的任务在不断变化，兼顾到每一个领域的所有细节很难做到。但是各个任务需求有着共同的概念和特征，需要将这些概念和特征进行整理并抽象出来，作为本体构建的基础。

借鉴已有任务需求模型的结构。考虑任务需求模型相关的权威性文献和标准，考虑现有的任务需求的运行模式与机制，考虑已知的与任务本体建模相关的本体。

整理任务需求中的概念、属性及其相互关系。在任务需求本体创建的初期，尽可能列出主动聚焦服务所需的所有术语。这里的术语是指本体中元素的描述，既包括基本类别，又需用于识别基本类型。当概念集合确定下来后，需要针对各个概念的属性进行确认。属性的确定不一定要描述概念的所有特性，但是要遵循需求主导的原则。某一概念的所有子概念都继承了它的所有属性，所以概念的属性需要被赋值在拥有该属性的顶层概念上。当概念的所有属性都被提取出来之后，每一个属性需要严格的定义，包含属性的性质、类型和值域等。但此时所得到的概念和属性集合缺乏条理，需要确定概念和属性的层次结构，使得概念之间、属性之间、概念和属性之间相互关联，即建立合理的关系。

将概念、属性和关系进行标准化命名。标准化命名要求对任务需求模型中定义的概念、属性和关系准确便于理解，无二义性。规范化命名要考虑命名的专业性和准确性，命名一定要使用任务需求中所需的专业术语，要符合领域习惯。

确定概念的层次、属性和关系的约束。通过上述步骤，只是对任务需求中所需的重要概念和术语及其属性进行声明，并简单表示它们之间的关系，无法满足复杂任务需求的描述。需要定义概念之间、属性之间、概念和属性之间的各种约束关系。

本体构建与表达。本体的构建需要借助于某种形式化描述语言来表示本体的结构形式，选择一种模型编辑工具(如protégé)进行编码，从而提供模型的语义注释，便于本体自动进行逻辑推理。

本体评估与优化。评估是依据需求描述、相关资源和用户需求进行评价，判断构建的本体是否满足最初所需，是否满足本体构建的准则，相关的术语是否进行明确的表示和定义，概念及其关系是否进行完整的描述。

进入本体构建的迭代过程。任务需求本体的构建不是一次性完成的，而是随着人们对任务需求理解和应用的不断深入，进行不断完善。在每次迭代完成后，进行详细评估和判断，找出其中的不足，再判断是否需要进一步修改和完善。

2. 任务需求模型的校正

根据任务需求的变动性和不确定性，难以一次完成用户需求的匹配，结合模糊集和模糊关系理论，对任务需求模型进行模糊关系的注释；采用用户需求模型对任务需求进行辅助校正，保证任务需求信息的完整性；通过位置、方向、时间等关键信息的描述，构建用户场景感知，结合任务需求特征项的模糊推理计算，将准确信息推送给用户；采用用户使用记录学习，提取关键词频率、特征，综合修正任务需求模型，使得任务需求推荐更加准确，适应用户需求的不断变化。

1) 用户需求模型

用户需求模型是城市信息用户需求特征的形式化表达，反映了用户对城市信息资源内容的需求，是城市多源信息主动分发的基础和依据，对于实现决策支持的主动聚焦服务有着重要意义。一方面城市信息用户需求的形式化表达对用户对城市信息资源的需求，是主动聚焦服务的依据之一，用户需求模型的研究可以提升主动聚焦服务的服务质量；另一方面城市信息用户需求模型是聚焦服务的难点，对于用户需求模型的研究为主动聚焦服务提供了技术支持，并且有助于智能化信息检索、信息过滤等的实现。

为适应用户对城市信息的查询应用需求，必须提供城市信息的元数据信息，如时间信息、空间信息、属性信息等。时间信息对于城市信息特别是相关的地理空间信息尤为关键，它表示着现实世界各种食物的一种普遍属性特征。随着时间的变化，城市各种信息资源具有明显的动态特征。任务分析和决策服务与城市信息的动态性密切相关，时间信息是不可或缺的。例如，在环境监测、交通监测和水质监测等多个领域需要处理与时间相关的历史数据，需要根据时间的变化，监测某个属性特征的变迁。空间特征是城市信息资源的最基本的特征，资源监测的空间领域范围是城市信息查询中最常用的要素。除了基本的信息，还需要针对城市信息的某个细节(属性)进行监测，是城市信息的各种现象及其发展过程的抽象表达的基础数据来源。

用户需求模型是根据搜集的用户信息建立的城市信息需求特征的描述。从用户所关心的应用视角出发，城市信息内容和特征可通过元数据项来描述，将其中时间信息、空间范围和属性特征作为用户需求模型的基础分量。分别对基础分量进行查询表达和语义注释，表示城市信息的语法和语义信息。用户对城市信息的需求也需要在表达和描述中不断进行修正。

2) 模糊集和模糊关系理论

在许多事物的表达中，有很多没有明确出处的概念，这就是模糊概念，加之无法给出一个确切的定义，所以人们在研究此类模糊概念的事物时就引入了模糊集合的概念。模糊集的概念是模糊集理论的支柱之一，是传统集合概念的推广，其中包含隶属不精确的元素。模糊集把取值近为 1 或 0 的特征函数扩展到可在闭区间[0,1]上取任意值的隶属度函数。这种方法明确地提供了一种用数学模型表达不确定性问题的方法。对于模糊集合来说，一个元素可以既属于又不属于某个模糊集合，界限模糊[16]。

定义 1 设在论域 U 上给定映射 $\mu(x):U \rightarrow [0,1]$，使得：$x \in U \rightarrow \mu(x) \in [0,1]$，则称 $\mu(x)$ 确定了论域 U 上的一个模糊集 X。$\mu(x)$ 称为 X 的隶属函数，其值称为 x，属于模糊集 X 的隶属度。

定义 2 设模糊集 $x \in \mathbf{R}$，则 X 的 α 截集 $X\alpha$ 是满足 $\mu X(x) \geq \alpha, 0 \leq \alpha \leq 1$ 的所有 $x \in \mathbf{R}$ 的集合，记为

$$X\alpha = \{x | x \in X, \mu X(x) \geq \alpha\}$$

其中，$X\alpha$ 是普通集合，即其特征函数(隶属函数)为

$$C_{X_\alpha}(x) = \begin{cases} 1, & \mu_x(x) \geq \alpha \\ 0, & \mu_x(x) < \alpha \end{cases}$$

研究任务需求模型的模糊性描述及推理方法，能够正确识别用户自然语言中的模糊需求，并使用形式化方法表达，在综合各模糊关系基础上进行推理；研究任务需求模型的机器自动学习方法及学习反馈方法，提供任务需求模型的多种建立方式，并能够根据用户行为的增量信息对模型进行修正[17]。

9.5.2 决策支持信息聚焦服务模式

随着对地观测技术和网络技术的发展，城市多层次信息日益丰富，现有的城市决策服务主要侧重于以数据产品为中心的服务模式。多种类型的城市信息资源相互独立、自成体系，分别来自于不同的服务体系。这种服务形式往往只能满足某个单一需求，无法实现城市多层次海量数据的共享和协同，导致所需的信息和服务不能及时提供，难以满足用户需求。随着传感器数量，处理终端和用户节点的不断增加，为了适应用户需求和满足任务需求，迫切需要建立决策支持信息聚焦服务模式，保证不同城市资源之间有效共享和协同，从而提供快速、准确、灵活的综合服务。

1. 任务驱动的主动聚焦决策服务

为了各类城市信息及其服务的广泛共享，实现高效聚合与协同机制，克服服务模式单一、不灵活、效率低的缺点，围绕决策模型，提出三类基本的服务模式：传感器观测服务、信息处理服务、传输服务，以满足各种复杂任务的主动聚焦决策服务。根据数据获取、处理方式和任务的不同，聚焦决策服务的组成模式有三个层次：直接模式、组合模式和协同模式。

直接模式基于已有的城市多层次信息资源，依据任务需求，通过传感器观测服务直接将数据分发给用户。再通过搜索和发现满足任务需求的其他资源信息，聚合信息处理服务和传输服务协同完成任务。

组合模式基于已有的城市多层次信息资源，根据任务需求和处理环节，动态组合传感器观测服务、信息处理服务和传输服务等生成聚焦服务链，经过资源组合加工得到满足任务需求的城市多层次信息。通过服务自组织方法聚合传感器观测服务、信息处理服务和传输服务，协同完成较为复杂的任务。

协同模式根据任务需求和城市多层次信息资源，动态组合传感器观测服务、信息处理服务和传输服务等生成聚焦服务链，达到增强和互补服务功能的目的，经过在线协同处理得到满足任务需求的城市决策所需信息。通过传感器的结构自组织，聚合传感器观测服务、信息处理服务和传输服务，协同完成时效性强的复杂任务。

2. 主动聚焦决策服务内涵

面向任务的主动聚焦决策服务需要考虑多种传感器数据、海量数据资源、处理资源和决策资源等分布式异构资源,将多样化的应用任务通过语义注释抽象成规范化的任务描述形式,进行任务的分解与聚合。多变的城市多层次信息资源抽象成规范化的资源描述形式,完成信息资源的统一描述与高效组织。通过建立任务描述和资源描述的映射关系,实现资源和信息的自组织,从而得到满足各种任务需求的聚焦服务链。在主动聚焦服务模式下,对聚焦服务链进行整合执行,通过信息处理服务,得到满足应用任务需要的信息。

主动聚焦服务是以任务需求为中心,将传感器观测服务、信息处理服务、传输服务有机地组织,通过各个服务相互之间通信和协作来实现服务的协同,为不同用户提供灵活、高效、准确、个性化的服务。面向任务的主动聚焦决策服务包括聚焦服务架构、服务基本组成和交互,服务动态组合与服务链演化等基本内容。其针对的关键问题包括:①分布式多源异构海量城市分析与决策相关数据的高效组织,规划和部署信息资源的组成部分,提高决策服务的运行效率和准确性;②任务驱动的城市多层次信息决策服务的按需聚合和高效协同机制,任务和资源的多样性为增加服务的自动发现,选择与优化的难度。

针对上述问题可以通过建立城市信息的多维动态逻辑模型,实现多源城市信息的统一描述;对任务需求进行语义描述,建立城市信息聚焦服务的多层次约束关系,提出城市多层次信息资源及其服务的智能搜索方法和服务组合与自主演化方法。围绕面向任务主动聚焦决策服务内涵,其研究内容主要包括多维动态城市信息共享模型和面向任务的聚焦服务模式。

多维动态城市信息共享模型是聚焦决策服务的基础,通过对城市信息资源的语义描述和表达,构建开放高效的分布式城市多层次信息服务体系和组织管理机制,建立一种能够覆盖城市中各应用领域、各层次数据的统一描述模型,形成一个多维动态语义关联的城市信息体。

面向任务的聚焦服务模式,需要任务需求和服务的语义注释,建立参与服务过程中的多层次约束关系,主动感知数据资源与决策资源等环境条件的动态变化,实现决策支持主动服务的智能搜索与自动组织。通过城市信息资源及其服务之间广泛的交互与协同,自动适应环境变化和任务需求,实现主动聚焦服务链的自动构建、自动优化和异常情况下的自动修复。

总之,决策支持的主动聚焦服务通过将城市信息资源封装,实现与相关服务模式的联动机制,利用网络环境下的服务发布、发现与组合,充分利用城市多层次信息的重复灵活性,为城市信息资源的共享和综合使用提供一个服务平台。

3. 主动聚焦决策服务架构

面向城市多层次信息的主动聚焦决策服务架构需要适应城市信息的构成复杂、环境多变、交互频繁等多种环境因素,本节提出一种开放、可靠、高效的决策支持信息聚焦服务架构来适应上述条件,为主动聚焦服务机制提供支撑。该架构基于 Web 服务规范制定系统组成中的调用接口以及通信协议,使系统具有良好的开放性和扩展性;建立分布式注册中心,保证局部注册中心失效后,仍提供有效服务,增强系统的可靠性;根据用户满意度,主动监控、分析、优选部署资源的集群中心,平衡负载,提高系统的服务性能;根据用户需求和任务需求模型,为用户提供个性化的主动分发服务,提高分发的准确率和效率。

主动聚焦决策服务是一种按任务、分地域等需求,将用户进行局部聚焦、按需提供决策信息服务资源的逻辑组织形式,集群内的用户对城市信息的需求具有某些共同的特征。从全局规划、局部集群的思想出发建立基于集群的城市多层次信息共享服务的逻辑架构。主动聚焦服务架构层次按照服务的范围可以分为全局层、集群层和个体层。全局层包括全局数据共享中心以及分布式注册中心,是集群层的数据源,主要获取城市中海量数据,解决海量信息数据的共享、发布和发现问题,实现所有数据中心的城市多层次信息的互联互通。在全局数据共享中心根据用户需求,选择适当的路由和接口主动将所需信息分发给集群中心。集群层主要由集群信息中心和注册中心组成,实现各集群用户的城市信息资源共享。集群信息中心存储本集群共享的城市资源信息,集群注册中心实现对城市信息的注册,可以根据各个用户对城市决策需求进行主动服务。个体层包括各类服务对象,是决策支持的主动聚焦之间服务对象(政府、企业、市民)。可以根据用户对聚焦服务的满意度情况,优化聚焦服务方案,提高用户满意度。

4. 聚焦服务系统的基本组成和交互协议

为了适应应用环境和用户任务的变化,提供快速、准确、灵活的聚焦服务,决策支持的信息聚焦服务系统需要在各个服务间实现交互,通过协作共同完成服务的聚焦。以开放、高效、可靠为目标,为了实现聚焦服务系统的可扩展性以及与其他系统的无缝衔接,将 Web 服务标准作为系统外部接口的定义和实现规范,而简单对象访问协议(simple object access protocol, SOAP)、超文本传输协议(hyper text transfer protocol, HTTP)等 Web 协议作为系统与外部系统通信的标准协议。任务需求模型的应用、城市信息的聚焦和决策模型的支持使得系统在有限的环境下,以尽可能快的速度发现和找到信息,并在优化的网络传输路径支持下,将满足任务需要的信息快速传输给各个用户。系统中的分布式注册中心,面向任务的集群中心等机制,使得系统可以稳定运行,保证其可靠性。

通过分析决策支持信息聚焦服务系统的特点以及用户的需求,设计的服务系统主要包括以下部分。

(1) 分布式数据库。分布式数据库分布在不同的物理位置,主要包括城市决策中的各种数据资源,来自于各种数据中心和各类处理中心管理的多个数据库,是整个服务系统的数据源。各个数据库之间相互独立,需要互相协同,通过聚焦服务的方式,实时动态地将各类城市信息资源发布到分布式注册中心,便于统一管理和快速发现。

(2) 分布式注册中心。分布式注册中心面向传感器资源、处理资源、决策资源,可以统一存储和管理这些资源的元数据信息,以此促进分布式异构城市信息的融合运用。充分考虑到分布式注册中心的高效与灵活性,以适应系统的动态变化。分布式注册中心相互之间独立对等,可以实现多种资源的一体化注册。通过设计有效的传输协议保证各个中心信息的同步。分布式注册中心提供灵活全面的注册方式,针对不同的使用环境、不同的使用权限,提供不同层次的注册方式,并删除无效信息。

(3) 城市信息体。城市信息体是基于城市空间的多维动态特性,将各类城市信息元数据、城市信息处理服务元数据和决策资源元数据进行有效组织,通过城市信息体和信息处理服务进行快速、准确的搜索定位,实时反映获取信息资源的能力状态与变化。当任务应用需求进行统一描述后,城市信息体可以为智能搜索提供多种类型的城市信息。为了实现快速搜索,可以针对不同观测对象的元数据描述文件进行存储并建立索引。城市信息体具有动态可视化能力,面向用户反映各类城市信息和处理服务;从不同角度以直观的方式将多源城市信息的全局视图展现给决策者,有助于提供城市信息的智能决策。

(4) 智能搜索。智能搜索查询的数据包括传感器观测数据、处理数据、决策支持数据等其他相关数据。智能搜索可以提供目录搜索、时间搜索、空间搜索等多种数据搜索方式,并对搜索结果在服务能力和服务质量等方面进行评价、排序和反馈,兼顾服务质量与时间效率,为服务引擎提供最合适的具体服务。

(5) 聚焦服务引擎。聚焦服务引擎实现对动态变化、种类繁多、形式复杂的海量资源优化组合,实现协同服务机制的自主控制,有助于对多目标、多任务需求、动态变化的服务发现和聚合。聚焦服务引擎基于工作流的服务组合方式,采用语义技术的服务组合方法,实现城市信息及其服务的动态发现、定位和组合,满足决策需求。

(6) 服务在线组合。服务在线组合是为了满足任务需要,梳理数据及其处理服务使得资源利用总体效果更好,并将执行结果返回给各用户。针对难以实时掌握动态的服务在线组合状态以及服务链的各服务整合进度的难题,建立具有主动协同能力的城市多层次信息服务状态监控和服务链执行控制方法,对服务中整合行为和结果进行在线的实时评价与反馈。

各组成部分相互依赖、密切配合。通过分布式注册中心接收来自分布式数据库的各种资源数据,并进行统一管理,再由城市信息体建立多维索引。城市信息体从逻辑上动态组织分布式注册中心存储的数据资源、处理资源、决策资源和服务信息，反映出各种信息的物理分布状况及其相互关系。聚焦服务引擎依据处理中心发出任务请求自动地构建服务链，并调用智能搜索构建具体的聚焦服务链。智能搜索通过语义的方式查询信息体获取构建具体的主动聚焦服务链所需的各类信息和服务。获取所需信息和服务后，通过在线整合绑定各类城市信息和服务，并动态地监控服务链中各服务的整合进度，保证聚焦服务的顺利完成。若得不到所需的信息和服务，则通过处理中心对任务需求进行解析，再次进行任务提交。最终通过分发接口将聚焦服务的结果分发给各个用户，整个聚焦服务系统中关于城市信息的可靠高效传输由网络接口提供传输控制来保证，通过网络接口获取网络传输状态，供聚焦服务系进行数据分析和处理。

9.5.3 决策支持服务组合与优化

研究包括传感器数据服务、处理服务、决策模型服务等决策支持服务的组合与优化，提供适应事件变化的信息聚焦服务运行机制，保证对典型任务快速、准确和灵活的支持。内容包括服务资源的状态监控、服务资源的质量评估和优化选择、组合服务管理、组合服务运行状态监测和执行控制方法、组合服务运行过程的评估、反馈与优化、组合服务自主演化方法、服务资源协同调度机制。

在对辅助决策支持资源和功能提供服务的基础上，进行服务状态监控，研究服务质量评价模型，提出具有主动协同能力的组合服务运行状态监测和执行控制方法，在组合服务运行过程中进行在线、实时评价，并向整合结果进行反馈；根据状态监测和反馈结果及时发现新启用的更适合的服务，并替换原有的服务；当某个服务运行超时时，通过相应的服务调度和优化措施提高服务组合的自适应性和服务质量。

9.6 城市信息多层次智能决策原型系统设计与用例

9.6.1 系统的总体框架

依托已有的软件平台，设计并实现城市信息多层次智能决策原型系统，以高性能和高可用为基本目标，强化动态设计理念，以智能分析与决策模型、数据与模型双向耦合、主动聚焦服务等关键技术为支撑，有机集成数据融合、模型优化组合、服务注册与发现等功能组件，为城市综合管理、智能电网、智能交通、国土规划、环境监测等智慧城市示范应用提供基础平台。系统技术路线图如图 9-23 所示。

资源层：包括任务库、模型库和数据库。针对城市交通决策、城市电网决策、城市水文决策和城市规划决策等决策过程进行决策需求分析，通过城市决策需求建模软件，形成城市信息多层次智能决策任务，建立包括预案准备、事件监测、

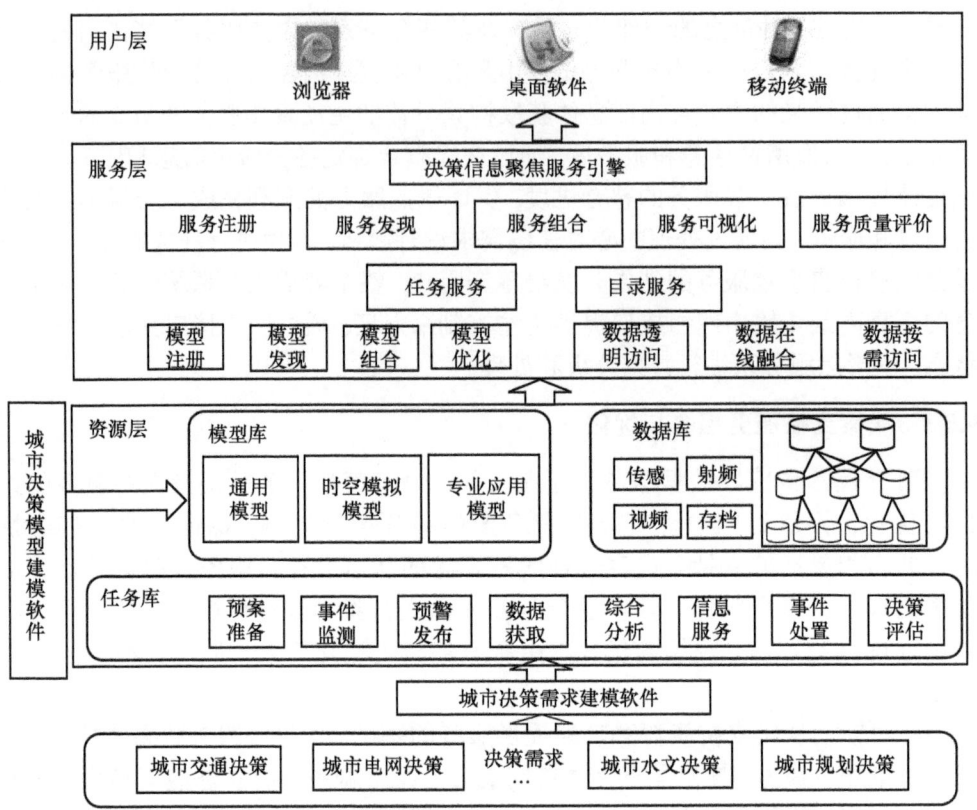

图 9-23 城市信息多层次智能决策原型系统技术路线图

预警发布、数据获取、综合分析、信息服务、事件处置、决策评估等在内的任务库;对城市信息多层次智能决策过程中所需数据,包括物联网、动态数据中心获取的各类传感数据、视频数据、射频数据、存档数据等,通过数据的转换融合,形成智慧城市数据库,为城市信息多层次智能决策提供数据支持;对城市信息多层次智能决策过程中所需模型,通过城市决策模型建模软件,实现包括任务需求模型、水文模型、交通模型、规划模型等城市智能分析与决策的行业基础模型,以及元胞自动机模型、多智能体模型、时空集散模型和空间交互模型等基础算法模型和城市扩张模型、火灾疏散模型、毒气扩散模型、暴雨水淹模型、水污染扩散模型等城市决策应用模型,形成城市时空信息智能分析与决策模型库,为城市信息多层次智能决策提供模型支持。

服务层:构建系统各种服务,在任务库的基础上,实现任务服务;在模型库的基础上,实现模型注册服务、模型发现服务、模型组合服务和模型优化服务;在数据库的基础上,实现数据透明访问服务、数据在线融合服务、数据按需访问服务;通过目录服务对所有服务实现统一的管理和访问;在这些服务的基础上,实现服务注册、服务发现、服务组合、服务可视化和服务质量评价，并通过决策信息聚焦服务引擎，向最终用户提供城市信息多层次智能决策支持。

用户层：主要是在浏览器、桌面应用软件、移动设备等终端上以多种形式提交用户需求，显示城市信息多层次智能决策的评价结果和决策结果。

9.6.2 系统的用例设计

在数字城市综合管理平台的基础上，利用城市信息多层次智能决策关键技术和原型系统开展城市综合管理智能决策的支持应用，如图 9-24 所示。

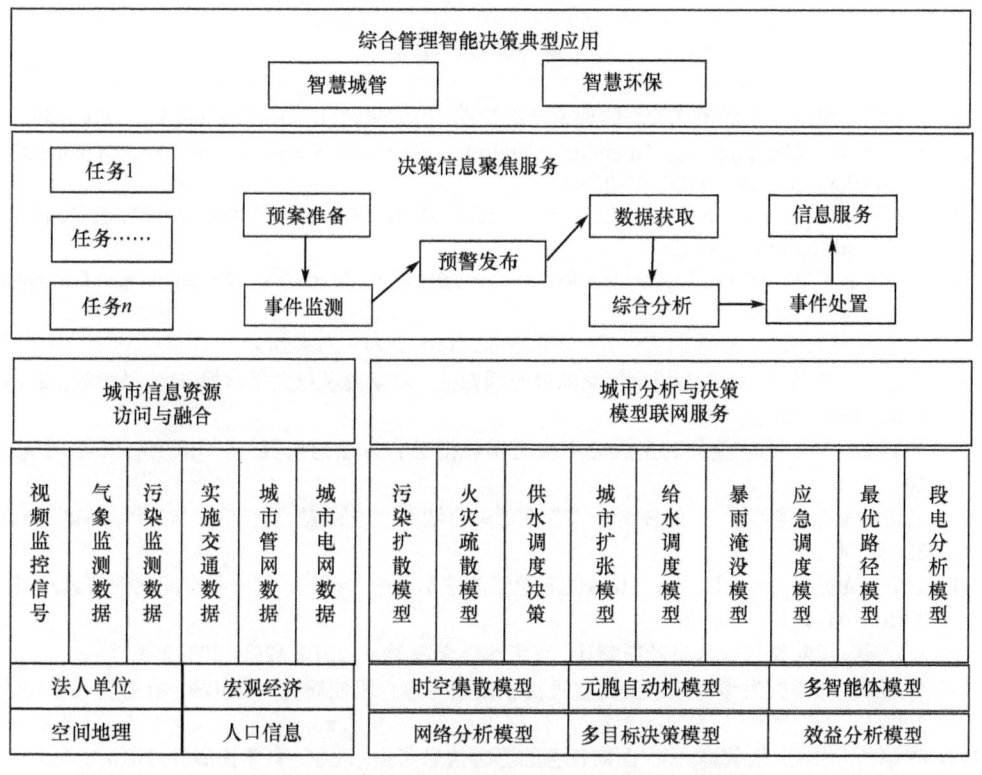

图 9-24 智慧城市综合管理智能决策典型应用框架

通过数字城市综合管理平台接入和整合城管局、交通局、公安局、环保局、水务局、林业局、规划局和民政局等业务部门的视频监控信号、气象监测数据、污染监测数据、实时交通数据、城市地眼工程管网数据、城市电网数据等城市信息资源，在城市信息多层次智能决策数据透明访问和数据在线融合技术的基础上，实现城市信息资源的访问和融合。

建立城市中包括污染扩散模型、火灾疏散模型、供水调度决策模型、城市扩张模型、给水调度模型、暴雨淹没模型、应急调度模型、最优路径模型、断电分析模型在内的城市时空信息智能分析与决策模型库,利用模型的组合和优化技术,实现城市分析与决策模型的联网服务。

针对智慧城管、智慧环保等对城市信息多层次智能决策的需求,基于城市信息资源访问与融合和城市分析与决策模型联网服务,利用城市信息多层次智能决策原型系统,依据城市多层次智能决策过程中所面临的不同任务,通过预案准备、事件监测、预警发布、数据获取、综合分析、事件处置、信息服务,实现决策信息的聚焦服务,为城市智慧城管和智慧环保提供决策支持,形成智慧城市应用。

参 考 文 献

[1] 李树芳. 面向对象的预算管理的理论分析初探. 内蒙古科技与经济, 2009, 181(3): 48~49.
[2] Nebert D, Whiteside A. OpenGIS Catalogue Services Specification. Open Geospatial Consortium Inc, 2007: OGC 07-006r1.
[3] Fuger S, Najmi F. ebXML Registry Information Model Version 3.0. OASIS ebXML Registry Technical Committe, 2005.
[4] Martell R. CSW-ebRIM Registry Service - Part 1: ebRIM profile of CSW. Wayland: Open Geospatial Consortium, 2009.
[5] 田春虎. 国内语义 web 研究综述. 情报学报, 2005, 2(24): 243~249.
[6] 白建光, 许强. 三峡水库塌岸预测的多元回归法. 内蒙古农业大学学报(自然科学版), 2009, 2(30): 194~198.
[7] 董毓敏. 基于小波叠加的主成分变换遥感数据融合方法的研究. 东北测绘, 2002, 25(3): 10~17.
[8] 聂倩, 闫利, 蔡元波. 一种 Brovey 变换图像融合法的改进算法. 测绘信息与工程, 2008, 3(33): 38~39.
[9] 杜艺, 龚循平, 林祥国. 基于 IHS 的高通滤波法影像融合研究. 测绘与空间地理信息, 2010, 33(5): 144~151.
[10] 王洪春. 贝叶斯公式与贝叶斯统计. 重庆科学学院学报, 2010, 12(3): 203~205.
[11] 韩喜双. 城市突发事件政府应急管理决策模型与运行机制研究. 哈尔滨: 哈尔滨工业大学, 2009.
[12] 李德仁, 朱庆, 朱欣焰, 等. 面向任务的遥感信息聚焦. 北京: 科学出版社, 2010.
[13] Antoniou G, Harmelen F V. A Semantic Web Primer. London: The MIT Press, 2008.
[14] 李洁, 丁颖. 语义网关键技术概述. 计算机工程与设计, 2007, 8(28): 1831~1833.
[15] 张剑. 国外语义网发展概述. 图书情报工作, 2005, 6(49): 62~65.
[16] 刑旭光, 史文娟, 赵崭. 基于模糊集分析法的浑河流域汛期分期研究. 西北农林科技大学学报, 2012, 5(40): 1~4.
[17] 刘益凡. 基于模糊集和随机统计理论的不去定信息群决策方法研究. 长沙: 中南大学, 2010.

第 10 章 智慧城市标准体系

10.1 智慧城市标准体系概述

10.1.1 构建标准体系的意义

智慧城市标准体系是由智慧城市范围内相互关联的标准按照一定的结构进行逻辑组合进而构成的一个有机整体，属于对智慧城市标准化的顶层设计和总体布局，有利于判断和明确智慧城市的标准化方向和重点，对于科学合理地制定智慧城市相关标准和促进智慧城市发展具有非常重要的意义。

发展智慧城市有利于提高城市的运行效率和管理水平、有利于提升人民群众的生活质量和幸福感、有利于提高城市的经济发展质量和竞争力，是我国城镇化过程中面临人口、资源、环境、安全等问题的情况下的城市发展必由之路，肩负着促进城市信息化和带动物联网等新一代信息技术产业发展的双重重任。智慧城市的重要性使得智慧城市标准化显得格外重要，及早建立起一套科学有效的智慧城市标准体系，并在该体系的指导下展开相关标准化工作十分必要。

当前智慧城市尚处在初期发展阶段，正是开展标准化的有利时机和关键时期，急需研究潜在的标准化问题，尽早确立相关标准，以指导智慧城市研发设计、工程实施和管理维护，提高相关技术和产品的互操作性，预防技术和产品过度多样化而带来的复杂性和成本的提高，促进智慧城市的健康、持续和规模化发展。此外，建设智慧城市是一项复杂的系统工程，涉及物联网、云计算、宽带无线移动通信等众多技术和城市管理、公共服务、市民生活等诸多领域，信息化系统内外部接口多，信息和系统开放共享和协同互动的要求高。这些智慧城市的特点使得智慧城市标准体系的作用更加凸显。

10.1.2 标准体系的构建方法

智慧城市标准体系是由智慧城市相关标准构成的一个有机整体。标准体系内部标准应按照一定的结构进行逻辑组合，而不是杂乱无序的堆积。由于标准化对象的复杂性，体系内不同的标准子系统的逻辑结构可能体现出不同的表现形式。主要包括层次标准体系结构和线性标准体系结构。层次结构是表达标准化对象内部上级与下级、共性与个性等关系的良好的表达形式。线性结构是指各标准按照过程的内在联系和时间顺序关系进行结合的形式。根据智慧城市标准的特点，本书采用了层次化的构建方法。

层次结构类似树结构，父节点层次所在的标准相较子节点层次的标准，更能够反映标准化对象的抽象性和共性。反之，子节点层次的标准能更多地反映事物的具体性和个性。层级深度如何，也体现了对标准化对象的管理精度。标准层次结构的完备性，标志着标准体系的灵活与弹性，是标准体系适应现实多样性的一个重要方面。

建立智慧城市的标准体系需要从实际需求出发，处理好新标准与已有标准的关系、急需标准与后续标准的关系、超前标准与我国技术和产业实际的关系。智慧城市标准体系的构建应与现有标准全方位对接。在基础技术标准方面，除了行业有特殊要求基础技术标准，一般按照国家和行业基础技术标准开展。根据统筹规划和整体协调的需要，对现有各行业信息化中涉及的数据格式、产品要求、通信网络等标准进行修订，将其纳入到智慧城市标准体系框架中。

智慧城市标准体系建设中需要制定的标准数量至少达数百项，并且一些标准还需在以后业务发展中不断构建。因此按照"急用先制定"的原则，目前阶段的标准化工作主要定位在初步构建智慧城市标准体系框架，以应用示范工程为依托，制定一些急需标准。

智慧城市处于不断发展之中，技术需具备前瞻性，所以标准研制工作也要有一定超前性，标准不仅是对当前技术总结，也是对当前技术引领，通过具有前瞻性的标准来指导技术和产品研发。构建智慧城市是一项应用性极强的工作，标准体系的构建必须紧密结合城市发展的需要，既要借鉴国内外既有标准，同时针对中国的国情和实际科研能力来进行标准的制定，才能促进应用发展的同时带动我国相关产业发展。

10.1.3 标准体系框架

智慧城市标准主要包括智慧城市总体标准、智慧城市基础标准、智慧城市应用标准和智慧城市安全标准四类，其标准体系框架如图10-1所示。

总体标准是智慧城市标准体系中的指导性和整体性标准，其他标准应在总体标准指导下制定并与总体标准保持一致，所有各主要技术单元和应用实体都与总体标准具有相关性并在总体标准的指导下进行设计和实施。总体标准主要包括以下几个方面。

(1) 智慧城市导则。
(2) 智慧城市术语和定义。
(3) 智慧城市总体架构及技术要求。
(4) 智慧城市标识和解析。
(5) 智慧城市信息和应用系统开放技术要求。
(6) 智慧城市评估方法及指标体系。

第 10 章 智慧城市标准体系

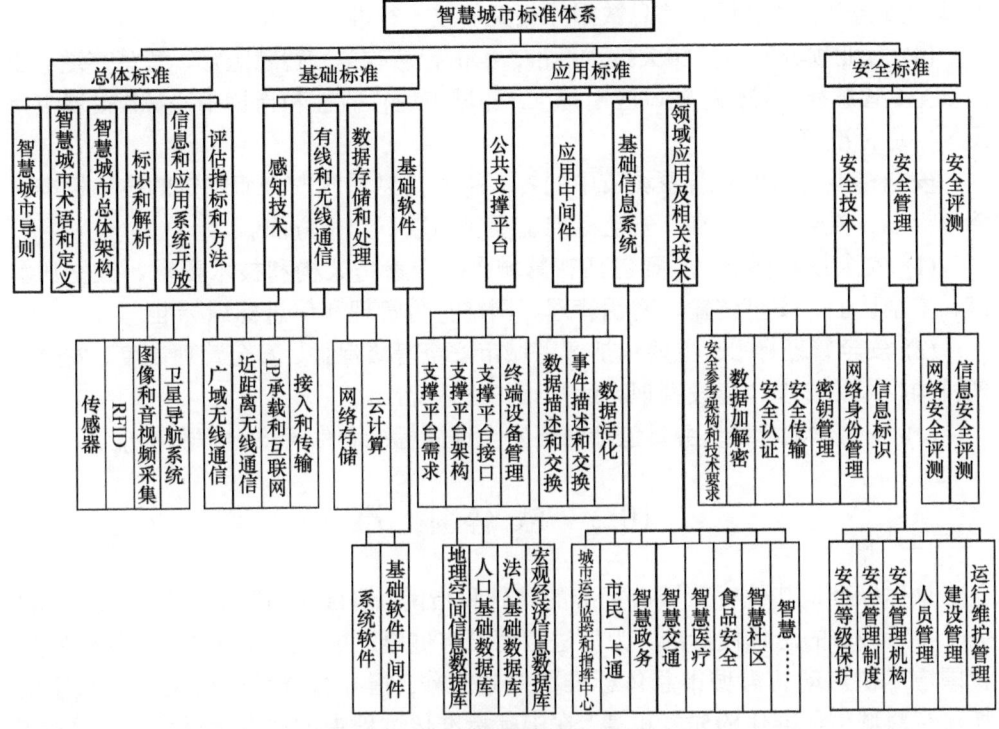

图 10-1 智慧城市标准体系

基础标准是信息获取、传输和处理相关的基本 ICT 技术标准，这部分以采标为主，标准应与现有标准全方位对接，除了有特殊要求，一般直接采用现行的国际标准、国家标准或信息通信行业标准。基础标准主要包括以下几个方面。

(1) 感知技术标准：主要包括传感器、RFID、图像和音视频采集标准。

(2) 有线和无线通信技术标准：主要包括近距离无线通信、广域无线通信、IP 承载和互联网、接入和传输标准。

(3) 数据存储和处理标准：主要包括网络存储标准和云计算标准。

(4) 基础软件标准：主要包括系统软件标准和基础软件中间件标准。

应用标准是智慧城市各种应用相关的标准，包括应用支撑技术标准和各行业领域应用标准以及跨领域应用标准。这部分标准应以行业主导为主，信息通信行业参与和制定公共性平台性标准为辅。应用标准主要包括以下几个方面。

(1) 公共支撑平台标准主要包括公共支撑平台需求、公共支撑平台架构、公共支撑平台接口、终端设备管理标准。

(2) 应用中间件标准主要包括智慧城市应用数据描述和交换、事件描述和交换、数据活化标准。

(3) 基础信息系统标准主要包括地理空间信息数据库、人口基础数据库、法人基础数据库和经济运行信息数据库相关的技术标准。

(4) 行业领域应用及相关技术标准，包括智慧政务、智慧医疗、智慧交通、食品安全、智慧社区等；跨领域应用标准，如城市运行监控和指挥中心标准、城市市民一卡通标准等。

安全标准是为保障智慧城市中的各网络和信息系统安全而制定的技术标准、管理标准、安全评测标准。安全标准主要包括以下几个方面。

(1) 安全技术标准：主要包括智慧城市安全参考架构和技术要求、数据加解密、安全认证、安全传输、密钥管理、网络身份管理和信息标识标准。

(2) 安全管理标准：主要包括智慧城市安全等级保护、安全管理制度、安全管理机构、人员管理、建设管理、运行维护管理标准。

(3) 安全评测标准：主要包括网络安全评测标准和信息安全评测标准。

10.2 总体标准

总体标准是其他智慧城市标准的基础和指南，但目前国际国内都还没有形成关于智慧城市的总体性标准。为促进智慧城市健康发展、持续发展和规模化发展，我国应尽快启动智慧城市总体标准的制定工作，指导智慧城市研发设计和建设，抓住智慧城市标准化的先发机遇，在国际标准化过程中占据有利位置。总体标准包括智慧城市导则，智慧城市术语和定义，智慧城市总体架构和技术要求，智慧城市标识和解析，智慧城市信息和应用系统开放技术要求，智慧城市评估方法及指标体系。

1) 智慧城市导则

智慧城市导则是智慧城市技术的整体性指导规范，主要包括智慧城市的技术体系，智慧城市的体系架构和开放式应用服务体系，智慧城市评测指标体系与评测技术，数据获取与动态感知技术、动态数据中心和数据活化技术等智慧城市关键技术，智慧城市空间信息服务架构，智慧城市应急响应模型与方案、智慧城市现代信息服务业共性服务基础技术，智慧城市具体行业应用等。

2) 智慧城市术语和定义

智慧城市术语和定义主要包括智慧城市领域内的理论、技术、方法和名称的基本术语和定义，以用于智慧城市规划、建设、科研、教学和国际交流。此标准将引用现有相应的信息技术领域、城市规划领域和应用行业领域内的术语标准，同时包括新加入的智慧城市相关术语。

3) 智慧城市总体架构及技术要求

智慧城市体系架构模型为智慧城市规划与建设提供统一的结构模型。智慧城市体系架构主要分为数据获取层、数据活化层、支撑服务层和应用服务层等四个分层。智慧城市体系架构具有开放性和可扩展性,能够满足城市基础差异化、城市行业多样化和城市信息多元化的需要。智慧城市体系架构模型兼容现有的技术体系架构,实现无缝衔接。智慧城市体系架构模型还包括开放式的应用接口模型,以支持不同领域和不同技术的应用整合与兼容。

4) 智慧城市标识和解析

智慧城市标识主要规定在智慧城市规划、研究、开发、设计和运营等过程中的编码、符号、图案等标识。标准将参考与引用现有的信息技术领域、城市规划领域和应用行业领域的标识标准,同时包括新加入的智慧城市相关标识。

5) 智慧城市信息和应用系统开放技术要求

城市中各类信息都是重要的战略资源,对于城市科学运行和高效运转起着至关重要的作用,必须加以充分挖掘和高效利用。然而由于传统管理体制的原因,很多有价值的信息都封闭在行业部门内部,未能得到充分利用,其价值无法得到充分发挥。此外对于很多应用特别是跨领域应用,每个部门只掌握部分信息或只能处理流程中的部分环节,信息的不开放和流程的不协作造成应用无法有效实施,给城市管理和公共服务造成不利影响。

因此,信息和应用系统开放是发展智慧城市的必然需求,是对智慧城市规划设计和建设的总体要求。智慧城市信息和应用系统开放技术要求主要提出信息和应用开放的原则、开放的对象、采用的技术手段、安全要求等。

6) 智慧城市评估方法及指标体系

智慧城市评估方法及指标体系主要包括智慧城市的评估方法标准和评价指标标准。评估指标体系包括一级指标、二级指标、三级指标和具体指标等指标层,同时针对不同的城市类型和评测方法采用不同的指标集。评估方法包括智慧城市评估过程所采用的方法、技术、工具和软硬件平台等。此标准参考和引用现有的若干城市评测与信息化评测的指标与技术标准,同时针对智慧城市的新特性,规定了相应的新评估指标与评估方法及技术。

10.3 基础标准

10.3.1 感知技术标准

1) 传感器标准

传感器技术多样,种类繁多,智慧城市标准体系中的传感器标准重点是数字化传感器接口标准。数字化传感器接口国际标准重点是 IEEE1541 系列标准[1]。

2) RFID 标准

无线射频识别(radio frequency identification, RFID)技术是一种非接触的自动识别技术。多个相关标准化组织都在积极推进 RFID 技术标准的制定。RFID 的标准化包括标识编码规范、操作协议及应用系统接口规范等多个部分。标识编码规范主要有欧美的 EPC 标准、日本的 UID(ubiquitous ID)标准和 ISO18000 系列标准。其中 EPC 编码规范是目前最受全球关注的编码规范。

3) 图像和音视频采集标准

图像和音视频采集标准主要包括图像和音视频的编解码标准以及相关的采集设备和系统标准。国际国内主要采用的标准包括国际标准化组织 ISO 和国际电工委员会 IEC 关于静止图像的编码标准 JPEG、国际电信联盟 ITU-T 关于电视电话/会议电视的视频编码标准 H261 及 H.263、ISO/IEC 关于活动图像的编码标准 MPEG-1、MPEG-2 和 MPEG-4,我国具备自主知识产权的先进音视频编码标准 AVS 等。

4) 卫星导航系统标准

卫星导航是智慧城市中各种基于位置的应用的主要技术支撑手段,在智慧城市应用中起着非常重要的作用。目前世界上主要有美国 GPS、俄罗斯格罗纳斯(GLONASS)、欧盟伽利略(GALILEO)和我国北斗四大卫星导航系统。美国的 GPS、俄罗斯的全球导航卫星系统早已成功投入运行,并且 GPS 已在世界范围内得到广泛商业应用。中国也积极开展自主卫星导航系统的开发、建设和推广工作,目前也已经在包括智慧城市在内的多个领域商用。2011 年 12 月 27 日起,开始向中国及周边地区提供连续的导航定位和授时服务。

10.3.2 有线和无线通信标准

1) 广域无线通信标准

广域无线通信主要以目前应用最广的第二代(2G)无线移动通信和第三代(3G)无线移动通信技术为主,随着技术和产业的日趋成熟,第四代(4G)无线移动通信也将在智慧城市中应用。

随着物联网技术的发展,城市中机器通信的应用将越来越多。机器与机器通信(M2M)和人与人通信有很多不同,有低速率、低移动性、高并发、省电等方面的要求。现有的面向人与人通信的 2G/3G 通信技术需要进行一定的改造才能更好地适应 M2M 通信的新需求。目前国际上主流的标准化研究机构,如 ETSI(欧洲电信标准化协会)、3GPP(第三代移动伙伴计划)等都在进行面向 M2M 通信的蜂窝移动通信增强技术的标准化研究工作。我国华为、中兴、中国移动等公司都积极参与其中,争取在技术与产品上与世界保持同步。

2) 近距离无线通信

近距离无线通信技术主要是面向通信距离比较短(通常 1 公里以内)的应用场景和需求的无线通信技术,是广域无线通信的重要补充,它使得通信范围进一步延伸和扩展。近距离无线通信技术包括包括蓝牙(Bluetooth)、无线个域网(WPAN)、超宽带(ultra windband)、近场通信(NFC)、无线保真(WiFi)等技术,其物理层和

MAC 层标准以 IEEE 802.15系列和802.11系列标准为主。

3) IP 承载和互联网

通信网络的 IP 化已经从趋势成为现实，TCP/IP(transmission control protocol/internet protocol)标准协议族成为 IP 通信承载和互联网的核心标准，也自然成为智慧城市的重要基础标准。

4) 有线接入网标准

有线接入相对于无线接入具有带宽大、抗干扰能力强等特点，与无线技术不受布线限制、可移动的特点互补，也是智慧城市不可或缺的重要通信接入技术。

标准化的有线接入技术主要包括基于双绞线的 ADSL 技术、基于 HFC 网(光纤和同轴电缆混合网)的 Cable Modem 技术、基于五类线的以太网宽带有线接入技术以及光纤接入技术。有线接入技术经过几十年的发展，已经形成比较完备的标准(以 ITU-T 和 IEEE 为主)，并朝着光纤化和宽带化方向不断发展。

5) 有线传输标准

智慧城市的发展离不开良好的通信基础设施环境，通信传输网络是整个通信网络的基础，采用的技术以光传输为主。随着电信网的高速发展，我国已经建立起全世界最先进的光纤传输网络，形成了完善的通信传输标准体系。

根据标准规范的内容，光传输标准分为光传输技术标准、光纤光缆标准、光器件标准和光传输通用标准等。

10.3.3 数据存储和处理标准

1) 网络存储

智慧城市各种信息化应用会产生海量的数据，需要应用各种存储技术和存储基础设施以满足城市不断增长的数据存储需求。围绕数据的建设将是智慧城市建设的重要主题。

除了传统的独立磁盘、光盘等存储技术，包括云存储在内的网络化存储将在智慧城市各系统中发挥非常重要的作用，网络化存储的采用也成为智慧城市区别于以往信息化应用的重要特点。

按照传统分类方法，当前主流网络化存储标准以工业事实标准为主，大致分为直连式存储(direct-attached storage, DAS)、网络存储设备(network attached storage, NAS)和存储网络(storage area network, SAN)三类。存储系统领域主要使用的网络连接标准包括以太、FC、Infiniband。

2) 云计算

云计算被广泛认为是 IT 技术的第三次革命，是产业发展的必然方向。随着云计算应用的推广，云计算产品体系架构、不同厂商之间云计算产品的互操作性等问题越来越得到人们的关注，云计算的标准化问题被提上日程。

目前国际上云计算标准化组织有30多个，包括以 DMTF、OGF、SNIA 等为代表的传统 IT 标准组织或产业联盟，以 CSA、OCC、CCIF 等为代表的专门致力于进行云计算标准化的新兴标准组织，以 ITU、ISO、IEEE、IETF 为代表的传统电信或互联网领域的标准组织。

10.3.4 基础软件标准

软件是智慧城市信息通信系统的灵魂。软件可以分为系统软件、基础软件中间件和应用软件三类。对于基础软件，智慧城市基本是直接采用现有标准，没有新软件标准制定需求[2]。

由于我国在软件领域长期落后于美国等发达国家，造成我国软件设计开发以遵循国际标准为主。而国际软件标准基本以国际垄断或领先厂商的企业标准为主，如微软和 IBM 大量软件成为国际上通行的事实标准。

10.4 应用标准

10.4.1 公共支撑平台

智慧城市有两种主要的构建形式，一种是各行业建立自底向上完全独立的自治应用系统，另一种是各种应用系统都基于同一个公共支撑平台构建。公共支撑平台在城市管理体制理顺的前提下，具有多种优势，将逐渐成为未来智慧城市建设的重要发展方向。

公共支撑平台通过重用公共的通信和计算存储资源，可以提高资源利用率，减低建设成本。此外公共支撑平台可以将各种通信技术和支撑能力封装起来，通过标准化的接口开放出来，可以加快应用开发部署的速度。智慧城市的公共支撑平台主要功能包括以下几个方面。

(1) 通信交互提供对底层通信技术的选择和适配。
(2) 地址映射将设备名称映射成相应的通信地址。
(3) 支撑引擎交互实现对已有的业务引擎(如 LBS、GPS 等)的调用。
(4) 安全包括认证、加密、防抵赖、日志等安全功能。
(5) 数据管理实现基于公共平台的数据存储、融合和再利用。
(6) 设备管理提供对终端和网关设备的参数设置、状态查询、远程控制、连接查检、软件升级、异常告警等管理功能。
(7) 用户管理、计费管理、平台自管理等管理功能。
(8) 统计报告可以为应用提供设备和业务使用情况的数据统计。

智慧城市公共支撑平台标准主要包括公共支撑平台需求标准、公共支撑平台架构标准、公共支撑平台接口标准和终端设备管理协议。前三者需要新制定，后者可以参考OMA设备管理协议，我国电信运营商的设备管理协议(如中国移动WMMP协议)也可以作为新标准的基础。

智慧城市公共支撑平台相关标准尚未制定，但可以参考运营商的M2M业务公共支撑平台标准。目前欧洲ETSI已经发布了第一版的M2M业务公共支撑平台标准，ITU-T也成立了M2M业务层标准焦点组，正在研究制定应用支撑平台标准。中国通信标准化协会也起到了M2M应用平台标准的制定。

10.4.2 基础信息系统

基础信息系统是传统政府信息化(电子政务)的重要内容，也是智慧城市建设的重点任务之一。信息资源是与材料资源和能源资源同等重要的国民经济和社会发展的三大战略资源。信息资源的开发利用是智慧城市发展的一大核心任务，反之智慧城市的建设发展也离不开信息资源的开发利用。信息资源开发利用的程度也是衡量城市智慧水平的一个重要标志。

智慧城市的基础信息资源主要包括城市地理空间信息、人口信息、法人信息和宏观经济信息。城市管理、市民生活和经济运行的各种应用都要用到上述四类信息。然而由于管理体制的原因，上述信息分布在城市的不同管理部门，为了有效共享和利用这些信息资源，有必要建立公共的基础信息系统。公共基础信息系统应能以标准化的接口与各部门数据库进行数据交换和同步，应向各部门和市民、企业提供必要的开放接口和数据服务，实现信息共享利用和价值最大化。

智慧城市基础信息系统主要参照国家电子政务标准、信息分类编码技术标准规范、信息采集技术标准规范、数据质量技术规范等。

10.4.3 应用中间件

应用中间件泛指智慧城市应用开发和业务提供过程中用于屏蔽底层系统和通信技术差异的软件和服务，主要存在于应用服务器和网关及感知延伸层嵌入式设备中，位于操作系统、数据库和通信协议之上，具体应用之下。智慧城市应用中间件与物联网应用中间件相似，因此可以参考物联网应用中间件相关标准。

接口标准化是智慧城市应用中间件标准化的一个重点。利用物联网应用中间件及其提供的标准应用开发接口(application programming interface, API)，可以提高开发和部署速度，实现异构环境下的现跨平台应用，可以整合物联网产业链的各个环节共同参与，降低物联网应用开发、使用和管理维护成本，从而促进物联网发展。

应用中间件是面向智慧城市应用的专用中间件，但它需要以现有基础中间件技术为基础。主要的基础中间件包括组件类中间件(如SOA/WebService、CORBA)、数据库访问类中间件(如JDBC、ODBC)、数据描述类中间件(如XML)、嵌入式系统基础中间件(如内存管理)等。

1) 数据描述和交换标准

智慧城市领域还没有建立统一的数据交互标准。现有的数据描述标准包括BITXML、CBRN、CAP、EDDL、EXDL、FDT、IRIG、M2MXML、NGTP、oBIX、oMIX、OMA SyncML以及OPC等,但是这些加护数据标准大都建立在XML的基础上。欧盟有关研究机构正在进行数据交换标准的"融合"研究,目标是把相关领域已有的基于XML的数据交换标准综合考虑,提炼出一个基础的元数据标准,该标准好比互联网的HTML标准,是数据交换的核心。智慧城市行业应用可基于元数据标准扩展出行业数据交换标准。

所在数据交换标准的基础上还存在着信息表达标准化的问题。在智慧城市的建设中,需要建立基于内容管理的应用中间件,这些中间件能够处理原始传感器信息,并根据具体需求,如视频分析和物流跟踪,将传感信息语义化,并通过网络进行标准化传输。对于内容管理,可以借鉴语义互联网的技术,基于语义互联网体系将标准化内容进行共享和管理。

经过多年的发展,语义网存在三大核心技术和标准:可扩展标记语义、资源描述框架和本体(ontology)。

通过内容管理,智慧城市中的数据流成为标准化的结构化数据,从而利于应用层面的分析和使用。

2) 数据活化

数据的爆发式增长、数据关联性割裂、数据冗余陈旧等问题已经成为目前数据处理技术的一大难题。智慧城市的架构和建设,需建立在智慧数据的基础之上,因此数据活化技术作为一种前瞻性的新型数据处理技术,是智慧城市中最为核心的技术。数据活化技术必须与智慧城市数据感知标准、智慧城市应用标准无缝接合,在其研究过程中制定出智慧城市中的各项活化数据技术的通用标准。

数据活化技术作为智慧城市中的核心研究技术,将结合现有的数据描述、数据处理等技术的成熟标准,制定出有创新性、通用性的智慧数据描述、处理、管理等全方位的新标准。首先,为了规范数据活化技术的各项主要研究技术,数据活化技术标准将划分为三个子标准:智慧数据的描述与认知子标准、智慧数据的关联与成长子标准以及数据的维护与管理子标准。其次,数据活化标准将制定专门的数据接口标准,向上层应用提供统一通用的数据调用子标准,为上层的应用支持层提供统一的数据调用接口。数据活化标准将在智慧城市的研究过程中展开全新的制定,与智慧城市的研究与发展切实地相结合。

10.4.4 领域应用及相关技术

1) 城市运行监控和指挥中心

城市运行监控和指挥中心是城市跨领域、跨部门的综合性智慧城市运行状态监测、分析、预警和应急指挥调度应用，是城市运行管理专业化和综合化融合的必然趋势。

通常情况下，城市运营的关键信息分别存储在多个独立部门的不同系统中，使得城市管理者无法获得管理所需要的数据和图像，很难整体协调各机构的工作。而城市运行监控和指挥中心可以从遍布整个城市的视频相机和传感系统中收集数据，通过互联网进行信息整合，通过综合分析和智能决策，调度各个部门进行协调响应。

城市运行监控和指挥中心主要功能包括以下几个方面。

(1) 城市运行监测预警。通过监测数据采集系统、共享交换系统以及监测门户，实现能源、交通、通信、市容环境、公共卫生、空气质量、天气情况等城市运行体征指标数据以及重点区域、城管问题、突发事件、市民投诉、非紧急救助等信息的在线监测，加强对城市运行整体状况、宏观状况的预警分析，及时发现城市管理的主要问题。充分利用图像监控系统、重要区域人流量分析等技术，提高突发事件的反应速度。为领导决策提供参考，防患于未然。

(2) 数据呈现和决策支撑。通过定制门户栏目、各种统计图表和报表格式，建立可视化 GIS 展示分平台等手段，对数据中心的数据进行信息查询、智能分析和自动预警；是将支撑分平台挖掘、分析生成的城市管理动态信息、各种城管统计图表、重点街区的空间属性信息等内容，借助 GIS 技术、数字视频技术、三维技术，以电子地图、多维报表、三维影像、视频图像等展现形式，直观、形象地为领导及相关业务部门提供各类可视化数据。

(3) 综合指挥调度。对城市紧急或重要事件处理全程跟踪、支持。根据事件监测、相关数据的采集、紧急程度的判断、实时沟通、联动指挥、现场应急支持、辅助领导决策，即在短时间内对突发性危机事件做出快速反应并提供妥善的应对措施预案；借助网络、CALLCENTER、可视电话、无线接入、语音系统等各种高科技通信手段，及时协调城市中各个单位(公安、交通、人防、气象、疾控等)的人力物力，及时有效应对各种事件。

(4) 移动办公。支持利用手机终端实现城市管理部件数据更新和专项普查数据采集，将城市运行的各类动态信息、突发案件的空间分布情况、各类统计报表、统计图表等重要信息数据及时发布给领导，实现移动办公、公文审批以及 GIS 查询功能，提供辅助决策支持。

2) 市民一卡通

市民一卡通(市民卡)属于智慧城市跨行业领域应用。市民卡可以应用于交通运输、公用事业、公共安全、医疗卫生、文化教育等诸多领域。市民卡的应用，推动了政府与市民服务相关共建部门的互联互通，它能使得城市部门之间的数据得到有效共享和协同，可以有效提高城市管理水平和运行效率。同时，以市民卡为核心所形成的以人为中心的数据交换平台，也为未来与城市的其他基础数据库、应用数据库相关联的交换与互动成为可能，为未来更多的城市公共增值服务提供了数据与协同平台支撑。

市民一卡通标准方面，部分城市在发展过程中开始着手制定地方标准，但国家层面尚且没有标准，需要尽快制定，以指导全国智慧城市发展。

3) 智慧政务

智慧政务标准沿用电子政务已有标准，但更强调政务信息和系统开放，政务应用系统之间协同运作，进一步提高政务管理和服务水平。

政务信息资源目录体系与交换体系是智慧政务建设的重要标准。政务信息资源分置于各地方、各部门，表现为物理上分散，使信息共享和业务协同困难。采用政务信息资源目录体系与交换体系，就是为了形成逻辑上集中的政务信息资源体系，支撑信息共享和业务协同的智慧化政务。政务信息资源目录体系与交换体系作为一个有机整体，要满足建立智慧政务的两大需求：一是满足跨部门、跨地区普遍信息共享的需求，支持各级政务部门决策、管理与服务；二是满足部门间特定信息横向交换与共享的需求，支持各级政务部门的业务协同。

4) 智慧交通

智慧交通方面的国际标准以 ISO 影响力最大，国际电联 ITU 也开展了不少智慧交通系统 ITS 方面的标准化工作。此外还包括一些地区性或国家标准化组织制定的具有国际影响力的标准。

ISO/TC204(智能运输系统技术委员会)和 ISO/TC104(货运集装箱技术委员会)是 ISO 最主要的从事智慧交通标准化的技术委员会。

美国和欧洲的智慧交通标准也具有重要的影响。美国的 ITS 标准化相关组织主要有：ANSI(美国国家标准学会)、AASHTO(美国国家公路和交通管理者协会)、ASTM(美国测试和材料学会)、IEEE(美国电气和电子工程师学会)、ITE(交通运输工程师协会)、SAE(美国汽车工程师学会)等。

5) 智慧环保

智慧环保基本沿用环境保护已有的国家标准和行业标准，但需要加强基于物联网的环境监测方面的应用标准。

为贯彻《中华人民共和国环境保护法》，促进环境信息化工作，国家环保部已经于 2010 年 1 月发布实施《环境信息化标准指南》标准(HJ 511—2009)。

其中和智慧环境建设相关的应用标准分体系为环境保护信息系统提供应用方面的标准与规范，包括文件格式、业务流程和应用系统三个二级类目。

6) 智慧医疗

国际上主要的智慧医疗相关的标准化组织包括 HL7(health level seven)医疗信息交换标准、IHE(integrating healthcare enterprise)医用信息系统集成标准。此外国际电联 ITU-T 正在制定远程电子医疗健康监测需求标准，并成立了 M2M 焦点组，重点制定电子医疗相关的用例、需求、接口 API 等方面的标准。

2009 年 5 月卫生部发布《健康档案基本架构和数据集标准(试行)》，数据集标准包括基本信息部分、儿童保健部分、妇女保健部分、疾病控制部分、疾病管理部分、医疗服务部分。目前卫生部在试行的基础上，将该标准与疾控等条线的标准进行统一，称为《卫生信息数据元目录》。

7) 智慧物流

智慧物流标准可以重用和参考现有物流标准，包括物流信息分类编码标准、物流条码信息采集标准、物流信息交换标准、物流公共信息平台应用开发指南等。但现有标准还不完善，需要制定相应标准。

我国与物流相关的标准化组织有：TC267(物流信息基础、物流信息系统、物流信息安全、物流信息应用等)与TC269(物流基础、物流技术、物流管理和物流服务等领域的标准化工作)。

智慧城市(物流)强调的是物流与信息流的一体化，整个物流过程的可视化、智能化、自动化与网络化。因此现有的物流基础技术标准、管理服务标准以及物流信息系统相关标准距离智慧城市还有一定差距。

10.5 安全标准

随着网络化和信息化的发展，国民经济和社会发展对网络和信息系统的依赖性不断加强，网络和信息安全问题也日益突出。智慧城市发展中也应加强安全技术应用和安全管理与评测，完善网络和信息安全标准，保障智慧城市健康有序安全发展。智慧城市的网络与信息安全标准主要包括安全技术标准、安全管理标准和安全评测标准三个方面。

10.5.1 网络和信息安全技术

1) 安全参考架构和技术要求

随着信息化建设由网络平台建设转向应用平台建设，各行业的核心业务对信息系统的依赖性越来越强。与此同时，各种新的面向应用的安全风险给信息系统带来巨大的安全隐患，这些都对信息安全防护提出了更高层次的要求。因此，很多专家学者相继提出了不同的安全架构来构建信息安全防护体系。而当前的安全架构众多，其安全性、有效性和可靠性等性能参差不齐，因此提出一个完整的安全架构标准标准对安全架构的性能进行评价已迫在眉睫。

通过对弹性架构的安全平台、业务导向的安全管理及按需防御的等级保护进行调研，并通过规范底层硬件、平台软件、安全应用和高可靠的标准接口，在此基础上，提出具有科学合理的安全规划、解决方案和系列安全服务功能的智慧城市信息安全架构标准，并对不同系统和接口应该采用的数据加解密技术、认证技术、安全传输技术、网络身份管理和信息标识等技术提出要求。

2) 数据加解密

数据加解密技术是密码学中最重要、最根本的技术，加解密技术能够有效地实现系统管理数据、鉴别信息和重要业务数据传输保密性。

当前密码算法众多，因此智慧城市信息安全系统在使用密码算法时也有多种选择，而密码算法的加密强度各不相同，适合的应用环境也不同。因此提出一个统一的数据加密技术标准，对密码算法选取的条件，密码算法强度，以及密码算法抗差分和线性分析能力进行规范，将会极大促进智慧城市信息系统的安全性。

3) 安全传输

通过研究信息安全传输中的私密性、完整性和不可否认性等安全保证，建立安全传输模型。通过调研支付信息，账号密码的防泄露技术，调研数字信封，双重签名等防篡改技术，以及调研数据签名等防否认技术，提出安全传输相关的术语、模型和标准。

4) 密钥管理

密钥是加密运算和解密运算的关键，也是密码系统的关键。根据近代密码体制的观点，密码系统的安全取决于密钥的安全，而不是密钥算法或保密装置本身的安全。

通过对密钥生成技术、密钥分发技术、密钥验证技术、密钥更新技术、密钥存储技术、密钥备份技术、密钥销毁技术、公开密钥管理技术等关键技术的研究，建立支持强密钥，证书颁发机制，单向函数密钥更新技术，秘密共享机制的体系结构，实现密钥的安全管理，最终形成密钥安全管理标准。

5) 身份认证

为了保证智慧城市中重要数据和敏感数据传输的安全性、保密性及不可否认性，防范恶意欺诈行为，必须建立一种信任机制。这就要求参与数据传输的双方拥有合法的身份，并且能够有效无误地进行验证，这就需要身份认证技术。

通过研究智慧城市身份认证技术，包括口令认证、密码认证、智能卡认证、指纹认证、声音认证、视网膜认证、签字认证、笔迹认证等技术，提出身份认证安全模型，并针对每种技术不同的关系、不同的特征，对比不同的算法实现，提出统一的身份认证标准。

6) 信息标识

智慧城市涉及基础设施、经济活动、政府管理、市民隐私等的海量信息都将在互联网上传输，给安全带来了严峻挑战。保障智慧城市网络和系统中信息的安全成为智慧城市发展的迫切需求。技术和产业界研究证明可信网络成为解决之道。

网络可信主要包括信息提供者(信源)的可信、网络信息传输的可信和信息使用者(信宿)的可信。现有技术对于信息提供者的可信主要是通过身份认证和加密来解决。互联网IP网络层仅完成信息的转发，IP路由器本身不对信息进行鉴别，信息相关提供者信息对于网络透明。这种方案带来的不足是一旦身份认证环节被突破，就会带来一系列的安全问题。在IP报文头部携带信息提供者标识，通过IP网络层的认证和监控实现网络全程可信，提高网络的安全水平和可信度是解决上述问题的重要手段。

应尽快制定基于IP报文头信息标识的网络身份认证技术标准和监测标准，并在智慧城市中实施，提高网络安全水平。

10.5.2 网络和信息安全管理

网络和信息安全管理是随着信息和信息安全的发展而发展的。在信息社会中，一方面信息已经成为人类的重要资产，在政治、经济、军事、教育、科技、生活等方面发挥着重要作用，另一方面由于互联网和计算机技术的迅猛发展而带来的信息安全问题正变得日益突出。由于信息具有易传播、易扩散、易损毁的特点，ICT资产比传统的实物资产更加脆弱，更容易受到损害，这样将使组织在业务运作过程中面临巨大的风险。因此提出完善、结构化、系统化的安全管理标准已经成为网络和信息安全保护的当务之急。

1994年我国发布了《中华人民共和国计算机信息系统安全保护条例》，规定"重点保护国家事务、国家经济建设、国防建设、国内尖端科学技术等重要领域的信息系统的安全"。1999年又发布了国家强制性标准《计算机信息系统安全保护等级划分准则》(GB 17859—1999)，为安全产品的研制提供了技术支持，也为安全系统的建设和管理提供了技术指导。2001年国家质量技术监督局发布了推荐性标准《信息技术、安全技术、信息技术安全性评估准则》(GB/T 18336—2001)，该标准等同于国际标准ISO/IES 15408。另外，公安部、安全部国家保密局、国家密码管理委员会、工业和信息化部等相继制定、颁布了一批信息安全的行业标准，为推动信息安全技术在各行业的应用和普及发挥了积极的作用。

1) 安全管理制度

建立信息安全工作的总体方针和安全策略，设定机构安全工作的总体目标、范围、原则和安全框架等；提出安全管理活动中的各类管理内容建立安全管理制度；研究管理人员或操作人员执行的日常管理操作，建立操作规程，形成由安全策略、管理制度、操作规程等构成的全面的信息安全管理制度体系。

2) 安全管理机构

建立信息安全管理工作的职能部门，设立安全主管、安全管理各个方面的负责人岗位，并定义各负责人的职责；应设立系统管理员、网络管理员、安全管理员等岗位，并定义各个工作岗位的职责；成立指导和管理信息安全工作的委员会或领导小组，其最高领导由单位主管领导委任或授权；制定文件明确安全管理机构各个部门和岗位的职责、分工和技能要求。

3) 人员管理

设立信息安全最高负责人，并且配备一定数量的信息系统安全管理员、网络管理员、安全操作员等，负责系统日常维护工作，确立相应职责；配备专职安全管理员，不可兼任；关键事务岗位应配备多人共同管理。

4) 系统建设管理

明确信息系统的边界和安全保护等级，以书面的形式说明确定信息系统为某个安全保护等级的方法和理由，组织相关部门和有关安全技术专家对信息系统定级结果的合理性和正确性进行论证和审定，确保信息系统的定级结果经过相关部的批准。

保证安全产品采购和使用符合国家的有关规定；确保密码产品采购和使用符合国家密码主管部门的要求，指定或授权专门的部门负责产品的采购，预先对产品进行选型测试，确定产品的候选范围，并定期审定和更新候选产品名单。

指定或授权专门的部门或人员负责工程实施过程的管理，制定详细的工程实施方案控制实施过程，并要求工程实施单位能正式地执行安全工程过程，制定工程实施方面的管理制度，明确说明实施过程的控制方法和人员行为准则。

委托公正的第三方测试单位对系统进行安全性测试，并出具安全性测试报告；在测试验收前应根据设计方案或合同要求等制订测试验收方案，在测试验收过程中应详细记录测试验收结果，并形成测试验收报告，对系统测试验收的控制方法和人员行为准则进行书面规定，指定或授权专门的部门负责系统测试验收的管理，并按照管理规定的要求完成系统测试验收工作，组织相关部门和相关人员对系统测试验收报告进行审定，并签字确认。

制定详细的系统交付清单，并根据交付清单对所交接的设备、软件和文档等进行清点；对负责系统运行维护的技术人员进行相应的技能培训，确保提供系统建设过程中的文档和指导用户进行系统运行维护的文档，对系统交付的控制方法和人员行为准则进行书面规定,指定或授权专门的部门负责系统交付的管理工作,并按照管理规定的要求完成系统交付工作。

指定专门的部门或人员负责管理系统定级的相关材料,并控制这些材料的使用;应将系统等级及相关材料报系统主管部门备案,将系统等级及其他要求的备案材料报相应公安机关备案。

5) 系统运维管理

对信息系统相关的各种设备(包括备份和冗余设备)、线路等指定专门的部门或人员定期进行维护管理,建立基于申报、审批和专人负责的设备安全管理制度,对信息系统的各种软硬件设备的选型、采购、发放和领用等过程进行规范化管理,建立配套设施、软硬件维护方面的管理制度,对其维护进行有效管理,包括明确维护人员的责任、涉外维修和服务的审批、维修过程的监督控制等,对终端计算机、工作站、便携机、系统和网络等设备的操作和使用进行规范化管理,按操作规程实现主要设备(包括备份和冗余设备)的启动/停止、加电/断电等操作,应确保信息处理设备必须经过审批才能带离机房或办公地点。

对通信线路、主机、网络设备和应用软件的运行状况、网络流量、用户行为等进行监测和报警,形成记录并妥善保存,组织相关人员定期对监测和报警记录进行分析、评审,发现可疑行为,形成分析报告,并采取必要的应对措施,建立安全管理中心,对设备状态、恶意代码、补丁升级、安全审计等安全相关事项进行集中管理。

10.5.3 网络和信息安全评测

1) 信息安全评测

智慧城市信息安全测评是指中立的第三方对智慧城市中的信息产品、信息安全产品、信息系统或是专门的信息服务,通过科学、规范、公正的测试和评估,对它们进行安全性评价。智慧城市信息安全评测应参考国家和行业关于信息安全评测的相关标准。

美国等先进国家最早开始开展安全评测。我国于1997年依循国际惯例正式启动信息安全测评认证工作,并于1998年年底正式建立我国的信息安全测评认证体系。1999年2月,国家质量技术监督局正式批准了国家信息安全产品测评认证管理委员会章程、测评认证管理办法、认证标志和第一批实施测评认证的信息安全产品目录等文件,并对社会公告了第一批测评认证的信息安全产品的目录。而且我国把实施信息安全等级保护作为加强信息安全保障的一项基本制度,而安全测评则是等级保护工作中一项承上启下的重要工作:一方面测评机构依照国家有关法规和技术规范(目前主要是参考《信息系统安全等级保护测评准则》报批稿),为信息系统运营、使用单位提供安全、客观、公正的信息安全标准符合程度检测服务,被测单位通过测评结果发现现状与国家相关标准要求的差距,从而进一步进行安全改建和实施。另一方面信息安全监管部门通过测评结果了解被测系统的等级保护建设情况,从而进一步促进其信息安全建设。

(1) 评测原则。

信息系统测评应遵循以下四个原则:客观性、可重用性、可再现性和符合性。信息安全测评工作应尽量摆脱个人主张或判断,测评人员应当在没有偏见和最小主观判断情形下,按照测评双方相互认可的测评方案,基于明确定义的测评方法和过程,实施测评活动。鉴于测评成本以及工作复杂性考虑,应鼓励测评工作重用以前的测评结果,包括商业安全产品测评结果和信息系统先前的安全测评结果。所有重用的结果都应基于这些结果还能适用于目前的系统,能反映目前系统的安全状态。可再现性原则要求无论谁执行测评,依照同样的要求,使用同样的方法,对每个测评实施过程的重复执行都应该得到同样的测评结果。它体现在不同测评者或同一测评者在执行相同测评的结果的一致性。测评所产生的结果应当是在对测评指标的正确理解下所取得的良好判断。测评实施过程应当使用正确的方法以确保其满足测评指标的要求。

(2) 评测内容。

信息系统安全等级测评内容主要包括单元测评和整体测评两部分。单元测评指对信息系统的各个单元进行测试,而整体测评指对整体系统进行测评。测评包括功能测评、性能测评、安全性测评和可用性测评。功能测试对产品应具备的安全功能进行测试验证;性能测试对产品在实施安全功能条件下的性能进行测试;安全性测试产品的自身安全性和抗攻击渗透能力测试;可用性测试对产品的成熟度进行考查。

单元测评是信息系统测评的基本活动,每个单元测评包括测评指标、测评实施和结果判定三部分。其中,测评指标来源于测试中对单元的功能及性能要求,测评实施描述测评过程中使用的具体测评方法、涉及的测评对象和具体测评取证过程的要求,结果判定描述测评人员执行测评实施并产生各种测评数据后,如何依据这些测评数据来判定被测系统是否满足测评指标要求的原则和方法。

整体测评是在单元测评的基础上,通过进一步分析信息系统的整体功能、性能、安全性和可用性,对信息系统实施综合测评。整体测评主要包括安全控制点间、层面间和区域间相互作用的测评以及系统结构的测评等。整体测评需要与信息系统的实际情况相结合,因此全面地给出整体测评要求的全部内容、具体实施过程和明确的结果判定方法非常重要。测评人员应根据被测系统的实际情况,结合本标准的要求,实施整体测评。

(3) 评测力度。

应能够在统一安全策略下防护系统免受来自外部有组织的团体(如一个商业

情报组织或犯罪组织等),拥有较为丰富资源(包括人员能力、计算能力等)的威胁源发起的恶意攻击、较为严重的自然灾难(灾难发生的强度较大、持续时间较长、覆盖范围较广等)以及其他相当危害程度的威胁(内部人员的恶意威胁、无意失误、较严重的技术故障等)所造成的主要资源损害,能够发现安全漏洞和安全事件,在系统遭到损害后,能够较快恢复绝大部分功能。

(4) 测评方法。

测评方法指测评人员在测评实施过程中所使用的方法,主要包括访谈、检查和测试三种测评方法。其中,访谈是指测评人员通过引导信息系统相关人员进行有目的的(有针对性的)交流以帮助测评人员理解、分析或取得证据的过程;检查是指测评人员通过对测评对象(如管理制度、操作记录、安全配置等)进行观察、查验、分析以帮助测评人员理解、分析或取得证据的过程;测试是测评人员使用预定的方法/工具使测评对象产生特定的行为,通过查看和分析结果以帮助测评人员获取证据的过程。

2) 网络安全评测

网络是信息承载的基础,网络安全直接关系到国家安全。随着互联网、物联网的高速发展和网络系统复杂性的不断提高,网络安全受到越来越严重的威胁。智慧城市诸多重要应用和信息都承载在各种通信网络上,通过网络安全评测发现智慧城市的信息漏洞,是提高安全保障能力的重要手段,是国家网络和信息安全评测不可或缺的重要组成部分。

智慧城市网络安全测评是指第三方对智慧城市中的通信网络产品、网络安全产品、网络支撑系统或是专门的网络信息服务,通过科学、规范、公正的测试和评估,对它们进行安全性评价。智慧城市网络安全评测应参考国家和通信行业关于网络安全评测的相关标准。

我国历来非常重视通信网络安全和网络安全评测工作。为促进通信网络安全防护工作开展,工业和信息化部制定和发布了32项网络安全评测相关标准,为智慧城市网络安全评测提供了基础。智慧城市网络安全防护和评测相关标准可以参照下述标准制定。

(1) YD/T 1728—2008《电信网和互联网安全防护管理指南》。
(2) YD/T 1729—2008《电信网和互联网安全等级保护实施指南》。
(3) YD/T 1730—2008《电信网和互联网安全风险评估实施指南》。
(4) YD/T 1731—2008《电信网和互联网灾难备份及恢复实施指南》。
(5) YD/T 1732—2008《固定通信网安全防护要求》。
(6) YD/T 1733—2008《固定通信网安全防护检测要求》。
(7) YD/T 1734—2008《移动通信网安全防护要求》。
(8) YD/T 1735—2008《移动通信网安全防护检测要求》。

(9) YD/T 1736—2008《互联网安全防护要求》。
(10) YD/T 1737—2008《互联网安全防护检测要求》。
(11) YD/T 1738—2008《增值业务网——消息网安全防护要求》。
(12) YD/T 1739—2008《增值业务网——消息网安全防护检测要求》。
(13) YD/T 1740—2008《增值业务网——智能网安全防护要求》。
(14) YD/T 1741—2008《增值业务网——智能网安全防护检测要求》。
(15) YD/T 1742—2008《接入网安全防护要求》。
(16) YD/T 1743—2008《接入网安全防护检测要求》。
(17) YD/T 1744—2008《传送网安全防护要求》。
(18) YD/T 1745—2008《传送网安全防护检测要求》。
(19) YD/T 1746—2008《IP承载网安全防护要求》。
(20) YD/T 1747—2008《IP承载网安全防护检测要求》。
(21) YD/T 1748—2008《信令网安全防护要求》。
(22) YD/T 1749—2008《信令网安全防护检测要求》。
(23) YD/T 1750—2008《同步网安全防护要求》。
(24) YD/T 1751—2008《同步网安全防护检测要求》。
(25) YD/T 1752—2008《支撑网安全防护要求》。
(26) YD/T 1753—2008《支撑网安全防护检测要求》。
(27) YD/T 1754—2008《电信网和互联网物理环境安全等级保护要求》。
(28) YD/T 1755—2008《电信网和互联网物理环境安全等级保护检测要求》。
(29) YD/T 1756—2008《电信网和互联网管理安全等级保护要求》。
(30) YD/T 1757—2008《电信网和互联网管理安全等级保护检测要求》。
(31) YD/T 1758—2008《非核心生产单元安全防护要求》。
(32) YD/T 1759—2008《非核心生产单元安全防护检测要求》。

10.6 急需制定的智慧城市标准

目前全国所有重点城市和80%的二线城市都已经提出或正在发展智慧城市，但部分关键技术标准的缺位制约了智慧城市的发展。当前智慧城市尚处在初期发展阶段，正是开展标准化的有利时机和关键时期，尽早确立智慧城市标准以指导智慧城市研发设计和建设实施，提高相关技术和产品的互操作性，促进智慧城市的健康发展、持续发展和规模化发展非常必要。

此外，建设智慧城市是一项复杂的系统工程，涉及物联网、云计算、宽带无线移动通信等众多技术和城市管理、公共服务、市民生活等诸多领域，信息化系统内外部接口多，信息和系统开放共享与协同互动的要求高。这些智慧城市的特点使得智慧城市标准的作用更加凸显。

在当前全球智慧城市发展的背景下，建立我国自主的智慧城市技术标准，还关系到保护我国城市建设基础安全的重要任务。如果相关标准被外国标准组织和企业联盟所掌握，那么将会极大地限制我国自主技术与产品的推广和应用，也将严重地威胁到我国城市信息与管理基础设施的安全。

目前在智慧城市的框架内如何虚拟网络世界和物理现实世界的理论和标准体系，还没有探索出一套统一的理论和标准体系，相关的各种标准将涉及几十个国际标准组织，协调起来非常难。建立核心标准体系将是一项具有很大难度的系统性协调工作。因此在标准体系建立的过程中，应当遵循由国家相关部门主导和协调，以龙头企业和主要科研机构为主体，上下游企业共同参与并形成广泛认同的原则。通过多方协调与协作，建立起适合我国智慧城市技术特色的统一技术和评测标准体系，为不同企业厂商的设备与技术提供可以互通互联的标准参考系统，建立起一道能够捍卫我国智慧城市的核心技术的独立自主与战略安全标准长城。

目前智慧城市需要优先建立的标准包括智慧城市导则、智慧城市术语和定义、智慧城市总体架构及技术要求、智慧城市标识和解析、智慧城市信息和应用系统开放技术要求、智慧城市评估方法及指标体系、智慧城市公共应用支撑平台标准、智慧城市运营和指挥中心标准、城市多传感器信息接入与加载标准规范，智慧城市系统汇聚和互联模型规范与标准，城市数据实体标识和联网技术规范与标准，跨网络无线终端接入与通信、基于位置信息的智能推送设备等技术规范与标准，城市决策模型联网与协作标准规范，以及智慧城市安全保障体系参考架构和技术要求等。

参 考 文 献

[1] 王婷, 史铁林, 赵江滨. 一种 IEEE1451.4 智能传感器数据采集系统的实现. 微计算机信息, 2007: 131~133.
[2] 互动百科. www.baike.com/wiki/计算机软件[2014-06-23].

第 11 章 智慧城市评估方法和指标体系

11.1 国外智慧城市评价研究

11.1.1 欧洲中小城市评价

1. 评估的目的和意义

网络经济时代世界发展已呈现无国界的趋势，现有城市排名并不能完整反映出最新的趋势。智慧城市评估能够对欧洲中型城市进行综合发展评估，有效衡量欧洲中型城市与其他城市相比的关键资源和比较优势。

2. 评估的原则

(1) 公正。采用公共数据来源，保证评估工作的公正。
(2) 客观。采用多维度评价指标实现全面、客观的评价。
(3) 公开。采用公开数据作为评估指标数据输入。

3. 评估工作的开展方式

评估范围：由评选项目组人员根据以下两个条件选取。

相关数据库中覆盖到的、中等规模的城市(指城市人口在 10 万~50 万)，如表 11-1 所示。

表 11-1 指标数据库来源表[①]

数据库	数据库数据覆盖区域精细度	基础指标数
"欧洲城市审计"(CORE)	本地	35
Espon 1.4.3 项目(FUA level)	本地及局部区域	3
Espon 1.2.1 项目(NUTS3 level)	局部区域	1
欧洲统计数据库(NUTS3)	国家级	1
欧洲统计数据库(NUTS2)	国家级	8
欧洲统计数据库(NUTS0)	国家级	1
各种民意调查(NUTS0)	国家级	24
欧洲产业创新研究 4(NUTS0)	国家级	1

评估方式：由维也纳大学智慧城市评估项目组独立完成，全部采用已有指标以及相关数据进行评估，最终得到 6 个一级指标的分项排名和总排名。

评估周期：2007 年完成报告时评估了一次，后续评估尚未明确。

---

① 所有数据指标全部来自免费公共数据。

4. 评估程序

第一步：基于已有城市样本资料通过指标筛选和人工筛选两步确定94个城市样本。主要是按照城市人口规模、大学个数和城市所辖区域面积三个指标进行初步筛选。采用的资料是以"Espon 1.1.1 study 项目"(2004年欧洲多中心潜力研究项目)中涉及的1595个欧洲城市为样本、"欧盟城市审计"所覆盖到的城市，如表11-2所示。

表11-2 第一步评估的筛选标准

序号	描述	城市或具有城市功能的区域个数	"欧盟城市审计"所覆盖的城市数
1	城市人口在10万~50万(筛选中等规模城市)	584	128
2	至少有一所大学(排除科技实力弱的城市)	364	101
3	流域人口应小于150万居民(排除那些从属于大城市的卫星城)	256	94

第二步：从第一步确定的94个城市中，项目团队根据样本特点以及统计数据获得的可操作性，最终确定70个城市样本。

第三步：用数学处理的方法对指标数据结果进行处理和汇总。通过Z变换公式将各指标数据统一规范，处理后的数据满足均值为0、标准差为1的分布，便于各指标数据进行比较。Z变换如下所示。其中X_i为某样本某指标数值，$\bar{X}$($\bar{X}=\frac{1}{N}\sum_{i=1}^{N}X_i$)为所有样本该指标的平均值，$S$($S=\sqrt{\frac{1}{N}\sum_{i=1}^{N}(X_i-\bar{X})^2}$)为该指标的标准差，$N$为样本数量。按照一级指标得到的智慧城市正态分布图，如图11-1所示。

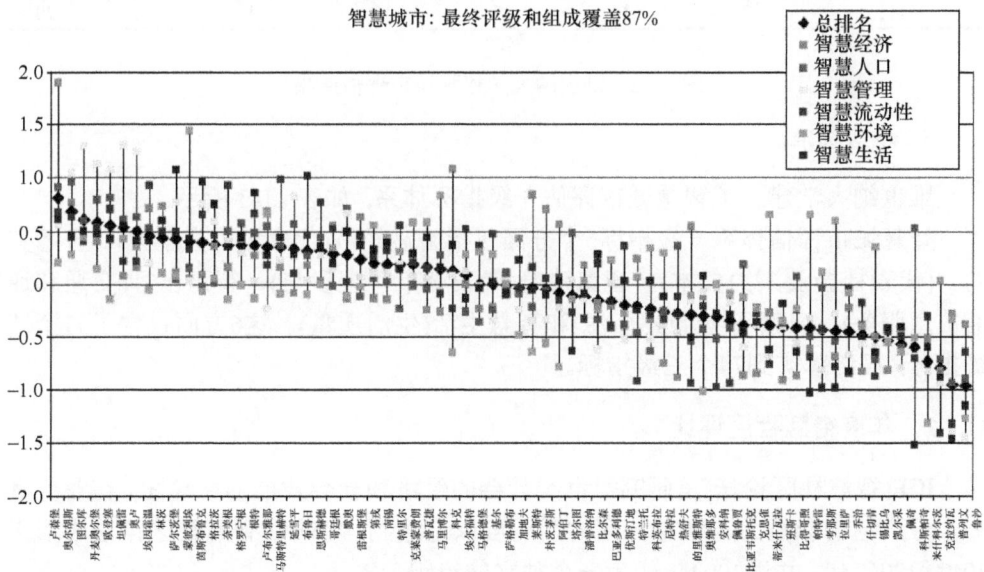

图11-1 按照一级指标得到的智慧城市正态分布图

最终结果：$Z_i = \dfrac{X_i - \overline{X}}{S}$

第四步：根据一级指标汇总结果对 70 个城市进行排名，得到总排名。维也纳大学智慧城市评估结果，如图 11-2 所示。

城市	智慧经济	智慧人口	智慧管理	智慧流动性	智慧环境	智慧生活	总排名
卢森堡	1	2	13	6	25	6	1
奥尔胡斯	4	1	6	9	20	12	2
图尔库	16	8	2	21	11	9	3
丹麦奥尔堡	17	4	4	11	26	11	4
欧登塞	15	3	5	5	50	17	5
坦佩雷	29	7	1	27	12	8	6
奥卢	25	6	3	28	14	19	7
埃因霍温	6	13	18	2	39	18	8
林茨	5	25	11	14	28	7	9
萨尔茨堡	27	30	8	15	29	1	10
蒙彼利埃	30	23	33	24	1	16	11
茵斯布鲁克	28	35	9	8	40	3	12
格拉茨	18	32	12	17	31	5	13
奈美根	24	14	14	3	51	24	14
格罗宁根	14	9	15	20	37	13	15
根特	19	16	31	7	48	4	16
卢布尔雅那	8	11	43	31	3	29	17
马斯特里赫特	26	18	17	1	43	14	18
延雪平	36	10	7	34	22	26	19
布鲁日	23	20	29	18	44	2	20

图 11-2　维也纳大学智慧城市评估结果

5. 评估标准

维也纳大学建立了智慧城市评估 3 级指标体系，如表 11-3 所示。

智慧城市评估体系一级指标6个方面包括智慧经济(代表城市竞争力)、智慧劳动力(代表社会及人力资本)、智慧政府(代表城市管理参与)、智慧出行(交通和通信信息服务)、智慧环境(自然资源)和智慧生活(生活质量)。这6方面包含了31个二级指标，最终落实到74个三级指标。

11.1.2　年度智慧社区评比

ICF(智慧社区论坛)是研究21世纪社会的经济和社会发展的智囊团，在业界具有十分广泛的影响力。智慧社区的活动可以追溯到1985年，智慧社区论坛成形于20世纪90年代，并于2004年成为一个独立的组织。

表 11-3　维也纳大学智慧城市评估指标体系

一级指标(6 方面)	二级指标(31 个)	三级指标(74 个)
智慧经济 (城市竞争力)	创新精神	研发支出占 GDP 的百分比
		知识密集型行业就业率
		平均每位市民专利申请量
	企业家精神	自主创业比率
		新注册企业数量
	经济形象和商标	企业总部
	生产力	人均 GDP
	劳动力市场的灵活性	失业率
		兼职比率
	国际市场融合度	跨国上市公司数量
		航空运输旅客吞吐量
		航空运输货物吞吐量
	改造能力	
智慧劳动力 (社会及人力资本)	资质等级	重要的知识中心(如顶尖研究中心、大学)
		达到国际教育标准分类 5~6 级水平的人口数量
		外语技能
	终身学习能力	平均每位居民借书量
		终身学习人口百分占比
		参与外语课程人数
	社会民族多元化	外国人口占比
		在外国出生人口占比
	灵活性	获取新工作的可行性
	创造力	创意产业劳动力占比
	世界性与开放性	欧盟选举的市民参与程度
		外来移民的友好度(对外来移民的态度)
		对欧盟的了解程度
	公共生活参与度	城市选举居民参与度
		志愿工作参与情况
智慧政府 (城市管理参与)	参与决策	城市居民市政参与比率
		居民政治活动参与度
		对居民重要的政策
		城市女参议员占比
	公共及社会服务	市民日常生活开支
		适龄儿童入托比率
		学校教育质量满意度
	透明管理	政府机构满意度
		反腐满意度
	政治策略及远景	

续表

一级指标(6方面)	二级指标(31个)	三级指标(74个)
智慧出行 (交通和通信信息服务)	本地畅通	每位居民享有公交网络资源
		公共交通搭乘满意度
		公共交通服务质量满意度
	全国畅通	交通运输的国际接轨度
	ICT基础设施的可用性	计算机家庭普及率
		宽带接入普及率
	创新、安全可持续发展的交通运输系统	绿色出行占比(非机动车出行)
		交通安全
		经济型轿车使用情况
智慧环境 (自然资源)	具有吸引力自然条件	日照时数
		绿色空间占比
	污染	光化学烟雾
		悬浮颗粒物
		致命呼吸道疾病感染率
	环境保护	自然保护的个人努力
		自然保护的意见
	可持续资源管理	水资源的有效利用
		电力资源的有效利用
智慧生活 (生活质量)	文化设施	影院上座率
		博物馆居民参观率
		剧院居民参与率
	卫生条件	人口预期寿命
		医院病床人口占比
		医生人口占比
		医疗系统服务质量满意度
	个人安全	犯罪率
		受到伤害的死亡率
		个人安全满意度
	房屋质量	房屋居住最低标准
		居民平均住房使用面积
		居民居住满意情况
	教育设施	学生居民人口占比
		接入教育系统满意度
		教育系统服务质量满意度
	旅游	重要的旅游景点
		超过两天旅游居民数占比
	社会凝聚度	个人贫困认知
		贫困率

2001年，ICF发布了它的第一份研究报告，即"评估智慧社区：区域社区的对比研究"。2002年，ICF首度发布了全球年度排名前7名的智慧社区名单。

1) 评选的目的和意义

ICF评选智慧社区的初衷是在发达国家和发展中国家建立以宽带技术促进经济发展的真正的智慧社区。当前其主要目的是分享全球在适应宽带经济发展的过程中智慧社区的最佳实践经验，以帮助各地的社区实现可持续的更新与成长；另外一个目的是通过评选过程，为ICF的研究提供实际的数据和素材。

宽带经济是一种新的经济形式，它使不同经济体之间的沟通更为便捷有效；智慧社区则是在此基础上实现的进一步的经济发展模式转型，也就是通常所说的全球化。

ICF评选智慧社区的意义在于：在智慧社区的发展中并没有一个最佳模式，每一个成功的发展策略都是基于其独特的历史和面临的挑战，通过解决当地的具体问题来有效地实践这一概念。通过研究和共享智慧社区的最佳实践案例，促使智慧社区适应不断变化的经济环境，不断探索公民和企业在社区中的定位。同时，成功的智慧社区发展战略也有许多共同之处，社区之间可以相互学习和分享，以加快自身发展。

2) 评选原则

(1) 公开透明。从申报、提名、评选到最后公布结果和入选理由、颁奖，全部过程都是公开透明的。

(2) 全球化。整个评选工作面向不同国家与地区，并力求实现公正合理，不受参评者所处地域和社区大小的限制。

3) 评选工作的开展方式

参与评选的范围：能够参与ICF评选的社区可以指乡镇、村庄、城市或都市区，同时也可以是一个州、郡，或一个更大的区域。这个拥有特殊身份的社区将作为唯一的个体存在，在其覆盖的地理区域内，以一种统一、整合的运行方式处理问题。社区内的居民或企业将可以与社区一道，充分进行资源整合，求同存异，使整体利益最大化。

工作方式：由独立的第三方组织ICF组建不同级别的评审委员会，通过三级筛选的方式依次选出智慧社区前21名、前7名和第1名。

评选周期：每年评选一次。从1999年开始至今，ICF每年都评选和发布"年度智慧社区"。

4) 评选程序

ICF评奖包括三个阶段。

第一阶段：评选ICF"智慧社区前21名"。评选程序一般从每年的初夏开始，ICF会发起智慧社区提名的声明，在接下来的100天里，ICF会收到来自各国的自荐信息，ICF将从它自己的研究结果和各个社区提交的信息中进行提名。自荐者通过在线填写一个包含有 6 个问题(社区的描述、背景、挑战、战略、实施计划和结果)的表格来提交基本信息。ICF 委员会接到这些提名后按照评选程序的 6 项准则对各个社区进行评分。ICF 为了方便自荐者确认自己是否符合评选的要求，专门设计一个由 15 个问题组成的自测表。

第二阶段：评选 ICF "智慧社区前七名"。在第一阶段中得分最高的前 21 个社区将会被要求填写更加详细的 "TOP7 调查问卷"。分析团队会阅读完整的调查问卷，并按照评奖标准对提名者的表现进行评分。前七名入选者被命名为 ICF 智慧社区前七名，ICF 会对前七名社区在国内和国际媒体上进行报道。

第三阶段：评选 ICF 年度智慧社区。在最后一个阶段，ICF 组织一个独立的研究机构重新分析这些数据并形成一套新的评分。同时，ICF 对每个入选 TOP7 的城市进行考察并撰写报告，再将报告连同提名数据一起交给一个国际评委会审阅，由其对前七名进行排名。ICF 按照一定的权重综合这两套分数并选出年度智慧社区。

5) 评选标准

ICF 的评选标准包括 5 项永久主题指标(保持不变)和一个年度评选主题(每年有新的主题)。这些永久主题指标构成了一个基本框架。而年度主题则聚焦于智慧社区所取得的某个特定的成功因素，允许提名者在此领域内突出强调他们取得的成就(以往几年的主题包括社区中的可持续、领导力、使用信息技术的文化、最后一公里的教育、医疗和创新平台等)，可以将年度主题视为 ICF 的一个评估指标(表 11-4)，它的权重被计入年度智慧社区的社区提名评价中。

表 11-4　ICF 5 项永久评选主题指标

指标名称	指标解释
宽带连接	宽带是新的基础设施，对经济增长的重要性就像干净的水、通畅的公路一样。智慧社区表述了有关宽带未来的清晰的愿景和精心制定的政策，以鼓励各社区积极部署和采纳
知识劳动力	知识劳动力指通过获取、处理和使用信息创造经济价值的劳动力。智慧社区展示了知识劳动力的定位，并演示了智慧社区培养合格知识工作劳动力的能力。知识劳动力的覆盖范围很广，从工厂车间到研究实验室，从建筑工地到呼叫中心或者网页设计室
创新性	对于企业来说，宽带对于的创新的作用就像肥料对于庄稼一样。智慧社区致力于打造新公司的本地创新能力，因为在现代经济中创新能带来就业增长；电子政府项目降低了成本，同时随时随地的业务提供也便于以数字化的方式了解居民的期望
消除数字鸿沟	随着宽带在社区中的广泛部署，一个严重的风险就是可能会进一步加剧弱势群体(可能是由于贫穷、技能缺乏、遭受偏见或者地域限制)在经济和社会中的鸿沟。智慧社区通过制定政策和资金扶持来消除数字鸿沟。这些政策包括为他们提供数字技术和宽带连接、提供技能培训、提升他们对于宽带经济益处的认识
市场营销和宣传	就像企业面临激烈的全球竞争一样，社区也必须比以往更加积极宣传他们的优势，解释他们如何保持或者提升宜居、宜商的水平。市场会把这个故事分享给全世界，同时这种宣传也有助于促使社区建立新的愿景

在对智慧社区的认识上，ICF 认为在宽带经济中，社区的适应性比继承性更为重要，技能与创新(而非自然资源)是未来发展的关键。

ICF 在不同级别的评选中参照上述标准进行人工评分,再排出次序。

11.2 国内智慧城市评价研究

11.2.1 上海智慧城市评价

上海浦东新区在大力推进智慧浦东建设过程中,由上海浦东智慧城市发展研究院正式对外发布"智慧城市指标体系1.0",如表11-5 所示,这是国内首个公开发布的智慧城市指标体系。该指标体系包括智慧城市基础设施、智慧城市公共管理和服务、智慧城市信息服务经济发展、智慧城市人文科学素养、智慧城市市民主观感知等5 个维度,以及19 个二级指标、65 个三级指标。

1. 具体评估指标

表 11-5　智慧城市评估指标体系(上海浦东)

一级指标	二级指标	三级指标
智慧城市基础设施	宽带网络覆盖水平	家庭光纤可接入率
		无线网络覆盖率
		主要公共场所 WLAN 覆盖率
		下一代广播电视网(NGB)覆盖率
	宽带网络接入水平	户均网络接入水平
		平均无线网络接入带宽
	基础设施投资建设水平	基础网络设施投资占社会固定资产总投资比重
		传感网络建设水平
智慧城市公共管理和服务	智慧化的政府服务	行政审批事项网上办理水平
		政府公务行为全程电子监察率
		政府非涉密公文网上流转率
		企业和政府网络互动率
		市民和政府网络互动率
	智慧化的交通管理	市民对交通信息的关注率
		公交站牌电子化率
		市民交通诱导信息服从率
		停车诱导系统覆盖率
		城市道路传感终端安装率
	智慧化的医疗体系	市民电子健康档案建档率
		电子病历使用率
		医院间资源和信息共享率
	智慧化的环保网络	环境质量自动化监测比例
		重点污染源及监控水平
		碳排放指标

续表

一级指标	二级指标	三级指标
智慧城市公共管理和服务	智慧化的能源管理	家庭智能表具安装率
		企业智能化能源管理比例
		道路路灯智能化管理比例
		新能源汽车比例
		建筑物数字化节能比例
	智慧化的城市安全	食品药品追溯系统覆盖率
		自然灾害预警发布率
		重大突发事件应急系统建设率
		城市网格化管理的覆盖率
		危化品运输监控水平
		户籍人口及常住人口信息跟踪
	智慧化的教育体系	城市教育支出水平
		家校信息化互动率
		网络教学比例
	智慧化的社区管理	社区信息服务系统覆盖率
		社区服务信息推送率
		社区老人信息化监护服务覆盖率
		居民小区安全监控传感器安装率
智慧城市信息服务经济发展	产业发展水平	信息服务业增加值占地区生产总值比重
		电子商务交易额占商品销售总额的比重
		信息服务业从业人员占社会从业人员总数的比例
	企业信息化运营水平	工业化和信息化融合指数
		企业网站建站率
		企业电子商务行为率
		企业信息化系统使用率
智慧城市人文科学素养	市民收入水平	人均可支配收入
	市民文化科学素养	大专及以上学历占总人口比重
		城市公众科学素养达标率
	市民信息化宣传培训水平	每年相关宣传培训人员占总人口比例
	市民生活网络化水平	市民上网率
		移动互联网使用比例
		家庭网购比例
智慧城市市民主观感知	生活的便捷性	网络资费满意度
		交通信息获取便捷度
		城市就医方便程度
		政府服务的便捷程度
		获取教育资源的便捷程度
	生活的安全性	食品药品安全满意度
		环境安全满意度
		交通安全满意度
		防控犯罪满意度

2. 总结

2011 年上海浦东新区发布的《智慧城市建设评价指标体系》是国内首个公开发布的智慧城市指标体系，对于我国智慧城市评估具有较好的借鉴作用。

11.2.2 南京智慧城市评价

根据智慧城市的内涵和发展特点，于 2010 年总结提炼的智慧城市评价指标体系，包括城市网络互联、智慧产业、智慧服务、智慧人文等 4 大领域，共 21 个评估指标。表 11-6 为南京市智慧城市评估指标体系。

表 11-6 智慧城市评估指标体系(南京)

一级指标	二级指标	单位	年目标值
网络互联领域	无线网络覆盖率	%	—
	光纤接入覆盖率	%	—
	户均网络带宽	Mbit/s	—
	国家级重点实验室数量	个	—
	智能电网技术和装备应用	个	—
智慧产业领域	智慧产业固定资产投资额	亿元	—
	智慧产业 R&D 经费支出	亿元	
	智慧产业占 GDP 比重	%	
	智慧产业从业人数	万人	
	智慧产业年发明专利申请总量	件	
	电子商务交易额	亿元	
	万元 GDP 能耗	吨标准煤	
智慧服务领域	政府行政效能指数	分值	
	协同应用系统数量	个	
	智慧公共服务应用普及率	%	
	智慧服务建设资金投入额	亿元	
智慧人文领域	人均 GDP	美元	
	大专及以上文化程度人口比重	%	
	信息服务业从业人员占全社会从业人员比重	%	
	信息化水平指数	分值	
	城市公共服务满意度调查	分值	

该指标体系是对智慧城市评估的早期有益探索，但存在一定的智慧城市内涵定位不清晰、忽视城市管理和运行、过于重视基础设施和产业等不足。

11.2.3 宁波智慧城市评价

宁波是国内最重视智慧城市发展的城市之一，该评估指标体系由宁波市智慧城市规划标准发展研究院联合浙江大学等高等院校和咨询机构的研究团队共同研究起草。该项研究从属于 2011 年度科技部部市合作软科学研究计划项目"智慧城市建设若干关键问题研究"，该指标体系由智慧基础设施、智慧治理、智慧民生、智慧产业、智慧人群和智慧环境等 6 个一级指标、19 个二级指标、42 个三级指标构成，具体评估要点总计 119 项。具体内容如表 11-7 所示。

表 11-7 智慧城市评估指标体系(宁波)

一级指标	二级指标	三级指标
智慧基础设施	信息网络设施	宽带网络
		三网融合
	信息共享基础设施	公共云计算中心
		信息安全服务
		政务云
	城市基础设施	重点领域信息化转型
智慧治理	智慧政务	决策能力
		政务服务及透明度
		业务协同水平
	智慧公共管理	智慧交通
		智慧城管
		智慧管网
		智慧安防
		智慧食品药品管理
		公众与社会参与度
智慧民生	智慧社会保障	社保体系建设水平
		社保信息化服务水平
	智慧健康保障	健康保障信息化服务水平
	智慧教育文化	教育文化信息化服务水平
	智慧社区服务	社区信息化服务水平
智慧产业	人均产值	人均产值
	投入产出比	投入产出比
	万元 GDP 资源消耗率	万元 GDP 资源消耗率
	"两化"融合	"两化"融合环境
		"两化"融合水平
		"两化"融合效益

续表

一级指标	二级指标	三级指标
智慧人群	信息利用能力	信息产品的应用
		信息资源的利用
	创新能力	创新环境
		知识创新能力
	人才质量	高等教育状况
		高级人才近况
		人才引进情况
智慧环境	生态保护	环境建设水平
		环保信息化水平
	资源利用	资源节约水平
		资源智能化应用
	软环境建设	组织体系
		规划政策
		法规标准
		城市品牌

11.3 智慧城市评价研究

11.3.1 智慧城市评价的目的和意义

智慧城市评估方法和指标体系是由一套科学的评价指标和配套测算方法所构成的有机系统，是对智慧城市建设成果和发展水平进行量化和对比的重要工具，对于指导和促进智慧城市发展具有十分重要的意义。

通过智慧城市评估可以引导和指导拟建和在建的智慧城市，使其明确智慧城市发展的目标和方向；可以发掘智慧城市建设过程中存在的问题，使城市各系统及子系统的规划、设计和建设更趋合理和优化；此外，还可以使政府、投资方等利用评估的结果评价城市的发展水平，从而考核和比较城市，对投资和发展决策进行支撑。

11.3.2 智慧城市评价的侧重点

评选指标主要反映智慧城市的五个方面的主要特征，即全面感知、开放共享、整合协同、智慧运作和普惠民生。

全面感知：智慧城市的特点之一是通过部署在城市中的传感器、RFID、M2M终端，全面感知城市运行状态，为城市智慧运行管理和服务提供基础。

开放共享：智慧的城市将重视城市信息的有效开发利用。此外，智慧城市还会通过各单位或部门间的信息共享提高管理效率和服务水平，减少重复建设。

整合协同：智慧城市通过各个环节互相关联密切配合，共同构成一个有机系统。智慧的城市会将各类应用和服务进行有效整合，加强应用和服务的协同，从而提高城市运行管理和服务效率。

智慧运作：通过在城市社会、经济、环境等各个领域，综合运用物联网、智能决策等信息通信技术，城市中的人、车、物、能量的运作将更加高效和智能。

普惠民生：智慧城市更加强调以市民为中心，着力提高便民利民服务水平。此外还强调智慧城市应用、信息资源和基础设施可以惠及每一位市民，缩小并逐步消除数字鸿沟。

11.3.3 智慧城市评价指标选取的原则

智慧城市评估指标的选取主要考虑的原则包括典型性、可比性、客观性以及易采集性。

典型性：选取的指标要能代表所评估对象和评估点的发展水平，当存在多个相关指标时，选择其中最典型的指标。

可比性：所选指标应该尽量选择普适性指标，而且指标在城市之间以及城市不同历史阶段之间应该是可以比较的。

客观性：指标的选择以尽量选择客观量化指标为主，对于实现无法找到客观指标且存在评估的必要性时才选择主观性指标。

易采集性：指标选取时应该尽量选择容易统计、容易获取的指标，以降低评估的难度。

11.3.4 智慧城市评价指标体系的具体构建方法

首先，开展智慧城市评估要解决的首要问题是评估对象的确定问题。本书研究后认为评估的目标对象不是市民，不是企业，也不是政府。因为人可以流动，可以多个城市有多处住所，严格说人和城市无固定关系。同样企业可以迁移，在多个城市具有分支，企业水平不直接代表城市水平。政府对智慧城市的发展负有责任，城市的智慧也体现了政府的智慧，但评价政府的说法并不合适，只能说评价的是政府的管理和服务。也就是说评估的真正对象是城市自身的基础设施、运行管理机制和对外提供的服务，重点包括以下几个方面。

(1) 城市本身的运行管理和公共服务的智慧水平。

(2) 为市民生活提供服务的智慧水平。

(3) 为城市中的企业提供服务的智慧水平。

(4) 城市公共平台和通信网络等智慧化所需的信息通信基础设施的水平。

其次，评估对象确定后，要确定智慧城市的智慧水平从哪些维度去评价的问题。本书研究认为，智慧城市的评估应该以智慧城市应用和服务体系为基础，从三个方面考虑智慧城市的评估指标，即应用水平、信息通信基础设施水平和实际应用效果。下面将以智慧交通为例进行介绍。

1) 应用水平

应用水平是城市智慧性的最直观感受和最直接体现。对于应用水平主要从城市各系统应用功能多少和各功能水平的高低来评价。例如，智慧交通中同时实现了电子警察和交流诱导应用的城市的智慧度要比只实现了电子警察应用的城市高。对于不同的应用，通过设定不同的权重来显示其水平的高低。例如，交通诱导应用与电子警察应用相比属于高级应用，所以在综合评分中占的比重相对更高。

2) 信息通信基础设施水平

当然，应用功能只是从一个角度对智慧城市进行评价，并不能完全说明城市的智慧水平。例如，不能说只在城市的一个小区域实现了交通诱导的城市比在全城范围内实现电子警察的城市更智慧。也就是说智慧城市的发展水平还与相关的信息通信基础设施的水平、覆盖的范围等有关。信息通信基础设施包括感知基础设施、网络传输基础设施和应用支撑基础设施三类。例如，在智能交通中，感知基础设施包括为了实现监测交通流量、停车场使用情况、交警车辆的位置、车辆通行诱导和控制等而部署的各种传感器、RFID 读写器、车载终端、警用终端以及各种控制和显示装置等。网络传输基础设施主要包括实现采集信息和控制指令与后台应用系统之间的可靠传输而部署的专用通信线路和路由交换设备。应用支撑基础设施是支撑各种应用系统运行的数据存储、信息处理、安全防护系统。

3) 实际应用效果

最后对于智慧交通的评价还要看其实际效果如何，智慧城市中各种高技术设施的部署不是为了技术而技术，而是为了实际改进管理水平，解决城市面临的各种发展问题。例如，智慧交通的部署最终目的是解决城市发展中面临的各类交通问题，如交通堵塞、停车位不足、交通事故等。所以实际应用的效果是判断交通智慧性的重要指标。对于智慧交通实际的应用效果可以从交通堵塞的缓解、停车位的有效利用、交通事故的减少等方面评估。

最后，根据评估对象、评价维度，本书确定智慧城市评估方法和评估指标体系的建立方法如图 11-3 所示。

对智慧城市绩效的评价属于多指标综合评价。多指标综合评价的原理就是，把多个描述被评价事物不同方面的统计指标转化成综合的相对评价指标，然后将这些价值换算成一个综合值，以实现对该事物的整体评价。具体步骤包括以下几点。

(1) 选择评价目标和评价内容，建立评价量化指标体系。

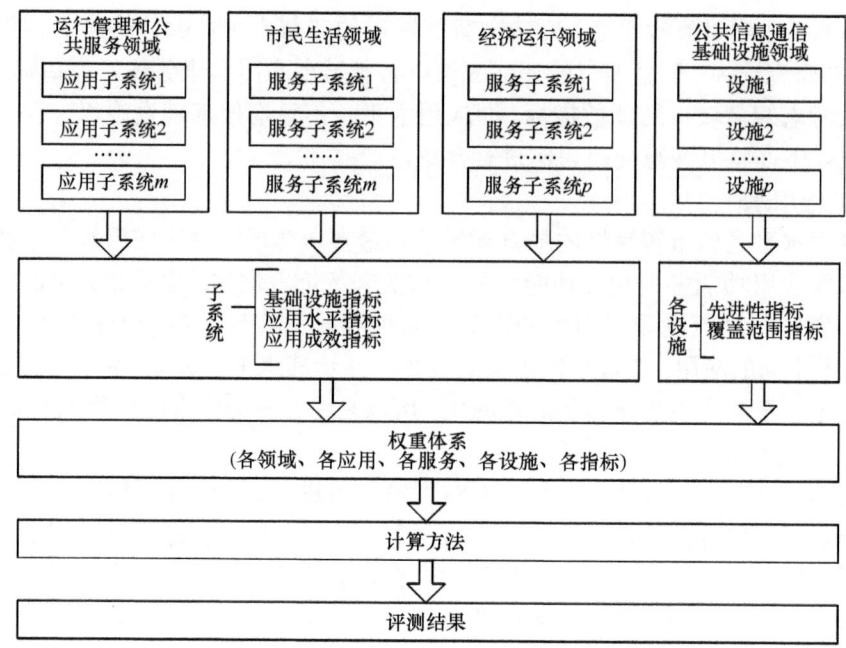

图 11-3 智慧城市评估方法和评估指标体系的建立方法流程图

(2) 根据被评价目标和评价内容的具体特征,选定所用的合成方法。
(3) 确定各指标在评价体系中的权重。
(4) 将指标实际值转化为评价值,即无量纲化。
(5) 将各指标评价值合成,即加权求和,给出综合评价值。
(6) 以综合评价值的大小为基础,对各评价对象进行排序,给出结论。

为了能最后得出城市的智慧性评价结果,可以将整个城市大系统逐级拆分成小系统,即将大类指标进一步拆解成下一级指标,最低一级的指标需要具有易评价、可获取、可量化的特点。

按照智慧城市应用服务体系的划分,整个智慧城市评估相应地包括三大领域,即智慧城市管理和公共服务、市民生活和经济运行。此外还应包括公共信息通信基础设施,因为这是整个智慧城市信息化应用的基础。

按照这个思路,可以建立一套科学化、可定制、易剪裁的评估指标体系。但是不同规模以及不同职能的城市在某些指标或指标集上没有可比性,需要采用相应的合适指标体系与评测方法进行评测,以满足不同规模(大、中、小)、不同特色(综合型、工业型、旅游型、港口型等)的城市评估需求,帮助城市结合自身实际和特点科学发展。可以对城市进行全面评估,也可以对城市中的特定领域进行针对性评估,如智慧交通、智慧政务、智慧环保、智慧社区、智慧园区、公共安全与应急等。

11.4 公共信息通信基础设施评估

公共信息通信基础设施主要评估通信网络基础设施和计算存储基础设施的水平。通信网络基础设施包括有线网络基础设施和无线网络基础设施。计算和存储基础设施主要以数据中心和云计算中心为主。

11.4.1 通信网络基础设施

1) 城市有线网络

(1) 城市数字电视网覆盖率。接入数字电视网的家庭数/城市总家庭数。数字电视作为一种重要的网络资源，可以实现视频点播、电子商务、自助缴费等众多数字化智慧化应用，是城市智慧化的重要体现。

(2) 城市家庭宽带网络渗透率。城市接入宽带互联网的家庭数/城市家庭总数。宽带接入是城市普通家庭接入互联网的主要形式，包括 ADSL 接入、VDSL 接入等，可以为智慧医疗、智能家居等提供网络基础。

(3) 家庭光纤接入覆盖率。接入光纤的家庭数/城市总家庭数。光纤接入可以为家庭接入互联网提供更高的带宽，光纤接入覆盖率高更体现一个城市的智慧化程度高。

(4) 户均宽带网络接入能力。城市内每户家庭实际使用接入网络的平均带宽(包括各种家庭网络接入方式)。城市接入互联网有普通宽带接入、有线电视接入、光纤接入等多种形式，户均宽带网络接入能力体现城市宽带接入的评价水平。

(5) 城域光缆长度。城域网中所有光缆的总长度，是测量城市骨干通信基础设施规模的指标。智慧城市网络建设除了各种技术的接入网还应建设光纤骨干网，光纤骨干网类似于城市交通的主干道，对网络通信水平具有关键作用。

2) 城市无线网络

(1) 城市无线热点覆盖率。

(2) 无线热点覆盖的城市面积/城市总面积。有线接入无法满足网络接入移动性和方便性的要求，无线局域网和蜂窝通信网络则正好可以弥补有线网络的不足。无线热点是利用无线局域网技术，在城市上网需求多的热点地区部署无线局域网接入点满足低移动性的人和物的网络接入需求。城市 3G/2G 网络覆盖率为：

2G/3G 网络覆盖范围/城市总面积。蜂窝移动通信主要实现移动中的人和物的通信接入，目前正在使用的是 2G 或 3G 技术，3G 相对于 2G 网络接入速率更高。大部分城市尚未实现 3G 网络的全覆盖。

11.4.2 计算和存储基础设施

计算和存储基础设施主要体现为数据中心和云计算中心。评估内容按照数据中心和云计算中心的组成划分，包括中心建筑和中心设备两大方面。按照中心的不同属性，可以分为能耗、性能等方面。具体评估指标如下。

(1) 建筑评估指标。建筑评估指标包括中心选址、中心机房建筑结构安全等级、机房建筑的防火等级、屋面防水等级、中心的抗震性能、中心机房建筑荷载、机房室内净高度等因素。

(2) 中心电力系统可靠性。双路甚至多路市电接入、变压器安全备份、UPS备份、备用发电机、发电机燃料可使用时间、供电密度、电气系统并行维修。

(3) 中心制冷。中心制冷包括空调设备供电稳定性、冷水主机可靠性、精密空调末端可靠性、是否具有自动化集中监测系统等。

(4) 中心通信可靠性。中心主干线路是否来自多个运营商。用来衡量中心连接互联网的可靠性与稳定性。

(5) 中心节能。中心节能包括中心建筑节能和中心设备能效。中心建筑节能主要参考美国的 LEED 评估标准体系，它为绿色建筑提供了一个完整、准确建设规范，大力推动建筑的绿色集成技术，并提供了一套可实施的技术路线。中心设备能效可通过"电能使用效率(PUE)"或"中心基础架构效率(DciE)"进行评估。PUE 是目前国际上公认的中心能效利用衡量指标。国际上较先进的绿色中心 PUE 值可以达到 1.4，而国内 PUE 的评价值为 2.5，一些小规模机房的 PUE 值达到 3。

(6) 中心 IT 设备。IT 设备主要包括服务器、存储设备、交换机、路由器等。对中心 IT 设备的评价内容包括 IT 设备性能指标、极限性能、综合性能评价及能效分析。

(7) 中心设计与管理。包括机房设计布局、应急措施和应急预案、监控系统、技术维护能力、维护管理制度与维护流程评价等方面。

11.5 城市运行管理与服务

1. 智慧政务

智慧政务[1~6]主要评估指当地政府部门整合各类行政信息系统和资源，提供开放协同、高效互动的行政服务方面的发展水平。评估指标如下。

(1) 行政审批事项网上办理水平。指可实现全程网上办理的行政审批事项所占的比例。

(2) 政府公务行为全程电子监察率。指通过各类信息化手段对行政许可类事项办理的全程电子监察率。

(3) 政府非涉密公文网上流转率。指政府非涉密公文通过网络进行流转和办理的比例。

(4) 企业和政府网络互动率。指城市区域内通过各类信息化手段和政府进行沟通与互动的企业在与政府有交互行为的企业中的比例。

(5) 市民与政府网络互动率。指城市市民通过各类信息化手段和政府进行沟通与交互的比例。

2. 智慧安全

智慧安全主要评估城市应急联动、食品药品安全、安全生产、消防管理、防控犯罪等智慧化水平。主要评估指标如下。

(1) 食品药品追溯系统覆盖率。指可实现从生产到销售的食品药品追溯系统在主要食品药品种类中覆盖比例。

(2) 自然灾害预警发布率。指一年内对城市遭遇的自然灾害(如地震、暴雨、台风等)及时发布预警的比例。

(3) 重大突发事件应急系统建设率。指城市管理各个领域中对重大突发事件信息化应急系统的建设水平。

(4) 城市网格化管理的覆盖率。指实现网格化管理的城市区域在总区域中的比例。

(5) 危化品运输监控水平。指对各类危化品运输车辆的实时监控比例。

(6) 智慧城市户籍人口及常住人口信息库应覆盖率。指对户籍人口及常住人口详细身份信息的采集和跟踪占总人口的比例。

3. 智慧环保

智慧环保主要评估应用物联网技术进行环境监测和保护的水平。主要评估指标如下。

(1) 水质监测污染物传感器种类覆盖率。已有监测污染物传感器种数/可存在监测污染物传感器种数。

(2) 水质监测污染物传感器范围覆盖率。传感器覆盖范围/水源或河湖总面积。

(3) 城市河湖水质水质监测视频摄像头覆盖率。已安装摄像头的河湖数/城市总河湖数。

(4) 降水监控雨量器覆盖率。已安装雨量器的街道数/城市总街道数。

(5) 大气环境监测污染物传感器种类覆盖率。已有监测污染物传感器种数/可存在监测污染物传感器种数。

(6) 大气环境监测污染物传感器监测范围覆盖率。传感器覆盖范围/城市总面积。

(7) 噪声监控声级计覆盖率。部署噪声监控声级计的街道数/城市总街道数。

(8) 噪声监控频谱分析器覆盖率。部署噪声监控频谱分析器的街道数/城市总街道数。

(9) 城市自然植被防护监控传感器覆盖率。传感器可覆盖的植被面积/城市自然植被总面积。

(10) 城市自然植被防护监控视频摄像头覆盖率。监控视频摄像头可覆盖的植被面积/城市自然植被总面积。

(11) 城市居民饮用水水源水质事故同期发生减少率。今年较过去一年事故发生减少的件数/去年同期事故发生总件数。

(12) 城市河湖水质污染事故同期发生减少率。今年较过去一年事故发生减少件数/去年同期事故发生总件数。

4. 智慧交通

(1) 超速探头覆盖率。部署了超速探头的路段占城市所有路段的比例。

(2) 摄像头覆盖率。部署了摄像头的路段占城市所有路段的比例。

(3) 车辆 ETC 卡安装率。安装了高速不停车收费(ETC)卡的车辆占城市所有车辆的比例。

(4) 车辆电子车牌安装率。安装了电子车牌的车辆占城市所有车辆的比例。

(5) 智能停车诱导系统所覆盖车位的比例。车位空闲/占用信息能够上传到智能停车诱导系统的车位占城市热点地区所有车位的比例。

(6) 道路停车诱导大屏覆盖率。安装了停车诱导大屏幕的道路数占所有道路的比例。

(7) 主要道路交通流诱导大屏覆盖率。安装了交通流诱导大屏幕的道路数占所有道路的比例。

(8) 公交站牌电子化比例。电子公交站牌占城市所有公交站牌的比例。

(9) 综合交通管理与服务平台车均存储容量。综合交通管理与服务平台的存储容量除以城市汽车保有量所得到的值。

(10) 综合交通管理与服务平台车均计算能力。综合交通管理与服务平台的计算能力除以城市汽车保有量所得到的值。

(11) 道路交通事故万车发生率。在一年内发生的交通事故的总数除以该城市保有的机动车总数再乘以一万。用于衡量一个城市的交通安全性。

(12) 日交通拥堵指数。在一日统计间隔内,城市整体或区域道路网总体拥堵程度的相对数,分工作日和节假日。日交通拥堵指数从宏观角度反映道路网交通拥堵水平。

(13) 拥堵里程比例。在一定时间统计间隔内，道路网处于不同拥堵水平的路段里程比例。拥堵里程比例从空间的角度反映道路网交通拥堵的影响范围。

(14) 交通拥堵持续时间。在一日统计间隔内，路网处于严重拥堵等级的持续时间。交通拥堵持续时间从时间的角度反映道路网拥堵等级、持续时间和变化趋势。

(15) 常发拥堵路段数。道路网中周期性发生严重拥堵的路段的数量，分为日拥堵路段、周常发拥堵路段、月常发拥堵路段和年常发拥堵路段。常发拥堵路段数反映道路网交通运行的薄弱环节。

5. 智慧能源

(1) 智能电表安装率。指居民家庭中安装智能电表的比例。通过智能电表实现远程控制、远程抄表，能够实时地了解用电情况，便于分析和电力调度。

(2) 分时电价普及率。指居民家庭中安装智能电表支持分时电价的比例。根据电网的负荷变化情况，将每天24小时划分为高峰、平段、低谷等多个时段，对各时段分别制定不同的电价水平，以鼓励用电客户合理安排用电时间，削峰填谷，提高电力资源的利用效率。

(3) 企业智能化能源管理比例。指企业中应用各类信息技术进行管理和平衡能源消耗的比例。

(4) 道路路灯智能化管理比例。指城市次干道级以上道路的路灯中实现智能化管理的比例。

(5) 新能源汽车比例。指新能源汽车在城市所有机动车辆中所占比重。

(6) 智能节能建筑比例。指城市乙级以上办公楼中采用信息化技术实现节能降耗的比例。

11.6 市民生活

1. 智慧社区

智慧社区主要评估面向社区(以居委会为单位)的居民服务和社区管理服务的便捷性和发展水平。评估指标如下。

(1) 居民小区安全监控传感器安装率。指城市内具有独立物业的居民小区中安全监控类传感器、智能摄像头的安装率。该指标用于反映面向社区的安全设施部署和安全环境建设。

(2) 社区综合服务信息推送率。指社区管理机构通过信息化手段向社区居民主动推动各类服务信息占信息总量的平均比例。该指标用于反映社区主动提供信息服务的能力和覆盖度。

(3) 社区公共信息服务系统的接入率。指接入社区公共信息服务系统，获取综合信息服务的居民数在社区住户中的占比。该指标用于反映居民对社区信息服务的认可度和利用率。

2. 智慧家居

智慧家居主要评估家庭(以个人住宅为单位)自身日常事务管理在绿色节能、舒适便捷、安全等方面的发展水平。评估指标如下。

(1) 智能电表的覆盖率。一个城市中的家庭做了智能电表改造的家庭数量与城市家庭总户数的比例。该指标有利于实现电价格的动态浮动管理，促进节能降耗。智能电表应具有远程抄表、分段计价的功能。

(2) 智能燃气表的覆盖率。一个城市中的家庭做了智能燃气表改造的家庭数量与城市家庭总户数的比例。该指标有利于实现燃气价格的动态浮动管理，促进节能降耗。智能燃气表应具有阶梯计价、实时阀控、短信催费等功能。

(3) 智能安防的覆盖率。一个城市中部署有可燃气体泄漏报警设备、对讲门禁的家庭数量与城市家庭总户数的比例。该指标是保证家庭入户安全、家庭内部安全监控的基本指标。

(4) 宽带入户率。一个城市中宽带入户率与城市家庭总户数的比例。该指标是面向家庭提供多媒体信息服务的基础。应确定宽带速率的最低要求。

(5) 家庭综合控制设备覆盖率。一个城市中部署有家庭综合控制设备的家庭数量与城市家庭总户数的比例。该指标用于反映家庭内部综合控制、自动化、便捷化的水平。家庭综合控制设备应具有家用设备的互联及遥控功能，如灯光控制、空调开关、家用水电气取暖智能仪表信息查询等功能。

3. 智慧教育

智慧教育主要评估人们获得各类教育资源和信息的便捷、精准程度，以及教育设施的信息化程度。评估指标如下。

(1) 家校信息化互动率。指各类中小学中，通过各类信息化技术，实现家校互动的比例。

(2) 网络化教育学科比例。指网络化教育课件数与实际学校授课总课件数的占比，学生可以通过网络远程获取教育资源。该指标反映了教育资源网络化程度。

(3) 网络教育覆盖率。指城市中各类学生通过网络获取教学课件服务在城市各类总学生人数中的占比。该指标反映了网络教育的认知度、使用度，以及整体服务水平。

4. 食品药品安全

食品药品安全主要评估食品药品安全管理、鉴别和防伪等方面的信息化程度和水平。评估指标如下。

(1) 食品药品追溯系统覆盖率。指可实现从生产到销售的食品药品追溯系统在主要食品药品种类中覆盖比例。追溯系统追溯应该能够监控从生产、检验、监管和消费各个环节，并在发现问题时能够进行有效控制和召回，该指标实际上反映了面向食品药品安全管理的综合信息化程度。

(2) RFID 在高端食品药品防伪中的应用比例。指应用 RFID 实现防伪的高端食品药品在高端食品药品中的占比。该指标反映了先进技术在食品药品防伪的应用水平。

(3) 食品药品运输环节实时监测系统安装和覆盖率。指有特殊需求的运输环节，如冷链运输、危险品运输等，安装有实时监测系统的运输设备在总特种运输设备中的占比。该指标反映了面向特殊运输需求的产品其运输管理和运输服务的信息化、自动化水平。

5. 智慧医疗

智慧医疗主要评估人们获取医疗卫生信息、医疗卫生服务和医疗救助的便捷性、准确性、时效性。评估指标如下。

(1) 市民电子健康档案建档率。指拥有电子健康档案的市民所占的比例。该指标反映了推进健康档案电子化的整体进展程度。

(2) 电子健康档案使用率。指城市内使用电子病历的医院占医院总数的比例。该指标反映了医院推进健康档案电子化的程度。

(3) 患者健康和医疗信息在医院(和社区卫生服务站)间的共享率。指城市内实现患者健康和医疗信息资源共享的医院(和社区卫生服务站)占总数的比例。该指标反映了患者信息的网络化程度和共享程度。

(4) 预约挂号就诊率。指人们通过预约挂号方式(call center、网站平台等方式)进行就诊的比例。该指标反映了医院信息化服务水平，体现了人们就医的便捷性。

(5) 社区老人信息化监护服务覆盖率。指面向老人日常健康状况的信息化监护占总数的比例。该指标反映了社区服务的发展水平和覆盖率。

6. 智慧社保

智慧社保主要评估社保信息管理和社保服务的信息化水平。评估指标如下。

(1) 社保业务在线办理覆盖率。指人们通过网络远程接入社保业务系统办理相关业务(如查询参保信息、养老金基数调整、失业登记等)在参保总人数中的占比。该指标反映了社保服务的自动化、网络化水平。

(2) 社保服务信息推送率。指社保机构通过信息化手段向参保人员推送的服务信息占信息总量的平均比例。该指标反映了社保单位的主动服务意识提升程度。

(3) 开放社保服务异地办理的社保服务机构比例。指开放社保服务异地办理的社保服务机构占全国社保服务机构的比例。该指标反映了社保服务全国联网的推进程度。

11.7 经济运行

1. 智慧金融

智慧金融主要评估金融服务及金融交易手段在便捷性、安全性、时效性方面的发展水平。评估指标如下。

(1) 移动支付用户占比。指使用手机、PDA等移动终端进行现场支付的用户的比例。该指标反映了移动支付的发展规模和用户认可度。

(2) 非营业厅下的金融事务办理率。指人们通过手机、网络等进行转账汇款、缴费、理财等金融事务办理的占比。该指标反映了金融系统网络化、移动化服务的能力和水平。

(3) 用户使用电子化支付手段发生的交易额占比。指用户通过移动支付、网络支付(如支付宝等)等进行电子化支付所发生的交易额在交易额总量中的占比。该指标反映了金融电子化支付的规模和发展程度。

2. 智慧物流

智慧物流主要评估物流企业的服务、物流管理、物流资源共享、物流系统应用覆盖的水平和信息化程度。评估指标如下。

(1) 单据电子化率。指物流电子单据在整个物流单据中的占比。该指标反映了物流管理的自动化、信息化程度。

(2) 物流车辆实时追踪系统安装率。指在物流车辆上安装定位装置和无线通信系统，对物流车辆的位置和状态信息进行实时监控和调度的车辆的占比。该指标反映了对物流车辆、物流车辆运行路线、时间进行优化管理的水平和程度。

(3) 提供货物实时追踪查询的物流企业占比。指提供货物实时追踪查询能力的物流企业在整个物流企业中的占比。不仅物流企业自身，物流企业的服务方也应用能够通过网络实时查询和追踪到货物的交运情况。该指标反映了物流企业管理和信息化程度。

(4) 物流资源共享率。指通过物流资源共享平台等手段，实现物流资源(如物流车辆、物流仓储等信息)在物流企业之间的共享和调度的比例。该指标反映了物流资源的开放和共享化程度。

3. 电子商务

电子商务主要评估商务活动的电子化程度、应用覆盖的广度和深度。评估指标如下。

(1) 电子商务交易额占商品销售总额的比重。指通过电子商务实现的商品交易额在整个商品交易额中的占比。该指标反映了经济运行的电子化程度(包括以销售为主的电子商务平台和采用电子商务手段销售的相关生产和服务型企业)。

(2) 企业电子商务行为率。指通过电子化手段实现采购和销售处理与环节在整个企业商务行为中的占比。该指标反映了电子商务行为在企业中的应用和渗透情况。

(3) 电子商务服务应用的占比。指实现电子化信息查询、购买、支付的商务活动在整个商业贸易活动中的占比。该指标反映了电子商务的应用领域。

4. 企业服务

企业服务主要评估面向企业提供服务的信息化水平。评估指标如下。

(1) 企业网络化服务占比。指使企业能够通过网络接入各种政府办事平台，提交资料，办理相关事务的企业服务部门的占比。该指标反映了面向企业服务的信息化电子化程度。

(2) 企业服务信息化系统使用率。指面向企业提供网络化自动化办事流程的平台，企业使用该系统完成相关信息查询、事务办理的比例。该指标反映了企业服务信息化系统的应用和使用程度。

参 考 文 献

[1] GB/T 21061—2007.国家电子政务网络技术和运行管理规范. 中华人民共和国国家质量监督检验检疫总局; 中国国家标准化管理委员会, 2007.
[2] 蔡立辉. 电子政务应用中的信息资源共享机制研究——地方政府与绩效管理创新研究丛书. 北京: 人民出版社, 2012.
[3] 马健. 孙丕恕: 云计算所主导的智慧政务. 物联网技术, 2011, 1(8): 20~21.
[4] 许志强, 徐燕妮.电子政务开户智慧城市之门. 科技传播, 2012(7): 153~154.
[5] 李德仁, 彭明军, 邵振峰. 基于空间数据库的城市网格化管理与服务系统的设计与实现.武汉大学学报(信息科学版), 2006, 31(6): 471~475.
[6] 穆昕, 王浣尘, 王晓华. 电子政务信息共享问题研究. 中国管理科学, 2004, 12(3): 121~124.

第 12 章 智慧城市应用模式

12.1 面向事件的智慧应用需求

随着近年来智慧城市概念的持续升温，全球已经有上百个城市启动了智慧城市建设，然而可以看到，目前智慧城市的建设大多以城市核心系统的智能化建设为主，因此出现了各种各样不同的智慧应用。事实上，对于城市生活的各个核心系统，都可以看到相应的冠以智慧的应用系统。宏观来看，有针对城市三要素的智慧政府、智慧企业、智慧民生，在此基础上，又有从城市运行管理角度出发定义的具体智慧化系统，如市政管理相关的智慧政务、智慧国土规划、智慧城管、智慧旅游、智慧公共安全等民生相关的智慧交通、智慧文化、智慧教育、智慧医疗卫生、智慧环保、智慧水务、智慧食品药品监管、智慧社区等，企业相关的智慧物流、智慧通信、智慧能源、智慧建筑等[1]。基本上可以看到在实际城市运行过程中涉及的管理职能几乎都有与之相对应的智慧系统。这些智慧化的应用系统确实在一定程度上悄然地改变我们的生活，有效地促进了社会的发展，显示出了其重要的作用。

然而，面对这样多的智慧应用，不禁要问一个问题，智慧城市是否就是这样许许多多智慧应用的叠加组成的呢？一般来说，智慧城市就是利用移动互联网、云计算、物联网等新一代信息技术，实时感知、建模、分析和处理城市运行的各个关键的数据，通过整合数据为政府、企业和居民提供智能高效的服务。然而城市中日常的生活与运行活动从来都不是一个智慧化的核心系统所能覆盖的，任何一个事件或活动都需要涉及多个应用系统的支持，而实际的智慧体验取决于多个智慧应用联合起来提供的智能化服务。

由此可见，真正的智慧体验是随着技术的进步和城市的发展而不断提升的。新一代信息技术和运行数据由原来的支撑手段逐步演变成了城市发展的基础设施，在大数据时代，智慧城市的核心需要能够对海量的城市动态数据进行融合，为不同的利益相关者提供参考、决策和服务。

从数据融合的角度来看，目前以智慧应用为核心的智慧城市建设还存在一定的挑战。各个行业智慧应用在建设的时候容易从自身的应用特点出发，主观上会较少考虑数据与其他系统的融合，从而客观上加重了各个系统间的信息隔离。其中一个重要的原因是虽然信息技术的全面发展给城市智慧化带来了巨大的发展机遇，但是不同领域的技术发展并不是完全同步的，这样会造成不同领域的不同系统可能由不同的厂商来实现，而厂商只关注本领域内的数据与业务处理，这样也会加重不同系统间技术壁垒，缺乏相应的接口标准，相互之间的业务无法集成，从而加重不同领域的信息隔离。

从数据本身的价值来看，城市运行产生了大量的数据，涉及城市生活的各个方面，如交通、电力、通信、安防、工业等，这些数据本身是有重要价值的，如果这些数据的存在不能被各类垂直系统应用，则会影响对城市的智慧化管理，影响城市决策和服务。

从城市运行管理的角度来看，如果各个行业领域的智慧化都独立进行，则势必会浪费很多的资源，许多基础性的工作需要重复投入，对将来的维护、扩展和重用都带来了不便。如果智慧城市建设的投入和回收不能成正比，由此造成投资浪费、应用失效，则信息安全隐患等后果势必会影响各个城市对智慧城市建设的热情。

由此可见，随着城市信息化规模的不断扩大，应用系统不断增加，对信息共享、系统互操作性和软件重用方面的要求越来越高，这些相对独立进行建设的各种智慧信息系统已经不能满足业务融合的需要，暴露出的弊端越来越多。因此智慧城市的建设需要在真实需求判断的基础上，进行统筹规划和综合协调，避免大规模重复建设，更不能将各部门拟建的信息化项目拼成一个大包，再贴上智慧城市的标签就算是智慧化了。

所以提出了事件驱动模式的智慧城市建设策略。在这样的智慧城市中，由城市中发生的真实事件作为驱动，进而通过智能化的事务管理，协调调动城市部署的各个智慧应用，跟随当前时间点上出现的事件，调动可用资源，执行相关任务，使不断出现的问题得以解决，提供综合决策和服务。事实上，城市能够提供的智慧体验应该是所有智慧化服务的一个总体反应，只有按照事件的方式进行组织，才能使城市智慧服务的使用者感觉到实实在在的智慧。

总的来说，智慧城市建设的着力点应在于数据的共享，在此基础上促进对各种资源的有效利用以及社会管理的细化。因此，对于实现事件驱动的智慧城市建设，需要准确地把握其内涵特征和目标定位，从设计原则、运营管理等多个角度进行梳理。

12.2 面向事件的智慧应用设计原则

建设面向事件的智慧城市过程中，需要遵循一定的原则，支持协调统一地建设各个领域的智慧化工作，才能确保为事件驱动的智慧体验提供切实可靠的支撑[2]。

需要为面向事件，以数据融合为特征的智慧城市提供科学实用的顶层设计。智慧城市涉及城市生活的不同单位和个人，是一个极其复杂的系统，理解也不尽相同。因此需要从全局出发，围绕着事件驱动这个特点，以数据融合为核心，通过对智慧城市的建设过程中各种因素进行统筹考虑，设计一个符合城市特点的长期和短期相结合的建设目标,来指导城市智慧化工作的各项建设。为了达到这个目标,需要不断完善现行的信息化建设体制架构,建立健全信息化推进机制,统一协调各个领域的智慧化工作,才能使得以融合为特色的智慧城市真正成为可能。

在统一完善的智慧城市顶层设计框架内,需要进一步加强信息基础设施的建设。随着新一代信息技术已经变成智慧城市建设的基础设施,任何一个智慧城市的建设都需要有良好的信息化基础设施作为支撑,以此为每个人以及所用的信息设备提供接入能力,将人与企业、学校、政府、医院等机构关联起来[3]。对于一个以事件驱动,着眼数据融合的智慧城市来说,更需要采用适度超前的原则,优先建设各种仪器设备、应用程序和软件以及各种网络基础设施,构成互联互通、无所不在的信息网络,使得音频、数据、图像、视频等各种新式的信息得到传送,全面提升利用水平,满足不同用户所需不同应用以及不同性能要求,才能真正保证面向事件的智慧城市应用服务的真正开展。

为确保面向事件的智慧应用服务,需要在建设过程中避免各个智慧系统各自分头建设的弊端。在统筹规划和实施的基础上,优先发展一些公共平台的建设,以此对数据融合提供有力的支持。目前信息化、智能化具体建设标准尚未形成统一,客观上形成了大量的信息孤岛,城市基础数据难以共享,集成很难,无法发挥信息融合发挥综合效应。所以在智慧城市的建设中,应该通过管理创新,完善项目建设的体制机制,使得信息化项目更好地为城市的发展服务。针对工业、交通、文化等不同领域,在地理、物流等已有的信息平台的基础上,建设新的公共平台,来整合已有资源,实现对于基础信息的管理。同时,立足以服务应用为导向,重点关注数据融合类业务,选择多个融合需求较强的业务进行服务创新,抓好城市运行核心系统的建设,按照一定的标准规范,以数据的融合为核心,实现跨业务范围的信息交换与共享,提供多样化的智慧型服务。

在建设的过程中,还需要不断推动完善数据融合、共享、应用相关的规范和标准,建立健全评价指标,确保数据共享的政策落实。目前,数据规范和标准没有统一建立,并且缺乏相应的评价标准,导致重复、错误、不一致的数据无法得到完全的修正,进一步造成数据融合、共享时的困难。所以在智慧城市的建设中,应该通过各种方式建立一套完善的标准,同时,还应吸引城市中智慧应用的使用方来参与评价,通过交流平台和反馈机制不断完善智慧应用,才能不断修正智慧城市的建设路线,实实在在地提高智慧体验。

12.3 智慧城市运营模式

智慧城市的建设无法一蹴而就,是一个持续性长、涉及面广、建设内容、投资量大的复杂系统工程,在建设、管理和运维的过程中建立有效的运营模式是智慧城市面临的一个重要挑战。

　　智慧城市的建设性质一般兼具市场化和公益化的特征，且涉及的各类信息化系统和应用千差万别，不能用简单统一的运营模式，而应该采用多种运营方式相结合的办法进行管理。目前在项目管理的实践中，有许多具有各自优势和特点的运营模式，如政府自建模式、BT 模式、BOT 模式、BOO 模式、BOOT 模式等，需要针对智慧城市不同的建设管理子项目来选择合适的运营模式。

　　对于面向事件的智慧城市，还需要重点考虑一种以数据为核心的运营模式。由于智慧城市的核心是数据，且智慧体验都来源于对数据高效而合理的利用，需要对数据提供一种可持续的运营管理机制。当回顾苹果手机的发展历程时，可以看到，苹果绝不是简单的一个智能手机生产和销售商，围绕着苹果手机可以看到以 App Store 为核心形成的庞大产业链。从某种意义上来说，真正支持苹果发展壮大的，是 App Store 中众多小巧而精美的应用程序。

　　智慧城市的建设可以从中得到很大启发，数据作为一种核心的战略资源，也应该为智慧城市形成一个产业圈提供重大的支持。因此，加强在安全可控条件下对数据进行开放式的运营具有重要的意义。首先数据是客观存在的，对数据的处理是一切智慧的基础，只有开放的数据，才有真正的智慧。其次产业的培养应该是市场化的，只有开放的数据，才有可能培育出未来智慧服务业的繁荣，带动城市的发展。

　　智慧城市的意义在于提供给城市中生活的每一个人切切实实的智慧体验，当人们需要服务时，服务就应该在那儿，甚至人们还没意识到需要服务时，服务也应该以智能的方式进行主动推送以满足人们潜在的需求。因此，智慧城市的建设应该在信息化系统建设的基础上，提供对每一个人活动的智慧化支持，这才是真正的智慧城市。

参 考 文 献

[1] 姜红德. 智慧政务"移动"起来.中国信息化, 2011, 12: 20~21.
[2] 第二届中国智慧城市大会. http://www.chinasmartcity.org/2012conference/2012-05-07/ [2013-07-22].
[3] Hu C L, Chen N C. Geospatial sensor web for smart disaster emergency processing//The 19th International Conference in Geoinformatics 2011, 2011: 1~5.

第 13 章 智 慧 政 务

13.1 智慧政务概述

13.1.1 背景与需求

随着城市面积的不断扩张、城市人口的不断增加,城市政府部门面临着越来越大管理压力,政府部门的规模不得不同步扩张。他们所面临的用户越来越庞大,所要处理的事物也越来越复杂,不同部门之间的协同性要求更高,做出正确决策所消耗的各种信息资源、物理资源越来越多,高效智能、令市民满意的政务处理成为政府部门一项非常富有挑战性的工作[1,2]。如何高效利用现有的资源,提高政府事务处理的能力,并为市民提供个性化、惠及所有人的政务服务,日益成为加强城市管理的最主要内容之一。

当今的城市管理者面临复杂的政府事务,有各个政府部门的烦琐的日常办公事务,也有对违法违纪监管对象的及时感知、识别、跟踪、处理的监管任务,还有为民众提供个性化的政务服务,以及根据已有资源做出正确决策等。这些都需要所有政府部门秉承以人为本的服务理念,完善自身管理运作机制,统一协调多部门协同工作。随着社会的进步,这些政务事件变得更加复杂多样,传统的处理运行机制已不能适应日益复杂烦琐的政务事件处理需要。如今很多政务事件不仅涉及的信息来源只是来自哪一家单位,涉及的处理也往往不是哪一家或哪几家单位所能够应对,这就需要建立一个公共的政务平台,这个平台使各个部门能够互联互通,并能够进行高效计算,它囊括所有部门的信息资源,能够为海量的城市用户提供及时、个性化的服务。

智慧政务无疑是城市管理者的必然选择,它是智慧城市的重要组成部分。传统城市和政府是按业务、管理职责分别设定的,各个部门各司其职。智慧城市则是以互联网、物联网、电信网、广电网、无线宽带网等网络组合为基础,以智慧技术高度集成、智慧产业高端发展、智慧服务高效便民为主要特征的城市发展新模式,这对政府建设提出了更高的要求,也为政务发展指明了方向。

智慧城市建设能够促进服务型政府建设,从而为社会转型提供更好的外部环境。而智慧政务将以信息化手段进一步提高政府工作效率,提高各级政府公共服务能力。通过智能化公共服务平台建设,能有效提升政府决策水平、提高政府公共服务质量,加快推进智慧产业及城市发展,促进智慧城市发展战略的顺利实现。可以说,"智慧政务"是政务处理发展到一定程度以后的高级阶段,是政府从服务型走向智慧型的必然产物，也是智慧城市可持续发展的核心推动力。

建立智慧政务有两大核心需求：一是满足跨部门、跨地区普遍信息共享的需求，支持各级政务部门决策、管理与服务；二是满足部门间特定信息横向交换与共享的需求，支持各级政务部门的业务协同[3]。

13.1.2 智慧政务的基本理解

智慧政务不是凭空产生的，它是电子政务的发展。

电子政务是在现代计算机、网络通信等技术支撑下，政府机构日常办公、信息收集与发布、公共管理等事务在数字化、网络化的环境下进行的国家行政管理形式。它主要包括以下内容，如政府办公自动化、政府部门间的信息共建共享、政府实时信息发布、各级政府间的远程视频会议、公民网上查询政府信息、电子化民意调查和社会经济统计等。政府作为国家管理部门，其本身上网开展电子政务有助于政府管理的现代化。我国政府部门的职能正从管理型转向管理服务型，承担着大量的公众事务的管理和服务职能，更应及时上网，以适应未来信息网络化社会对政府的需要，提高工作效率和政务透明度，建立政府与人民群众直接沟通的渠道，为社会提供更广泛、更便捷的信息与服务，实现政府办公电子化、自动化、网络化。通过互联网这种快捷、廉价的通信手段，政府可以让公众迅速了解政府机构的组成、职能和办事章程，以及各项政策法规，增加办事执法的透明度，并自觉接受公众的监督。同时，政府也可以在网上与公众进行信息交流，听取公众的意见与心声，在网上建立起政府与公众之间相互交流的桥梁，为公众与政府部门打交道提供方便，并从网上行使对政府的民主监督权利。在电子政务中，政府机关的各种数据、文件、档案、社会经济数据都以数字形式存储于网络服务器中，可通过计算机检索机制快速查询、即用即调。经济和社会信息数据是花费了大量的人力、财力收集的宝贵资源，如果以纸质存储，那么其利用率极低，若以数据库文件存储于计算机中，则可以从中挖掘出许多有用的知识和信息，服务于政府决策。现代政府事务日益复杂，传统政府的智能水平已经难以应付这种新的形势，必须建立智慧政府。智慧政府是指利用物联网、云计算、移动互联网、人工智能、数据挖掘、知识管理等技术，提高政府办公、监管、服务、决策的智能化水平，形成高效、敏捷、便民的新型政府。智慧政府是电子政务发展的高级阶段，是提高党的执政能力的重要手段。它有助于解决电子政务发展中的问题，让政府的管理服务效能提升，让群众感受到政府服务无处不在。

智慧政府中的智慧政务指的是面向服务对象的，以服务公众为核心，以公众需求为导向，以数据资源整合、共享为基础，充分利用云计算、物联网、3G、无线网等各种新技术，不断创新政务服务模式，为社会和公众的经济调节、市场监管、社会管理、公共服务和综合应急提供高效、智能化、360°、全响应、自助式的服务。随着物联网、云计算、移动互联网、Web2.0等新一代信息技术飞速发展，电子政务正向智慧政务转变。在服务方式上实现服务供给方式的转变，在服务内容上实现形态的转变，在服务质量上由现实政府的5×8小时服务向7×24小时全天候的服务转变，有效提高服务质量；在服务成本上将大量减少政府的时间成本、物质成本及人力成本。也就是说它可推进管理服务流程的重塑优化，决策运行的智能化、协同化、精准化和高效化，实现经济社会科学管理和民生高品质服务[4]。

智慧政务建设具体要达到以下几个目标。

(1) 一站式服务。全面整合政府门户及下属单位子网站的信息资源，从全局考虑，实现有序互联、有效共享，政府各部门通过重置流程及资源，以提供市民及企业便捷、优质、低成本的服务。

(2) 并联审批。政府各个联网部门实现数据整合和信息资源共享，对政府工作流程进行优化和改造，以标准化的服务方式实现各类跨部门的联动业务，提高政府的办公效率。

(3) 互动沟通。增加创新的沟通渠道，提供市民与领导，企业与政府间互动交流的平台机制，增强与各界代表人士的协商，树立一个公平、公正、公开，并且响应快速高效的政府形象。

(4) 智能政务。智能化提取政务数据，可进行大规模并行分析处理，结合有效模型，智能地指导业务决策和政策推行。

(5) 协同政务。协同各个部门现有资源，运用相关决策机制产生正确决策，各个相关部门能协同完成相应的部署。

(6) 阳光政务。利用网上行政监督和法制监督系统对"服务"的治理，对行政执法信息公开的程度和执行效率进行监督，确保行政行为依法、透明、廉洁、高效运行。

13.1.3 智慧政务的服务模式和类型

1. 智慧政务服务模式

作为电子政务发展的新阶段，智慧政务继承了其基本的服务模式。根据近年来国外电子政务的发展和我国政府对电子政务的实践，电子政务的主要模式有G2G、G2B、G2C、G2E等四种模式。

(1) G2G模式。政府与政府之间的电子政务，又称为G2G，它是指政府内部，政府上下级之间，不同地区和不同职能部门之间实现的电子政务活动。它是电子政务的基本模式，具体的实现方式有：政府内部网络办公系统、法规政策系统、电子公文系统、电子司法档案系统、财政管理系统、电子培训系统、垂直网络化管理、网络业绩评价系统、城市网络管理系统等。

(2) G2B模式。G2B模式是指政府与企业之间的电子政务。企业是国民经济发展的基本经济细胞，促进企业发展，提高企业的市场适应能力和国际竞争力是各级政府机构共同的责任。G2B 电子政务的形式主要包括：政府电子化采购、电子税务系统、电子工商行政管理系统、电子外经贸管理系统、中小企业电子化服务系统、综合信息咨询服务系统等。

(3) G2C 模式。G2C 模式是指政府与公民之间的电子政务，政府通过电子网络系统为公民提供各种服务。G2C 电子政务所包含的内容十分广泛，主要模式有：电子身份认证、电子社会保障服务、电子民主管理、电子医疗服务、电子就业服务、电子教育和培训服务、电子交通管理服务等。

(4) G2E 模式。G2E 模式是指政府与政府公务员(即政府雇员，employee)之间的电子政务。它是政府机构通过网络技术实现内部电子化管理的重要形式，也是 G2G、G2B 和 G2C 电子政务模式的基础。G2E 电子政务主要是利用 Intranet 建立起有效行政办公和员工管理体系，为提高政府工作效率和公务员管理水平服务。具体的应用主要包括公务员日常管理和电子人事管理等。

智慧政务更多的是采用以上四种模式相结合的方式来建立一站式服务，全面整合政府门户及下属单位子网站的信息资源，从全局考虑，实现有序互联、有效共享，政府各部门通过重置流程及资源，以提供市民及企业便捷、优质、低成本的服务。

2. 智慧政务服务类型

一般来说，智慧政务包括智能办公、智能监管、智能服务、智能决策四大类型。

(1) 智能办公。在智能办公方面，采用人工智能、知识管理、移动互联网等手段，将传统办公自动化(office automation, OA)系统改造成为智能办公系统。智能办公系统对公务员的办公行为有记忆功能，能够根据公务员的职责、偏好、使用频率等，对用户界面、系统功能等进行自动优化。智能办公系统有自动提醒功能，如代办证件提醒、邮件提醒、会议通知提醒等，公务员不需要查询就知道哪些事情需要处理。智能办公系统可以对代办事项根据重要程度、紧急程度等进行排序。智能办公系统具有移动办公功能，公务员随时随地可以进行办公。智能办公系统集成了政府知识库，使公务员方便查询政策法规、办事流程等，分享他人的工作经验。

(2) 智能监管。在智能监管方面，智能化的监管系统可以对监管对象自动感知、自动识别、自动跟踪。例如，在主要路口安装具有人脸识别功能的监视器，就能够自动识别在逃犯等；在服刑人员、嫌疑犯等身上植入生物芯片，就可以对他们进行追踪。智能化的监管系统可以对突发性事件进行自动报警、自动处置等。例如，利用物联网技术对山体形变进行监测，可以对滑坡进行预警。当探测到火情时，建筑立即自动切断电源。智能化的监管系统可以自动比对企业数据，发现企业偷逃税等行为。智能化的移动执法系统可以根据执法人员需求自动调取有关材料，生成罚单，方便执法人员执行公务。

(3) 智能服务。在智能服务方面，能够自动感知、预测民众所需的服务，为民众提供个性化的服务。例如，如果某个市民想去某地，那么智能交通系统可以根据交通情况选择一条最优线路，并给市民实时导航。在斑马线安装传感器，当老人、残疾人或小孩过马路时，智能交通系统就能感知，适当延长红灯时间，保证这些人顺利通过。政府网站为民众提供场景式服务，引导民众办理有关事项。

(4) 智能决策。在智能决策方面，采用数据仓库、数据挖掘、知识库系统等技术手段建立智能决策系统，该系统能够根据领导需要自动生成统计报表；开发用于辅助政府领导干部决策的"仪表盘"系统，把经济运行情况、社会管理情况等形象地呈现在政府领导干部面前，使他们可以像开汽车一样驾驭所赋予的本地区、本部门职责；建立基于事件的综合应急决策系统，辅助决策最优产生，实现应急决策主动、即时与多层次地服务于利息相关者。

3. 智慧政务的特点

智慧政务延续了电子政务，呈现出以下几个基本特点。

(1) 数字化。数字化是电子政务的首要特点，也是智慧政务的基本特征，重点包含监督数字化、政务资料数字化、交流互通数字化和市场数字化等方面。其中监督数字化就是要在网上公开政府各部门的名称、职能、组织结构和办事章程等信息，以增加办事的透明度，接受公众的监督；资料数字化就是要在网上公布政府所掌握的有关信息供公众查询，为公众提供信息咨询；交流数字化就是在网上建立起政府与公众之间交流的桥梁，加强政府与公众的互动；市场数字化就是要建立面向供需双方的专业化网上市场，促进电子商务的健康发展。所有这些都将极大地提高政府的亲和力与公信力，营造政通人和的太平盛世[5]。

(2) 网络化。随着城市通信基础设施的完善，政府各个部门、各个数据中心、各个政务流程等都被部署于网络上，通过互联网或者专有网络互联互通，从而便于分布式并行处理。电子政务将重点推进办公网络化、调控网络化、监督网络化等三个方面的工作。其中办公网络化就是政府上网办公，把交税、项目审批等与政府有关的工作全部放到网上完成；调控网络化就是政府通过网络获取市场信息、发布电子命令，实现在价格、税收和信贷三方面的调控职能；监督网络化就是政府通过计算机系统实施对经济活动的监督，并完成由有形市场管理向虚拟市场管理的转变。所有这些都将大大提高政府管理的效率与质量，为社会发展创造良好的外部环境。网络化使政府间的通信更畅通、有效，对整合政府各部门业务、借助云计算进行海量复杂数据处理分析、多部门联动智能决策等起着至关重要的作用。

(3) 智能化。智能化是智慧政务的重要特征，主要包含智能办公、智能监管、智能服务、智能决策等方面。智能办公采用人工智能、知识管理、移动互联网等手段，将传统办公自动化系统改造成为智能办公系统。在智能监管方面，智能化的监管系统可以对监管对象的自动感知、自动识别、自动跟踪。在智能服务方面，能够自动感知、预测民众所需的服务，为民众提供个性化的服务。在智能决策方面，采用数据仓库、数据挖掘、知识库系统等技术手段建立智能决策系统，来辅助政府领导干部进行智慧科学的决策实现。

(4) 精细化。智慧城市遍布的传感器和智能设备、云平台高速处理能力、各部门互联互通无障碍协同合作等是做到精细化政务的重要条件。精细化政务主要包括精细化运营、精细化监管、精细化服务等方面。精细化运营可以使政务部门实现高效、便捷、节能日常运营；精细化监管可以使监管部门做到及时发现、及时处理违法违纪现象，做到细而不漏；精细化服务可以使用户享受到更加人性化、方便快捷的个人政务服务。

更重要的是，与传统的电子政务相比较，智慧政务呈现以下几个显著特征。

(1) 透彻感知。随着传感网、物联网的发展与普及，城市各个街道、家庭被各种互联的传感器和智能设备所覆盖，就好像覆盖于城市的一层"电子皮肤"，城市各个角落每时每刻的各种信息被源源不断地输入整个智慧系统。

地上车流、人流信息，地下管网信息，空气、水环境安全信息，社区、公共场所治安情况等各种实时或近实时信息被这层"电子表皮"全方位透彻感知，为相关政府部门在执行相关任务、进行管理监督、做出综合决策等提供第一手的信息。

(2) 快速反应。由于智慧政务基于"大系统大集成"的理念，各个紧密联合的系统高度的数字化、网路化，并且采用了云平台、移动通信等新兴技术，再加上拥有强大的分析、决策功能，使政府能够在最短的时间内对城市内的突发公共安全事件、自然灾害等做出快速反应，做到第一时间发现问题、第一时间处置问题、第一时间解决问题。

部署在大街小巷的监控摄像头，实现图像敏感智能分析并与110、119、112等公安、急救部门交互，实现探头与探头之间、探头与人之间、探头与报警系统之间的联动，从而构建和谐安全的城市生活环境。此外，安全部门与地方各种资源智慧地互联互通，实时数据分析，应对突发事件和灾害，真正做到迅速准确。

(3) 主动服务。得益于智慧城市基础设施的完善、网络通信技术的发展，智慧政务能够随时随地以多种方式为海量的城市用户提供个性化、全方位的政务服务，政府部门实现从被动服务模式向主动模式，直至转变为智慧的模式。

车主违章停车将即刻收到来自交通部门的短信提醒，车主发个短信就知道哪里有停车位；用户可以在网上预约政务办理的流水号，并在相应时间提前收到提醒短信；用户根据自己需要订阅相关政务信息，它们被自动推送至邮箱或手机；政务部门的相关通知、政策可以精确迅速地传达到特定的用户。

(4) 科学决策。科学决策是智慧政务一个核心特点，整个智慧系统能否做出科学决策是评价它的一个重要指标。科学决策依赖于透彻感知的数据信息，科学决策也直接影响政府对突发事件响应的实效性，科学决策的执行贯彻需要通过主动服务到达各个服务对象，从而达到预期效果。

13.2 智慧政务体系架构

13.2.1 总体架构

智慧政务从顶层设计上是五层两翼的框架，如图13-1所示，包括基础设施层、数据层、应用系统层、应用支撑层、展现层、运行维护与标准规范体系、安全保障体系[6]。

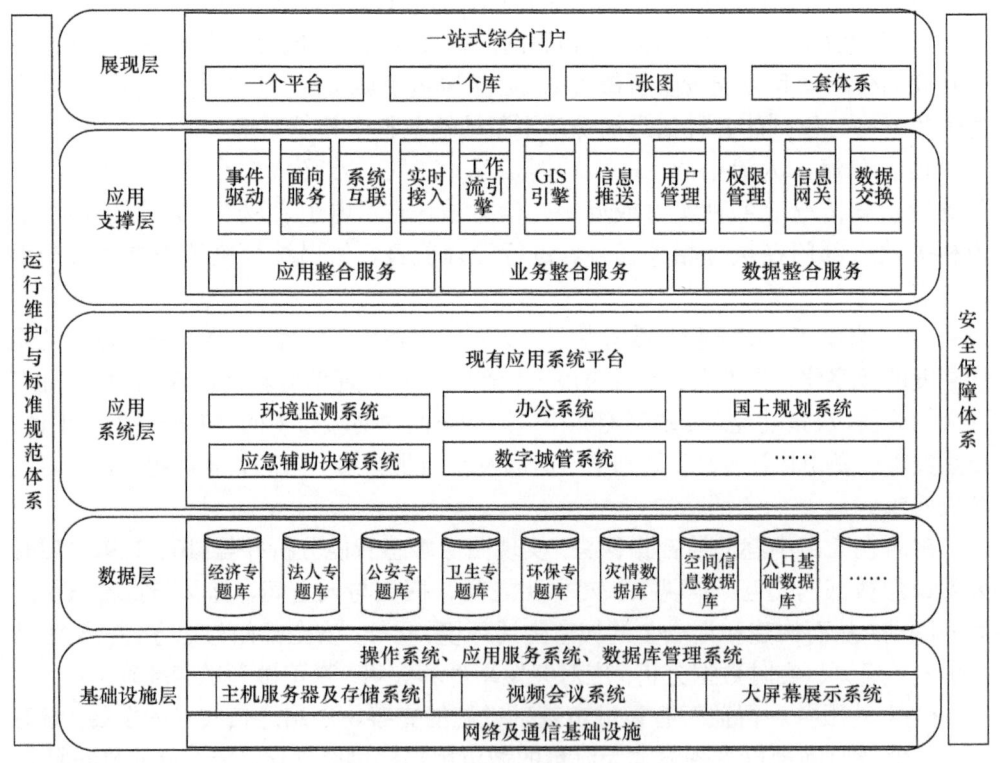

图 13-1 智慧政务总体架构图

(1) 基础设施层。智慧政务以操作系统、应用服务系统、数据库管理系统、服务器硬件平台、网络及通信基础设施作为基础支撑。

(2) 数据层。调研与政务运行相关的数据库中心，包括政务资源库、专题库与空间基础库等，以备实现智慧政务管理和服务的数据共享与交换。

(3) 应用系统层。调研与现有的政务运行应用系统，包括各类监管系统、办公系统、规划系统、决策系统等，以备实现智慧政务的一站式综合门户集成。

(4) 应用支撑层。该层主要提供关键技术，将现有的政务数据库与应用系统整合起来，从而提供一个更加智能、全面的政务系统，满足跨部门、跨地区普遍信息共享的需求，支持各级政务部门决策、管理与服务，满足部门间特定信息横向交换与共享的需求，支持各级政务部门的业务协同，以提升政府服务、运行与管理新水平，从而促使政务需求的解决方案更智慧化。基于 SOA 的系统架构简化政府职能部门间的数据交换与共享，利用 SOA 的设计理念，基于事件驱动的政务信息流程，将各分散的政务数据库与应用系统互联，整合各业务系统资源，消除信息孤岛，使政府各部门和上下级之间可以方便地实现互联互通。实现市(区)级社区横向联系，建立跨政府各职能部门的数据标准及交换体系，支持跨平台操作，实现数据的实时发现、接入、转换、传输、交换、整合等，实现信息资源共享。同时方便与社会各界、企业、个人等实现数据交换。

(5) 展现层。该层提供政务一站式综合门户，以面向应用为主线。梳理跨职能部门的业务流程，整合各部门的业务系统，以标准化服务的方式实现各类行政业务。建立统一的流程开发、运行、管理平台，实现各部门之间的业务联动，做到一站式政务审批。跨部门的审批业务需要在不同的委办厅局之间进行流转，同时能够按照业务发展需要，快速调整并联审批流程。对审批流程进行动态监督、监察业务办理进度和结果，便于社会公众对政务执行的监督，提高政府的运行效率，推进服务型政府建设，全面提高政府为人民服务的能力和水平。

(6) 保障体系。该体系包括安全保障体系、运行维护与标准规范体系三个方面，从技术安全、运行安全和管理安全三方面构建安全防范体系，切实保护政务运行各应用系统及智慧政务一站式综合平台的可用性、机密性、完整性、可审计性和可控性等。

13.2.2 信息流程

智慧政务为各类政务事件提供了解决方案，从利益相关者提供的政务事件解决需求到智慧的政务解决方案产生，其信息流程如图 13-2 所示。

(1) 政务事件解决方案定制。利益相关者包括政府、各专业部门、公众等角色，各级角色都可以根据其政务事件提供解决方案定制请求。政府的职能包括经济调节、市场监管、社会管理和公共服务，电子政务的业务对象包括政府内部、

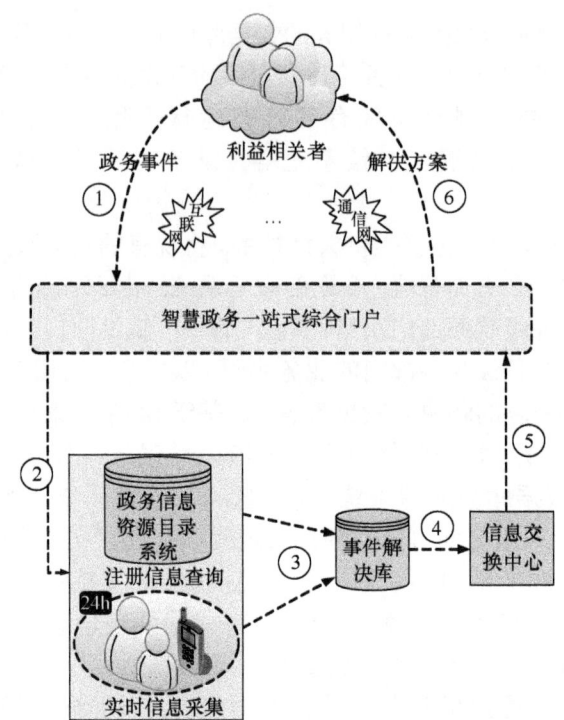

图 13-2 智慧政务信息流程

1. 政务事件解决方案定制；2. 多政务信息协同规划；3. 实时接入；4. 信息整合与工作流处理；
5. 解决方案推送；6. 解决方案反馈

政府与政府、政府与大众老百姓、政府与公务员。因此，政务相关的事件包括业务审批、绩效管理、网上申报、咨询预约、导引自助、现场勘查等。通过描述各类事件，建立事件与政务信息资源的关联规则，最终形成政务事件库。利益相关者利用高效、便携、透明的网络，通过一站式综合门户，定制所需要的政务事件解决方案。

(2) 多政务信息协同规划。多政务信息协同规划的受理平台是基于物联网与云计算技术设计的，各级政府与专业部门将其政务信息资源注册到目录系统中，从而实现各类政务相关的信息资源物理分布、逻辑集中。将利益相关者所提供的政务事件在政务事件库中进行匹配，围绕该事件特征、实时决策、响应机制，开展多政务信息的协同规划；当存档信息资源未能满足响应需求时，则启动实时信息采集方案。

(3) 实时接入。通过标准的开放式目录接口，将协同规划后的信息资源接入到特定的政务事件解决库中，为后续的政务事件解决方案提供基础支撑。

(4) 信息整合与工作流处理。最大程度优化和整合接入的各类政务信息资源，包括管理资源、服务资源、实时采集资源等，发挥专业部门间的协同效应，提高整体效能,更加敏捷、有效地指挥调度,实现从多头管理到统一管理、从单兵出击到协同作战的转变;在城市政务管理新模式下,监督员通过与群众的零距离接触和征求意见,使政府对城市管理信息的获取由被动听取转变为主动收集。工作流处理用于管理并执行由多部门、多层级协同的事件处理流程。

(5) 政务事件解决方案推送。当后台信息交换中心处理完毕后,将政务事件解决方案推送给门户中心。

(6) 政务事件解决方案反馈。用户通过智慧政务一站式综合门户以指定的方式,如短信通告、网站查询等,获取到指定的政务事件解决回馈方案。

13.2.3 标准与接口规范

为保证智慧政务体系的标准性和开放性,需要一系列的标准与接口规范作为支撑。这些标准与接口规范贯穿于政务服务的各个环节,其中标准包括:政务信息资源发布标准、发现标准、接入标准、获取标准、安全标准以及电子商务标准等;接口规范包括:注册接口规范和目录接口规范。而政务信息资源发布规范又包括信息资源分类标准、元数据标准、服务注册规范、信息资源编目规范等。这些标准和接口规范均要符合开放式系统建设的特征要求。

1. 信息资源发布标准

信息资源发布应遵循的规范包括信息资源分类标准、元数据标准、服务注册规范和资源编目规范。

(1) 信息资源分类标准。合理的政务信息分类是实现政务信息资源一致性组织、检索、共享和交换的重要基础。信息分类是根据信息内容的属性或特征,将信息按一定的原则和方法进行区分和归类,并建立起一定的分类体系和排列顺序。分类标准是一项复杂的但是滞后于应用的系统工程,并不存在绝对的对与错,合理、高效、统一的标准与已经形成的百花齐放的分类之间有很大冲突,意见难以统一。适合政务信息资源特点的分类方式正在不断探索中,现有的分类包括按服务分类、政务机构分类、主题分类与资源形态分类等。

(2) 元数据标准。元数据是对信息资源的规范化描述,它是按照一定标准,从信息资源中抽取相应要素组成的一个要素元素集合。这种规范化描述可以准确和完备地说明信息资源的各项要素。不同类型的数据资源可能会有不同的元数据标准。元数据为信息的管理、发现和获取提供一种实际而简便的方法。通过元数据,人们能够对信息资源进行详细、深入了解,包括信息资源的格式、质量、处理方法和获取方法等细节。元数据标准可适用于资源共享、数据发布、数据编目、数据交换、网络查询服务等,也是数据集元数据模型、建库、汇编、发布的标准格式。元数据标准的制定有利于提高数据库建库质量,促进数据加工的规范化、标准化，实现数据交流与共享。

(3) 服务注册规范。服务注册规范是对信息资源分发的各种服务的描述信息进行注册与管理。注册是信息资源分发服务的一个环节。只有当服务在相关的服务器上完成注册时，该服务才能被其他用户发现进而使用。注册信息包括服务的描述信息，如地址、使用方法、使用规则等。注册服务器中包含了各种信息资源或服务的注册信息，通过对注册服务器的查询，完成对网络信息资源和服务的分发工作。数据与服务注册规范包括三种功能：注册服务器功能的查询、服务类型的查询和服务类型的注册。前两个是必须实现的功能。

(4) 资源编目规范。资源编目规范对于划分信息资源的内容、规格、质量等进行了规定，用于规范化建立和描述信息资源及其系列。信息资源发布式利用资源编目规范可实现对其要发布资源类型的确定和划分。

2. 信息资源发现标准

现有的数据/信息资源发现遵循的标准主要是网络目录服务规范。

目录服务是用于描述、组织、发现、访问地理空间数据目录信息的服务接口。目录服务可以帮助用户或应用发现分布式存储的各种资源。目录服务由发现、访问和管理服务组成，并为其提供外部接口。

(1) 发现服务是必须实现的目录服务。它提供对政务信息资源的查找、浏览等功能。发现服务对政务信息资源的查找、浏览是通过元数据进行的，提供对政务信息资源的元数据级的访问。

(2) 访问服务是可选实现的共享目录服务。它提供对政务信息资源的数据级或服务级的访问。访问服务可以以直接和代理访问实现。

(3) 管理服务也是可选实现的数据共享目录服务。它提供对目录本身的管理功能，如修改目录信息、增加或删除目录等。

目录体系是按照一定的分类标准建立的，目录项的类别归属是依据其包含的核心元数据划分的。根据特定的分类标准，一个项目可以被划分归属于多个目录。目录体系分布式存储于目录服务器中。目录服务器存储一个或多个目录的信息。

3. 信息资源接入标准

在政务信息资源注册到标准目录库中后，如何将信息资源接入到实际应用中，目前现有信息资源的下载需要遵循网络传输的协议标准，如 HTTP、FTP 等，网络数据访问则遵循 ISO 和 OGC 制定的网络地图服务(web map service, WMS)、网络要素服务(web factor service, WFS)、网络覆盖服务(web coverage service, WCS)、传感器观测服务(sensor observations service, SOS)等；当服务器提供的信息资源不能直接满足用户需要时，还需要遵循相关的数据操作标准，如数据转换标准，对信息资源进行处理，然后发送到客户端。

4. 信息资源安全标准

信息安全是一个庞大而复杂的领域，按照《电子政务标准化指南》(第一版)的规定，信息安全体系的标准包括总体标准、密码算法标准、密钥管理标准、防信息泄露标准、信息安全产品标准、系统与网络安全标准、信息安全评估标准、信息安全管理标准。在建立分发服务系统时，可以参照相关标准规范执行。

5. 信息资源注册接口规范

由于智慧政务运行系统中存在众多的信息资源，这些资源分散在不同的政务机构、信息中心、服务网节点，如何使用户对这些服务进行有效发现？需要通过注册机制进行发布，建立统一的服务资源索引，以便为政务运行系统的用户所使用。将信息资源的元数据注册到注册系统中，用户就可以了解各种服务的具体信息，包括信息资源的服务功能、调用方式等，就是注册服务的基本功能。

注册接口规范描述了注册服务的概念及机制，并且定义了注册服务的基本功能和接口，为实现政务信息资源共享系统注册提供技术依据，使不同的政务信息资源能够通过本规范的接口映射到一个目录系统中。注册接口规范是实现政务信息资源共享的重要规范之一。

注册服务体现在三个角色中，包括服务提供者、注册服务器与服务请求者。注册服务的功能是通过参与注册服务的三个角色共同实现的，注册服务规范定义角色之间的接口，通过接口实现注册服务的功能。注册服务提供对服务资源的发布、发现和访问三种功能。

(1) 服务资源发布。服务提供者开发某种网络服务，通过描述该服务信息的相应内容，包括网络服务资源的内容、用途、定位信息以及访问和使用服务的细节。服务提供者将服务描述信息注册到注册服务器。注册服务器对服务资源描述信息进行发布，以便服务访问者进行访问。

(2) 服务资源发现。服务请求者通过注册服务提供的发现功能，查找到特定的服务资源注册信息。通过服务注册信息，服务请求者可以获得服务资源的定位信息、服务资源的访问接口，以及参数和消息的定义，以便连接服务提供者发布的服务资源。

(3) 服务资源访问。服务请求者检索到资源注册信息，通过注册信息中的相应内容可以获得服务实现的定位信息、接口规范、参数及消息定义等信息。服务请求者可以绑定并访问服务提供者发布的服务实例。

6. 信息资源目录接口规范

注册接口是对政务信息资源的发布接口，目录接口则是提供给政务运行系统中的用户一种发现、管理与访问政务信息资源的接口。因此，目录接口规范包括以下功能。

(1) 发现服务。根据客户端的检索请求，经目录服务器端进行处理，生成结果集，并根据客户端请求中的要求进行格式化，最后返回给客户端。

(2) 访问服务。访问服务接口只有一个子状态，无论何时，只要代理访问请求消息被授受，就进入处理请求状态。在处理请求状态时，命令可能根据代理访问请求消息的内容进行修改。命令状态是一个分享状态机。命令状态的转换可以独立于目录接口请求之外，例如，命令执行是一个转换，该转换发生时没有代理访问请求消息。命令可以被服务器删除。服务器准备响应客户端被删除的命令请求，通过返回包含说明命令不存在诊断的成对响应。

(3) 管理服务。管理服务提供客户端方法来改变目录中包含的元数据，包含创建目录请求或元数据请求，或更新目录请求或删除目录请求，创建目录响应或创建元数据响应或更新目录响应或删除目录响应。

13.2.4 业务功能

(1) 业务审批。业务审批包括业务受理、业务办理、收费管理、审批调度、统计分析等，通过该功能，完成公众通过各渠道申请业务的办理功能。

(2) 绩效管理。绩效管理包括实时监察、综合查询、督办纠错、领导决策、绩效评估等，利用该功能，可以实现窗口工作人员的绩效监管，并为领导的决策提供科学的数据资料支持。

(3) 网上申报。智慧政务中心解决方案的网络门户，包括在线办理、问卷调查、进度查询、互动论坛、咨询投诉等。

(4) 咨询预约。该功能包括呼叫中心、常见问题、预约管理、预约办理、客户管理等，利用该功能可实现咨询预约一号服务。

(5) 导引自助。导引自助包括个人办事、企业办事、进度查询、中心布局、排队叫号等。该功能完成审批自助一体机、智能手机和数字交互电视等渠道的自助业务处理。

(6) 现场勘查。现场勘查包括图片上传、信息录入、综合查询、统计分析、勘察报告生成等。该功能为需要现场勘查的审批项，提供有力的支持。

13.3 智慧政务的典型案例

13.3.1 综合行政管理

我国的城市发展经历了工业型、经济型到数字城市的逐步演进，当前它正以城市的可持续发展为主题朝着智慧的方向发展。智慧城市带来的改变不局限于理念范畴，它将使城市的生产方式、生活方式、交换方式、公共服务、政府决策、市政管理、社会民生等方面产生巨大和深远的变革。

事实上，智慧城市不仅是经济增长的倍增器，城市病解决的有效手段，更是政府服务高效运行的基础。智慧城市建设应着重在与市民生活息息相关、社会关注度高的领域实现率先突破，切实改进公众生活方式，提高民众幸福指数。智慧城市最主要的目的是以人为本，使人在城市中生活便捷，使城市相关元素可测量、可监控和最大化被利用，通过整合把城市中众多的应用信息系统实现互联，协同作战，这也是智慧城市的本质特征。

随着社会结构发生变化，阶层群体冲突增加、社会状态愈加活跃、社会诉求不断提升，维权意识逐步强烈，社会发展与社会治理的不同步导致社会管理面临越来越大的压力，社会管理成为一门新的课题被广泛研究。党的十七大也明确提出，"要加快行政管理体制改革，建设服务型政府"。为了满足民众和企业对社会管理创新的迫切需求，顺应电子政务发展的趋势，从根本上改变管理服务体系，建设新一代的行政管理服务平台，是对政府多年建设的电子政务资源进行全面整合，是全面实现服务型的重大举措。

针对城市辅助决策任务多、业务模型各异、资源分散等特点，依托平安城市完善的监控和指挥网络，整合政府掌控的各类资源，在城市海量信息高效处理技术、城市多源异构数据在线融合技术、城市变化信息动态提取技术、城市信息智能分析和多层次辅助决策技术等的基础上，通过对政府组织机构和城市管理流程的再造，综合行政管理中心以现代先进的管理理念、方法和工具为手段，立足智慧城市的核心，以天地图和政务智能为抓手，集联动、执行、监督、决策和服务于一体，形成精准、高效、透明、公正的行政运作模式，实现行政管理科学化、领导决策精确化、公共服务便捷化，为创新社会管理搭建基础平台，创新社会综合行政管理新模式，进一步提高社会管理效率和社会管理科学化水平；形成一套发现、处理、监督、考核全流程闭环的城市综合行政管理运行机制，制定详细、精确、量化、科学的考核办法。提供城市行政管理智能化综合决策支持应用系统，能够整合和管理视频监控信号、国土、测绘等部门的基础数据资源，大气、水、噪声、酸雨和空气质量等多个监测点的数据，突发事件发生地周边的危险源、关键基础设施等监控目标数据，采用"一号受理"、"一表传递"、"一网处理"的技术架构实现服务、管理、应急一体化，具有视频会议系统、应急指挥系统、协同工作系统、综合评价系统、监督指挥系统、辅助决策系统、无线数据采集系统(城管通)、业务受理系统、公众信息服务系统等功能，面向三大受众服务体系，即"领导决策层"、"职能应用层"和"公众交互层"，提升城市综合管理能力、应急响应能力和城市服务水平。

1. 综合行政管理中心总体结构图

综合行政管理中心系统建设采用基于 Intranet/Internet 结构，C/S 结构与 B/S 结构相结合的体系结构。综合行政管理中心由基层设施层、综合行政管理中心平台、应用层和门户层组成。综合行政管理中心总体结构设计如图 13-3 所示。

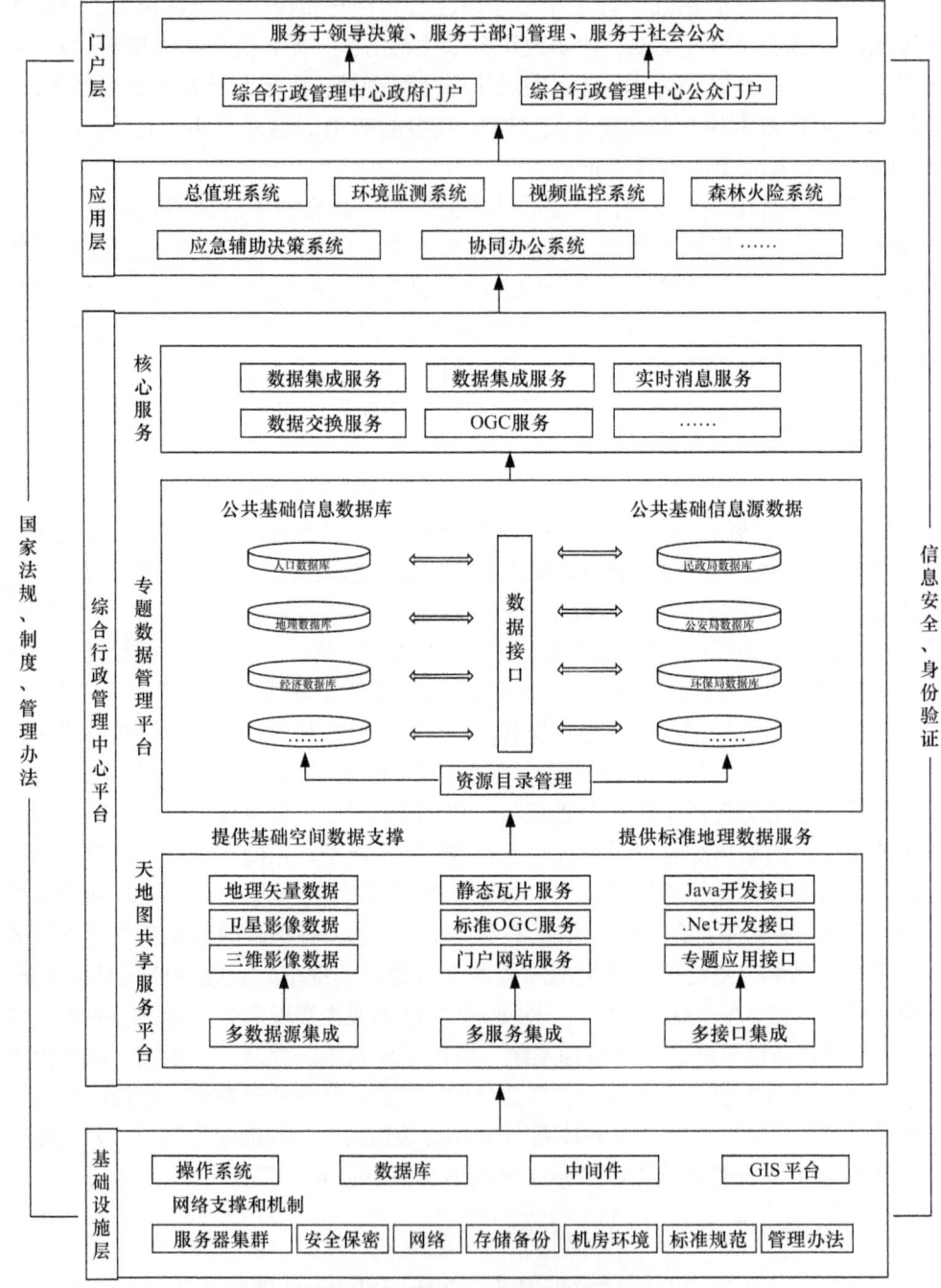

图 13-3 综合行政管理总体架构

(1) 基础设施层。基础设施层是平台运行的支撑与保障，主要由服务器集群、数据库、网络、标准规范、管理办法等组成。

(2) 综合行政管理中心平台。综合行政管理中心平台以国家测绘局天地图作为空间数据基础，搭建各类专题地理信息数据库，整合政府各个部门的政务信息资源，以共享交换中心的模式，统一提供数据共享交换服务支撑各部门业务应用。

(3) 应用层。应用层业务系统以信息技术为手段，以系统之间的互联互通为核心，以促进纵向系统内、横向部门间协同业务的开展为目的，实现政务业务应用与系统应用的有机结合。

(4) 门户层。综合行政管理中心门户层包括政务门户和公众门户。门户是数据与服务的唯一出口，是外部用户登录平台、访问数据和调用功能的唯一入口，是交换平台数据、功能的集中展示中心。

2. 综合行政管理中心组成

综合行政管理中心基于天地图，全面整合社会治安、城管执法、道路交通、国土规划、卫生疾控、防汛抗旱等政务应用，将政务工作与绩效评估管理由被动的事后检查处理向事前、事中实时动态监控转变。利用政务智能，协助政府决策和政策推行，为各级领导和决策管理部门建设平安城市、监控重大项目、指挥应急事件、保护生态环境、把握经济发展状态、预测经济发展趋势和监测经济系统运行提供了决策支持。

综合行政管理中心由基础部分、框架部分和应用部分组成，如图13-4所示，基础部分包括政府信息资源数据仓库，框架部分指综合行政管理中心平台框架，应用部分由专题应用和综合应用组成。如果换句话来概括综合行政管理中心，那么就是一张图、一个数据仓库、一个平台、一套体系。一张图是在数字中国建设大背景下，平台区别于传统电子政务建设思路，大胆创新引入地理信息技术，借助天地图服务，打造一张图，整合优化现有政务资源，提供更加优质的政务服务。一个数据仓库是以天地图1∶5000数据为空间数据基础，建立经济、法人、公共、卫生、环保等专题库和政务资源库，形成三库一体的统一数据仓库，为平台提供准确、规范、统一的数据支持。一个平台指通过一个平台框架涵盖了网络汇接、数据存储、信息交换、应用支撑与服务等过程，实现了政府部门间的资源共享与交换，以及公共资源的访问和业务系统快速搭建，彻底解决信息孤岛等问题。一套体系指集成职能应用系统，充分发挥一套体系效能，如环境监测、数字城管、卫生疾病控制、国土规划等。在此基础上，通过统一调度、统一指挥，建设了总值班、应急指挥调度等应用系统，实现政务业务与应用的有机结合。

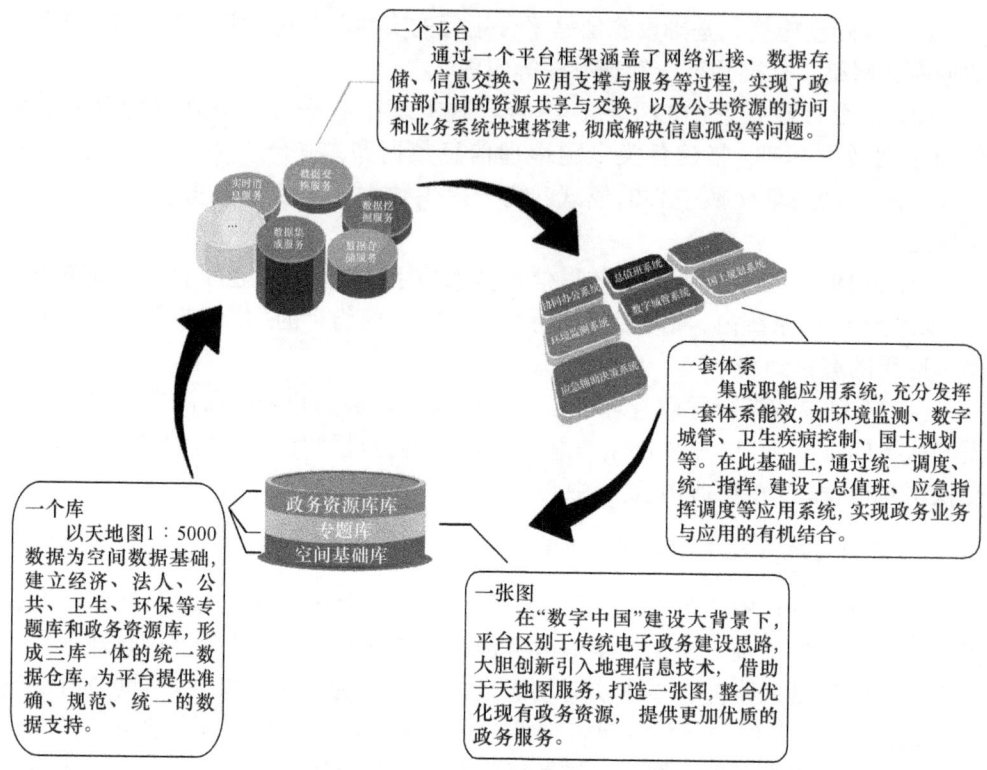

图 13-4　综合行政管理中心组成

3. 综合行政管理中心作用

综合行政管理中心有三大受众服务体系，即领导决策层、职能应用层和公众交互层，如图 13-5 所示。

面向职能应用实现政府信息资源数字化、业务处理网络化、行政管理科学化的应用层面，为各级政府以及各局委提供业务系统和办公流程自动化，并且实现政府部门内部和部门间信息共享和办公无纸化，提高政府部门办事效率，构建协同办公系统、案件受理子系统、综合评价子系统等应用系统。

面向领导决策层是基于天地图和政务智能的运用，利用智能化的政务空间数据分析，结合叠加模型、网络模型、拓扑模型、对象模型等若干空间模型，应用于空间数据管理、空间规划、空间决策、资源分配、区域经济等，指导政府决策和政策推行，为各级领导和决策部门建设平安城市、监控重大项目、指挥应急事件、保护生态环境、把握经济发展状况、预测经济发展趋势和监测经济系统运行等提供决策支持。

公众服务是综合行政管理中心的对外应用层，是面向公众的政务门户，向公众提供多层次的公众化服务，从而实现公众服务网络化和便捷化，确保政府行政

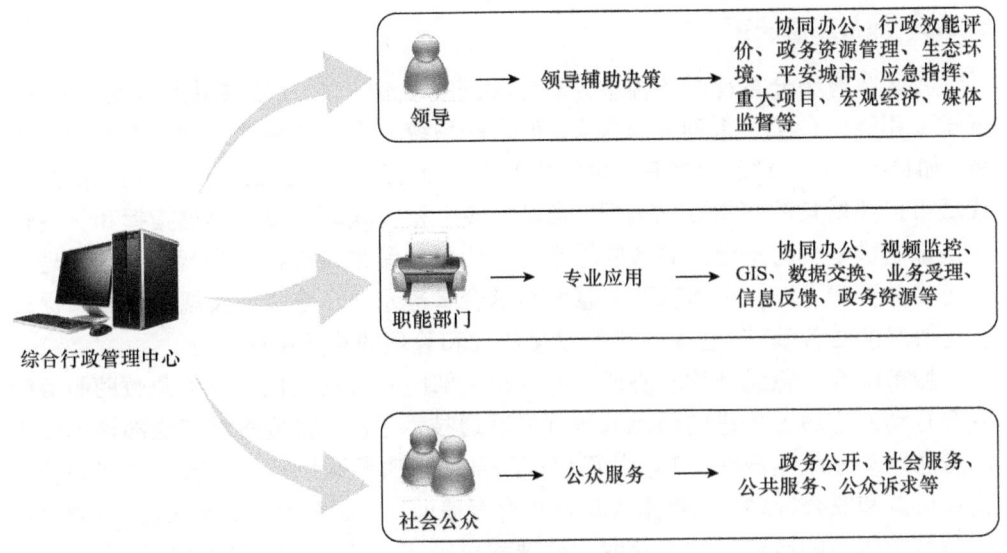

图 13-5 综合行政管理中心受众图

行为依法、廉洁、高效,加强社会的监督力量,使政府权力更加透明。公众服务包括政务公开、办事服务、办事指南、地图服务、治庸问责,以及工商、税务、银行、社保和医疗等与公众联系紧密的网上审批等。

4. 综合行政管理未来发展畅想

城市是经济社会最活跃、发展最快、信息最丰富的区域,然而政府是一个城市的大脑,建设智慧城市的首要任务是建设智慧政务。智慧政务先行,全面带动经济、社会各领域的智慧化建设。智慧化正在成为现代政府发展的新方向。智慧城市下的政府可以提高政府服务能力,提高政府行政效率,提高城区管理能力。

智慧政务是以用户为中心的、信息资源全面融合的、提供统一完善服务体系为特征的新型政府形态,是现代政府的网络版,现代政府动作的支撑体。它具有一体化、协同化、互动化、最优化的特点。智慧城市的建设则将进一步改善城市的经营环境,全面提升城市管理和城市规划水平,使城市适应经济全球化发展的需要,加强城市经济发展后劲,加大产业结构调整,最终提升城市竞争力。

在未来综合行政管理中心将与智慧城市同步发展,实现政务的物联化、智能化,进一步提高政府对于城市的管理与服务水平,促进平安城市、健康城市、便捷城市和高效城市的发展。智慧政务如何解决电子政务存在的问题,从以下四个方面着手:一是加强统筹规划和顶层设计;二是构建政务云平台,促进互联互通;三是融合信息资源,提供一站式服务;四是创新服务内容,促进公共服务均等化。

13.3.2 综合应急决策

我国政府十分重视对各种重大事件(灾害、公共安全、公共卫生)的应急处置,近年来相继出台了一系列应急预案,但这些系统大多主要为相关部门专业应用服务,如110、119、122、120等,并且基本处于独立运行、分散的状态,难以满足现代城市日益增长的应急联动需要,难以为各个相关联动单位的协调指挥和领导快速决策提供坚实的平台。高效的城市综合应急决策系统正在成为智慧城市管理必不可少的要素之一,它体现了智慧城市综合管理水平,是城市大规模发展和提升安全等级的必备基础,也是城市智慧化建设和管理的重要组成部分。

城市综合应急就是政府协调指挥各相关部门向公众提供社会紧急救助服务的联合行动。它通过先进的信息共享互联互通技术手段,将覆盖城市全部辖区面积的应急联动系统集成在一起,从而保证跨部门、跨警区以及不同警种之间的统一指挥协调和联合行动。城市重大事件具有覆盖面广、时效性强、损失巨大等特点。智慧城市应急响应涉及数据获取、处理和决策等环节,是典型的数据密集型应用场景,主要涉及如下五种信息资源:实时传感器采集系统、属性数据、空间数据、视/音频信息、语音信息。实时传感器采集系统包括大量部署在各监测点的传感设备;属性数据包括大量的历史资料数据及综合统计数据;空间数据是反映应急联动系统信息的空间坐标位置的数据(如事发地点、派出所位置、路口分布、车辆位置等),主要指地图图形;视频/音频信息是非常直观的现场管理和控制手段,如高速公路监控点、消防高空瞭望点、电视直播画面等;语音信息主要是提供各种110、119、120等语音报警和救助服务,通过语音信息交换实现应急救助和服务的综合协调和分工。如果把实时传感器、属性数据、空间数据、视频/音频信息、语音信息控制等紧密地结合在一起,那么将使得整个城市综合应急信息的管理更加方便快捷和形象直观,并彻底改变城市应急联动规划、建设、实施、管理及资料保存的传统模式,研究应急响应的体系结构、生命周期、服务模型、业务流程,探索传感器协同监测、观测灵性服务等关键技术,完成智慧城市应急响应体系框架和总体方案设计,从现阶段数字城市被动滞后应急响应模式上升到智慧城市的主动即时应急响应模式。

1. 综合应急体系结构

由于我国实行多部门、分灾种的应急准备和管理机制,容易造成联动性差、资源分散的局面,需要建立统一调度、协调行动的应急指挥机制,技术先进、资源共享的应急信息机制。建立高效的综合应急体系,建立并不断完善综合应急管理机制,是智慧城市公共应急的主要工作。

虽然大多数部门和单位都建立了突发事件应急预案,但是预案可操作性不强、缺乏保障措施、相互之间不衔接的问题还比较多,缺乏实战检验,因此建立部门和行业之间的应急资源联动机制,充分协调城市异构信息资源;建立起综合应急服务模型,将分布式的信息资源联动起来,通过相关的数据流程与服务规范,为实现应急资源经过处理后到最后应急决策生成奠定基础;针对原来应急联动系统中各环节相互脱离的不足,研究综合应急决策中全生命周期体系架构,并分析智慧城市资源在各生命周期中的地位与价值;基于应急指挥平台和网络体系,建立各部门分工协同工作机制和信息资源共享与处理的业务流程。因此,针对应急事件的突发性,探索城市传感器资源、数据处理、决策模型的协同与互联互通技术,建立基于事件驱动的智慧城市应急响应体系结构,包括应急模式、部件组成、接口关系和演化机制等。如图13-6所示,智慧城市综合应急响应体系结构应包括城市异构信息资源、综合应急服务模型、综合应急全生命周期和事件驱动的综合应急决策业务流程。

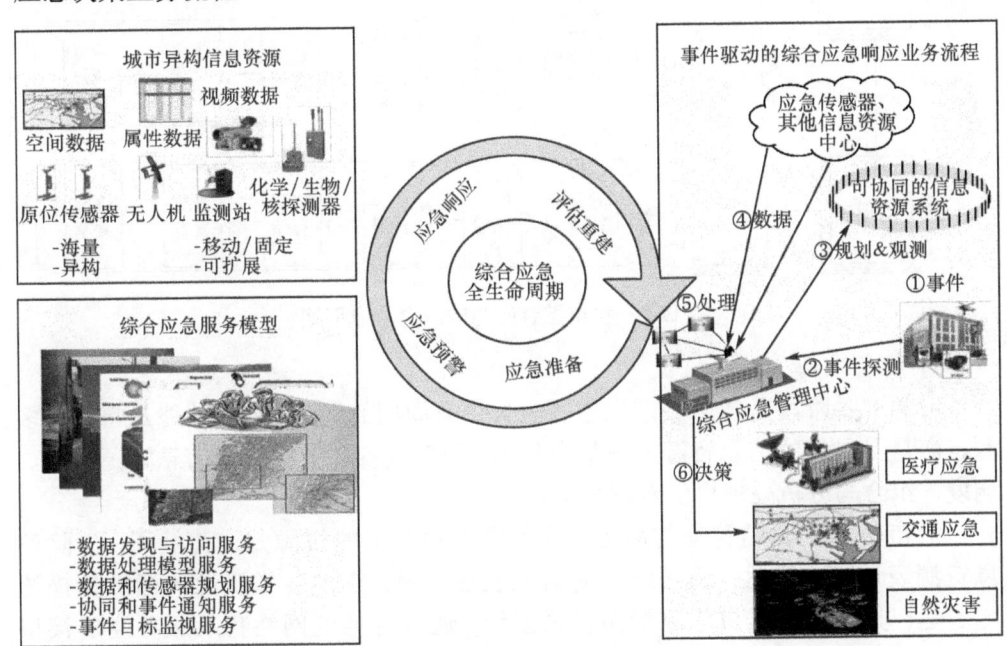

图13-6 综合应急体系结构图

2. 综合应急全生命周期

从危机管理的角度来看,控制和应对应急事件大致可以分为事前、事中与事后三个阶段。应该做到事前有准备,包括有预见、有预警、有预案;事中有快速反应的指挥调度、应急决策;事后有修补、完善机制。

针对原来应急联动系统中各环节相互脱离的不足,研究应急事件从发生前、发生时、之后预警、处置、评估、恢复等一个闭环的生命周期,综合应急决策系统地分析了综合应急全生命周期,包括应急准备、应急预警、应急响应中与评估重建环节,以及它们各阶段中智慧城市信息资源的地位与价值。

图 13-7 展现了智慧城市应急响应全生命周期中各环节的过程,主要体现了智慧城市异构信息资源在各环节中的地位与价值。

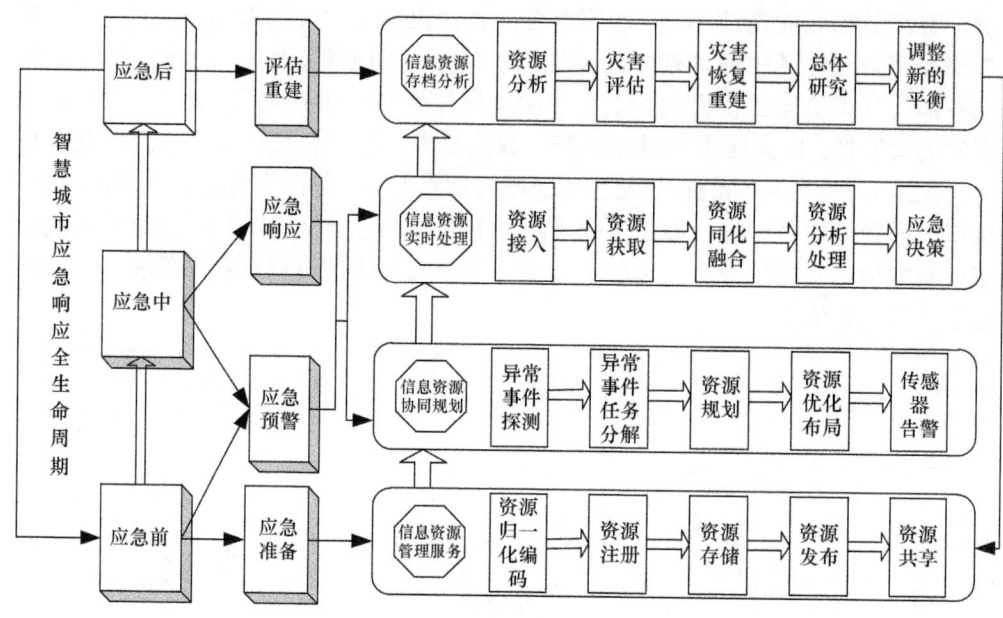

图 13-7 城市综合应急响应全生命周期

1) 应急准备

应急准备阶段是智慧城市应急响应全生命周期的起源,它的功能是将城市多源、海量且异构的信息资源逻辑集中起来,为后续各环节的应急信息资源规划、调度、组合与分析处理提供数据基础。

城市信息资源的管理与服务:首先将各种类型的资源归一化编码,消除信息资源表达不一致性,通过统一的语法表达机制,实现各类资源的标准化描述与表达;其次扩展城市信息资源目录系统,通过标准的网络目录服务注册接口,将各类标准化表达的资源注册到目录系统中,其中要保证城市目录系统所绑定的数据库系统可用性,即可用于存储各类资源的元数据信息或信息资源本身;再次经由网络目录服务的注册接口的注册服务,实现各类资源的发布,即任何利益相关者可以通过网络目录服务所提供的资源发现接口,实现各类资源的发现与获取;最后各类城市信息资源实现归一化表达、标准化发布,从而实现资源共享。

2) 应急预警

应急预警阶段主要用于预测并告警城市灾害事件的发生。因此,在整个应急响应全生命周期中扮演着不可或缺的一环。

3) 应急响应

应急响应阶段发生于应急预警之后,它主要用于实时处理各类应急事件,其职能包括城市信息资源协同规划和实时处理。

信息资源协同规划:首先,当城市灾害事件发生时,要对该异常事件进行探测并感知;其次,当该异常事件处于传感器实时的观测时,通过传感器告警服务,将该异常事件告之相关人员;再次,当异常事件被探测到后,产生应急事件响应需求,将应急事件任务分解,从而保证细粒度异常事件的可完成性、即时性应急响应;最后,根据异常事件的状况,启动城市信息资源的规划与调度,将各类适用于实时观测该异常事件的传感器资源进行优化布局,或协同各种满足于解决该异常事件的存档信息资源进行合理调配。

信息资源实时处理:首先,当各类信息资源都得到规划与调度后,将其产生的数据资源接入到应急响应处理中心;其次,通过标准的数据获取接口,自主获取并加载该数据资源到应急响应处理系统,各类资源数据的本源不同,因此要通过资源同化与融合操作;最后,将一体化融合、时空配准和精度同化后的异构信息资源通过分析处理,得到最后的应急决策,有助于相关人员进行高效的应急决策。

4) 评估重建

评估重建阶段是整个应急响应全生命周期中的最后一环,它的职能是用于灾害评估、灾害恢复重建与调整新的平衡等。在该阶段中,城市异构信息资源扮演的角色是存档分析。

信息资源存档分析:当灾害事件发生后,城市各部门都会更新相关的信息资源,因此,首先要收集、利用并综合分析这些信息资源,用于最快、最准与最真实地评估该灾害事件带来的损失;其次通过分析出来的相关结果,指导灾后的恢复重建;最后相关的决策部门对该灾害事件进行总体研究与分析,调整新的平衡。

3. 事件驱动的城市水污染综合应急响应流程

目前我国的公安、消防、交管、城管、医疗疾控、防洪、防震等部门相继建立了各自的应急系统,但信息化程度不高,没有建立一套基于事件的操作流程,总体上讲,这些独立的应急系统缺乏有机融合,迫切需要建立一个统一、高效的能够实现城市事件智慧响应的体系,即联通存档信息资源、实时传感器、处理平台、决策模型,形成面向服务、事件驱动的应急响应体系架构。目前国内主要建立单个部门的应急系统,主要有四种应急服务模式:集权、授权、代理和协同,综合应急联动系统建设还处于探索尝试阶段,还没形成具有全生命周期、优化布局、智慧响应的应急机制。总的来说,要实现数字城市的被动滞后应急响应到智慧城市的主动即时综合应急响应转变的关键技术点在于突破以下内容:当应急中心监测到城市异常事件时,对其任务进行自顶向下的任务分解,形成一套具有智慧的城市综合应急响应体系架构。具体自顶向下分解为城市应急传感器资源的调度与规划,智慧城市多源观测数据一体化融合,协同处理,应急响应决策服务模型,最后形成一个涉及体系、数据流程、接口、服务模型等相对完整的方案,为智慧城市应急响应的即时服务奠定基础。

政府是保证智慧城市得以实现与运行的核心,针对城市重大突发性事件,政府负责协调城市各专业部门联动应急,维护城市的稳定运行,降低民众在突发性事件时的最小损失。政府如何应对城市水污染应急事件是城市政务的职责之一,因此,以城市水污染应急为例,设想智慧政务得以建成,如图13-8所示,阐述城市水污染综合应急响应的流程,其智慧应急综合起来分为以下场景:事件感知、协同观测、高效处理以及决策支持。

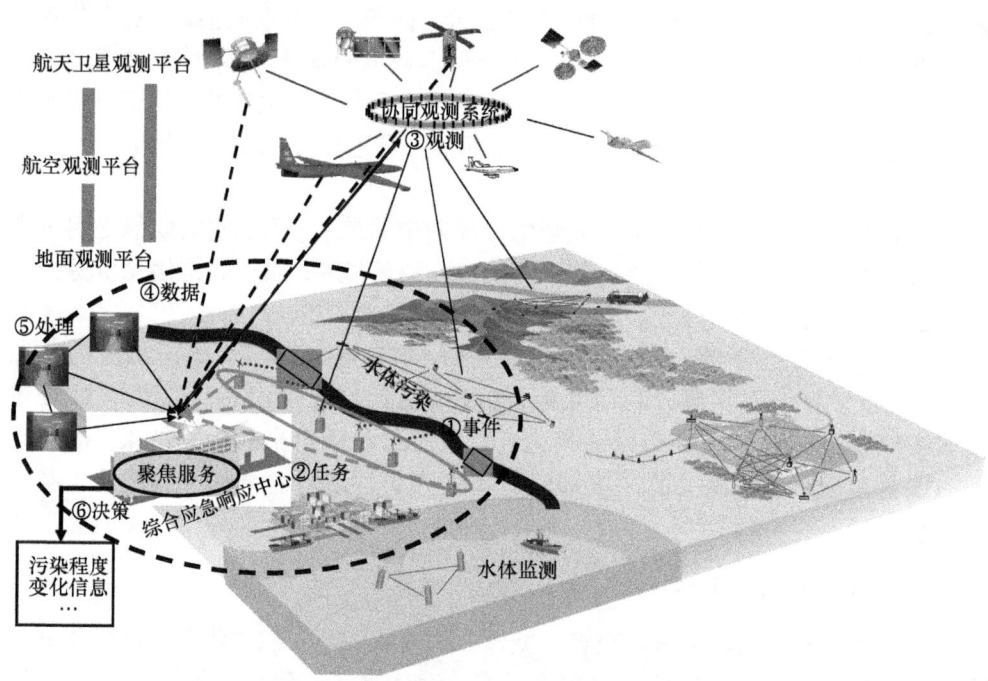

图 13-8 城市水污染综合应急响应流程

(1) 事件感知。在过去数字城市网络化管理或更早的阶段,水污染事件往往依赖人工发现,并将污染事件往应急指挥部门一级级上报,因此该应急响应方式表现为滞后与被动。智慧城市应该是一个透明感知的环境,即城市被包围在虚拟传感网中,其任何状态,尤其是突发性的应急事件将不会处于观测孤岛。如图13-8所示,在该水域附近部署了地面传感器监视系统,当该水域发生水污染时,地面监视系统便能即时监控到该事件,并通过传感器网络将事件第一时间传达到综合应急响应中心。

(2) 协同观测。单一的观测系统往往不能满足复杂或大区域的观测任务，因此协同各级专业部门或空天地各级传感器进行协同观测将是应急响应的最优解决方案。当综合应急响应中心接受到水污染事件后，将会对该观测任务进行自顶向下的任务分解，从而保证各细粒度观测任务具备更好的可监控性与完成性。针对各细粒度观测任务，综合应急响应中心搜索可用的传感器，并指派传感器进行观测。如图13-8所示，可以启用满足该事件所发生时–空–主题的卫星、无人机以及地面移动监测设备，进行全局连续观测。

(3) 高效处理。从传感器观测传回的数据到应急响应决策产生是一个复杂且需要耗时的处理过程，由于综合应急响应中心是一个应急联动中心，它具备权限调度各级专业部门，从而保证各级数据能被即时并连续地处理。但是由于各种传感器观测的数据类型不一致，包括其数据格式、数据内容、数据区域以及数据精度等都存在差异性，如何将这些异质数据同化，并提取出能服务于水污染应急决策的信息是一个技术难点。综合应急响应中心集成了支撑智慧城市运行的关键技术，建立特征级数据的一体化融合模型与方法，将异质的观测数据同化与信息提取，并通过构建基于水污染事件的应急决策工作流技术，从而串连该水污染事件的各级细粒度观测数据处理，从而快速、高效地生产应急决策信息。

(4) 决策支持。当整个水污染应急事件处理完成后，利息相关者通过智慧政务一站式综合门户获取到所需要的信息，包括辅助决策与事件预警等。

参 考 文 献

[1] Mooij J. Smart Governance? Politics in the Policy Process in Andhra Pradesh. London: Overseas Development Institute, 2013.
[2] 贺军. 从目录体系建设突破政务信息共享. 中国计算机报, 2007-07-26(54).
[3] 姚国章. 电子政务主要应用模式探析. 邮电商情, 2002, (24): 17~21.
[4] 中国电子政务网.智慧政府：智慧城市建设的先行者. http://www.e-gov.org.cn/xinxihua/news008/201305/141026.html[2013-07-22].
[5] 武大吉奥数字行政中心. http://www.geostar.com.cn/index.php?m=content&c=index&a=show&catid=51&id=8[2013-07-22].
[6] 神州数码. 智慧政务解决方案. http://www.digitalchina.com/solutions/[2013-07-22].

第14章 智慧产业

14.1 背景及意义

1. 背景

关系到城市主要功能的3个主要领域分别为：政府管理、社会民生和经济产业。政府管理，一般来说包括经济调节、市场监管、社会管理和公共服务四个子领域，几个子领域密切协调，保证城市社会经济和环境持续、有效的发展。社会民生则包括智能卫生、智能交通、智能教育、智能社会保障等与市民生活息息相关、社会关注度高的领域，与公众的生活方式和幸福指数息息相关。经济产业指国民经济的各行各业，从生产到流通、服务以至于文化、教育，大到部门，小到行业都可以称为产业。这些领域不是零散的，而是以一种协作的方式相互衔接。而城市本身，则是由这些领域所组成的宏观系统。为了应对挑战、抓住机遇并构建可持续的繁荣，城市需要在各个领域变得更加智慧。各个领域的智慧化，又会反作用于城市的建设和发展，最终形成良性循环，从而让城市成为智慧城市。

从国外已有的经验来看，智慧城市的建设与发展，将催生出一批新生的产业，同时也将促进现有产业快速发展，智慧城市的发展将以智慧城市产业为纽带，从而推动整个城市的良好运转。对于我国而言，智慧城市建设将直接催生新一代信息技术产业(云计算、物联网等)的飞速发展，而且也是促进城市产业转型升级的重要契机，将会带动一大批具有广阔市场前景、资源消耗低、产业带动大、就业机会多、综合效益好的产业发展，堪称"一把钥匙开多把锁"。从宏观经济的角度来看，智慧城市产业将促进产业链升级和提高获利能力，催生出智慧社区、智慧家庭、智慧交通、智慧物流、智慧医疗、智慧银行、智慧电网、智慧政府、智慧学校、智慧农业、智慧环保、智慧建筑等对国民经济和社会发展具有直接拉动作用的、可持续发展的新兴产业。

2. 意义

智慧城市是虚拟经济与实体经济相结合的产物，很有可能推动城市范围内生产、生活、管理方式和经济社会发展观发生前所未有的深刻变化，在很大程度上可以减少和节约城市中各种物质和能源的投入，减少资源和能源的消耗，减少城市环境污染，使市场配置资源的效果进一步改善，劳动生产率进一步提高，走出一条科技含量高、经济效益好、资源消耗低、环境污染少、人力资源优势得到充分发挥的全新发展形态的城市化道路。

智慧产业通过打造以物联网、云计算、软件和信息服务业等产业为代表的智慧信息产业，以智能制造为代表的智慧工业，以设施农业和精准农业为代表的智慧农业，以现代物流和电子商务为代表的智慧服务业，提高信息技术对经济发展的贡献率，推动产业结构优化升级，转变经济发展方式，以智慧城市建设带动智慧产业发展，以智慧产业发展支撑智慧城市建设。

14.2 智慧产业发展愿景

信息技术应用成为城市运行不可或缺的重要手段，精准、可视、可靠、智能的城市运行管理网络将覆盖所有城市要素，有效支撑城市安全、可靠运行。物联网、互联网和云计算协同构建无所不在、人与物共享的关键智能信息基础设施，广泛分布的传感器、射频识别(RFID)和嵌入式系统使物理实体具备了感知、计算、存储和执行能力，不断推动城市运行的智能化、可视化和精准化。随着城市运行管理网络延伸到社区、家庭和个人，以及与治安管理等信息系统的深度融合，城市运行管理网络将逐渐覆盖城市所有人和物，使得传感中枢可智能调度城市要素。

智慧城市产业增长最主要的驱动力是知识创造与利用，知识和技术密集的高新技术产业和现代服务业将成为智慧城市最主要的支柱产业。数字经济随着智慧城市建设进程加快将呈现快速发展趋势，基于虚拟空间的数字经济发展空间巨大。安全、便捷、低碳的电子商务将是政府、企业和个人经济活动中最主要的交易形态。非物质化的网络文化打破了文化载体、内容和传播的制约，加速了文化传播，成为各国数字经济的重要构成因素。网络文化使得人类文化娱乐活动从传统媒体、电影院等转向没有时空限制的网络空间，极大促进数字经济发展。数字经济将成为智慧城市产业的重要增长点和最有发展潜力的领域。

新一代信息技术将在医疗、教育等公共服务领域广泛深入应用，形成无所不在公共服务环境。供水、供气、供电、供热、电信、有线电视、银行、城建等部门信息系统将逐步整合共享，形成便捷高效的公用事业服务信息网络平台，为市民提供及时、虚拟化的生活服务。远程教育、远程医疗、数字娱乐等网络化的公共服务，逐步优化人们学习、工作和生活环境，满足居民个性化需求。面向基层、覆盖城乡、功能完善、布局合理的公共服务体系和普遍服务的机制将使城乡的数字差距逐步缩小，推动教育、医疗等资源的均等化，促进形成公平、和谐的社会氛围。

14.3 智慧产业发展目标

1. 培育新兴产业，优化产业结构

充分借助智慧城市技术与应用，提升信息产业水平，培育新兴智慧城市产业，促进两化融合，提升电子信息、专业机械装备制造、物流、新材料、新能源等产业的效率和竞争力，优化产业结构，加强区域合作，增强城市产业的辐射扩张能力。

提升信息产业水平，培育智慧城市产业。在全国智慧城市蓬勃发展的趋势下，提升电子信息产业水平，促进专用软件、系统集成以及信息服务业的发展，依托云计算和物联网产业的先发优势，拓展物联网的硬件、软件及运营服务领域，促进现有信息产业结构全面升级，培育新型智慧城市产业。

促进两化融合，优化产业结构。以信息化带动工业化，以工业化促进信息化，改造和提升传统产业，着力推动企业信息化技术的集成应用，以信息技术促进制造业和生产性服务业发展，提高信息产业支撑融合发展的能力，整体提升电子信息、专业机械装备制造、物流、新材料、新能源等产业的效率和竞争力，优化产业结构。

推进区域合作，增强辐射扩张能力。加强产业合作和地区交流，参与并推动地区城市之间、部门之间、企业之间在智慧城市产业中的交流与协作，通过建立和参与产业联盟的方式，促进智慧城市产业在区域环境内的协同发展，增强整体产业的辐射扩张能力。

2. 推进信息共享，实现业务协同

大力推进政务信息资源共享应用，实现信息资源集约采集、充分共享、深度融合和有序开发，不断完善集中与分布相结合的信息资源体系，促进重点领域基于信息共享的业务协同，探索政务信息资源社会化利用的方式和机制，提高信息资源开发利用水平。

大力推进基础平台和数据库建设。建设空间地理信息公共服务平台，为政府、企事业单位和公众提供信息浏览、查询检索、信息加载、系统搭建等一站式地理信息综合服务；搭建基于统一空间地理参照系的城市空间地理信息共享交换平台，逐步实现全区相关行业空间地理信息的共享和交换；建设以中小企业信用信息搜索查询为特征的互联网搜索平台，向社会提供便捷的中小企业信用信息查询检索、比对评价等服务。拓展覆盖所有登记类、资质类、监管类的法人信息，形成多角度、全方位反映各类法人综合信息的数据库，积极推进基于法人信息的食品安全监管、建筑市场整顿、安全生产监管、企业诚信建设、企业投资分析等重点领域的业务应用。

探索基于业务的政务信息资源分类机制。从业务应用出发，梳理业务办理的流程、职责、依据等，开展政务信息资源，重点是应急、交通、工程建设、食品安全监管等领域的信息资源分类、编目、注册和共享。通过调查和梳理相关的业务环节和部门，根据业务流程，梳理和分析业务相关的信息，并根据政务信息资源描述规范和分类规范描述标识信息资源，编制面向业务的政务信息资源分类目录和共享目录。

实现基于目录体系的政务信息资源整合。基于政务信息资源目录，以多种方式实现政务信息整合。通过资源目录的查询定位政务资源信息，通过交换服务目录实现信息的动态交换和整合，保证共享信息的及时更新。基于应用主题，站在跨部门的角度进行业务梳理和信息资源调查，根据业务需要确定部门间的信息共享需求，建立政务应用信息资源共享目录，如应急指挥、领导决策等信息资源目录，为实现跨部门的按需整合和共享政务信息资源提供依据与基础。

3. 创新应用模式，完善应用体系

以智慧政府管理、智慧民生幸福和智慧经济产业为落脚点，创新智慧应用模式，加快推进智慧城市应用体系建设。基于云计算技术，实现服务模式创新，探索应用展现与执行分离的云端一体化应用模式及其实现机制，实现基于移动互联网等多种接入方式的智慧城市应用即时服务能力。

培育十二个智慧应用体系。在智慧政府管理领域，考虑重点培育智慧公共安全、智慧环保、救灾避险和智慧食品安全；在智慧民生幸福领域，建议重点发展智慧医疗、智慧社区、智慧交通、智慧社保和智慧教育；在智慧经济产业领域，考虑培育智慧物流、智慧家居和智慧文化创意。

研究设立智慧应用创新中心。以用户为中心，置身用户应用环境的变化，发现用户的潜在需求，探索和建设覆盖城市公共环境建设和公共服务的开发创新空间。将应用创新中的需求创新、解决方案创新和技术创新有机融合，实现需求循环、技术循环和解决方案循环的交替上升，最终建成一个智慧城市应用创新服务平台。

实现智慧城市应用及时服务能力。围绕智慧城市应用快速构建、分发与低成本运维需求，研究应用展现与执行分离的云端一体化应用模式及其实现机制，延伸终端功能，简化终端适配问题，实现跨应用层次的资源适配与联动；构建网络化软件服务的新型发布、交付与持续运营平台，实现不同业务系统协同与集成以及内容与用户的资源整合与互动，提供数据资源访问、开放应用接口、用户数据挖掘、在线支付交易等平台基础服务，实现基于移动互联网等多种接入方式的智慧城市应用即时服务能力。

14.4 智慧产业典型应用

1. 智慧物联网

物联网是智慧城市的重要组成部分，是智慧交通、智慧物流、公共安全等重大应用的基础网络与数据资源。目前国内在物联网产业发展和应用推广上已经取得了一定的成果，GPS、安防设备、智能家居、RFID 等物联网设备制造业具有一定的规模优势；三大电信运营商依托较完善的通信基础设施，开展了多种 M2M 应用；物流、治安防控、污染源监测、智能抄表等小规模的物联网应用也已经展开。

但同时国内物联网应用与国外先进水平相比还有一定的差距，仍处于初级发展阶段。首先物联网产业主要集中于设备制造业，而处于物联网价值链高端的软件及系统集成业以及应用服务业的发展都比较薄弱；其次物联网设备制造业企业在高频 RFID、微波、智能芯片、先进传感器、电子标签集成等领域普遍缺乏核心技术；再次政府在组织引导方面缺乏统一规划布局和政府专项扶持资金，对物联网企业支持力度不够，产业发展环境有待改善；最后物联网应用缺乏覆盖面广、影响力大的示范性案例。

在智慧城市的建设框架下，以物联网产业作为引导现代电子信息产业发展的重点区域，带动产业链各环节持续发展，促进产业转型升级，坚持经济高质发展。同时推动物联网在各领域内广泛应用，重点推动物联网在物流业、智能制造、市政管理、医疗卫生和数字家庭等领域内的应用，提升经济社会管理和公共服务的数字化、智能化水平。以技术创新做强产业，以典型应用带动产业，以专业园区集聚产业，以优良环境支撑产业。推动物联网设备制造企业做强做大，突破物联网设备制造的核心技术，推动龙头企业抢占产业高地，引导和带动设备制造业的整体升级与发展；加快发展软件及系统集成业和应用服务业等高端环节，规划建设物联网示范应用项目，推动企业向产业链高端环节升级；优化物联网产业发展环境，制定发展规划，优化产业布局，加快物联网企业集聚和产业链整合工作，形成具有国内外竞争优势的企业集群。

推动物联网示范项目的建设，重点规划一批具有引导作用的示范性应用项目，率先在数字化医院、物流、智能制造、数字化城市管理、智能交通以及产业园区智能化等领域开展试点，通过试点示范项目，探索物联网规模应用的商业模式，重点引进和培育系统集成商和应用服务商，推动物联网产业向产业链高端环节转型升级。

加快 GPS、传感器、RFID、嵌入式智能等技术领域的创新。针对物联网的芯片设计制造、超高频 RFID、系统集成应用等关键技术环节，继续建设一批集研发、中试、小批量生产和测试于一体的物联网公共技术服务平台，提高企业的技术开发能力。

2. 智慧物流

物流产业是工业发展的重要支撑产业，能够有效促进工业发展和产品出口。目前物流产业发展还远不能适应我国工业产业需要，主要面临的挑战为：物流行业信息化的总体水平偏低,造成物流运行效率低下;物流链上信息难以交换和共享,对资源整合和一体化运作形成障碍;缺乏物流信息化的标准,已经发布的标准也没有被广泛采用。

通过融合云计算、物联网、优化和智能分析以及移动技术的成果,以政府引导和企业参与为主要方式,完善物流业实现物流企业间的信息交换与共享,利用物联网技术实现对货物的全程追踪与管理,提高物流企业服务质量和工业效率,加强政府的市场监管与决策能力,打造优质、高效、节能的第三方物流产业。

建设开放共享的智慧物流网络,融入社会物联网。物联网是聚合型的系统创新,必将带来跨行业的网络建设与应用。例如,一些社会化产品的可追溯智能网络能够融入社会物联网,开放追溯信息,让人们可以方便地借助互联网或物联网手机终端,实时便捷地查询、追溯产品信息。这样,产品的可追溯系统就不仅是一个物流智能系统了,还将与质量智能跟踪、产品智能检测等紧密联系在一起,从而融入人们的生活。

将成熟的物联网技术应用于智慧物流。目前在物流业应用较多的感知手段主要是 RFID 和 GPS 技术,今后随着物联网技术发展,传感技术、蓝牙技术、视频识别技术、M2M 技术等多种技术也将逐步集成应用于现代物流领域,用于现代物流作业中的各种感知与操作。例如,温度的感知用于冷链物流,侵入系统的感知用于物流安全防盗,视频的感知用于各种控制环节与物流作业引导等。

建设智慧物流业公共信息平台,实现供应及需求信息共享,实现结算、仓单的质押贷款等增值服务。引进与开发企业物流管理系统,提供物流运作管理服务、供应链可视化服务、关联方门户服务、供应链协同网络服务、智慧物流移动服务等多项服务,将企业、物流及服务连成一体,帮助物流企业提升供应链水平,实现对物流业供应链的优化,充分汇聚和利用闲散资源,以大中型物流企业带动中小物流企业的成长。

3. 智慧家居

智慧家居是以住宅为平台,融合建筑、网络通信、信息家电、设备自动化等多个行业领域,集系统、结构、服务、管理为一体,实现高效、舒适、安全、便利、环保的居住环境。它以高科技手段整合社会资源,打造智慧化社区,创建良好居住环境,提供智慧化管理和服务,实现优质、便捷的生活体验。随着我国城市化进程,新建小区数量逐年增长,原有城中村和居民小区大规模改造,建设环境优美、设施服务完善、生活便捷的智慧家居已经成为市民追求生活质量、改善生活品质的共识。利用先进的计算机技术、网络通信技术、综合布线技术,将与家居生活有关的各子系统有机地结合在一起,通过统筹管理,提供全方位的信息交换功能,实现家庭与外部环境的信息交流,优化生活方式,增强家居生活的安全性,并节约各种能源消耗。

建设公共建筑分户智能能源和水监控系统。结合智能能耗计量(照明、空调、饮水机、计算机等)、智能水表计量、楼宇光伏发电和入网计量,实现自动控制和远程控制,集中查询各种能源消耗情况,实时查询以家庭为单位的所有能源消耗的碳排放量。

建设小区公共建筑智慧基础设施。例如,建设智慧停车场管理系统。通过互联网、手机或大屏幕等渠道,运用牌照识别、ID卡技术,结合一卡通、手机支付等统一支付手段,建设支持车位预定、车位引导和路况发布功能的预约引导停车场管理系统。

建设感应与自适应的暖通空调系统。通过远红外人体感应技术或与业主、访客管理系统的集成,以及根据室内人数、体温、室内外环境状态,使用除湿机、风扇、自然对流装置和冷气提供多元节能的控制技术,实现室内状态的自动感应及运行模式的自动选择。

建设公共信息服务平台。基于手机终端、LED显示屏、遍布社区的各类自助终端、彩屏电话、楼宇电视等,实现便民信息(交通、车位、导游、天气、地图等)及广告(折扣、促销等)等信息的共享和发布,支持社区居民等对所需信息的及时获取。

建设智能家居集成系统。通过控制器集成家庭中使用的电器、照明、空调、窗帘等,同时采集各种设备的运行状态和房间环境数据,基于智能表计信息,实现电器设备与报警集成、小区信息集成和远程控制。

4. 智慧文化创意产业

智慧文化创意产业是知识型经济中的一个代表产业,诞生在英国,发展于欧洲,是20世纪支撑欧洲GDP的主要产业之一。在世界上所有的创意类产品中,70%的智慧来自英国。智慧文化产业是今天伦敦仅次于金融业的第二大产业,为50万人提供了就业机会,年营业额超过210亿英镑。与世界经济同步的中国也在大力发展智慧文化产业。中国有着悠久的文化传统、丰富的人才储备以及很强的技术研发能力,这使得中国具备发展智慧产业的基础条件。在中国的发达地区,咨询、策划、广告、传媒等智慧文化产业已经发展到相当大的规模。文化创意产业成为最活跃、最具发展潜力的产业。

从创意文化产业角度来说,智慧城市概念重新勾勒出了新世界的形象,推动文化与科技的融合发展。文化与科技的融合这一巨大变革和冲击,现在才刚刚开始,而敏锐地把握这一潮流,提升改造传统行业、积极开发新的文化样式和新的文化领域,是未来文化创意产业的发展方向,也将为智慧城市创造成倍增长的文化红利。

智慧城市推动文化创意产业发展首先意味着提升传统行业，在所有产业中注入新的数字化信息要素进而优化产业结构，推动出版印刷、报刊发行、广播影视、演艺娱乐等向数字化转型；此外，应该利用信息资本推动创意产业的发展，将创意元素融入到生活中，融入到物质产品的生产中。然后应该注重开发新兴的文化产业样式。

五大策略促进智慧文化创意产业发展。一是抓两化融合。以示范项目评选为载体树立一批两化融合标杆企业，推进实施产品智能化提升工程、数字化工厂示范工程，促进产业链协同发展。二是抓软件产业和互联网产业。重点扶持发展嵌入式软件、集成电路设计等核心软件，医疗、外贸、石油化工等行业应用软件，物联网产业和云计算数据服务，网络服务业和数字内容产业，着力优化软件产业结构，提升软件产业发展水平。三是抓智慧产业基地建设。重点培育智慧装备和产品研发制造基地及软件研发推广产业基地，大力推进一批新一代信息技术推广应用效果比较好的智慧服务业和智慧农业示范推广基地、智慧物流产业园等建设。四是抓走出去、引进来。积极开展以智慧城市建设为主题的国际国内合作交流活动，以重大智慧应用体系建设为载体，着力加强与国内外知名IT企业的合作，努力做到"开发一个系统，引进一个团队，推出一批产品，培育一个产业"。充分发挥政府财政资金的引导作用，以智慧软件、智慧装备两个产业基地为载体，着力引进有影响力的重点合作项目，做好一批企业落户服务工作，储备一批新的合作企业，逐步在物联网、云计算、智慧行业应用、智慧工业产品领域形成集聚优势。五是加强信息安全体系建设，提升信息安全保障水平。主动应对智慧城市发展的新情况，强化信息安全基础防御体系，夯实信息安全保障基础，切实提升信息安全保障能力，着力完善信息安全协调管理体系、信息安全测评体系、信息安全保障体系。

14.5 智慧城市产业的未来发展

1. 城市产业体系智慧化转变

智慧城市未来产业体系的发展主要是集中在进一步通过新一代信息技术的发展，打造新一代信息产业、智慧工业、智慧农业以及现代服务业，不断促进产业结构的调整，支撑城市经济发展方式向智慧化转变。

智慧城市产业发展的重点之一是进一步巩固农业基础，坚持走中国特色农业现代化道路，加快转变农业发展方式，提高农业综合生产能力、抗风险能力和市场竞争能力。通过智慧城市产业发展，持续推进农业结构战略性调整，完善现代农业产业体系，优化农业产业布局，加快发展设施农业，推进农业产业化经营。加快农业科技创新。通过推进农业技术集成化、劳动过程机械化、生产经营信息化，不断健全农业社会化服务体系。加强农业公共服务能力建设,加快健全乡镇或区域型农业技术推广、动植物疫病防控、农产品质量监管等公共服务机构,同时加大培育多元化的农业社会化服务组织,积极发展农产品流通服务,加快建设流通成本低、运行效率高的农产品营销网络。

通过智慧城市的建设,可以全面优化工业体系结构,改善产品质量、增强产业配套能力、淘汰落后产能,发展先进装备制造业,调整优化原材料工业,改造提升消费品工业,促进制造业由大变强。推进重点产业结构调整:加大淘汰落后产能力度,压缩和疏导过剩产能。优化产业布局:按照区域主体功能定位,综合考虑能源资源、环境容量、市场空间等因素,优化重点产业生产力布局。加强企业技术改造:制定支持企业技术改造的政策,加快应用新技术、新材料、新工艺、新装备改造提升传统产业,提高市场竞争能力。促进中小企业发展:大力发展中小企业,完善中小企业政策法规体系,促进中小企业加快转变发展方式,强化质量诚信建设,提高产品质量和竞争能力。

通过深化专业化分工,加快服务产品和服务模式创新,促进生产性服务业与先进制造业融合,推动生产性服务业加速发展,打造智慧城市现代服务业产业。面向城乡居民生活,丰富服务产品类型,扩大服务供给,提高服务质量,满足多样化需求。发展面向生产的服务业。有序拓展金融服务业,大力发展现代物流业,培育壮大高技术服务业,规范提升商务服务业。发展面向生活的服务业。优化发展商贸服务业,积极发展旅游业,估计发展家庭服务业,全面发展体育事业和体育产业。

在新一代信息技术产业方面,未来智慧城市的建设会以重大技术突破和重大发展需求为基础,促进新兴科技与新兴产业深度融合,在继续做强做大高技术产业基础上,把战略性新兴产业培育发展成为先导性、支柱性产业,从而推动重点领域跨越式发展。通过大力发展节能环保、新一代信息技术、生物、高端装备制造、新能源、新材料、新能源汽车等战略性新兴产业,实施产业创新发展工程。以掌握产业核心关键技术、加速产业规模化发展为目标,发挥国家重大科技专项引领支撑作用,依托优势企业、产业集聚区和重大项目,统筹技术开发、工程化、标准制定、应用示范等环节,支持商业模式创新和市场拓展,组织实施若干重大产业创新发展工程,培育一批战略性新兴产业骨干企业和示范基地。加强政策支持和引导,设立战略性新兴产业发展专项资金和产业投资基金,扩大政府新兴产业创业投资规模,发挥多层次资本市场融资功能,带动社会资金投向处于创业早中期阶段的创新型企业。

2. 智慧城市产业链发展趋势

以物联网、云计算、下一代互联网技术为核心的智慧产业是增强国际竞争力的先导性和战略性产业。智慧产业不仅支撑智慧城市和智慧国家的建设和发展，而且将成为未来世界经济发展的重要动力。在金融危机后，全球科技正进入一个前所未有的创新密集时代，各个发达国家都在全力进行战略布局以便抢占新一轮信息产业的制高点。谁抓住了产业变革的先机，谁就掌握了未来发展的主动权。因此，国家应当支持民族企业在智慧产业兴起之际夺得先机，避免由互联网产品的消费者再次沦为智慧城市相关技术的消费者，处于被动局面。因此，加速推动智慧产业的发展成为我国经济社会转型创新的战略要求。

智慧城市理念所涵盖的传感器、网络、智能信息处理等技术，我国均已具备一定研发基础和产业化能力。但目前在信息技术等高技术领域，我国对外技术依存度依然很高，多数产业的核心技术仍然掌握在跨国公司手中。构建作为智慧城市基础设施的数据、服务和应用体系，需要突破数据活化、数据深度三维感知、城市空间信息公共服务与基础支撑服务技术等智慧城市共性关键技术，建立集成创新体系和示范动态数据中心，结合感知中国、物联网、三网融合、信息-物理融合系统等相关研究的进展，提供完整的智慧城市解决方案，有效地推进信息产业的巨大进步，为新兴科学技术领域提供全新的应用平台支持。因此未来智慧城市产业链的发展具有以下几个特点。

(1) 技术融合与多元化并举特点。智慧城市产业作为一种构建在城市中各行业海量数据上的战略性新兴产业，可以极大提高生产效率、生活效率，产生更大的社会效益和经济效益。但发达国家试图用其信息网络技术控制各国的经济，所以我国发展智慧城市时，必须提高警惕，不能受制于人。我国的智慧城市信息技术需要自主创新，智慧城市数据的动态获取与安全性更需要得到保障。我国在城市信息化，尤其是核心技术与关键技术的自主创新方面与发达国家存在一定差距，而智慧城市研究是一个绝好的从跟随到引领的发展契机。智慧城市还没有完整的体系架构、参考模型、标准和评测体系，现有技术对城市的感知手段不够科学、全面和高效，数据的内涵、关联和活性未被充分发掘和利用，不能满足城市智慧化的需求。

智慧城市及其相关智慧应用的建设推动，解决民生和城市管理的问题，同时也创造了一个新的、以个人信息服务为特征、以云计算为支撑的，融合服务民生和城市管理为一体的现代服务业。类似这样的形态，可以在诸多领域深化拓展。再如，以产品全生命周期管理(product lifecycle management, PLM)为特征的食品安全体系，融合物联网和互联网的技术，从根本上杜绝了造假的可能，这又会催生出新型的融合食品药品安全和信息技术的新型产业。以基础设施即服务、平台即服务、应用即服务为特征的云计算，在中国城市化的进程中，通过融合创新，必然会孕育出很多新的战略性产业。

对于城市管理者，新型的智慧城市运营模式、新型的智慧城市产业链，以及由此催生出的各种各样的新业态，是城市经济持续发展强有力的增长点。

(2)应用渗透特点。智慧城市产业技术的应用领域广泛，包含城市管理的各个方面，因此产业技术在各项应用中的融合和渗透特点显著。通过智慧城市产业技术的发展，可以充分整合城市各类信息资源和基础设施，实现基础设施与资源信息互通共享，提升系统和信息资源的利用水平和效率。

智慧城市是城市管理和发展的又一次创新和飞跃，是现代化城市信息化发展的又一次提升，智慧城市的建设过程，就是以社会经济繁荣为目标，以社会和谐稳定为前提，以民生幸福为考核标准，通过信息技术手段进行融合创新，推进新型的城市化进程。其核心在于运用现代信息通信技术构建无所不在的高速融合网络、智能感知环境和云计算，提高城市管理和服务水平，提升公众的生活质量和幸福感，推动发展新兴产业和现有产业的高端环节，促进经济发展模式转变，实现科学可持续发展。建设信息资源融合畅通、共享便利、公平开放的智慧城市管理服务环境，加强城市运营主体间的协作，通过一站式服务和一体化运营，实现城市管理及公众生活高效的智慧管理服务。推动网络、平台、信息资源融合，整合城市信息资源和技术服务，实现各平台间数据和应用支撑的互联互通。

(3)集成创新特点。智慧城市的建设在此前通过科技发展整体战略布局已取得了丰硕的科技成果，这些成果可通过集成创新等手段，成功应用至智慧城市规划、建设中，取得更大的经济效益和社会效益。智慧城市是信息科技发展的必然趋势，是全球城市化进程的必然要求。近年来智慧城市建设工作引起各级政府的高度重视，不仅在政策上予以鼓励和支持，还在资金上大力投入，力求在智慧城市建设上有所突破，取得显著的示范性成果。因此在既往科技成果的集成方面，应本着"有所为，有所不为"的筛选原则，选择智慧城市建设亟需、自主知识产权可靠、企业实施转化条件好、有良好(潜在)市场前景的科技成果，进行创新集成。

3. 智慧城市产业技术的发展应用

智慧城市的建设可以催生以融合为特征的新兴战略产业。智慧城市作为一种构建在城市中各行业海量数据之上的战略性新兴产业，可以极大提高生产效益、生活效率，产生更大的社会效益和经济效益。

智慧城市的建设可以推动信息化为基础的电子政务升级。作为政府信息化的核心工程，每一年电子政务的规划与发展重点，几乎都左右着整个IT行业的动向。同发达国家相比，在管理创新、服务创新等方面，我国电子政务建设也有自己的特点，在某些方面甚至比较超前。例如，北京东城区的万米网格化管理将城建划分为一块块容易管理的区域，结合信息化手段，及时发现问题、解决问题，这种管理模式只有在美国纽约这样的城市才有，而中国已经有十几个城市开始普及应用。尽管如此，必须承认重电子、轻政务，重硬件、轻软件，重网络、轻应用，这是中国电子政务建设的一个痛点。随着智慧城市工作的推进，公众服务需求不断变化，政府职能、角色和定位随之改变，电子政务的工作重点也将随之调整。未来的电子政务建设将更加重视深化应用、信息共享和业务协同，更加重视互联互通，更加重视电子政务信息安全。

智慧城市的建设可以促进传统信息服务业的发展和提升。智慧城市是多个垂直行业智能系统联动，从而形成一个智慧的大系统。因此，智慧城市也会推动以自有知识产权为主的各个纵向行业解决方案的发展，推动以服务金融、电信、企业、政府、公共事业如教育、卫生等行业为目标客户的传统信息服务业的发展和提升。随着云计算的发展，底层技术不再是门槛，基于客户体验的应用创新将成为发展的核心驱动力，以客户为核心的应用软件也将成为下一轮软件企业竞争的制高点。

智慧城市的建设可以推进移动互联网产业的高速发展。融合服务会极大地提升移动互联网的应用，有力地推动中国移动互联网产业的发展。以 PDA、智能手机、笔记本电脑为代表的终端设备厂商会率先突破，在更加多样化的移动终端需求下，必然会产生应用创新，诞生世界领先的终端产品和服务模式；同时，还会最大限度地激发中小企业的创业热情和年轻一代的创业激情，使中国移动互联网领域，不仅在数量上，甚至是质量上走到全球的前列。

智慧城市的建设将打造具有城市个性的新兴产业链。2010 年以来，各地政府都把智慧城市建设列上了重要议事日程。目前，北京、上海、南京、广州、深圳、成都、沈阳、大连、宁波等多个城市都将建设智慧城市作为城市发展的新目标。而对企业而言，更关心的问题是，智慧产业蛋糕到底有多大，如何搭上智慧产业的列车，拓展新的产业空间。构建智慧城市涉及城市各项主体和各个领域，需要构筑完善的上下游产业链形成协同效应，例如，供应链为智慧城市提供高效便捷的物流体系，金融为智慧城市项目提供租赁和创投等资金服务，产业园开发为智慧城市产业提供支撑环境。这些协同产业会伴随智慧城市的发展而成长，开创出现代城市发展的一片新蓝天。政府通过一定额度的资金投入和引导支持，会带动市场中成百上千亿元的投资，创造出上万亿元产值，成为城市经济一个强大的新的增长方式。

智慧城市的建设可以提高我国综合竞争力。信息化与互联网正在改变城市的消费结构、产业结构、运行模式、物质文化生活和思维方式，影响着城市发展的诸多方面。智慧城市建设是我国信息化、电子政务、三网融合、物联网、低碳生活不断向纵深发展的下一个目标。中国通过加快培育和发展战略性新兴产业的决定，将大力发展节能环保、新一代信息技术、生物、高端装备制造、新能源、新材料和新能源汽车等产业。智慧城市建设是促进新一代信息技术成长的一个重要发展契机，将会带动一大批市场前景广阔、资源消耗低、产业带动大、就业机会多、综合效益好的产业发展。智慧城市也将带动一些新兴的产业发展起来，如数据获取技术和产业、数据活化技术和产业、大规模城市三维建模技术和产业、基础支撑与空间信息公共服务技术及平台、示范动态数据中心和基础共性平台等。

(1) 信息化融合的新技术创新与应用。对以往粗放型经济增长方式下企业所表现出的"重数量，不重规模；重产量，不重质量"现象，一方面要通过兼并、重组等方式扩大企业的规模；更为重要的另一方面是要坚定两化融合的方针，充分重视信息化对工业化的带动作用，走产业升级之路。通过技术创新、技术改造等手段提升产品的质量，增强产品竞争力，提高企业效益，使企业真正做大做强。

(2) 大力发展信息服务型第三产业。面对三产比例较小，产业结构偏重的局面，要坚持"调优、调高、调轻"的结构调整方向，大力发展第三产业，尤其要充分重视优先鼓励具有高附加值、高关联度、高智力投入属性的信息服务业、软件业、物联网、智能电网等新型先导性战略产业的发展。

(3) 广泛节约能源并开发利用新能源。随着城市化进程的不断推进和能源的日益枯竭，经济发展与能源供给的矛盾也将越来越突出。为了实现经济社会的可持续发展，一方面要走"节流"之路，即调整能源结构，提高能源利用率，实施节能减排；另一方面要走"开源"之路，即大力发展太阳能、风能、核能、氢能、地热能、生物质能等新能源和可再生能源的应用。

4. 产业发展前景和趋势

新技术、新产业、新能源的发展无疑都是以科技化、信息化为基础的，是人类科技智慧的结晶，因此它们也被概括地称为智慧产业。随着诸多研究机构和国内城市对智慧城市的深入研究，人们对智慧城市的理解变得逐渐一致，总的来说，智慧城市至少要包含三大趋势。

(1) 从城市特色和优势出发，探索独特的发展之路。不同的城市会因为城市建设的关注点不同而有所差异，具有不同的发展经历、经营模式和智慧构成，因此智慧城市表现出的智慧无疑也是个性化的。未来智慧城市的建设肯定不会千篇一律，必须从本城市的特色和优势出发，并以此为基础，充分体现本城市的个性。

(2) 以人为本的融合服务，而不是仅关注技术问题。新技术的应用对智慧城市建设有重要作用，但却不是最重要的。应当意识到政府内部自身的推动非常重要，但如果缺乏公众、企业和社会力量的广泛参与，那么城市信息化的发展难以深入和持久，创新性应用难以生存和发展，信息化只有以人为本，才能真正发挥作用，才能得到广大民众的持续支持，才能成为经济社会的核心支撑力量。以人为本的城市信息化，可以有效解决城市信息化驱动力不足的问题，是一种建设思路上的重大变化。这就要求政府部门从关注自身的需求逐渐转向关注服务对象的需求，要求在城市信息化工作中大力提倡融合服务的理念，即政府要认真研究市民和企业的诉求，把市民和企业作为客户，将他们所需的服务进行无缝融合，在充分考虑使用习惯的同时，按需提供给他们。

(3) 引导全社会参与，投资运营模式的创新。城市信息化建设中很多内容都具有公共产品的性质，需要政府投资的工程众多，资金压力凸显。面对这种局面，应当充分利用市场机制，对各类建设项目进行分类，采取多种渠道、多种手段有效吸引社会投资。

除了传统的政府自建自营模式，对于一些非核心的政府服务，如信息基础设施维护、应用系统运维及某些非关键的业务流程处理环节，提倡采取服务外包的模式，既有质量保证又可节省开支；对于某些投资额较大的项目，可以采取由企业先行投资垫付，建设完成后通过分期付款完成政府回购，以控制风险，降低当期资金压力；对于城市信息化中公共服务类项目，可以采取特许经营的模式，通过市场竞争机制选择投资者，允许其在一定期限和范围内进行经营，使城市能够在短期内利用社会资源提升服务能力；对于那些可以运营获利的领域，政府应鼓励企业开展信息化商业运营，为企业提供公平竞争的法律环境，并在制度、资金和融资上予以扶持，使其成为城市信息化创新发展中最具活力的部分。

14.6 智慧城市产业联盟

1. 产业联盟的必要性

智慧城市行业覆盖面广、技术体系复杂。目前国际上智慧城市发展也还处于早期阶段，没有直接成熟经验可以借鉴，且由于智慧城市相关的产业链长，一般会涉及行业、政府及个人的融合，业务模式尚不成熟，建立一个易于产学研多方互通知识与资源共享合作平台尤为重要。目前我国经济已经进入一个转型期，不同城市发展水平不尽相同，智慧城市的建设要针对不同发展水平、不同发展诉求的城市突出各自的特色，在全球智慧城市产业方兴未艾、尚未形成被广泛接受的统一产业技术规范的形势下，抢占智慧城市产业技术发展前沿制高点，抓紧制定我国相关产业核心技术规范，形成自主的产业技术标准和统一的市场准入机制，是打造我国智慧城市产业的当务之急。

为了完成这一艰巨的任务，突破智慧城市共性核心基础技术，形成自主知识产权和自主创新，带动重大应用示范，并实现产业化这一核心目标，确立整合产、学、研、用各方资源，建立与政府沟通的机制、渠道及人才培养、国际合作的平台，支撑我国自主智慧城市技术和标准体系的建设和实施，推动实现我国城市信息化水平跨越式发展，引领国际相关领域技术发展方向的发展任务，就需要充分团结和动员各方资源，整合和集中上下游产业链，建立智慧城市产业联盟。

联盟的成立有利于整合我国现有智慧城市优势产业技术资源，以突破智慧城市共性关键技术和形成智慧城市信息技术产业核心技术竞争力为目标,通过成员单位间协同创新、统一策略、资源共享、技术转移、人才培养等方面的紧密合作,在促进成员单位的自身发展的同时,支撑我国自主智慧城市技术和标准体系的建设和实施,推动实现我国城市信息化水平跨越式发展,引领国际相关领域技术发展方向。

同时,联盟的成立还有利于整合智慧城市建设、运营涉及的各项主体和各个领域,构建完善的上下游产业链,加快产业结构升级转型,对构建现代产业体系和经济社会全局与长远发展等产生重大推动作用。智慧城市建设与智慧城市产业发展相辅相成,最终打造智慧城市产业链与生态圈,形成良性发展态势。

2. 产业联盟组成

中国智慧城市产业联盟应该是由积极投身于智慧城市技术进步、从事相关技术与产品的企业、大学、科研机构,具有行业与领域代表性城市自愿组成的社会团体,从事智慧城市模式研究、标准制定、技术产品开发和服务推广,是实现城市智慧发展、打造智慧城市产业链的重要力量。联盟发起单位中应该既有国内著名大学和科研机构,又有闻名业内的多家知名企业,相关技术方案和产品基本代表了国内智慧城市相关领域的最先进研究水平,切实保证联盟成为引领我国未来智慧城市发展前沿的主体力量。同时,联盟还以开放的形式吸纳各类成员单位加盟。联盟通过有效的合作机制来密切联盟成员之间的合作,明确"建立行业产学研结合的技术创新体系,推动智慧城市产业自主创新能力的健康发展"的发展目标。联盟的成立和运行将为产学研合作关系的长期、有效、稳定发展提供良好条件。

联盟的组成应该符合国家对于联盟的相关规定,完善组织管理机构,一般应包括联盟理事会、专家咨询委员会、秘书处、城市咨询委员会等。其中,联盟理事会作为联盟的最高决策机构,负有维持联盟稳定运行,制定和修改联盟协议,批准和取消联盟成员资格,选举、任命和罢免联盟理事长、副理事长、联盟专家咨询委员会主任、秘书处秘书长及各项目组组长的权利,通过听取和审议专家咨询委员会、秘书处、项目工作组工作报告,决定联盟技术发展方向与重点工作任务,并积极协调资金筹措、使用、成果转化及受益分配方案等联盟重大决策事宜。

联盟专家咨询委员会则应由理事会聘任,是智慧城市产业联盟的技术决策咨询机构。一般应由行业内、外知名的工程技术专家、企业家、经济专家、政策研究专家和学者组成,主要负责制定联盟的技术发展方向、规划与重点项目,以及对项目进行论证、监督、评审,根据行业技术发展趋势制定项目计划,向项目负责人提出制定与该项目有关的技术战略方针,审查项目技术方案的建议和安排,检查和评定项目及各课题执行情况。

秘书处则是理事会常设的执行机构，受理事长领导，负责联盟日常事务和项目的协调、管理工作，执行理事会决议，负责组织、管理、协调联盟内的各项工作，负责理事会的筹备和召开，向理事会做工作报告等内容。此外，智慧城市的建设主体是城市，因此，在联盟中还应围绕城市的真实需求进行规划建设，智慧城市产业联盟建议设立城市代表委员会，可以由理事会邀请，作为联盟的协商机构，由积极推进智慧城市建设且有意愿加入联盟的城市代表组成，可以对联盟发展方向、规划与重点项目进行建议，确保城市的真实需求在联盟的发展中得到应有的关注。

综上所述，联盟应该是一个联合专家学者、企事业单位、城市用户等各方在内的一个联合机构，面向如何建立智慧城市整体架构的挑战，提出国家层面的技术指导规范、评测体系和标准体系，共同研发智慧城市建设的共性技术、解决方案和建设模式，促进智慧产业的快速健康发展，实现智慧城市整体解决方案在中国城市的规模推广和应用，提高城市运行与管理效率，改善城市公共服务水平。

3. 产业联盟的目标与作用

产业联盟以自主创新和引领发展为主要内容的联盟宗旨，倡导各成员单位以技术创新需求为纽带，以契约关系为保障，有效整合产、学、研、用各方资源，充分发挥自身优势，通过对智慧城市共性核心基础技术的研究及自主创新，形成具有自主知识产权的产业标准、专利技术和专有技术，建立与政府沟通的机制、渠道及人才培养、国际合作的平台，促进成员单位的自身发展，带动重大应用示范。同时，联盟应支撑我国自主智慧城市技术和标准体系的建设和实施，推动实现我国城市信息化水平跨越式发展，引领国际相关领域技术发展方向，实现从"跟随"到"引领"的转变，从而能够极大地推动我国智慧城市的稳步建设和健康发展。其主要的工作目标应包括以下几个方面。

(1) 组织企业、大学和科研机构等围绕智慧城市共性关键技术的相关问题，以智慧城市数据处理为核心，开展技术合作，形成智慧城市信息技术产业的核心技术竞争力。

(2) 宣传贯彻国家相关政策法规，制定统一的策略，共同寻求政策、法规、资金、舆论等方面的支持，向政府有关部门反映联盟成员和行业的愿望与要求，为行业发展营造良好的社会环境。

(3) 本着优势互补、资源共享，以及充分发挥联盟成员资源和能力的原则，实现创新资源的有效分工与合理衔接。建立公共技术平台，实行知识产权共享。

(4) 实施技术转移，加速科技成果的商业化运用，提升产业整体竞争力。

(5) 联合培养人才，加强人员的交流互动，为产业持续创新提供人才支撑。

通过贯彻根据联盟的目标，联盟的主要作用可以体现在以下几个方面。

(1) 为成员企业创造沟通和交流的平台，促进资源共享和互利互惠，建立共享机制与技术合作平台，加速科研成果和新技术的转化。

(2) 智慧城市标准和规范的推进与完善，并通过积极的市场推广活动，带动中国智慧城市建设的热潮。

(3) 通过产业链统一规划，组织产业开发，在企业间形成健康的竞争与合作关系，缩短产业化周期智慧产业的管理和协调。

(4) 促进对话，促进合作，在智慧城市共性技术、解决方案和建设模式的探索上寻求和争取政府支持。

4. 产业联盟的工作内容

联盟从制度上保障专家团队发挥作用，积极形成社会影响力。例如，形成以智慧城市高峰论坛为主体的沟通交流平台，以此推动相关技术规范和建设模式的形成与推广。

在全球智慧城市产业方兴未艾、尚未形成被广泛接受的统一产业技术规范的形势下，抢占智慧城市产业技术发展前沿制高点，抓紧制定我国相关产业核心技术规范，形成自主的产业技术标准和统一的市场准入机制，把握产业发展主动权，在全球范围内引领未来相关技术发展，是目前面临的重大挑战之一。

智慧城市建设不仅要建立各种相关技术标准，还要建立知识产权标准等。如果将城市视为"系统之系统"，则会意识到标准的问题极为复杂和具体。目前在智慧城市的框架内如何虚拟网络世界和物理现实世界的理论和标准体系还没有探索出一套统一的理论和标准体系，我国还没有完全掌握高端芯片和传感器核心技术。国内制造的芯片和传感器成本还比较高，可靠性还差，推动智慧城市建设引发的安全性和隐私权忧虑也受到各界的广泛关注。信息化系统的智能化还很低，各种应用多数只是停留在底层层面。从标准上看，也缺乏统一的标准体系，相关的各种标准将涉及几十个国际标准组织，协调起来非常难。

标准关系到系统中的各个接口。在系统中，接口的兼容性非常关键，并不是把物件堆在一起就能生成系统。要建立一个真正的系统，需要的不仅是信息传递，还需要在交通系统和能源系统之间建立标准化的接口。例如，在教育系统和医疗系统之间建立标准接口，在水利、交通、商贸、公共安全和政府服务等系统之间建立接口。要建立一个真正智慧的城市，就必须提高接口的标准化程度。

联盟应针对如何整合我国现有智慧城市优势产业技术资源为研究课题，以突破智慧城市共性关键技术和形成智慧城市信息技术产业核心技术竞争力为目标，通过成员单位间协同创新、统一策略、资源共享、技术转移、人才培养等方面的紧密合作，在促进成员单位的自身发展的同时，支撑我国自主智慧城市技术和标准体系的建设和实施，推动实现我国城市信息化水平跨越式发展，引领国际相关领域技术发展方向。

同时，联盟的成立还应针对整合智慧城市建设、运营涉及的各项主体和各个领域，构建完善的上下游产业链，加快产业结构升级转型，对构建现代产业体系和经济社会全局和长远发展等产生重大推动作用。智慧城市建设与智慧城市产业发展相辅相成，最终打造智慧城市产业链与生态圈，形成良性发展态势。

面向城市运行管理需求，坚持"有所为，有所不为"的原则，在基础技术与城市特征结合领域开展智慧城市共性关键技术研究，打造开放式支撑环境和平台。面向城市海量动态数据智能处理重大需求，解决城市数据实体构建、互联互通与安全使用等关键问题，突破城市数据实体联网核心关键技术。以城市中的人–物–环境为对象，通过分析现代城市运行管理动态数据特征，突破大规模城市实时运行数据高性能处理与分析、智能检索与识别等关键技术。开展城市多源密集型动态运行数据呈现关键技术及标准研究，突破城市多源密集数据快速准确呈现、虚实融合等前沿技术，研究智慧城市数据呈现服务的技术体系。人是智慧城市的主体和服务对象。智慧城市的一个重要特征是居住在其中的居民可以方便地得到其所需的信息服务。产业联盟基于智慧城市中个人对公共服务的需求，突破服务组织、管理、定制、推荐等系列关键技术。突破海量分布式数据与多样异构化决策模型在线双向耦合的共性关键技术，为城市的智慧化奠定基础。针对城市中自然灾害、事故灾难、突发公共卫生、突发社会公共安全等应急事件联动的快速性和防控的精确性需求，构建城市高效、低成本的应急联动防控体系，突破跨行业、跨区域、跨媒体系统集成关键技术。

第15章 智慧民生

15.1 智慧民生概述

1. 背景

21世纪以来,民生问题的热度逐渐上升,已经成为了一个社会广泛关注的核心问题。然而由于目前我国城镇化步入快速推进阶段,民生问题也具有其特殊性。正是由于这个原因,尽管从中央到地方都在重视民生事业的发展,社会各界对民生事业的投入也在不断增加,但在一些大城市,尤其是特大城市中,城市人口规模快速扩张给资源环境的承载能力还是带来了严峻的挑战,出现了交通拥堵、医疗服务、食品安全以及教育等一系列问题。

2. 意义

智慧城市建设与民生改善息息相关,通过智慧医疗、智慧商业、智慧食品安全等一系列工程,真正改善民生,惠及人民,让社会各个环节更智慧、更便捷,人民生活更幸福。

(1) 增加城市就业机会。就业是民生之本,保障民生的第一件大事就是保障就业。智慧城市将促进产业结合和结构调整,形成新兴产业,带动相关产业发展,形成大规模信息应用服务产业链,增加就业岗位。建立智慧创新概念模型,鼓励并培养创业主体,从根本上提升创业能力,同时完善创业服务体系,以此推进全民创业、营造创业氛围。在统一高效的就业服务新体系下,发展就业容量大的主导产业、劳动密集型产业,鼓励非公有制经济产业以及扩大中小企业就业规模等方式,可以促进吸纳就业,使得劳动者可以通过灵活多变的形式实现就业。通过产业结构调整和智慧创业概念实施,将大大增加城市就业机会,扩展就业范围,拓宽税源,改善民生。

(2) 调节收入分配制度。合理的收入分配制度是社会公平正义的重要体现。智慧城市建设将促进城市发展,带动城市 GDP 增长。GDP 增长会促进社会事业进步,进而提高城乡居民收入。提高城市 GDP 增长的同时,加强社会监管,使全体人民朝着共同富裕的方向稳步前进。一方面要鼓励自主创业,用来提高收入水平,进而提高城市经济活力;另一方面要转变发展方式,进而调整产业层次,以此提高效率。合理地分配好产业发展方向,保障城乡居民收入与 GDP 同步增长,最终目的是缩小贫富差距,促进和谐社会建设。为了实现这个目的,对高收入者、低收入者和中等收入者分别采取合适的调整措施：有效调节过高收入，取缔各种非法收入；对包括农民在内的各种低收入者和弱势群体加大保护、保障、援助的力度；扩大中等收入者规模，逐步提高居民收入在国民收入中所占比重、劳动报酬在初次分配中所占比重。通过这些调整，可以缩小各行业间各社会成员之间的收入差距，使之控制在社会可承受范围内。

(3) 促进教育文化发展。教育是国家发展的基石，是国家繁荣、民族兴旺、人民幸福的关键。一流的教育才能成就一流的人才，进而建设一流的国家。随着智慧城市的建设，在文化教育领域充分灵活地运用网络、海量存储等新技术促进电子教育和数字图书馆等发展，实现数字化智能化，完善国民教育的各个环节，提供无处不在的城市教育资源和形式多样的文化教育手段，为民众提供便捷的教育服务。要在巩固完善义务教育的基础上，普及高中教育并兼顾职业教育和学前教育的发展，在保障优质教育的同时推进全社会各种教育的协调发展。

(4) 完善社会保障体系。社会保障是保障社会安全、调节社会经济的一项基本制度。建立社会保障制度是现代国家的重要标志，也是现代政府的重要职责。智慧城市要实现基本医疗保险在整个社会范围内全覆盖，完善养老保险以及失业、工伤、生育保险制度。工伤保险制度应该覆盖各企事业单位和社会团体的职工，健全失业保险制度与就业再就业、事业防御的联动机制，探索并逐步建立面向全社会的生育津贴制度。社会救助方面的建设完善包括城乡社会救助体系，以及基础性救助制度、专项救助制度紧急性救助制度和社会保险制度的衔接措施。同时还要健全自然灾害应急机制。在此基础上，建立一个兼容现有社会福利机构和其他所有制形式社会福利机构的社会福利体系，实现病有所医、住有所居、老有所依，使人民最大程度地获益。

(5) 推动医疗卫生改革。通过智慧医疗、智慧商业、智慧食品安全等关系民生幸福的工程，食品、药品等生产企业将融合新兴的物联网技术，在原有的生产供应链管理系统中最大程度地实现对其生产、流通、消费的全程监控。在安全方面，定时发布产品的安全信息，不合格者预警，避免安全事故；在市场方面，对生产商、产品、供应商和消费者进行有机连接，进而实现未来商店项目，推行手机和网上支付，促进电子商务发展。这就使得居民在衣食住行各方面的消费将更加便利。加之电子病历的普及，将与医疗保险衔接更加紧密；城市环境预测与控制机制的完善，将提高农产品产量质量，增强全社会的保障能力。

(6) 维护社会公共安全。通过智慧城市建设，健全安全监控的各个环节，建成比较完善的信息基础设施，形成较为完善的智慧城市公共安全监控、指挥、处理支撑体系，保障民生、环保、城市服务、能源、文化、工商业活动等社会公共领域的运行安全，智慧应用达到领先水平，全面实现城市不安全因素信息的快速感知、高效传递和智能响应,城市基础设施全面物联和有效整合,应急处置能力得到增强,企业、城市公共安全监控和管理效率大幅提高,营造安居乐业的公共安全环境,满足人民安全感的需求。

3. 智慧民生的基本概念与特点

智慧民生是指在智慧城市的整体建设和管理过程中,重点围绕交通、医疗、教育、食品安全等市民最关心的热点问题,纵向与横向整合并推进各类信息化公共服务数据和系统,健全民生信息的公共服务系统,让市民体会到便捷、文明和健康的生活。

智慧城市中,智慧民生的基本特点分别为便捷、文明和健康,如图 15-1 所示。

图 15-1 智慧民生基本特点图

15.2 智慧民生的核心业务

1. 智慧的社区

智慧城市需要进行智能化社区建设,即建设智慧的社区。

社区的智慧化需要以下几个方面的内容[1]。

(1) 智慧物业管理。智慧化社区需要集成智慧物业管理,针对停车场、闭路监控、门禁、电梯、远程抄表、自动喷淋、保安巡逻、智能消费等独立却又相关的应用电子系统,进行集中融合的智能化管理。

(2) 电子商务服务。社区电子商务服务是指消费者与商户以及商户与商户之间的商业贸易中,各种商务、交易以及金融等相关服务活动都通过网络或者其他电子化技术实现,无须出门即可方便无碍地完成大部分的物品采购。

(3) 智慧养老服务。智慧养老也是利用物联网技术,利用各种传感器,远程监控老人的日常生活。如果老人走出房屋或摔倒,则地面安全传感器会立即通知医护人员或老人亲属;冰箱里的牛奶翻倒洒出,或是热锅在炉灶上无人看管,安在冰箱和厨房里的传感器会发出警报,一定时间内无人响应,则自动进行清理并关闭煤气；智能厕所能够检查老人的尿液，量血压、体重，让入厕变成医疗检查，所测数据直接传送到社区卫生服务中心的老人电子健康档案，一旦出现数据异常，智能系统会自动启动远程医疗，必要时上门进行卫生服务[2]。

2. 智慧的公共交通

智慧的公共交通系统在提高交通机动和安全性的前提下，为了最大限度地发挥其通行效率，要求更高效地控制和管理城市交通。智慧的公共交通系统是一体化的交通综合管理系统，包括以下需求[3]。

(1) 建立智能交通管理系统：通过对交通流量检测与监控，实现对交通信号的智能管控，提高道路通行效率。

(2) 建立智能公交监控调度系统：通过集成车辆监控调度、自动报站、客流统计、电子站牌和视频监控等功能，优化改善城市公交运营能力。

(3) 建立智能交通诱导服务系统：通过对交通信息的采集、分析，向出行者和车辆提供最优的出行线路，以及引导最合适的停车位。

(4) 建立不停车缴费管理系统：通过射频识别(RFID)技术的应用，以及与电子支付系统的整合，实现路、桥、隧道的不停车缴费。

3. 智慧的医疗卫生

看病困难、医疗费用过高的问题已经有很多人表达过不满，并且已经埋下了威胁社会经济和可持续发展的隐患。新医改方案于2009年4月出台，其中信息化已成为一大关键，利用资源整合和信息共享，支撑起公共卫生服务体系、医疗服务体系、医疗保障体系、药品供应保障体系，以及社会全覆盖的基本医药卫生制度。这种信息化能够更多地惠及民众。

智慧城市要利用基于医疗信息以及服务电子化的智慧医疗卫生体系来缓解看病难、看病贵的民生状况。该体系包括以下需求[3]。

(1) 基于区域居民健康档案的卫生信息平台：对各个社区的居民健康档案以及二、三级医院的诊疗信息进行整合，建立区域居民健康档案，在此平台下提供跨社区跨医院的健康档案调阅，实现信息共享和业务协同，为进一步的业务管理和辅助决策提供信息支持。

(2) 预约挂号系统：该系统不但能为患者节省时间，更重要的是可以平衡医疗资源，缓解不同医院忙闲不均的情况。

(3) 电子病历系统：病历信息的电子化及电子病历通用体系的构建，可节省医生的问诊时间，也可使患者避免在不同医院就诊时的重复检查。

(4) 远程诊疗系统：基于传感技术、网络技术构建的远程诊疗系统，使医生能够通过相关仪器24小时监控非住院患者的体温、血压、脉搏等。

4. 智慧的食品安全

现阶段食品安全一直是人民关心的问题，而我国的食品安全仍然存在以下问题[4]。

(1) 食品种养殖领域：农业产业化发展迅速，但外部环境污染隐患较大。
(2) 食品生产加工领域：新型食品生产加工业正在崛起，但行业总体水平低下。
(3) 食品流通领域：消费环节秩序稳定，但进展不平衡，放心食品工程任务艰巨。
(4) 食品消费领域：食品安全大强小弱，无证餐饮较为突出。
(5) 食品安全综合协调：机制尚不健全高效，实战经验欠缺。
(6) 食品安全监管落后：食品出现问题后很难溯源。

因此，食品安全需要智慧化的手段来解决以上提到的这些问题，可以通过以下几点[5]。

(1) 在城市食品药品监管局建设互联互通、信息共享、安全可靠的市-县(市)区两级的食品监管网。
(2) 建设城市级统一的食品监管业务平台。
(3) 构成面向社会的食品公众信息网。

食品电子监管通过管理对象数字化、采集手段电子化、信息交互网络化、数据处理集中化实现食品管理的智能化。食品电子监管的建设对生产企业、流通企业、政府管理部门的作用是巨大的。对企业来说，建立统一的食品电子监管平台有利于维护企业的品牌和市场份额，同时有助于企业提升管理、构建企业的食品质量追溯体系；建立统一的食品电子监管平台有利于促进流通企业进行物流的标准化建设，实现物流产业的跨越式发展；而对于消费者，可以利用监管网平台通过GPRS、短信、互联网、电话等多种手段查询识别食品的真假；政府监管及执法部门方便对食品进行追溯管理、召回管理、预警管理等。

5. 智慧的文化教育

文化教育对任何一个城市来说都占有重要的位置，各级政府对教育工作都高度重视，全面实施科教兴市战略并优先发展教育已经成为共识。但是很多城市仍然面临校际之间办学质量、水平差距较大，少数学校资源相对薄弱，教师专业水平和学校课堂质量不高，学校培养模式多样化不足的问题。因此，如何从传统教育向现代教育跨越成为智慧城市建设的重要内容。

现代教育就需要信息化手段的帮助，通过使用先进的信息采集技术、信息通信技术、信息处理技术和无所不在的宽带基础设施，满足学习者日益增长的各种需求，为学习者提供个性化的学习服务，实现重视培养获取运用知识和创造新知识的能力的教育体系建设，逐步构建社区教育体系，实现虚拟校园，扩充学校基本功能，为构建城市大教育体系和终身教育体系提供可持续发展的基础。可以通过以下几个方面实现。

(1) 建立城市级统一的教育门户，整合教育资源和学习者资源，实现教育资源共享，建立网上虚拟校园。通过制定开放的标准，采用开放的系统，由每个教育机构实现。

(2) 建立城市范围的学生学习档案，学生作为学习的核心，可以根据各自的情况选择不同的学习地点，不只是学校内，甚至在不同学校之间也可以调换；对学生的评定不再是单纯根据课时，而是对应是否具有了一定的能力和资格。学校师长可以很容易地通过这种方式掌握各个年级专业的学生在某一门课程中的表现。

(3) 在网上设立了课件资源库，把老师上课时的各种课件统一在一起，这样一方面学习者可以在线查看课件资源，另一方面老师本身也能够轻易地搜寻所需内容，更加方便高效地针对不同学生制定其合适的学习规划，使学生能够更快地进步。

6. 智慧的旅游

旅游作为一个产业，已经有了相当迅速的发展，然而比较而言，国内旅游业发展的广度和深度都还远不能适应经济发展和人民生活水平的提高。随着市场经济的发展以及人民收入水平的进一步提高，人们对旅游消费的需求将进一步上升，对旅游业智慧化的要求也越来越迫切。旅游业智慧化需要做到以下几点。

(1) 综合信息管理，提升信息及时准确性。打造丰富、准确、集成、及时的综合信息平台，全面集成旅游服务企业、代理、管理部门、支持部门以及服务对象信息，充分利用数据交换共享技术促进多主体业务协同，提高效率，同时为监管、决策提供基础数据。

(2) 利用网络交互，促进旅游服务质量提高。建设高交互性主体旅游网站，通过多主体交互带来公允可信的旅游信息环境，通过分享、交流增加旅游印象，客观反映旅游服务质量，为管理部门提供可靠的考核依据，更有效地提高旅游服务质量。

(3) 扩张旅游产业链，构建共赢监管经营模式。通过开放合作的电子商务平台，整合旅游产业链，扩张至上下游产业，积极展开电子商务合作，利用信息平台，建立行业标准，打造旅游信息集散中心和产业聚集中心，以信息技术手段提高旅游服务能力，通过多功能旅游卡，实现方便旅游、安全旅游、优质旅游。

(4) 创新服务载体，优化旅游环境提升品质。利用移动互联技术，创新服务载体，提高服务形象和水平，挖掘 RFID、物联网、智能卡等技术优势，为智慧旅游的实现提供给力手段，以电子票证提高旅游效率，实现服务销售扁平化，提高清结算效率，有效控制和分配旅游资源。

(5) 整合利用数据，支持旅游科学决策管理。借助信息化手段，整合海量信息资源，实现旅客信用统计、服务企业评级、行业数据分析等功能，充分挖掘数据，实现行业经济预测、产品模拟测试、销售策略制定、行业政策制定等能力，通过量化旅游信息，帮助管理部门精准控制营收，制定有效管理决策。

15.3 智慧民生的典型应用

15.3.1 便民服务

1. 智慧社区

1) 有线网络打造智慧社区[6]

江苏省常州市已通过广电有线网络打造智慧社区(图 15-2)，越来越多的市民不仅能看电视，而且能用电视。智慧社区主要通过数字电视智能机顶盒为市民提供便利。市民一旦测量完血压后，数据就会通过血压计和机顶盒里的无线传感器，输入到数字电视网络里，实时传送到社区医院，并及时得到医院的反馈意见，智慧社区中的医护平台实现了这一切。智慧社区让用户只要打开电视，足不出户就可以享受到医疗、文化、交通、警务、物价信息等几十项公共服务。

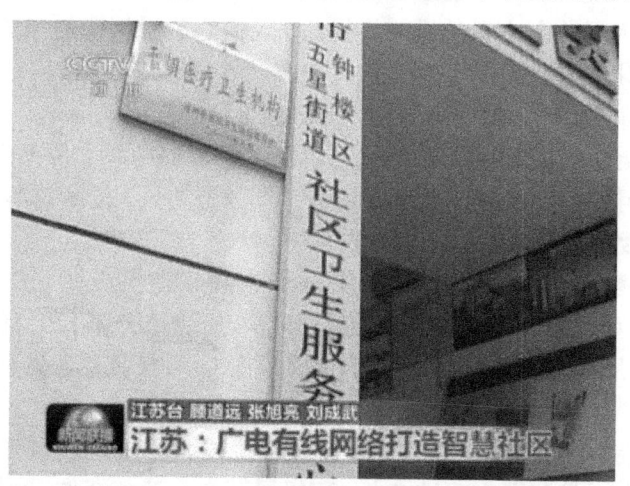

图 15-2 新闻联播介绍江苏常州广电有线网络打造智慧社区

2) 政府规划导向的智慧社区[7]

赛迪时代发布的智慧社区方案主要是以政府规划为导向，立足于以民为本、和谐社会的宗旨，以物联网、SOA、云计算等技术为实现手段，通过 1 个平台 9 个系统，建设统一的数字社区信息平台，即建成 1 个社区服务在线网站系统，1 套移动终端服务系统，4 个社区应用系统(包括基于 3D-GIS 的社区网格化管理与服务系统、社区惠民便民服务系统、社区党建信息管理系统、社区治安综合治理应用系统),并安装社区视频监控系统、触摸屏查询系统、呼叫中心系统等。

通过智慧社区的建设能促进小区公共服务管理、街道等方面的信息化应用,实现对于社区中的基础设施、环境、居民、生活的多种元素进行综合的智能化管理;通过社区服务平台建设,实现公共信息发布,足不出户交纳三费(水费、电费、煤气费)、查询社保、购买商品等,方便群众生活,提高公众服务水平;通过智慧社区建设,能够有效地改善传统社区管理方式,简化流程,优化资源,提高社区管理的效能,方便社区居民贯彻以民为本,服务社群的宗旨;通过智慧社区建设,能够打破信息孤岛,推倒信息烟囱,构建信息共享库,达到互联互通,实现资源共享,减少重复工作,提高工作效率。

2. 智慧交通

1) 城市公共交通监测信息平台

(1) 业务目标。

城市交通规划、控制与评价实验室工程的各个专业应用软件系统实现了海量交通数据的采集和分析,对城市交通发展的方方面面给出了详尽的数据描述。但为在宏观层面向交通运输部和城市交通主管部门提供交通战略规划决策支持,需要从专业应用软件系统浩瀚的数据结果里提取整合城市交通建设发展的各项宏观指标,实现集中统一的城市交通发展状况宏观展示和对比分析研究,为此项目将研发部署城市公共交通监测信息平台。

城市公共交通监测信息平台贯彻公交优先的城市交通发展战略,监测、分析和评价城市公共交通能力、服务质量、节能减排等发展状况,评估公共交通投资效益,支撑快捷、安全、方便、舒适的城市公共交通出行系统的科学规划,最终提升城市公共交通效能和服务水平。

监测平台服务为交通运输部制定行业战略政策提供宏观数据分析支持;为地方交通管理部门提供公共交通发展规划技术服务支持。为交通研究人员提供数据内容和分析平台。为公交企业提供企业状况监测、同行业对比分析和政策指导。

监测平台通过 Web 服务、数据直接访问等方式,采集融合来自不同数据库、应用系统的交通发展指标数据,主要汇集公共交通、道路交通、轨道、港口等交通数据,特别是城市公交的人、车、线、站、路数据。平台同时为各个城市建立反映交通全面状况的指标库体系。随后平台通过GIS-T、数据分析挖掘等数据分析展示工具,给出城市交通历史变化轨迹、现时状况、未来发展趋势的全方位展示,为宏观把握和评价城市交通发展水平提供依据。同时,监测平台还实现城市间交通发展对比分析,可以评估不同区域交通发展水平差异和形成原因,发现和推广先进技术和管理经验。

(2) 用户对象。

城市公共交通监测信息平台的用户共四种，分别为部级用户、城市管理部门用户、城市交通管理部门用户和企业用户。四种用户的具体描述见表 15-1。

表 15-1 城市公共交通监测信息平台用户对象

角色名称	所属单位/组织	职责描述
企业用户	交通行业企业	监测本企业运营状况，与同类企业对比、分析进行企业评价
城市交通管理部门用户	城市交通管理委员会	对所辖企业进行对比分析(包括服务质量、成本、财政补贴等)，对市级城市交通概况、城市交通运行、安全与应急能力、公交优先状况、投资效益、公交服务与能力等公共交通建设、运行状态进行监测、评价，制定城市交通管理法规，为交通规划提供决策支持
城市管理部门用户	市级政府部门	了解城市交通发展现状和当前面临的问题，以便协调和改善城市交通建设环境
部级用户	交通运输部	对比、分析各个城市交通发展情况，评估全国不同区域交通发展水平差异和形成原因，发现和推广先进技术与管理经验

(3) 建设思路。

通过从公共交通运营公司、城市规划部门、统计部门获取的与交通运行相关的各方面数据，围绕城市公共交通发展评价指标体系、行业管理办法和标准规范等，实现对城市公共交通发展水平的监测与评价，为各级行业管理部门提供辅助决策支持，包括公交优先考核、服务质量评价、投资效益分析、成本测算与规制、安全应急、节能减排等。

通过各项评价指标得到城市交通综合发展指数，同时根据各市交通综合发展指数修正城市公共交通发展评价指标体系，使得本系统能更准确地监测、评价各个城市公共交通发展水平。

(4) 功能目标。

企业级：公交、轨道、出租等城市客运企业采集各自的调度、票务、客流等数据，并将数据汇总至城市级数据中心，为城市交通监测、分析、评价提供数据支持。企业可通过平台获得企业运行状况监测评估服务，并可与同行业其他企业对比评价，获得行业发展指导。

城市级：城市级监测、分析模块利用采集得到的各方面数据，对城市交通概况、交通供给水平、公交能力与服务、公交优先、安全与应急、投资效益等进行监测、评估，得到城市级公共交通运行监测、评估结果。城市级交通管理部门则依据上级提供的指导政策及先进技术、经验，为公共交通运营企业提供行业指导，促进各个企业提高自身运营能力与服务质量。

部级：汇总全国城市公共交通的发展概况，对各省市公共交通发展状况(基础设施、运输服务、安全应急、投资与补贴、节能减排)和公交优先落实情况进行评测。对各个城市公交优先落实、公交发展水平、节能减排等分项进行对比、评估，进而得到各个城市公共交通综合评价指数。以此指数为依据，协助行业主管部门发现不同区域交通发展水平差异和原因，为各个城市提高公共交通运行水平提供政策指导与经验交流。

(5) 数据处理流程。

本系统通过分析计算城市公共交通发展综合指数，来评价城市交通发展的状况与水平，如图15-3所示。系统首先通过交通企业、城市规划部门、统计部门等得到浮动车数据、公交车GPS数据、企业运营数据、一卡通数据、调度数据等交通运行数据；以此数据为基础，使用海量数据分析方法对拥堵、客流、公交运力以及公共交通运营企业的运营、服务、安全进行监测、评估；然后使用加权平均、模糊数学等方法对城市交通概况、公交优先、公交发展水平、投资效益、节能减排等各分项进行评价；最后使用综合评判算法得到城市公共交通发展综合指数。公共交通发展综合指数及交通运行状况相关的各分项评价依据城市公共交通发展评价指标体系，同时本体系依据最终评价结果进行修正。

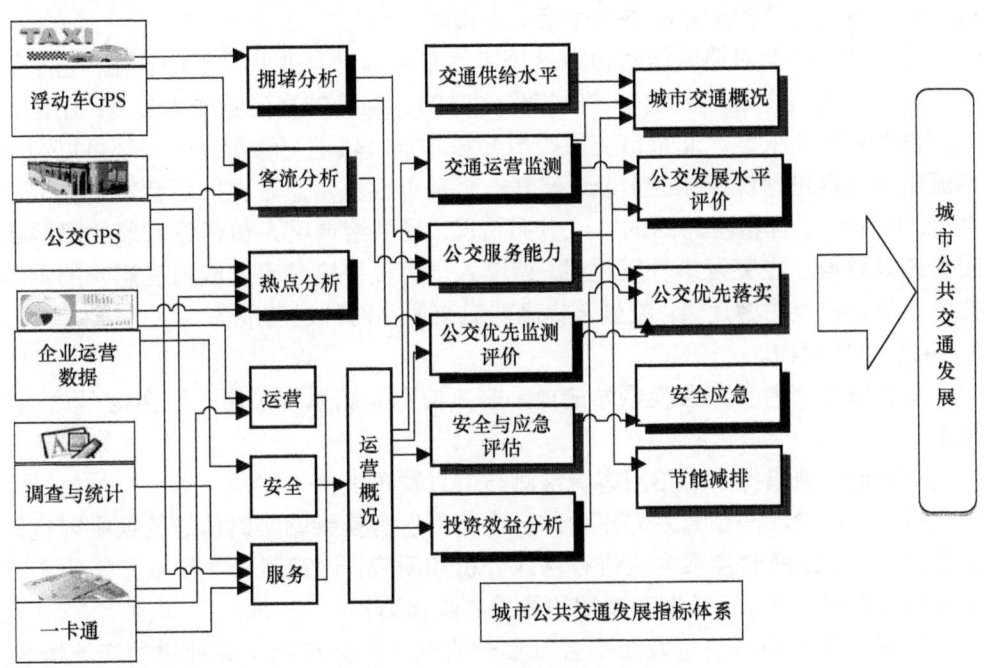

图15-3 城市公共交通发展指标体系图

2) 轨道交通换乘客流信息监测平台

(1) 项目重要性。

①提高轨道交通信息服务。

通过多种信息手段及时发布路网客流状态，有利于乘客选择合理的出行路径、减少出行时间,同时能够起到均衡轨道交通路网客流压力、缓解区域客流拥堵的作用。突发事件下,及时向乘客发布事件的详细信息与应急处置措施,有助于乘客了解实时的事态发展,能够安抚乘客的慌乱情绪,同时能够避免其他乘客进入受到突发事件影响的线路或车站,提高突发事情下的疏散效率、减少路网恢复时间。

另外,结合地面公共交通信息等城市实时城市交通信息的发布,能够指导居民出行选择合理的出行方式及出行路径,均衡城市居民出行的时空分布,缓解城市交通的拥堵现状,提高城市交通资源的利用效率。

②提高轨道交通运营水平。

由于现有的监控手段不能获取精确、实时的客流数据,运营管理方案的实施与制定依赖于经验判断,缺乏必要的科学依据,难以实现对轨道交通服务水平及效率的提升。因此,迫切需要借助科学的客流检测技术,实时掌握轨道交通客流状态,提高运营管理决策的实时性、高效性、经济性,提升运营管理的智能化水平,进而提高轨道交通的运营服务水平及运营效率。

客流信息数据对路网运营协调管理工作来说也具有非常重要的作用,它不仅可以给调度人员在处理突发事件时提供实时的、准确的客流量作为参考,还作为突发事件处理的依据。北京市交通委员会和北京市轨道交通指挥中心都可以利用客流信息数据进行深度系统分析,建立一套基于客流信息数据的运营辅助模型和系统,可实时了解整个路网的客流分布情况,提供给调度人员任意时段的路网各线客流量数据。在突发事件发生时,调度人员可很快清楚事发线路受影响的乘客数量以及要换乘的客运量,能显著提高轨道交通路网的运营能力。

(2) 总体架构。

基于轨道交通全路网换乘站的换乘客流信息监测系统采用三层架构形式,如图 15-4 所示。

①轨道交通指挥中心路网客流检测与信息发布平台。

路网客流检测与信息发布平台综合全路网所有换乘站实时传送的换乘客流信息数据,对全路网的换乘客流进行深入分析和研究,计算路网各换乘车站的实时换乘客流数据,并进行长期和短期的换乘客流预测。

路网客流检测与信息发布平台可实时监控各换乘车站换乘通道的客流情况,并对换乘通道内的客流总量、断面客流量、乘客逆向行驶、乘客长期滞留等情况发布自动预警信息,因此,轨道交通指挥中心可结合轨道交通调度指挥中心(transit command center, TCC)系统,对轨道交通路网进行运营监视、运营监督、运营组织分析、突发事件处理等。

路网客流检测与信息发布平台的换乘客流统计分析功能可实时统计全路网换乘站中每个换乘通道任何时间段和时间点的换乘客流量,轨道交通指挥中心可利

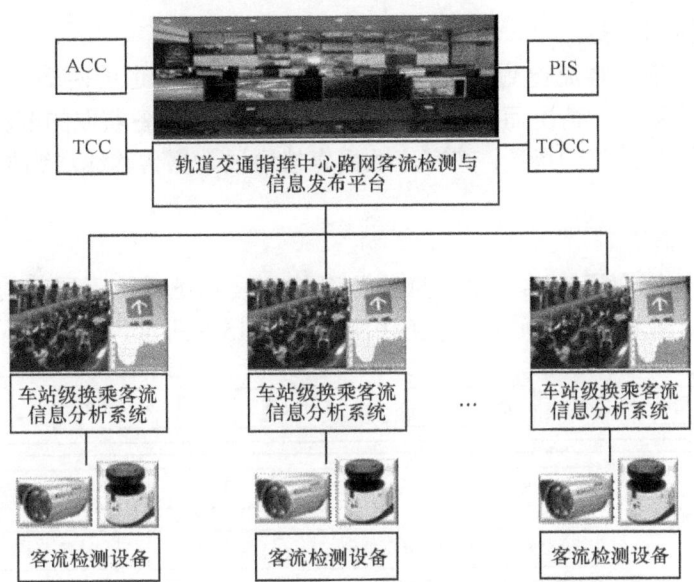

图 15-4　轨道交通换乘客流信息监测系统总体架构图

用其换乘客流信息数据对自动售检票系统清算管理中心(automatic ticketing dealing center, ACC)系统的清分数据进行比较,实现清分模型的验证和参数调整。

路网客流检测与信息发布平台结合 TCC 和 ACC 系统核心业务数据,不仅能实时产生全路网客流总量和换乘客流数据,还能利用预测功能生成客流预警信息,便于调度员采取相应的路网行车调度措施,以及换乘站应对即将到来的高峰客流启动客流疏散预案,同时将相关信息通过乘客信息系统(passenger information system, PIS)即时向乘客提供信息服务。

交通运行协调指挥中心(transport operation coordinate center, TOCC)通过接收和处理路网客流检测与信息发布平台和 TCC 上传的客流实时统计数据,实现轨道交通路网的长期和短期的客流预测分析。

②车站级换乘客流信息分析系统。

车站级换乘客流信息分析系统不仅实时对换乘通道内的换乘客流信息进行分析和预警,还提供换乘车站的换乘客流分析和统计功能,并能够生成相应的客流数据报表。

车站级换乘客流信息监测系统设置在各换乘站综控室,方便车站长和相关工作人员即时监控各个换乘通道的具体情况,对于系统自动产生的预警信息科及时采取相应的措施。同时,综控室工作人员还能够利用车站级换乘客流信息监测系统对车站的换乘客流进行详细统计和分析,便于工作人员及时掌握情况,对车站进行更好管理。

③客流检测设备。

换乘车站现场客流检测设备安装在各换乘站换乘通道的两端或中间部分(具体安装根据换乘车站情况而定),通过激光和视频采集设备获取的客流信息,是直接进行客流数据采集的场所,其客流数据直接通过数据传输线送到位于换乘车站的综控室。

(3) 技术架构。

北京市轨道交通换乘客流信息监测系统的技术逻辑含五层架构,包括基础层、数据层、业务层、中心层以及应用层,如图15-5所示。

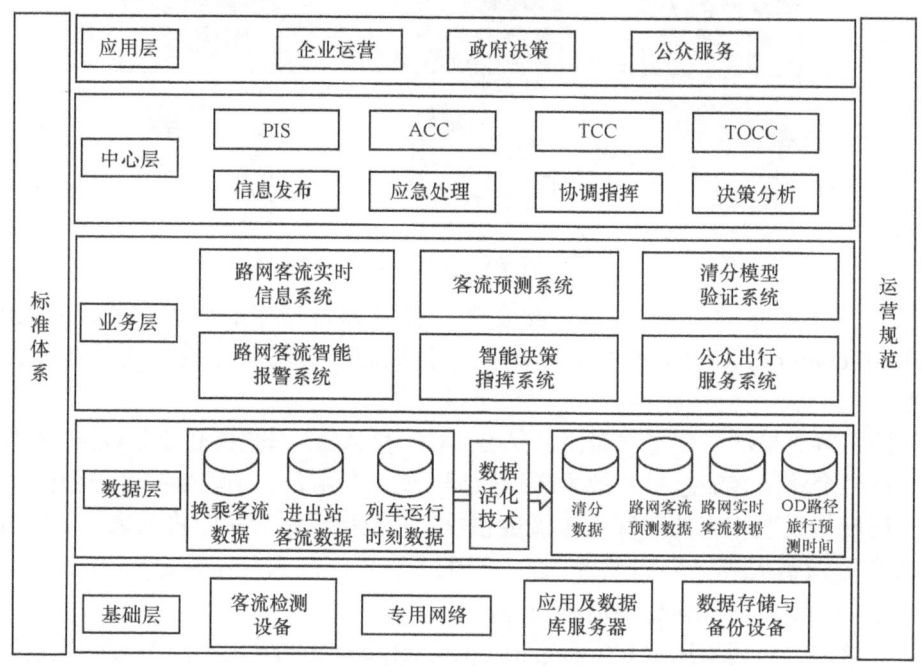

图 15-5 轨道交通换乘客流信息监测系统技术架构图

①基础层。

轨道交通换乘客流信息监测系统的基础层包括客流检测设备、专用网络、应用及数据服务器以及数据存储与备份设备等。

客流检测设备主要包括安装在换乘通道现场的激光扫描仪和视频摄像头,实现对换乘通道的客流信息采集功能。

专用网络是指在北京轨道交通全路网各个换乘站和轨道交通指挥中心之间建立一个内部网络,专门用于各换乘站的车站级换乘客流信息分析系统实时向轨道交通指挥中心路网客流检测与信息发布平台传送换乘通道客流信息数据和视频,同时接收路网客流检测与信息发布平台下发的客流检测设备控制命令和状态查询命令。

应用及数据库服务器是分别位于车站综控室和轨道交通指挥中心与车站级换乘客流信息分析系统和路网客流检测与信息发布平台对应的对换乘客流数据信息进行分析处理的数据库。

数据存储与备份设备位于轨道交通指挥中心,主要用于对全路网换乘车站传送的客流数据信息进行存储和备份,防止因为路网客流检测与信息发布平台的数据丢失或损坏而造成的数据损失。

②数据层。

轨道交通换乘客流信息监测系统的数据层起初获取轨道交通路网中的换乘客流数据、各车站的进出站客流数据以及路网列车运行时刻数据。通过数据活化技术的处理,分别可得到全路网的清分数据、路网客流预测数据、路网实时客流数据和OD路径旅行预测时间等核心业务数据。

换乘客流数据是直接通过车站级换乘客流信息分析系统从各个换乘车站收集的数据。

进出站客流数据可通过ACC系统获得轨道交通全路网中各个车站任何时刻或时间段的进站和出站客流量。

列车运行时刻数据可通过TCC系统获得轨道交通全路网中各条线路正在运行或已经运行的列车时刻数据。

清分数据是指轨道交通路网中任意一个乘客进出站的OD数据通过数据活化之后都能计算其进站时间、候车时间、所乘坐的列车班次、列车详细运行时间、平均换乘时间(OD路径之间存在换乘情况)以及出站时间。同时,针对全路网中任意两站之间存在两条以上的可选有效路径,清分数据也能计算乘客在各条有效路径上的出行比例。此外,清分数据还包括一日内全路网中各条线路的详细载客量和清分比例。

路网实时客流数据是以清分数据为基础进行分析和处理后的信息,具体指轨道交通路网中某一时刻或时间段,任意相邻两站之间的载客量和相应的畅通情况、每个站的进出站客流量、换乘站各个换乘通道的换乘客流总量、断面客流量、客流密度等数据。

OD路径旅行预测时间是利用路网基础运营数据、清分数据、路网实时客流数据、路网有效路径集等路网核心运营数据活化得到的。针对路网中任意两个车站,根据实时路网信息,可计算多种有效路径所需要的不同旅行时间,是公众出行服务系统的核心数据。

③业务层。

轨道交通换乘客流信息监测系统的业务层包括路网客流实时信息系统、客流预测系统、清分模型验证系统、公众出行服务系统、智能决策指挥系统和路网客流智能报警系统等六大核心系统。

路网客流实时信息系统主要服务于轨道交通指挥中心,其系统设计如图15-6所示,包括下面四类轨道交通路网实时客流信息。

(a) 各线路相邻两个车站之间的拥挤程度。
(b) 每个车站的进、出站客流量。
(c) 每个车站实时乘客总数。
(d) 每个换乘车站各个换乘通道的客流量。

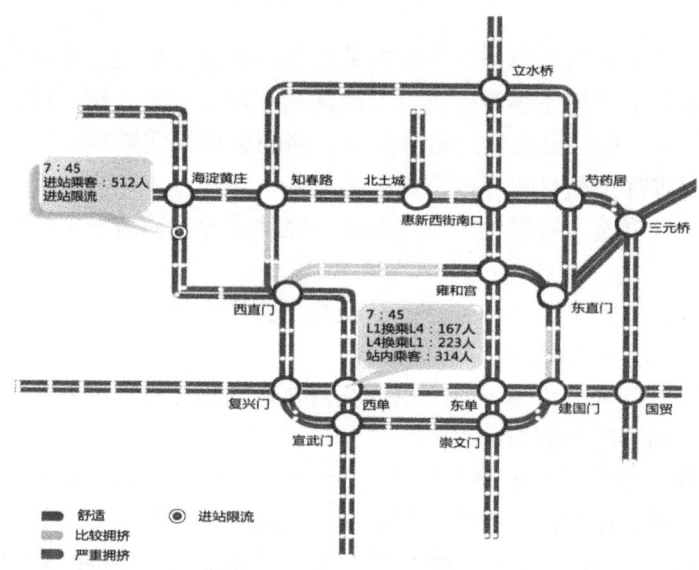

图15-6 轨道交通客流实时信息系统示意图

客流预测系统利用历史客流数据和实时客流数据等信息预测未来短时间内的客流量,可以及时了解客流的时间、空间分布状况,从而提高轨道交通各条线路的利用率和服务质量。对于线路里程不断扩大、线网结构逐步形成的城市轨道交通的运营组织,具有重要意义。实时、准确的短时轨道交通客流预测无论对于乘客出行,还是交通管理都是必不可少的。

(a) 填补实时轨道交通信息的不足。
(b) 为列车调度提供指导建议。
(c) 为市民出行提供交通指引。

清分模型验证系统主要利用乘客实际旅行时间和列车运行时刻表,提出清分验证模型,同时可计算获取每一位乘客的出行选择路径,以及对应阶段的具体时间,最后根据清分验证模型的数据,指导原清分算法的参数学习和调整。

在计算得出任意时段内对应线路上经过该换乘站换乘的乘客数量,然后比较分析ACC客流清分模型计算出的经过该换乘站换乘的客流数据,分析误差原因,进而对ACC客流清分模型进行验证、校对，以准确掌握换乘客流数据，实现地铁各主体运营单位利润分配更公正合理，如图15-7所示。

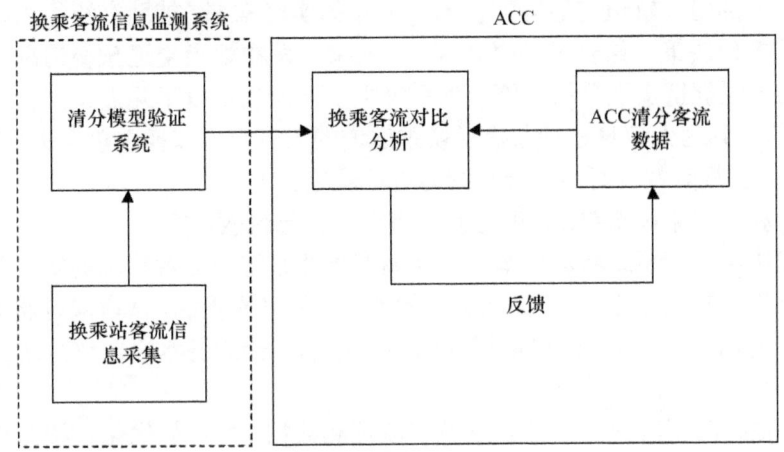

图 15-7　轨道交通清分数据与 ACC 清分结果对比流程图

公众出行服务系统将通过网站信息发布的形式向市民实时提供北京市轨道交通路网信息，其系统设计如图15-8所示。

(a) 提供北京市轨道交通线路、车站实时拥挤程度信息。

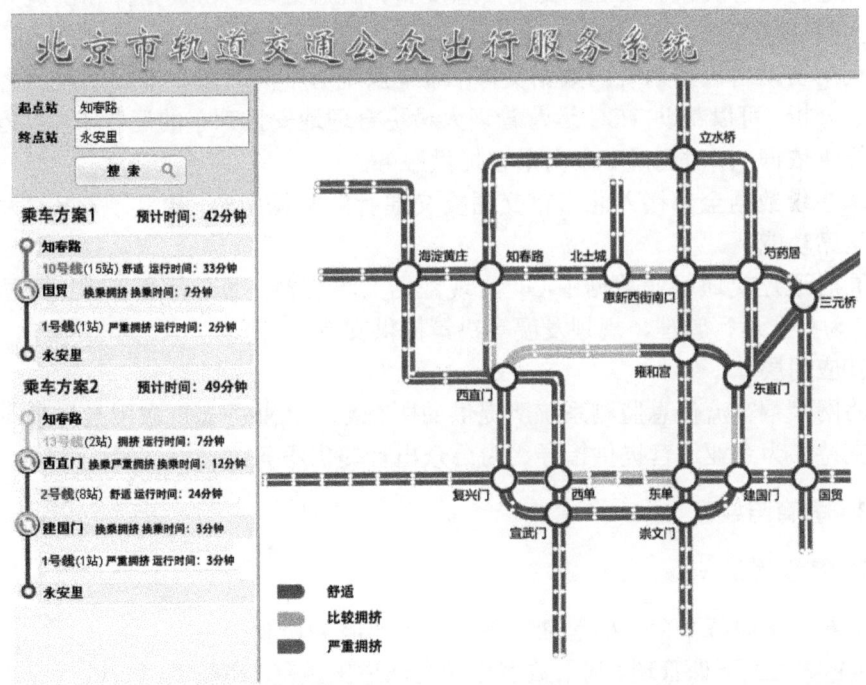

图 15-8　北京市轨道交通公众出行服务系统示意图

(b) 根据线路、换乘站的实时拥挤程度，提供最少旅行时间的有效路径详细信息。

路网客流智能报警系统利用客流检测子系统和客流预测系统的数据支撑，实现多级管理部门多轨道交通客流状态、分布的实时掌握，辅助客流组织、运营协调调度等多种决策。结合多种媒介方式，向乘客发布轨道交通预警情况。并对可能产生的客流拥挤实现分级预警。该系统主要功能包括以下几点。

(i) 对车站内人流量进行监控、换乘通道的人流密度和换乘总量进行监控。

(ii) 分析视频数据对乘客异常行为进行监控。

(iii) 利用客流预测数据，可提前开启客流紧急疏散预案。

智能决策指挥系统将从根本上提高调度指挥系统对运营状况的实时掌握与应变能力，提高应急反应能力、提高运营效率，改善服务质量。从内部讲能提高运营管理的集约化水平，从外部讲能提高轨道交通的社会服务水平。该系统主要功能包括以下几个方面。

(i) 根据路网客流实时信息以及客流预测数据，尽可能优化各线路车辆协调运行调度方案。

(ii) 应急条件下，路网应急协调管理方案。

④中心层。

路网换乘客流信息监测系统通过与轨道交通 ACC、TCC、TOCC 和 PIS 等核心系统进行信息交换、传送，实现信息发布、应急处理、协调指挥和决策分析等四大主要功能。

利用自动售检票系统的数据支撑，通过系统对不同时段、不同区段的客流的统计、分析，可以帮助 TCC 运营管理人员更合理地安排列车的运营密度，为运营决策提供依据，同时通过 PIS 向乘客提供服务。

本系统数据全部接入北京市交通委交通行业数据中心，再实现TOCC大屏显示与坐席功能。

同时通过交通行业数据中心，实现数据共享交换，加强行业管理，指导企业运营，为行业运行管理、规划发展等决策提供支持。

⑤应用层。

路网换乘客流信息监测系统所提供的所有数据和业务支持应用是为政府决策提供支持、为企业运营提供指导、为公众出行提供服务。

15.3.2 教育与娱乐

1. 智慧教育

智慧中学服务平台主要包括以下几个主要服务功能。

(1) 学生上下课管理。利用数字化学生证进出教室，在教室门口进行标签感应，确实地控管学生进入教室的时间，可作为老师上课点名之依据，提供学生上课期间进出校门口历程记录,如图 15-9 所示。

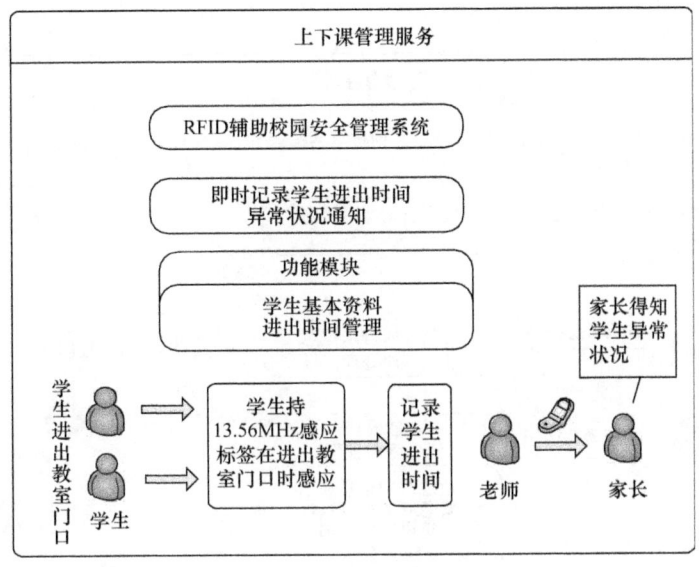

图 15-9　学生上下课管理服务展示图

(2) 学生学习记录管理。利用数字化学生证记录学生资讯,提供学生借阅习惯历程,作为学习记录之分析。

(3) 校园设备学生使用管理。学校可利用数字化资材管理系统,除了进行设备有效管理,还可针对借用记录资讯,快速查询设备使用状况。

(4) 学生图书借阅管理。运用 RFID 的特点,协助进行图书馆数字化管理与应用,在借还书籍时可淘汰纸本登记手续,直接应用数字化学生证图书借阅系统及服务,快速借书。学校图书馆除了可利用数字化图书系统进行书籍有效管理,还可针对图书借阅记录资讯,快速查询书籍使用状况及分析学生阅读模式。

(5) 出勤行踪通报服务。当学生出现缺勤或行踪异常时,该系统将通报班主任,经班主任确认后即时告知并通报家长,询问缺勤缘故,或缩短可能存在危机的处理时间。

(6) 学生体温异常管理服务。当学生身体不适时,到医务室进行体温监测,以记录体温变化状况,当显示体温超过标准时,班主任可立即处理,并通报家长就诊,可避免学生加重病情或扩大传染。

(7) 学生校园打扫区域安全管理。加强学生在校内外打扫区域的安全管理,当打扫学生发生危险或出现异常行踪时,可进行紧急求救通报,系统即显示警示区域之位置与警示声,让相关老师和工作人员进行即时处理,同时具备打扫区域信息和历史信息查询等功能。

(8) 紧急呼叫通报功能。当然学生发生危险或突发情况时,可立即按下数字化学生证上的紧急求救按钮,系统可即时判断位置并接受通报,加快突发事件处理人员前往救助的时间,有效预防更严重之伤害发生。紧急呼叫服务示意图如图15-10 所示。

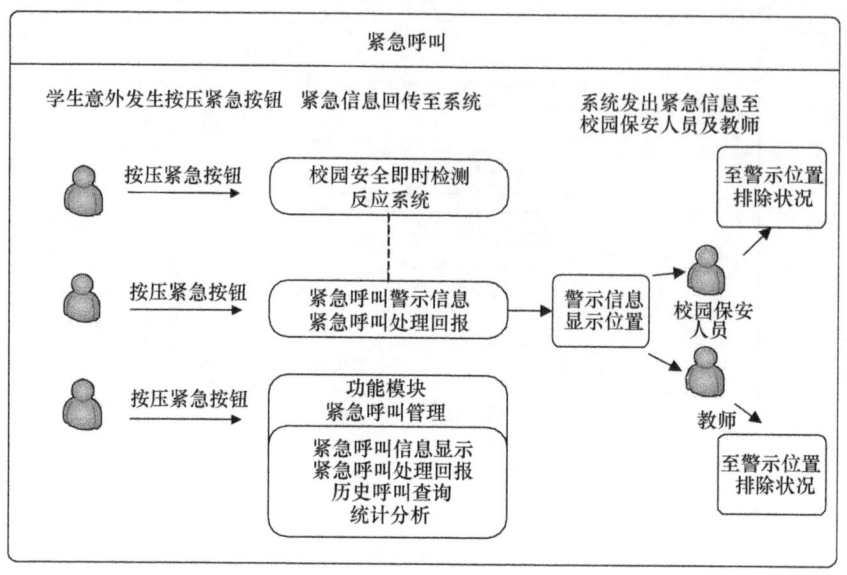

图 15-10　紧急呼叫服务示意图

2. 智慧旅游

1) 智慧旅游的概念

智慧旅游主要包括旅游服务的智慧和旅游管理的智慧两大部分[8]。

(1) 旅游服务的智慧。

智慧旅游从游客出发,通过信息技术提升旅游体验和旅游品质。游客在旅游信息获取、旅游计划决策、旅游产品预订支付、享受旅游和回顾评价旅游的整个过程中都能感受到智慧旅游带来的全新服务体验。

智慧旅游通过科学的信息组织和呈现形式让游客方便快捷地获取旅游信息,帮助游客更好地安排旅游计划并形成旅游决策。

智慧旅游通过基于物联网、无线技术、定位和监控技术,实现信息的传递和实时交换,让游客的旅游过程更顺畅,提升旅游的舒适度和满意度,为游客带来更好的旅游安全保障和旅游品质保障。

智慧旅游还将推动传统的旅游消费方式向现代的旅游消费方式转变,并引导游客产生新的旅游习惯,创造新的旅游文化。

(2) 旅游管理的智慧。

智慧旅游将实现传统旅游管理方式向现代管理方式转变。通过信息技术,可以及时准确地掌握游客的旅游活动信息和旅游企业的经营信息,实现旅游行业监管从传统的被动处理、事后管理向过程管理和实时管理转变。

智慧旅游将通过与公安、交通、工商、卫生、质检等部门形成信息共享和协作联动，结合旅游信息数据形成旅游预测预警机制，提高应急管理能力，保障旅游安全，实现对旅游投诉以及旅游质量问题的有效处理，维护旅游市场秩序。

智慧旅游依托信息技术，主动获取游客信息，形成游客数据积累和分析体系，全面了解游客的需求变化、意见建议以及旅游企业的相关信息，实现科学决策和科学管理。

智慧旅游还鼓励和支持旅游企业广泛运用信息技术，改善经营流程，提高管理水平，提升产品和服务竞争力，增强游客、旅游资源、旅游企业和旅游主管部门之间的互动，高效整合旅游资源，推动旅游产业整体发展。

2) 杭州智慧旅游[9]

杭州智慧旅游整合了杭州市旅游信息资源，突出了杭州旅游的品位和魅力。通过杭州智慧旅游，游客可以轻松自在玩转杭州。通过GPS定位，游客可以在手机上随时查看当前位置，随着位置变化，周边旅游信息也会及时更新，如景点、酒店、餐馆、商铺、旅游咨询点等信息；同时，游客还可以根据地图上的导航功能，查询自驾车、公交车、步行等三种不同的交通方式前往目的地；游客通过点击感兴趣的对象(景点、酒店、餐馆、娱乐等)，就可以获得关于兴趣点的位置、文字、图片等信息，深入了解兴趣点的详细情况；同时，应用还为游客提供了景区导览图查看和语音讲解的功能，在西湖边欣赏风景的同时带上耳塞，就有免费的讲解员为游客讲解三潭印月、雷峰塔的故事、断桥的由来等。

杭州智慧旅游主要包含杭州介绍、天气预报、旅游动态、景点、住宿、美食、购物、娱乐、交通、专题旅游、推荐线路、旅游咨询、实用信息、周边旅游、美图欣赏等15个板块内容，具体内容如下。

(1) 杭州介绍板块综合了杭州概况、地方文化、民俗风情、人文历史、历史名人等内容，以文字、图表、图片相结合的形式，介绍杭州的文化、民俗、历史等基本风貌。

(2) 天气预报板块为游客提供最近四天的最新杭州旅游天气情况介绍。

(3) 旅游动态板块结合杭州市旅游委员会官方微博和新闻动态模块，为游客提供最新的杭州旅游新闻。

(4) 景点、住宿、美食、购物、娱乐等板块通过图片、音频、文字相结合的形式全方位展示杭州各类旅游景点、住宿、美食、购物、娱乐等信息。

(5) 交通板块为游客提供杭州航空、铁路、公共自行车、公交车、环西湖观光电瓶车等各类实时交通出行信息查询服务。

(6) 专题旅游、推荐线路板块为游客提供特色街区、赏花线路、春季访茶、登山攻略等旅游信息。

(7) 旅游咨询板块结合GPS定位和地图功能，为游客提供最近的旅游咨询点信息查询。

(8) 实用信息板块为游客提供常见问题、出游常识、护照办理、常用电话等信息查询。

(9) 周边旅游为游客提供萧山、余杭、临安、富阳、建德、桐庐、淳安等旅游信息查询服务。

(10) 美图欣赏模块为游客提供精美的杭州风景图片欣赏。

15.3.3 健康与安全

1. 智慧医疗

(1) 电子健康档案。

当前很多城市已开展基于市民健康档案的区域卫生信息化建设，以提高电子诊疗普及率。电子病历在本地区主要医院进行联网，基本实现互通共享，患者网上挂号，持卡就医，甚至就诊信息均自动上传至卫生信息数据中心，医生通过工作站，可及时了解市民的个人诊疗信息或健康记录。智慧医疗能较好解决患者带病历看病、排长队挂号、缴费等长期困扰的问题，极大地方便了医生看病和市民就医。市民电子健康档案自动建档，实现电子病历和电子档案的融合、应用和协同，将市民个人健康信息自动与电子健康档案关联。

(2) 智慧医疗卫生信息平台[10]。

武汉将构建智慧医疗卫生信息平台，实现全市所有医疗机构间居民电子健康档案数据的互联互通。力争到2020年，形成完善的医疗卫生服务体系，实现居民就诊小病在社区，大病进医院，康复回社区，健康进家庭。

通过居民健康自助门户，患者可根据需求，实时了解看病出行的交通方式与最优诊疗机构；通过自助预约挂号与分时转诊，了解就诊排队等待时间等信息，并提前预知此种情况下医生就诊时间与诊断检测时间。

通过智慧医疗卫生信息平台，一旦领取结婚证件，将接收到民政局通知健康体检等信息。妇女通过诊断确认怀孕后，智慧信息平台能立即记录其电子健康档案，并综合电子病历信息，为其提供胎保等保健信息与指导，并联动相应社区卫生服务中心定期跟踪了解孕妇和胎儿情况。

2. 智慧食品

"十二五"期间，国家商务部加大对于食品安全保障体系的建设，利用电子监管、电子追溯这种创新的监管方式，建设食品流通追溯系统，通过信息化改造，改善流通基础设施，提高流通现代化水平，带动农业生产的标准化、规范化，从而解决目前日益突出的食品安全问题，从而保障人民生活的和谐稳定。

1) 食品安全电子追溯系统[11]

鄂尔多斯市政府与内蒙古自治区质监局运用食品安全电子追溯系统，可将食品生产企业和食品小作坊的原材料进厂、生产、产品检验、产品出厂等每个环节纳入监管部门的视野，做到源头可查、流向可查、质量可控，出现食品安全问题时，可做到精确查找、快速召回、精确处罚。

为了切实抓好食品质量安全监管工作，真正从源头上把好食品安全关，鄂尔多斯市质监局在东胜区推行食品加工小作坊集中监管新模式，强力推进食品生产加工园区建设和食品检测体系建设。在对食品加工小作坊的监管上实现两点创新：一是园区内的食品加工小作坊生产的食品在出厂时都要经过质量抽检，二是食品加工小作坊生产加工的食品都实现质量追溯。在对食品小作坊进行集中监管的基础上，同时建设运行食品质量安全电子追溯系统，对小作坊实施信息化监管，全力保障食品安全。

该系统的建成运行，为鄂尔多斯市政府与内蒙古自治区质监局合作，在东胜区罕台食品生产加工园区试点推行食品质量安全信息化监管项目提供了平台，为进一步实现东胜区食品生产加工"全过程监管、全过程监控、全部可追溯"目标奠定了基础。

2) 肉菜追溯平台[12]

中兴通信通过建设和改造，确保肉类从养殖环节、屠宰场环节、批发市场环节、零售环节以及加工等各个环节符合肉菜追溯体系的标准，确保蔬菜从种植、批发、零售以及加工环节符合肉菜追溯体系的要求，实现肉菜蔬菜生产、加工、流通的全流程信息监控。

肉菜追溯平台可实现食品生产、加工、流通领域的规范化，实现问题可追溯、可查证、可追究的安全体系，不仅提升政府在食品安全领域的处理问题的及时性、准确性，提高政府的公信力，还创造和谐的社会环境，提升人民群众对于食品安全的满意度。

中兴通信实现的肉菜追溯平台结构如图15-11所示。

该系统的主要功能包括以下几个方面。

(1) 面向政府提供行业监管和决策咨询服务。
(2) 消费者投诉与建议服务。
(3) 市场监控服务。
(4) 行政执法监管服务。
(5) 肉类蔬菜流通情况的监管服务。
(6) 为多部门(农委、工商、卫生、质监)提供监管服务。
(7) 面向消费者提供消费监督查询服务。
(8) 产品溯源查询服务。

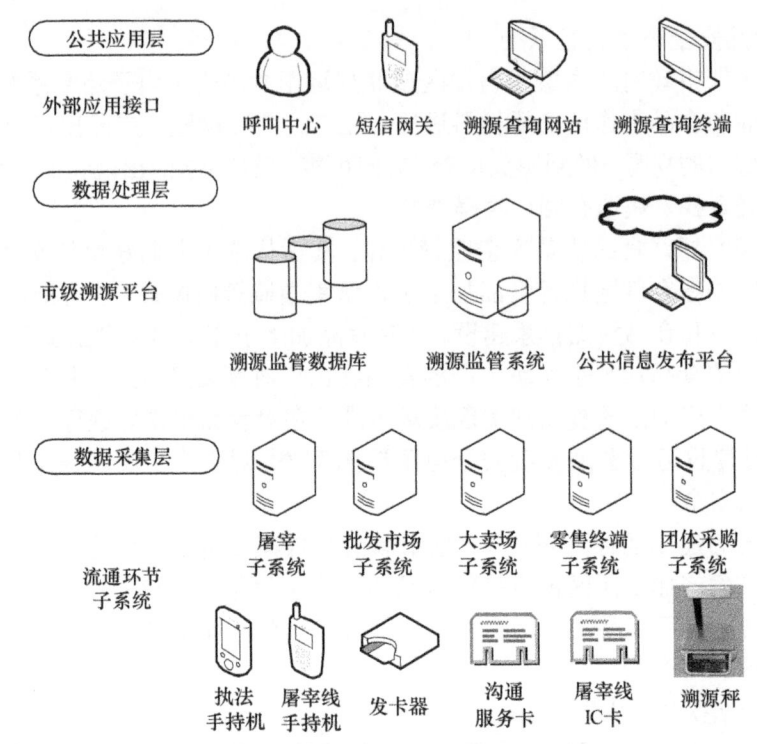

图 15-11 肉菜追溯平台结构图

(9) 通过 12312 热线查询、短信查询、在线查询及专用终端查询等方式进行溯源查询。

(10) 给消费者搭建投诉与建议的平台。

(11) 面向企业提供产品质量安全和流通跟踪信息服务。

(12) 产品溯源服务。

(13) 产品信息化管理服务。

(14) 产品物流跟踪服务。

参 考 文 献

[1] RFID世界网. 物联网背景下的智慧城市建设. http://www.e-gov.org.cn/xinxihua/news008/201210/134482.html[2012-10-10].

[2] 浙江通信业. 智慧养老. http://www.zca.gov.cn/zca/face/article.do?id=4485&method=article [2010-10-28].

[3] 电子政务. 城市"智慧化"发展的趋势研究. http://www.chinacity.org.cn/csfz/fzzl/71662.html [2011-06-14].

[4] 宋剑锋. 江岸区食品安全现状与对策分析. http://www.foodlaw.cn/lawhtml/dcjy/293.shtml [2009-06-14].

[5] 中国·合肥. 食品药品监管信息系统解决方案. http://www.hefei.gov.cn/n1070/n304559/n311416/n316413/4403177.html[2007-05-31].

[6] 中国网络电视台. 江苏：广电有线网络打造智慧社区. http://news.cntv.cn/program/xwlb/20120818/103294.shtml[2012-08-18].

[7] 赛迪时代. 智慧社区是智慧城市建设的核心部分. http://www.chinacity.org.cn/csfz/csjs/90219.html[2012-08-07].

[8] SOSO 百科. 智慧旅游. http://baike.soso.com/v41302001.htm[2011-05-17].

[9] 乐自游. "杭州智慧旅游"手机APP应用正式上线. http://www.bokee.net/bloggermodule/blog_viewblog.do?id=12060018[2012-05-03].

[10] 荆楚网. 八年后武汉智慧城市基本建成 一张卡刷遍衣食住行. http://news.cnhubei.com/xw/wuhan/201208/t2202506.shtml[2012-08-28].

[11] 中国质量新闻网. 内蒙古鄂尔多斯市探索食品安全监管新模式. http://www.cqn.com.cn/news/zgzlb/diyi/603601.html[2012-08-01].

[12] ZET中兴. 中兴通信食品溯源解决方案. http://www.zte.com.cn/cn/events/smartcity/solutions/201207/t20120713_362517.html[2012-07-13].

第 16 章 智慧城市对城市发展的作用

16.1 智慧城市的建设对城市发展的影响

16.1.1 中国智慧城市建设面临的主要问题

1. 机制问题

目前智慧城市的建设面临机制方面的挑战，主要包含以下几点。

(1) 决策咨询机制。目前国内亟待成立智慧城市建设方面的专家决策咨询机构，智慧城市建设思路往往缺乏特色，照搬国外模式。通过建设专家决策咨询机制，可以集思广益，及时将各地智慧城市建设的经验和教训进行总结，以利于国内智慧城市建设的健康发展。

(2) 规划与实施脱节。目前中国智慧城市建设呼声很高，但是往往仅出台了总体规划，缺少具体实施方案与计划，使得智慧城市建设很难落到实处。在建设智慧城市过程中应该确立智慧城市建设的具体实施时间表与落实建设资金。

(3) 缺乏协调机制。政府部门在推进智慧城市建设中由于各部门投入力量的不一致，容易产生步调不一和互相推诿。政府各部门之间缺少横向联合与沟通，容易造成设备不兼容、网络等资源不能互联互通，信息不能共享等问题。智慧城市建设应该成立专门的政府领导小组，明确管理职能，理顺各部门关系，统一协调智慧城市建设。

(4) 评估考核标准缺失。由于智慧城市建设评估体系的不明确，无法对智慧城市建设进行有效评价，急需依据科学的调查研究，制定完善的智慧城市建设的评价方法和体系。发挥评估体系在智慧城市建设中的导向作用。

(5) 共享合作机制不足。智慧城市的建设需要更加开放的心态，政府与企业、高等院校等单位需要建立一个长效合作机制。在"风险共担、利益共享"的前提下，分工合作，发挥各自的专长，加快推进智慧城市建设。

(6) 运营机制创新不足。政府应制定相应的管理规则，引入市场化机制，鼓励运营机制创新，利用运营效益提高智慧城市建设积极性。

2. 技术问题

现有技术手段难以满足智慧城市的建设目标。智慧城市建设的目标是深化城市的信息化建设，并最终智能地为城市的管理者和使用者服务。现有技术手段在信息的智能采集、高效传输、智能分析与决策支持，信息技术与智能应用的结合还不够广泛和深入,离智慧城市的建设目标还有较大差距。

(1) 未形成开放的、可扩展的智慧城市技术体系。智慧城市的技术体系架构应本着适度超前的原则进行设计。智慧城市的建设是一个长期、复杂、动态的过程,随着建设的不断深入,应用环境的不断变化,会面临许多新的问题,这些问题可能会引入新的技术、淘汰现有技术、修正部分相关技术。智慧城市的体系框架必须在保持体系相对稳定的同时,满足随时可能出现的新需求。因此智慧城市技术体系架构应当具有可扩展性。智慧城市的建设过程需要兼顾以往各行业信息化建设和数字城市建设所积累的宝贵经验和建设基础。应积极统一已有的技术标准,促进现有系统整合。另外,通过智慧城市体系架构设计,尽量满足兼容已有技术的需要,节省建设资金。因此还需要考虑智慧城市技术体系架构的兼容性。另外,智慧城市的体系架构还应满足开放性,通过标准化的规范和接口,鼓励和吸引更多的企业和研究所为智慧城市的建设贡献各自的成果。

(2) 缺乏有广泛共识的智慧城市技术评测体系和评测方法。智慧城市的建设急需一套完整有效的技术评测方法,然而目前评测理论和方法尚不成熟,国内外也都没有成熟方法和范式可以借鉴。智慧城市评价指标体系复杂,涉及多种技术,涵盖不同的层面,涉及不同的软硬件和系统,服务的范围和目标也不同。不同城市存在地域差异,城市发展水平也有很大的差异,需要结合这些状况和特点探讨适合多种类型城市的评测指标体系。智慧城市的评测指标需要逐步完善、丰富和发展。国家对于智慧城市还没有统一的规范和标准,也没有特定的部门进行管理监督和指导,国家级评测中心的建立也需要多个部门或机构的协调与规划。

(3) 信息技术服务于智慧应用的广度和深度不够。智慧城市建设是城市信息化持续深入的过程,这与国家信息化整体发展战略一致。在推动智慧城市建设的同时,应着重与人民生活需求、政府高效管理、传统产业转型紧密结合。智慧城市建设还应与国家战略新兴产业结合起来,如物联网、三网融合、3G/4G 通信、低碳城市经济等。将信息技术更广泛、更深入地融入到智慧城市建设的各个应用领域,科学推进智慧城市建设。

(4) 信息安全保障体系亟待健全,信息网络安全基础设施薄弱。智慧城市中各种应用服务会涉及各行各业的资料和居民的隐私,这必然要求更为复杂的网络与信息安全保障机制。传统的信息化建设可能仅在单一部门和部分系统开展,网络与信息安全保障意识不足,存在着许多亟待解决的问题。主要包括:信息安全基础设施薄弱,网络与信息系统安全防护水平不高,应急处理能力不强;信息安全意识不强、制度不健全、网络失泄密事件时有发生;管理体制不健全,信息与网络安全管理机构尚未建立;信息与网络服务机构少,信息安全支撑体系尚未形成;信息安全技术与管理人才缺乏。以上的安全问题应该在智慧城市建设初期充分评估,在保证智慧城市与原有系统的兼容与扩展基础上,更要梳理信息基础设施的安全性问题。如果不予以充分的认识，那么网络与信息安全隐患可能会造成巨大的影响与损失。

(5) 智慧城市时空服务和应急服务问题。构建智慧城市时空信息服务体系架构，需要理清不同服务对象的需求，才有可能突破目前数字城市被动、机械服务模式，提出面向多主题的智能应用服务流程，实现智慧城市的主动多样服务模式，这是目前技术上的一个难点。构建智慧城市应急响应体系架构，城市应急的共性需求很难抽取，这也是目前应急体系滞后的瓶颈之一，需要提出全生命周期的智慧应急体系，从现阶段数字城市被动滞后应急响应模式上升到智慧城市的主动即时应急响应模式。

3. 人才问题

智慧城市的建设需要政府、企业、居民全面参与和配合，需要更加多元化、跨学科人才，推进人才培养、发现、引进与使用机制，切实营造"育得精、引得进、留得住、用得好"的人才环境。

(1) 人才培养。如今的智慧城市相关人才总量偏少，且结构不合理，低水平应用型人才多，高水平开发建设型人才少，人才供需矛盾突出。应加大科学投入，推进人才教育培训，尤其是智慧城市建设所急需的研究型、专业型、跨学科人才的培养。着力建设以国家知名大学和科研院所为主体的高端人才平台，开展产学研一条龙人才培养。

(2) 人才引进。虽然我国智慧城市建设的起步与国外差距不大，但是仍应加大国际上智慧城市建设的优秀人才的引进，尤其是智慧城市建设的高端人才。应在人才政策方面，尤其是人才引进、项目支持、创新奖励、人才住房等方面出台鼓励政策，吸引高科技人才聚集，建立智慧城市建设的国际化人才团队。

(3) 人才使用。智慧城市的建设涉及城市的各行各业，应成为有利于各类人才创新创业、展示才华的舞台，并为构建智慧城市提供智慧支持。将智慧城市的建设所需的知识作为政府领导干部、企业人才选拔和任用的基本要求。完善创新人才的发现和使用机制，不仅要发现人才，更要善于使用人才，切实营造人才创新氛围。

16.1.2 智慧城市建设对于城市发展的建议

1. 智慧城市建设符合未来城市发展方向

未来城市发展要以环境友好、经济高效、生活宜居、生态良性循环、资源利用效率不断提高为目标，通过资源再生、循环利用和无害化处理等手段，达到经济社会可持续发展、人和自然协调发展以及人类生活质量改善。我国城市未来的建设与发展尤其应解决人口、资源与环境之间的尖锐冲突，其核心是城市的可持续发展。这是一种对人与自然关系重新思考和定位后所提出的新型城市发展模式。通过人类群体的觉醒和现代科学技术的发展，处理好城市与区域、人与自然、人工环境与自然环境的关系，在整个社会范围内建立起与自然生态系统类似的共生关系。同时，城市生产方式和生活活动、消费模式也会发生根本性变革，这是人类对城市发展理论的不断探索和智能技术发展的结果。

2. 智慧城市建设解决城市发展面临的问题

智慧的城市建设是以全新的角度看待城市发展，把以往那些只是被分别考虑、建设的城市问题，如人、交通、能源、商业、通信、水等，综合起来考虑，并统筹规划。智慧城市应当更加有效地解决城市化进程所面临的土地、空间、能源和水等资源短缺的约束，以及城市人口膨胀、生态环境恶化等问题。智慧城市是围绕城乡一体化发展、城市可持续发展、民生核心需求，将先进信息技术与先进的城市经营服务理念进行有效融合，通过对城市的地理、资源、环境、经济、社会等系统进行数字网络化管理，对城市基础设施、基础环境、生产生活相关产业和设施的多方位数字化、信息化的实时处理与利用，构建以政府、企业、市民三大主体的交互、共享平台，为城市治理与运营提供更简捷、高效、灵活的决策支持与行动工具，为城市公共管理与服务提供更便捷、高效、灵活的创新应用与服务模式。从而推进现代城市运作更安全、更高效、更便捷、更绿色的和谐目标。

3. 智慧城市建设促进城市发展的低碳化

据联合国统计，世界城市人口占世界总人口的50%，城市碳排放量占全球碳排放量的75%，在我国85%的能源被城镇所消耗。85%的二氧化碳排放量来自城镇。中国建设低碳生态城市目标已定2030~2035年，争取实现温室气体排放零增长，对于正在大规模现代化城市建设的中国，实现目标任务艰巨。现代化的城市规划模式与大规模的城市高速化进程致使中国低碳城市发展比世界任何国家难度都大，涉及范围也最广。

西方学者对许多城市进行了人口增长与土地开发量之间关系的调查后，证明土地开发量增多但人口密度降低这一现象，城市扩大因而造成市中心区空洞化，资源浪费或新开发区服务设施不齐全等现象，认为土地开发无序蔓延是罪魁祸首，应加以制止。人口密度与碳排放量关系的调查：研究证明，无序蔓延，城市范围扩大导致道路延伸，汽车的碳排量增大，能源消耗量增大。

智慧城市应当紧密结合城市低碳化、紧凑化发展的策略。利用信息化手段摆脱传统的西方城市发展过程依赖汽车和道路无限延伸的城市盲目无序扩张蔓延。智慧城市的规划可以通过增加土地功能的混合化减少人与汽车的移动。研究表明，人口密度增加 10%，每人移动公里数可减少 1%~3%。通过高效的智慧交通管理，可使汽车移动距离减少 10%~30%。减少移动距离是控制碳排量的手段之一，这是世界范围对碳排放量控制消减在城市形态方面研讨的结果。

4. 智慧城市建设需要城市结构的优化

智慧城市建设在限制的城市范围的条件下提高城市功能，是方便生活、方便生产、发展经济的城市模式，建立低碳的城市模型，以城市土地的高效利用为目标，限制城市扩展范围。提高城市密度(紧凑度)，有助于解决现有城市规划的无序开发现象，走一条节约土地资源的发展模式。智慧城市建设可以将住宅、商业、学校、公园设施设于公交车站点附近，开发范围约束在步行可达圈内，提供更为智慧的城市规划手段，建立有良好环境的居住区。

智慧城市的公共空间可设于建筑附近及近邻活动区，方便利用，强调可达。在已建近邻地区沿公交线路空地可再开发便于利用的临近设施。提倡将城市中心建设或整治为复合功能中心(商业、居住、办公、工业)，多功能混合便于使用者利用，缩短使用者移动距离。提高城市人口密度，有助于资源利用。因而为生态、自然环境留出充裕的空间，是实现生态城市的保证。而智慧城市建设为城市区域复合功能中心的统筹安排和精细计算提供保障。

16.1.3 智慧城市建设中的集成创新机制

1. 既往科技成果的集成

科技部在"十五"、"十一五"期间推动的国家科技发展整体战略布局已取得了丰硕的科技成果。这些成果可通过集成创新等手段，成功应用至智慧城市规划、建设中，取得更大的经济效益和社会效益。

1) 既往科技成果的筛选

按照智慧城市的层次结构，结合筛选原则，确定各层次拟集成的既往科技成果。

(1) 数据汇聚层。拟应用的成果包括 973 项目"BNI 融合的微纳传感器及其系统基础研究"、"可视媒体智能处理的理论与方法"、"对地观测数据-空间信息-地学知识的转化机理"；863 项目"面向智能手机的嵌入式软件平台研发"、"对地观测卫星测控、接收与处理一体化关键技术研究"；国家科技支撑项目"信息化测绘技术服务体系关键技术研究与应用"等。这些成果能够为智慧城市数据采集层的规划、感知设备的研制提供参考和设计依据。

(2) 数据活化层。拟应用的成果包括 973 项目"基于视觉认知的非结构化信息处理理论与关键技术"、"下一代互联网信息存储的组织模式和核心技术研究"、"海量信息的协同性和可生存性的理论与实践研究"；863 项目"海量存储系统关键技术"、"面向制造业和资源环境重大问题的高性能计算与网格应用系统"、"普适计算基础软硬件关键技术与系统"等。这些成果能够为智慧城市数据活化层中数据存储、数据共享、数据关联等内容的研究提供技术积累。

(3) 平台支撑层。拟应用的成果包括 973 项目"虚拟计算环境聚合与协同机理研究"、"提高大型互联电网运行可靠性的基础研究"；863 项目"网络环境的新一代中间件核心技术及运行平台研究"、"虚实融合的协同工作环境高技术与系统"、"高可信软件生产工具及集成环境"等。这些成果能够为智慧城市平台支撑层的设计和实施提供建设基础和技术保障。

(4) 应用服务层。拟应用的成果包括 973 项目"现代城市病的系统识别理论与生态调控机理"、"大城市交通拥堵瓶颈的基础科学问题研究"、"复杂条件下坝堤溃决机理与风险调控理论"、"城市工程的地震破坏与控制"；863 项目"真三维显示关键技术及系统研究"、"面向信息家电的嵌入式软件平台及关键技术开发"；国家科技支撑项目"城市数字化关键技术研究与示范"等。这些成果能够为智慧城市应用服务层的设计和应用示范建设提供理论依据和路线指导。

2) 科技成果创新集成的四种能力

(1) 科技资源整合创新能力。要不断深化科技交流与合作，强化国际科技合作，加快科技创新体系建设，深化院地、院企合作，本着"请进来，走出去"的原则，引进培养科技创新人才，借鉴吸收国外智慧城市方面的先进成果，搭建科技创新服务平台，完善科技创新链，不断提高科技自身发展能力。

(2) 科技成果转化承载能力。切实落实好国家、省市关于推动自主创新的这一系列扶持政策，为科技成果转化提供良好的外部配套环境，重点是探索科技成果转化应用的有效途径，探索科技产业园区(基地)建设的最佳方式，探索科技与金融结合的支持办法。

(3) 战略新兴产业培育能力。培育和发展战略型新兴产业，形成以现代物流、信息服务等知识密集型服务业为主的产业形态，加快经济结构调整，以信息化带动工业化，实现社会生产力跨越式发展。智慧城市使得城市管理在应急响应、环境保护、物流优化、交通疏导、能源利用、智能家居等方面的生产与服务模式发生变革，要不断创新新的商业模式和新的经济增长点，围绕智慧城市打造新兴产业链，有效降低我国城市信息化建设成本，树立绿色科技典范。

(4) 重点项目示范带动能力。在大规模智慧城市建设前要拟选择一些基础条件好、积极性高、应用有特色的城市，开展应用示范。期间要充分发挥地方政府的政策导向作用和资金配套作用，选择 1~2 个城市作为智慧城市示范基地依托城市，3~5 个行业建立示范动态数据中心，以示范推动技术验证，促进科技成果创新集成，带动应用推广，驱动产业化运作，打造战略性创新产业群。

2. 产学研结合的合作平台

(1) 建立合作平台的必要性。

智慧城市行业覆盖面广、技术体系复杂，目前发展还处于早期阶段，没有直接的成熟经验可以借鉴，且由于智慧城市相关的产业链长，一般会涉及行业、政府及个人的融合，业务模式尚不成熟，建立一个易于产学研多方互通的知识与资源共享合作平台尤为重要。目前我国经济已经进入一个转型期，不同的城市发展水平不尽相同，智慧城市的建设既要遵循智慧城市技术白皮书的规范，又要针对不同发展水平，不同发展诉求的城市突出各自的特色，因此有必要通过产业联盟和定期发布技术白皮书等形式，建立统一的合作平台，最大程度地利用现有系统和资源，节约智慧城市开发成本。

(2) 定期发布智慧城市技术白皮书。

通过定期发布智慧城市技术白皮书，对智慧城市建设形成有效指导。智慧城市技术白皮书的内容将包括智慧城市研究和建设领域的最新成果、解读最新政策信息、聚焦标准制定进程以及应用示范成果等，计划以863计划智慧城市(一期)项目总体组或智慧城市产业联盟的名义发布，每年发布一次。

该白皮书的撰写将结合高等院校、科研机构的最新研究以及企业和各个城市在智慧城市建设方面的实践经验，充分考虑中国城市化进程中面临的各种问题以及城市各个主体的实际需求，采用面对对象的服务理念，贯彻需求和业务驱动的项目实施方法。

(3) 智慧城市产业联盟的组织和机制。

智慧城市产业联盟的建设路线是产学研用相结合，将政府部门、高等院校、科研机构纳入产业联盟，在政府引导下，利用灵活的、市场化的手段，形成科研成果、生产技术、经济效益三者循环促进的价值转化通路，构建起科研院所、基础设施建设企业、综合软件平台厂商、智慧城市应用厂商协同工作，共享利益的良性机制，促进智慧城市产业联盟的健康发展。

在产业联盟方面存在的难点为：①形成严密的组织难。国内的很多产业联盟往往遇到建立初期声势浩大，之后作用发挥不明显的问题，联盟的成立可能是为了某个特定时期的需要，成员的加入可能只是为了加入而加入，联盟组织松散，更难谈到作用的发挥。②联盟缺乏长久而实质的吸引力。联盟存在的意义是提高产业价值，但实际操作过程中，技术与市场、产业提升与企业竞争力的结合和转化困难，企业的根本目的无法通过联盟实现。

首先，通过联盟会议、联盟论坛的方式，就成员共同关心的问题进行讨论，联盟工作的基础是寻找成员在联盟中的优势，发现成员间合作的切入点，注重联盟利益获取和成员的价值分配；其次，智慧城市产业联盟的成员构成秉承产业生态系统(industrial ecosystem)的思想,力争使联盟成员涵盖智慧城市建设的所有企业,从城市生态特点出发,以为城市的主体(市民、企业、政府、环境)提供全面服务的理念,形成完整、全面的智慧城市产业生态系统的价值链,并依据价值链利益分配的方式选择联盟成员;最后,智慧城市产业联盟按照整体规划,精细部署的方式安排工作,通过顶层设计,实现联盟成员在智慧城市建设的清晰定位;通过高效沟通,信息共享,形成完备的智慧城市建设技术标准;利用规范的项目管理方法,对联盟成员在智慧城市建设的实施工作进行指导,全面保证智慧城市各项建设项目落地的整体性和规范性。

3. 科技部引领的城市高峰论坛

(1) 城市高峰论坛现状。目前智慧城市相关领域内已经设立了一些论坛,论坛的组织者各有不同。主要分为三类,第一类主要由高等院校及科研机构组织,如武汉邮科院发起的智慧城市论坛,浙江大学发起的绿色智慧城市高峰论坛等,侧重于产学研结合的技术应用和支持智慧城市产业化发展;第二类则是企业牵头组织的,以IBM智慧城市高峰论坛为代表,邀请政府部门领导、业界人士、传媒代表等各界人士共同探索智慧城市的前景,为创建智慧城市设计蓝图;第三类则是由单一城市牵头的论坛,如重庆第二大城市发展论坛,往往关注的是某个城市的具体问题。智慧城市高峰论坛应为非官方、非营利性、定期举办的会议组织,可以为政府、企业及专家学者等提供共商智慧城市相关技术以及建设实践的高层对话平台。

(2) 利用举办高峰论坛建立官产学研用沟通平台、推动智慧城市的影响力。智慧城市高峰论坛应突出科技部的引领地位,依托于产业联盟,随着联盟的建立同时启动论坛的设置。论坛领导机构由论坛主任、副主任与秘书长、常务秘书长副秘书长组成。论坛组委会拟请科技部一位副部长担任名誉主任;论坛副主任及副秘书长由行业内优秀的企业负责人担任。论坛成立常设机构,管理常态化,明确成员单位的权利和义务,构建畅通的交流渠道。每年选择一个在智慧城市建设方面具有代表性的城市论坛召开地点,结合该城市的实际情况选择1~2个主题。在产业联盟成员的基础上,邀请国家科技部等相关部委高层、相关城市市长、领域内的专家以及知名企业代表共同参与论坛,形成一个官、产、学、研、用一体的沟通交流平台。根据智慧城市建设的总体框架体系,形成各个分论坛,总结交流新技术发展、智慧城市建设经验,并在此基础上概括提升,总结出可推广的智慧城市建设模式。设立智慧城市联盟官网,成为产业联盟成员之间的沟通交流平台,并且不间断地发布智慧城市建设相关的各项成果。通过官网来宣传联盟的主张,及时更新联盟动态,以增强联盟的知名度与影响力。

(3) 智慧城市高峰论坛应协调不同利益方的价值取向。参与论坛的高等院校、科研机构、企业以及政府各方代表不同的立场,在多学科综合、科研、商务和产业化、资金、政策等方面具备各自的优势,论坛制度建设的时候需要协调各方的利益。各方看待问题的视角不同,可能有不同的关注点,因此需要在选择议题的时候充分考虑,保证沟通的有效性。

16.1.4 智慧城市对现有技术成果的应用

1. 现有城市信息化系统的改造

1) 城市信息化现状

城市信息化,就是在城市的政治、经济、文化、科技、教育和社会生活各个领域广泛应用现代信息技术,完善城市信息服务功能,提高城市管理水平和运行效率,提高城市的生产力水平和竞争力,促进物质文明、政治文明、社会文明和精神文明建设,加快推进城市现代化的过程。通常所说的数字城市建设指的就是城市信息化。

城市信息化主要包括四大内容:信息网络与资源,城市管理与运行,服务与社区,产业与经济。按照国家有关政策部署,经过各地区和各部门的共同努力,我国城市信息化建设已经取得了重要进展。在城市的管理中,信息技术不断应用,信息化基础设施逐渐完备,服务水平不断提高,信息产业持续快速增长。城市信息化立法、标准制定、培训等基础工作也不断加强,城市信息化工作的组织协调机制和专家决策咨询制度初步建立。城市信息化的推进,对改造传统产业、加快产业结构调整、促进社会生产力发展和全面建设小康社会发挥着越来越重要的作用。

但是应该看到,我国在城市信息化,尤其是核心技术与关键技术的自主创新方面与发达国家存在一定差距,而智慧城市的研究还处于起步阶段,我国与欧洲、美国、日本、韩国等国家的差距很小。因此,智慧城市研究是一个绝好的从跟随到引领的发展契机。通过智慧城市的研究,完善城市信息化环境,加速我国城市信息基础设施建设,推动信息产业和现代服务业发展,培育战略性新兴产业,有效降低我国城市信息化建设成本,树立绿色科技典范。

2) 城市信息化系统改造思路

(1) 加强城市信息化环境建设。

①加强信息安全法规与标准体系建设。在智慧城市评测体系的指导下,形成协调配套的信息化改造支持体系。加强对信息安全的产品、服务资源、信息资源、信息系统的安全管理与测评认证。

②进一步加大对外开放力度。借助智慧城市产业联盟、城市高峰论坛等方式,扩大国际信息科技交流合作范围,举办具有国际影响力的对外信息科技交流活动。同时,注意发挥高等院校、科研院所的学术组织作用,利用国际间学术交流渠道,做好招商引资服务。

③建设科技人才队伍。培养和引进合格的信息技术人才,制定有吸引力的政

策吸引人才，积极实施人才国际化战略，大力引进国外高级人才，建立激励机制，充分落实国家有关信息技术入股、信息技术参与分配等相关政策。

(2) 加大信息基础设施建设力度。

①加大信息技术投资力度。首先，加强关键信息技术创新行动，密切跟踪国内外最新信息技术和信息技术成果，推进关键技术创新，在信息技术产业领域掌握一批核心技术。其次，加强信息资源开发，强化公共信息资源共享，推动信息技术在国民经济和社会发展各领域的广泛应用。最后，发挥信息技术的外溢效能，要通过建立各种有效的机制，使信息技术在其他领域产生很好的外溢效能，从而产生真正意义上，有助于城市信息化改造和经济发展的范围经济和差异经济。

②培育信息产业。首先，加大政府扶持力度，促进城市信息产业的发展。要实施长期的扶持政策，要为信息产业的发展涵养内功，并帮助企业解决发展中存在的其他问题。企业自身也要进一步深化改革，创新体制机制，积极探索加快发展的有效途径。其次，拓宽资金筹集渠道，通过多方筹集资金推进城市信息产业的发展。

③加大信息通信基础设施投资力度。信息通信基础设施是城市信息化的基础性工程。因此应加大在建设信息通信基础设施方面的投资力度，健全信息网络体系，提高网络传输速度，大力发展高速宽带信息网，重点建设宽带接入网，适时建设第三代移动通信网，建设基础国情、公共信息资源、宏观经济数据库及其交换服务中心，完善地理空间信息系统。

(3) 加强城市信息化改造应用平台建设。

基于智慧城市的数据活化等核心技术，实现数据的整合与活化，消除数据孤岛，实现资源的共享与交换。在辅助城市规划建设，稳定社会治安环境，降低城市交通拥堵等方面加大改造力度，有助于切实改善民生，对外打造优质的城市品牌形象；支持各级领导高效的宏观决策和指挥，极大增强城市反恐和应急救援能力，为实现和谐社会理念服务。

2. 如何利用智慧城市技术池

(1) 构建智慧城市生态圈，促进科技成果产业化。

智慧城市产业生态系统包括消费者和服务提供者，具体由服务对象、基础研究、基础建设、集成与系统服务、应用软件开发与推广、内容与个人服务六大要素构成。政府、企业和机构通过统一的智慧城市架构研究自身的价值定位和各自在整个智慧城市生态圈中的作用和位置，竞争合作，互惠共赢，合力推动智慧城市建设。高等院校、科研院所等机构主要从事智慧城市技术池选定技术的基础研究。成熟的技术通过集成与系统服务进行产业开发，并经过应用软件开发与推广环节，由互联网企业和服务运营商向包括政府、市民和企业等在内的服务对象提供服务。整个的科技成果产业化流程中，由电信运营商、网络设备制造商和硬件设备制造商等构成的基础建设环节发挥了关键的作用。

要理清政府、企业和机构在科技成果产业化中的相互关系。科技成果转化是个复杂的系统工程，同时也是一项风险性事业，没有政府作为后盾，没有政府资助，单个个人或企业很难做到。在科技成果转化过程中，政府作用是必不可少的。所以科技成果转化，首先是政府要引导，要制定相应的政策。企业是科技成果转化和推广过程中的重要主体。企业可以自行发布信息或者委托技术交易中介机构征集其单位所需的科技成果，或者征寻科技成果的合作者，也可以独立或者与境内外企业、事业单位或者其他合作者实施科技成果转化、承担政府组织实施的科技研究开发和科技成果转化项目，还可以与研究开发机构、高等院校等事业单位相结合，联合实施科技成果转化。高等院校、科研院所等科研单位是科技成果的供给主体。在科教兴国战略指导下，随着"211工程"、"教育振兴行动计划"的实施，我国高等教育取得了历史性的发展，高等院校科技创新工作取得了极大的进展。高等院校正逐渐发展成为基础研究的主力军，应用研究的重要方面军，以及高新技术产业化的生力军，高等院校科技工作已经成为国家科技创新体系的重要组成部分。自技术市场开放后，科技中介服务机构大量涌现。它们存在于技术市场化全过程的各阶段，沟通了技术供给方与需求方的联系，是技术与经济结合的切入点，是技术进入市场的重要渠道，对于技术市场化的进程有很大的推动作用。

(2) 按步骤有重点推进技术研发，建设和谐智慧城市。

智慧城市总体架构将智慧城市技术池采用层次式三维立体的方式来组织。首先，将区分所有关键技术所支撑的结构层次作为技术标识的第一维。其次，对每项技术的重要性划分等级作为技术标识的第二维，分为核心技术、重要技术和一般技术。最后，根据技术所支持的应用需求种类作为技术标识的第三维。

紧密围绕试点城市，做好智慧城市需求调研。制定总体计划和需求调研计划，初步确定典型城市、人员组织、时间节点以及调研内容；与典型城市协调时间安排，沟通调研内容，修订调研计划；在试点城市和其他示范城市的政府决策部门、信息中心、规划、城管、国土、交通、教育、医疗、环境等相关部门进行调研，了解智慧城市建设的共性需求和亟需解决的热点问题；与欧盟、美国、韩国、日本、新加坡等相关机构或企业进行接洽，组织国际合作与交流，进行国际调研；总结归纳，整理调研结果，对调研得到的资料进行对比，确定技术池技术的研发步骤和分阶段目标。优先发展关系食品安全、医疗卫生等民生问题的核心技术和具体应用，促进资源合理开发并有效协调、分配，极大地提高资源的使用效率，促进人与自然和谐发展。

(3) 强化智慧城市技术应用，落实成效改善民生。

智慧城市要改善民生，建设和谐社会，最终需要落实在应用上，强化应用是推动智慧城市建设、实现科研成果转化、落实成效所要解决的关键问题。智慧城市应用将服务于城市生活的各个方面：在交通、生态环境、资源管理、安全防卫等公共管理领域，智慧城市将有助于加强政府部门对物、事、资源、人等服务和管理对象的信息采集、传输、处理、分析和反馈，提高现场感知、动态监控、智能研判和快捷反应的能力和水平，实现精细化、敏捷、全时段全方位的高效、主动、可控的运行管理，提升政府行政效率和应对突发事件的能力，增强政策的前瞻性和及时性。

在医疗卫生、教育文化、水电气热等社会服务领域和社区基层服务领域，开展智能医疗、电子缴费、智能校园、智能社区、智能楼宇、智能家居等建设，有利于加强对服务设施、资源和对象的信息采集、传输、处理、分析和反馈，实现便捷、高效、个性化、精细化的惠民服务，提高为企业和居民服务的质量和水平。

在安全方面，自主发展智慧城市，对于保障国家信息安全和主权具有更为重大的意义。智慧城市对经济和社会的渗透性更强，一旦遭到自然或人为的破坏，将带来难以估量的损失。

16.2 智慧城市的运营对城市发展的影响

16.2.1 智慧城市运营的问题与思考

1. 城市运营模式的基本概念与内涵

所谓城市运营模式是指："在依托城市运营客体(资源要素)的前提下，能够尽快打开城市发展局面的运营措施或出路。"其本质是一种城市发展突破口。

城市运营模式概念有以下的特征。

(1) 特色性。不同的城市、不同的资源要素和不同的运营方式构成了不同的城市运营模式。

(2) 启发性。城市运营模式不是城市运营标准，它是一种启发性参考，而不是一种放之四海而皆准的标版或示范，更不是可供其他城市刻意效仿和完全套用或照搬的工具。

(3) 措施性。城市运营模式本质是一种城市发展突破口，是打开城市发展局面的运营措施或出路。因此说，城市运营模式既不是城市运营的程式化道路，更不是城市发展的战略内容。如何运营好城市、增强城市对地方经济的拉动作用，这已成为各级地方政府认真思考的重要内容和迫切需要解决的课题。

2. 目前制约城市建设与发展的几个因素

城市建设特别是基础设施建设，是一个庞大的、多功能的、综合性的系统工程。对大多数地方来说，加快城市建设、推进城市化进程的最大难题还在于缺乏城建资金。从实际情况看，目前尤其在经济发展中地区，困扰和制约地方城市建设与发展的因素主要来自以下几个方面[1]。

(1) 运营城市理念不够，市场化运作程度提高不快。较长时间以来，在一些地方，仍有完全摆脱计划经济时期单纯依靠政府搞城建这一传统思想观念的束缚，也还存在借助于"人民城市人民建"的口号靠群众集资搞城建的想法和做法，城市建设投资主体单一，没有打破城市基础设施主要由政府投入的格局。

(2) 财政困难，无法形成对城建的强劲投入。在"吃饭型"财政的地区，收支矛盾十分突出，预算内安排用于城市建设维护的资金仅能勉强维持人员吃饭和日常维护，难以形成对城市建设的强劲投入。虽然地方政府想方设法，力争每年都保持对城市建设一定规模的投入，但城建资金总量仍不是很大，远不能适应城市建设与发展的需要。根据财源现状和"一要吃饭，二要建设"的原则，今后一段时期内，对吃饭财政地方来讲，政府对城建投入难有大幅度增长。

(3) 土地作为城市最大的资产优势没能得到充分显现。土地是城市的载体，也是城市最大的资产。近年来，一些地方虽也通过盘活存量土地，实行土地招商，吸引了一些外资，但土地收益作为城市建设资金来源的主渠道地位没能真正形成：其一，土地资产市场配置的比例低；其二，划拨土地使用者在土地资产巨大利益驱动下，以各种形式将划拨土地大量非法流入市场，有的以联营、联建的形式将土地转让给房地产开发商，有的利用划拨土地自建商品房出售，更多地将土地擅自改变用途用于商业运营或出租谋利，严重扰乱了土地市场秩序；其三，国有土地资产收益流失也很严重。此外，城市拆迁成本过高，造成土地成本增加，影响制约开发过程，也是造成政府土地无法取得最大收益的一个因素。

(4) 政策性收费减免较多，影响了城建投入。一些专项用于城市建设投入的专项资金、收费项目，由于各种原因，某些地方政府在征收环节上制定了不少减、免、缓缴政策，收入流失较多。近年来，国家、省还陆续取消了10多项城建收费项目，有的调低了收费标准，这也影响了地方城建资金的筹集和投入。

(5) 部门的潜力和优势发挥不够，建设城市的合力没有全面形成。目前，很多地方的城市建设工作基本上靠的是城建等为数较少的几个部门在孤军奋战，很多部门和单位在城建方面的优势没有充分发挥，没有形成城市建设的强大合力，这也导致城建的不少项目难以如期实施和快速推进。

3. 运营城市，应正确处理好三方面关系

按照市场经济规律指导现代化城市建设，实施"运营城市"战略，应当处理好三个方面的关系，确保城市持续、健康、有序发展。

(1) 要处理好运营城市和城市规划的关系。城市是城市建设的蓝图和城市管理的依据。一个科学的总体规划本身就是最大的资源和财富。长期以来，城市规划大多以工程技术、建筑艺术为出发点，注重技术规划，而对规划的经济意义缺乏足够的重视和深层次的研究。在运营城市中，在继续重视技术规划的同时，应确立经济规划观念，充分发挥城市规划的财富功能。城市规划是建设的龙头，对建设用地的近期价格和远期开发价值存在着决定性作用。通过规划引导、促进城市运营，同时运营城市为城市规划与建设服务，为科学合理规划提供保障，应在坚持搞好规划的同时，坚持把运营城市理念贯彻到城市规划、发展、建设、管理的全过程，改善城市环境，树立城市品牌，促进经济建设与发展。

(2) 要处理好运营城市和环境效益的关系。良好的城市生态环境是城市保值、增值的重要基础，城市环境作为城市建设与发展的特殊资源，对城市资产保值与增值具有基础性、关键性的作用。通过改善城市环境，提高城市环境质量来加快土地升值。城市建设和发展必须考虑环境要素，把环境建设和资源的合理配置、利用与保护视为城市经济持续增长的先决条件，要防止急功近利行为，避免一味追求眼前利益，无序运作。要以改善城市生态环境为目标，通过拆旧建绿、见缝插绿、河岸镶绿，以及有计划地建设一批广场、公园和绿地，提高城市绿地率。建设污水处理工程，实施城市亮化工程，逐步实现地面变绿、水面变清、环境变美，创造良好的生态环境和居住环境，使人们安居乐业，创业有成。

(3) 要处理好运营城市和公共服务的关系。城市是社会公众活动的载体。运营城市的一个重要任务，就是在做强经济、做大城市、做美环境的同时，还要做优城市的功能，为广大市民提供充分的公益服务，提高广大市民的生活质量和品位。因此，实施运营城市，应当坚持以人为本，将社会效益作为应有的题中之意认真加以考虑。一方面，在运营城市的过程中，不能一味地强调经济利益，只重视对营业性基础设施的建设，而忽视对不能直接产生经济效益的公益性基础设施的投入；另一方面，也要认识到：即使是为公众服务的公益性基础设施，它作为一种服务于城市生产和市民生活的特殊劳动产品，也必然要求在服务中实现价值补偿，以保证正常的维修和更新。即对涉及居民生活、企业生产运营的用品、服务和对贷款与合资建设的市政公用项目，分别实行保本微利、成本补偿、合理盈利和还本付息的定价原则，随着城市经济的发展和居民生活水平的提高，还可逐步提高公用事业产品的服务价格标准。

智慧城市通过整合先进信息技术与先进管理理念，旨在实现城市管理、城市服务、城市运营的多赢。智慧城市在建设思路上，要充分发挥政府的主导与协调作用，以确保智慧城市建设健康有序发展，从而实现以下几点。

(1) 让信息成为运营城市的新资源。把开发支撑城市运转的信息资源作为首要任务，重点建设数字城市公共服务平台，使政府及社会的数据、信息、知识、能力、应用、服务等进行有机整合，实现城市在智能信息化的先机与主动权。

(2) 为城市的未来战略投资。从城市发展战略的高度，对关系民生、关系城市可持续发展的核心领域进行有步骤、有重点的战略投资。抓紧时机运营好城市企业，练好内功，从管理系统论角度妥善处理好当前的交通问题、创/就业问题、公共卫生服务问题、节能减排问题。

(3) 实现信息技术与城市运作的有机融合。智慧城乡的建设要结合城市功能定位、产业布局、历史文化等特点，将政府信息化与社会信息化、企业信息化、家庭信息化等结合起来，实现城市数字化与管理、运营的有机融合。

(4) 为城市培育新的服务业增长点。大力发展基于城市信息化的应用服务体系，探索投资小、产出高、可持续发展的城市公共服务平台建设与增值运营市场化运作模式，在政府管理、协调、监督下，形成良好的产业链与循环经济圈，实现智慧城乡建设与现代信息服务业培育的良性互动。

4. 智慧城市运营基本目标

城市作为一定区域内的经济、政治、科技中心，城市规划、建设、发展与城市运营密不可分。近年来，随着数字化城市的兴起与发展，我国城市的数字化建设取得了长足的发展，提高了城市信息化水平，城市运行效率大幅提升，提升了城市核心竞争力，兴起和拉动了一大批相关行业，形成了基于数字化城市的产业链，提供了大量就业机会，近年来为我国经济保持持续高速良性增长做出了很大贡献。同时，普通民众也从数字化城市的建设中收益，大量数字化城市技术应用于民生和公共事业中，普通民众真正体会到数字化城市带来的方便与快捷，体会到城市运营的高效与惠民。

智慧城市不仅可以极大地提升城市管理水平，应对高速城市化过程中的挑战，还可以为城市打造新兴战略产业。信息技术的泛在性，使之可与任何行业融合，而这个融合的过程就是催生新兴产业的过程。智慧城市的建设过程，就是以社会经济繁荣为目标，以社会和谐稳定为前提，以民生幸福为考核标准，通过云计算为代表的信息技术手段进行融合创新，推进新型的城市化进程。对于城市管理者，新型的智慧城市运营模式将带动产生新型的智慧城市产业链，以及由此催生出的各种各样的新业态，为城市经济转型提供了出路，同时也为城市可持续发展提供强有力的支撑。

智慧城市运营就是要充分利用智慧技术，智慧地感知、分析、集成和应对各类城市主体的活动与需求，促进智慧城市运营与服务智慧化，创造全新的智慧城市运营与服务模式，为公众、企业和政府提供更加舒适、生态、低碳、高效、智慧的环境。

通过城市基础设施运营服务(包括城市基础设施建设、城市地下管线、城市交通、水利、环境、信息基础设施等)，满足公众、企业的基本服务需求；通过城市社会化运营服务(包括教育、就业、医疗、文化体育、公共安全、社会保障、法律服务等)，满足公众、企业对社会服务的广泛化需求；通过城市经济运营服务(包括科学技术、金融证券、质量监管、市场管理、流通贸易等),对公众、企业提供高效的经济服务;通过城市公共运营服务(包括智慧城市规划、决策、组织、协调、执行、控制等),推进智慧城市进程使城市管理者更好更多地运用新科技新智慧管理城市,为公众、企业提供人性化的公共服务。通过技术创新和组织模式创新,推动产业向价值链高端发展,促进产业结构优化升级,形成以智慧城市为特征的产业集群。推动产业链融合,建立产业联盟,通过规模优势占领技术高端,实现研发、设计、制造等产业链各环节资源与城市信息资源和技术服务间的横向整合,形成融合的业务、技术和数据标准,保证不同服务及应用间的兼容。建立创新研究机构,建立政府主导、企业、公众广泛参与、整合国内外资源的智慧城市创新研究机构,从智慧城市政策研究、智慧城市运营标准研究、平台及应用技术开发等进行深入综合研究,为智慧城市的长期规划和建设提供持续的技术支持,推动智慧城市建设运营的发展进程。探索新兴产业发展模式,鼓励企业在云计算、物联网、现代服务、智慧应用等新兴产业领域探索新业态、新模式。引进培育服务运营商、服务应用外包模式,突破应用推广瓶颈。推进发展平台运营商、解决方案提供商等模式,提高企业高端服务能力。

构建统一的智慧城市运营服务平台。通过智慧城市运营服务中心打造智慧城市运营公共服务支撑平台,为各职能部门、运营服务商等主体提供数据共享交换、应用支撑、技术发展、基础能力等各类公共支撑服务,形成城市基础设施、社会服务、经济服务、公共服务等公共运营服务体系。

16.2.2 智慧城市运营模式

1. 信息化城市运营模式现状与基本条件

(1) 信息化城市运营模式现状。在我国,以往信息化城市投资、建设和管理主要以政府为主,运用城市财政进行投资建设并由政府相关部门直接管理,而且主要采取行政管理手段,这种模式为BT(build-transfer)模式,即建设-移交模式。即项目建成后立即移交,可按项目的核定价格由政府向承建企业分期付款。有的城市对某些城市信息化系统在建成后交给企业或事业单位进行管理或经营,发生投资建设主体与经营管理主体的转移和分离,但后期维护升级还需要依靠政府财政支撑;有的城市实现信息化城市管理部门与经营者的分离,强化管理部门的政府职能,并以宏观管理为主,由企业、事业单位或科研院所进行产品开发和使用权的运营。

(2) 信息化城市运营的基本条件。信息化城市管理体制环境;统一开发和竞争有序的市场体系(包括商品市场和生产要素市场);产权明晰化;资产价值化;自主经营、自负盈亏、自我约束、自我发展的市场竞争主体;精简、高效、统一的政府和健全规范法制环境。

2. 存在的弊端

以往信息化城市运营的资金来源主要依靠政府财政投入。随着信息化城市建设步伐的加快和全面铺开，靠单一的政府财政投入早已不能满足信息化城市发展的需求，同时这种单一运营模式还存在着诸多弊端。

(1) 政府财政投入项目从建设到运营管理问题频出。政府财政项目实行财政投入，政府管理的单一模式，即投资、建设、管理、使用四位一体。相互之间无利益制约、不透明，项目建设管理中存在薄弱环节，普遍存在"超规模、超标准、超概算"的三超现象。项目管理组织的人员临时组成班子，对项目缺乏整体和综合管理。使得投资失控、工期拖延、质量不保等现象屡有发生。项目管理组织机构是临时的，通常采取行政部门组建基建指挥部或领导小组的方式来组织建设，"项目开了搭班子，项目完了散摊子"。

(2) 运营主体单一，建设资金效率低下。信息化城市建设主要来源于政府的财政拨款，而绝大多数的信息化城市建设项目投资规模大、回收周期长、利润率低，很多资金投资下去之后就沉淀在项目上，无法有效盘活，还有很多信息化项目为政府运行或公益项目，没有直接收益，项目运行维护的绝大部分资金还得依赖政府财政拨款。这就造成了当前城市信息化项目建设对政府投资的较大依赖。

3. 智慧城市运营模式

智慧城市运营的基本模式为政府主导，企业运作，市民参与。智慧城市应根据城市的不同区域、不同类型、不同等级规模、不同基础条件，因地制宜地确定智慧城市的运营模式，进行个性化的城市市场化运营。

智慧城市运营模式的市场化，就是要打破垄断、引进竞争，通过培育市场经营主体，将原来需要依靠行政方式组织建设和经营的智慧城市项目，交由市场主体按市场化方式组织。在投资、建设、运营各个环节中引入竞争机制，通过创新机制和加快政府职能转变，实现投资运营主体多元化，从而减少财政压力，加大有效利用企业和社会资金。

目前国内外城市信息化建设运营的的典型模式有 BOT、PPP、TOT 等典型模式。

1) BOT 模式

BOT(build-operate-transfer)，通常直译为"建设–经营–转让"，其实质是信息化城市项目投资、建设和经营的一种方式，以政府和企业之间达成协议为前提，由政府向企业颁布特许，允许其在一定时期内筹集资金建设某项目并管理经营该项目及其相应的产品和服务，政府对该企业提供的公共产品或服务的数量和价格可以有所限制，但保证企业资本具有获取利润的机会。整个过程中的风险由政府和企业分担。特许期限结束时，企业按照约定将该项目移交给政府部门，由政府部门指定相关部门经营和管理。

BOT模式能够保持市场机制发挥作用，BOT项目的大部分经济行为都在市场上进行，政府以招标方式确定项目企业的做法本身也包含了竞争机制。作为可靠的市场主体的企业是BOT模式的行为主体，在特许期内对所建信息化项目具有完备的产权。

BOT为政府主导提供了有效的途径，这就是和企业达成的有关BOT的协议。尽管BOT协议的执行全部由项目企业负责，但政府自始至终都拥有对该项目的控制权。

2) PPP模式

PPP(public-private-partnerships)，即公共部门与企业合作模式，是指政府、营利性企业和非营利性企业以某个项目为基础而形成的相互合作关系的模式。同时，合作各方参与某个项目时，政府并不是把项目的责任全部转移给企业，而是由参与合作的各方共同承担责任和资金风险。

PPP模式是政府通过政府采购的形式与特殊目标企业签订特许合同，由其负责筹资、建设及经营。政府通常与提供贷款的金融机构达成一个直接协议，这个协议是向借贷机构承诺将按与特殊目标企业签订的合同支付有关费用。其结构特点表现为以下两点。

(1) 资金利用效率得到提高。企业在设计、建设、运营和维护一个项目时通常更有效率，能够按时按质完成，并且更容易创新；伙伴关系能够使企业和公共部门各司所长；能够使项目准确地为公众提供其真正所需要的服务；由于投入了资金，企业保证项目在经济上的有效性，而政府则为保证公众利益而服务。

(2) 风险分担。风险分担是PPP模式的一个突出特点。PPP模式在项目初期就可以实现风险分配，同时由于政府分担一部分风险，使风险分配更合理，减少了承建商与投资商风险，从而降低了融资难度，提高了项目融资成功的可能性。

3) TOT模式

所谓TOT方式，即移交(transfer)–经营(operate)–移交(transfer)，将建设好的城市信息化项目移交给企业进行一定期限的运营管理，该企业组织利用获取的经营权，在一定期限内获得收入，在合约期满之后，再交回给所建部门或单位的一种运营方式。在移交给企业时，政府或其所设经济实体将取得一定的资金来建设其他项目。

TOT模式只涉及项目经营权的转让，不存在产权、股权等权利的让渡，可减少不必要的争执和纠纷；能够为已建成的项目引进先进的管理模式，使项目建设管理领域逐步走向市场化；将开放建设市场与经营市场分割开来，使问题尽量简单化。

通过以上运营模式可以看出，各种运营模式都有其特点，各有所长，应灵活运用，不应片面强调哪一种方式，而应根据具体情况选择适合于该条件、环境、范围的模式。例如,前些年各地政府和金融理论界都很看好 BOT 方式,但是经过一段时间的尝试、探索,在实践中遇到了不少来自于政策、法律和人才方面的障碍,在操作上比较复杂。最近几年,随着我国市场经济体制改革的日趋完善,相关政策、法律的出台,在我国诸多城市 BOT 模式已经悄然成为了信息化城市建设主要运营模式。

16.2.3 智慧城市运营总体原则

(1) 以人为本原则。城市的主体是人,人不仅是城市的设计者和建造者,而且是城市的使用者,是智慧城市运营的直接服务对象。通过智慧城市运营谋求城市的智慧、科学、可持续发展,提升城市管理与服务水平,不断提高城市的综合竞争力和环境水平,提升市民的幸福感。因此,智慧城市运营要以人为本,围绕着市民的广泛化需求展开。要重点关注突出的民生问题,营造良好的居住环境、工作环境,满足人们追求幸福和自我实现等多层次、多领域的需求。

(2) 可持续发展原则。智慧城市运营应把握智慧城市运营的基本模式为政府主导,企业运作,市民参与。智慧城市应根据城市的不同区域、不同类型、不同等级规模、不同基础条件,因地制宜地确定智慧城市的运营模式,进行不同类型城市的市场化运营。本着政府主导、急用先行、关注民生、示范带动的主导思想,避免一哄而上、盲目建设、缺乏统一协调、重复建设的局面,坚持智慧城市运营的科学可持续发展。

(3) 阶段性原则。从城市化发展的进程和城市运营的经验来看,可以发现城市运营有明显的阶段性,智慧城市经营也是如此。在智慧城市发展的不同阶段,智慧城市在不同区域、不同类型、不同等级规模、不同基础条件的城市,智慧城市运营的理念、模式、内容、重点均不尽相同。根据智慧城市运营的要素、资源、市场、发展程度和影响范围,智慧城市运营应注意发展的阶段性。

(4) 创造新价值原则。智慧城市不仅能提升城市管理运营水平,还可以为城市打造新兴产业。信息技术的泛在性,使之可与任何行业融合,而这个融合的过程就是催生新兴产业的过程。新型的智慧城市运营模式、新型的智慧城市产业链,以及由此催生出的各种各样的新业态,是城市经济持续发展强有力的增长点。同时,在智慧城市的基础设施整合、建设过程中,还会推动传统意义上的信息技术企业与电信运营商、电网系统、有线电视系统等多方的紧密合作,在无线宽带、三网融合、城市云计算中心、IPv6 等技术领域,共同为城市通信与信息基础设施建设提供服务,形成互相融合的产业链和生态圈,创造新的业态和经济增长点。

(5) 个性化原则。城市最明显的特点是个性化,主要体现在城市所在的区域位置、资源环境、城市规模、基础条件、城市特色、历史沿革等的独特性和所处发展阶段与机遇,以及城市的社会经济状况、科学技术水平、组织管理能力、城市发展愿景等方面。个性化的智慧城市运营就是充分发挥城市潜力、利用自身优势，充分开发自身资源。真正做到个性化运营，就要从实际出发，避免照搬照抄别的城市经验和做法，不断地用新技术手段和智慧城市运营理念打造个性化的智慧城市。

(6) 品牌化原则。智慧城市运营就像企业运营一样，不仅讲究质量、效率，还讲究品牌。城市的品牌、形象不仅指城市的城市规划布局、城市建筑，还包括城市管理服务水平和效率、城市的环境水平、城市的综合竞争力、可持续发展能力以及市民的精神面貌和幸福指数。而智慧城市的发展将对城市的软硬环境进行创新，大大提升城市品牌效应和综合实力。城市品牌是巨大的无形资产，不仅蕴涵了巨大的有形资产，而且蕴涵了大量的知识、智慧等软资产。知名度高的城市品牌表明其处于城市发展过程中的优化状态，经济社会环境综合效益最好，对资金、人才、技术等生产要素和游客具有极大的吸引力。

16.3 智慧城市管理对城市发展的影响

随着智慧城市概念的提出和近几年的探索和发展，我国的智慧城市发展也进行了尝试和探索，目前我国已有近50个城市或地区提出了建设智慧城市的目标，有些城市已经联合国内外智慧城市领域知名公司着手进行智慧城市的规划方案编制和试点项目的研发，大量新城区的建设以及城市企业信息化发展的各类新趋势驱动了智慧城市市场，智慧城市相关市场的规模将超千亿。

在我国的城市化进程中，政府主导的因素起着决定性作用，远超出了市场演变的因素，政府政策、管理模式在城市信息化进程中也同样起着决定性作用。政府在智慧城市的发展规划、建设管理、运营发展等方面均起着主导作用。

随着智慧城市相关技术不断发展，参与城市不断增加，建设步伐不断加快，作为对智慧城市规划建设、运营发展起主导作用的智慧城市的管理模式能否适应智慧城市的管理需求，能否为智慧城市提供高效、优质的管理服务便成为了一个迫切需要解决的问题。

16.3.1 我国城市信息化管理存在的问题

目前我国城市信息化建设取得了长足的进步和跨越式的发展，但在发展的过程中也存在一些问题，有观念方面的、体制机制的、管理手段等诸多方面，归纳起来有如下几点[2]。

(1) 管理观念落后。重建设轻管理，重经济效益轻社会效益，重建设轻规划，重眼前利益轻长远利益，重部门利益主导轻资源共享主导，缺乏规划意识与规划缺乏严肃性、权威性并存。城市信息化建设管理容易受部门利益驱使，多头开发、重复建设、重复投资和信息孤岛现象严重，导致整个城市的信息化发展缺乏系统、科学、整体规划，项目建设缺乏统一协调，各部门各自为政。受部门利益驱使，导致系统重复建设、缺乏统一标准、信息资源重复建设、缺乏共享机制和渠道。

(2) 管理体制落后。城市信息化管理职能分散在城管、交通、环保、建设、国土、水务、消防等部门，管理机构重叠，政出多门，条块分割，多头管理，责权不明，职能交叉，关系不顺，造成重复管理、无人管理、交叉管理综合征。财权在"条条"，事权在"块块"，建、管、养一体，等、靠、要并存，僵化落后的城市管理体制严重制约城市信息化功能的发挥。

(3) 管理机制落后。行业垄断、政企不分、地方保护，培养了公用事业单位的优越感和依赖感，城市信息化单位事业性质所形成的铁交椅、铁工资、铁饭碗，使公用信息化企事业单位丧失了激励约束机制，人浮于事、因人设岗、管理不善、靠财政补贴、经营不善靠涨价、人头费挤占维护费、以部门利益为先、无视整体大局、以权代法、以情代法等现象兼而有之。

(4) 管理手段落后。管理手段单一，主要依靠行政手段，忽视法律手段、经济手段和宣传教育手段的综合运用，管理方式停留在经验式管理、问题式管理、运动式管理、突击式管理、粗放式管理上，缺乏系统管理、目标管理、网络管理、标准管理、前置管理等现代管理手段，城市信息化管理的指挥系统、决策系统、执行系统、控制系统、保障系统、监督系统、评价系统不健全或功能难以发挥。

(5) 管理评价标准落后。没有一套科学、系统、完整的城市信息化管理评价指标和专业化评价机构。自上而下的程式化评价标准，由于缺乏企业、公众的广泛参与，各项评价停留在运动化、形式化，使中心区与边缘区、重点部位与非重点部位、评价前与评价后，在城市信息化管理效果上形成强烈反差。

16.3.2 智慧城市管理模式的转化

基于以上问题，为了确保智慧城市规划、建设、运营、发展的科学高效，充分发挥智慧城市的功能，使其真正实现智慧城市的发展愿景，智慧城市管理模式必须适应智慧城市发展的客观要求，不断改善与优化，实现智慧城市管理模式的转化，以适应智慧城市和现代社会发展的需要。同时，根据智慧城市特点及发展规律，对智慧城市管理模式也提出了更高要求，智慧城市管理模式的转化势在必行[3]。

(1) 管理理念的转化。管理理念将实现以经济发展为主向服务社会、服务民生为主转化。以经济发展为主的模式主要表现在通过行政主导经济管理，以行政区划和政府行政部门实现经济管理，这种模式势必会带来对社会管理的重视不够，认识不到城市经济和社会发展的内在规律和相互之间的统一、协调，以及在城市信息化建设规划、建设、发展上的社会性和超前性，导致社会管理与城市经济发展脱节，严重滞后。这种城市管理方式必然会使城市管理部门往往不考虑城市经济社会、城市民生、生态环境诸多方面可持续发展的协调和结构优化，而片面地追求城市 GDP 的增长、经济发展速度的提高和经济规模的不断扩展，不能又好又快地科学可持续发展，从而不可能实现对城市建设和发展有效、科学的管理。服务社会、服务民生的管理理念的核心是以人为本，确立人在管理过程中的主导地位，从人的实际需求出发，围绕着调动人的主动性、积极性、创造性，以实现管理目标和促进人的全面发展的一切管理活动，在深刻认识人在社会经济活动中的作用基础上，突出人在管理过程中的主导地位。

(2) 管理体系架构的转化。管理体系架构将从过去以条状垂直独立管理体系向横向扁平协同管理体系架构的转化。传统的城市管理体系架构是一种条状垂直独立管理的模式，即各个城市政府职能部门自上而下自成一体、相互独立，在管理方面基本上是相互独立的，没有交叉。这种管理体系架构的弊端表现为：会造成城市管理职责不明确、信息资源缺乏互联共享、监督和评价机制缺乏和滞后等，这就导致涉及部门利益的时候多头管理而涉及部门责任的时候又无人负责无人管理的尴尬局面，使城市管理显得十分被动低效，公众满意度不高。显然这种城市管理体系架构已不适应智慧城市发展的需要。智慧城市横向扁平协同的管理体系架构是根据协同管理的思路，打破部门间的壁垒和限制，按照不同的城市管理领域，实行集中管理和处置，在管理体系架构上趋向横向扁平化，在管理模式上达到信息互联、资源共享，在管理效果上体现低成本、高效率，最终实现智慧城市管理的协同化、一体化、智能化。

(3) 管理目标的转化。管理目标将从过去主要对人的管理向以人、物和信息流为主体的管理目标的转化。以往城市管理目标更多的是对人的管理，以管理人为出发点，通过管理人达到对城市其他方面的管理。现在看来，这种模式缺乏宏观性和引导性，容易出现多头管理、职责不清，造成简单事情复杂化，不能有效提高管理效率和公众满意度。智慧城市的管理目标不仅包括人和物，更加注重对信息流的管理，通过对各种信息流的有效分析、利用和管理，作出科学的决策和判断，进而实现对城市中人和物的正确引导和管理，这是一种思路的转变，更能体现以人为本的管理理念，通过对人、物、信息流的综合有效分析与管理，提高智慧城市管理的效率，提升智慧城市管理的水平，促进智慧城市各项事业的可持续发展。

(4) 管理方式的转化。管理方式将从过去单一的行政管理向行政管理与社会发展规律自身调节相结合转化。以往的城市管理方式大多是纯粹的行政管理，单纯依赖政府职能部门依据行政规章进行城市管理，是一种程式化、模式化的管理方式，城市管理主要是人的意志在起支配作用，各地方的信息化建设项目立项中，人的因素是主要的，并且有一个现象，只要是政府一把手或主要领导抓的项目，无论是项目立项、人、财、物都会一路绿灯，反之则困难重重，人浮于事，项目进度、质量、应用效果无从保障，进而导致一些项目建成后就一直处于闲置状态，甚至于半路夭折。所以单一的城市行政管理方式不仅会加大城市管理的依赖性，而且会出现人为过多干预而造成智慧城市发展不利的局面。智慧城市管理方式需要行政管理与社会发展规律自身调节相结合，要充分发挥社会发展的自身调节功能，遵循智慧城市发展的自然规律，减少人为干预。

(5) 管理制度体系的转化。将从过去单一的管理制度供给体系向多样化的管理制度供给体系转化。以往的城市管理制度都是由政府相关部门制定的，政府是唯一的制度制定者和提供者，这就形成了单一的管理制度供给体系，不能有效利用各方的优势资源。智慧城市管理制度体系建设，需要改变由政府作为单一制度体系供给的现状，转变单一的以政府供给的制度体系建设理念，优化制度体系建设渠道，进而推动整个制度建设体系的不断完善，为智慧城市建设提供有利的制度体系环境，为智慧城市可持续发展提供制度支撑和保障。在我国智慧城市建设必然以政府为主导，因此智慧城市的管理模式是一项重要的软环境建设，要在智慧城市建设过程中集中社会各方面力量，通过科学研究、分析、实践而逐步完善。同时在我国智慧城市建设及管理模式完善中，也要高度重视国际和国内宏观环境的影响，并结合我国不同区域、不同规模、不同类型的智慧城市建设发展进程的现实状况及不断涌现出的各种管理需求，不断加强智慧城市管理模式的创新和完善。

16.3.3 智慧城市管理目标

我国改革开放30多年来，随着经济发展和工业化的推进，城市化进程始终以两倍于世界同期平均速度的步伐高速发展。现代城市管理最大的特征，是以人为本提供融合便捷的公共服务。为此在构建现代城市管理平台的过程中，需要将政府职能与信息技术充分融合，解决医疗、交通、能源供给、社会保障等一系列社会管理服务问题。与此同时，还能催生一系列新的产业，为社会经济的持续繁荣创造更多的发展空间。

智慧城市是城市管理和发展的又一次创新和飞跃，是现代化城市信息化发展的又一次提升，智慧城市的建设过程，就是以社会经济繁荣为目标，以社会和谐稳定为前提，以民生幸福为考核标准，通过云计算为代表的信息技术手段进行融合创新，推进新型的城市化进程。其核心在于运用现代信息通信技术构建无所不在的高速融合网络、智能感知环境和云计算，提高城市管理和服务水平，提升公众的生活质量和幸福感，推动发展新兴产业和现有产业的高端环节，促进经济发展模式转变，实现科学可持续发展。

制定智慧城市制度体系。深入研究现有城市信息化管理制度体系，制定智慧城市管理的制度体系，鼓励和引导城市化进程中的所有利益相关者参与制度供给体系建设，形成多样化的供给体系，充分重视各种产业联盟，领军企业与各类研究机构和团队在智慧城市制度体系建设中的积极作用，用制度体系建设、供给主体的广泛性弱化制度克服过程中的阻力，同时针对智慧城市运营模式，智慧城市运营平台的信息获取、传输、运算、服务等方面制定的开放式标准体系，推进现有各信息系统向智慧化演变、过渡和融合，为其提供制度体系和标准体系的支撑。

发挥政府主导作用。率先启动政府智慧应用项目建设，这些项目应重点关注社会民生、低碳发展、基础条件成熟的智慧城市项目，以政府智慧应用建设和采购启动市场，鼓励企业和科研院所围绕智慧城市进行技术创新和产品升级，围绕智慧城市建设进行服务创新，提供多样化的智慧型服务。

打造一站式政府管理服务门户。建设可定制的、个性化的、公众能参与互动的一站式政府管理服务门户，使市民可以参与到智慧城市管理中，与智慧城市建设、智慧城市管理形成互动，使市民能够定制个性化智慧城市服务，直接享受来自政府、公共服务机构向市民及企业提供的所有公共服务，同时提升智慧城市管理的广泛性和敏感度。

16.3.4 智慧城市管理的基本原则

(1) 政府主导，企业、市民参与。发挥政府部门在智慧城市管理中的主导作用，通过管理模式和服务机制构建政府主导，企业、市民等社会多方参与的互动开放的智慧城市管理格局。强化政府在智慧城市规划、建设、政策、发展等方面的主导作用，提升智慧城市管理的水平和效率。

(2) 推动资源整合共享，建立创新机制。整合城市各类信息资源和基础设施，实现基础设施与资源信息互通共享，进一步推动城市信息化协同应用，促进信息系统的互联互通与资源共享，提升系统和信息资源的利用水平和效率。政府推动建立制度、技术、标准、产业业态、商业模式等的创新机制，提升智慧城市建设的横向联合、协同创新和市场开发能力。

(3) 建立制度与标准体系，提供制度保障和标准支撑。建立适应智慧城市管理需求的制度体系，为智慧城市管理提供制度保障。瞄准同类国际标准，避免落后于人，建立智慧城市标准体系，制定标准发展规划，争取标准的话语权，抢占标准制高点，为智慧城市提供标准支撑。

(4) 关注民生，示范先行。智慧城市将重点关注目前比较突出的民生问题，如医疗、就业、教育、社保、公共安全等方面。通过政府主导智慧城市建设，将优先启动民生方面的智慧城市建设，为市民提供及时、便捷、准确、优质、廉价的智慧化服务。通过这些智慧城市项目的示范作用，不断推动和提高智慧城市管理模式的转化和管理水平的提高，从而带动智慧城市的科学、可持续发展。

16.4 智慧城市对我国城市发展的影响及效益

1. 经济影响及效益分析

1) 促进产业升级和结构调整

随着智慧城市的发展,物联网、云计算、数据活化等相关的先进制造业和新兴服务业将获得极大的发展空间,产业规模不断扩大,社会效益显著增强。通过智慧城市建设,突破相关核心关键技术,掌握一批自主知识产权,制定多项行业标准、国家标准和国际标准,培育一大批具有核心竞争力的创新型企业,推动智慧产业聚合升级,加快经济发展节奏。

在智慧城市建设中,对物联网前端感知设备、解析设备、传输设备、处理设备的需求量将快速增长,这也将带动包括物联网设备与终端制造业、基础设施服务业、网络服务业、软件开发与应用集成服务业,以及信息应用服务业等大规模产业链的形成,产生巨大的产业带动效应。并且通过智慧城市产业联盟等形式,以辐射全国的应用服务推动城市创新数据服务产业发展,产生1:10以上的投资放大效应。

智慧城市建设在产生新兴产业聚集效应的同时,将吸引大量的高科技人才、高精尖技术,以及大量的资金投入到新兴产业,形成良性循环,不断聚集科技创新能力。各种新兴智慧技术将带动工业化发展的升级、信息产业的内部结构的改造、服务业的效率和速度的提升,形成一批具有较强竞争力的战略性新兴产业和高新技术产业,为城市提供可持续发展的动力。

2)转变经济增长方式

智慧城市将转变经济增长方式,突破传统增长极限,形成节约低碳、智能环保的新型经济发展态势。智慧城市将创新性地使用新一代信息技术、知识和智能技术手段来重新审视城市的本质、城市发展目标的定位、城市功能的培育、城市结构的调整、城市形象与特色等一系列现代城市发展中的关键问题,特别是通过智慧传感和城市智能决策平台解决节能、环保、水资源短缺等问题。

智慧城市将充分整合资源,减少政府在信息化建设上的重复投资,最大限度地利用现有各部门成果。同时有效地降低城市发展的能耗成本,降低开支和经营成本,并通过信息化手段提高生产、运营和管理效率。随着城市整体信息化能力的提高与水平的增强,对于政府部门、企事业单位和社会民众的生产、运营和管理工作都会有所促进,不仅提高社会各环节的运转效率、降低相关的人力成本,最终也有效地增加社会整体经济收入。

2. 社会影响及其效益分析

1) 提高政府管理服务水平

智慧城市的建设将整合政府服务资源,建立充分的信息保障和技术支持手段,统筹整体信息化建设。政府各部门和机构围绕资源信息共享平台,实现互联互通、信息共享和部门间业务协同,使部门工作各环节,如行政审批、公共服务等各项工作实现有效衔接,加速形成多机构联合服务的新局面,提高政府公共服务效率,改进服务质量,增加社会和公众满意度。

同时将促进新型监管机制和监管模式的建立,实现政府监管工作过程可监控、全程可追溯、公众可监督,实现综合、动态、事前、事中、事后相结合,最终形成一个全方位、多层次、规范化信息化监管模式,增加监管的深度和力度,实现科学监管,提升政府公信力。

2) 改变居民生活方式

智慧城市将彻底改变人们的生活方式,最突出的表现就是生活的国际化、社会化、网络化。智慧城市将利用新一代信息技术建立实时更新的控制和协调系统,实现智慧化管理,通过信息化和网络化手段为居民提供各种服务,从而与日益复杂的城市实体系统协调一致,达到现代人宜居的目标(如智慧社区等)。智慧城市还将转变传统管理方式,通过智能医疗、智能交通、智能安保、智能城管等的建设,妥善解决居民食品药品安全、家政服务质量和人身安全、社区安全等问题,切实改善民生,树立现代的城市新形象,打造优质的城市品牌。

城市的高宜居性是稳住和吸引高智能人才的重要条件之一。智慧城市将推进人才引进和人才培训,汇聚城市新智力。另外将调整产业结构,促进产业升级,打造新型数据服务产业链,增加城市就业机会。

3. 环境影响及其效益分析

1) 增加自然保护,优化城市环境

通过智能环保等项目,将无线传感器网络技术、地理信息技术等运用到无人维护、条件恶劣生产、生存环境监测中,重点推进水资源、地下管网监测和森林生态安全监测试点示范。建立体现资源稀缺程度的价格机制、环境污染责任保险制度、区域环境保护协作机制;建立并完善主要污染物排污权交易制度、生态补偿长效机制、环境信息披露制度、绿色采购制度,加强固体废物处理,大力提高生活垃圾无害化处理率,提高垃圾减量化和资源化水平。同时优化城市环境,构建宜居的城市生态格局,切实加深人民对城市生活的幸福感。

2) 减少资源浪费,倡行低碳节约

在智慧城市建设过程中,发展低碳经济和循环经济,推进节能减排,逐步构建以政府为主导、企业为主体、全社会共同推进的节能减排新格局;加强对区域和城市生态具有重大影响的生态绿地、沿湖绿地、河流水系、各类湿地的保护和绿化建设,以创造良好的人居环境为中心,推进生态环境与城市发展相互促进、资源节约与可再生资源开发利用并举,最终构建宜居的城市生态格局。

参 考 文 献

[1] 徐双全. 对经营城市的几点思考. 中国建设报, 2001-12-21(8).
[2] 杨立勋. 论城市管理创新. http://www.southcn.com/nflr/jcck/200609080799.htm[2006-09-08].
[3] 姜德峰. 国脉观点: 智慧城市将引领城市管理模式变革. http://www.im2m.com.cn/107/0839-4521593.shtml[2011-05-17].